21世纪会计与财务经典译丛

国际财务管理

(原书第8版)

[美] 切奥尔 S.尤恩(Cheol S. Eun) 著
美国佐治亚理工学院

布鲁斯 G.雷斯尼克(Bruce G.Resnick)
威克林业大学

赵银德 刘瑞文 赵叶灵 译

INTERNATIONAL FINANCIAL
MANAGEMENT

8th Edition

机械工业出版社
CHINA MACHINE PRESS

图书在版编目（CIP）数据

国际财务管理（原书第8版）/（美）切奥尔 S. 尤恩（Cheol S. Eun），（美）布鲁斯 G. 雷斯尼克（Bruce G. Resnick）著；赵银德，刘瑞文，赵叶灵译. —北京：机械工业出版社，2018.9（2024.3 重印）

（21 世纪会计与财务经典译丛）

书名原文：International Financial Management

ISBN 978-7-111-60813-4

I. 国⋯ II. ①切⋯ ②布⋯ ③赵⋯ ④刘⋯ ⑤赵⋯ III. 国际财务管理 IV. F811.2

中国版本图书馆 CIP 数据核字（2018）第 202975 号

北京市版权局著作权合同登记　图字：01-2018-2417 号。

Cheol S. Eun, Bruce G. Resnick. International Financial Management, 8th Edition.
ISBN 978-1-259-71778-9

Copyright © 2018 by McGraw-Hill Education.

All Rights reserved. No part of this publication may be reproduced or transmitted in any form or by any means, electronic or mechanical, including without limitation photocopying, recording, taping, or any database, information or retrieval system, without the prior written permission of the publisher.

This authorized Chinese translation edition is jointly published by China Machine Press in arrangement with McGraw-Hill Education (Singapore) Pte. Ltd. This edition is authorized for sale in the Chinese mainland (excluding Hong Kong SAR, Macao SAR and Taiwan).

Translation copyright © 2018 by McGraw-Hill Education (Singapore) Pte. Ltd and China Machine Press.

版权所有。未经出版人事先书面许可，对本出版物的任何部分不得以任何方式或途径复制或传播，包括但不限于复印、录制、录音，或通过任何数据库、信息或可检索的系统。

此中文简体翻译版本经授权仅限在中国大陆地区（不包括香港、澳门特别行政区及台湾地区）销售。

版权 © 2018 由麦格劳 - 希尔教育（新加坡）有限公司与机械工业出版社所有。

本书封面贴有 McGraw-Hill Education 公司防伪标签，无标签者不得销售。

本书从跨国公司的角度系统阐述了国际财务管理的宏观经济环境以及财务经理所面对的世界金融市场和金融机构，深入而全面地讨论了跨国公司的外汇交易管理、外汇风险管理、投融资管理、现金管理实务、进出口贸易、国际税收环境等。另外，各章还附有真实案例，既有对理论的深入讨论，又有对实务操作方法的清晰讲解，非常适合财务金融专业高年级本科生、研究生和 MBA 学生及企业管理人员和专业人士使用。

出版发行：机械工业出版社（北京市西城区百万庄大街 22 号　邮政编码：100037）
责任编辑：宋　燕　　　　　　　　　　　　　责任校对：殷　虹
印　　刷：北京建宏印刷有限公司　　　　　　版　　次：2024 年 3 月第 1 版第 6 次印刷
开　　本：185mm×260mm　1/16　　　　　　印　　张：28.5
书　　号：ISBN 978-7-111-60813-4　　　　　定　　价：79.00 元

客服电话：(010) 88361066　68326294

版权所有·侵权必究
封底无防伪标均为盗版

译者序

随着中国经济实力的不断增强,中国企业与国际市场的联系越来越紧密,参与国际分工的程度不断深化,跨国经营自然成了中国企业成长的必然选择。一旦企业经营向国际市场拓展,企业虽然获得了新的发展机遇,但也面临着新的成本和风险,作为企业跨国经营生命线的财务管理也就变得更为纷繁复杂。如此一来,跨国经营企业的财务经理所面临的挑战就是如何在一种以上的文化或商业环境里制定并实施经营策略和财务策略。从这个意义上讲,研读《国际财务管理》第8版这样卓越的作品对财务经理乃至企业管理者而言定然价值巨大。

美国佐治亚理工学院切奥尔 S. 尤恩(Cheol S. Eun)和威克林业大学布鲁斯 G. 雷斯尼克(Bruce G. Resnick)两位教授的力作《国际财务管理》第8版为跨国经营企业的投资与财务管理提供了一种颇为简洁而实用的决策方法,展示了评估跨国经营机遇、成本和风险的一种框架。

《国际财务管理》第8版体现了两位作者对自己在国际财务领域长期研究和教学心得的总结,除了介绍国际货币体系、国际收支、公司治理、外汇市场、汇率决定、货币衍生工具、外汇风险敞口管理、国际金融市场、国际金融机构、对外直接投资、跨国并购、国际资本结构与资本成本、国际资本预算、跨国经营现金管理、国际贸易融资、国际税收环境、转移定价等经典国际财务话题之外,贯穿全书的众多"国际财务实践""案例应用""小型案例"等专栏生动地描述了书本理论在现实世界的运用,充分体现了作者对读者需求的响应,而最新的数据资料、文献研究和建议阅读材料实现了与现行金融市场及学术研究革命的"与时俱进"。

此外,《国际财务管理》第8版所秉承的两个写作原则——强调基础知识与注重经营需要,既方便了读者学习基础知识和掌握分析方法,也为读者提供了进行决策实践的标杆和案例。

本书适用面较广,既适用于高等院校财务管理、会计学、金融学、投资学等专业本科生及MBA等专业研究生的教学,也适用于跨国经营的财务决策人员学习。

《国际财务管理》第8版由赵银德、刘瑞文、赵叶灵主译和统稿,顾水彬、刘悦、张玉萌、潘俊、彭宏华、郑莹、夏炜、张华等参与了部分初稿的翻译。在翻译过程中,我们力求以"知之、好之、乐之"的标准,外加百分之百的"眼力、精力、能力"来完成这样一部畅销作品的翻译,希望努力译出佳作。但是,由于水平有限及时间关系,不当和疏漏之处在所难免,敬请广大读者批评指正。在译稿付梓之际,我们要特别感谢机械工业出版社给予的合作机会,也要深深感谢本书责任编辑为本书出版所付出的辛勤工作。

作者简介

切奥尔 S. 尤恩（Cheol S. Eun）

切奥尔 S. 尤恩拥有纽约大学博士学位，现任佐治亚理工学院施勒商学院金融学托马斯 R. 威廉姆斯首席教授。在加盟佐治亚理工学院之前，他先后任教于明尼苏达大学和马里兰大学。他还在宾夕法尼亚大学沃顿商学院、韩国高等科学技术理工学院（KAIST）、新加坡管理大学（SMU）和德国埃斯林根（Esslingen）科技大学任过教。他发表了众多国际金融方面的学术论文，这些论文多刊登在著名的国际金融类学术期刊上，如《金融学》（*Journal of Finance*）、《金融经济学》（*Journal of Financial Economics*）、《金融数量分析》（*JFQA*）、《银行和金融》（*Journal of Banking and Finance*）、《国际货币金融》（*Journal of International Money and Finance*）、《管理科学》（*Management Science*）和《牛津经济论文集》（*Oxford Economic Papers*）等。此外，他还担任《银行和金融》（*Journal of Barking and Finance*）、《金融研究》（*Journal of Financial Research*）、《国际商务研究》（*Journal of International Business Studies*）和《欧洲财务管理》（*European Financial Management*）等学术期刊的编委。他的研究成果被美国和其他很多国家的众多学术文章及教科书所广泛引用。

尤恩博士还是 Fortis/Georgia Tech 国际金融会议的首任主席。该会议的首要目标是促进国际金融方面的研究，并为那些关注最新国际金融问题的学者、从业者和监管者提供一个交流的平台。

尤恩博士曾为本科生、研究生和管理人员教授过很多课程，而且在马里兰大学荣获克鲁（Krowe）杰出教师奖。他还担任世界银行、鼎洋投资（Apex Capital）、韩国发展协会（Korea Development Institute）等许多国内和国际机构的顾问，就资本市场自由化、全球资本筹集、国际投资和汇率风险管理等问题提出了建议。此外，他还经常在全球各地举行的各种学术会议以及专业论坛上发表演讲。

布鲁斯 G. 雷斯尼克（Bruce G. Resnick）

雷斯尼克博士是位于美国北卡罗来纳州温斯顿－塞伦的威克林业大学（Wake Forest University）商学院银行和财务学 Joseph M. Bryan Jr. 的教授。他于 1979 年在印第安纳大学获得金融方向的工商管理博士学位，还拥有科罗拉多大学的工商管理硕士和威斯康星大学奥什科什分校的工商管理学士学位。在来威克林业大学任教之前，他已在印第安纳大学从教 10 年，在明尼苏达大学从教 5 年，在加利福尼亚州立大学从教 2 年。他还是位于澳大利亚昆士兰州金色海岸的邦德大学（Bond University）和芬兰赫尔辛基经济管理学院的客座教授。他还担任印第安纳大学常驻荷兰马斯特里赫特大学欧洲研究中心的主任，并担任新加坡理工学院工商管理系的外聘主考官。此外，他担任过威克林业大学去日本、中国内地和中国香港特别行政区开展游学之旅的教员顾问。

雷斯尼克博士在威克林业大学教授 MBA 课程。他的研究领域为投资学、证券投资管理和国际财务管理。雷斯尼克博士的研究兴趣包括期权和金融期货市场的有效性问题、资产定价模型的实证检验等。他一直关注的是如何设计出最优的国际分散的证券投资组合，以解决参数的不确定性和汇率风险问题。近年来，他一直关注的是全球货币市场的信息传递以及国际国内债券的收益基差比较。他的研究论文发表在许多权威的金融学术期刊上，并为其他研究人员和教科书作者所广泛引用。他还担任了《新兴市场评论》（Emerging Markets Review）、《经济学与商业》（Journal of Economics and Business）、《跨国财务管理》（Journal of Multinational Financial Management）等学术期刊的副主编。

前 言

写作本书的原因

三十多年来，我们都一直在佐治亚理工学院、威克林业大学以及其他几所我们到访过的大学为本科生和MBA学生讲授国际财务管理。其间，围绕国际金融市场的运作，我们开展了大量的调查研究并将研究结果发表在金融与统计类权威期刊上。当然，在此过程中，我们积累了在课堂上得到成功运用的大量教学资料。随着岁月的流逝，我们各自越来越依赖于自己的教学资料和笔记，而很少依赖现有的国际财务方面的主要教科书，尽管在过去我们曾一度使用了其中的不少教科书。

如你所知，伴随着金融市场管制的解除、产品的创新和技术的进步，国际财务所涉及的范围和内容一直发生着迅速的演变。由于世界资本市场变得日益一体化，公司及时而正确的决策更加离不开对国际财务的深刻理解和把握。国际财务作为一门学科已变得日趋重要。这一点反映在企业界与学术界对国际财务领域专家的需求正在迅速增加这一事实上。

在写作《国际财务管理》第8版时，我们抱着这样一个目的——充分利用我们多年来在该领域所积累的教学和研究成果，对国际财务方面的最新观点和话题进行清晰而全面的阐述。我们希望本书能对学生构成一定的挑战，但这并不意味着本书缺乏可读性。本书在阐述各个主题时采用了方便读者的方式，对每一主题进行了独立的描述。本书适用于作为高年级本科生和MBA学生的教材或参考书。

写作本书所遵循的原则

与前7版一致，《国际财务管理》第8版仍然秉承两个原则：强调基础知识与注重经营需要。

我们确信只有掌握了扎实的基础知识，才能更好地学好各门功课。因此，本书的最初几章对国际财务的基本概念进行了介绍。掌握这些基础内容，后续各章的学习就会变得容易了。对于层次较深的话题，本书常常会让读者回忆相关的基础知识。如此这般，我们相信读者就能掌握一种分析框架，以便他们在今后的职业生涯中加以应用。

我们以为，正是这种方法造就了本书的成功——为全球众多卓越的商学院所采用。《国际财务管理》各版均被翻译成西班牙语和两种中文版本。当然，本书也有全球版。此外，来自当地的共同作者还帮助了本书加拿大版、马来西亚版、印度尼西亚版和印度版的编写。

《国际财务管理》第8版的结构

《国际财务管理》第8版对之前版本进行了全面更新。新版中的所有数据表和统计资料在本书付印之前都是最新的。此外，本书各章还编写了若干新的国际财务实践专栏，用真实案例来说明各章的主题和概念。表0-1给出了《国际财务管理》第8版中各章所涉及的主要变化。

表 0-1　各章所涉及的主要变化

章　节	内　容　变　化
第一篇　国际财务管理的基础	**本篇为后续各主题的展开提供了宏观经济方面的基础**
第 1 章　全球化与跨国企业	描述了经济方面的最新趋势，如全球金融危机、欧洲主权债务危机和英国脱欧
第 2 章　国际货币体系	更新了包括欧元区危机在内的货币体系方面的新进展
第 3 章　国际收支	更新了国际收支统计表
第 4 章　全球各地的公司治理	回顾了各国的公司治理制度、《多德—弗兰克法案》及其对经营的影响
第二篇　外汇市场、汇率的决定和货币衍生工具	**本篇描述了外汇市场，并介绍了可用于外汇风险敞口管理的货币衍生工具**
第 5 章　外汇市场	对市场资料和案例进行了全面更新
第 6 章　国际平价关系与汇率预测	对主要平价关系以及货币利差交易进行了整体分析
第 7 章　外汇期货与外汇期权	对市场资料和案例进行了全面更新
第三篇　外汇风险敞口及其管理	**本篇描述了各种外汇风险并讨论了进行风险管理的方法**
第 8 章　交易风险敞口的管理	系统阐述了外汇的交易风险敞口管理并新增了一个应用案例
第 9 章　经济风险敞口的管理	从概念和经营的角度分析了货币风险中的经济风险敞口
第 10 章　换算风险敞口的管理	
第四篇　国际金融市场和国际金融机构	**本篇对国际金融机构、资产和市场进行了全面的分析**
第 11 章　国际银行与货币市场	对市场统计资料进行了全面更新。对《巴塞尔协议 III》的资本充足率标准进行了全新讨论。更新分析了全球金融危机的原因与后果。新增了"洲际交易所与 LIBOR"一节的内容
第 12 章　国际债券市场	对市场资料和案例进行了全面更新
第 13 章　国际股票市场	用新的统计方法描述了发达国家和发展中国家的股票总市值统计数据以及流动性指标；更新了关于市场联合与合并的讨论
第 14 章　利率互换与货币互换	对市场资料和案例进行了全面更新；新增了对新的金融监管背景下互换交易行为的讨论；新增了关于借助清算所开展互换交易的"国际财务实践"专栏
第 15 章　国际证券组合投资	更新了关于国际市场的统计资料以及关于利用小市值股票进行分散投资的分析
第五篇　跨国企业的财务管理	**本篇分析了有关跨国公司财务管理实践的问题**
第 16 章　对外直接投资和跨国并购	更新了跨境投资与并购交易领域的新趋势；更新了各国的政治风险分值
第 17 章　国际资本结构与资本成本	新增了关于本国偏好与各国资本成本的分析；新增了各国资本结构的比较
第 18 章　国际资本预算	
第 19 章　跨国公司的现金管理	
第 20 章　国际贸易融资	
第 21 章　国际税收环境与转移定价	全面更新了各国所得税税率的比较表及举例；新增了"税收倒置"一节

基于管理者视角

本书一直强调重在教授学生如何做经营决策。《国际财务管理》第 8 版坚持这样的基本理念：财务经理的根本任务就是实现股东财富的最大化。因此，这一理念贯穿于全部决策过程之中。为强化这一理念，本书各章提供了众多来自真实世界的案例。

致 谢

感谢众多同事在确立本书体系结构方面所提供的深邃观点和指导。得益于他们的帮助，《国际财务管理》第 8 版才得以内容新颖，资料精确，方法现代。他们是：

理查德·阿杰伊（Richard Ajayi），佛罗里达中央大学
劳伦斯·比尔（Lawrence A. Beer），亚利桑那州立大学
尼沙恩特·塔斯（Nishant Dass），佐治亚理工学院
约翰·亨德（John Hund），莱斯大学
伊丽娜·肯妲诺娃（Irina Khindanova），丹佛大学
金洁磊（Gew-rae Kim），桥港大学
金在满（Jaemin Kim），圣迭戈州立大学
金永崔（Yong-Cheol Kim），威斯康星大学密尔沃基分校
李元生（Yen-Sheng Lee），贝佛大学
楼·查曼（Charmen Loh），瑞德大学
启介中（Atsuyuki Naka），新奥尔良大学
理查德·帕特森（Richard Patterson），印第安纳大学伯明顿分校
艾特里恩·萧普（Adrian Shopp），丹佛大都会州立大学
约翰·沃尔德（John Wald），得州大学圣安东尼奥分校
道格拉斯·威特（H. Douglas Witte），密苏里州立大学

感谢众多为本书的写作提供了帮助的人。虽然难以在这里一一列出，但我们还是要感谢布雷恩·康莎其（Brian Conzachi）对本书全部稿件的仔细校对。此外，要感谢 Yusri Zaro，他对书中问题的答案进行了认真核对。我们也要感谢 Rohan-Rao Ganduri、Kristen Seaver、Milind Shrikhande、Jin-Gil Jeong、Sanjiv Sabherwal、Sandy Lai、Jinsoo Lee、Hyung Suk Choi、Teng Zhang、Minho Wang 和 Victor Huang，他们为本书提供了有用的帮助。德国吉森大学的马丁·格劳恩（Martin Glaum）教授也提供了富有价值的建议。

感谢麦格劳-希尔公司的许多专业人员为本书所付出的时间和辛劳。责任编辑 Charles Synovec、组稿编辑 Noelle Bathurst、项目编辑 Tara Slagle 和 Debra Boxill 都为我们提供了富有价值的指导。当然，还要感谢项目主编 Melissa Leick 的指导。

最后，要感谢我们的家人：克里斯廷、詹姆士、伊丽莎白·尤恩和唐娜·雷斯尼克。如果没有他们无私的关爱和支持，我们就不可能完成这一著作。特别要感谢伊丽莎白·尤恩为本书设计了精彩封面。

真诚希望你喜欢《国际财务管理》第 8 版并欢迎通过机械工业出版社的编辑部或我们的电子邮箱给出建议，以便改进本书。

切奥尔 S. 尤恩（Cheol S. Eun）
布鲁斯 G. 雷斯尼克（Bruce G. Resnick）

目 录

译者序
作者简介
前言
致谢

第一篇　国际财务管理的基础

第1章　全球化与跨国企业　2

1.1　国际财务的特点　3
　　1.1.1　外汇风险与政治风险　3
　　1.1.2　市场的不完全性　4
　　1.1.3　市场机会的增加　5
1.2　国际财务管理的目标　6
1.3　世界经济全球化的主要趋势与进展　7
　　1.3.1　金融市场全球化的兴起　8
　　1.3.2　作为全球货币的欧元的诞生　8
　　1.3.3　2010年欧洲的主权债务危机　9
　　1.3.4　贸易自由化与经济一体化　11
　　1.3.5　私有化浪潮　13

　　1.3.6　2008～2009年全球金融危机　14
1.4　跨国公司　16
本章小结　18
本章拓展　19
附录1A　贸易利益：比较优势理论　19
思考题　21

第2章　国际货币体系　22

2.1　国际货币体系的演变　23
2.2　金银复本位制时期：1875年之前　23
2.3　古典金本位制时期：1875～1914年　23
2.4　两次世界大战间时期：1915～1944年　25
2.5　布雷顿森林体系时期：1945～1972年　26
2.6　浮动汇率制时期：1973年至今　28
2.7　现行的汇率制度安排　30
2.8　欧洲货币体系　34
2.9　欧元和欧洲货币联盟　36
　　2.9.1　欧元简史　37

2.9.2 加入货币联盟的
　　　利益　39
2.9.3 加入货币联盟的
　　　代价　39
2.9.4 欧元的前景：一些
　　　关键问题　42
2.10 墨西哥比索危机　43
2.11 亚洲金融危机　45
　　2.11.1 亚洲金融危机的
　　　　　根源　45
　　2.11.2 亚洲金融危机的
　　　　　启示　47
2.12 阿根廷比索危机　48
2.13 固定汇率制与浮动汇率制
　　　的比较　49
本章小结　50
本章拓展　51

第3章　国际收支　52

3.1 国际收支核算　53
3.2 国际收支账户　54
　　3.2.1 经常账户　54
　　3.2.2 资本账户　56
　　3.2.3 统计误差　58
　　3.2.4 官方储备账户　58
3.3 国际收支恒等式　61
3.4 主要国家的国际收支
　　趋势　61
本章小结　66
本章拓展　67
附录3A 国际收支账户与国民收
　　　　入账户的关系　67

第4章　全球各地的公司治理　69

4.1 公众公司的治理：关键
　　问题　70

4.2 代理问题　71
4.3 处理代理问题的对策　73
　　4.3.1 董事会　73
　　4.3.2 激励合约　75
　　4.3.3 所有权集中　76
　　4.3.4 会计透明度　77
　　4.3.5 债务　77
　　4.3.6 海外股票上市　77
　　4.3.7 公司控制权市场　78
4.4 法律与公司治理　79
4.5 法律的影响　81
　　4.5.1 所有权与控制权
　　　　　模式　82
　　4.5.2 控制权的私人
　　　　　利益　85
　　4.5.3 资本市场与估值　85
4.6 公司治理改革　86
　　4.6.1 改革目标　86
　　4.6.2 政治动因　87
　　4.6.3 《萨班斯—奥克斯利
　　　　　法案》　87
　　4.6.4 《坎德伯里最佳行为
　　　　　准则》　88
　　4.6.5 《多德—弗兰克
　　　　　法案》　89
本章小结　91
本章拓展　91

第二篇　外汇市场、汇率的决定和货币衍生工具

第5章　外汇市场　94

5.1 外汇市场的功能和结构　95
　　5.1.1 外汇市场的参
　　　　　与者　98

5.1.2　通汇关系　102
　5.2　即期外汇市场　102
　　　5.2.1　即期汇率标价　103
　　　5.2.2　套算汇率标价　106
　　　5.2.3　套算汇率的其他表达
　　　　　　方式　108
　　　5.2.4　汇率买卖价差　108
　　　5.2.5　即期外汇交易　108
　　　5.2.6　套算汇率的柜台
　　　　　　交易　109
　　　5.2.7　三角套利　111
　　　5.2.8　即期外汇市场的微观
　　　　　　机构　112
　5.3　远期外汇市场　112
　　　5.3.1　远期汇率标价　113
　　　5.3.2　远期多头与空头　113
　　　5.3.3　无本金交割远期
　　　　　　合约　114
　　　5.3.4　远期套算汇率　114
　　　5.3.5　远期升水　115
　　　5.3.6　互换交易　116
　5.4　交易所交易货币基金　118
　本章小结　118
　本章拓展　119

第6章　国际平价关系与汇率预测　120
　6.1　利率平价　120
　　　6.1.1　抵补套利　122
　　　6.1.2　利率平价与汇率
　　　　　　决定　125
　　　6.1.3　货币利差交易　126
　　　6.1.4　利率平价发生偏离的
　　　　　　原因　127
　6.2　购买力平价　129
　　　6.2.1　购买力平价的偏离和
　　　　　　实际汇率　132

　　　6.2.2　购买力平价的实证
　　　　　　研究　134
　6.3　费雪效应　136
　6.4　汇率预测　137
　　　6.4.1　有效市场理论　137
　　　6.4.2　基本分析法　138
　　　6.4.3　技术分析法　139
　　　6.4.4　汇率预测的绩效　140
　本章小结　143
　本章拓展　143
　附录6A　购买力平价与汇率
　　　　　决定　144

第7章　外汇期货与外汇期权　145
　7.1　期货合约的预备知识　146
　7.2　货币期货市场　148
　7.3　货币期货的基本关系　149
　7.4　期权合约的预备知识　152
　7.5　货币期权市场　152
　7.6　货币期货期权　153
　7.7　期权到期时的基本定价
　　　关系　153
　7.8　美式期权定价关系　156
　7.9　欧式期权定价关系　157
　7.10　二项式期权定价模型　158
　7.11　欧式期权定价公式　160
　7.12　货币期权的实证检验　161
　本章小结　162
　本章拓展　162

第三篇　外汇风险敞口及其管理

第8章　交易风险敞口的管理　164
　8.1　风险敞口的三种类型　164
　8.2　远期市场套期保值　166

8.3 货币市场套期保值 168
8.4 期权市场套期保值 169
8.5 应付外币的套期保值 171
    8.5.1 远期合约 171
    8.5.2 货币市场工具 171
    8.5.3 货币期权合约 172
8.6 对次要货币之风险敞口的交叉套期保值 172
8.7 或有风险敞口的套期保值 173
8.8 通过互换合约对周期性风险敞口的套期保值 174
8.9 通过发票货币的套期保值 175
8.10 通过超前/延后支付的套期保值 175
8.11 风险敞口的净额结算 176
8.12 公司应实施套期保值吗 176
8.13 公司该使用什么样的风险管理产品 177
本章小结 179
本章拓展 179

第9章 经济风险敞口的管理 180

9.1 经济风险敞口的测量 182
9.2 经营风险敞口的界定 185
9.3 经营风险敞口的实例 185
9.4 经营风险敞口的决定因素 188
9.5 经营风险敞口的管理 190
    9.5.1 低成本产地的选择 190
    9.5.2 弹性采购政策 191
    9.5.3 市场分散化 191

9.5.4 产品差异与研发投入 192
9.5.5 金融性套期保值 192
本章小结 194
本章拓展 195

第10章 换算风险敞口的管理 196

10.1 换算方法 197
    10.1.1 流动/非流动项目法 197
    10.1.2 货币/非货币项目法 197
    10.1.3 时态法 197
    10.1.4 现行汇率法 198
10.2 《第8号财务会计准则公告》 200
10.3 《第52号财务会计准则公告》 200
    10.3.1 《第52号财务会计准则公告》的换算过程 201
    10.3.2 发生高通货膨胀的经济体 202
10.4 国际会计准则 202
10.5 换算风险敞口的管理 207
    10.5.1 换算风险敞口与交易风险敞口的比较 207
    10.5.2 换算风险敞口的套期保值 208
    10.5.3 资产负债表套期保值 209
    10.5.4 衍生工具套期保值 209

10.5.5 换算风险敞口与经营风险敞口的比较 210
10.6 关于《第8号财务会计准则公告》向《第52号财务会计准则公告》转变的实证分析 210
本章小结 211
本章拓展 211

第四篇 国际金融市场和国际金融机构

第11章 国际银行与货币市场 214

11.1 国际银行服务 214
11.2 国际银行产生的原因 216
11.3 国际银行分支机构的类型 217
    11.3.1 代理行 217
    11.3.2 代表处 217
    11.3.3 国外分行 217
    11.3.4 子银行与联营银行 218
    11.3.5 埃奇法案银行 218
    11.3.6 离岸金融中心 219
    11.3.7 国际银行设施 219
11.4 资本充足率标准 220
11.5 国际货币市场 222
    11.5.1 欧洲货币市场 222
    11.5.2 洲际交易所与LIBOR 224
    11.5.3 欧洲信贷 224
    11.5.4 远期利率协议 227
    11.5.5 欧洲票据 229
    11.5.6 欧洲商业票据 229
    11.5.7 欧洲美元利率期货合约 230
11.6 国际债务危机 231
    11.6.1 历史 232
    11.6.2 债权转股权 233
    11.6.3 解决方案：布雷迪债券 234
11.7 亚洲金融危机 234
11.8 全球金融危机 235
    11.8.1 信贷紧缩 235
    11.8.2 金融危机的影响 239
    11.8.3 经济刺激措施 241
    11.8.4 金融危机的后果 242
本章小结 243
本章拓展 245
附录11A 欧洲货币的创造 245

第12章 国际债券市场 248

12.1 世界债券市场统计 248
12.2 外国债券与欧洲债券 249
    12.2.1 无记名债券与记名债券 250
    12.2.2 美国证券法规 250
    12.2.3 预提税 250
    12.2.4 便利债券发行的证券法规 251
    12.2.5 全球债券 252
12.3 债券工具的种类 253
    12.3.1 固定利率债券 253
    12.3.2 欧洲中期票据 253
    12.3.3 浮动利率票据 253

12.3.4　与权益相关的
　　　　　　债券　254
　　　12.3.5　双重货币债券　254
12.4　国际债券的币种、发行者及
　　　发行者所在国的分布　255
12.5　国际债券市场的信用
　　　评级　257
12.6　欧洲债券市场的结构与
　　　实务　260
　　　12.6.1　一级市场　260
　　　12.6.2　二级市场　261
　　　12.6.3　清算程序　262
12.7　国际债券市场指数　262
本章小结　265
本章拓展　265

第13章　国际股票市场　266

13.1　世界股票市场统计　266
　　　13.1.1　股票市场总值　267
　　　13.1.2　股票市场流动性
　　　　　　指标　269
13.2　市场结构、交易惯例与
　　　费用　271
13.3　国际股票交易　274
　　　13.3.1　股票的交叉
　　　　　　上市　274
　　　13.3.2　扬基股票发行　277
　　　13.3.3　美国存托凭证　277
　　　13.3.4　全球记名股票　281
　　　13.3.5　关于交叉上市与美国
　　　　　　存托凭证市场的实证
　　　　　　研究　282
13.4　国际股票市场指数　283
13.5　埃雪MSCI基金　285

13.6　国际股票收益率的影响
　　　因素　286
　　　13.6.1　宏观经济因素　287
　　　13.6.2　汇率　287
　　　13.6.3　产业结构　287
本章小结　288
本章拓展　288

第14章　利率互换与货币互换　289

14.1　互换的种类　289
14.2　互换市场的规模　290
14.3　互换银行　291
14.4　互换市场的报价　293
14.5　利率互换　294
　　　14.5.1　基本利率互换　294
　　　14.5.2　基本利率互换的
　　　　　　定价　296
14.6　货币互换　296
　　　14.6.1　基本货币互换　296
　　　14.6.2　还本付息货币互换
　　　　　　的等价性　298
　　　14.6.3　基本货币互换的
　　　　　　定价　299
　　　14.6.4　对基本货币互换的
　　　　　　反思　299
14.7　基本利率互换与基本货币
　　　互换的各种变体　301
14.8　利率互换与货币互换的
　　　风险　301
14.9　互换市场的有效性　301
本章小结　302
本章拓展　303

第15章　国际证券组合投资　304

15.1　国际投资的相关性结构与风
　　　险分散　305

15.2 最优国际证券组合的选择 307
15.3 汇率变化的影响 312
15.4 国际债券投资 314
15.5 国际共同基金的绩效评价 315
15.6 基于国家基金的国际分散投资 317
15.7 基于美国存托凭证的国际分散投资 320
15.8 基于交易所交易基金的国际分散投资 320
15.9 基于对冲基金的国际分散投资 321
15.10 证券组合持有中的存在本国偏好的原因 322
15.11 基于小市值股票的国际分散投资 324

本章小结 326

本章拓展 326

附录15A 存在外汇风险套期保值时的国际证券投资 326

附录15B 最优证券组合的求解 327

第五篇 跨国企业的财务管理

第16章 对外直接投资和跨国并购 330

16.1 对外直接投资的全球化趋势 331
16.2 公司对外投资的原因 335
    16.2.1 贸易壁垒 335
    16.2.2 不完全的劳动力市场 336
    16.2.3 无形资产 337
    16.2.4 纵向一体化 337
    16.2.5 产品生命周期 338
    16.2.6 为股东提供投资分散化服务 340
16.3 跨国并购 340
16.4 政治风险与对外直接投资 345

本章小结 351

本章拓展 351

第17章 国际资本结构与资本成本 352

17.1 资本成本 353
17.2 分割市场与一体化市场中的资本成本 355
17.3 资本成本的国别差异 356
17.4 股票的境外上市 360
17.5 交叉上市情况下的资本资产定价 364
17.6 外国股权限制的影响 367
    17.6.1 市场定价现象 368
    17.6.2 外国股权限制下的资产定价 369
17.7 子公司的财务结构 371

本章小结 373

关键词 373

附录17A 不可交易资产的定价：数字模拟 373

第18章 国际资本预算 375

18.1 国内资本预算的回顾 376

18.2 调整后现值模型　377
18.3 基于母公司视角的资本预算　379
 18.3.1 调整后现值模型概述　380
 18.3.2 未来预期汇率的估计　381
18.4 资本预算分析中的风险调整　385
18.5 敏感性分析　385
18.6 购买力平价假设　386
18.7 实物期权　386
本章小结　388
本章拓展　388

第 19 章　跨国公司的现金管理　389

19.1 国际现金收支的管理　389
19.2 内外部净现金流的双边净额结算　394
19.3 预防性现金储备的降低　394
19.4 现金管理系统实务　395
本章小结　396
本章拓展　397

第 20 章　国际贸易融资　398

20.1 典型的外贸交易　399
20.2 福费廷　401
20.3 政府的出口支持　402
20.4 对等贸易　403
 20.4.1 对等贸易的形式　403
 20.4.2 关于对等贸易的一些结论　405
本章小结　406
本章拓展　406

第 21 章　国际税收环境与转移定价　407

21.1 税收的目的　408
 21.1.1 税收中性　408
 21.1.2 税收公平　408
21.2 税收的种类　409
 21.2.1 所得税　409
 21.2.2 预提税　410
 21.2.3 增值税　412
21.3 国别税收环境　413
 21.3.1 全球性税制　413
 21.3.2 地区性税制　413
 21.3.3 外国税收抵扣　414
21.4 组织结构　414
 21.4.1 分公司及子公司的收入　414
 21.4.2 避税港　415
 21.4.3 本国居民控股的国外公司　417
 21.4.4 税收倒置　417
21.5 转移定价及相关问题　418
 21.5.1 其他各种因素　425
 21.5.2 预约定价协议　425
21.6 冻结资金　426
本章小结　427
本章拓展　427

术语表　428

第一篇

国际财务管理的基础

本篇为后续各主题的展开提供了宏观经济与制度方面的基础。把握本篇内容对于理解后续各篇主题非常重要。

第1章对国际财务管理进行了简要介绍,讨论了学习国际财务的重要性以及国际财务与国内财务的区别。

第2章介绍了世界经济运行所依赖的以及不同时期发挥了作用的各种国际货币体系。本章分析了自19世纪初以来全球国际货币体系的历史演变过程,还详细讨论了欧洲货币联盟的情况。

第3章介绍了国际收支的有关概念及其核算。任何国家都必须确保其经济运行良好,不然就会出现经常账户赤字,从而引起该国的货币贬值。

第4章介绍了世界各国公司治理的总体情况。鉴于各国的文化、经济、政治和法律环境存在差异,公司治理结构往往差异巨大。

第1章

全球化与跨国企业

本章提纲

国际财务的特点
国际财务管理的目标
世界经济全球化的主要趋势与进展
跨国公司
本章小结
本章拓展
  关键词

思考题
小型案例：
  耐克公司与血汗工厂的劳工
参考文献与建议阅读材料
附录1A 贸易利益：比较优势理论
思考题

  正如本书《国际财务管理》书名所示，这里要讨论的是国际环境下的财务管理问题。财务管理关注的是如何以最优的方式做出关于投资、融资、股利分配和营运资本管理的各类公司财务决策，以期实现一系列既定的公司目标。在英国、美国以及许多发达国家，由于资本市场发达，实现股东财富的最大化通常被看作是最为重要的公司目标。

  为什么有必要学习"国际"财务管理呢？答案很简单：我们生活在一个高度**全球化和一体化的世界经济**（globalized and integrated world economy）里。例如，美国的消费者常常要购买从沙特阿拉伯和尼日利亚进口的石油，要购买来自韩国的电视机，还要购买来自德国和日本的汽车、中国的服装、印度尼西亚的鞋子、意大利的手提包以及法国的葡萄酒。反过来说，其他国家的人也会购买美国生产的飞机、软件、电影、牛仔服、智能手机及其他产品。国际贸易的不断自由化必然会进一步推动世界范围内消费模式的国际化。

  与消费国际化相仿，商品和服务的生产也变得高度全球化。在很大程度上，生产的全球化起因于跨国公司为了获取原材料，并在世界上任何成本低而利润高的地方进行生产所做的种种努力。例如，在世界市场上销售的个人电脑很可能是用中国台湾地区生产的显示器、韩国生产的键盘、美国生产的芯片以及由美国和印度的工程师联合开发的软件包在马来西亚组装的。要使一个产品完全原产于一个国家或地区已经变得十分困难了。

  近年来，金融市场也变得高度一体化，这使得投资者可在国际范围内对其投资组合进行分散化运作。例如，2016 年，美国投资者共购买了 1 540 亿美元的外国证券（包括股票与债券），外国投资者则购买了 2 760 亿美元的美国证券。⊖ 特别地，为了利用好其巨额贸易盈余，来自亚洲与中东地区的投资者在美国及其他外国金融市场的投资大幅增长。此外，诸如 IBM、丰田、英国石油等众多世界级大公司的股票已在国外股票交易所交叉上市，因此其股票就可以在国际范围内交易和转让，从而获得国外资本。这样，在华丰田公司的资金需求部分地可以由那些在纽约证券交易所购买丰田公司股票的美国投资者来满足。

毫无疑问，我们生活在一个所有主要的经济活动——消费、生产和投资，都高度全球化了的世界里。因此，对财务经理来说，全面了解财务管理中的国际性因素就显得十分必要。与几十年前本书作者尚在学习财务管理知识的时期相比，世界发生了巨大的变化。那时，大多数教授常常（至少在一定程度上）忽视财务管理的国际方面。不过，自那以后，这种观点很快就站不住脚了。

1.1 国际财务的特点

我们也许已经认识到了学习国际财务的重要性。不过，我们还得问自己：国际财务有何特点？换句话说，国际财务与纯粹的国内财务（如果存在的话）有何区别？其实，国际财务与国内财务的区别主要体现在以下三个方面：①外汇风险与政治风险；②市场的不完全性；③市场机会的增加。

正如下面所要讨论的那样，以上国际财务的主要特点主要来源于这样的事实，即主权国家有权力发行货币、制定其经济政策、课税和管制劳动力、商品及资本的跨国流动。接下来，让我们先对国际财务管理的主要特征逐一进行简单的描述。

1.1.1 外汇风险与政治风险

假设墨西哥是一家美国公司的主要出口市场。再假设像 1994 年 12 月那样，墨西哥比索兑美元大幅贬值。比索贬值意味着该美国公司的产品在墨西哥市场会因定价过高而无人问津，原因是随着比索的贬值，从美国进口的商品的比索价格将上升。如果印度尼西亚、泰国和韩国是该美国公司的主要出口市场，那么在随后发生于 1997 年的亚洲货币危机中，该美国公司也会面临同样的困境。在一体化金融市场上，个人或家庭也面临着汇率变化的风险。例如，自加入欧元区以来，许多匈牙利人通过借入的欧元或瑞士法郎来购买住宅。起初，因为很容易获得低利率的外币抵押贷款，所以匈牙利人的借款热情很高。不过，在最近全球金融危机期间，当匈牙利货币福林兑欧元与瑞士法郎出现贬值后，用福林支付的抵押贷款金额开始直线上升，从而导致许多借款人违约。上述例子表明，如果企业或个人从事跨国交易，就有可能遭遇**外汇风险**（foreign exchange risk）。相反，如果完全从事国内交易，通常就不会遇到外汇风险。

当前，诸如美元、日元、英镑、欧元等主要货币汇率都在波动，而且趋势不可预测。自 20 世纪 70 年代固定汇率制被废除以来，情况就一直如此。如图 1-1 所示，自 1973 年以来，汇率波动开始加剧。汇率变化的不确定性对消费、生产、投资等全部主要经济活动有着普遍而深入的影响。

⊖ 资料来源：《国际金融统计》，2016 年。

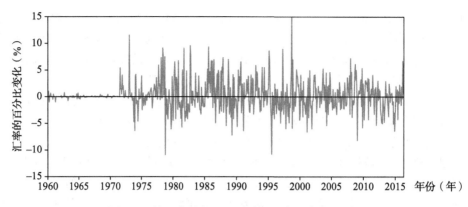

图1-1 按月衡量的日元兑美元汇率的百分比变化

资料来源：国际货币基金组织，《国际金融统计》，各种问题。

公司与个人参与国际经营时所面临的另一类风险就是政治风险。**政治风险**（political risk）包括从不可预期的税收规则变动到彻底没收外国人所拥有的资产。政治风险起因于这样一个事实，即主权国家可以改变游戏规则而受此影响的对方则无法进行有效追索。例如，1992年，位于休斯敦的某家能源公司的子公司——安然开发公司，签订了一份承建印度最大电厂的合同。在安然开发公司投入了3亿美元后，该项目于1995年被马哈拉施特拉邦（Maharashtra state）的民族主义分子政客所取消，他们声称印度不需要电厂。再例如，2012年4月，阿根廷政府通过国有化成为该国最大石油公司YPF的控股股东，该公司市值大约为100亿美元，其原来的母公司为西班牙的雷普索尔石油公司。阿根廷政府进行国有化的理由就是后者在阿根廷的产量不断下降。广义上讲，阿根廷政府控制YPF的目的就是控制战略产业。这些事件都说明了在国外履行合同的艰难性。⊖

在缺乏传统法律保护意识的国家进行投资时，跨国企业和投资者应特别关注政治风险。俄罗斯最大的石油公司尤科斯（Yukos）的垮台就是一个引人注目的例子。随着公司大股东以及不同政见者米哈伊尔·霍多尔科夫斯基（Mikhail Khodorkovsky）因被指控欺诈与逃税而遭拘留，俄罗斯当局就强迫尤科斯宣布破产。俄罗斯当局起诉该公司存在200多亿美元的偷税漏税，并将其资产拍卖予以偿还上述欠税。人们普遍认为，政府打击尤科斯的行动多出于政治动机，但对尤科斯的国际股东造成了严重的损失，致使其投资几乎血本无归。从全球范围来看，股东和投资者的产权并非普遍受到尊重，明白这一点十分重要。

1.1.2 市场的不完全性

与十年或二十年前相比，现在的世界经济已经更为一体化了。不过，各种壁垒仍然阻碍着人员、商品、劳务和资本的跨国自由流动。这些壁垒包括法律限制、过高的交易和运输费用、信息不对称以及差别课税。因此，世界市场是相当不完全的。正如本书后面所要讨论的那样，**市场的不完全性**（market imperfections）是指阻碍市场功能完美发挥的各种阻力和障碍。市场不完全对于激励跨国公司赴海外从事生产起着重要作用。例如，日本的本田汽车公司决定在美国的俄亥俄州建立生产线，其主要目的是避开贸易壁垒。有人甚至说跨国公司是市场不完全所带来的礼物。

⊖ 自那以来，安然公司与马哈拉施特拉邦进行了重新谈判，而西班牙政府则采取了报复措施，限制来自阿根廷的进口。

世界金融市场的不完全性会限制投资者将投资组合分散化的程度。瑞士知名的跨国企业雀巢公司就是一个值得关注的例子。雀巢公司过去一般发行两种不同的普通股：无记名股票和记名股票。不过，外国人只允许持有无记名股票。如图1-2所示，无记名股票曾经以两倍于记名股票的价格进行交易，而记名股票只准瑞士居民持有。⊖这种价格偏离现象在国际市场很少见，产生这种现象的根源就在于市场的不完全性。

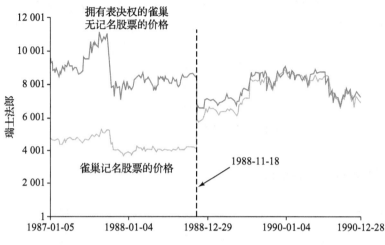

图1-2 雀巢无记名股票与记名股票的日价格走势图

资料来源：Reprinted from Journal of Financial Economics, Volume 37, Issue 3, Claudio Loderer and Andreas Jacobs, "The Nestle Crash," pp. 315-339, 1995, with kind permission from Elsevier Science S.A., P.O. Box 564, 1001 Lausanne Switzerland。

雀巢公司于1988年11月18日取消了对外国投资者的限制，允许他们持有无记名股票和记名股票。声明公布后，这两种雀巢股票间的差价迅速变小。如图1-2所示，无记名股票的价格大幅下跌，而记名股票的价格则大幅上升。这意味着大量财富从外国投资者手中转到本国股东手中。这样，在一个被普遍认为是避险天堂的国家里，持有无记名股票的外国投资者遭受了政治风险。雀巢案例表明了解国际金融市场不完全和政治风险的危险性都很重要。

1.1.3 市场机会的增加

当企业在全球市场进行投资时，就可得益于**市场机会的增加**（expanded opportunity set）。如前所述，企业有可能在世界上的任何国家或地区组织生产，为的是从资本成本最低的资本市场上筹集资金并实现公司利润的最大化。此外，如果企业能从全球范围内开发利用其有形资产和无形资产，就可以获得更多的规模经济利益。下面这段文字摘录于1996年4月9日的《华尔街日报》，描述了一个利用国际财务管理方法获得利益的真实案例。

> 使债券市场结合得更为紧密的另一个因素是大公司可以在世界范围内较为随意地发行债券，这归功于全球互换市场的发展。美国通用电气等公司是最早进入这一市场的企业。马克·凡德戈雷特（Mark VanderGriend）在巴黎巴银行（Banque Paribas）负责融资事务，他说为通用电气筹集40亿法郎（约7.916亿美元）花了大约15分钟。将筹集到的法郎立刻换成美元，通用电气可节约万分之五的融资成本，

⊖ 众所周知，雀巢公司的无记名股票和记名股票享有相同的股利分配权，但表决权并不相同。第17章将详细探讨雀巢公司的案例。

相当于为这笔9年期交易每年节省约40万美元。"这些公司需要巨额的资本,因此在不停地寻求套利机会,"马克·凡德戈雷特先生说:"不过,它们对如何得到这笔钱并不关心。"

与只进行国内投资相比,个体投资者也可通过国际化投资获得巨大的利益。假设你有一笔钱想投资买股票。你可以将全部资金投资于购买美国公司的股票上。作为选择,你也可以把资金分别投资于购买国内和国外的公司股票上。如果你在国际范围内进行分散化投资,所形成的国际组合投资就可能比纯粹的国内投资具有更低的风险或更高的回报(甚至两者兼得)。这主要是因为在国际分散化投资下股票收益的协方差比在单一国家进行投资的协方差要小得多。一旦你意识到海外投资的机会并且愿意进行国际分散化投资,你就会面临更大的市场机遇集并从中获得更多利益。显然,仅仅投资于单一股票是没有意义的。因此,本书所要讨论的一个重要"规范性"主题就是:如何最大化全球机遇集所带来的利益,同时又能审慎控制货币风险与政治风险并处理好市场的各种不完全性。

1.2 国际财务管理的目标

根据前面的讨论可知,了解和处理外汇风险与政治风险、应对市场不完全问题已经成为财务管理者的重要工作内容。《国际财务管理》旨在帮助当今财务管理者理解当好财务经理所必需的基本概念,并提供相应的财务管理工具。全书所强调的是如何运用各种现有的金融工具来应对外汇风险和市场的不完全问题,同时从扩大的全球市场机遇集中获得最大化利益。

然而,有效的财务管理不应满足于应用最新的金融工具或实现更有效的经营运作。有效的财务管理还必须有一个基本目标。《国际财务管理》就是基于这样一个视角来写作的,即把股东财富最大化当作有效财务管理的基本目标。**股东财富最大化**(shareholder wealth maximization)是指公司所做的全部经营决策和投资应着眼于使公司的所有者——股东,较过去财务状况更好或更富有。

尽管股东财富最大化在澳大利亚、加拿大、英国特别是美国等英语语系国家被普遍接受为财务管理的最终目标,但这种观点在世界其他地方并不被广泛采用。例如,在法国和德国,股东通常被视为企业的利益相关者之一,其他利益相关者包括雇员、客户、供应商、银行等。欧洲企业的管理人员倾向于将增进企业利益相关者的整体利益作为企业的最重要目标。另一方面,在日本,许多公司会形成相互联系的被称为系列组织(Keiretsu)的众多企业集团,如三菱电机、三井物产和住友。这些集团都是由家族企业联合体发展而来的大型企业集团。虽然近年来系列集团的作用出现弱化,但日本的管理人员仍然倾向于把系列集团的繁荣和发展作为最重要的目标。例如,这些企业倾向于追求市场份额的最大化,而不是股东财富的最大化。

不过,需要指出的是,近年来随着资本市场变得更加自由化和国际一体化,即使是法国、德国、日本以及一些非英语语系国家的管理人员也开始认真关注股东财富的最大化问题了。例如,为了维护股东的利益,德国允许公司在必要的情况下回购股票。在接受英国最大的移动电话公司沃达丰集团(Vodafone AirTouch)价值2 030亿美元的天价收购报价时,德国曼内斯曼公司(Mannesmann)的首席执行官克劳斯·埃塞尔(Klaus Esser)就提到了股东利益问题。他说:"股东们显然认为像曼内斯曼公司这样的大公司和沃达丰集团的合并毫无

疑问会更好……最终决定得由股东做出。"⊖

显然，企业还可以有其他目标。不过，这并不意味着股东财富最大化是企业唯一的选择，也不意味着企业应当就恰当的基本目标进行商榷。恰恰相反，如果企业追求股东财富的最大化，它多半还必须同时完成其他有价值的合理目标。股东财富最大化是一个长远目标。如果一家企业不善待员工，生产粗劣的商品，浪费原料和自然资源，管理低效或不能使顾客满意，那么这家企业也无法在经营中实现股东财富的最大化。只有管理有效、按市场需求进行有效生产的企业才可能在长期经营中生存下去并提供更多的就业机会。

尽管受聘的管理人员必须使公司的经营符合股东利益，但无法保证管理人员一定会这么做。像最近发生在安然（Enron）、世通（WorldCom）和环球电讯（Global Crossing）等公司的一系列丑闻中，公司管理人员会在监管不力的情况下，以牺牲股东利益为代价来换取个人利益。这种所谓的代理问题是上市公司的一大缺陷。管理层的众多不法行为和会计造假最终导致了这些公司的财务危机和破产，同时也使股东和雇员受损。相反，一些高级管理人员和内幕知情人员却从中获得了巨大的好处。很明显，在这些公司里，作为股东利益守护人的董事会没有履行好其职责。这些公司的灾难削弱了自由市场制度的信誉。社会在沉痛的教训中认识到了**公司治理**（corporate governance）的重要性，也就是说要在公司管理层和股东之间建立一种起到监控作用的财务及法律框架。显然，公司治理问题不可能仅仅发生在美国。事实上，在世界的其他地方，特别是在新兴的经济转型国家里，如印度尼西亚和韩国这样一些对于股东利益的法律保障不力甚至缺失的国家，公司治理问题可能更为严重。

第4章将对公司治理这一问题进行详细讨论。各国的公司治理结构差异很大，这反映了不同国家有不同的文化环境、法律环境、经济环境和政治环境。在许多股东并无强大法律权力的国家，公司所有权较为集中。然而这种集中的所有权会导致大股东（通常为家族企业）和外部小股东之间的利益冲突。帕玛拉特奶制品企业（Parmalat），一家意大利家族企业，长达十年的会计欺诈导致企业破产，这也证实了公司治理风险的存在。据称该公司隐匿负债、虚构资产并将公司资金挪用于家族人员的投机活动，由于只有家族成员和关系密切的合作伙伴才知道公司是如何运作的，这些问题被隐藏长达十年之久也就不足为奇了。总计占公司股份49%的家族以外股东并不知道公司运作的机密。罗马大学社会学教授佛朗哥·费拉罗迪（Franco Ferrarotti）曾经说过："政府软弱，国家虚设，公共服务不力。相反，家族却强大，因为它们是你无法参与其中的唯一机构。"⊖

股东作为企业的所有者承担着投资风险。只有获得相应的回报，这样才算公平。如果企业追求的是其他目的，那么私人资金就不会进一步投向企业。对此，我们做一简要讨论。目前正在许多发展中国家和以前的社会主义国家大力进行的私有化所依赖的就是私人投资，而私有化将最终提高这些国家居民的生活水平。因此，加强公司治理对股东获得合理回报是至关重要的。本章接下来将详细讨论：①世界经济的全球化；②跨国公司在世界经济中日益上升的作用。

1.3 世界经济全球化的主要趋势与进展

在过去的几十年里，"全球化"这一术语成了描述企业经营的流行词汇，而且在整个

⊖ 资料来源：《纽约时报》，2000年2月4日，p.C9。
⊖ 资料来源：《今日美国》，2004年2月4日，p.2B。

21世纪里，这一术语仍将继续成为描述企业管理的关键术语。在这一节里，我们将介绍世界经济发展的主要趋势与进展：①金融市场全球化的兴起；②作为全球货币的欧元的诞生；③2010年欧洲的主权债务危机；④持续发生的贸易自由化与经济一体化；⑤国有企业的大规模私有化；⑥2008～2009年全球金融危机。

1.3.1 金融市场全球化的兴起

在20世纪八九十年代，国际资本市场和金融市场发生了迅速的一体化。金融市场全球化的动力最初来自几个主要国家的政府，这些国家已经开始解除对外汇和资本市场的管制。例如，日本在1980年解除了对外汇市场的管制。1985年，东京股票交易所开始接纳几家外国经纪公司作为其成员。此外，1986年2月，伦敦证券交易所开始接纳外国公司作为正式成员。

然而，可能最为著名的管制解除发生在1986年10月27日的伦敦。该行动被称为"大爆炸"。当日，伦敦证券交易所废除了固定的经纪人佣金制。1975年的五一国际劳动节，美国也发生了同样的一幕。此外，划分接单职能与做市职能的管制制度也被取消了。在欧洲，金融机构享有投资银行和商业银行双重职能。这样，在伦敦的国外商业银行的分支机构有资格成为伦敦证券交易所的会员。这些改变旨在使伦敦成为世界上最开放和最有活力的资本市场。这一招很有效。目前，在世界主要金融中心中，伦敦是竞争最为激烈的。为了进一步增强商业银行间的竞争，美国废除了《格拉斯—斯蒂格尔法案》（Glass-Steagall Act），允许商业银行从事投资银行活动，如承销公司证券等。即使是一些发展中国家，如智利、墨西哥和韩国，也变得更加开放，允许外国人直接参与其金融市场的投资。

金融市场管制的解除与金融服务业竞争水平的提高为金融工具创新提供了一个良好的环境。金融创新的结果是各种创新金融工具的引入。这些创新工具包括外汇期货和期权、多种货币债券、国际互助基金、国家基金、交易所交易基金以及外国股票指数期权和期货。企业通过海外上市在世界金融市场的一体化过程中扮演了一个重要角色。一些著名的非美国公司如必和必拓（BHP Billiton）、巴西石油（Petrobras）、中国移动、诺华制药（Novartis）、维布络（Wipro）、本田汽车、墨西哥电信（Telmex）、ING、英国石油、韩国电信与瑞士联合银行（UBS）就直接在纽约证券交易所上市并交易。同时，美国公司如IBM和通用汽车也在法兰克福、伦敦和巴黎股票交易所上市。这种跨国股票上市使投资者买卖外国股票就像买卖本国股票一样，从而使国际投资变得更为容易。⊖

最后但同样重要的是，计算机和通信技术的进步极大地促进了金融市场全球化的兴起。以网络信息技术为代表的新技术给全世界的投资者提供了一种快速获得影响其投资决策的最新信息的手段，并大大降低了获取信息的费用。此外，采用计算机的交易和结算过程也降低了进行国际交易的费用。美国商务部的电脑价格指数表明，使用计算机的相关成本指数从1960年的100下降到1970年的15.6、1980年的2.9和1999年的0.5。得益于技术的发展和金融市场的不断自由化，近年来跨国金融交易得到了迅速发展。

1.3.2 作为全球货币的欧元的诞生

1999年，欧元的诞生是对世界经济具有深远意义的世界金融制度史上的一件大事。目

⊖ 各方面的研究表明资本市场的自由化有助于降低资本成本。参见 for example, Peter Henry, " Stock Market Liberalization, Economic Reform, and Emerging Market Equity Prices," *Journal of Finance* (2000), pp. 529-64.

前，来自19个国家（奥地利、比利时、塞浦路斯、爱沙尼亚、芬兰、法国、德国、希腊、爱尔兰、意大利、拉脱维亚、立陶宛、卢森堡、马耳他、荷兰、葡萄牙、斯洛伐克、斯洛文尼亚和西班牙）的3亿多欧洲人每天都在共同使用这种货币。在罗马帝国衰亡以后，还从来没有一种货币可以如此广泛地在欧洲流通。考虑到捷克、匈牙利、波兰等许多欧盟新的成员国最终可能选择欧元作为流通货币，欧元的**交易领域**（transaction domain）在不远的将来很可能超过美元。

一旦某个国家选择欧元作为流通货币，它很显然就不能有独立的货币政策。目前，欧元区的共同货币政策由位于法兰克福的欧洲中央银行（European Central Bank，ECB）制定。有些方面，欧洲中央银行是依照德国中央银行——德意志银行的模式建立的。欧洲中央银行在法律上负有保障欧元区货币稳定的责任。考虑到欧元区的人口数量、经济产出水平、世界贸易中所占的份额以及欧元的稳定程度，欧元很有可能成为与美元分庭抗争的另一种在国际贸易和金融领域里居于主导地位的世界货币。为了说明欧元所带来的重大影响，被称作欧元之父的罗伯特·蒙代尔（Robert Mundell）教授最近指出："欧元区的产生最终定会与美元区构成竞争，不管是从货币政策的卓越性角度来看，还是从其他货币的支持来看。"⊖因此，只要欧元的信誉不减，那么未来必然形成两极化的国际货币体系。

自1999年诞生以来，欧元已给欧洲金融业带来了革命性的变化。例如，通过将多种货币标价的公司及政府债券和股票统一采用欧元标价，欧元促使形成了一个覆盖整个欧洲大陆、在深度和广度上都可以和美元相媲美的资本市场。由于在欧洲比较容易以优惠的价格筹得资本，所以全世界的公司都将从中获益。此外，正是由于欧元所带来的深远影响，近年来才在欧洲发生了大规模的收购及兼并活动、股票交易所的跨国联合以及对银行资本依赖程度的下降。

自第一次世界大战结束以来，美元就代替英镑成为世界经济活动中的主宰货币。结果，外币的汇率都采用美元标价的，并且最有利可图的货币交易，不管是买入还是卖出，都是以美元结算的。同样地，在诸如石油、咖啡、小麦、黄金等主要商品的国际贸易业务中，美元也被用作结算货币。此外，世界上许多国家的中央银行把美元作为储备货币，这也充分体现了美元在世界经济中的统治地位。美元的优越地位反映了美国经济的主导地位、美国资本市场的成熟程度与开放程度、美国市场价格的稳定性以及美国的政治与军事实力。显然，正是美元在世界经济中的主导地位赋予了美国很多特权。例如，美国可以发生大量的贸易逆差而不需要充足的外汇储备，这就是"无泪赤字"（deficits without tears）；美国还可以大规模地用美元进行国际贸易而无须承担汇率风险。然而，一旦贸易商们真正开始使用欧元作为结算、流通和储存货币，美元就不得不与欧元分享上述特权。

1.3.3　2010年欧洲的主权债务危机

不过，在欧洲主权债务危机期间，作为全球货币兴起的欧元遭遇了严重的困境。欧洲主权债务危机始自2009年12月，当时新上台的希腊政府披露称，当年的预算赤字将占到GDP的12.7%，远高于之前预计的3.7%。上届政府对国民账户数据做了假。虽然外界并不知情，但希腊事实上严重违反了欧洲稳定条约，该条约规定欧元区国家的年度预算赤字最多不许超

⊖ 资料来源：Robert Mundell, 2000, " Currency Area, Volatility and Intervention," *Journal of Policy Modeling 22* (3), 281-99.

过其 GDP 的 3%。该消息震惊了金融市场，投资者担心发生主权债务违约，开始抛售希腊政府债券。希腊债务危机的起因在于过度借贷和消费，而且工资和物价上涨速度快于生产增长。因为采用了欧元，所以希腊不能再采用传统措施本币贬值来恢复竞争力。

主权债务危机引发的市场担忧开始蔓延到其他经济薄弱的欧洲国家，特别是爱尔兰、葡萄牙和西班牙。2010年春，穆迪和标准普尔两家信用评级机构均下调了对受危机影响的国家的政府债券评级，使得这些国家的借贷和融资成本上升。特别地，希腊政府债券被降级为"垃圾"债券，不符合机构投资者的投资要求。图 1-3 描述了正在发生的希腊债务危机的情况。图 1-3 中给出了希腊和德国 2 年期政府债券的收益率以及美元兑欧元的汇率。如图 1-3 所示，在 2009 年 12 月之前，希腊债券的利率事实上很低，与德国债券的利率相差无几。原因可能在于希腊是欧元区的成员。不过，随后希腊债券的利率开始大幅上升，于 2010 年 5 月 7 日达到 18.3%。之后因 5 月 9 日公布了救助计划，希腊债券的利率才开始下降。此外，混乱的主权违约阴影导致了货币市场中欧元的汇价大幅下跌。

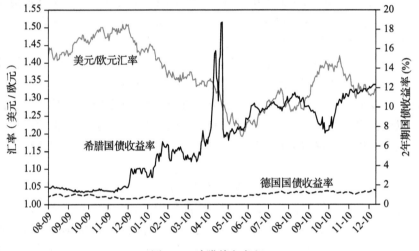

图 1-3　希腊债务危机

资料来源：彭博资讯。

虽然希腊的国内生产总值仅占欧元区国家国内生产总值的 2.5%，但希腊的主权债务危机迅速升级为全欧洲的债务危机，严重威胁到刚开始从 2008～2009 年全球金融危机中复苏的世界经济。面对危机的蔓延，以法国和德国为首的欧盟国家，联合国际货币基金组织（IMF），共同向希腊及其他经济薄弱的国家投放了 7 500 亿欧元的援助资金。据悉，由于欧洲缺乏政治联盟且决策结构分散，导致欧盟国家对救助计划存在争议，难以快速达成共识，从而使得救援成本更加高昂。

2010 年爆发的欧洲主权债务危机揭示了欧元作为共同货币的一个弱点：虽然欧元区国家通过采用欧元而实现了货币一体化，但仍然缺乏财政政策的一体化。虽然欧元区国家拥有共同的货币政策，但有关税收、消费与借贷的财政政策仍然由各国自己决定。因此，一旦某个欧元区国家的财政纪律失控，往往就会酿成全欧洲的危机，并威胁到共同货币的价值和可信度。因此，欧元的长期生存能力及其成为全球货币的潜力完全取决于如何处理财政政策与货币政策一体化之间矛盾的处理。关于这一挑战，欧洲中央银行前行长让-克洛德·特里谢（Jean-Claude Trichet）曾呼吁欧元区的经济治理应该实现"量化飞跃"，他敦促欧洲建立起

"财政联盟"。当然,欧洲能否处理好这些挑战仍有待观察。

1.3.4 贸易自由化与经济一体化

作为各国传统经济联系的国际贸易仍在不断扩大。如表 1-1 所示,全世界商品出口占 GDP 的比重从 1950 年的 7.0% 上升到 2014 年的 26.2%。这表明,在过去的这段时间里,国际贸易的增长速度几乎达到世界 GDP 增长速度的 3 倍。其中,某些国家的国际贸易增长更快。例如,同期,德国从 6.2% 增长到 51.1%,韩国从 1% 增长到 50.1%。但是,阿根廷、巴西、墨西哥等拉美国家的国际贸易增长速度就相对低一些。例如,1973 年,阿根廷的出口额占 GDP 的比重为 2.1%,巴西为 2.6%,墨西哥为 2.2%。这反映了这些国家在过去一段时间里所实行的是封闭或保护主义经济政策。为了取得国际贸易利益,即便是这些一度实行保护主义政策的国家现在也越来越实行自由市场和开放经济政策。2014 年,阿根廷的出口占 GDP 的比重达到 11.0%,巴西达到 10.8%,墨西哥则达到 32.0%。

表 1-1 长期开放度考察(按 1990 年价格计算的商品出口 /GDP,%)

国家和地区	1870 年	1913 年	1929 年	1950 年	1973 年	2014 年
美国	2.5	3.7	3.6	3.0	5.0	13.8
加拿大	12.0	12.2	15.8	13.0	19.9	32.1
澳大利亚	7.4	12.8	11.2	9.1	11.2	21.0
英国	12.0	17.7	13.3	11.4	14.0	28.6
德国	9.5	15.6	12.8	6.2	23.8	51.1
法国	4.9	8.2	8.6	7.7	15.4	27.9
西班牙	3.8	8.1	5.0	1.6	5.0	32.1
日本	0.2	2.4	3.5	2.3	7.9	17.6
韩国	0.0	1.0	4.5	1.0	8.2	50.1
泰国	2.1	6.7	6.6	7.0	4.5	62.3
阿根廷	9.4	6.8	6.1	2.4	2.1	11.0
巴西	11.8	9.5	7.1	4.0	2.6	10.8
墨西哥	3.7	10.8	14.8	3.5	2.2	32.0
世界	5.0	8.7	9.0	7.0	11.2	26.2

资料来源:Various issues of *World Financial Markets*, JP Morgan, *World Development Indicators, International Trade Statistics, and International Financial Statistics*, IMF.

比较优势理论是国际贸易的理论基础。**比较优势理论**(theory of comparative advantage)是大卫·李嘉图在其名著《政治经济学及赋税原理》(1817 年)一书中提出的。根据李嘉图的理论,如果每个国家专业化生产各自能最有效生产的商品,然后相互进行交换,那么参与各方都能获益。假设英国在纺织品生产方面最具效率,而法国在葡萄酒生产方面具有优势。如果英国专业化生产纺织品而法国专业化生产葡萄酒,接着再交易各自所生产的产品,那么,两国所生产的纺织品和葡萄酒的总量就会增加,相应地,两国都可以更多地消费两种产品。即便其中一国在这两种产品的生产上比另一国都要富有效率,这一理论仍然有效。⊖李嘉图理论具有明显的政策含义:自由贸易可增加全球居民的福利。换句话说,国际贸易并非"零和"游戏,即重商主义者所主张的一个国家的受益是以另一个国家的损失为代价的。相

⊖ 读者可参阅附录 1A 关于比较优势的具体讨论。

反,国际贸易是"正和"游戏,所有的玩家都是赢家。

尽管比较优势理论并非无懈可击,但它仍为促进各国间的自由贸易提供了强大的理论基础。现在,不管是在全球层面上,还是在地区层面上,国际贸易都变得更加自由化了。从全球层面来看,作为成员之间多边协议的**关税与贸易总协定**(General Agreement on Tariffs and Trade,GATT)在拆除国际贸易壁垒方面发挥了重要的作用。自1947年设立以来,关税与贸易总协定已经成功地逐步取消或降低了关税、补贴、配额及其他贸易壁垒。1986年举行的最后一轮会谈乌拉圭会合的目标包括:①全球进口关税平均降低38%;②主要工业化国家免税商品比例由20%增加到44%;③将世界贸易规则的适用领域扩大到农产品贸易领域,以及包括银行、保险与知识产权在内的服务贸易领域。乌拉圭会合还创立了具有永久地位的世界贸易组织来替代关贸总协定。世界贸易组织在执行世界贸易规则方面被赋予了更多的权力。中国已加入世界贸易组织,这也进一步证明了自由贸易理论的合理性。最新回合的多哈谈判于2001年在卡塔尔多哈启动,直到现在仍在进行中。多哈回合谈判的目标是降低全球各地的贸易壁垒,促进发达国家与发展中国家之间的自由贸易。不过,到目前为止,以美国、欧盟和日本为首的发达国家与以巴西、中国和印度为首的发展中国家之间的分歧,致使多哈回合谈判陷入僵局。双方的主要分歧在于各国农产品和工业品市场的开放以及发达国家如何降低对其农产品的补助上。

在邓小平"致富光荣"这一注重实效的政策的指引下,中国从20世纪70年代末开始实行经济改革。自那以来,中国经济开始了令人震惊的快速增长,多数年份取得了10%的增长率,使得无数的中国老百姓脱离了贫穷。快速增长的国际贸易和外国直接投资推动了中国经济的飞速发展,而中国经济对自然资源、资本货物和技术的需求反过来也促进了世界其他国家对中国的出口。近年来,印度也与中国一样实行经济开放政策,开始吸引外国投资。自20世纪90年代初以来,印度开始进行市场经济改革,逐渐废除了各经济领域中的许可证制度或配额限制,并积极鼓励私人投资办企业。众所周知,印度已成为最重要的提供信息技术服务、办公设备支持和研发服务的中心。中国和印度拥有大量训练有素的技术劳动力,这必然会使世界经济结构发生重大变化。从购买力角度来看,中国已经成为仅次于美国的世界第二大经济体,而印度是仅次于日本的第四大经济体。中国和印度在世界经济中的重要性的不断增加,将极大地改变国际生产、贸易和投资的模式。

从区域范围来看,各国之间所签署的正式协议也促进了经济的一体化。欧盟(European Union,EU)就是这样一个例子。欧盟直接由欧共体(以前称欧洲经济共同体)演变而来,其宗旨就是促进西欧国家的经济一体化。欧盟现有27个成员国,相互之间取消了限制商品、资本和人员自由流动的壁垒。欧盟成员国希望借此增强其相对于美国、日本的经济地位。1999年1月,欧盟11国顺利地开始使用单一的共同货币——欧元,而且欧元很有可能成为能在世界贸易和投资中与美元相抗衡的另一种世界货币。希腊也于2001年1月加入了欧元区。随后,又有5个欧盟成员国加入欧元区,即塞浦路斯、爱沙尼亚、马耳他、斯洛文尼亚和斯洛伐克。欧元区的成功建立极大地促进了欧洲公司寻求泛欧及全球联合的步伐。近年来,欧洲地区的并购交易额已与美国的并购交易额相当了。

虽然欧盟设立的经济和货币联盟属于最先进的经济一体化形式,但从本质上讲仍然是一种自由贸易区。1994年,加拿大、美国和墨西哥签订了北美自由贸易协定(North American Free Trade Agreement,NAFTA)。加拿大是美国最大的贸易伙伴国,而墨西哥是美国的第三大贸易伙伴国。在自由贸易区内,成员国之间取消了所有诸如关税、进口配额之类的贸易壁垒。北美自由贸易协定规定要在 15 年内逐步取消关税。按照许多观察家的观点，北美自由贸易协定将促进成员国之间贸易的增长，而贸易的增长将创造更多的就业岗位，并提高所有成员国的生活水平。从表 1-1 中我们可以注意到，墨西哥商品出口占 GDP 的比重从 1973 年的 2.2% 迅速上升到 2014 年的 32.0%。墨西哥贸易的快速增长就是由北美自由贸易协定所创造的。

最近，当大多数英国人投票决定离开欧盟时，全球和区域经济一体化的进程遭遇了重大挫折，这一事件被称为"英国退欧"。虽然 2016 年 6 月 23 日举行的英国公投退欧结果颇为出人意料，但这可能标志着已推行 60 年左右的全球化进程到了转折点。英国退欧可能会削弱英国和欧盟在经济和政治方面的影响力。此外，如果英国失去了无限制进入欧洲单一市场的权力，那么伦敦作为欧洲金融中心的地位可能被削弱。事实上，人们无法完全排除英国退欧在最坏的情况下会引发欧盟缓慢解体的可能性。

具有讽刺意味的是，一向推崇自由贸易和自由资本主义的英国，成了第一个自愿离开欧盟这一最具雄心的全球化计划的国家。那么，这是如何发生的呢？问题的答案似乎有点讽刺意味：在某种程度上，英国退欧正是因为全球化的成功。随着欧洲一体化发展的推进，成为欧洲金融之都的伦敦自然好处巨大。不过，英国的其他地区并没有分享到这一成功的果实。尽管有 60% 的伦敦人投票支持留在欧盟，但在英国其他地区只有 45% 的选民支持留在欧盟，这样的结果就很令人深思。事实上，伦敦以外的大多数选民都觉得经济全球化与自己格格不入，而且他们担心的是来自移民的就业竞争。

英国退欧还反映了一些与倡导商品、资本和人口自由流动的自由贸易和全球经济一体化相关的困难。尽管国际贸易极大地促进了经济的增长，使全球数千万人口摆脱了贫困，但也产生了明确的赢家和输家。因此，除非输家能够通过转移支付和再培训得到补偿，否则自由贸易很可能遭遇来自政治上的反对。因此，各国应重视"共享增长"问题，以便继续从自由贸易和经济一体化中受益，并抵制贸易保护主义。如果保护主义胜过了自由贸易，就像 20 世纪 30 年代所发生的那样，那么每个人最终都可能成为输家。

1.3.5 私有化浪潮

经济一体化和全球化始于 20 世纪 80 年代。到了 20 世纪 90 年代，伴随着**私有化浪潮**（privatization），经济一体化和全球化开始迅猛发展起来。借助于私有化形式，国家可以将企业推向自由市场，实现对企业所有权和经营权的分离。私有化并非是在柏林墙倒塌后才有的。不过，自东欧集团国家原有制度解体以来，私有化步伐得到了加速，国有经济体制开始快速地向市场经济体制转轨。卡尔文·科立芝（Calvin Coolidge）总统曾经说过，美国的事业就是商业，而今天人们也许会说世界的事业就是商业。

人们可以从多种角度来看待私有化问题。从某种意义上讲，私有化就是非国有化的过程。国民政府放弃国有企业之时，也是在放弃自身的部分国民身份。此外，如果新的所有者是外国人，那么该国家同时也会受到之前未曾经历的外国文化因素的影响。私有化常常被当作达到某种目的的手段。对于许多欠发达国家来说，私有化的好处之一就是可以通过出售国有企业来增加国家的硬通货外汇的储备。出售所得的收入常常也用来偿还对经济形成沉重压力的国家债务。另外，私有化也被看作根治政府部门工作效率低下和浪费的手段。据一些经济学家估计，私有化所带来的效率提升及经营成本的下降可达 20%。

国有企业私有化的方式并不是唯一的。政府进行私有化的目的似乎是营造一种主流导向。对捷克共和国来说，速度是首要因素。为了实现整体私有化，捷克政府将企业完全出让给捷克民众。捷克政府以象征性收费的形式将所有权凭证出售给捷克公民，并容许他们到拍卖所出售企业。1991～1995年，捷克共有1 700多家公司实现了私有化。此外，3/4的捷克公民成了这些新近私有化企业的股东。

据世界银行称，俄罗斯也一直在进行不可逆转的私有化改革。目前，该国80%以上的非农场工人在私有部门上班。被私有化的公寓达1 100万单元，涉及该国240 000家其他类型企业中的一半。另外，通过类似于捷克的所有权凭证制度，现在大约有4 000万俄罗斯人拥有15 000多家大中型企业的股票，而这些企业正是通过大规模的国有企业拍卖活动来实现私有化的。

在中国，私有化是通过国有企业在有组织的证券交易所上市来实现的。通过上市，国有企业就可以进行恰当的私有化。20世纪80年代初，中国政府创办了两家证券交易所——上海证券交易所和深圳证券交易所，作为推进市场化改革的举措之一。自两家交易所成立以来，中国股票市场以惊人的速度实现了增长。就市值而言，中国股票市场已成为亚洲最大的股票市场之一。目前，有超过2 000家公司在中国的证券交易所上市。中国的股票市场在国有企业的私有化过程中起着至关重要的作用，不仅为企业的投资和经营筹集新的资本，而且推进了公司所有权向公众的扩散。此外，外国公民主要可以通过投资于在上海或深圳证券交易所上市的所谓B股，或者投资于在香港股票交易所直接上市的股票（H股），或者投资于在纽约证交所以及其他国际交易所上市的股票来参与中国公司的所有权。需要注意的是，中国企业的A股主要面向的是中国的国内投资者。尽管个人投资者和机构投资者目前都在积极投资中国企业的股票，但中国政府仍持有多数上市公司的多数股权。

对一些国家而言，私有化就意味着全球化。例如，为了实现财政稳定，新西兰政府不得不向外国资本开放其原来的社会主义经济。现在，澳大利亚投资者控制了新西兰的商业银行，美国公司则购买了新西兰的国家电话公司和木材经营公司。在外资拥有所有权并实行了市场经济的背景下，虽然工人的权利发生了变化，但新西兰也成了市场环境最具竞争力的国家之一，并且实现了财政稳定的目标。1994年，新西兰的经济增长率达到6%，而且通货膨胀也得到了控制。从新西兰的经验可以看出，私有化大大促进了跨国投资的发展。

1.3.6 2008～2009年全球金融危机

2007年夏，次贷危机始发于美国。次贷危机导致严重的信贷紧缩，致使家庭、公司和银行出现借款和融资困难。2008～2009年间，信贷紧缩升级为全面的全球金融危机。2008年9月14日，这一危机正式形成。当天，美国的一家全球性大型投资银行雷曼兄弟宣布破产。这家标志性大银行的突然破产触发了对全球金融市场和金融机构的巨大的信任危机。股票价格出现暴跌，产量直线下降，失业率急剧上升。如图1-4所示，众所周知的美国股市指数——道琼斯工业平均指数，从2007年10月9日的14164最高点大幅下跌至2009年2月27日的7062点，下跌幅度达50%，美国的失业率则从2007年5月的4.4%上升到2009年10月的10.1%。同期，国际贸易迅速萎缩。危机不仅影响到发达国家，如美国、日本和欧盟，还影响到巴西、中国、俄罗斯等许多新兴经济体，虽然对后者的影响较小。世界经济出现了大萧条，成为大萧条以来最严重的一次经济危机。

作为金融工具，次级抵押贷款旨在为中低收入家庭拥有住房提供方便。大部分次级抵押贷款属于利率可调节贷款，可以多次再融资。抵押银行主要通过资产证券化来为次级贷款筹集资金。次级抵押贷款一旦形成，它们先被打包成各式各样的抵押证券，然后出售给美国和其他国家的各类机构投资者。1996～2005年间，随着住房价格的上升，次级抵押贷款按预期目的得到发展。不过，因美联储实行紧缩货币政策，2004年年初美国的利率开始上升，住房房价不再上涨并于2006年开始下跌。随后，次级贷款借款人出现违约，从而增加投资者的风险，使美国及其他国家的银行的资本遭受侵蚀。

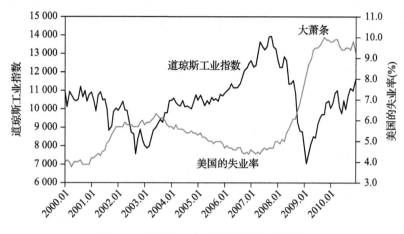

图1-4　美国的失业率与道琼斯工业指数

资料来源：彭博资讯。

那么，导致全球金融危机的原因是什么呢？虽然要给出明确答案目前也许为时尚早，但仍然可以给出导致本次危机的若干因素。第一，家庭和金融机构借款太多，承担了过多风险。过多借款和过大的风险反过来又导致大量的流动性与信用供给，因为：①实行了联邦储备银行前主席格林斯潘遗留下来的"宽松"货币政策；②与亚洲国家利用贸易顺差有关的大量外币流入，这些国家包括中国、日本、韩国和中东的一些石油出口国。第二，危机因资产证券化而被成倍放大并传导到全球各地。资产证券化使得放贷者可避免承担违约风险，导致借款标准降低，从而增加道德危机。此外，金融工程师设计的复杂难懂的证券抵押导致风险承担过度。因为这些证券难得交易，所以很难进行估价。第三，自由市场之"看不见的手"显然无法对过剩进行自我调节，导致银行危机。同时，因美国证券交易委员会、美联储等政府机构监管不力，未能发现金融系统所面临的不断增加的风险，当然也未能对金融危机采取预防措施。这种监管上的自由放任情形反映了自20世纪80年代以来美国经济中普遍的取消管制做法。1999年《格拉斯—斯蒂格尔法案》的废除就是美国管制取消趋势的一个例子。《格拉斯—斯蒂格尔法案》于大萧条后实施，目的是在商业活动与投资银行业务之间建立一道防火墙。该法案的废除可能鼓励银行承担过度的风险。第四，当今国际金融市场高度联系，而且日益一体化。美国发生的次级抵押贷款违约会威胁到挪威教师退休金的支付，因为后者投资了美国的抵押贷款证券。美国政府被迫耗资1 800亿美元来挽救美国的一家保险公司——美国国际集团（AIG），这也是历史上对单家公司的金额最多的救助，因为政府担心，如果美国国际集团破产，就可能引起国际集团的国际合作伙伴发生连锁破产，包括高盛、德意志银行、巴克莱银行、瑞士联合银行、法国兴业银行和美林银行。因此，鉴于美国国际集团不仅规模巨大，而且影响大，所以绝不能让其破产。就当代世界经济而言，某个市场出现的金融动荡会迅速蔓延并通过多种渠道传递到其他市场。在一体化世界里，任何市场或机构都无法独善其身。

面对严重的信贷紧缩和经济衰退，美国政府采取了强有力的措施以拯救银行系统并刺激经济。事实上，为维持经济运行，政府既是最后贷款人，也是最后用款人。具体而言，布什政府于2008年10月正式实施《问题资产救助计划》（TARP）。政府将7 000亿美元的问题资产救助基金注入金融体系，用于从银行买入不良资产以及与抵押贷款相关的证券，或直接用于增加银行的储备金。奥巴马政府相继实施了一个8 500亿美元的经济刺激计划，目的是促进经济活动并创造就业。世界上许多政府也实施了类似的刺激计划，主要有英国、法国、德国、中国和韩国。此外，为了预防未来再次发生金融危机以免出现昂贵的救助投入，美国政府于2010年7月实施了更为紧缩的金融政策。其中，新政策禁止银行将自有资本进行风险投资，因为这种风险投资会危及银行的核心资本。除此之外，美国政府还新设立了独立的消费者金融保护局（Consumer Financial Protection Bureau）来保护消费者免受掠夺性贷款的侵害。同时，新设立了由监管者组成并由财政部长担任主席的金融稳定监督委员会，负责密切监测影响整个金融市场的系统性风险。

最后，值得注意的是，在2008～2009年全球金融危机发生期间，由主要发达国家和发展中国家组成的二十国集团成了讨论国际经济问题与协调金融法规和宏观经济政策的首要论坛。二十国集团中的发达国家包括德国、日本和美国，发展中国家包括巴西、中国、印度、韩国和南非。第11章将更为详细地讨论上述相关问题。

1.4 跨国公司

除了国际贸易之外，跨国公司的国外直接投资也是促进世界经济一体化的主要动力。据联合国的有关报告，全世界有约60 000家跨国公司，这些跨国公司在国外设有500 000多家附属公司。㊀自20世纪90年代以来，跨国公司的国外直接投资以每年约10%的速度增长。同期，国际贸易以3.5%的年增长速度增长。

跨国公司（multinational corporation，MNC）是指在一个国家组织成立并在若干其他国家从事生产和销售经营的企业。该术语表明跨国公司往往会从一国市场购买原料，从另一国市场取得经营资本，然后使用第三国的劳动力和资本设备进行生产，最后在其他国家的市场上进行销售。有些跨国公司的确会在数十个不同国家开展经营业务。跨国公司也会从世界各地的主要金融市场、采用不同种类的货币来为其经营业务融资。国际化经营要求跨国公司的财务部门建立国际性的银行代理业务、安排不同货币种类的短期资金并有效管理其外汇风险。

表1-2是根据联合国贸易和发展联合会（UNCTAD）的有关数据编制的，给出了全球最大的100家跨国公司中按海外资产规模排名的前40家公司。表1-2中的许多企业都是全球知名企业，其品牌经常出现在消费品市场。例如，通用电气（GE）、通用汽车、英国石油（BP）、丰田、宝马、苹果、沃尔玛、宝洁、雀巢、辉瑞和西门子都是家喻户晓的公司。如果按母公司所在国家划分，在前100家跨国公司中，美国所占企业最多，为17家；英国和法国排名第二与第三，分别为16家与11家；接下来是德国占10家，日本占10家，瑞士占5家。值得注意的是，一些瑞士公司的国际化经营程度非常之高。例如，雀巢公司98%的销售收入来自海外市场，雇用的海外员工达322 996名，占其全部员工数的97%。显然，跨国公司在创造全球就业岗位方面作用巨大。

㊀ 资料来源：联合国发布的各期《世界投资报告》。

表 1-2 按 2013 年的国外资产金额排名的世界前 40 家非金融业跨国公司

排名	公司	国家/地区	所在行业	资产（10亿美元）国外	资产（10亿美元）总和	销售（10亿美元）国外	销售（10亿美元）总和	雇员（1 000名雇员）国外	雇员（1 000名雇员）总和
1	通用电气	美国	电子和电气设备	331.16	656.56	74.38	142.94	135.00	307.00
2	皇家荷兰/壳牌集团	英国	石油勘探、精炼和销售	301.90	357.51	275.65	451.24	67.00	92.00
3	丰田汽车公司	日本	汽车	274.38	403.09	171.23	256.38	137.00	333.50
4	埃克森美孚	美国	石油勘探、精炼和销售	231.03	346.81	237.44	390.25	45.22	75.00
5	道达尔	法国	石油勘探、精炼和销售	226.72	238.87	175.70	227.90	65.60	98.80
6	英国石油	英国	石油勘探、精炼和销售	202.90	305.69	250.37	379.14	64.30	83.90
7	沃达丰集团	英国	电信	182.84	202.76	59.06	69.28	83.42	91.27
8	大众汽车集团	德国	汽车	176.66	446.56	211.49	261.56	317.80	572.80
9	雪佛龙公司	美国	石油勘探、精炼和销售	175.74	253.75	122.98	211.66	32.60	64.60
10	埃尼集团	意大利	石油	141.02	190.13	109.89	152.31	56.51	83.89
11	意大利国家电力公司	意大利	电、煤气和水	140.40	226.01	61.87	106.96	37.13	71.39
12	嘉能可斯特拉塔	瑞士	采矿与采石	135.08	154.93	153.91	232.69	180.53	190.00
13	百威英博	比利时	食品、饮料与烟草	134.55	141.67	39.41	43.20	144.89	154.59
14	法国电力	法国	公用事业（电、煤气和水）	130.16	353.57	46.98	100.36	28.98	158.47
15	雀巢	瑞士	食品、饮料与烟草	124.73	129.97	98.03	99.67	323.00	333.00
16	意昂能源公司	德国	公用事业（电、煤气和水）	124.43	179.99	115.07	162.57	49.81	62.24
17	苏伊士	法国	公用事业（电、煤气和水）	121.40	219.76	72.13	118.56	73.00	147.20
18	德国电信	德国	电信	120.35	162.67	50.05	79.84	111.95	228.60
19	苹果电脑	美国	电子和电气设备	119.92	207.00	104.71	170.91	50.32	84.40
20	本田汽车有限公司	日本	汽车	118.48	151.97	96.06	118.18	120.99	190.34
21	三菱	日本	批发贸易	112.76	148.75	17.64	75.73	19.79	65.98
22	西门子	德国	电子和电气设备	110.46	137.86	85.44	99.54	244.00	362.00
23	阿塞洛米塔尔钢铁集团	卢森堡	金属与金属制品	109.60	112.31	74.37	79.44	175.56	232.00
24	西班牙电力	西班牙	公用事业（电、煤气和水）	108.68	127.24	23.53	44.11	18.70	30.68
25	强生公司	美国	制药	96.80	132.68	39.40	71.31	75.22	128.10
26	尼桑汽车有限公司	日本	汽车	95.23	143.03	81.17	104.61	93.24	160.53
27	和记黄埔有限公司	中国香港	多元化经营	91.44	105.17	26.13	33.04	215.27	260.00
28	菲亚特	意大利	汽车	90.98	119.47	106.05	115.26	163.08	225.59
29	辉瑞	美国	制药	90.40	172.10	31.31	51.58	48.27	77.70
30	宝马集团	德国	汽车	88.37	190.51	85.32	100.98	80.67	110.35
31	沃尔玛商店	美国	零售与贸易	88.21	204.75	137.61	476.29	800.00	2200.00
32	戴姆勒集团	德国	汽车	87.26	232.02	116.53	156.64	107.10	274.62

(续)

排名	公司	国家/地区	所在行业	资产（10亿美元）		销售（10亿美元）		雇员（1 000名雇员）	
				国外	总和	国外	总和	国外	总和
33	西班牙电话公司	西班牙	电信	87.16	163.65	58.24	75.76	76.97	126.73
34	三井	日本	批发贸易	86.02	107.02	22.21	57.29	36.29	45.15
35	福特汽车	美国	汽车	79.09	203.75	61.46	146.92	97.00	181.00
36	中信集团	中国	多元化经营	78.60	565.88	9.56	55.49	25.29	125.22
37	国家石油公司	挪威	石油勘探、精炼和销售	78.18	144.74	23.95	105.45	3.08	23.41
38	空客集团	法国	飞机制造	77.61	128.47	72.53	78.67	89.55	144.06
39	诺华公司	瑞士	制药	71.94	126.25	57.19	57.92	73.08	135.70
40	宝洁集团	美国	多元化经营	70.98	139.26	51.34	84.17	88.75	121.00

资料来源：*World Investment Report* 2014, UNCTAD.

跨国公司可以通过手段繁多的全球经营方式来获得利益。首先，跨国公司可通过以下方式来获取规模经济的利益：①可以将研发费用和广告费在全球范围内进行分摊；②利用其全球采购能力来与供应商讨价还价；③以最小的额外成本在全球范围内应用其技术、管理诀窍等。此外，通过全球运作，跨国公司可充分利用一些发展中国家的廉价劳动力，同时又能利用发达国家强大的研发力量。跨国公司的确可以利用其全球化运作来增加利润并创造出股东价值。

近年来，跨国公司越来越依赖海外外包来降低成本和提高生产力。例如，为了进入视频游戏市场，微软公司将 Xbox 游戏平台的制作**外包**（outsource）给位于新加坡的合同制造商伟创力电子公司（Flextronics），而后者又决定将生产地设在中国大陆。外包使得以软件开发见长的微软公司既得益于伟创力的制造及物流优势，也得益于中国较低的劳动力成本。就像微软一样，全球各地的许多公司正在通过外包来增强自身的市场竞争力。

本章小结

本章对国际财务管理做了总体介绍。

1. 如今，人们生活在一个高度国际化和一体化的世界经济中，因此，了解财务管理的"国际性"一面就变得十分必要。鉴于国际贸易和投资的持续自由化，以及通信和运输技术的迅速发展，世界经济将变得更加一体化。

2. 国际财务管理与国内财务管理的区别主要体现在以下三个方面：①外汇风险与政治风险；②市场的不完全性；③市场机会的增加。

3. 跨国公司的财务经理必须懂得如何使用合适的工具来管理外汇风险和政治风险，来处理（或利用）市场的不完全性并从增加的市场机会中获益。这样，财务经理就能为股东财富最大化做出贡献，而这正是国际财务管理的最终目标。

4. 比较优势理论表明如果每个国家生产具有比较优势的产品并进行交易，那么经济福利就会增加。比较优势理论为自由贸易提供了有力的理论依据。目前，无论是在全球层面上还是在地区层面上，国际贸易正在变得更加自由化。在全球层面上，世界贸易组织在促进自由贸易方面起着重要的作用。在地区层面上，欧盟和北美自由贸易协定在消除区域内贸易壁垒方面起着至关重要的作用。
5. 爆发于2007年夏的美国次贷危机导致了信用紧缩,而信用紧缩反过来又逐步升级为2008～2009年的全球金融危机。导致这一全球性金融危机的因素有多个,包括:①借款过多致使家庭及银行面临高风险;②政府管理失效,既没有发现金融体系所面临的日益增长的风险,也没有及时采取应对措施;③金融市场间的相互联系以及日益一体化。此外,欧洲主权债务危机也对世界经济带来了冲击。欧洲主权债务危机于2009年12月始发于希腊,当时希腊政府宣布其预算赤字较之前预计更为严重。这一消息在那些经济脆弱的国家迅速造成了惊恐,致使这些国家的贷款利率大幅上升。与此同时,欧元在货币市场上出现大幅贬值,作为全球主要货币的信誉深受影响。
6. 在最近的数十年里,国有企业私有化步伐的加快已经成了一种主要的经济趋势。许多东欧国家开始摆脱国有经营的那种无效状态。私有化要求国际资本市场为收购前国有企业提供融资渠道,也要求私有化企业的经营者具备跨国经营的技能。
7. 在当今时代,决定一个国家相对于其他国家拥有比较优势的因素,从本质上讲并不是一个国家所处的地理位置,而是资本和技术的控制者或管理者——跨国公司。一家跨国公司会用某一国家的资本设备来生产产品,其资本设备的融资则通过向投资者发行各种货币的证券来完成,然后跨国公司再将产品销售给其他国家的消费者。今天,这种情形已变得司空见惯了。

本章拓展[⊖]

附录1A

贸易利益:比较优势理论

比较优势理论最初是由19世纪经济学家大卫·李嘉图提出来的,用来解释为什么国家之间要进行贸易。该理论指出,如果各国居民都来生产较其他国家具有比较优势的产品并进行交易,那么贸易利益就会增加。比较优势理论的前提是国家之间存在自由贸易,而且生产要素(土地、劳动力、技术、资本)具有相对不可流动性。表1A-1给出了解释该理论的一个例子。

如表1A-1所示,假设有两个只生产食品和纺织品的国家A国和B国,并且这两个国家之间不发生贸易交往。A国和B国的投入都为60 000 000单位,都用40 000 000单位去生产食品,20 000 000单位去生产纺织品。由表1A-1可知,A国用1单位的投入可生产出

⊖ 本章拓展内容包括关键词、思考题、小型案例、参考文献与建议阅读材料等,鉴于篇幅有限,此部分内容请扫码下载。其他章节同此操作。

5 磅食品或 3 码纺织品。B 国在生产食品和纺织品方面比 A 国有绝对优势，B 国用 1 单位的投入可生产出 15 磅食品或 4 码纺织品。当所有的生产要素都被投入使用时，A 国可生产出 200 000 000 磅食品和 60 000 000 码纺织品，B 国可生产出 600 000 000 磅食品和 80 000 000 码纺织品。两国的总产出是 800 000 000 磅食品和 140 000 000 码纺织品。如果没有贸易，那么这两个国家只能消费各自所生产的产品。

表 1A-1　无贸易情况下的投入与产出

	国家		总量
	A 国	B 国	
I. 投入要素的单位数（百万）			
食品	40	40	
纺织品	20	20	
II. 每单位投入的产出			
食品（磅）	5	15	
纺织品（码）	3	4	
III. 总产出（百万）			
食品（磅）	200	600	800
纺织品（码）	60	80	140
IV. 消费（百万）			
食品（磅）	200	600	800
纺织品（码）	60	80	140

虽然表 1A-1 清楚地表明 B 国在食品和纺织品生产上都拥有绝对优势，但并没有清晰地表示出 A 国（B 国）在生产纺织品（食品）上对 B 国（A 国）具有比较优势。注意到使用单位生产要素投入所获得的产出，A 国可以用生产 5 磅食品的投入来换取生产 3 码纺织品。因而，1 码纺织品的机会成本约为 5/3=1.67 磅食品，或 1 磅食品的机会成本约为 3/5=0.60 码纺织品。类似地，B 国每码纺织品的机会成本约为 15/4=3.75 磅食品，或每磅食品的机会成本约为 4/15=0.27 码纺织品。从机会成本的角度来看，A 国在生产纺织品方面相对高效一些，而 B 国在生产食品方面相对高效一些。这就是说，A 国（B 国）生产纺织品（食品）的机会成本比 B 国（A 国）要小。较低的机会成本表示相对富有效率，即所谓的比较优势。

如表 1A-2 所示，当不存在对自由贸易的诸如进口配额、进口关税、昂贵的运输费用等限制或阻碍时，通过贸易两国居民的贸易福利都增加了。如表 1A-2 所示，A 国从生产食品的生产要素中转移 20 000 000 单位用来生产该国具有比较优势的纺织品，而 B 国从生产纺织品的生产要素中转移 10 000 000 单位去生产该国具有比较优势的食品。此时，两国的总产出是 850 000 000 磅食品和 160 000 000 码纺织品。假设 A 国和 B 国商定用 1 码纺织品交换 2.5 磅食品，那么 A 国卖给 B 国 50 000 000 码纺织品来交换 125 000 000 磅食品。如表 1A-2 所示，通过自由贸易两国居民都可以多消费 25 000 000 磅食品和 10 000 000 码纺织品。

表 1A-2　自由贸易情况下的投入与产出

	国家		总量
	A 国	B 国	
I. 投入要素的单位数（百万）			
食品	20	50	
纺织品	40	10	
II. 每单位投入的产出			
食品（磅）	5	15	

	国家		总量
	A 国	B 国	
纺织品（码）	3	4	
Ⅲ. 总产出（百万）			
食品（磅）	100	750	850
纺织品（码）	120	40	160
Ⅳ. 消费（百万）			
食品（磅）	225	625	850
纺织品（码）	70	90	160

思考题

1. 假设 C 国能用 1 单位的生产要素生产出 7 磅食品或 4 码纺织品。计算生产食品而不生产纺织品的机会成本。同样地，计算生产纺织品而不生产食品的机会成本。

2. 表 1A-3 给出示了 X 国和 Y 国在没有贸易时的投入产出情况。在自由贸易的情况下，设计出一种交易状况，使得两国居民都能从中受益。

表 1A-3　无贸易情况下的投入与产出

	国家		总量
	X 国	Y 国	
Ⅰ. 投入要素的单位数（百万）			
食品	70	60	
纺织品	40	30	
Ⅱ. 每单位投入的产出			
食品（磅）	17	5	
纺织品（码）	5	2	
Ⅲ. 总产出（百万）			
食品（磅）	1190	300	1490
纺织品（码）	200	60	260
Ⅳ. 消费（百万）			
食品（磅）	1190	300	1490
纺织品（码）	200	60	260

第2章

国际货币体系

本章提纲

国际货币体系的演变
金银复本位制时期：1875年之前
古典金本位制时期：1875～1914年
两次世界大战间时期：1915～1944年
布雷顿森林体系时期：1945～1972年
浮动汇率制时期：1973年至今
现行的汇率制度安排
欧洲货币体系
欧元和欧洲货币联盟
墨西哥比索危机

亚洲货币危机
阿根廷比索危机
固定汇率制与浮动汇率制的比较
本章小结
本章拓展
关键词
思考题
小型案例：希腊是否会退欧
参考文献与建议阅读材料

本章所讨论的**国际货币体系**（international monetary system）是指跨国公司和国际投资者从中开展经营活动的整体金融环境。正如第1章所提到的那样，自1973年固定汇率制度崩溃以来，美元、英镑、瑞士法郎、日元等主要货币之间的汇率一直处在波动之中。因此，如今的公司在汇率不断变化的环境下经营，汇率波动可能对公司在市场中的竞争地位产生不利的影响。这种情形反过来又要求企业仔细衡量并管理所面临的汇率风险。同样，国际投资者也面临着汇率波动影响他们投资组合的回报问题。然而，正如我们将要讨论的那样，许多欧洲国家采用了统一的货币**欧元**（euro），以此来减少在欧元区开展贸易和投资所面临的外汇风险。复杂的国际货币体系意味着：要熟练灵活地进行财务决策，管理人员必须详细了解国际货币体系的安排和运作机制。

国际货币体系是关于进行国际支付、调节资金流动和确定各种货币间汇率的组织框架，是关于汇率、国际收支和资本流动的条约、法规、体制、机构和政策的复杂的统一体。国际货币体系随着历史的进程而不断演变。随着作为世界经济基础的经济、政治环境的继续变化，国际货币体系仍将不断演变。在本章中，我们将回顾国际货币体系的演变过程并展望其发展前景。此外，本章还将对固定汇率制与浮动汇率制进行比较。要有效做好财务管理工作，必须了解国际货币环境的动态特征。

2.1　国际货币体系的演变

国际货币体系经历了若干不同的演变阶段。这些阶段可以概括为：
（1）金银复本位制时期：1875年之前。
（2）古典金本位制时期：1875～1914年。
（3）两次世界大战间时期：1915～1944年。
（4）布雷顿森林体系时期：1945～1972年。
（5）浮动汇率制时期：1973年以来。
以下内容对这五个阶段做了较为详细的讨论。

2.2　金银复本位制时期：1875年之前

19世纪70年代以前，许多国家实行**金银复本位制**（bimetallism），即金银两种铸币均可自由铸造的双本位制。例如：英国一直使用金银复本位制，直到1816年（拿破仑战争结束后）英国议会通过一项法令宣布废除银币的自由铸造，只允许金币的自由铸造。在美国，1792年的《铸币法案》将复本位制纳入法案。直到1873年，美国国会才将银币驱逐出铸币史的舞台。另一方面，法国则从法国革命到1878年间一直采用金银复本位制，而中国、印度、德国、荷兰等国家则实行银本位制。

从某种意义上说，19世纪70年代以前的国际货币体系是以金银复本位制为标志的，金和银不仅可以作为国际支付手段，而且可以根据金或银的成色来确定各国货币之间的汇率。⊖ 例如，在1870年前后，完全建立在金本位制下的英镑与正式建立在复本位制下的法国法郎之间的汇率是由两种货币的含金量来确定的。另一方面，法郎与建立在银本位制下的德国马克之间的汇率则由两种货币的含银量确定。因而可以通过英镑兑法郎和马克兑法郎的汇率，计算出英镑兑马克的汇率。值得注意的是，由于各种战争和政治动乱，美国、俄国、奥匈帝国等主要国家在1848～1879年间都曾经实行过不可兑换货币制度。因此，有人说，国际货币体系直到19世纪70年代后才较为系统地建立起来。

然而，实行复本位制的国家均发生过众所周知的被称为"**格雷欣法则**"（Gresham's law）的现象。由于两种金属的兑换率由官方规定，只有数量充足的金属才被用作货币，而数量不足的金属就会被驱逐出流通领域。按照这一"格雷欣法则"，"良"币（数量不足）会被"劣"币（数量充足）逐出流通领域。例如，在19世纪50年代，加利福尼亚和澳大利亚新开采出的大量黄金涌入市场，导致黄金价值下跌，使得按照法国官方兑换率（一个金法郎兑换15.5个银法郎）的黄金价值的高估。结果，法郎成了事实上的黄金货币。

2.3　古典金本位制时期：1875～1914年

人类将黄金作为财富储藏和交易手段的偏好自古有之，而且各种文化都广泛存在这种偏

⊖ 这并不意味着每个国家都实行复本位制。实际上，至1870年，许多国家或实行金本位制或实行银本位制。

好。克里斯托弗·哥伦布（Christopher Columbus）曾经说过："黄金是财富的象征，谁拥有黄金，谁就拥有他所需要的世上的一切。"尽管如此，直到英格兰银行于1821年发行了可自由兑换金币的银行券时，第一个正式的**金本位制**（gold standard）才在英国得以建立。如前所述，法国于19世纪50年代开始采用金本位制，并于1878年正式实行。得到法国巨额战争赔款的新兴德国，在1875年取消银币的自由铸造，转向采用金本位制。美国于1879年实行金本位制，俄国、日本也于1897年纷纷加入金本位制行列。

应该说，国际金本位制主要存在于1875～1914年。1914年，随着第一次世界大战的爆发，绝大多数国家相继放弃了金本位制。作为国际货币制度，古典金本位制持续了40年左右的时间。在这期间，伦敦成了国际金融体系的中心，这也折射出英国领先的经济水平和在世界贸易中的显赫地位。

国际金本位制要在各主要国家得到实施，必须满足以下几个条件：①只有黄金可以被自由地铸造成货币；②黄金与各国货币之间实现稳定比率的双向兑换；③黄金可以自由输出或输入。为了保证黄金的可自由兑换，必须规定银行券的最低比率的含金量。此外，一国的货币储备也会随着黄金输入和输出该国而相应地增加或减少。1875～1914年，以上几个条件大致得到满足。

在金本位制下，任何两种货币之间的汇率应根据它们的含金量来确定。例如，假定每盎司黄金可兑换6英镑或12法郎，那么英镑兑法郎的汇率就是1英镑兑换2法郎。从某种意义上说，如果英镑和法郎均以固定的价格与黄金挂钩，那么两种货币之间的汇率就会保持稳定。在古典金本位制时期，英国、法国、德国、美国等主要国家货币之间的汇率的确没有发生显著的波动。例如，美元兑英镑的汇率在每英镑兑换4.84美元到4.90美元这一较小的幅度内波动。古典金本位制下极其稳定的汇率为国际贸易和投资提供了良好的环境。

在金本位制下，所发生的汇率偏差可通过黄金的跨国流动而自行得到调整。在上例中，假设此刻1英镑能兑换1.80法郎。由于外汇市场上英镑价值被低估，人们会用法郎买入英镑，而不是用英镑买入法郎。如果人们需要法郎，他们首先可以以较低的价格从英格兰银行买进黄金，再运到法国兑换成法郎。例如，假设你要用英镑购买1 000法郎。如果在外汇市场上购买1 000法郎，按照汇率1.80法郎/英镑计算，你需要支付555.56英镑。作为另一种选择，你可以花500英镑从英格兰银行买入1 000/12=83.33盎司黄金，即

$$500 = (1\ 000/12) \times 6$$

然后，将这些黄金运到法国，以1 000法郎的价格卖给法国银行。这样，你就可以节省约55.56英镑。⊖当汇率为1.80法郎/英镑时，由于人们只想买入而不想卖出英镑，英镑最终会上升到它的公允价值，即2.0法郎/英镑。

在金本位制下，国际收支的失衡也可自动地得到矫正。假设英国对法国的出口大于从法国的进口，在金本位制下，这种不均衡是不可能持久的。伴随英国向法国的净出口的是相反方向的黄金净流入。黄金的流出会导致法国物价水平的下跌，与此同时，英国的物价水平则会上涨（前面讲过，在金本位制下，国内的货币储备会随黄金的流入、流出而上下波动）。因而，物价相对水平的变化会减缓英国的出口，增加法国的进口。结果，英国开始时的净出口会最终消失。这种调节机制被称之为"**价格—铸币—流动机制**"（price-specie-flow

---

⊖ 在本例中，运输成本未做考虑。不过，只要运输成本不要超过55.56英镑，通过"黄金出口"购买法郎还是要比在外汇市场上购买法郎有利一些。

mechanism），是苏格兰哲学家大卫·休谟（David Hume）提出来的。㊀

尽管金本位制早已土崩瓦解，学术界、商界和政界仍有许多热心的支持者。他们视金本位制为防范通货膨胀的最有效方式。黄金天然是一种稀缺金属，任何人都无法增加它的数量。因此，如果用黄金作为唯一的铸币材料，那么货币的供应量就不会失控，也就不会发生通货膨胀。另外，如果将黄金作为唯一的国际支付手段，那么各国的国际收支余额将随黄金的流动而得到自动调节。㊁这样，任何国家都不会出现持续的贸易赤字或盈余。

然而，金本位制也有一些致命的缺点。首先，所开采的黄金是有限的，因此，缺少足够的货币储备必然阻碍世界贸易和投资的发展，世界经济就会面临货币紧缩的压力。其次，如果一国政府出于政治考虑而必须寻求某种与金本位制相背离的目标，那么该国可能会放弃金本位制。换句话说，国际金本位制在本质上缺乏一种迫使各主要国家遵守游戏规则的机制。㊂正因为这些原因，古典金本位制不太能在可预见的将来重返历史舞台。

2.4 两次世界大战间时期：1915～1944年

随着第一次世界大战的爆发，英国、法国、德国、俄国等主要国家便中止了银行券与黄金的兑换，并禁止黄金出口，国际金本位制遂于1914年8月宣告瓦解。第一次世界大战后，许多国家遭遇严重的通货膨胀，特别是德国、奥地利、匈牙利、波兰和俄国。其中德国尤为典型：到1923年年底，德国的批发物价指数已达到战前水平的1万亿倍。在20世纪20年代初，各国之间的货币汇率结束了战时的限制，开始持续波动。在此期间，各国广泛采取"以邻为壑"的货币贬值手段来在世界出口市场上获得利益。

随着各主要国家经济在战后得到恢复并开始实现稳定，各国便纷纷着手重建金本位制。此时美国已取代英国成为最主要的经济强国，并率先恢复了金本位制。由于美国的通货膨胀率极低，于是便取消了对黄金出口的限制，并于1919年恢复了金本位制。在英国，财政大臣温斯顿·丘吉尔（Winston Churchill）对于1925年恢复金本位制起着重要的作用。除了英国以外，瑞士、法国和斯堪的纳维亚国家也在1928年前恢复了金本位制。

然而，20世纪20年代晚期的国际金本位制已不如以前那么为人所赞赏了。绝大多数国家优先考虑的是本国的经济稳定，普遍采取**"黄金封存"**（sterilization of gold）政策，即通过减少和增加本国货币和信贷的方式来抵消黄金的流入和流出行为。例如，美联储（the Federal Reserve of the United States）以黄金凭证作为黄金流通的信用保证方式，将部分黄金冻结，而英国银行也采取了类似的政策，即通过抵消黄金流动对货币供给的影响来保持国内货币供应量的稳定。总之，因为各国在政治上缺乏遵守"游戏规则"的意愿，那么金本位制的自动调节机制就会失去效力。

即便如此，金本位制刚刚出现的恢复迹象随着大萧条和金融危机的到来而损失殆尽。随着1929年股市崩溃和大萧条的爆发，许多银行的投资组合的价值急剧下滑，特别是在奥地利、德国、美国等地，还引发了向银行挤提的情况。在这场浩劫中，由于长期的收支逆差及民众对英镑失去了信心，英国发生了大量的黄金外流。尽管国际社会尽全力来维持英镑的价

㊀ 只要政府愿意遵守游戏规则，允许货币储备随黄金的流入流出而发生增减，那么价格流动机制仍能起作用。一旦政符使黄金失去通货资格，这种体制就会失效。此外，这种体制的效力取决于进口的需求价格弹性。
㊁ 国际收支平衡表将在第3章中做详细讨论。
㊂ 虽然这并不能被看作金本位制的一个缺点，但它的确引起了人们对金本位制长期可行性的质疑。

值,但英国的黄金储备仍然持续下滑,以至于再也无力继续维持金本位制。1931年9月,英国政府中止了黄金支付,允许英镑自由浮动。随着英国政府对金本位制的放弃,到1931年年底,加拿大、瑞典、奥地利及日本也相继放弃了金本位制。由于银行业的倒闭和黄金流出的加剧,美国也于1933年4月放弃了金本位制。最后由于人们对法郎的放弃,法国也不得不于1936年放弃了金本位制。这也反映了莱昂·布鲁姆(Leon Blum)所领导的社会人民阵线政府上台后的经济和政治的不稳定性。至此,信用货币制度代替金本位制开始进入人们的视野。

总之,两次世界大战期间国际货币体制的特点是:经济民族主义,对重建金本位制的三心二意与失败,经济动荡与政治动荡,银行业的倒闭,大量资本的跨国外逃。在这一时期,连贯的国际货币体系的缺乏大大阻碍了国际贸易和投资的发展。但也正是这个时期,美元逐渐取代了英镑成为占统治地位的世界货币。

2.5 布雷顿森林体系时期:1945~1972年

1944年7月,来自44个国家的代表聚集在新罕布什尔州的布雷顿森林城(Bretton Woods),商讨战后的国际货币体系。经过漫长的商榷,与会代表达成共识,起草并签订了作为**布雷顿森林体系**(Bretton Woods System)核心的国际货币基金(International Monetary Fund,IMF)协议。之后,该协议得到了大多数国家的批准,并于1945年开始启动。IMF规定了有关制定国际货币政策的一系列条款,并负责这些条款的实施。代表们还创建了IMF的姊妹机构、主要为单个发展项目进行融资的国际复兴开发银行(International Bank for Reconstruction and Development,IBRD)。

在制定布雷顿森林体系的过程中,与会代表考虑的是怎样避免"以邻为壑"的经济民族主义政策的复发以及如何减少两次战争期间因缺乏对"游戏规则"的明确规定而导致的祸患。以约翰·梅纳德·凯恩斯(John Maynard Keynes)为首的英国代表团还提出了创建国际清算组织的建议并创设名叫"班柯"(bancor)的国际储备资产,并可自由用于国家或地区间的国际交易支付。另外,成员可以采取向国际清算组织透支的方式来获取班柯。另一方面,以亨利·迪克特·怀特(Harry Dexter White)为首的美国代表团则建议设立货币库(currency pool),即成员缴纳部分资金,并可从中贷款以解决短期国际收支赤字问题。双方代表团都希望在不建立金本位制的情况下来稳定汇率。最后,美国代表团的大部分提议被纳入IMF协议条款。

按照布雷顿森林体系,每个成员都建立其货币与美元挂钩的**平价制度**(par value),而美元与黄金挂钩,即每盎司黄金价值35美元。图2-1对此做了说明。必要时,每个成员负责通过买卖外汇将汇率维持在平价±1%的波动范围内。只有当本地区国际收支发生"根本性失衡"时,IMF的成员才能改变本地区货币的平价。在布雷顿森林体系下,只有美元才能与黄金进行完全兑换,其他成员的货币均不能直接兑换成黄金。各成员持有的美元及黄金可作为国际支付的手段。鉴于协议的这些安排,布雷顿森林体系就是以美元为基础的"**金汇兑本位制**"(gold-exchange standard)。实行金汇兑平价制的国家或地区以另一国或地区货币的方式来持有其大部分储备,而这个另一国

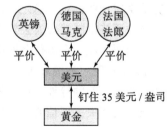

图2-1 金汇兑平价制的设计

或地区则名副其实地实行金本位制。

金汇兑平价制的倡导者宣称这种制度可以节省黄金，因为各国既可以使用黄金又可以使用外汇作为国际支付手段。这样，外汇储备可以抵消世界黄金储备不足而带来的货币紧缩的影响。金汇兑平价制的另一个好处是各个国家或地区可以从它们持有的外汇储备中赚取利息，而拥有黄金是不能产生任何收益的。此外，金汇兑平价制还可以节省因黄金的跨国运输而引起的相关交易成本。因此，充裕的国际货币储备以及稳定的货币汇率为20世纪50年代和60年代国际贸易和投资的发展提供了一个良好的环境。

然而，罗伯特·特里芬（Robert Triffin）教授警告说：从长远的观点来看，金汇兑平价制必然会崩溃。为了满足对储备货币不断增长的需要，美国的国际收支应持续性地出现逆差。然而，如果美国永久地出现国际收支逆差，这又会最终损害公众对美元的信任，引发对美元的挤兑。在金汇兑平价制下，充当储备货币的国家为了提供储备货币，必然出现国际收支逆差，但如果逆差过大且持久，将会导致民众对储备货币的信用危机，转而引发该体系的崩溃。这种矛盾使得美元处于一种进退两难的状况中，即著名的**"特里芬难题"**（Triffin Paradox），并最终导致了在20世纪70年代初以美元为基础的金汇兑平价体系的崩溃。

20世纪50年代末，美国对其他国家开始出现了贸易逆差，并一直持续到20世纪60年代。在20世纪60年代初，1盎司黄金价值仍为35美元，而此时，美国的黄金储备已不足以支付其他国家所持有的美元。这自然引起了人们对于建立在美元基础上的货币体系可行性的怀疑。在这种情况下，法国总统查理斯·戴高乐（Charles de Gaulle）敦促法兰西银行从美国财政部购买黄金以减少法国的美元储备。针对这次美元危机的补救措施主要围绕两点来进行：①美国政府采取一系列美元保护措施；② IMF创建了一种新的储备资产，即**特别提款权**（special drawing rights，SDRs）。

1963年，美国总统约翰·肯尼迪（John Kennedy）颁布一项法令，即对美国居民购买外国债券征收利息平衡税（the Interest Equalization Tax）以控制美元外流。征收该税的目的是增加在美元债券市场购买外国债券的成本。1965年，美联储又推出"外国贷款限制计划"（Foreign Credit Restraint Program，FCRP）以控制美国银行贷给美国跨国公司在海外直接投资的美元金额。1968年，这些限制性计划开始产生法律效力。利息平衡税、外国贷款限制计划等措施客观上推动了不受管制的跨国资金市场——欧洲美元市场的快速发展。

为了部分缓解美元作为中心储备货币的压力，IMF于1970年创造了被称为SDR（特别提款权）的人造国际储备。SDR是由几种主要货币组成的一篮子货币，只能分配给IMF成员，可用于清算成员之间及成员与IMF之间的交易。除了黄金和外汇储备，各成员也可把SDR作为国际支付手段。

最初，特别提款权的价值由16个国家货币的加权平均值来决定，这些国家在世界出口市场上所占的贸易份额均超过1%。各国货币在SDR中的比例相当于该国在世界出口市场上所占的份额。然而，到1981年，组成SDR的货币减少到只有美元、德国马克、日元、英镑和法国法郎五种货币。如表2-1所示，每种货币的权重进行定期调整，以便反映各国在世界商品和服务贸易中相对重要性的变化，以及该国货币被货币基金组织成员当作储备货币的数额。自1999年欧元诞生以来，SDR主要由美元、欧元、英镑和日元4种货币组成。2016年，中国的人民币成为特别提款权货币篮子成员。目前，SDR由5种货币组成，其中美元的权重为41.73%，欧元的权重为30.93%，人民币的权重为10.92%，日元的权重为8.33%，英镑的权重为8.00%。

表 2-1 特别提款权的组成① (%)

年份 货币	1981～ 1985年	1986～ 1990年	1991～ 1995年	1996～ 2000年	2001～ 2005年	2006～ 2010年	2011～ 2015年	2016～ 2020年
美元	42	42	40	39	45	44	41.9	41.73
欧元	—	—	—	—	29	34	37.4	30.93
德国马克	19	19	21	21	—	—	—	—
日元	13	15	17	18	15	11	9.4	8.33
英镑	13	12	11	11	11	11	11.3	8.09
法国法郎	13	12	11	11	—	—	—	—
人民币	—	—	—	—	—	—	—	10.92

①特别提款权的组成每5年调整一次。
资料来源：国际货币基金组织。

特别提款权不仅可以充当储备资产，而且可以充当国际贸易的计价货币。由于 SDR 由多种货币的组合，所以 SDR 的价值比其所包含的任何一种货币都要稳定。在当今汇率不稳定的情况下，SDR 的这种组合特性使其备受青睐地成了国际经济和金融合约中的计价货币。

然而，为了给越战以及大社会计划（Great Society Program）融资，美国实行了扩张性货币政策，从而使得通货膨胀不断加剧。这一切使得挽救以美元为基础的金汇兑平价制的努力都成为徒劳。在 20 世纪 70 年代初，美元价值被明显高估，特别是相对于马克和日元的价值。结果，德国和日本的中央银行开始频频干预外汇市场以维持马克和日元的平价。由于美国政府不愿限制其货币扩张政策，两国中央银行的频繁干预也无法解决这一根本性的分歧。1971 年 8 月，美国总统理查德·尼克松（Richard Nixon）宣布暂停美元兑换黄金，并对进口商品征收 10% 的进口附加税。在这种压力下，布雷顿森林体系的基础就此坍塌了。

为了挽救布雷顿森林体系，由 10 个主要国家组成的"十国集团"（Group 10）于 1971 年 12 月在华盛顿的史密森学院（Smithsonian Institution）举行会议，并达成了史密森协议（Smithsonian Agreement）。该协议规定：①将每盎司黄金的价格提高到 38 美元；②各国货币对美元升值 10%；③各国货币汇率波动的幅度由原来的 ±1% 扩大到 ±2.25%。

史密森协议仅仅持续一年就宣告流产。很显然，仅仅依靠美元贬值来稳定局势是不够的。1973 年 2 月，金融市场又一次掀起了抛售美元的狂潮，各国中央银行不得不一次又一次地收购美元。黄金价格也相应地由每盎司 38 美元进一步上升至 42 美元。到 1973 年 3 月，欧洲各国的货币和日元均允许自由浮动，布雷顿森林体系至此彻底崩溃了。自那以来，美元、马克（后来成为欧元）、英镑、日元等主要货币之间的汇率一直在发生波动。

2.6 浮动汇率制时期：1973 年至今

在布雷顿森林体系崩溃后不久，国际货币基金组织的成员于 1976 年 1 月在牙买加召开会议，同意建立一套新的国际货币体系，从而也正式确立了浮动汇率制。此次达成的《牙买加协议》(Jamaica Agreement) 主要包括：

（1）国际货币基金组织的成员宣布接受浮动汇率制度，但允许各成员的中央银行干预外汇市场以预防汇率的不正常波动。

（2）正式取消黄金作为国际储备资产（即废止使用黄金作为通货）。将国际货币基金组织所持有的一半黄金返还给成员，将另一半进行出售，所得收入用来援助贫穷国家或地区。

（3）扩大对非石油输出国和不发达国家或地区的 IMF 贷款限额。

国际货币基金组织一直以来对面临国际收支困难和汇率问题的国家或地区提供帮助。不过，这种帮助仅限于成员，而且要求该成员遵守 IMF 的宏观经济政策规定。IMF 的"援助条款"常常要求受援成员实行通货紧缩政策和取消各种补助项目，结果，常常招致接受 IMF 国际收支贷款的发展中国家的愤恨。

可以说，自 1973 年 3 月以来，与布雷顿森林体系时期相比，汇率波动变得更加变幻莫测。图 2-2 总结了 1960 年以来美元汇率的变化情况。图 2-2 中所表示的是美元与由 21 种主要货币组成的货币篮子之间的汇率波动情况。在 1970～1973 年间，美元的贬值反映了布雷顿森林体系向浮动汇率制的转变。另外，图 2-2 中最醒目的现象是美元在 1980～1984 年间的升值，以及同样醒目的在 1985～1988 年间的大幅贬值。这些不同寻常的现象值得我们讨论。

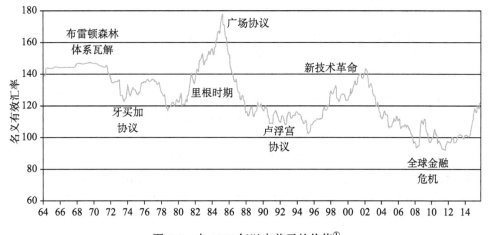

图 2-2　自 1964 年以来美元的价值①

①美元价值表示名义有效汇率指数（2010 = 100），其中的权重根据 27 个工业化国家之间的贸易情况来确定。
资料来源：国际货币基金组织。

在赢得 1980 年美国总统大选后，里根政府在面临预算赤字和国际收支逆差剧增的情况下走马上任。然而，在 20 世纪 80 年代的前半个时期，受美国市场高额实际利率的驱使，外资大量涌入美国，美元发生大幅度升值。为了通过吸引外国投资来改善预算赤字状况，美国政府不得不许诺给予高额的实际利率。国外投资者对美元的大量需求推动了外汇市场上美元的升值。

1985 年 2 月，美元价值上涨到顶点后就一路下跌，直到 1988 年才趋于稳定。这种完全相反的汇率变动趋势，在一定程度上反映了因美元升值而导致美国的贸易逆差于 1985 年达到 1 600 亿美元的历史最高纪录所带来的后果。而所发生的下跌走势也因美国政府的干预而进一步恶化。1985 年 9 月，"五国集团"（包括法国、日本、德国、英国和美国）在纽约的广场饭店召开会议，并达成了著名的《**广场协议**》（Plaza Accord）。五国集团一致认为，解决美国贸易赤字问题的最好方法是让美元兑大多数货币进行贬值，并表示它们将会联手干预外汇市场以便实现这一目标。这样，始于 1985 年 2 月的美元价值回落在《广场协议》后出现了加速下落的过程。

随着美元的持续贬值，大多数工业化国家的政府开始担心美元或许会贬值过度。为了解决汇率波动及其他相关问题，西方七国经济首脑会议于1987年在巴黎召开。[⊖]会议达成了《**卢浮宫协议**》(Louvre Accord)，其主要内容包括：

（1）七国集团（G7）将相互合作以最大限度地稳定汇率。

（2）七国集团同意将更为密切地商议并协调各国的宏观经济政策。

"卢浮宫协议"标志着**有管理的浮动汇率制度**（managed-float system）的开始实行。在这种制度下，七国集团会联合干预外汇市场以调整货币价值的过度波动。自该协议签订后，各国汇率一度变得相对较为稳定。然而，在1996~2001年间，美元主要呈现升值走势，这反映了美国经济受新技术驱动而实现的强劲态势。在这期间，外国投资者将大量资金投入美国蓬勃发展的经济和股票市场，从而进一步推动了美元的升值。不过，2001年之后，受股票市场的大幅调整、贸易逆差的加剧以及"9·11"事件之后政治的不稳定，美元开始贬值。

2.7 现行的汇率制度安排

尽管世界上交易最活跃的货币如美元、日元、英镑、欧元等相互之间的汇率会有所波动，但仍有相当数量的货币都是只钉住一种货币，特别是钉住美元、欧元或者如SDR之类的一篮子货币。表2-2列示了当前国际货币基金组织所分的汇率制度种类。正如IMF官员所称，表中汇率制度是按照IMF成员的实际汇率安排来分类的，与官方宣布的名义汇率制度可能有所差异。这里的分类主要是根据该汇率由市场决定的程度而不是根据官方政府的行为。通常，由市场决定的汇率往往更富有弹性。

由表2-2中可见，国际货币基金组织将现行汇率制度分成以下十大类：[⊜]

无独立法定货币的汇率制度：将另一国或地区的货币当作本国或地区的唯一法定货币。这一制度安排意味着将本国或地区货币当局的货币政策决定权完全放弃。其代表性国家或地区包括厄瓜多尔、萨尔瓦多与巴拿马。

货币局制度：货币局制度（currency board）是由货币局做出明确的法律承诺，在本国或地区货币与指定外国或地区货币之间按固定汇率进行兑换，并且对货币发行当局施加限制以确保其履行法定义务。这一制度安排意味着国内或地区货币发行通常完全以外国资产为基础，从而排斥了中央银行的其他职能，如货币控制与最后出借人地位，同时也无法实施自主货币政策。代表性国家或地区包括中国香港特别行政区、保加利亚和文莱。

传统钉住汇率制度：将本国或地区货币（形式上或事实上）以某一固定汇率与另一主要货币或某一篮子货币挂钩。这里，一篮子货币由主要贸易或金融合作伙伴货币构成，其权重设定需要考虑商品贸易、服务贸易与资本流动的地域分布。驻锚货币或一篮子货币采用的权重必须公开或通知IMF。政府当局必须随时准备通过直接干预（如通过市场买入或卖出外汇）或间接干预（如通过实施与汇率有关的利率政策、外汇管制、道义上劝导并限制外汇交易活动、借助其他公共组织进行干预等）来维持货币的平价。虽然对维持外汇平价不做永久承诺，但会有一些实际保证，如确保该汇率围绕中心汇率在小于±1%的范围内波动。换言之，即期市场汇率的最大与最小价值至少在6个月内必须维持在2%这一较小的变动范围内。约旦、沙特阿拉伯和摩洛哥就采用这种汇率制度。

⊖ 七大工业国集团国包括加拿大、法国、日本、德国、意大利、英国和美国。

⊜ 这里所引用的是《汇率制度与汇率限制2015年度报告》上提供的国际货币基金组织的分类法。

表 2-2 汇率制度与货币政策驻锚（截至 2015 年 4 月 30 日）

汇率制度 (国家/地区数)	汇率驻锚					货币总目标	通货膨胀目标体系	其他①
	美元 (42)	欧元 (25)	综合 (12)	其他 (8)		(25)	(36)	(43)
无独立法定货币的汇率制度 (13)	厄瓜多尔 萨尔瓦多 马绍尔群岛 密克罗尼西亚	科索沃 黑山共和国		基里巴斯 图瓦卢	帕劳群岛 巴拿马 东帝汶 津巴布韦			
货币局制度 (11)	吉布提 中国香港特别行政区 东加勒比货币联盟 (ECCU) 安提瓜和巴布达 多米尼克 格林纳达	波斯尼亚和黑塞哥维那 保加利亚		文莱达鲁萨兰国	圣基茨和尼维斯 圣卢西亚 圣文森特和格林纳丁斯			
传统钉住汇率制度 (44)	阿鲁巴 巴哈马 巴林 巴巴多斯 伯利兹 库拉索和圣马丁岛 厄立特里亚	伊拉克 约旦 阿曼 卡塔尔 沙特阿拉伯 南苏丹 土库曼斯坦 阿拉伯联合酋长国 委内瑞拉	佛得角 科摩罗 丹麦② 拉脱维亚② 圣多美和普林西比 西非经济和货币联盟 (WAEMU) 贝宁 布基纳法索 科特迪瓦 几内亚比绍 马里 尼日尔	塞内加尔 多哥 中部非洲经济和货币共同体 (CEMAC) 喀麦隆 中非 乍得 刚果共和国 赤道几内亚 加蓬	斐济 科威特 摩洛哥② 萨摩亚	不丹 莱索托 纳米比亚 尼泊尔 斯威士兰	所罗门群岛④	
稳定汇率制度 (22)	柬埔寨 (01/14) 圭亚那 黎巴嫩	马其顿共和国			马尔代夫 苏里南 特立尼达与多巴哥	新加坡⑤ 越南	孟加拉共和国⑤ 玻利维亚 布隆迪 刚果民主共和国 几内亚 斯里兰卡⑤ 也门	捷克共和国⑥ (11/13)	哥斯达黎加 (04/14) 阿塞拜疆⑤ 埃及⑤ 哈萨克斯坦⑥ (02/14) 毛里塔尼亚⑥ (11/13)
爬行钉住汇率制度 (3)	洪都拉斯⑥ (07/11) 尼加拉瓜				博茨瓦纳			

（续）

汇率制度	货币政策框架						
（国家/地区数）	汇率锚				货币总目标	通货膨胀目标体系	其他
	美元（42）	欧元（25）	综合（12）④、⑨	其他（8）	（25）	（36）	（43）
爬行式汇率制度（20）	牙买加⑧	克罗地亚	伊朗⑤（03/14）利比亚（03/14）		白俄罗斯⑤ 中国内地 埃塞俄比亚⑤ 乌兹别克斯坦⑤ 卢旺达⑤（09/13）塔吉克斯坦（05/14）	亚美尼亚⑤ 多米尼加⑤ 危地马拉⑤	安哥拉⑤（09/14）阿根廷⑤ 海地⑤ 老挝 巴布亚新几内亚（04/14）瑞士⑦ 突尼斯④、⑧
钉住平行汇率带的汇率制度（1）			汤加				
其他管理汇率制度（10）	利比里亚		阿尔及利亚 伊朗 叙利亚		缅甸 尼日利亚		吉尔吉斯共和国 马来西亚 巴基斯坦 苏丹 瓦努阿图
浮动汇率制度（37）					阿富汗 冈比亚 马达加斯加 马拉维 莫桑比克（03/14）塞舌尔 塞拉利昂 坦桑尼亚 乌克兰（02/14）乌拉圭	阿尔巴尼亚 巴西 哥伦比亚 格鲁吉亚 加纳 匈牙利 冰岛 印度 印度尼西亚 以色列 韩国 摩尔多瓦 新西兰 巴拉圭 秘鲁 菲律宾 罗马尼亚 俄罗斯（11/14）塞尔维亚 南非	肯尼亚 毛里求斯 蒙古 赞比亚

		自由浮动汇率制度(30)						
	泰国 土耳其 乌干达	澳大利亚 加拿大 智利 日本 墨西哥 挪威 波兰 瑞典 英国						

索马里
美国
欧洲货币联盟(EMU)
奥地利
比利时
塞浦路斯
爱沙尼亚
芬兰
法国
德国
希腊
爱尔兰
意大利
拉脱维亚(01/14)
立陶宛(01/15)
卢森堡
马耳他
荷兰
葡萄牙
斯洛伐克
斯洛文尼亚
西班牙

①包括虽然没有明确的名义驻锚,但在货币政策执行过程中会随时监控货币政策各种指标的国家和地区。
②这些成员参加了欧洲汇率机制安排(ERMII)。
③在自行钉住综合货币汇率安排框架内,为实现稳定物价的主要目标,马格里布银行采用2006年的货币政策框架,根据各种通货膨胀指标,将隔夜利率作为经营目标。
④该国的实际汇率安排行住的是综合货币。
⑤该国(地区)的实际汇率安排行住的是美元汇率。
⑥这一汇率安排进行了重新分类,推翻了之前版本的足欧元汇率。
⑦该国的实际汇率安排行住的是欧元汇率。
⑧中央银行的实际汇率安排取了初次分行动。
⑨在报告期内,其汇率安排根据通货膨胀目标被重新分类,重新回到上一年度的分类。
资料来源:IMF发布的有关报告。
注:如果成员的实际汇率安排在报告期被重新分类,那么具体变更日在括号中给出。CEMAC:中部非洲经济和货币共同体;ECCU:东加勒比货币联盟;EMU:欧洲货币联盟;WAEMU:西非经济和货币联盟。

稳定汇率制度：稳定汇率制度下，即期市场汇率至少在 6 个月内维持在 2% 的变动范围内（不包括特定情况下的异常变化或一次性调整）。规定的稳定程度常常参照某一货币或一篮子货币来衡量。这里，驻锚货币或一篮子货币通过统计方法来确定。柬埔寨、新加坡和黎巴嫩就采用这种汇率制度。

爬行钉住汇率制度：爬行钉住汇率制度下，一国的汇率安排以法律形式来加以明确。汇率多围绕某个固定汇率或对照若干选定的量化指标进行小幅调整。这些量化指标包括过去与贸易伙伴国的通货膨胀率差异，或者主要贸易伙伴国的目标通货膨胀率与期望通货膨胀率之间的差异。洪都拉斯和尼加拉瓜就采用这种汇率制度。

爬行式汇率制度：爬行式汇率制度下，对于通过统计所确定的未来 6 个月或以上的变化趋势，汇率变化必须维持在 2% 的范围内（不包括特定情况下的异常变化或一次性调整）。这种汇率制度安排不属于浮动汇率制度。通常，爬行式汇率制度下的最小汇率变化必须大于钉住汇率制度下的变化。埃塞俄比亚、中国内地和克罗地亚采用的就是爬行式汇率制度。

钉住平行汇率带的汇率制度：货币汇率变化维持在固定汇率上下至少达到 ±1% 的范围内。换言之，汇率最大值与最小值间的变化范围至少达到 2%。汤加是唯一采用这种汇率制度的国家。

其他管理汇率制度：这里将不符合其他汇率制度标准的汇率制度单独归类为其他管理汇率制度。政策多变的汇率制度就归类为其他管理汇率制度。阿尔及利亚、尼日利亚和马来西亚就采用这种汇率制度。

浮动汇率制度：浮动汇率制度下，汇率主要由市场决定，其变化存在不确定性或不可预测性。特别地，如果某个汇率就统计标准而言符合稳定或爬行式汇率制度，那么该汇率就属于浮动汇率，除非其中的稳定性明确起因于政府的行为。外汇市场干预可以是直接的，也可以是间接的，其目的是调节汇率变化程度并预防出现大幅波动。不过，那些以具体汇率为目标的政策不属于浮动汇率制度的范畴。巴西、韩国、土耳其和印度就采用这种汇率制度。

自由浮动汇率制度：如果不存在干预或干预的目的仅仅是为了调整市场的无序状态，如果管理部门提供的信息表明过去 6 个月的干预次数不超过 3 次且干预时间不超过 3 个工作日，那么这种浮动汇率制度被称为自由浮动汇率制度。加拿大、墨西哥、日本、英国、美国和欧元区都采用自由浮动汇率制度。

据统计，截至 2015 年 4 月，许多国家和地区（30）实行了自由浮动汇率制，包括澳大利亚、加拿大、日本、英国、欧元区和美国；这些国家的汇率基本上由市场力量决定。另有 37 个国家，包括印度、巴西和韩国，采用了主要由市场决定的浮动汇率制度。相反，还有 13 个国家没有本国的货币。例如，巴拿马与厄瓜多尔就采用美元。此外，还有包括保加利亚、中国香港与多米尼加在内的 11 个国家或地区虽然采用自己的货币，但实施与美元、欧元之类硬货币永久固定的兑换关系。其余国家采用兼有固定汇率制和浮动汇率制特点的混合汇率制度。众所周知，欧盟通过建立欧洲货币体系和欧洲货币联盟，来寻求欧洲范围内的货币一体化。这些论题值得进行详细讨论。

2.8 欧洲货币体系

依据 1971 年 12 月签订的《史密森协议》，汇率波动幅度由原来的 ±1% 扩大到 ±2.25%。然而，欧洲经济共同体（EEC）各成员国商定将其货币之间的汇率波动幅度缩小

到 ±1.125%。随着布雷顿森林体系的瓦解,这种波动幅度被缩减的欧洲模式的固定汇率制被形象地称为"蛇形浮动汇率制度"。蛇形浮动汇率制的名称来自这样一个事实,即欧洲经济共同体成员国的货币汇率可以在比美元之类的货币波动范围大的范围内进行集体浮动。

欧共体成员国之所以采用"蛇形浮动汇率制度"是因为它们认为欧共体中稳定的汇率制度是推动欧共体内部贸易和促进经济一体化的基本条件。1979年,这一"蛇形浮动汇率制度"被**欧洲货币体系**(European Monetary System,EMS)所取代。该体系最初是由德国总理赫尔穆特·施密特(Helmut Schmidt)提出的,并于1979年3月正式启动。欧洲货币体系的主要目标有:

(1)在欧洲建立"货币稳定带"。
(2)调整针对非欧洲货币体系国家货币的汇率政策。
(3)为最终建立欧洲货币联盟铺平道路。

在政策层面上,欧洲货币体系体现了法、德两国推动欧洲经济政治一体化进程的初衷。除了英国和希腊之外,所有的欧共体国家都加入了欧洲货币体系。欧洲货币体系的两大工具是欧洲货币单位(ECU)和汇率机制(ERM)。

欧洲货币单位(European Currency Unit,ECU)是由欧盟各成员国货币经过加权平均而形成的一篮子货币。各国货币的权重取决于各国的相对国民生产总值以及在欧盟内贸易中所占的份额。作为欧洲货币体系的核算单位,欧洲货币单位在汇率机制的运作中发挥着重要的作用。

汇率机制(Exchange Rate Mechanism,ERM)是指欧洲货币体系各成员国联合管理汇率的程序。该机制建立在由各成员国货币平价组成的"平价网"体系的基础上。"平价网"中的平价是通过最初确定的各成员国货币的欧洲货币单位平价来计算的。

在1979年欧洲货币体系成立之初,各成员国货币按规定对其他货币可偏离平价一定的幅度,除意大利里拉的最大偏离幅度为 ±6% 之外,其他各国货币的最大偏离幅度为 ±2.25%。1993年9月,该波幅范围被扩大到 ±15%。当一国货币汇率的波动超过了规定的上下幅度时,两国的中央银行都被要求对外汇市场进行干预,以保证市场汇率处在规定范围内。为了对外汇市场进行干预,中央银行可以向由各成员国出资的黄金和外汇资金而建立的欧洲信贷基金贷款。

由于欧洲货币体系成员国之间的经济政策不能达到完全一致,所以欧洲货币体系经历了一系列的重新组合过程。例如,1985年7月意大利里拉贬值6%,1990年1月再次贬值3.7%。1992年9月,由于德国的高利率导致资本大量流入德国,意大利和英国被迫退出汇率机制。随着德国于1990年10月实现再次统一,德国政府面临着与货币政策不相容的严重的预算赤字。因担心发生通货膨胀,德国政府并不愿意降低本国利率,而意大利和英国也因害怕出现高失业率而不愿意提高本国利率(这对维持它们之间的汇率很有必要)。然而,意大利于1996年12月再次加入汇率机制,以便参加欧洲货币联盟。不过,英国至今仍游离于欧洲货币联盟之外。

尽管欧洲货币体系不断遭遇波折,但欧盟成员国还是于1991年12月在荷兰的马斯特里赫特(Maastricht)举行会议并签订了**《马斯特里赫特条约》**(Maastricht Treaty)。该条约规定,在1999年1月以统一的欧洲货币来取代现有的各国货币之前,欧洲货币体系将固定各成员国货币间的汇率。位于德国法兰克福(Frankfurt)的欧洲中央银行(European Central Bank)将全权负责共同货币的发行,并负责制定欧元区的货币政策。各成员国的中央银行的职责类似于美国美联储体系下的各地区域银行。表 2-3 列出了欧盟历史上所发生的主要事件。

表 2-3 欧盟历史上所发生的主要事件

年份	事件
1951 年	由法国外长罗伯特·舒曼（Robert Schuman）发起成立了欧洲煤炭和钢铁共同体（ECSC）并在巴黎签订条约，签约国为法国、德国、意大利、荷兰、比利时和卢森堡
1957 年	在罗马签订协议，成立了欧洲经济共同体（EEC）
1968 年	关税同盟开始全面运作；取消了欧洲经济共同体成员之间的贸易壁垒，确立了统一的对外关税体系
1973 年	英国、爱尔兰和丹麦成为欧洲经济共同体成员国
1978 年	欧洲经济共同体改名为欧洲共同体（EC）
1979 年	成立欧洲货币体系，旨在促进欧洲共同体成员国之间的汇率稳定
1980 年	希腊成为欧洲经济共同体成员国
1986 年	葡萄牙和西班牙成为欧洲经济共同体成员国
1987 年	启动《单一欧洲法案》，从而为在 1992 年年底前建立共同内部市场提供了框架
1991 年	签订《马斯特里赫特条约》，而后获得 12 个国家的批准。《马斯特里赫特条约》为建立欧洲货币联盟确立了时间表，该条约还宣称欧洲共同体将致力于政治联盟建设
1994 年	欧洲共同体再次更名为欧盟（EU）
1995 年	奥地利、芬兰和瑞典成为欧盟成员国
1999 年	11 个欧盟成员国接受统一的欧洲货币——欧元
2001 年	1 月 1 日希腊接受欧元
2002 年	欧元纸币和硬币投放市场，各成员国货币退出流通
2004 年	欧盟新增 10 个成员国：塞浦路斯、捷克共和国、爱沙尼亚、匈牙利、拉脱维亚、立陶宛、马耳他、波兰、斯洛伐克共和国和斯洛文尼亚
2007 年	保加利亚和罗马尼亚获准加入欧盟。斯洛文尼亚开始采用欧元
2008 年	塞浦路斯和马耳他开始采用欧元
2009 年	斯洛伐克开始采用欧元
2011 年	爱沙尼亚开始采用欧元
2013 年	克罗地亚加入欧盟
2014 年	拉脱维亚开始采用欧元
2015 年	立陶宛开始采用欧元
2016 年	根据对英国退欧的全民公投的结果，英国决定退出欧盟

为了给欧洲货币联盟的启动铺平道路，欧盟货币体系的成员国同意紧密协调各自的财政政策、货币政策及汇率政策以实现经济趋同。具体而言，各成员国应努力做到：①财政赤字占国内生产总值（GDP）的比重低于 3%；②公共债务总额低于 GDP 的 60%；③保持较高程度的物价稳定；④货币汇率必须维持在欧洲货币体系规定的幅度内。目前"经济趋同"已成为捷克、匈牙利、波兰等希望能在不久的将来加入欧洲货币联盟国家的流行术语。

2.9 欧元和欧洲货币联盟

1999 年 1 月 1 日，国际金融领域发生了一件历史性事件：欧盟 15 个成员国中的 11 个国家自愿放弃本国的货币主权，开始统一使用欧元。这 11 个最先接受欧元的国家是：奥地利、比利时、芬兰、法国、德国、爱尔兰、意大利、卢森堡、荷兰、葡萄牙和西班牙。欧盟的其余 4 个成员国丹麦、希腊、瑞典和英国则没有第一批参加。不过，希腊于 2001 年在符合了经济趋同准则的要求后也成为欧元俱乐部的一员。此后，斯洛文尼亚于 2007 年开始采用欧元，塞浦路斯与马耳他于 2008 年开始采用欧元，斯洛伐克于 2009 年开始采用欧元，爱沙尼亚则于 2011 年开始采用欧元。最后，拉脱维亚于 2014 年开始采用欧元，立陶宛于 2015 年开始采用欧元。目前，欧元区共有 19 个成员国。

欧洲单一货币的启动必将与作为全球货币的美元形成抗衡，对国际金融的诸多方面产生深远的影响。在这一节里，我们将讨论以下几个方面的内容：①简述欧元产生的历史背景及各个实施阶段；②从成员国的角度讨论欧元潜在的利益与成本；③分析欧元对国际金融领域所带来的总体影响。

2.9.1 欧元简史

自罗马帝国瓦解以来，欧洲再也没有出现过统一的流通货币，因此，1999 年 1 月欧元的产生堪称历史性大事。罗马皇帝戴克里先（Gaius Diocletianus）（公元 286～301 年）曾开展了币制改革，并且在全国实施单一货币。欧元的产生也标志着主权国家首次自愿放弃本国独立的货币政策以寻求经济的一体化。因此，欧元代表的是一次史无前例的尝试，尝试的结果将会产生深远的意义。如果尝试取得成功，那么欧元与美元都将成为影响国际金融的支配力量。此外，欧元的成功必将大大推动欧洲政治联盟的发展。

欧洲一体化在 1958 年欧洲经济共同体建立时就初露端倪，因此，欧元也可以看作是欧洲一体化进程向纵深发展的产物。如前所述，1979 年创建的欧洲货币体系的目的就是要建立一个稳定的欧洲货币区，要求各成员国控制本国货币的波动。1991 年，马斯特里赫特欧洲委员会（the Maastricht European Council）达成欧盟条约的草案，呼吁在 1999 年前实行单一的货币。随着欧元在 1999 年 1 月 1 日的启动，**欧洲货币联盟**（European Monetary Union，EMU）就应运而生了。欧洲货币联盟是欧洲货币体系的延伸，而欧洲货币单位（ECU）是欧元的前身。因而，欧盟法律要求，以欧洲货币单位标价的合约应逐一转换成以欧元为单位的合约。

欧元启动后，欧元俱乐部 11 个成员国的货币必须按 1999 年 1 月 1 日的兑换率与欧元挂钩。表 2-4 给出了各国货币的兑换比率。2002 年 1 月 1 日，欧元纸币与硬币投入市场流通，各成员国货币开始逐步退出流通。在 2002 年 7 月 1 日各成员国货币完成兑换、成员国货币的法定地位被取消后，欧元就成了欧元区国家唯一的法定货币。

总部设在德国法兰克福（Frankfurt）的**欧洲中央银行**（European Central Bank，ECB）负责制定欧元区国家的货币政策，其中的首要目标是保持物价稳定。因为欧洲中央银行的独立性受法律保护，所以在实施货币政策时不会受到来自任何成员国或机构的不适当的政治压力。从一定程度上讲，欧洲中央银行是以成功地维持了德国物价稳定的德国联邦银行（German Bundesbank）为模型而建立起来的。丹麦国家银行的前任行长威廉·杜伊林贝赫（Willem Duisenberg）当选为欧洲中央银行的首任行长。他最近指出，所谓的"物价稳定"是指年通货膨胀率不超过但接近于 2% 的状态。

不过，欧元区国家的中央银行并没有被取消，它们与欧洲中央银行一起组成了类似于美国联邦储备体系的**欧洲中央银行体系**（European System of Central Banks）。欧洲中央银行体系的任务主要有以下三个：①制定并执行联盟的共同货币政策；②实施外汇运作；③持有并管理欧元区成员国的官方外汇储备。此外，各国中央银行的行长担任欧

表 2-4 欧元兑换率

1 欧元等于	
奥地利先令	13.760 3
比利时法郎	40.339 9
荷兰盾	2.203 71
芬兰马克	5.945 73
法国法郎	6.559 57
德国马克	1.955 83
爱尔兰镑	0.787 56
意大利里拉	1 936.27
卢森堡法郎	40.339 9
葡萄牙埃斯库多	200.482
西班牙比塞塔	166.386

资料来源：《华尔街日报》。

洲中央银行的管理委员会委员（Governing Council）。虽然各国中央银行要执行欧洲中央银行所制定的政策，但在信贷分配、资源筹集、收支系统管理等权限方面仍然担当重要职能。

在做进一步讨论之前，我们先来简单地考察一下美元与欧元之间的汇率走势。图 2-3a 描述了自欧元启动以来美元兑欧元的汇率情况，图 2-3b 则描述了汇率的变化情况。从图 2-3a 可以看出，从 1999 年 1 月的 1.18 美元/欧元起，欧元兑美元的汇率持续下跌，于 2000 年 10 月达到谷底的 0.83 美元/欧元。欧元在这一期间的贬值反映了美国经济的强劲势头及欧洲投资者对美国的大力投资。然而，从 2002 年起，欧元兑美元开始升值，并于 2002 年 7 月达到大致的平价。这在一定程度上反映了美国经济增长的减缓和欧洲对美国投资的减少。欧元继续保持兑美元的强势，并于 2008 年 7 月达到 1.60 美元/欧元，之后才有所回落。在金融危机期间，美元似乎变得强势，表明投资者认为持有美元较为安全。虽然欧元于 2009 年年初开始反弹，但欧洲主权债务危机致使欧元信誉受损，欧元又开始下跌。图 2-3b 确认了美元与欧元之间汇率的高度波动性。

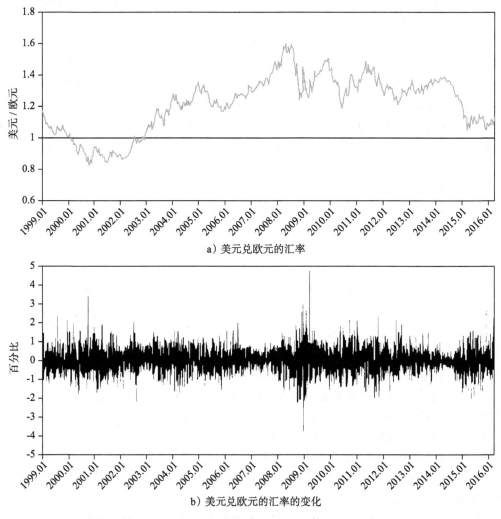

a）美元兑欧元的汇率

b）美元兑欧元的汇率的变化

图 2-3　欧元启动以来美元兑欧元汇率的日走势情况

资料来源：Datastream.

2.9.2 加入货币联盟的利益

欧元区国家之所以坚决加入货币联盟并采用统一货币，是因为它们认为加入货币联盟所获得的利益要超过付出的相关成本——与那些有资格加入联盟却不接受单一货币的国家的成本相比较。因此，我们有必要了解加入货币联盟的潜在利益与成本。

采用统一货币主要有哪些利益呢？采用统一货币的直接利益就是可以降低交易成本、消除汇率变动的不确定性。在欧洲盛传这样一种说法，如果一个人周游欧元区国家，在每个国家只是将货币兑换成该国货币而实际上并没有花这些钱，当他回来时，剩下的钱仅为原来的一半。如果各个国家都采用相同的货币，那么交易成本就会大大降低。这些节省下来的开支自然会增加个人、公司、政府等经济主体的利益。尽管很难确切估算出外汇交易成本的大小，但据估计大约占欧洲国民生产总值的0.4%。

当然，这些经济主体也能从汇率不确定性的消除中获利。在欧元区内交易时，公司不会遇到汇率变动所造成的损失。过去，公司常常得对外汇风险进行套期保值，现在则可以节省进行套期保值的成本。由于使用了相同的货币，价格比较变得很容易了，消费者购物时也能从中获利。价格透明度的提高将会促进欧洲范围内的竞争，从而有助于促进物价下降。交易成本的降低和外汇风险的消除共同使得欧元区内进行跨国投资和贸易的净效用增加。随着欧洲经济一体化的进一步深化，单一货币有助于公司通过并购来实现重组，促进生产选址的优化，最终增强欧洲公司的国际竞争力。因此，货币联盟的第三大优点就是能提高欧洲经济的效率和竞争力。

欧洲统一货币的启动也为欧洲资本市场的持续健康发展创造了良好的条件，有助于提高欧洲资本市场的流动性，使其可与美国的资本市场媲美。过去，各国不同的货币及不同的法律/管理体制导致欧洲资本市场的割裂和流动性的缺乏，使得欧洲公司无法以有利条件筹集到资金。统一货币和欧洲金融市场的一体化为创建欧洲统一的资本市场铺平了道路。那时，欧洲及非欧洲的公司均能以有利的条件从该市场中筹集资金。Bris，Koskinen和Nilsson（2004年）所做的研究证明，采用统一货币欧元降低了欧元区公司的资本成本，使公司价值平均增加了17%。对那些过去暴露在欧洲内部货币风险下的公司而言，它们取得了更大的价值增加，也就是说，这些公司从统一货币中获得更多的利益。

最后但同样重要的是，统一货币还可以推动欧洲的政治合作与和平。欧盟的奠基者，包括让·莫内（Jean Monnet）、保罗－亨利·斯巴克（Paul-Henri Spaak）、罗伯特·舒曼（Robert Schuman）以及他们的接任者，都为强化欧洲各国的联系而制定了一系列的经济政策。他们甚至设想要建立一个全新的欧洲，即通过地区与国家间的经济合作与相互依存来取代那些过去常引发灾难性战争的民族对立状态。对此，德国前总理赫尔姆特·科尔（Helmut Kohl）认为，欧洲货币联盟是"战争与和平的分水岭"。如果欧元取得成功，那么它将在很大程度上推动欧洲政治的一体化，并最终建立起"欧洲合众国"。

2.9.3 加入货币联盟的代价

加入货币联盟的主要代价是各国丧失了独立制定本国货币和汇率政策的权力。假设芬兰这个极度依赖纸浆工业的国家，突然面临世界纸浆价格下跌的风险。纸浆价格的下跌将严重危害芬兰的经济，导致失业人数增加，收入下降。不过，纸浆价格下跌对欧元区其他成员国却不产生丝毫影响。这样，芬兰遭受到了"不对称性冲击"。一般来说，如果一国的经济越单一,对贸易的依赖性越强,就越容易遭受不对称性冲击。

假如芬兰维持本国货币的独立性,就可能考虑降低国内利率以刺激经济的不景气,同时可以对本国货币贬值以便刺激外国消费者对芬兰产品的需求。但是由于芬兰已加入欧洲货币联盟,不再有这样的政策选择权。进一步讲,由于欧元区的其他国家并没有受到芬兰这种具体冲击的影响,欧洲中央银行就不可能通过调整它的货币政策来消除芬兰所受到的冲击。换言之,在法兰克福的欧洲中央银行所制定的共同货币政策并不能解决只是影响个别国家或地区的不对称性经济冲击,欧洲中央银行所处理的是那些影响整个欧元区的冲击。

不过,如果芬兰的工资和物价水平是可以自由波动的,那么它仍然可以应对这种不对称性冲击的影响。降低工资和物价水平与芬兰货币贬值所达到的经济效果是一样的。此外,如果资本可以在欧元区自由流动,而且工人愿意到欧元区的任何地方工作,那么,无须货币政策调整也能消除不对称性冲击的影响。然而,如果上面的条件都不满足,那么不对称性冲击将使受影响国家的经济出现更加严重而持久的混乱。从这一点上讲,加入货币联盟是有代价的。按照哥伦比亚大学(Columbia University)教授罗伯特·蒙代尔(Robert Mundell)于1961年首次提出的"**最优货币区理论**"(the theory of optimum currency areas),确立统一货币区的标准是资本和劳动力等要素在该区域内可自由流动的程度。要素的高度可流动性能为一国提供可选择的货币调节机制。

考虑到美国的资本和劳动力要素是高度可流动的,因此美国就相当于一个最优货币区,美国的50个州就不必发行各自的货币了。与此相反,例如,赫尔辛基的失业人员由于文化、宗教、语言及其他障碍等因素不太可能去意大利的米兰或德国的斯图加特寻找就业机会。欧洲货币联盟设立稳定公约的目的是为了防止在欧洲货币联盟成立后产生各种不负责任的财政行为,同时也是为了约束芬兰政府将预算赤字控制在GDP的3%以下。同时,由于欧盟财政一体化的程度很低,芬兰也无法从布鲁塞尔(Brussels)获得大量的转移支付。综合考虑以上各方面的因素,可以发现加入欧洲货币联盟是需要付出巨额经济成本的。由于经济状况不景气,法国和德国的预算赤字经常会超过3%的限制。这种违背稳定公约的行为会危及对欧元起到重要支持作用的财政政策要求。

Von Hagen和Neumann的实证研究(1994)显示奥地利、比利时、法国、卢森堡、荷兰和德国都满足有关最优货币区的条件,而丹麦、意大利和英国均不满足。值得注意的是,实际上丹麦和英国都选择放弃加入欧洲货币联盟。范·哈根和纽曼的研究表明意大利过早地加入了欧洲货币联盟。有趣的是,意大利的一些政客把意大利经济的恶化归咎于采用了欧元,提出要恢复使用意大利里拉。国际财务实践专栏2-1"蒙代尔获得诺贝尔经济学奖"阐明了蒙代尔教授对于货币联盟的一些看法。

| 专栏 2-1 | 国际财务实践

蒙代尔获得诺贝尔经济学奖

作为新欧洲共同货币和里根时期供给学派经济学的理论创始人之一,罗伯特 A. 蒙代尔(Robert A. Mundell)获得了诺贝尔经济学奖。

在关于欧洲新货币欧元的想法仍被视为天方夜谭时,蒙代尔已经对此做出了突破性的研究。当资本流动仍然受到限制而且各国货币仍在实行钉住汇率制时,这位加拿大籍66岁的哥伦比亚大学教授,也已对资本跨国流动和弹性汇率的影响进行了深入的考察。

推选委员会在宣布获奖者时说:"蒙代尔所选择的研究课题都是近乎预言似地不同凡响,非常精确地预见了国际货币制度和资本市场的未来发展趋势。"

蒙代尔的观点	
在罗伯特·蒙代尔看来,强势货币与强大权力是相伴的。	
国家	时期
希腊	公元前 7～3 世纪
波斯	公元前 6～4 世纪
马其顿	公元前 4～2 世纪
罗马帝国	公元前 2 世纪～公元 4 世纪
拜占庭	公元 5～13 世纪
弗兰克斯	公元 8～11 世纪
意大利城国	公元 13～16 世纪
法兰西	公元 13～18 世纪
荷兰	公元 17～18 世纪
德国(泰勒)	公元 14～19 世纪
法兰西(法郎)	1803～1870 年
英国(英镑)	1820～1914 年
美国(美元)	1915 年至今
欧盟(欧元)	1999 年

资料来源:The Euro and the Stability of the International Monetary System, Robert Mundell, Columbia University.

蒙代尔是一个满头银发、行为古怪的人,他曾经买下意大利废弃的城堡来规避通货膨胀,后来也因不屈不挠地维护金本位制以及提倡成为里根时期标志的备受争议的减税政策和供给经济学而成为右倾主义经济的英雄人物。

诺贝尔委员会回避了蒙代尔的政治影响,肯定了他在 20 世纪 60 年代所做的研究工作,并发给他 97.5 万美元的奖金。他的忠实拥护者将他的获奖视为对供给经济学思想的肯定。

"我知道这会颇费周折,但历史终究会记住,是蒙代尔将罗纳德·里根(Ronald Reagan)推上了总统的宝座。"自始至终支持里根减税政策的保守派经济学家裘德·万尼斯基(Jude Wanniski)在他的个人网站上宣称。

蒙代尔的供给经济学思想来自于他在 20 世纪 60 年代所做的研究。当时,他考察了在以下两种汇率制度情况下该如何搭配财政政策和货币政策:一是 20 世纪 70 年代初以黄金为基础的布雷顿森林体系崩溃前的那种固定汇率制;二是目前美国和其他许多国家所采用的浮动汇率制。

其中的一个发现已成定律,即当货币可以跨国自由流动时,政策制定者必须在维持汇率稳定性和保持货币政策独立性之间做出抉择,而且两者不可兼得。

蒙代尔的研究工作对政策制定者一直产生着影响。1962 年,他发表论文建议肯尼迪政府在面临国际收支赤字的困境下该如何刺激经济的发展。1996 年,他在接受采访时呼吁:"要实现该目标,唯一正确的做法是减税,然后通过紧缩性货币政策来实现国际收支平衡。"肯尼迪政府最终又采纳了这种思想。

蒙代尔将供给学派运动的起源追溯到 1971 年在美国财政部召开的著名经济学家会议,

包括经济学家保罗·沃尔克（Paul Volcker）和保罗·萨缪尔森（Paul Samuelson）。当时，大多数经济学家为"滞胀"这种高通货膨胀、美元危机、国际收支恶化及持续增长的失业率并存的经济问题所困扰。与会代表均认为，任何紧缩的货币或财政政策将会支持美元，改善国际收支状况，但同时也会使失业率继续上升。而宽松的货币或财政政策能提高就业率，但会弱化美元的地位，引起物价上涨，扩大国际收支赤字。

蒙代尔提出了一个异端解决方案，即提高利率保护美元，同时实施减税以刺激经济。大多数与会代表被此观点吓呆了，因为减税会增加预算赤字。许多非供给学派经济学家的某些观点确实在里根时期得到了应验。

"我知道我是少数派，"蒙代尔在1988年接受采访时说，"但我认为我会得到最多的支持，因为我真切地理解了该会议所需解决的问题。"

早在芝加哥大学时期，蒙代尔和一位名叫阿瑟·拉弗（Arthur Laffer）的学生成为好朋友，后来都成了供给学派的核心人物。直至现在，蒙代尔仍认为必须采用类似的政策来保持美国经济的蓬勃发展。"仅仅依靠货币政策来抵抗经济衰退是不够的。"他在昨天接受采访时说，"我们也必须减免税受。"

在芝加哥大学，蒙代尔经常感觉到自己与倡导货币论和浮动汇率制的米尔顿·弗里德曼（Milton Friedman）格格不入。1974年，蒙代尔进入哥伦比亚大学，两年后弗里德曼获得了诺贝尔经济学奖。

当大多数经济学家不赞成金本位制和固定汇率制时，蒙代尔一度还是其拥护者。他说："纽约与加利福尼亚两地间有固定的票价，并且运行得相当不错。"

诺贝尔奖委员会还表彰了蒙代尔对共同货币区的深入研究。这些研究为欧盟11国采用统一欧元奠定了理论基础。1961年，当欧洲各国仍旧坚持本国货币时，蒙代尔就已提出了各国应该统一货币的情况。

哈佛大学经济学家肯尼思·罗格夫（Kenneth Rogoff）说："那时，这简直就是发疯，但现在就显得天经地义了。这正是他的远见卓识所在。"

蒙代尔还特别认为，在一个成功的欧元区内，劳动力应能从发展较慢的地区向发展快速的地区自由流动。一些反对者认为，欧洲国家还不具备这些条件。

不过，蒙代尔预言这种新货币最终将威胁到美元的全球霸主地位。蒙代尔在去年曾经论述道："建立欧元区的好处来自于透明的物价、稳定的预期、较低的交易成本以及通过欧洲各国的集思广益所制定出的共同货币政策。"从1969年起，他就担任欧洲货币当局的顾问，对欧元计划进行了深入研究。

除了学术方面之外，蒙代尔的生活可谓丰富多彩。在20世纪60年代末，因害怕发生通货膨胀，他购买并整修了一座最初为佩特鲁奇（Pandolfo Petrucci）而建的16世纪的意大利城堡"锡耶纳的强人"（Strong Man of Siena）。此外，蒙代尔有4个孩子，从1岁到40岁都有。

资料来源：Reprinted by permission of The Wall Street Journal, Copyright 1999 Dow Jones & Company, Inc. All rights reserved worldwide.

2.9.4 欧元的前景：一些关键问题

欧元的实施会成功吗？当欧元区遇到若干次较大的不对称冲击时，对欧元的真正考验就将揭开序幕。要成功应对此类冲击，那么工资、物价和财政政策必须具有弹性。需要注意的是不对称性冲击也可能发生在单个国家内。例如，20世纪70年代当石油价格狂升时，美国的石油消费地区新英格兰遭受了严重的经济打击，而作为主要产油区的得克萨斯州却迅速地获得繁荣。同样地，意大利高度工业化的热那亚－米兰地区和南部欠发达的梅佐乔尔诺地区（Mezzogiorno）就可能处于完全不同的商业周期阶段。然而，这些国家都实行全国统一的货币政策。尽管不对称性冲击在国际层面上无疑会更加严重一些，但人们也不应当夸大不对称冲击对货币联盟的阻碍作用。此外，自1979年欧洲货币体系启动以来，欧洲货币联盟各成员国都在努力约束各自的货币政策以维持欧洲的汇率稳定。鉴于欧元区区域内贸易占欧元区成员国对外贸易的60%左右，因此加入欧洲货币联盟所获得的收益要远远超过相关的成本。而且，欧洲政治和经济界的精英均对欧元的成功投入了很大的政治资本。因此，只要欧洲能解决好因希腊债务危机而引发的内部冲突与不平衡，人们完全可以认为欧元必将有一个辉煌的未来。尽管落实了援救资金和财政紧缩措施，但若希腊、葡萄牙、西班牙等南欧地区国家无法近期内减少负债并重新取得经济增长，那么这些国家就会面临严峻的时间窗口，即民众再也难以承受失业等经济痛苦，转而会要求退出欧元区。因此，欧元作为共同货币，其生死未来完全取决于这些国家在采用欧元的前提下能否找到实现经济增长的道路。目前，情况仍然未定。

欧元能成为与美元相抗衡的全球性货币吗？自第一次世界大战结束以来，美元取代英镑成为主导性的全球货币，成为国际商业与金融交易的首选货币。即便是在美元于1971年放弃金本位制后，美元依然在世界经济中占据着霸主地位。这种地位可能是缘于美国经济的绝对规模和美联储相对合理的货币政策。如表2-5所示，目前欧元区在人口规模、GDP及国际贸易份额等方面都可以与美国一较高下。表2-5还表明，在国际债券市场上，欧元与美元是地位相当的标价货币。相反，日元在国际债券市场上就显得不那么重要了。正如前面所讨论的那样，欧洲中央银行毫无疑问也正在努力寻求一种可靠的货币政策。考虑到欧元区的经济规模和欧洲中央银行的权力，欧元有可能在不久的将来结束美元的唯一霸主地位，成为继美元之后的第二种全球货币。相反，日元则可能成为"美元—欧元"共同主宰体制下的一个初级伙伴。另一方面，按人口规模和GDP来衡量，人民币拥有很大的交易范围，未来将成为重要的全球货币。不过，人民币目前尚处于国际化的初期。

表2-5 主要经济体的宏观经济数据[①]

经济体	人口（100万）	GDP（万亿美元）	年通货膨胀率	世界贸易份额	未清偿的国际债券（10亿美元）
美国	318	17.4	2.2%	10.6%	8 816
欧元区	339	12.5	1.8%	14.8%	8 092
中国	1 355	11.0	2.2%	11.3%	—
日本	127	4.1	0.1%	3.9%	402
英国	64	2.7	2.1%	3.1%	1 988

① 通货膨胀率为1999～2015年的年平均值；未清偿的国际债券指按发行货币计算的截至2015年6月的未清偿的国际债券和票据；世界贸易份额为2014年数据；其余为2015年度的数据。

资料来源：Adapted from IMF, World Trade Organization, Bank for International Settlements, and European Commission: Economic and Financial Affairs.

2.10 墨西哥比索危机

1994年12月20日，新总统埃内斯托·塞迪略（Ernesto Zedillo）领导的墨西哥政府宣布墨西哥比索兑美元贬值14%。然而，这一决定引发了人们大量抛售墨西哥比索及墨西哥股票和债券。如图2-4所示，到1995年1月初，比索兑美元的价值下跌了40%。墨西哥政府不得不宣布墨西哥比索实行自由浮动。由于相关的国际投资者减少了对新兴市场债券的持有，墨西哥比索危机迅速波及其他拉美国家及亚洲的金融市场。

面对墨西哥政府即将拖欠的贷款及可能发生的全球金融动荡，克林顿政府、国际货币基金组织与国际清算银行（BIS）共同出资530亿美元来帮助墨西哥摆脱困境。㊀在救援计划于1995年1月31日出台后，包括墨西哥在内的世界金融市场开始稳定下来。

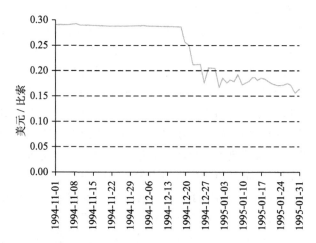

图 2-4　美元兑墨西哥比索的汇率（1994年11月1日～1995年1月31日）

墨西哥比索危机具有深远的意义，因为它是首次因证券投资资本的跨国逃逸而导致的严重的国际金融危机。据说在危机发生前的3年里，国际共同基金购买了450亿美元的墨西哥证券。当墨西哥比索贬值时，基金管理者立即清空手中持有的墨西哥证券及其他新兴市场证券。这种行为动摇了世界金融市场的稳定，并且波及整个世界金融市场。

随着世界金融市场一体化的程度不断加深，这种具有蔓延型金融危机可能会愈加频繁地爆发。从墨西哥比索危机中可以得到两点启示：

第一，必须建立恰当的多国安全网络来保障世界金融体系免受墨西哥比索危机之类事件的冲击。因为任何一个国家或机构都无法单独处理潜在的全球性危机。另外，面对快速变化的市场条件，缓慢的区域性政治手段也无法应付快速变化的市场环境。事实上，当克林顿政府提出对墨西哥的援助方案时，就面临了来自国会和盟国的强烈反对。由此可见，想要早点扼制危机是不可能的。幸好七国集团同意拿出500亿美元支援那些处于经济困境的国家。这笔资金由国际货币基金组织负责管理，而且要求受援国接受一系列新增的披露要求。墨西哥比索的轰然崩溃正是由于即将离职的萨利纳斯（Salinas）政府不愿意公开墨西哥经济的真实状况（日益枯竭的外汇储备和严重的贸易逆差）而引发的。信息透明总归有助于财务危机的预防。

第二，墨西哥政府过度依赖于外国证券资本来促进本国经济的发展。事后人们认识到，墨西哥应增加国内储备并更多地依靠长期性的而非短期性的外国资本投资。正如斯坦福大学的罗伯特·麦金农（Robert Mackinnon）教授所指出的那样，外国资本的大量流入会有两方面的不利影响。外国资本的大量流入会导致宽松的国内信用政策，从而引起墨西哥消费的增加和储蓄的减少。㊁外资的大量流入也会引起较高的国内通货膨胀和墨西哥比索的高估，从而损害了墨西哥的贸易平衡。

㊀ 美国从其外汇稳定基金中拿出200亿美元，IMF 和 BIS 则分别捐出178亿美元和100亿美元。加拿大、拉丁美洲国家和商业银行共捐出50亿美元。

㊁ 参见 "Flood of Dollars, Sunken Pesos," *New York Times*, January 20, 1995. p. A2g.

2.11 亚洲金融危机

1997年7月2日,在很大程度上钉住美元的泰国货币泰铢突然贬值。起先仅发生在泰国的地区性金融危机迅速蔓延成全球性金融危机,先是波及印度尼西亚、韩国、马来西亚、菲律宾等其他亚洲国家和地区,而后迅速蔓延到俄罗斯和拉丁美洲国家,特别是巴西。如图2-5所示,在危机的高峰期,韩国货币韩元的美元价值较危机发生前的水平下跌了50%,而印度尼西亚货币印尼卢比的美元价值竟然下跌了80%。

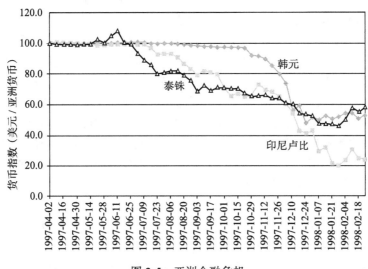

图2-5 亚洲金融危机

注:图中汇率已被指数化。设1997年4月2日的"美国美元/亚洲货币"的汇率指数为100,则1997年4月2日的汇率为:0.001 12美元/韩元,0.038 56美元/泰铢,0.000 41美元/印尼卢比。

继1992年欧洲货币体系危机和1994～1995年的墨西哥比索危机后,亚洲金融危机是20世纪90年代发生的第三次大的货币危机。然而,从波及的范围及所付出的经济社会成本的严重性来看,这次危机比前两次有过之而无不及。随着当地货币的大幅度贬值,饱受外币债务折磨的金融机构和公司遭受了巨大的损失,甚至被迫倒闭。更为糟糕的是,这次危机造成的东亚经济衰退不论是深度和广度,还是持续的时间之长都是前所未有的,而在过去的几十年里,该地区却是世界上经济发展速度最快的地区之一。与此同时,发达国家的许多借贷者和投资者也都因投资于新兴地区的证券而遭受巨额的资本损失。例如,长期资本管理公司(LTCM)曾经是效益良好的最大的避险基金之一,但也因俄罗斯的债券风险而几近破产。1998年8月中旬,俄罗斯卢布汇率从6.3卢布/美元大幅贬值到约20卢布/美元。俄罗斯股票和债券的价格也发生暴跌。美联储因害怕这会对美国的金融市场产生多米诺骨牌效应,才于1998年9月拿出35亿美元来援助长期资本管理公司。

考虑到亚洲货币危机的全球影响以及对世界金融体制所提出的挑战,有必要清楚其成因,也有必要讨论如何避免类似的危机再次发生。

2.11.1 亚洲金融危机的根源

导致亚洲金融危机爆发的主要因素有:各国薄弱的金融体系,国际资本的自由流动,市场情绪不断变化引起的传染效应,以及多变的经济政策。近年来,发展中国家和发达国家一直倡导开放本国的金融市场,并允许资本跨国流动。随着资本市场的开放,亚洲发展中国家的许多公司和金融机构纷纷向美国、日本、欧洲的投资者大举借债,而这些投资者都被这个快速发展的新兴市场所带来的可观的投资收益深深吸引。例如,仅 1996 年,印度尼西亚、韩国、马来西亚、菲律宾和泰国 5 个亚洲国家就有高达 930 亿美元的私人资本流入。相反,1997 年这 5 个国家却只有 120 亿美元的资本净流出。

20 世纪 90 年代早中期,私人资本的大量流入导致亚洲国家的信贷急剧膨胀。这些增加的信贷主要是参与房地产和股票市场的投机买卖,或是投资于仅有边际利润的工业项目。汇率稳定也刺激了借贷双方进行非套期保值的金融交易和过度的风险投资而无暇防范汇率风险。政府抑制过热经济的措施在一定程度上也引起了资产价格的下跌(如在危机爆发前的泰国),而这又引发以此种资产为抵押的银行贷款质量的下降。显然,危机受害国的银行和其他金融机构缺乏风险管理意识,而且对它们的风险监督措施也极其薄弱。此外,它们的贷款计划经常受到政治因素的影响,导致了资源不能做到最优配置。不过,这种所谓的权贵资本主义并非是什么新东西,东亚经济曾经在相同的体制下创造过经济奇观。

同时,采用固定名义汇率的新兴经济不可避免地会发生实际汇率的上升,而这又会导致诸如泰国和韩国之类亚洲国家出口增长的显著减缓。而且,由于日本经济的长期萧条及日元兑美元的贬值损害了邻国的利益,这进一步恶化了亚洲发展中国家的贸易平衡。假如允许亚洲各国货币的实际汇率进行贬值,那么 1997 年所发生的灾难性的汇率突变也许就能避免。当然,由于各国均实行固定的名义汇率制,这是完全不可能的。

在泰国,由于人们开始挤兑泰铢,泰国中央银行一开始所做的是设法增加金融体系的流动性,并且通过利用外汇储备来维持泰铢汇率。随着泰国外汇储备的迅速下降,泰国中央银行最终决定让泰铢贬值。泰铢的突然崩溃触发了国际资本从金融脆弱性程度较高的其他亚洲国家恐慌性地逃离。如图 2-6 所示,一个有趣的现象是受危机袭击最严重的国家都是金融脆弱性程度最高的国家。衡量金融脆弱性程度的标准是:①短期外债占国际储备的比率;②广义货币 M2(即银行业的负债)占国际储备的比率。货币危机之所以会蔓延至少部分地是由于人们害怕危机会扩大,从而引起国际资本恐慌性地、不加选择地逃离亚洲国家。这样,恐慌自身促成了恐慌的实现。当债权人抽离资本并拒绝提供新的短期贷款时,先前的信贷膨胀就转变成信贷萎缩,这既损害了信用,也损害了那些边际借款人。

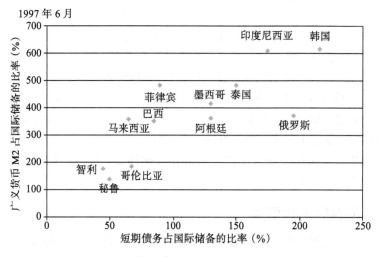

图 2-6　金融脆弱性指标

资料来源:世界银行,国际货币基金组织。

在危机发生后，国际货币基金组织对印度尼西亚、韩国、泰国这三个受损最严重的国家提供了援助。不过，作为援助条件，国际货币基金组织实施了一系列严厉的措施，如提高国内利率和缩减政府开支以维持本国汇率。在经济已经开始衰退的情形，这些国家又实施了一系列严厉的紧缩性政策，结果亚洲经济出现了长期而严重的衰退。根据世界银行 1999 年的报告，泰国和印度尼西亚一年里的工业产值下降了 20% 甚至更多，简直可以与美国、德国在大萧条时期的状况一较高下了。因此，有人认为国际货币基金组织一开始就为惨痛的亚洲经济开错了处方。国际货币基金组织的援助计划也因增加了道德风险而遭受谴责。因为，国际货币基金组织的援助不仅有可能滋养发展中国家的依赖性，也可能刺激国际信贷者的冒险投资。人们常常有这样的情节：纳税人的钱不应该用来援助那些有钱有势的投资者。美国前参议员劳奇·费尔克洛思（Lauch Faircloth）曾说过："通过国际货币基金组织，利益被私有化了，而损失则被社会化了。"然而，只有通过援助来扑灭危机之火，才能引起人们更加警惕危机之火。

2.11.2 亚洲金融危机的启示

一般来说，如果国内金融体系较为脆弱且发展不完善，那么金融市场的自由化很容易引发货币危机或金融危机。有趣的是，墨西哥和韩国都是在加入经济合作与发展组织后数年内遭受严重的货币危机的，而加入经济合作与发展组织的条件却是金融市场的高度自由化。因此，更为安全的做法似乎应当先加强国内金融体系，而后再寻求金融市场的自由化。

要加强国内金融体系，必须实施一系列的政策。首先，政府应该加强对金融部门进行的监管制度。要做到这一点，一种方法就是签署由巴塞尔银行监督委员会起草的《银行业有效监督准则》并监督其遵循情况。另外，银行应按经济价值来决定贷款决策，而不应受政治因素的影响。此外，公司、金融机构和政府必须向公众提供最为及时可靠的金融信息。如果金融信息披露的程度越高，一国经济状况就越透明，那么相关各方就更容易监控局势，从而也能缓和投资者因缺乏可靠信息而产生的摇摆不定和极度恐慌的心理。

即使一国决定通过允许资本跨国流动来实现金融市场的自由化，也应当鼓励外国直接投资、权益性投资及长期债券投资，并减少引入短期投资这类极易引起金融动荡的资金。正如智利已成功实施的那样，对国际游资征收**"托宾税"**（Tobin Tax）是比较有用的。就像往车轮上撒点沙一样，托宾税对于预防金融动荡，稳定世界金融市场很有作用。

面对国际金融市场的日趋一体化，固定的但可调节的汇率制度能否可行仍是一大疑问。在金融脆弱时期，这种汇率制度安排易于受到冲击。除非该国愿意实施资本控制，否则很难恢复原来的固定汇率制。根据经济学家津津乐道的所谓的"三元悖论"，一国只能做到以下三个政策中的两个而无法三者兼顾：①固定汇率制度；②资本的国际自由流动；③独立的货币政策。即便有可能，但要同时兼顾三者显得非常困难。该悖论也被称为**"矛盾的三位一体"**（incompatible trinity）。如果一个国家想维持独立的货币政策以达到本国的经济目标，而同时要保持本国货币与其他货币的汇率不变，那么该国就必须限制资本的自由流动。亚洲金融危机对中国和印度并未产生显著的影响，主要是因为这两个国家对资本的自由流动实施控制，使得其资本市场与世界其他国家的资本市场相分离。不过，中国香港受危机冲击影响较小则是另一方面的原因。香港特区政府通过成立货币局来使其货币永久性地钉住美元，并允许资本自由流动；因此，中国香港放弃了该地区货币的独立性。货币局是固定汇率制的一种极端形式，即本地区的货币完全靠美元（或选择的其他标准货币）支持。这样，中国香港的经济基本上已被美元化了。

如前所述，人民币兑美元的汇率在过去很长时间里维持在 8.27 人民币元／美元。如图 2-7 所示，人民币在 2005 年 7 月中旬开始了持续三年的升值，但到 2008 年 7 月中旬又回到准固定汇率状态，维持在 6.82 人民币元／美元的水平。这主要是因为全球金融危机导致经济不确定性增加。不过，自 2010 年 6 月下旬起，人民币兑美元汇率又开始浮动，原因主要来自其贸易伙伴，它们试图将人民币升值当作减少其对中国贸易赤字的途径。不过，这次升值也与中国自身寻求资本市场自由化相关。近年来，中国逐渐降低了对国际资本流动的壁垒。与此同时，中国不断增加利用人民币进行国际贸易结算，其远期目标是使人民币成为类似美元的重要全球货币。如前所述，按中国的人口数量、GDP 以及国际贸易份额衡量，人民币拥有很大的交易范围。因此，人民币有潜力成为重要的全球货币。不过，人民币要成为全球货币必须满足若干重要相关条件：①人民币完全可自由兑换；②资本市场深度开放并具有高流动性；③对产权的法律保护。显然，美国与欧元区符合这些条件。

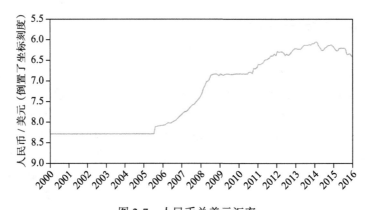

图 2-7　人民币兑美元汇率

资料来源：Datastream.

2.12　阿根廷比索危机

然而，2002 年的阿根廷比索危机表明，货币局制度也并不能完全避免崩溃的风险。图 2-8 描述了在 20 世纪几乎整个 90 年代里保持固定平价的比索－美元汇率是如何在 2002 年 1 月崩溃的。只要货币没有完全美元化（如巴拿马的情况），除非货币局制度受到政治意愿和经济规律的支持，那么货币局制度一定会崩溃。

在阿根廷比索与美元根据《兑换法》于 1991 年 2 月按平价实施挂钩的初期，这的确产生了积极的经济效应：阿根廷的长期通货膨胀率大大降低，外资开始不断涌入，阿根廷的经济开始蓬勃发展。然而，随着时间的推移，由于 20 世纪 90 年代后期美元变得坚挺，阿根廷比索兑绝大多数国家的货币开始升值。阿根廷比索的坚挺影响了阿根廷的

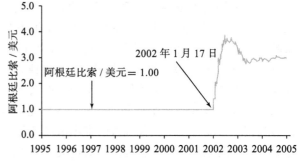

图 2-8　阿根廷货币局制度的崩溃

资料来源：彭博社。

出口，引起阿根廷经济的长时间衰退，最终导致阿根廷政府于 2002 年 1 月放弃了阿根廷比索—美元的平价制。而这一变化反过来又加剧了该国经济和政治的危机：失业率提高到了 20%，2002 年 4 月的月通货膨胀率达到 20%。相反，中国香港在其货币局制度面临亚洲金融危机的重大考验时，则成功地捍卫了货币局制度。

虽然关于阿根廷危机的起因没有明确的共识，但至少有以下三个因素与货币局制度的崩溃和随之而来的经济危机有关：①缺乏财政纪律；②劳动力市场无弹性；③受到俄罗斯和巴西金融危机的传染。不同团体对经济资源的竞争要求只有通过日益增长的债务来满足，这也反映了阿根廷社会传统的社会政治分歧。阿根廷被称为是实施了"欧洲式福利制度"的第三世界经济体。在 20 世纪的整个 90 年代里，阿根廷联邦政府借入了大量的美元。当 20 世纪 90 年代末阿根廷经济出现衰退时，阿根廷政府就越来越难以筹集到债务，最终只好拖欠大量的国内外债务。阿根廷采纳了货币局制度下的完全固定汇率制，但这也使得阿根廷不可能通过传统的货币贬值来恢复竞争力。而且，在固定名义汇率制下，降低工资水平和削减产品成本本来是使实际货币贬值的有效方法，但由于工会力量的强大，这一切变得非常难以实现。在俄罗斯和巴西发生金融危机后，国际资本流动的减缓更是恶化了阿根廷的这种形势。此外，巴西雷亚尔于 1999 年的大幅贬值也使阿根廷的出口受阻。

虽然货币危机过去了，但债务问题尚未得到全部解决。由于经济的持久萧条和社会、政治局面的愈加动荡，阿根廷政府于 2001 年 12 月停止了所有债务的偿付。这也是有史以来最大宗的政府毁约行为。阿根廷面临的一项极其复杂的任务，就是要对以 7 种不同货币标价并受 8 种法律制度影响的 1 000 多亿美元的债务进行重组。2004 年 6 月，阿根廷政府做出"最后"出价，要求债权人削减其相当于债务净现值 75% 的债务。国外债权人拒绝了这一要求，要求阿根廷政府完善此种做法。2005 年年初，债权人最后同意了债务重组，即同意将其所持债权价值减计大约 70%。

2.13 固定汇率制与浮动汇率制的比较

既然包括美国和英国，或许还包括日本在内的一些国家主张采用浮动汇率制，而其他国家，特别是欧洲货币联盟的成员国及许多发展中国家则倾向于维持固定汇率制，因此，有必要考察一下支持固定汇率制或支持浮动汇率制的理由。

支持浮动汇率制的主要理由是：①更易于实施外部调整；②国家政策具有自主权。假定此时某个国家出现国际收支赤字，这就意味着按现行汇率在外汇市场上该国货币出现过度供给。在浮动汇率制下，该国货币的对外价值会自行贬值，直到该国货币的供需相等。在这一新的汇率上，该国的国际收支失衡就会消失。

只要汇率由市场供求来决定，那么外部平衡就能自动实现。这样，政府无须采取任何政策措施来纠正国际收支失衡。因此，在浮动汇率制下，政府就能通过货币政策和财政政策来实现本国所选择的任何经济目标。然而，在固定汇率制下，政府不得不采取紧缩（或扩张）的货币政策和财政政策来纠正现行汇率下的国际收支赤字（或盈余）。由于政策工具被用来维持汇率，政府就无法利用同一政策工具来实现其他的经济目标。结果，在固定汇率制下，政府失去了政策的自主权。

现在以英镑来表示某种代表性外汇。图 2-9 描述了上述两种汇率制度分别是如何纠正国际收支失衡的。如图 2-9 所示，纵坐标表示英镑的美元价格（汇率），横坐标表示不同汇率下英镑的供给量或需求量。就大多数商品而言，对英镑的需求总是向下倾斜的，而英镑的供给是向上倾斜的。假设当前的汇率是 1.60 美元/英镑，那么由图 2-9 可见，在这一汇率上，对英镑的需求远远超过供给，即美元的供给远远超过需求，此时美国就会出现贸易赤字或国际收支赤字。在浮动汇率制下，美元会自行贬值到新的汇率水平 1.80 美元/英镑，这时对英镑的超额需求（贸易赤字）就会消失。现在，假设汇率固定在 1.60 美元/英镑上，那么对英镑的超额需求就不能通过汇率的调整来消除。在这种情况下，美联储银行可以通过提取外汇储备来满足对英镑的超额需求。然而，如果这种超额需求仍未能被消除，美国政府就可能采取紧缩性货币政策和财政政策，从而使得需求曲线左移（图中由 D 移动到 D^*），直到在 1.60 美元/英镑的固定汇率下外汇供需相等。换句话说，在固定汇率制下，政府需要采取政策措施来维持固定汇率制。

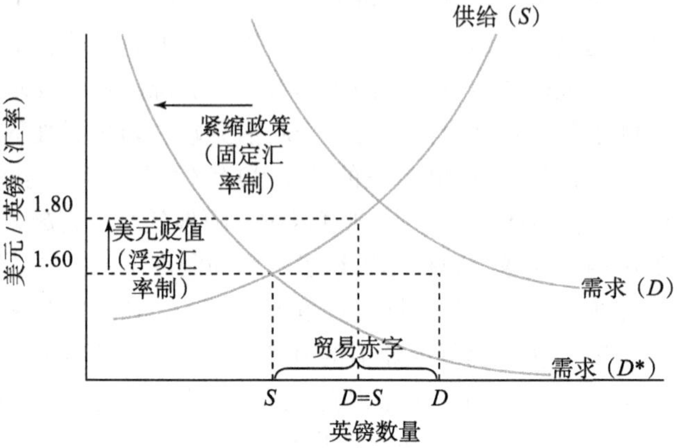

图 2-9　外部调整机制：固定汇率和浮动汇率的比较

浮动汇率制的一个可能的缺点就是汇率的不确定性会阻碍国际贸易和投资。固定汇率制的拥护者认为：当未来汇率变得不确定时，公司往往倾向于回避国际贸易。既然在汇率不确定的情况下，各国不能完全从国际贸易中获益，那么就不可能在全球范围内实现资源的优化配置；而在固定汇率制的拥护者看来，固定汇率制消除了汇率的不确定性，从而可以促进国际贸易。不过，从某种程度上说，汇率的不确定性并不一定会阻碍国际贸易的发展，因为各公司可通过签订期货或期权合约来归避汇率风险。

上述分析表明，汇率制度的选择涉及对一国货币政策的自主性和国际经济的一体化进行权衡。如果各国追求各自的国内经济目标，那么就可能实施相反的宏观经济决策，使得固定汇率制变得不可行。另一方面，如果各国极力推进国际经济一体化（如欧盟的主要成员国法国和德国），那么，实行固定汇率制的利益又会超过相关的成本。

总之，"好"的（或理想的）国际货币体系应具有：流动性、可调性和信任性。换句话说，理想的国际货币体系不仅能提供足够的货币储备来满足国际贸易和投资发展的需要，而且能为修复国际收支失衡提供一种有效的机制。最后，因为信任危机会导致储备资产的外逃，所以理想的国际货币体系还应提供一种预防信任危机的保障机制。在制定和评估国际货币体系时，政治家和经济学家应谨记这三点。

本章小结

本章从总体上介绍了作为跨国公司经营运作环境的国际货币体系。
1. 国际货币体系是关于进行国际支付、调节资金流动和确定各种货币间汇率的组织框架。
2. 国际货币体系经历了五个演变阶段：①金银复本位制时期；②古典金本位制时期；③战争时期；④布雷顿森林体系时期；⑤浮动汇率制时期。
3. 古典金本位制存在于 1875～1914 年。在该制度下，两种货币间的汇率是由它们的含金量决定的。国际收支失衡可通过价格—铸币—流动机制而得到自动调整。今天，金本位制的忠实追随者仍坚信，金本位制可有效解决通货膨胀问题。然而，在金本位制下，世界经济会因货币黄金供应量的不足而面临紧缩的压力。

4. 为了避免战争时期因没有明确的"游戏规则"而产生的经济民族主义卷土重来，1944年，44个国家的代表汇聚在新罕布什尔州的布雷顿森林城，组建了新的国际货币体系。在布雷顿森林体系下，各国货币与可以全部兑换成黄金的美元建立平价关系。各国以外汇，特别是美元和黄金作为国际支付手段。建立布雷顿森林体系的初衷是要维持汇率稳定并节约黄金。由于美国国内发生的通货膨胀并出现持续的国际收支赤字，布雷顿森林体系最终于1973年崩溃。

5. 《牙买加协议》确立了替代布雷顿森林体系的浮动汇率制。随着20世纪80年代美元价值的大起大落，主要工业化国家决定相互合作以维持汇率的稳定性。1987年《卢浮宫协议》的签署标志着有管理的浮动汇率制的启动。在该制度下，七国集团（G7）将联合干预外汇市场以纠正货币价值的高估或低估。

6. 1979年，欧洲经济共同体国家建立了欧洲货币体系，试图在欧洲建立一个"货币稳定区"。欧洲货币体系的两个主要工具是欧洲货币单位和汇率机制。欧洲货币单位是由欧洲货币体系的成员国货币所组成的一篮子货币，并作为欧洲货币体系的核算单位。而汇率机制是指欧洲货币体系成员国集体管理其汇率的过程。汇率机制建立在各成员国维持平价网的基础之上。

7. 1999年1月1日，包括法国和德国在内的11个欧洲国家开始采用统一货币——欧元。希腊于2001年加入欧元区。此后，塞浦路斯、马耳他、斯洛伐克、斯洛文尼亚与爱沙尼亚5国也先后采用欧元。鉴于欧元最终可能成为与美元相抗衡的全球流通货币，因此，单一欧洲货币的启动对欧洲乃至世界经济有着深远的影响。欧元区国家可从交易成本的减低和汇率不确定的消除中受益。此外，欧元的启动也有助于欧洲大陆资本市场的发展，使得公司能以有利的条件筹集到资金。

8. 在欧洲货币联盟内，位于法兰克福的欧洲中央银行负责制定欧元区国家的共同货币政策。欧洲中央银行具有维持欧洲物价稳定的法定权力。欧洲中央银行与欧元区成员国的中央银行共同组成了欧洲中央银行体系，负责制定并实施欧洲货币联盟的共同货币政策。

9. 包括法国和德国在内的欧洲货币联盟的核心成员国显然主张实行固定汇率制，而美国和日本之类的其他主要国家则更倾向于采用浮动汇率制。在浮动汇率制下，因为外部平衡可以通过汇率的自行调整而非政策干预来实现，因而政府能够维持政策的独立性。然而，汇率的不确定性可能会妨碍国际贸易和投资，因此，选择何种汇率制度也需要对维持本国政策独立性和寻求国际经济一体化进行权衡。

本章拓展

第3章

国际收支

本章提纲

国际收支核算
国际收支账户
国际收支恒等式
主要国家的国际收支趋势
本章小结
本章拓展
   关键词

思考题
计算题
小型案例:
   墨西哥的国际收支问题
参考文献与建议阅读材料
附录3A 国际收支账户与国民收入
          账户的关系

国际收支（balance of payment）这一术语经常出现在新闻媒体中，而且一直是世界经济与政治方面的热点话题。不过，不同场合所用的国际收支含义其实并非总是指国际收支的精确定义，因为该术语常常被误解与滥用。国际收支是一个国家与世界上其他国家所发生的经济交易的统计记录。国际收支问题值得人们进行研究，主要是因为：

第一，国际收支提供了关于一个国家货币需求与供给的详细信息。例如，如果美国的进口大于出口，那就意味着在其他条件不变的情况下美元的供给超过了外汇市场对美元的需求。因此，可以推断美元面临着兑其他货币贬值的压力。另一方面，如果美国的出口大于进口，那么美元很可能会升值。

第二，一国的国际收支数据是世界上其他国家判断该国作为贸易伙伴是否具有潜力的信号。如果一国存在严重的国际收支问题，那么该国就不可能扩大从其他国家的进口。相反，该国有可能会采取限制进口和资本流出的措施以改善国际收支状况。另一方面，拥有巨大国际收支顺差的国家更有可能扩大进口，能为外国企业提供营销机会，同时也不太可能实行外汇限制。

第三，国际收支数据可用来评估一国在国际经济中的竞争力。假设一国连年发生贸易赤字，那有可能表明该国的国内企业缺乏国际竞争力。为了更好地对国际收支进行解释，有必要了解国际收支账户的构成。

3.1 国际收支核算

国际收支的正式定义为：以复式记账的形式、对一个国家在某一时期内的国际经济交易所做的统计记录。这里的国际经济交易包括商品和服务的进出口以及在企业、银行往来、债券、股票和不动产等方面所进行的跨国投资。因为国际收支是对某一特定期间（例如一个季度或一年）所发生的交易的记录，所以国际收支与国民收入核算具有相同的核算期。㊀

一般地，在美国的国际收支中，任何导致从国外获得收入的交易记在贷方，用正号表示；而任何导致对国外进行支付的交易记在借方，用负号表示。美国国际收支的贷方记录的是美国的商品与服务、无形资产、债权和不动产的出口销售，而借方记录的是美国对国外商品与服务、无形资产、债权和不动产的进口购买。进一步讲，贷方项目引起对美元的需求，而借方项目引起美元的供给。需要注意的是，对美元的需求（或供给）是与对外汇的供给（或需求）相联系的。

国际收支采用的是复式记账法，每一个贷方账户都必然有一个与之平衡的借方账户，反之亦然。

【例 3-1】 假设波音公司以 5 000 万美元的价格向日本航空公司出口一架波音 747 客机。日本航空公司用它在纽约大通银行（Chase Manhattan Bank）的美元账户进行支付。那么波音公司获得的 5 000 万美元的收入被记录在贷方（+），然后以相同的金额在借方（-）记录美国银行负债的减少。

【例 3-2】 假设波音公司用 3 000 万美元进口劳斯莱斯（Rolls-Royce）公司生产的发动机引擎，将货款转入劳斯莱斯（Rolls-Royce）在纽约银行的账户。在这种情况下，波音公司的支出被记录在借方（-），而劳斯莱斯的存款增加被记录在贷方（+）。

上述两个例子表明，国际收支的每一笔业务都遵循复式记账原则，即国际收支中的任何一个贷方记录都有一个与之相配比的借方记录。

国际收支不仅记录进出口之类的国际贸易，也记录跨国投资业务。

【例 3-3】 假设美国从事信息服务的汤姆森公司（Thomson Corporation）用 75 000 万美元并购了英国的新闻机构路透社（Reuters）。路透社将这笔钱存在伦敦的巴克莱银行（Barclays Bank），而后该银行用这笔钱购买了美国国库券。在这种情况下，汤姆森公司所支付的 75 000 万美元被记录在借方（-），而巴克莱银行购买的美国国库券将被记录在贷方（+）。

以上例子中的交易活动可总结如下（见表 3-1）。

表 3-1 例 3-1～例 3-3 中的交易活动记录

交易	贷方	借方
波音公司出口	+5 000 万美元	
从美国银行的提款		-5 000 万美元
波音公司进口		-3 000 万美元
美国银行的存款	+3 000 万美元	
汤姆森公司并购路透社		-75 000 万美元
巴克莱银行购买美国国库券	+75 000 万美元	

㊀ 实际上，经常账户余额是指一国进口与出口间的差额，是一国 GNP 的组成部分。GNP 的其他组成部分有消费、投资和政府支出。

3.2 国际收支账户

由于国际收支记录了一个国家在一定时期内实现的所有类型的国际交易，所以国际收支包含各种账户。不过，一国的国际交易账户可以分为以下三大类：

（1）经常账户。
（2）资本账户。
（3）官方储备账户。

经常账户（current account）包括商品与服务的进出口；**资本账户**（capital account）包括股票、债券、银行往来账款、不动产等资产的买卖；**官方储备账户**（official reserve account）则包括美元、外汇、黄金以及特别提款权等国际储备资产的买卖。

接下来让我们对国际收支账户做一详细的考察。表3-2汇总了美国2015年度国际收支账户的摘要。我们将以该表为例来进行分析。

表3-2 2015年美国国际收支汇总 （单位：10亿美元）

	贷方	借方
经常账户		
（1）出口	3 044.1	
（1.1）商品	1 510.3	
（1.2）服务	750.9	
（1.3）生产要素收入	782.9	
（2）进口		−3 362.1
（2.1）商品		−2 272.9
（2.2）服务		−488.7
（2.3）生产要素收入		−600.5
（3）单方面转移	128.6	−273.6
经常账户余额		−463.0
[（1）+（2）+（3）]		
资本账户		
（4）直接投资	379.4	−348.6
（5）证券投资	276.3	−154.0
（5.1）权益性证券	−178.3	−202.6
（5.2）债务性证券	429.2	48.6
（5.3）衍生证券净值	25.4	
（6）其他投资	270.9	−235.1
资本账户余额	188.9	
[（4）+（5）+（6）]		
（7）统计误差	267.8	
总余额		−6.3
官方储备账户	6.3	

资料来源：IMF，《国际金融统计年报》（2016）。

3.2.1 经常账户

如表3-2所示，美国2015年的出口为30 441亿美元，进口为33 621亿美元。表3-2中的出口减去进口加上单方面转移，即（1）+（2）+（3）为经常账户余额，这里为负值：

-4 630 亿美元。因此，2015 年美国的经常账户出现赤字，表明美国所消耗的产品超过了美国的产出。⊖ 由于一国必须通过向国外借款或减少本国以前所积累的外汇储备来弥补经常账户赤字，因此经常账户赤字意味着该国净外汇储备的减少。反之，经常账户盈余的国家相当于借款给国外，从而增加了外汇储备净额。

经常账户可分为四个细目：商品贸易、服务、生产要素收入以及单方面转移。**商品贸易**（merchandise trade）代表有形商品的进出口，如石油、小麦、服装、汽车、计算机等。如表 3-2 所示，美国 2015 年的商品出口额为 15 103 亿美元，而进口额为 22 729 亿美元。因此，美国的**贸易余额**（trade balance）出现赤字（或贸易赤字）。贸易余额表示商品出口的净额。众所周知，美国自 20 世纪 80 年代初以来一直处于贸易赤字状态，而其主要贸易伙伴，如中国、日本和德国，则通常处于贸易盈余状态。美国与其主要贸易伙伴之间所持续存在的这种贸易不平衡一直是各国争论的话题。

服务（services）是经常账户下的第二个细目，包括法律服务、咨询服务、工程维护、专利和知识产权、保险、运输、旅行等方面的收入与支出。服务贸易有时也被称为"**无形贸易**"（invisible trade）。2015 年，美国的服务贸易出口额为 7 509 亿美元，而进口额为 4 887 亿美元，实现的盈余为 2 622 亿美元。显然美国在服务贸易方面要比商品贸易方面做得好。随着信息技术的快速发展，之前不可贸易的许多服务产品开始进入贸易领域。例如，美国当地医院拍摄的 X 光片可以通过互联网很快传送到印度的 IT 外购中心。随后，在印度的医生就可以观察数字相片与资料，并将诊断资料传送回美国的医院并收取费用。这里，美国实际上从印度进口了医疗服务。

生产要素收入（factor income）是经常账户下的第三个细目，主要包括利息、股利以及国外投资利得方面的收入与支出。例如，美国投资者持有国外债券所获得的利息记在国际收支的贷方；相反，美国借款人支付给外国债权人的利息则记在借方。2015 年，美国居民向外国居民支付的生产要素收入为 6 005 亿美元，从国外获得的收入 7 829 亿美元，实现了 1 824 亿美元的盈余。不过，考虑到美国近年来发生的巨额外债，美国支付给国外居民的利息与股利可能会急剧增长。在其他条件不变的情况下，这可能会导致美国未来经常账户赤字的增加。

经常账户的第四个细目是**单方面转移**（unilateral transfer），即无偿支付，如国外援助、赔款、官方和私人赠予及礼物等。与国际收支中的其他账户不同，单方面转移只是单方向的流动，不存在作为弥补的反方向流动。例如，在商品贸易中，商品流向一个方向而货款则流向相反的方向。为遵循复式记账法的原则，单方面转移可以看作是从接受者那里购买商誉的一种行为。因此，一国向另一国提供援助可以看作是从该国进口商誉。如表 3-2 所示，2015 年美国的单方面转移支出净值为 1 450 亿美元（转移收入 1 286 亿美元减去转移支出 2 736 亿美元）。

经常账户余额，尤其是贸易余额，对汇率变化十分敏感。当一国货币对它主要贸易伙伴国的货币贬值时，该国的出口就会增加，进口则会减少，这样贸易余额就

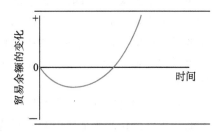

图 3-1　货币贬值与贸易余额的时间变化轨迹：J 曲线效应

⊖ 经常账户余额（BCA）可以用国民收入（Y）与国内吸收间的差额来表示。国内吸收由消费（C）、投资（I）和政府支出（G）构成：BCA=Y-（C+I+G）。如果一国的国内吸收低于其国民收入，那么该国的经常账户就必定发生盈余。参阅附录 3A 所做的详细讨论。

会得到改善。例如，墨西哥在1994年的各季度里持续发生的贸易赤字约为45亿美元。但在当年12月墨西哥比索贬值后，墨西哥的贸易余额迅速开始上升，并在1995年实现了大约70亿美元的盈余。

一国货币贬值对其贸易余额的影响可能比上面讨论的情形要复杂得多。事实上，在货币贬值之后，贸易余额首先可能会恶化一阵子，但最终会随着时间的推移而逐渐改善。如图3-2所示，这种贸易余额对货币贬值的特定反应模型被称为 **J 曲线效应**（J-curve effect）。J 曲线表明：在货币贬值后，一国的贸易收支会发生先恶化、后改善的情形。1967年，英国的贸易余额在英镑贬值后出现了恶化，J 曲线效应也因此受到广泛关注。塞巴斯蒂安·爱德华兹（Sebastian Edwards）在1989年详细考察了发展中国家在20世纪60～80年代所实施的货币贬值情况，发现其中大约有40%的情形出现了 J 曲线效应。

如果进口和出口对汇率变化富有弹性，那么贬值后，贸易收支会很快得到改善。反之，如果进口和出口缺乏弹性，那么贬值会引起贸易余额的恶化。在国内货币贬值并且引起进口价格提高后，国内居民仍可能继续购买进口商品，因为在短时间内他们很难改变消费习惯。由于进口商品价格提高，该国将会在进口商品上投入更多。即使国内居民愿意转向消费国内的便宜商品来替代进口商品，国内的商品生产者也需要有足够的时间才能提供这些进口替代品。即使国内商品因国内货币贬值而变得便宜，但国外居民对国内产品的需求也会出于相同的原因而缺乏弹性。不过，从长期来看，进口和出口都会随着汇率的变化而做出相应的反应，从而对贸易余额产生积极的影响。

3.2.2 资本账户

资本账户余额衡量的是美国卖给国外的资产与美国从国外买进的资产之间的差额。美国卖出（或出口）资产所引起的资本流入记录在贷方，而买入（或进口）国外资产所引起的资本流出记录在借方。与商品和服务贸易不同的是，金融资产贸易会影响未来生产要素收入项目的收入与支出。

如表3-2所示，2015年美国的资本账户盈余为1 889亿美元，表明流入美国的资本大大超过流出的资本。显然，经常账户赤字几乎被资本账户盈余全部抵消。正如前面所提到的那样，一国的经常账户赤字必须通过向国外借款或者通过出售已有的国外投资来弥补。在政府不进行储备交易的情况下，经常账户余额必须等于资本账户余额（但符号相反）。在任何情况下，一个国家的国际收支必定是平衡的。不过，2015年美国资本账户1 889亿美元的盈余远远小于其4 630亿美元的经常账户赤字。但与此同时，2 678亿美元的巨大统计误差（包括主要发生在资本账户交易中的错误和遗漏）显得很不寻常。不难发现的是，资本账户余额和统计误差之和（4 567亿美元＝1 889亿美元＋2 678亿美元）非常接近于4 630亿美元的经常账户赤字。

资本账户可以分为三个细目：直接投资、证券投资以及其他投资。直接投资是指投资者为获得国外公司的一部分控制权而进行的投资。在美国的国际收支中，如果投资者占有公司10%或以上的表决权股票，该投资者就拥有了该公司的一部分控制权。

例如，日本汽车制造商本田公司在俄亥俄州建造一家装配厂就属于**对外直接投资**（foreign direct investment，FDI）。再例如，瑞士的跨国企业雀巢公司并购了美国的康乃馨公司（Carnation）也属于对外直接投资。当然，美国公司也向国外进行直接投资，如可口可乐公司在全世界建立的灌装企业。近年来，许多美国公司将它们的生产设备转移到墨西哥或中国以便降低生产成本。一般地，对外直接投资的产生是因为公司试图利用市场的不完全性，如廉价的劳动力服务和受保护的市场。2015年美国在海外的直接投资为3 486亿美元，而外国在美国的直接投资为3 794亿美元。

当预期的国外投资收益大于资本成本（考虑了外汇风险和政治风险）时，企业就会进行对外直接投资。因为国外的工资率和原材料成本较低，又有补贴性融资、优惠的税收政策以及对当地市场的准入限制，所以国外投资项目的预期收益率会高于国内投资项目。国外直接投资的数量与方向对汇率变化也很敏感。例如，在20世纪80年代后半期，日本对美国直接投资飙升的部分原因是日元兑美元的急速升值。由于日元变得坚挺，日本公司就更有能力收购美国资产，因为用日元衡量的美国资产变得便宜多了。面对相同的汇率变化，美国公司则不愿意对日本进行直接投资，因为用美元衡量的日本资产变得太贵了。

证券投资（portfolio investment）是资本账户下的第二个细目，主要反映的是不涉及控制权转让的股票和债券等国外金融资产的买卖。国际证券投资近年来发展迅速，一部分原因是许多国家对资本管制的普遍放松，另一部分原因则是由于投资者需要在全球范围内进行分散投资来降低风险。证券投资包括权益性证券投资、债务性证券投资和衍生证券投资。如表3-2所示，2015年外国投资者对美国金融证券的投资为2 763亿美元，而美国对外国金融证券的投资为1 540亿美元，美国的盈余为1 223亿美元。其中，大部分盈余来自外国投资者对美国债务性证券的投资以及美国投资者将清算的外国债券汇回美国。如表3-2所示，2015年外国投资者对美国债务性证券的总投资为4 292亿美元，同期美国投资者清算了486亿美元的外国债务性证券投资。此外，不难发现，外国投资者撤出了1 783亿美元的对美权益性证券投资。

投资者一般会通过分散他们的证券投资来降低风险。因为不同国家间证券收益的相关性较低，所以投资者在国际范围内而不单纯是在国内分散他们所持有的证券将有效降低投资风险。此外，投资者也有可能从某些国外市场上获得更高的期望收益[①]。

近年来，被称为主权财富基金（SWFs）的政府控制型投资基金在国际投资领域开始发挥日益明显的作用。主权财富基金多形成于亚洲和中东地区，通常吸收的是这些地区因贸易顺差和石油出口而积累起来的大量外汇储备。值得注意的是，主权财富基金将大量资金投资到因次贷危机而遭遇严重损失的许多西方银行。例如，阿拉伯联合酋长国的主权财富基金对花旗银行投资了75亿美元，后者在次贷危机后急需补充其资本金，来自新加坡的国有投资公司淡马锡控股公司（Temasek Holdings）则将50亿美元投资于美国最大的投资银行之一美林证券。虽然主权财富基金有利于稳定全球银行体系以及东道国的国际收支状况，但它们也日益受到详细审查，因为主权财富基金不仅规模巨大，而且运作缺乏透明性。

资本账户的第三个细目是**其他投资**（other investment），包括货币、银行存款、贸易信贷等方面的交易。这些投资对国家间相对利率的变化和汇率的预期变化都很敏感。如果美国的利率上升而其他变量不变，那么美国就会出现资本流入，因为投资者愿意在美国投资或者存款以享受高利率带来的好处。然而，如果升高的利率被美元的预期贬值或多或少地抵消一部分，那么资本流入就不会发生。[②]既然利率和预期汇率都很容易变动，那么这些资本的流向也是很容易逆转的。2015年，美国在该项目下的资本流入净额为2 709亿美元。同时，美国

[①] 请参阅第15章关于国际证券组合投资的具体讨论。
[②] 相对利率与期望汇率变化间的关系将在第6章中加以讨论。

的投资者在该项目下对外国资产的投资为 2 351 亿美元。

3.2.3 统计误差

如表 3-2 所示，2015 年美国国际收支账户有 2 678 亿美元的统计误差，用来反映被遗漏和记错的交易。国际交易的支出与收入的记录是在不同时间和地点完成的，而且可能采用了不同的方法。因此，作为编制国际收支统计的依据的记录必定是不完善的。尽管海关对商品贸易会有较精确的记录，但咨询之类的无形服务可能无从获得，而那些通过电子手段完成的众多跨国金融交易则更难追踪。正因为如此，国际收支常设置一个起到"平衡"作用的借方或贷方账户来反映统计误差。⊖ 如前所述，资本账户余额与统计误差之和在数值上基本上等于经常账户的余额（-4 630 亿美元），这表明金融交易可能是造成这种差异的主要原因。

国际收支账户中经常账户、资本账户及统计误差的累计值称为**总余额**（overall balance）或**官方结算余额**（official settlement balance）。构成总余额的所有交易都是自主交易。⊖ 总余额非常重要，它反映了一国的国际收支缺口。该缺口必须通过政府的官方储备交易来进行调节。

总余额也是一个国家货币面临贬值或升值压力的指标。例如，如果一国持续出现总余额赤字，该国最终会耗尽它的国际储备，而且该国货币也许不得不进行贬值。2015 年美国的总余额为赤字 63 亿美元，这意味着美国向其他国家净支付了 63 亿美元。如果美国的总余额为盈余，那么美国就从其他国家获得了净收入。

3.2.4 官方储备账户

当一国由于国际收支赤字而必须向外国进行净支付时，该国的中央银行（美国为联邦储备系统）就得减少黄金、外汇、特别提款权等**官方储备资产**（official reserve assets）或者向外国中央银行再借款。另一方面，如果一国发生国际收支盈余，该国中央银行会归还部分国外债务或从国外获得额外的储备资产。如表 3-2 所示，为了弥补 63 亿美元的国际收支赤字，美国政府要减少等额的外国储备资产，如变现外汇储备。

官方储备账户包括政府为平衡总余额及干预外汇市场而进行的交易。当美国与外国政府希望维持美元在外汇市场的价值时，它们就会出售外汇、特别提款权或黄金来"买入"美元。这些交易会引起对美元需求的增加，故被记录在官方储备账户的贷方。反之，如果政府想削弱美元，它们就会"卖出"美元并买入黄金或外汇等。这些交易会引起美元供给的增加，故被记录在官方储备账户的借方。政府对外汇市场干预越频繁，官方储备的记录就越多。

2011 年 9 月 6 日，瑞士中央银行瑞士国民银行（SNB）宣布了一个让金融市场吃惊不小的决定，其将"无限制地"干预货币市场，以避免瑞士法郎兑欧元的升值超过 1.20 瑞士法郎/欧元，或者说 0.833 欧元/瑞士法郎。瑞士中央银行还宣布"决定立即生效，不再容忍欧元兑瑞士法郎的汇率低于 1.20 瑞士法郎/欧元的最低要求。瑞士中央银行将以最大决心维持这一最低汇率水平，并将无限量地着手买入外币。"由于瑞士作为投资的避风港接受了大量来自风险较大的欧元区的投资，瑞士法郎兑欧元的汇率从 2008 年年初的 0.61 欧元/瑞士法郎一路升值到 2011 年 8 月的接近 1 欧元/瑞士法郎，从而严重损害了以出口为主的瑞

⊖ 读者也许想知道该如何计算国际收支中的统计误差。从定义上看，反映错误与遗漏的统计误差是无法知晓的。不过，由于当所有项目都包括在内时国际收支余额必然为零，因此可以通过"剩余法"来计算统计误差。

⊖ 自主交易是指并非出于平衡国际收支目的而发生的交易。

士经济。事实上,为避免瑞士法郎的升值,瑞士中央银行一直在通过发行瑞士法郎来买入欧元。瑞士中央银行的干预主要针对的是欧元,原因就在于欧元区一直是瑞士产品的最大出口市场。如图 3-2 所示,2008 年瑞士的官方储备资产保持稳定状态,意味着瑞士中央银行当时并未进行干预。不过,从 2009 年开始,瑞士的官方储备资产开始上升,意味着瑞士中央银行进行了干预。虽然瑞士中央银行进行了干预,但瑞士法郎兑欧元持续升值,导致了瑞士经济的衰退。为应对困境,瑞士中央银行宣布将立即"无限制地"干预货币市场,以保证瑞士法郎兑欧元的升值不超过 1.20 瑞士法郎/欧元的最低水平。如图 3-2 所示,决定宣布之后,瑞士法郎兑欧元的汇率大幅下降,瑞士中央银行维持其货币最低水平汇率的措施取得了成功。经过瑞士中央银行的数年干预,瑞士的官方储备资产从 2008 年的不到 500 亿美元增加到 2013 年的近 5 000 亿美元。瑞士中央银行的这一"最低汇率"政策一直执行到 2015 年。这一事例表明,所谓"由市场决定的汇率"会对实体经济带来负面影响,转而迫使政府采取措施以限制市场的"无形之手"。

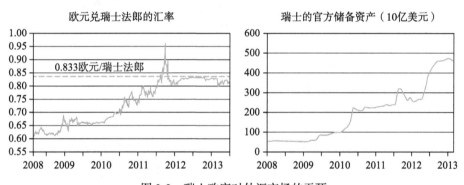

图 3-2 瑞士政府对外汇市场的干预

资料来源:数据库和《国际金融统计》。

在 1945 年布雷顿森林体系出现以前,黄金是具有支配作用的国际储备资产。不过,在 1945 年后,国际储备资产包括:①黄金;②外汇;③特别提款权;④在国际货币基金组织的储备头寸。

如图 3-3 所示,黄金作为国际支付手段的相对重要性一直在持续下降,而外汇的重要性则有了实质性的上升。截至 2015 年,国际货币基金组织成员所持有的官方储备资产中外汇占了 95%,而黄金所占的份额则不到 1%。与黄金相同,特别提款权的相对重要性以及在 IMF 的储备头寸也在不断下降。不过,因为 IMF 新发了 2 500 亿美元的特别提款权,所以 2009 年特别提款权占全球储备头寸的比例上升到 4%。这些新的特别提款权是按照 2009 年 4 月在伦敦举行的 G20 峰会的建议而发行的,其目的是促进全球流动性。

如表 3-3 所示,1993 年美元在世界外汇储备中的份额为 56.2%,接着是德国马克(14.1%)、欧洲货币单位(8.3%)、日元(8.0%)、英镑(3.1%)、法国法郎(2.2%)、瑞士法郎(1.2%)和荷兰盾(0.6%)。欧元的前身货币包括德国马克、法国法郎、荷兰盾和欧洲货币单位,它们在世界外汇储备中所占的总的份额较大,达到约 25%。相比而言,1997 年世界外汇储备的份额构成为美元(65.1%)、德国马克(14.5%)、日元(5.8%)、英镑(2.6%)、法国法郎(1.4%)、欧洲货币单位(6.1%)、瑞士法郎(0.3%)、荷兰盾(0.4%)及其他货币(3.9%)。也就是说,美元的份额在 20 世纪 90 年代有了大幅上升,但其他货币的份额下降了。发生这种转变的原因可能在于同期美元的坚挺以及欧元作为新货币引入所产生的不确定性。2015 年,世界储备的构成是美元(64.1%)、欧元(19.9%)、日元(4.1%)、英镑(4.9%)、瑞士法郎(0.3%)及其他货币(6.8%)。随着欧元成为更好的"已知量",且各国中央银行希望分散化持有其外汇储备,美元在国际储备中的支配地位可能会发生一定程度的下降。事实上,欧元所占的份额已经从 1999 年的 17.9% 上升到 2009 年的 27.7%。不过,受欧元区债务危机的影响,欧元所占的份额到 2015 年已大幅下降到 19.9%。

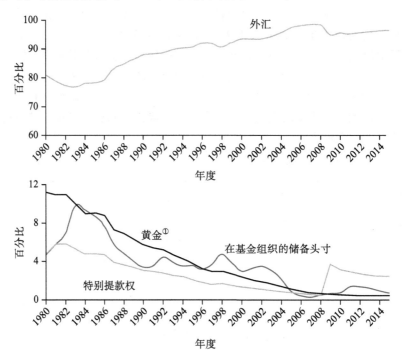

图 3-3　各成员全部官方储备的构成(%)

① 每盎司折合 35 特别提款权。美元价值按期末美元对特别提款权的汇率计算。
资料来源:IMF,《国际金融统计》。

表 3-3　世界外汇储备的货币构成(占总额的百分比)

年份 货币	1993	1995	1997	1999	2001	2003	2005	2007	2009	2011	2013	2015
美元	56.2	59.0	65.1	71.0	71.5	65.4	66.5	63.9	62.1	62.6	61.2	64.1
日元	8.0	6.8	5.8	6.4	5.0	4.4	4.0	3.2	2.9	3.6	3.8	4.1
英镑	3.1	2.1	2.6	2.9	2.7	2.9	3.7	4.8	4.2	3.8	4.0	4.9
瑞士法郎	1.2	0.3	0.3	0.2	0.2	0.2	0.1	0.2	0.1	0.1	0.3	0.3
欧元	—	—	—	17.9	19.2	25.0	23.9	26.1	27.7	24.4	24.2	19.9
德国马克	14.1	15.8	14.5	—	—	—	—	—	—	—	—	—
法国法郎	2.2	2.4	1.4	—	—	—	—	—	—	—	—	—
荷兰盾	0.6	0.3	0.4	—	—	—	—	—	—	—	—	—
欧洲货币单位	8.3	8.5	6.1	—	—	—	—	—	—	—	—	—
其他货币	6.2	4.9	3.9	1.6	1.3	2.0	1.7	1.8	3.0	5.5	6.5	6.8

资料来源:IMF, eLibrary.

除了欧元是一种可靠的储备货币之外,美国持续的贸易赤字以及外国投资者对分散化所持有货币的渴求也进一步削弱了美元在储备货币中的主宰性地位。特别地,亚洲地区中央银行储备货币分散化决策也会对美元价值产生很大的影响。这些银行共同持有大量外币储备，主要为来自贸易盈余的美元。此外，亚洲地区的这些中央银行也会在外汇市场上买入美元以限制本国货币兑美元发生升值。

3.3 国际收支恒等式

当国际收支账户记录正确时，经常账户、资本账户和储备账户的余额之和为零，即

$$BCA+BKA+BRA=0 \qquad (3-1)$$

式中　BCA——经常账户余额；
　　　BKA——资本账户余额；
　　　BRA——储备账户余额。

储备账户余额 BRA 表示官方储备的变化。

式（3-1）为必须成立的**国际收支恒等式**（balance-of-payments identity，BOPI）。该恒等式表明，一国可以通过增加或减少其官方储备来调整国际收支的盈余或赤字。在固定汇率制度下，由于官方储备的存在，国际收支可以不平衡，即在不调整汇率的情况下，$BCA+BKA$ 不为零。在这种汇率制度下，经常账户余额与资本账户余额的和在数量上等于官方储备的变化，但符号相反：

$$BCA+BKA=-BRA \qquad (3-2)$$

例如，如果一国在总余额上存在赤字，即 $BCA+BKA$ 是负数，那么该国的中央银行可以动用外汇储备。不过，如果一直出现赤字，那么该国最终会用光其储备，将被迫进行货币贬值。1994 年 12 月墨西哥比索就发生了类似的情况。

在完全浮动汇率制下，中央银行不会干涉外汇市场。事实上，中央银行根本不需要维持其官方储备。在这种汇率制度下，总余额必须平衡，即

$$BCA=-BKA \qquad (3-3)$$

换言之，经常账户盈余或赤字必须与资本账户赤字或盈余相匹配，反之亦然。在管制浮动汇率制度下，中央银行会谨慎地买卖外汇，故式（3-3）就不一定会成立。

作为恒等式，式（3-3）并不表明它本身的因果关系。经常账户赤字（盈余）可能会引起资本账户盈余（赤字），反之亦然。人们常常认为美国持续的经常账户赤字要求美国的资本账户具有相匹配的盈余，这暗示着前者是后者的原因。也有人会振振有词地认为，可能是由美国的高利率所引起的持续的资本账户盈余使美元增值，从而导致持续性的经常账户赤字。这一问题只有通过对历史数据的经验研究才有可能得到解决。

3.4 主要国家的国际收支趋势

考虑到国际收支数据常常受到新闻媒体的广泛关注，因此有必要对主要国家的国际收支趋势进行仔细的研究。表 3-4 给出了 1982～2015 年间中国、日本、德国、英国和美国五个主要国家的经常账户余额和资本账户余额。

表 3-4　1982～2015 年五个主要国家的经常账户余额与资本账户余额[①]（单位：10 亿美元）

年份	中国		日本		德国		英国		美国	
	BCA	BKA	BCA	BKA	BCA	BKA	BCA	BKA	BCA	BKA
1982	5.7	0.6	6.9	-11.6	4.9	-2.0	8.0	-10.6	-11.6	16.6

(续)

年份	中国 BCA	中国 BKA	日本 BCA	日本 BKA	德国 BCA	德国 BKA	英国 BCA	英国 BKA	美国 BCA	美国 BKA
1983	4.2	−0.1	20.8	−19.3	4.6	−6.6	5.3	−7.1	−44.2	45.4
1984	2.0	−1.9	35.0	−32.9	9.6	−9.9	1.8	−2.8	−99.0	102.1
1985	−11.4	9.0	51.1	−51.6	17.6	−15.4	3.3	−0.7	−124.5	128.3
1986	−7.0	5.0	85.9	−70.7	40.9	−35.5	−1.3	5.0	−150.5	150.2
1987	0.3	4.5	84.4	−46.3	46.4	−24.9	−8.1	28.2	−166.5	157.3
1988	−3.8	6.2	79.2	−61.7	50.4	−66.0	−29.3	33.9	−127.7	131.6
1989	−4.3	3.8	63.2	−76.3	57.0	−54.1	−36.7	28.6	−104.3	129.5
1990	12.0	0.1	44.1	−53.2	48.3	−41.1	−32.5	32.5	−94.3	96.5
1991	13.3	1.3	68.2	−76.6	−17.7	11.5	−14.3	19.0	−9.3	3.5
1992	6.4	−8.5	112.6	−112.0	−19.1	56.3	−18.4	11.7	−61.4	57.4
1993	−11.6	13.4	131.6	−104.2	−13.9	−0.3	−15.5	21.0	−90.6	91.9
1994	6.9	23.5	130.3	−105.0	−20.9	18.9	−2.3	3.8	−132.9	127.6
1995	1.6	20.9	111.0	−52.4	−22.6	29.8	−5.9	5.0	−129.2	138.9
1996	7.2	24.5	65.9	−30.7	−13.8	12.6	−3.7	3.2	−148.7	142.1
1997	29.7	6.1	94.4	−87.8	−1.2	2.6	6.8	−11.0	−166.8	167.8
1998	31.5	−6.3	120.7	−116.8	−6.4	17.6	−8.0	0.2	−217.4	151.6
1999	21.1	5.2	106.9	−31.1	−18.0	−40.5	−31.9	31.0	−324.4	367.9
2000	20.5	2.0	116.9	−75.5	−18.7	13.2	−28.8	26.2	−444.7	443.6
2001	17.4	34.8	87.8	−51.0	1.7	−24.1	−32.1	31.5	−385.7	419.9
2002	35.4	32.3	112.4	−66.7	43.4	−70.4	−26.2	17.3	−473.9	572.7
2003	45.9	52.7	136.2	67.9	54.9	−79.3	−30.5	24.8	−530.7	541.2
2004	68.7	110.7	172.1	22.5	120.3	−146.9	−35.2	10.4	−640.2	553.9
2005	160.8	58.9	165.8	−122.7	131.8	−151.2	−55.0	73.8	−754.9	763.3
2006	249.9	6.0	170.5	−102.3	150.8	−179.8	−77.6	49.0	−811.5	830.8
2007	371.8	70.4	210.5	−187.2	263.1	−325.3	−74.7	66.2	−726.6	663.7
2008	426.1	18.9	156.6	−172.6	243.9	−300.8	−39.9	21.5	−706.1	509.9
2009	297.1	144.8	142.2	−130.2	168.0	−185.9	−28.7	38.1	−419.8	474.9
2010	237.8	229.2	203.9	−155.1	200.7	−194.8	−75.2	79.5	−470.9	472.9
2011	201.7	180.6	119.1	57.1	204.3	−201.2	−46.0	51.2	−473.4	489.5
2012	215.4	−36.0	60.1	−91.3	248.9	−184.1	−97.1	95.5	−446.5	444.9
2013	148.2	343.0	46.4	43.0	253.5	−290.2	−119.9	130.8	−366.4	387.9
2014	277.4	−51.4	36.0	−49.9	281.3	−327.2	−139.7	139.9	−392.1	283.8
2015	330.6	−485.6	135.6	−170.0	285.1	−252.4	−153.1	183.4	−463.0	456.7

①资本账户余额包括统计误差。大部分统计误差出在资本账户方面。
资料来源：IMF，《国际金融统计年报》，various issues.

第一，如表 3-4 所示，美国自 1982 年以来出现了持续的经常账户赤字及资本账户盈余。显然，在这 34 年的样本期间，美国发生的经常账户赤字的金额要比其他国家大得多。2006 年，美国的经常账户赤字达到 8 120 亿美元，随后其赤字因经济衰退而减少。图 3-4 给出了美国的国际收支变化趋势。如图 3-4 所示，美国的经常账户赤字自 1997 年以来出现了剧增。这种情形令一些政客和评论家感叹美国人的生活条件远远超过了他们的收入。事实上，美国的国际投资净额在数十年来于 1987 年首次成为负值,并且开始持续恶化。2006 年年底,美国的海外债务负担(外国拥有的美国资产与美国拥有的国外资产之差)达到 25 400 亿美元(按国内外投资的重置成本计量)。在最近的 1986 年,美国被认为是净债权国家,拥有的国外资产比外国拥有的美国资产大约多 350 亿美元。国际财务实践专栏 3-1 的"美元和赤字"结合美国的贸易赤字讨论了这些问题。不过,自 2006 年以来,受"大萧条"的影响,美国的经常账户赤字开始下降。

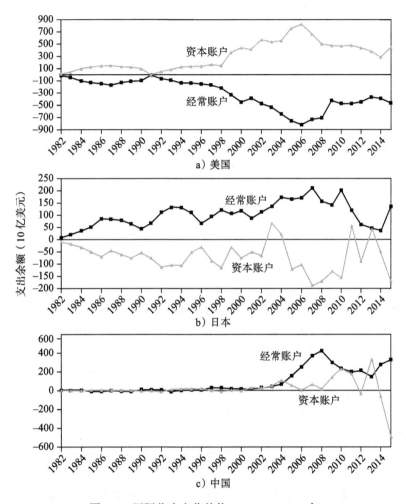

图 3-4　国际收支变化趋势:1982～2011 年

资料来源:IMF,《国际金融统计》。

第二,如表 3-4 所示,尽管日元在 20 世纪 90 年代中期之前一直保持升值,但日本自 1982 年以来持续地出现经常账户盈余。图 3-4 也说明了这一点。不难发现,在此期间日本出现了持续的资本账户赤字。日本通过对国外股票、债券、企业、不动产、艺术品等进行大量的投资使其巨额的、持续的经常账户盈余得以再生。因此,日本成为世界上最大的债权国,而美国成为最大的债务国。不难注意到,日本于 2003 年、2004 年、2011 年和 2013 年出现了资本账户盈余,这反映了其他国家对日本证券和企业投资的不断增加。持续的经常账户不平衡一直是日本与其主要贸易伙伴(尤其是美国)之间产生贸易摩擦的主要原因。事实上,人们一直指责日本采取重商主义方法来取得持续的贸易盈余。㊀近年来，中国取代日本，成为对美经常账户盈余最大的贸易伙伴。正因如此，美国一直要求人民币兑美元升值。

第三，与美国一样，英国近来也一直存在经常账户与资本账户盈余并存的情形。不过，在数额上英国比美国要小得多。另一方面，德国传统上一直保持经常账户盈余，但自1991年起开始出现赤字。这主要是因为德国的再次统一以及统一需要吸收大量的国内产出来重建东德地区，这就使得可供出口的剩余产品变少了。但从2001年开始，德国又出现了经常账户盈余和资本账户赤字，恢复到了早先的模式。

第四，与日本相同，中国在经常账户下也出现了国际收支盈余。但不同的是，中国的资本账户直到最近一直保持盈余。例如，2011年，中国的经常账户盈余为2 017亿美元，资本账户的盈余1 806亿美元。这就意味着中国当年的官方储备必须增加。事实上，近年来中国的官方储备一直在迅速增长，2012年年末已达到33 000亿美元。但最近几年，中国的资本账户出现了赤字。例如，2015年的资本账户余额为赤字4 856亿美元，表明中国在国外投资的快速增长。

如表3-4所示，美国与英国多发生经常账户赤字，而中国、日本和德国常常发生经常账户盈余。这种"全球性不平衡"表明美国与英国的消费要多于产出，中国、日本和德国则是产出多于消费。因此，如果要降低这种"全球性不平衡"，那么赤字国最好是减少消费、增加储蓄，而盈余国应当增加消费、减少储蓄。㊁

| 专栏 3-1 | 国际财务实践 |

美元与赤字

美元显得很脆弱，因为它是靠美国大量的资本进口而不是强有力的出口来支撑的。尽管美国有着丰富的资本，但美国在每个工作日里大约需要从国外借20亿美元来弥补经常账户赤字。预计2002年美国的经常账户赤字会达到约5 000亿美元。

在大多数经济学家看来，这一赤字表示的是世界储蓄的无可挽回的损失。如果资本流入终止，有人估算美元价值会丧失25%。只有美国的财政部长保罗·奥尼尔（Paul O'Neill）不以为然，在他看来经常账户赤字是一个"毫无意义的概念"，只是因为别人在谈论这个概念，他才谈这个概念的。

美元不单单是美国的事，因为美元不仅仅是美国的货币。流通中的美元有一大半是在美国境外，而且几乎有一半的美国国库券被国外中央银行当作储备货币持有。在这方面，欧元还达不到这样的影响力。国际金融家用美元进行借贷，国际贸易商也用美元进行交易，即便美国不是交易的任何一方。除了黄金之外，还没有一项作为交换媒介和价值储存的资产得到如此广泛的认可。事实上，田纳西州大学的保罗·戴维森（Paul Davidson）、斯坦福大学的罗纳德·麦金农等经济学家对这一问题做了深入讨论（见章末的参考文献）。他们认为目前世界上所实行的这种货币体系实质上就是美元本位制，与19世纪的金本位制很类似。

㊀ 重商主义起源于欧洲君主专政期间。按照重商主义思想，金银之类的贵重金属是国家财富的重要组成部分，一国的主要政策目标就是实现持续的贸易顺差，从而确保贵重金属的持续流入和国家财富的不断增长。因此，重商主义者憎恨贸易赤字，要求对进口施加种种限制。重商主义思想遭到了英国思想家如亚当·斯密和大卫·休谟的抨击。在他们看来，一国的财富主要来源于该国的生产力，而不是贵重金属。

㊁ 经常账户余额（BCA）等于国民产出（Y）减去国内吸收（=C+I+G），即 BCA=Y−（C+I+G）。

在1914年前的约一个世纪里，世界上的主要货币都与黄金挂钩。你可以用4英镑或20美元购买1盎司黄金。现在的"美元本位制"是一种相对松散的体制。原则上，各国货币价值相互浮动，但实际上很少有货币是完全自由浮动的。一些国家担心如果其货币兑美元升值太多会失去市场竞争力，也担心如果贬值太多会引起通货膨胀。只要美国的物价保持稳定，美元就能为其他国家的货币或价格提供稳定保障，确保它们不至于完全失去控制。

在实施金本位制的时代里，流通中的货币与信用规模与一国的黄金拥有量挂钩。在这种"专制性"的金本位制下，当黄金充足时经济繁荣兴旺，当黄金缺乏时经济萎靡萧条。美元本位制是一种较自由的体制，中央银行拥有通过扩大国内信用规模来适应国内经济发展需要的权力。

这样，世界经济增长最终转化为对美元资产日益增长的需求。中央银行发行的货币越多，对用于支持本国货币的美元储备的需求就越大；跨国交易越多，贸易商完成交易所需的美元就越多。如果称美元为一种新黄金，那么美国联邦储备委员会主席艾伦·格林斯潘（Alan Greenspan）就是世界的炼金师，负责保证世界贸易平稳顺畅地运行。

不过，美国充当这个角色的前提是美国允许外国拥有大量的美国资产而且外国也愿意将这种状况一直持续下去。一些经济学家对外国拥有的美国资产超过美国拥有的外国资产感到震惊。他们指出：即使是1美元的账单也是美国的债务，最终需要从国库支付。问题是美国在不减少资产价值的情况下能够完成对外国的偿付吗？

戴维森指出，世界无法承受美国停止运行的风险。美国的对外赤字意味着每年有额外的5 000亿美元用于世界经济的流通。如果美国对其经常账户进行控制，那么国际贸易就会陷入无法流动的境地，正如在金本位制下经常发生的情况那样。因此，美国的赤字既不是一个"毫无意义的概念"，也不是世界储蓄令人惋惜的损失，而是实现世界贸易流动性的不可或缺的基础。

赤字的本质

然而，这个赤字是可以承受的吗？麦金农认为，尽管欧元具有潜在的吸引力，但许多美国债权人仍愿意维持美元本位制。值得一提的是，美国流动资产的相当大一部分被外国中央银行所持有，尤其是亚洲地区的中央银行，这些国家或地区不敢放弃它们的储备，怕这样做会削弱它们自己货币的竞争力。麦金农说："外国政府不可避免地会成为美国的债权人，这也是无可奈何的事情。"例如，截至当年6月，通过将大部分贸易盈余转成美国资产，中国增加了600亿美元的储备。

作为美国对外赤字所引起的担忧，这并非第一次。1966年，当美国战后贸易盈余开始缩减时，《经济学家》杂志刊登了一篇题为"美元与世界流动性：一个少数派观点"的文章。根据这种观点，外国对美元的持有并不是需要进行"调整"的"赤字"，而是为外国政府和企业所提供必不可少的流动性，因为美国的资本市场起着全球金融调节器的作用。直到今天，戴维森与麦金农仍然坚信这种少数派的观点。他们认为，调整美国经常账户赤字会带来更多的问题。至于世界上美元的持有者是否同意这种观点则有待检验。

"Financial Markets, Money and the Real World" by Paul Davidson. Edward Elgar 2002.

"The International Dollar Standard and Sustainability of the U.S. Current Account Deficit" by Ronald McKinnon 2001.

资料来源：© The Economist Newspaper Limited, London, September 14, 2002.

尽管长期的国际收支赤字或盈余会带来一定的问题,但每个国家也不必每年都实现国际收支平衡。假设一国因进口经济发展项目所需要的资本货物而造成了贸易赤字,那么这种贸易赤字在长期内会自动地得到调整,因为一旦经济发展项目完成以后,该国就能够增加出口或者通过国内产品替代外国进口产品来减少进口。相反,如果贸易赤字是因进口消费品而引起的,那么这种赤字就不会自动得到调整。因此,真正重要的是失衡的性质和原因。

最后,让我们简单地考察一下美国的主要贸易伙伴。表3-5给出了按商品进出口衡量的美国的前15大贸易伙伴。如表3-5所示,美国与中国大陆的贸易最为活跃。2015年,美国从中国大陆进口4 819亿美元,向中国大陆出口1 162亿美元㊀。显然,它们之间存在巨大的贸易不平衡。此外,作为邻国和北美自由贸易区成员的加拿大和墨西哥,都是美国最为重要的贸易伙伴。2015年,美国与加拿大和墨西哥两个邻国的贸易额都超过了5 000亿美元。这些统计数据意味着,美国与这些国家(地区)之间的贸易量主要依赖于经济体的规模以及相互之间的地理距离,而这恰好符合国际贸易引力模型。㊁紧随这三大贸易伙伴之后的分别是日本、德国、韩国和英国。2015年,这四个国家的双向贸易额均超过了1 000亿美元。值得注意的是,2015年美国与绝大多数排名靠前的贸易伙伴都发生了规模不小的贸易逆差。

表 3-5 美国 2015 年前 15 家最大贸易伙伴　　　　(单位:10 亿美元)

排序	国家或地区	进口值	出口值	贸易差额	总贸易额
1	中国大陆	481.9	116.2	-365.7	598.1
2	加拿大	295.2	280.3	-14.9	575.5
3	墨西哥	294.7	236.4	-58.4	531.1
4	日本	131.1	62.5	-68.6	193.6
5	德国	124.1	49.9	-74.2	174.1
6	韩国	71.8	43.5	-28.3	115.3
7	英国	57.8	56.4	-1.5	114.2
8	法国	47.6	30.1	-17.6	77.7
9	中国台湾	40.7	25.9	-14.8	66.6
10	印度	44.7	21.5	-23.2	66.3
11	意大利	44.0	16.2	-27.8	60.3
12	巴西	27.4	31.7	4.3	59.1
13	荷兰	16.8	40.7	24.0	57.5
14	比利时	19.5	34.1	14.6	53.6
15	瑞士	31.2	22.3	-8.9	53.5

本章小结

1. 国际收支被定义为:以复式记账的形式、对一个国家在某一时期内的国际经济交易所做的统计记录。

2. 在国际收支中,任何导致从国外获得收入的交易记在贷方,用正号表示;而任何导致对国外进行支付的交易记在借方,用负号表示。

3. 一国的国际交易账户可分为三大类:经常账户、资本账户和官方储备账户。经常账户包括商品与服务的进出口;资本账户包括股票、债券、银行往来账款、不动产等资产的买卖;官方储备账户则包括美元、

㊀ 统计口径不一致造成美国从中国的进口数据远大于实际情况。——译者注
㊁ 国际贸易引力模型认为,贸易流量大小取决于两国的经济规模以及两国之间的距离。

外汇、黄金以及特别提款权等国际储备资产的买卖。

4. 经常账户可分为四个细目：商品贸易、服务贸易、生产要素收入以及单方面转移。商品贸易代表有形商品的进出口；服务包括法律服务、咨询服务、工程维护、专利和知识产权、保险、运输、旅行等方面的收入与支出；生产要素收入包括利息、股利以及国外投资利得方面的收入与支出；单方面转移是指无偿支付，如礼物、国外援助、赔款等。

5. 资本账户可以分为三个细目：直接投资、证券投资以及其他投资。直接投资是指投资者为获得国外公司的一部分控制权而进行的投资；证券投资是指不涉及控制权转让的股票和债券等国外金融资产的买卖；其他投资包括货币、银行存款、贸易信贷等方面的交易。

6. 国际收支账户中经常账户、资本账户及统计误差的累计值称为总余额或官方结算余额。总余额反映了一国的国际收支缺口。该缺口必须通过政府的官方储备交易来进行调节。当一国由于国际收支赤字而必须向外国进行净支付时，该国的中央银行就得减少黄金、外汇、特别提款权等官方储备资产或者向外国进行再借款。

7. 一国可以通过增加或减少它的官方储备来调整国际收支盈余或赤字。在固定汇率制下，经常账户余额与资本账户余额的和在数量上等于官方储备的变化，但符号相反。在完全浮动汇率制下，中央银行不需要维持任何官方储备，经常账户盈余或赤字必须与资本账户的赤字或盈余相匹配。

本章拓展

附录3A

国际收支账户与国民收入账户的关系

这里主要探讨的是国际收支账户与国民收入账户之间的数量关系以及这一关系的意义。国民收入（Y）或国内生产总值（GDP）等于商品与服务的名义消费（C）、私人投资支出（I）、政府支出（G）以及商品与服务的出口（X）与进口（M）差额的总和。

$$GDP \equiv Y \equiv C+I+G+X-M \quad (3A\text{-}1)$$

私人储蓄（S）定义为国民收入减去消费与税收（T）后的剩余部分：

$$S \equiv Y-C-T \quad (3A\text{-}2)$$

或者

$$S \equiv C+I+G+X-M-C-T \quad (3A\text{-}3)$$

注意到 $BCA \equiv X-M$，式（3A-3）可变形为

$$(S-I)+(T-G) \equiv X-M \equiv BCA \quad (3A\text{-}4)$$

式（3A-4）表明，一国的经常账户余额与该国如何为国内投资融资以及政府的财政收支有着密切的关系。在式（3A-4）中，$(S-I)$反映了一国私人储蓄与投资之间的差额。如果$(S-I)$为负，表明该国的国内储蓄不够用于国内投资。类似地，$(T-G)$反映了一国的税收收入与政府支出之间的差额。如果$(T-G)$为负，表明税收收入不够用于政府支出，这样就会产生政府预算赤字。政府必须通过发行债券来平衡这个赤字。

式（3A-4）也表明，当一国的进口超过其出口时，该国的经常账户余额（BCA）将会是负值，因为通过贸易，外国获得的国内资产超过了国内获得的外国资产。因此，如果经常账户余额为负，这就意味着政府预算赤字与（或）部分国内投资是通过国外控制的资本来进行融资的。为了减少一国经常账户赤字，必须采取以下措施之一：

（1）在S和I给定的情况下，必须减少政府预算赤字。

（2）在I和$(T-G)$给定的情况下，必须增加S。

（3）在S和$(T-G)$给定的情况下，必须降低I。

第4章

全球各地的公司治理

本章提纲

公众公司的治理：关键问题
代理问题
处理代理问题的对策
法律与公司治理
法律的影响
公司治理改革
本章小结

本章拓展
关键词
思考题
小型案例：
　　帕玛拉特：欧洲的安然
参考文献与建议阅读材料

在第1章中，我们已经阐述过财务管理的最大目标就是实现股东财富的最大化。然而，在现实中，没有人能够保证经理人一定会按照股东财富最大化的目标来经营公司。近些年来，频发的公司丑闻和破产事件引起了人们对全球各地公众公司经营方式的质疑，这些公司包括安然、世通、美国的环球电讯、韩国大宇集团（Daewoo Group）、意大利的帕玛拉特（Parmalat）和澳大利亚HIH保险集团。如果由寻求"自利的"经理人来经营公司，他们有时会做出一些对股东及其他利益相关者极为不利的行为。例如，这些经理人会给自己提供高报酬和高津贴，耗用公司财物来建造豪华办公楼，利用公司的现金和资产来谋取私人利益，任人唯亲，甚至窃取公司的商业机密等。《哈佛商业评论》（2003年1月刊）上的一篇文章描述了美国的经理人是如何"将公司当作自动提款机，以公司额外津贴的方式获取上百万美元的收入。"的在很多欠发达的、处于转型过程的发展中国家里，公司治理机制要么非常脆弱，要么根本不存在。以俄罗斯为例，脆弱的公司治理机制使得经理人可以大规模地将新设立的私人公司的资产转移走。

如果经理人的自我交易泛滥并缺乏控制，那就会对公司的价值和资本市场的正常运作产生极为不利的影响。实际上，人们越来越形成了这样一种共识：必须通过加强**公司治理**（corporate governance）来保护**股东的权利**（shareholder rights）、限制经理人的无节制行为并重拾投资者对资本市场的信心。公司治理是公司的控制权和现金流借此在公司股东、管理人员和公司的其他利益相关者之间进行分配的经济、法律和制度方面的框架。这里的其他利益相关者包括公司员工、债权人、银行和客户,甚至还包括政府。在后面的学习中,我们会发现公司治理结构会因不同国家不同的文化、经济、政治和法律环境而不同。因此,对于国际投资者和跨国公司而言,深刻了解全球各地的公司治理环境是非常必要的。有关公司治理风险的一个例子就是花旗集团(Citigroup)对帕玛拉特事件的处理。据BBC(2005年3月18日)的新闻报道,花旗集团的威廉·米尔(William Mills)说:"花旗集团是帕玛拉特欺诈事件的受害方,损失5亿多欧元……如果花旗集团知道帕玛拉特的真实情况,我们是绝对不会与之有生意往来的。"

4.1 公众公司的治理:关键问题

公众公司(public corporation)是经济发展所带来的一种主要的组织创新,这种公司为众多股东共同拥有并受有限责任所保护。绝大多数驱动经济增长和世界各地创新的全球公司,往往都是公众公司,而不是私人企业。这些公众公司包括苹果、谷歌、通用电气、IBM、丰田、三星电子、英国石油和宝马等。第一家公众公司成立于1602年。当时,荷兰东印度公司在组建时获得授权而垄断了荷兰在南亚的香料贸易。该公司通过历史上的首次股票发行来为其昂贵且风险巨大的经营筹集资金,毕竟公司的业务发生在遥远而陌生的亚洲地区,而且公司还要面对来自英国、法国、葡萄牙和中国的强劲的竞争对手。公众公司的本质在于能够有效地将风险分散给众多的投资者,而投资者可以在具有流动性的股票交易所买卖他们的所有权股份,并让职业经理人代表股东来管理公司。这种有效的风险分散机制使得公众公司可以以相对较低的成本筹集到大量的资本,并从事那些因成本过高或风险过大使得单个公司或者个人投资者放弃的众多投资项目。在过去的几个世纪里,公众公司对经济的迅速发展和资本的全球化起到了重要的推动作用。⊖

但是,公众公司的一个致命的弱点就是公司经理人与股东之间存在着利益冲突。在美国、英国等地,公司所有权和控制权相分离的情况非常流行,公司的所有权也高度分散,这一切也引发了股东和经理人之间可能的冲突。原则上,股东推选出公司的董事会,董事会再雇用经理人来代表股东的利益进行公司的管理。在美国,经理人受法律上规定的对股东"忠诚责任"的约束,经理人因而也被当作公司的真正所有者股东的代理人。在所有权分散的公众公司内,董事会承担着监督公司管理层、保护股东利益的重要责任。

然而,事实上常常是那些与管理层有着良好关系的内部人控制了公司的董事会。董事会中往往只有少数能独立监督公司管理层的外部董事。以安然等管理混乱的公司为例,董事会根本没有保护股东的利益。此外,既然监督所产生的利益为全部股东所享有,由于所有权的分散,没有什么股东具有足够的动机来承担监督管理层所耗费的成本。也就是说,股东分担的仅仅是收益,而不是成本。因此当公司的所有权极度分散时,这种"搭便车"的现象就会打消股东的积极性。这样,管理层和股东的利益分歧就常常有了生存的空间。如

⊖ 人们通常把荷兰的东印度公司视作现代意义上的全球首家跨国公司。该公司在当时的巴达维亚(如今的雅加达)设立了业务繁荣的亚洲总部,打造了一个经营区域横跨南非到日本的商业帝国。在成立后的一个世纪里,该公司发展成为全球最富有的公司,在全球各地雇用了5万名员工,可随时调动的商船达150多艘。

果董事会监督效率低下或者动机不明，那么股东就基本上无力控制管理层的自我交易了。对公众公司的致命弱点的认识可以追溯到亚当·斯密的《国富论》（1776年）。斯密是这样描写的：

> 这种联合持股的公司的管理人员，经营的是别人的钱而不是自己的，因此也就不能过多地指望他们会像私有合作公司的合伙人那样时常谨慎地管理公司的财产……所以，在这样的公司的管理中，漫不经心和浪费现象总是会或多或少地存在。

200年后的1976年，Jensen和Meckling在他们著名的论文"企业理论：管理行为、代理成本和所有权结构"中对公众公司的代理问题进行了正式的分析。Jensen-Meckling代理理论引起了人们对至关重要的公司财务问题的关注。

然而，在美国和英国之外的国家或地区，公司所有权分散现象并不普遍。例如，在意大利，最大的三家股东平均控制了公众公司约60%的股份。相比较而言，最大的三家股东平均控股比例在中国香港为54%、在墨西哥为64%、在德国为48%、在印度为40%、在以色列为51%。⊖ 这些大股东（通常包括创立公司的家族）能有效地控制经理人，并使公司的经营代表股东的利益，并以各种形式剥夺外部股东的利益。在很多公司所有权集中的国家里，大股东与外部小股东之间的利益冲突要比经理人与股东之间的冲突更为严重。

在一系列颇有影响的研究中，勒·波塔、拉伯兹·德·赛莱恩斯、施莱弗和维什尼（简称LLSV）论证了各国在以下四个方面存在显著的差异：①公司所有权结构；②资本市场的深度和广度；③企业利用外部融资的程度；④股利政策。LLSV认为不同国家之间的这些差异性在很大程度上取决于投资者不受经理人和控股股东剥夺的法律保护程度。另外，他们还认为投资者受保护的程度在很大程度上依赖于一个国家的"法律渊源"。具体而言，加拿大、美国、英国等普通法系国家给投资者提供了最强有力的法律保护，而比利时、意大利、墨西哥等大陆法系国家的法律保护程度则最弱。有关法律和公司治理问题，在以后的章节中还会再做讨论。

不同国家的股东的确面临着不同的公司治理制度。然而，无论在哪个国家或地区，公司治理的核心问题都是一样的：如何最大限度地保护外部投资者不受到内部控制人的剥夺，从而确保外部投资者能获得公平的投资回报。如何处理这个问题，对于股东福利、公司资源的配置、公司的融资与估价、资本市场的发展以及经济增长都具有重大的现实意义。在下面的章节里，我们将详细讨论以下问题⊖：①代理问题；②处理代理问题的对策；③法律与公司治理；④法律的影响；⑤公司治理改革。

4.2 代理问题

假设经理人（或者企业家）与投资者签订了合约，其中规定了经理人将如何运用资金以及投资收益在经理人与投资者之间如何进行分配等事项。如果双方能够签订一份**完备的合**

⊖ 资料来源：R. La Porta, F. Lopez-de-Silanes, A. Shleifer, and R. Vishny, "Law and Finance," *Journal of Political Economy* 106（1998），pp. 1113-55.

⊖ 本讨论引自Jensen and Meckling（1976）、Jensen（1989）、La Porta、Lopez-de-Silanes、Shleifer、Vishny（1997—2002）以及Denis and McConnell（2002）的文献。

约（complete contract），从而明确规定在未来任何可能的情况下经理人该如何处理，那么任何利益冲突或者管理决策冲突就不会发生了。也就是说，有了这种完备的合约，代理问题就不会发生了。然而，事实上，要预测到所有将来可能发生的事情是不可能的，也就是说不可能签订一份完备的合约。这就意味着，当遇到合约中所没有阐明的不确定事件时，经理人和投资者必须进行决策权分配。由于外部投资者既没有能力也没有兴趣来做经营决策，这样经理人最终就获得了**剩余控制权**（residual control right），即投资者向公司提供了资金，但又不参与公司的日常决策。因此，很多上市公司形成了"强势经理人和弱势股东"的局面。代理问题就是指作为代理人的"自利的"经理人与作为委托人的公司股东之间可能的利益冲突。

取得了剩余控制权后，经理人就能对投资者资本的处理和分配施加巨大的决定影响。在这种情况下，投资者就不再能确保获得公平的投资回报。按照以上所阐述的公司契约理论，代理问题事实上就产生于外部投资者难以确保获得公平投资收益。⊖

拥有了控制权，经理人就可能给自己提供高额津贴。例如，据报道，苹果公司的首席执行官史蒂夫·乔布斯（Steve Jobs）可以自由支配一架价值9 000万美元的喷气式飞机。⊜管理人员有时甚至会直接盗用投资者的资金，或者运用更为周密的计划：自己设立一家独立的公司，然后以调拨价格的方式，将大公司的资金和资产转移到自己的公司。例如，经理人可以以较低的价格将大公司生产的产品出售给自己的公司，或者让大公司以高于市价的价格购买自己公司的产品。众所周知，俄罗斯的一些石油公司就以低于市价的价格出售石油给经理人自己的公司，而且不会急着去收款。⊜

"自利"的经理人也可能去做一些对投资者无利可图但会给经理人自己带来利益的项目，从而浪费了公司的资金。例如，经理人可能会出于私利而滥用资金去收购其他公司，并高价收购目标公司。毫无疑问，这种投资方式会损害股东价值。更有甚者，经理人会让公司采取反兼并措施，以确保他们个人工作职位的安全和私利的永久性。同样，经理人可能反对任何取代他们地位的举措，即使他们的解雇会更有利于股东。这种**管理层防御措施**（managerial entrenchment efforts）就是代理问题的明证。

正如Jensen（1989）所指出的，代理问题在有"自由现金流"的公司表现得更为严重。**自由现金流**（free cash flows）是指满足了所有营利性投资项目所需资金后的企业的内生资金。这里的营利性投资项目是指具有正的净现值的项目。在那些具有较低未来成长潜力的成熟行业，如钢铁、化学、烟草、造纸和纺织等行业，自由现金流往往较高。经理人应将自由现金流作为股利返还给股东，这是他们的**受托责任**（fiduciary duty）。但是，在这些现金充足的城市行业里，经理人更趋向于将自由现金流投资于一些对他们自身有利可图，但会损害股东财富的无利可图的项目。

还有一些重要因素激励经理人倾向于保留自由现金流。首先，现金储备使得经理人能在一定程度上降低对资本市场的依赖性，从而避免外部审查，使经理人的生活更安逸。其次，通过保留现金来扩大公司规模可以提高经理人的补偿金。众所周知，经理人补偿金的多少取决于公司规模的大小以及利润的多少。最后，高级执行官可以通过扩大公司规模来

⊖ 企业契约由Coarse（1937）and Jesen and Meckling（1976）。

⊜ 资料来源：*Financial Times*, November 27, 2002, p. 15.

⊜ 资料来源：A. Shleifer and R. Vishny, "A Survey of Corporate Governance," *Journal of Finance*（1997）.

提升他们的社会影响力、政治影响力和声望。与小公司的执行官相比，大公司的执行官可能享有更高的社会知名度和吸引力。此外，公司自身规模的大小也是满足他们自我的一种方式。

面对经理人保留现金的强大激励因素，几乎不存在有效的机制能够迫使经理人将现金流归还给股东。延森就这个普遍存在的问题举了一个颇具启发性的例子（1989，p.66）：

> 福特汽车公司的高层管理部门就是一个生动的例子。在生产能力过剩的汽车行业里，福特拥有近150亿美元的现金与可流通证券，其管理层一直在商讨收购金融服务公司、飞机公司或者从事金额为数十亿美元的多元化投资项目，而没有考虑将福特公司多余的现金分给投资者，让投资者自己来决定如何进行再投资。

Jensen还指出，日本很多公众公司在20世纪80年代保留了大量的自由现金流，远远超出了对有利可图的内部项目进行投资所需要的资金。例如，丰田汽车公司拥有超过100亿美元的现金储备，因而被称为"丰田银行"。由于缺乏有效的内部控制机制和外部监督机制，这些公司在20世纪80年代曾掀起过度投资狂潮，热衷于无利可图的收购和多元化经营。这种浪费性的公司行为至少在某种程度上导致了20世纪90年代日本经济的衰退。

以上这些例子表明，代理问题的核心是经理人和外部投资者如何处理自由现金流所存在的利益冲突。然而，在生物科技、金融服务和医药生产等高成长性行业，公司的内部自生资金难以满足从事有利可图项目投资所需的资金，这样，管理人员就很少会在无利可图的项目上浪费资金。毕竟，这些行业的经理人需要有个好声誉，因为他们需要不断地在资本市场上筹集资金。一旦人们知道经理人为了获得私利而浪费资金，那么公司的外部筹资金渠道就会迅速干涸。因此，这些行业的经理人就具有为外部投资者谋利益的激励，以便通过建立起良好的声誉来为他们的好项目筹集更多的资金。

4.3 处理代理问题的对策

显然，股东非常有必要对代理问题加以控制，否则，他们就会无法得到本该属于他们的钱。此外，代理问题的解决对整个社会来说也非常重要，因为代理问题可能造成稀缺资源的浪费、阻碍资本市场功能的发挥并延误经济的发展。减轻或补救代理问题的治理机制有：①具有独立性的董事会；②激励合约；③所有权集中；④会计透明度；⑤负债；⑥海外股票上市；⑦公司控制权市场。

以下各节将讨论这些机制在公司治理中的作用。

4.3.1 董事会

在美国，股东有选举董事会成员的权利。董事会成员是股东利益的合法代表。如果董事会与管理层相独立，那么董事会就是处理代理问题的一种有效机制。例如，有研究表明，外部董事的聘用与公司因业绩较差而频繁更换CEO的现象相关，这样，外部董事的设立可以避免管理层的防御行为。同样地，在有关英国的公司治理问题的一项研究（2002）中，Dahy，McConnell和Travlos发现，如果董事会更能代表外部投资者，那么董事会似乎更倾向于聘请外部的首席执行官。但因公众公司具有分散的所有权结构，管理层通常会选择可能会对管理层友好的董事成员。正如国际财务实践专栏4-1"如果董事会成员来自同一家庭"所述，被内部人控制的董事会成了一种糟糕的治理机制。

| 专栏 4-1 |　　　　　　　　　　　国际财务实践

如果董事会成员来自同一家庭

近年来，人们时常谈论关于增加公司董事会成员独立性的必要性。这一问题长期以来一直都很突出。的确，要找到这样的公司并不难，即由首席执行官挑选一些朋友或者商业伙伴来组成董事会的公司，不过，这些董事并不具有独立性。

这个特征可以用来衡量首席执行官是像公司的大所有者那样行事，还是受利益相关者的推选并对后者负责。事实上，在如今强调改革的背景下，人们可以这样认为，增强董事会的独立性是重建公众信心的唯一最为重要的可行途径。

到目前为止，有足够的资料证明，为首席执行官所主宰的董事会更易于产生问题。美国的格雷斯公司（Grace）就是一个很好的例子。公司的首席执行官彼得·格雷斯（Peter Grace）拥有很强的影响力，他牢牢地掌控公司的董事会，似乎整个公司都是他私人的。

尽管公司成立于20世纪90年代末，但董事会已允许格雷斯协商其丰厚的退休计划，包括使用公司的喷气式飞机和一套所有权为公司的公寓。董事们还将一家子公司出售给格雷斯先生的儿子，还馈赠了其他一些未向股东说明的利益。这种未披露行为是违法的，结果招致美国证券交易委员会的强制行动。

另一个例子就是苹果公司。我曾经咨询过，并考虑过想加入这家公司的董事会。除了公司的首席执行官史蒂夫·乔布斯之外，该公司的董事会目前只有4位董事，而史蒂夫·乔布斯正在寻找合适的人选来接替将于9月份辞去董事职务的他的朋友拉里·埃里森（Larry Elllison）。

一切都是为了利益，埃里森只出席过不到一半的苹果公司董事会会议。而董事会的另一位董事比尔·坎贝尔（Bill Cambell），名义上是独立董事，但事实上并不是。坎贝尔是公司审计委员会主席，因为目前与苹果公司没有关系，所以具备担任独立董事的资格。不过，他以前曾在苹果公司工作过，并将其Claris软件公司卖给了苹果公司。

苹果公司审计委员会的另一位成员杰罗姆·约克（Jerome York）是 MicroWarehouse 计算机公司的首席执行官，该公司的 Mac Warehouse 目录占苹果公司2001年54亿美元销售额中的近15亿美元。作为IBM和克莱斯勒公司的前任首席财务官，杰罗姆·约克是非常适合的。不过，因为他在非常重要的审计委员会任职，所以被纳斯达克市场列为例外情况。

在我看来，这样的选择会造成决策失误。例如，2000年1月，苹果公司的董事会奖给乔布斯先生2 000万股股票，如果10年后股票价格上涨5%，那么2 000万股股票就值5.5亿美元。董事会还授权公司给他买了一架9 000万美元的喷气式飞机。后因股票价格下跌，乔布斯的期权打了水漂。于是董事会又送给他750万股股票。当时，苹果公司股票业绩较同行业公司的业绩低28%。

有足够多的证据表明，公众的监督与关注有助于提高公司治理水平。1993年，加利福尼亚政府雇员退休金基金会（California Public Employees' Retirement System）开始向业绩不佳的公司施压，要求改变现有董事会的组成。该基金会制定了一系列关于公司治理的标准：独立董事应占董事会成员的大多数；每年让董事会见首席执行官三次；要求董事会对自身表现每年进行一次评估等。

威尔希尔协会（Wilshire Associates）对加利福尼亚政府雇员退休金基金会所称的62家业绩不佳的公司进行了研究。在筛选出这些公司之前，它们的业绩已连续5年比标准普尔500

指数平均低 89%。在受到关注之后，这些公司的业绩已连续 5 年高出普尔指数 23%。

当然，这并不意味着如果没有标准的董事会所有的公司都会失败。在华伦·巴菲特（Warren Buffett）的伯克希尔－哈撒韦公司（Berkshire Hathaway），7 位董事是：巴菲特的妻子、儿子，商业伙伴查理·芒格（Charlie Munger），他的公司的法律事务所的一名合伙人，以及伯克希尔－哈撒韦公司的共同投资者。

巴菲特有一个令人信服的观点，即最佳的董事人选是与公司有着最大个人经济利益关系的人。然而，公司业绩不佳、经营欠道德往往与董事会的堕落相关，这也表明独立的监管人受人诱惑或发生腐败的可能性较小。

资料来源: Levitt, Arthur, "When boards are all in the family" by Arthur Levitt, Financial Times, November 27, 2002. p.15. Copyright © 2002 Arthur Levitt. All rights reserved. Used with permission.

不同国家在公司董事会的结构和法律责任方面存在很大的差异。例如，在德国，法律并不规定董事会应代表股东的利益。相反，法律规定董事会除了保护股东的利益之外，还应保护职员、债权人等利益相关者的利益。在德国，董事会采取双层制结构，由监事会和董事会组成。根据德国的共同决策制度，法律规定监事会中必须有工人代表。类似地，一些美国公司的董事会中也有工会代表，尽管法律并未做出这方面的规定。在英国，大多数公众公司都自愿遵守坎德伯里委员会（Cadbury Committee）提出的有关公司治理的《最佳行为法典》，该法典要求董事会中至少包括三名外部董事，而且董事会主席和首席执行官必须由不同的人来担任。除了外部董事之外，董事会主席和首席执行官的独立设置进一步强化了董事会的独立性。在日本，大多数公司的董事会都是由内部人控制的，董事会所关注的主要是公司所属的企业联盟的利益。

4.3.2 激励合约

正如前面所讨论的那样，因为经理人取得了公司的剩余控制权，所以也就掌握了公司的经营大权。不过，他们只拥有相对较少的公司所有权。既然他们没有公司的股份，所以对现金流也就没有所有权。尽管经理人可独立负责公司的经营，凭借自己的努力和经验为公司赚取利润，但他们无法从中获取很多。延森和墨菲（1990）发现，股东财富每变动 1 000 美元，美国执行官的收益仅仅变动 3 美元。也就是说，执行官的收益对股东财富的变化缺乏敏感性。这表明经理人对股东财富最大化也许并没有很大的兴趣。经营控制权与现金流所有权之间的这种"楔子"也许会进一步扩大代理问题。如果职业经理人对一家所有权分散的公司没有权益，那么他们就有能力和动力来谋取自我利益。

针对这种情况，为了更好地使经理人利益与股东利益相一致并最大限度地消除"楔子"，很多公司与经理者签订了**激励合约**（incentive contracts），比如股票和股票期权激励合约。股票和股票期权可对经理人提供激励，能激励经理人同时提高股东和他们自己的财富。因此，与高级经理人签订激励合约已成为美国公众公司中普遍存在的现象。不过，正如我们近来所了解到的那样，高级经理人会滥用激励合约，如通过操纵会计造假、有时甚至借助于审计人员的默许（例如，安达信就卷入了安然事件）或者更改投资策略来谋取巨大的私利。因此，董事会有必要成立一个独立的薪酬委员会来仔细地设计与经理人的激励合同，并努力控制经理人的行为。

4.3.3 所有权集中

减轻代理问题影响的一种有效办法就是股权集中。如果一个或少数几个投资者拥有公司较多的股份,那么这些投资者往往拥有强烈的动机来监督管理层。例如,如果投资者拥有公司 51% 的股份,那么该投资者一定会对管理层进行控制(可非常容易地解雇或聘请经理人),从而确保股东的权利在公司经营中得到重视。一旦**所有权集中**(concentrated ownership)并存在较高的利害关系,困扰独立小股东的"搭便车"问题就会迎刃而解。

在美国和英国,公众公司所有权集中的情况相对较少。然而,在世界其他地方,所有权集中情况较为普遍。例如,在德国,商业银行、保险公司、其他公司和家族通常占有很大比例的公司股份。同样地,在日本,企业联盟成员公司和大银行之间广泛的交叉持股现象非常普遍。在法国,交叉持股和"核心"投资者也很普遍。在亚洲和拉丁美洲,很多公司都是由创建者或其家族成员所控制的。之前的研究表明,所有权集中与公司的业绩和价值有正相关的关系。例如,Kang 和 Shivdasani 于 1995 年报告称日本企业具有这种正相关的关系,Gorton 和 Schmid 于 2000 年报告了对德国企业也具有这种正相关的关系。这表明大股东确实扮演着重要的公司治理角色。

这里特别值得提出的是管理层持股的作用。过去的研究表明,管理层所拥有的股权量与公司价值和绩效之间存在一种非线性的关系。具体来说,随着管理层所持有的股份的增加,公司的价值最初也可能增加,因为经理人和外部投资者的利益联盟会变得更为紧密,从而使代理成本下降。然而,一旦管理层持有的股份超过了一定的限度,那么公司的价值可能会开始下滑,因为经理人会倾向于实施管理防御对策。例如,随着所持有股份的增多,经理人可能会更有效地反对收购报价,并以牺牲外部投资者的利益为代价来谋取较大的私利。随着管理层所持股份的继续上升,联盟效应可能又会占主导地位。当管理层成为较大的股东时,他们是不会掠夺自己的财富的。总之,管理层持股量有一个"中间范围",在该范围内管理防御效应会起重要作用。

图 4-1 描述了管理层持股百分比与公司价值之间一种可能的关系。Morck,Shleifer 和 Vishny(1988)对《财富》500 强中美国公司的这种关系进行了研究,发现第一个拐点在 x 等于 5% 处达到,第二个拐点在 y 等于 25% 处达到,这意味着"管理防御效应"主要发生在 5% ~ 25%,而"利益联盟效应"集中在持股比例低于 5% 或高于 25% 的区间。⊖ 这种管理层持股和公司价值之间的关系在不同国家有所不同。例如,Shorth 和 Keasey(1999)指出,在英国,第一个拐点 x 在持股比例等于 12% 处达到,比美国高出很多。他们把这种差异归因于英国机构投资者能更有效地进行监督,而经理

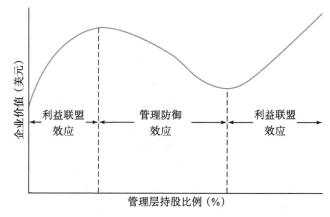

图 4-1 管理层持股的管理防御效应和利益联盟效应

⊖ 众所周知,人们实际上采用"托宾 Q 值"来衡量公司的价值。"托宾 Q 值"是公司的资产市值与资产重置成本的比率。

人较难反对遭到并购。

4.3.4 会计透明度

鉴于安然、帕马拉特等大公司丑闻都与大规模的会计欺诈有关，因此强化会计准则成为减少代理问题的有效方法。自利的经理人或公司内部人员有动机通过"虚报账目"（例如，夸大收入、隐藏负债）来从公司谋取私利。经理人需要通过掩盖真实的会计数据，从而以牺牲股东利益为代价来谋取私利。所以，如果公司被要求及时公布更多准确的会计信息，那么经理人就不太可能采取一些有损股东权利的行动。一般地，会计越透明，公司内部人员和公众之间的信息不对称程度就会降低，从而也就阻止了经理人的自我交易行为。

然而，如果要做到更高的会计透明度，必须做到以下几点：①政府应进行会计制度改革；②公司应成立积极负责的审计委员会。在后面的章节里，我们将讨论到美国《萨班斯—奥克斯利法案》（2002）的目标之一就是促进会计的透明度。

4.3.5 债务

尽管经理人有权决定将多少股利分配给股东，但对债务他们可无权这样做。如果经理人不能连本带息地偿还给债权人，那么公司可能会濒临破产，经理人也将失去工作。借债以及随后按时偿还利息的义务对经理人起着约束作用，会促使他们降低私人的额外津贴、不进行浪费性投资并会努力精简机构。事实上，债务会迫使经理人将现金流代替股利归还给外部投资者，而不是将之浪费。对于拥有自由现金流的公司，债务机制比股票机制更能促进讲诚信的经理人向投资者发放现金。㊀

不过，债务过多也会给债务自身带来一些问题。在经济动荡的情形下，权益资本更能缓解公司面临的困境。经理人可以减少或者取消股利支付，直到情况有所改善。但是，对于负债，经理人就没有这样的余地，以至于公司的生存都可能受到威胁。负债过多可能使厌恶风险的经理人放弃高利润但高风险的投资项目，从而导致投资不足的问题。因此，对拥有较少现金储备或有形资产而处于成长期的公司而言，负债并不是一种合适的治理机制。另外，公司可能会滥用债务融资来筹建豪华建筑。韩国的大宇集体就是因为采用过度举债来开展全球性扩张，从而致使其走向破产的；破产前它的负债与股权比率高达600%。

4.3.6 海外股票上市

在意大利、韩国和俄罗斯等对投资者保护力度较弱的国家，公司可以通过将股票在美国、英国等对投资者保护力度较强国家的上市来保证自己对投资者提供更好的保护。换言之，治理机制较弱的外国公司，更趋向于通过股票的交叉上市来从美国引入高质量的公司治理机制。假设意大利的汽车公司菲亚特（Fiat）宣布将在纽约证券交易所（NYSE）上市。㊁由于美国证券交易委员会（SEC）和纽约证券交易所对股东的保护程度要高于意大利，因此这种上市行为可看作公司将更为关注股东权利的信号。这样，无论是意大利还是国外的投资者都更愿意向公司进行投资并提高对公司的估价。总之，对治理机制较弱国家的公司而言，在

㊀ 杠杆收购（LBO）可以作为解决代理问题的措施。杠杆收购是指经营者与收购合伙人收购上市公司的控股权，通常通过大量借款来为收购融资。所有权高度集中且负债水平较高的杠杆收购可以有效地解决代理问题。

㊁ 事实上，菲亚特已在纽约证券交易所市场。

美国上市要有利得多。

一些研究也证实了交叉上市的影响。例如，Doidge，Karolyi 和 Stulz（2002）报告说，在美国上市的外国公司要比未在美国上市的该国公司的价值高。他们认为在美国上市的公司具有更好的成长机遇，而且控制股东也无法攫取那么多的私利。不过，他们也指出那些处于发展机会有限的成熟行业的外国公司，似乎并不想在美国寻求上市，尽管它们比那些具有成长机遇的公司面临更严重的代理问题。换言之，公司存在的问题越严重，似乎越不愿意寻求补救措施。

印度、俄罗斯、越南等新兴股票市场都存在严重的不完备，主要表现为：信息披露和监管不足；法律和治理制度不透明；关于所有权的限制。以中国为例，中国股票市场的投资者主要是众多信息不了解且保护不足的散户投资者。迄今为止，虽然共同基金、养老基金和保险公司等机构投资者可以提供关于上市公司的高质量信息并能够有效保护股东的权利，但在中国所发挥的作用仍然较小。不过，中国的上市公司也向境外投资者发行所谓的"B股"，而且B股股票与面向国内投资者的A股股票均在国内股票交易所上市，也可以直接在香港股票交易所发行"H股"，或是在包括纽约证券交易所在内的国外股票交易所发行股票。Eun 和 Huang（2007）发现，就那些向国际投资者发行的 B 股或 H 股的中国公司而言，这些公司面向中国国内投资者发行的 A 股价格要高得多。其中的原因在于：①发行国际股票，即 B 股和 H 股，必须接受更为严格的披露和上市标准的约束，从而能够为股东提供更多的信息；②外国股东，尤其是机构投资者，可能会对管理层进行更为严格的监管，从而也使国内股东受益。尤恩和黄的研究还发现，在其他条件不变的情况下，中国投资者对发放股利的股票愿意支付更高的价格，毕竟股利发放充分说明公司的管理层愿意将现金流返还给外部股东，而不是据为己有。

4.3.7 公司控制权市场

假如一家公司业绩持续不良，而且所有的内部治理机制都无法解决问题，这种情况会促使外部公司或投资者对公司的收购。在敌意收购中，收购者通常会向目标股东以远高于股价的价格发出收购要约。这样，目标公司股东就有机会以较高的溢价出售股份。如果收购成功，那么收购者就可以获得目标公司的控制权，并对公司进行重组。在收购成功后，收购者通常会置换公司的管理团队，剥离一些资产和部门，并进行裁员以提高效率。如果这一切努力取得成功，那么收购者和目标公司的整体市场价值会高于两家公司各自的价值之和，产生所谓的协同效应。如果存在公司控制权市场，那么这一市场就能对经理人起到约束作用，并有助于提升公司的效率。

在美国和英国，敌意收购是终极形式的治理机制补救方法。由于面临遭遇收购的潜在威胁，经理人就无法理所当然地控制公司。但是，在许多其他国家，敌意收并购不多见。一方面是因为这些国家的所有权较为集中；另一方面是因为它们的文化价值观和政治环境不允许公司采取敌意收购。不过，即便在这些国家，收购事件正在逐渐增多。当然，某种程度上可能与所有权文化的传播、资本市场的开放和政府对管制的放松有关。例如，在德国，收购是通过大宗股票的转让来实现的。日本与德国一样，公司间的交叉持股多是松散的，为收购活动创造了良好的资本市场环境。对于缺乏投资机遇但又拥有过剩现金的公司而言，这种收购从某种程度上讲，只是代理问题的一种症状，而不是解决代理问题的办法。

4.4 法律与公司治理

一旦外部投资者对公司进行了投资，他们也就可以享受法律保护的权利，如选举董事会成员、按比例分配股利、参加股东大会和对公司剥削进行起诉的权利等。这些权利使得投资者能够从管理层处获得公平的投资回报。不过，法律保护投资者权利的内容以及法律实施的力度往往因国家的不同而具有很大的差别。LLSV 所做的研究表明，国际上的公司治理机制差异起因于法律保护外部投资者不受经理人及其他公司内部人员剥削的程度方面的差异。LLSV 还发现，投资者权利受法律保护程度随各国法律体系历史渊源的不同而呈现出系统性差异。

法律界学者指出大多数国家的商业法系（如公司法、证券法、破产法和合同法）都来自少数几个**法律渊源**（legal origins）：①英国普通法；②法国大陆法；③德国大陆法；④斯堪的纳维亚大陆法。

法国和德国的大陆法都源于罗马法，而斯堪的纳维亚大陆法则形成于自身的大陆法惯例，与罗马法没有多少关联性。大陆法惯例是普及面最广也是最有影响力的，是通过对法律裁决的综合汇编而形成的。相反，英国普通法则完全是由关于个案的裁决和判例所构成的。

这些不同的法系，特别是**英国普通法**（English common law）和**法国大陆法**（French civil law），通过领土占领、殖民化、自愿采纳、细致模仿而得以在全世界传播。在英国及其前殖民地国家，如澳大利亚、加拿大、印度、马来西亚、新加坡、南非、新西兰和美国，都采用英国普通法。法国以及曾被拿破仑征服的部分欧洲国家，如比利时、荷兰、意大利、土耳其和西班牙，都沿用的是法国大陆法。此外，很多法国、荷兰、葡萄牙和西班牙的前海外殖民地，如阿尔及利亚、阿根廷、巴西、智利、印度尼西亚、墨西哥和菲律宾也都采用法国大陆法。德国大陆法主要为德国、奥地利和瑞士等欧洲德语系国家以及少数东亚国家或地区，如日本、韩国和中国台湾地区。应用斯堪的纳维亚大陆法的国家包括四个北欧国家——丹麦、芬兰、挪威和瑞典。因此，大多数国家的法律体系并不是在本土所形成的，而是移植了某种其他的法系。尽管各国的法系已发生了变化，并针对本土情况做了调整，但仍有可能将它们分类为几种不同的法系。表 4-1 就是其中的一种分类方法。该表还给出了由 LLSV（1998）所计算得到的各国或地区的股东权利指数和法治指数。

表 4-1 按法律渊源分类的各国或地区的法系

法律渊源	国家或地区	股东权利指数	法治指数
1. 英国普通法	澳大利亚	4	10.00
	加拿大	5	10.00
	中国香港	5	8.22
	印度	5	4.17
	爱尔兰	4	7.80
	以色列	3	4.82
	肯尼亚	3	5.42
	马来西亚	4	6.78
	新西兰	4	10.00
	尼日利亚	3	2.73
	巴基斯坦	5	3.03
	新加坡	4	8.57

（续）

法律渊源	国家或地区	股东权利指数	法治指数
1. 英国普通法	南非	5	4.42
	斯里兰卡	3	1.90
	泰国	2	6.25
	英国	5	8.57
	美国	5	10.00
	津巴布韦	3	3.68
	英式起源平均值	**4.00**	**6.46**
2. 法国大陆法	阿根廷	4	5.35
	比利时	0	10.00
	巴西	3	6.32
	智利	5	7.02
	哥伦比亚	3	2.08
	厄瓜多尔	2	6.67
	埃及	2	4.17
	法国	3	8.98
	希腊	2	6.18
	印度尼西亚	2	3.98
	意大利	1	8.33
	约旦	1	4.35
	墨西哥	1	5.35
	荷兰	2	10.00
	秘鲁	3	2.50
	菲律宾	3	2.73
	葡萄牙	3	8.68
	西班牙	4	7.80
	土耳其	2	5.18
	乌拉圭	2	5.00
	委内瑞拉	1	6.37
	法式起源平均值	**2.33**	**6.05**
3. 德国大陆法	奥地利	2	10.00
	德国	1	9.23
	日本	4	8.98
	韩国	2	5.35
	瑞士	2	10.00
	中国台湾	3	8.52
	德式起源平均值	**2.33**	**8.68**
4. 斯堪的纳维亚大陆法	丹麦	2	10.00
	芬兰	3	10.00
	挪威	4	10.00
	瑞典	3	10.00
	斯堪的纳维亚式起源平均值	**3.00**	**10.00**

注：股东权利指数从 0（最低）到 6（最高）。法治指数从 0（最低）到 10（最高）。

资料来源：Rafael La Porta, Florencio Lopez-de-Silanes, Andrei Shleifer, Robert W. Vishny, Law and Finance, Journal of Political Economy 106（1998）, pp.1113-55.

如表 4-1 所示，英国普通法系国家或地区的股东权利指数的平均值为 4.00，法国和德国大陆法系国家或地区为 2.33，斯堪的纳维亚大陆法系国家为 3.00。由此可见，英国普通法系国家对投资者提供的保护程度最高，法国和德国大陆法系国家提供的保护程度最低，斯堪的纳维亚大陆法系国家则位于中间。用法治指数衡量的执法力度，在斯堪的纳维亚大陆法系和德国大陆法系国家或地区最高，接下来是英国普通法系国家或地区，最后则是法国大陆法系国家。

显然，在英国普通法和法国大陆法这两种影响最大的法律体系之间，对投资者的法律保护程度有着显著的差异。接下来的问题是：为什么英国普通法系比法国大陆法系对投资者更具有保护作用呢？根据普遍的观点，从历史的角度来看，大陆法系国家在经济管理活动中起着更为积极的作用，因此在产权保护方面就比普通法系国家要弱。在 17 世纪的英国，对法院的控制权由王室转移到了议会和财产所有者，因此英国普通法对财产所有者更具有保护性，并且随着时间的推移，这种保护进一步扩展到了对投资者的保护。英国的法律惯例容许法院可以进行自我裁决或小测验，以此来判断管理层的自我交易是否对投资者不公平。而在法国和德国，议会的权力较弱，商法由国家修订，而法院的权力仅局限于判断修订的法律是否有违法典规定。由于经理人完全能在不违背法律的情况下剥削投资者，因此大陆法系国家的投资者受到的保护较少。

在最近的研究中，Glaesser 和 Shleifer 提出一种有趣的解释：法国和英国的法律起源是以中世纪盛行的不同政治体制为基础的。在法国，封建地主掌权，而且战事连连。在这种动荡的形势下，有必要为判决者提供保护，以防受到当地势力的干扰，这种保护只能由国家来实施。法国便开始采用以 13 世纪《罗马法典》为基础的法庭—检察官模式。根据这种模式，由国王任命的法官来收集证据，准备书面记录，并对案件进行裁决。可以理解，皇家法官很在意国王的喜好。法国的法律惯例被正式编撰成《拿破仑法典》。拿破仑进行了全面的法律条例修订，并要求国家委任的法官仅仅只能运用这些法律。相比而言，在英国，当地地主是不掌权的，战事也比较少。在相对和平的英国，某种程度上反映了该国隔离地理环境。地方富豪主要惧怕的是王室的势力，因此倾向于由不受王室恩典且更了解地方情况的陪审团来进行裁决。最初，陪审团由 12 名武装骑士组成，这些人通常不受当地强权或特殊势力的胁迫。在 1215 年颁布《大宪章》后，地方富豪基本上是向王室购买当地独立的裁决权以及其他权利。英国和法国法律发展所产生的分歧，对很多国家的法律体系产生了持久的影响。

4.5 法律的影响

投资者权利的保护不仅具有有趣的法律渊源，而且对公司的所有权与估值模式、资本市场的发展、经济增长等都产生了巨大的经济影响。为了阐明这一点，我们以意大利和英国这两个欧洲国家为例。如表 4-2 所示，意大利具有法国大陆法系渊源，对股东权利的保护程度较低，而英国是普通法系国家，对投资者的保护程度较高。在意大利，前三大股东平均拥有公司 58% 的股份；在英国，前三大股东平均拥有公司 19% 的股份。因此，意大利公司的所有权显得高度集中，而英国公司的所有权则较为分散。此外，在 1999 年，意大利只有 247 家公司在证券交易所上市，而英国有 2 292 家公司上市。同年，意大利证券市场的资本总额占年度 GDP 的 71%，而英国占了 248%。两国之间的巨大差别表明，对投资者进行保护对经济发展有着重要的影响。所有权集中相当于是一种解决投资者保护不足问题的方法，但也会导致控股大股东与外部小股东之间的利益冲突。下面部分将对这些问题进行详细阐述。

表 4-2 法律有影响吗：意大利与英国的对比

	意大利	英国
法律起源	法国大陆法系	英国普通法系
股东权利	1（低）	5（高）
前三大股东的所有权比例	58%	19%
市场总值/GDP	71%	248%
上市的企业数量	247	2 292

注：股东权利指来自 La Porta, Lopez-de-Silants, Shleifer, and Vishny（1998）所计算的反董事权利指数。市场总额与 GDP 之比以及上市股票数目来自 1999 年的数据。

资料来源：Various studies of LLSV and the CIA's World Factbook.

4.5.1 所有权与控制权模式

在对投资者的保护程度较弱的国家，公司应实施所有制集中来替代法律保护。如果所有制处于集中状态，那么股东就能有效控制和监督经理人，从而解决代理问题。LLSV（1998）的确发现，在投资者受保护程度越弱的国家，公司的所有权越趋向于集中。如表 4-3 所示，在英国普通法国家或地区，前三大股东平均拥有 43% 的公司股份，而在法国大陆法国家，前三大股东平均拥有 54% 的公司股份。

表 4-3 法律的影响：所有权和资本市场

法律起源	国家或地区	所有权集中	外部总市值/GNP	国内公司/人口
1.英国普通法	澳大利亚	0.28	0.49	63.55
	加拿大	0.40	0.39	40.86
	中国香港	0.54	1.18	88.16
	印度	0.40	0.31	7.79
	爱尔兰	0.39	0.27	20.00
	以色列	0.51	0.25	127.60
	肯尼亚	—	—	2.24
	马来西亚	0.54	1.48	25.15
	新西兰	0.48	0.28	69.00
	尼日利亚	0.40	0.27	1.68
	巴基斯坦	0.37	0.18	5.88
	新加坡	0.49	1.18	80.00
	南非	0.52	1.45	16.00
	斯里兰卡	0.60	0.11	11.94
	泰国	0.47	0.56	6.70
	英国	0.19	1.00	35.68
	美国	0.20	0.58	30.11
	津巴布韦	0.55	0.18	5.81
	英式起源平均	0.43	0.60	35.45

(续)

法律起源	国家或地区	所有权集中	外部总市值/GNP	国内公司/人口
2. 法国大陆法	阿根廷	0.53	0.07	4.58
	比利时	0.54	0.17	15.50
	巴西	0.57	0.18	3.48
	智利	0.45	0.80	19.92
	哥伦比亚	0.63	0.14	3.13
	厄瓜多尔	—	—	13.18
	埃及	0.62	0.08	3.48
	法国	0.34	0.23	8.05
	希腊	0.67	0.07	21.60
	印度尼西亚	0.58	0.15	1.15
	意大利	0.58	0.08	3.91
	约旦	—	—	23.75
	墨西哥	0.64	0.22	2.28
	荷兰	0.39	0.52	21.13
	秘鲁	0.56	0.40	9.47
	菲律宾	0.57	0.10	2.90
	葡萄牙	0.52	0.08	19.50
	西班牙	0.51	0.17	9.71
	土耳其	0.59	0.18	2.93
	乌拉圭	—	—	7.00
	委内瑞拉	0.51	0.08	4.28
	法式起源平均	**0.54**	**0.21**	**10.00**
3. 德国大陆法	奥地利	0.58	0.06	13.87
	德国	0.48	0.13	5.14
	日本	0.18	0.62	17.78
	韩国	0.23	0.44	15.88
	瑞士	0.41	0.62	33.85
	中国台湾	0.18	0.86	14.22
	德式起源平均	**0.34**	**0.46**	**16.79**
4. 斯堪的纳维亚大陆法	丹麦	0.45	0.21	50.40
	芬兰	0.37	0.25	13.00
	挪威	0.36	0.22	33.00
	瑞典	0.28	0.51	12.66
	斯堪的纳维亚式起源平均	**0.37**	**0.30**	**27.26**

注：所有权集中度量的是前三名大股东的平均股权比例。外部总市值/GNP 是指少数股东（三大股东以外）所持有的股份总市值占 1994 年国民生产总值的比例。国内公司/人口比值是指每百万人口（按 1994 年的人口数统计）所拥有的国内上市公司数量。

资料来源：根据 LLSV 所做的众多研究。

如果大股东只能按现金流量的一定比率分得利益，那么大股东和小股东之间就不会发生冲突。对大股东有利的对小股东应当是有利的。因为投资者能从控制权中获取私利，所以，他们会千方百计地寻求超过现金流所有权的控制权。主要投资者可通过多种方案获取控制权，例如：①具有优先表决权的份额；②金字塔式的所有权结构；③公司之间交叉持股。

许多公司会发行具有不同表决权的股票，而不是遵循一股一票的原则。通过积累具有优先表决权的份额，投资者就可以获得超过现金流所有权的控制权。另外，一些大股东，通常是创立人或者他们的家族，可以通过**金字塔式的所有权结构**（pyramidal ownership）来控制拥有其他公司控制权的控股公司，而该被控制公司又控股了另一家公司。同样地，公司也可以通过企业联盟、财团等集团内公司之间的**交叉持股**（equity cross-holdings）来集中表决权，从而获得控制权。显然，也可以通过以上方式的组合来获得控制权。

和记黄埔是中国香港地区排名第三的最有价值的公众公司，就是实施金字塔式控制结构的一个典型例子。公司 43.9% 的股份为另外一家公众公司——长江实业所控制。长江实业是香港地区第五大对外贸易公司，其 35% 的股份又为李嘉诚家族所控制。这样，李嘉诚家族在和记黄埔拥有 15.4%（0.35×0.439=0.154）的现金流所有权，但其控制权达到 43.9%。图 4-2 给出了和记黄埔的控制链关系。在韩国，所有权结构更为复杂。以韩国最有价值的公司三星电子为例。李昆希（Lee Keun-Hee）是三星集团的总裁，也就是三星创始人的儿子。他直接控制了三星电子 8.3% 的股份。

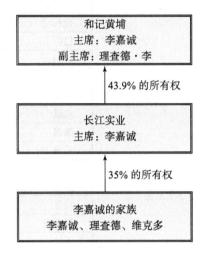

图 4-2　和记黄埔的控制链关系

资料来源：R. La Porta, F. Lopez-de-Silanes, A. Shleifer, and R. Vishny, "Corporate ownership around the World," *Journal of Finance* 54（1999），p.483.

另外，李昆希还控制了三星人寿（Samsung Life）15% 的股份，而三星人寿又控制了三星电子 8.7% 的股份和 Cheil Chedang 公司 14.1% 的股份。Cheil Chedang 公司又控制了三星电子和三星人寿各 3.2% 和 11.5% 的股份。这种错综复杂的交叉持股使得李昆希能够对三星电子进行有效的控制。㊀

与亚洲一样，所有权集中、控制权与现金流权利之间存在重大差异等现象在欧洲大陆也很普遍。图 4-3 描述了德国戴姆勒—奔驰公司在 20 世纪 90 年代初的金字塔式所有权结构。㊁该公司主要有三个大股东，德意志银行（28.3%），梅赛德斯汽车控股公司（25.23%）以及科威特政府（14%），而剩下 32.37% 的股份则被分散持有。如图 4-3 所示，这种金字塔式所有权结构使得大股东能够凭借较小的投资就可获得较大的控制权。例如，罗伯特—博世有限公司（Robert Bosch GmbH）控制了斯特拉汽车公司（Stella Automobil）25% 的股权，而斯特拉汽车公司又控制了梅赛德斯汽车公司（Mercedes-Automobil）25% 的股份，而梅赛德斯汽车公司又控制了戴姆勒—奔驰公司 25% 的股份。这样，罗伯特－博世有限公司有可能以占戴姆勒—奔驰公司 1.56% 的现金流量所有权而控制该公司 25% 的表决权股份。

㊀ 案例来源：R. La Porta, F. Lopez-de-Silanes, A. Shleifer, and R. Vishny, "Corporate Ownership around the World," *Journal of Finance* 54 (1999), pp. 471-517.

㊁ 案例来源：This example is from Julian Franks and Colin Mayer, "Ownership and Control of German Corporations," *Review of Financial Studies* 14 (2001), pp. 943-77. 值得注意的是，戴姆勒－奔驰公司的所有权结构自 1990 年以来已发生了显著的变化。

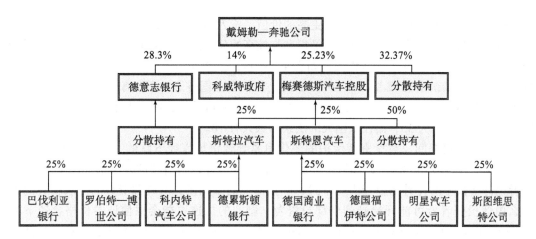

图 4-3 戴姆勒—奔驰公司的所有权结构（1990 年）

资料来源：Julian Franks and Colin Mayer, " Ownership and Control of German Corporation," *Review of Financial Studies* 14（2001）, p.949.

4.5.2 控制权的私人利益

一旦大股东拥有的控制权超过了现金流权利，就可以获得**控制权的私人利益**（private benefits of control）——其他股东按照平均分摊原则所无法得到的利益。一些研究证实了这种私人利益的存在性和重要性。Nenova（2001）计算了在不同国家表决权股票相对于非表决权股票的溢价情况。表决权股票的溢价按表决权股票的总价值（每股表决票的价值乘以表决票数）占公司股票总市值的比率来计量。在美国，表决权溢价为 2%，在加拿大为 2.8%。这意味着在这两个国家，控制权的私人利益都不是很显著。相反，在巴西，表决权溢价为 23%，在德国为 9.5%，在意大利和韩国都为 29%，在墨西哥为 36%，这表明在以上国家，大股东可获得较多的控制权私人利益。如果投资者无法从控制权中获取大量的私人利益，那么他们就愿意为表决权股票支付高于非表决权股票的溢价。

另外，Dyck 和 Zingales（2003）还计算出"大宗股票溢价"，即控制权大宗股票每股股价减去宣布控制交易后的交易价格的差额，再除以宣布控制交易后的交易价格。显然，只有当大宗股票股东能够从控制权中获取私人利益时，控制权大宗股票才有溢价。与尼诺瓦的研究结果相类似，戴克和金格尔斯通过研究发现，在 1990～2000 年间，加拿大、英国和美国的股票平均溢价只有 1%，澳大利亚和芬兰是 2%。相反，在其他一些国家，大宗股票的溢价要高得多，如在巴西为 65%，在捷克为 58%，在以色列为 27%，在意大利为 37%，在韩国为 16%，在墨西哥为 34%。显然，在小股东权利不能得到很好保护的国家，大股东从控制权中获取了很多的私人利益。

4.5.3 资本市场与估值

按照公司治理的法律分析所做的预测，对投资者的保护有助于促进外部资本市场的发展。当投资者确定可以获得公平的投资回报，他们就愿意为证券支付较高的买价，公司因而也能从外部投资者处筹集到更多的资金。由此可见，对投资者强有力的保护有助于大型资本市场的发展。LLSV（1997）通过经验分析发现，对股东进行强有力保护的国家的股票市场比保护程度较弱国家的股票市场具有更高的价值，按人均水平计算的上市公司也更多。还有一些研究表明，较高的内部人现金流量权利与较高的公司资产价值正相关，而较高的内部人控制权与较低的公司资产价值相关。如表4-3所示，少数股东（前三大股东之外的股东）所持有股票的市场价值总额占1994年GNP的比值，在英国普通法系国家或地区为0.6，在法国大陆法系国家为0.21。表4-3还表明，按每100万人口计算，国内上市公司数目在英国普通法系国家或地区为35，而在法国大陆法系国家只有10。

在金融危机期间，对投资者保护的弱化也是导致市场直线下跌的一个重要因素。在对投资者保护程度较弱的国家，如果良好的商业前景能确保取得持续的外部融资，那么内部投资者也许会公平对待外部投资者。不过，一旦商业前景黯淡，对外部资金的需求就会消失，那么内部投资者就可能开始剥削外部投资者。剥削的加速可能会致使证券价格急速下滑。Johnson，Boon，Breanch和Frideman（2000）证实，在1997～1998年的亚洲金融危机期间，对投资者保护程度较弱国家的股票市场衰退得更为迅速。

对投资者的强有力保护有助于促进发达金融市场的形成，而发达的金融市场因使企业投资融资变得更容易且成本更低，从而可以刺激经济增长。熊比特（Schumpeter，1934）早就论证了金融发展能促进经济增长的观点，而现在的一些研究则发现金融发展与经济增长之间具有相关性，从而也证实了熊比特的观点。⊖根据Beck（2000）等人的观点，金融发展主要从三个方面促进经济增长：①增加储蓄；②将储蓄转化为有生产力的现实投资，并增进资本积累；③借助于资本市场的监控和信号功能来增强投资的配置效率。

4.6 公司治理改革

随着1997～1998亚洲金融危机的爆发以及大宇、安然、世通、帕马拉特等大公司令人震惊的破产，唯恐为丑闻事件所害的全球投资者要求进行公司治理改革。这些公司的破产伤害了股东和其他一些利益相关者，如员工、顾客和供应商。很多雇员出于退休生活考虑而花重金购买了公司股票，结果遭受了严重的经济损失。在此过程中，不仅公司的内部治理机制失灵，而且审计人员、管理者、银行和机构投资者都扮演了失灵的角色。公司治理制度不改革，不仅会使投资者信心受挫，也会阻碍资本市场的发展，导致资本成本上升，从而扭曲资源配置并动摇投资者对市场经济的信心。

4.6.1 改革目标

在20世纪80年代，作为当时的两大经济强国，德国和日本的公司治理机制受到很多关注和赞许。在德国和日本，银行和一些永久性的大股东在公司治理中扮演了中心角色。这种"以银行为中心"的治理制度有助于引导经理人追求长期的业绩目标，并对陷入财务危机的公司起着有效的支持作用。相反，美国的"以市场为中心"的治理制度则被看成是在鼓励经理人进行短期决策，因而在很多方面显得效率低下。然而，当20世纪90年代美国经济和股票市场开始迅速发展，并将日本和德国甩在了后面，美国那种"以市场为中心"的治理制度则取代了德日模式而受到人们的赞许。美国的市场导向型治理制度似乎成了未来发展的一种趋势。不过，此后美国经济和股票市场发展的减速和令人震惊的公司丑闻使得美国的这种治理制度遭到再次的否定。因此，可以说几乎没有一个国家的公司治理制度是可供其他国家效

⊖ 这些例子包括King and Levine（1993），Rajan and Zingales（1998），and Beck，Levine，and Loayza（2000）。

仿的完美的制度。

人们越来越形成了这样一种共识，即公司治理改革应引起全世界的关注。尽管一些国家或地区所面临的问题显得更为严重，但很多国家现行的公司治理机制都难以有效地保护外部投资者。那么，应以什么作为改革的目标呢？本章所做的讨论给出了一个简单的回答：加强对外部投资者的保护，避免使其遭受经理人和内部控制人的剥削。此外，公司治理制度的改革要求：①通过增加外部董事来加强董事会的独立性；②强化财务报告的透明性和披露标准；③强化美国证券交易委员会和股票交易所的监管功能。在许多处于转型过程的发展中国家，首先必须建立现代法律体制。

4.6.2 政治动因

不过，结合各国所经历的改革实践，不难发现治理制度改革是说起来容易而做起来则非常困难。首先，现行的治理制度是一国经济、法律和政治基础发生历史沿革的结果。历史遗留下来的东西往往是难以改变。其次，很多政党往往与现行制度有着一定的利益关系，他们反对改变现状。例如，证券交易委员会主席雅瑟·里维特（Arthur Levitt）在20世纪90年代的许多年份里力图对会计业进行改革，但终因反对者的游说和宣传而失败。里维特（《华尔街日报》，2002年6月17日）说："众所周知，会计业几年前就反对进行行业改革……他们想尽一切办法来保护自己的权利，丝毫不考虑公众的利益。"会计业早期改革的失败导致了美国公司丑闻的爆发。世通公司的前任执行官因涉嫌伙同审计人员犯下历史上最大的会计欺诈案而遭到起诉。⊖再例如，在亚洲金融危机后，韩国政府试图改革该国的家族财阀式经济体制，但遭到来自创建家族的反对，因为这些家族害怕会失去控制权所带来的私人利益。不过，韩国所进行的改革取得了部分成功，成功的部分原因在于政府的有力支持，还有一部分原因是公众对改革基本上都表示赞同。

为了取得成功，改革者必须了解有关治理问题的政治因素，并取得媒体、公众舆论、非政府组织（NGOs）的帮助。在韩国，韩国高丽大学姜哈松（Hasung Jang）所领导的人民团结争取民主组织（PSPD）的成功就反映了非政府组织和媒介的作用。人民团结争取民主组织和姜哈松教授利用法律压力和媒体曝光来营造公众舆论，从而迫使执行官们改变他们的做法。例如，人民团结争取民主组织成功地对SK通信公司的转移定价进行了挑战。具体来说，SK通信公司将大额利润转移给下属的两家子公司，一是渠道商Sumlyung公司，SK通信公司的主席崔荣勋（Choi Jong-Hyun）拥有该公司94.6%的股份，另一家是为崔荣勋的儿子和儿媳全资拥有的大韩电信（Daehan Telecom）。如此这般的运作使得SK通信公司的外部股东的利益遭到了剥夺。人民团结争取民主组织将此行径披露给了媒体，这样《金融时报》和当地的报纸、电台就进行了报道。面对不利的公众舆论，SK通信最终同意停止这种行为。⊜

4.6.3 《萨班斯—奥克斯利法案》

就公众对美国公司丑闻的愤慨，政客们采取了纠正行动。2002年6月，美国国会通过了**《萨班斯—奥克斯利法案》**(Sarbanes-Oxley Act)。该法案的主要目的是要通过强化公司信息披露的准确性和可信性来保护投资者，从而恢复公众对公司财务报告真实性的信任。《萨班斯—

⊖ *New York Times*, September 2, 2002, p.A16.

⊜ Alexander Dyck and Luigi Zingales, "The Corporate Governance Role of the Media," working paper（2002）.

奥克斯利法案》主要由以下几个部分构成：

（1）会计监管——建立公共会计监督机构，负责监督上市公司的审计事务，并限制审计人员对客户开展咨询服务。

（2）审计委员会——公司应任命独立的"财务专家"担任审计委员会成员。

（3）内部控制评估——公众公司及审计人员必须对公司就财务报告记录进行的内部控制和防止欺诈的有效性进行评价。

（4）执行官问责制——首席执行官和首席财务官都必须在公司的季报和年度财务报表上签字。如果因欺诈而夸大了盈余，那么这些执行官必须退回全部奖金。

自 20 世纪 30 年代美国首次颁布证券法案以来，《萨班斯—奥克斯利法案》可谓最为重要的证券立法之一。根据该法案的规定，纽约证券交易所和纳斯达克要通过提高上市标准来保护投资者。目前，上市要求中就包括：①上市公司董事会主要应由独立董事组成；②酬金、提名和审计委员会应完全由独立董事组成；③公布公司治理的指导方针以及关于董事会、首席执行官的年度评价报告。如果这些要求能够得到恰当实施，那么就可以提高美国的公司治理机制。

有证据表明，《萨班斯—奥克斯利法案》对公司信息披露和治理标准具有积极影响。例如，Lobo 和 Zhou（2006）发现，自该法案生效以来，财务报告的"稳健性"程度明显增加。特别地，公司开始报告那些操纵程度不大的应计项（lower discretionary accruals），这意味着主动利润管理行为的减少，而且公司在确认亏损方面比在该法案生效之前对所得的确认要快得多。众所周知，安然公司肆意操纵利润的做法就是提前确认收入，掩盖亏损与负债，或是将亏损与负债转移至众多带有特定目的的非合并型实体。这些模糊的会计行为最终导致了安然的内爆。当然，这类会计行为也减少了，部分原因就在于《萨班斯—奥克斯利法案》对那些违规发布虚假财务报表的 CEO 和 CFO 施以严厉的惩罚（最高罚金为 500 万美元，最长刑期为 20 年）。Linck，Netter 和 Yang（2009）所做的研究发现，《萨班斯—奥克斯利法案》生效后，公司董事会以及董事方面的情况也发生了实质性的变化。他们的研究还特别发现：①董事会开会次数增加；②董事会规模扩大，独立性增强；③董事会成员中来自公司内部的董事减少了，更多董事由律师、顾问和财务专家担任了。这些研究结果表明，董事会的主动履责能力增强，履责资格更趋完备。此外，自《萨班斯—奥克斯利法案》通过以来，企业的决策变得更为谨慎。例如，Kang，Liu 和 Qi（2010）的研究证明，美国企业在新的投资项目决策时采用了较高的贴现率，尤其是小企业，而这表明管理层在决策时显得更为谨慎了。

然而，《萨班斯—奥克斯利法案》的实施也会产生一些问题。很多国家发现为了遵循某些特定条款，如 404 条款，得花费数百万美元。404 条款要求公众公司和审计人员必须对公司就财务报告记录进行的内部控制和防止欺诈的有效性进行评价，并将相应文件提交给美国证券交易委员会。显然，遵循条款所需的成本与对公司的影响是不相称的。此外，很多来自不同治理制度国家但在美国上市的公司，也发现遵循《萨班斯—奥克斯利法案》的成本过高。结果，自《萨班斯—奥克斯利法案》通过以来，为了避免昂贵的遵循成本，一些外国公司选择到伦敦证券交易所或欧洲其他交易所上市，而不是到美国的交易所上市。

4.6.4 《坎德伯里最佳行为准则》

与在美国的情况一样，在 20 世纪 80 年代和 90 年代初，英国受到一系列公司丑闻的影响，导致众多知名公司的倒闭，如费兰迪（Ferranti）、Colorol集团、国际商业信贷银行（BCCI）和麦克斯韦集团（Maxwell Group）等。这些知名的英国公司的倒闭主要是因为这些公司完全为高级执行官所控制，治理机制的作用不强，董事会处于失灵状态。针对这些情况，1991年英国政府委任并授权坎德伯里委员会负责处理英国的公司治理问题。坎德伯里公司的首席执行官阿德里安·坎德伯里（Adrian Cadbury）爵士出任了委员会的主席。⊖委员会成功地进行了英国的公司治理制度改革。

1992年12月，坎德伯里委员会发布了报告，其中就包括关于公司治理的《最佳行为准则》（Code of Best Practice）。该准则提出了如下建议：①公众公司的董事会成员至少包含三名外部董事（非执行官）；②首席执行官和董事会主席应由不同的人担任。绝大多数英国公司的董事都为内部人所掌控，而且首席执行官和董事会主席通常都是同一个人。具体而言，该准则规定：

> 董事会应定期开会，以保证完全有效地控制整个公司并监督公司的经营层。公司首脑层应明确责任以确保权力和责任的均衡，这样任何个人能随意做出决策。如果董事会主席同时也是首席执行官，那么公司董事会中必须包含强有力的独立董事，而且要有一名指定的高级成员。董事会应按照要求设立具有重要话语权的一定数目的非执行官董事，并且要使他们的意见在董事会决策中起到举足轻重的作用。

《坎德伯里最佳行为准则》（Cadbury Code of Best Practice）至今尚未被立法，对准则的遵循完全出于自愿。但是，伦敦证券交易所目前要求每家上市公司声明是否遵循准则，并就不遵循准则做出解释。这种"遵循或解释"的方法使得很多公司选择了遵循而不是解释。目前，在伦敦证券交易所上市的公司中，有90%都采纳了《坎德伯里最佳行为准则》。根据Dahya、McConnell和Travlos（2002）所做的研究，在最新宣布遵循准则的公司中外部董事所占的比例，由之前的26%上升到此后的47%。另一方面，首席执行官和董事会主席的职务由同一人担任的比例，由之前的37%下降到此后的15%。这意味着，即便《坎德伯里最佳行为准则》只要求自愿遵循，但该准则对英国公司的内部治理机制起着重要的作用。达雅等人的研究进一步表明，在引入《坎德伯里最佳行为准则》后，首席执行官的更换与公司业绩之间的负相关关系变得更加显著。这意味着首席执行官职位的稳定程度对公司的业绩变得更为敏感，从而强化了管理层的责任性，弱化了管理层的防御效应。

4.6.5 《多德—弗兰克法案》

鉴于次贷危机的爆发以及大型金融机构用纳税人的钱给自己发红利，美国政府在2010年7月通过了《多德—弗兰克华尔街改革和消费者保护法》，即《多德—弗兰克法案》（Dodd-Frank Act）。除了其他方面，该法案旨在加强政府对银行企业及其内部治理机制的监管，从而预防未来再发生类似的金融危机。该法案也是"大萧条"以来对金融制度进行的最为全面的反思，很可能对金融企业的决策方式产生重要影响。《多德—弗兰克法案》（Dodd-Frank Act）的主要内容包括：

⊖ 若需具体讨论坎德伯里委员会及其对英国公司治理的影响，请参阅Dahya、Mcconnell与Travlos的有关文献（2002）。

1. 沃克尔规则

沃尔克法则下，禁止存款类银行从事自营交易（proprietary trading），禁止银行拥有私募基金和对冲基金。该法则以美国联邦储备委员会前主席保罗·沃尔克的名字命名。保罗·沃尔克认为银行不应该从事那些使储户存款面临风险的投机性交易活动。

2. 破产清算授权

政府可以按规范程序接管并解散大银行，一旦该银行马上要破产且有可能对金融系统带来大范围的影响。破产清算授权的目的部分是降低因拯救那些"大而不倒"的银行而发生的成本与风险。那些"大而不倒"的银行因其规模大而难以破产，其结果是银行往往承担过多风险。因这些大企业的股东对管理层薪酬和福利的表决权缺乏法律约束力，所以无法控制管理层的这类不当激励行为。

3. 金融衍生产品

该法案规定将场外交易的金融衍生产品移入电子交易所，合约结算则要求通过清算中心，从而增加透明度并降低交易对手的风险。

4. 系统性风险监管

由财政部长担任主席的美国金融稳定监管委员会负责明确对整个金融系统具有重要影响的金融机构并负责监管这些企业的活动及财务状况。这些金融企业必须签署一份"生前遗嘱"以明确其破产清算方法。

5. 消费者保护

该法案规定新设独立的消费者金融保护局，负责监管掠夺性的抵押贷款及其他贷款产品。

《多德—弗兰克法案》将监管重点集中于银行的过度风险承担以及如何降低金融系统的系统性风险。如果《多德—弗兰克法案》能得到有效实施，那么银行的治理就可以得到加强，未来爆发金融危机的概率及成本就可以降低。⊖

最后，公司治理改革不仅可以增加股东的现金流权益，而且能提升公司的绩效。例如，通过对美国公司的研究，Gompers、Ishii 与 Metrick（2003）发现，治理越好的公司往往价值更大，利润更多，销售增长更高，资本支出较低，收购活动较少。他们还发现，在其开展研究的这个时期，如果买入治理完善的公司或卖出治理不完善的公司，那么就投资决策而言，往往能取得额外的回报。他们的研究表明，加强公司治理可提升公司业绩，增加企业价值，增加股票收益。在另一类似有关世界各地公司价值的研究中，Chua、Eun 与 Lai（2007）发现，虽然近年来国际经济日益一体化，但各国的公司价值存在巨大差异。具体而言，公司价值与公司治理质量、经济增长机会以及金融开放程度直接相关。

⊖ 要有效评价《多德—弗兰克法案》的作用显然为时尚早。迄今为止，已经正式成立的是消费者金融保护署，其明确目标就是保护消费者。不难发现，至少部分是由于《多德—弗兰克法案》的实施，大型银行减少了风险性交易活动，增加了准备金。根据 Dimitrov、Palia 和 Tang（2015）的研究，信用评级机构对债券的评级变得更为稳健了。

本章小结

随着美国和其他国家金融危机的不断爆发，以及知名公司丑闻和倒闭事件的连续发生，公司治理制度已引起了全球范围的关注。本章论述了公司治理问题的总体情况，并重点分析了各国之间公司治理机制的差异。

1. 公众公司是经济发展所带来的一种主要的组织创新，这种公司为众多股东共同拥有并受有限责任所保护。有效的风险分摊机制使得公众公司能以较低的成本筹集到大量资本，并从事众多有利可图的投资项目，转而促进经济增长。
2. 公众公司的一个致命弱点就是因公司经理人与股东之间的利益冲突而产生的代理问题。自利的经理人以牺牲股东的权利为代价来提高自己的利益。对于具有过剩自由现金流但又缺乏发展机遇的公司而言，代理问题似乎更为严重。
3. 必须通过加强公司治理来保护股东的权利、限制经理人的无节制行为并重拾投资者对资本市场的信心。公司治理是公司的控制权和现金流借此在公司股东、管理人员和公司的其他利益相关者之间进行分配的经济、法律和制度方面的框架。
4. 公司管理的核心问题是：如何最大限度地保护外部投资者的权利，以免受到经理人和内部控制人的剥削，从而获得公平的投资回报。
5. 代理问题可以通过多种方法来解决，包括：①加强董事会成员的独立性；②与经理人签订激励合约，如股票和股票期权等合约，从而更好地统一股东与经理人之间的利益；③进行所有权集中，以便大股东可以控制经理人；④利用负债来促使经理人将自由现金流归还给投资者；⑤在股东权益受到较好保护的伦敦或纽约证券交易所上市；⑥如果经理人浪费资金，剥削股东，那么就发起敌意收购行动。
6. 不同国家对投资者权利的法律保护存在系统性差别，这依赖于各国法律体系的历史渊源。英国普通法系国家或地区能给投资者最强有力的保护，而法国大陆法系国家所提供的保护最弱。大陆法惯例是通过对法律裁决的综合汇编而形成的。相反，普通法则完全是由关于个案的裁决和判例所构成的。英国普通法传统是以独立法官和地方陪审团为基础，更倾向于对产权的保护，并延伸至对投资者权利的保护。
7. 对投资者权利的保护会对公司的所有权模式、资本市场的发展、经济增长等产生重要的经济影响。对投资者保护的不足会导致所有权集中、从控制权中谋取过多的私利、资本市场发展的不健全和经济发展的缓慢。
8. 在美国和英国之外的地区，大股东通常为创建者所在的家族，倾向于对经理人进行控制并剥削外部小股东。换言之，占主导地位的大股东更倾向于从控制权中诈取私利。
9. 公司治理改革的重点是如何更好地保护外部投资者的权利免受内部控制人的剥削。通常，内部控制人会反对改革，因为他们不想失去控制权私利。改革者应该了解影响改革的政治动因，并动员群众支持他们。

本章拓展

第二篇

外汇市场、汇率的决定和货币衍生工具

本篇第5章介绍了外汇市场的组织结构并分析了外汇的即期交易与远期交易。接着的第6章考察了汇率的决定问题,主要分析的是两国间货币汇率变动与两国间名义利率和通货膨胀率差异之间的关系。最后,第7章则介绍了用于管理外汇风险的货币衍生工具。

第5章首先介绍了即期外汇市场与远期外汇市场的构成及其运作,接着描述了外汇市场的制度安排以及全球范围内外汇报价与交易的具体内容。

第6章介绍了汇率、利率与通货膨胀率之间的基本国际平价关系。了解这一平价关系对于做好财务管理实务非常重要。

第7章介绍了交易所交易的外汇期货与外汇期权合约。本章还给出了一些基础性的估价模型。

第5章

外汇市场

本章提纲

外汇市场的功能和结构
即期外汇市场
远期外汇市场
交易所交易货币基金
本章小结
本章拓展

关键词
思考题
计算题
小型案例：
　　什鲁斯伯里草药制品有限公司
参考文献与建议阅读材料

货币代表的是购买力。持有本国货币，你就可以购买本国其他居民所生产的产品和服务，或者购买他们所持有的资产。不过，如果要购买其他国家的产品或服务，一般需要先购买该国的货币。为此，可出售本国货币，再购入欲进行交易的目标国家的货币。更规范地讲，就是用本国货币去购买外汇。这样，外汇买入方就将自己的购买力转化为外汇卖出方所在国家的购买力。

无论按照什么标准来衡量，外汇市场都是世界上最大的金融市场。全年任何一天，任何时刻，世界上总有某处外汇市场正在营业。据2016年由国际清算银行发布的3年期调查显示，全世界即期和远期外汇交易的日成交额为4.74万亿美元，相当于全球人均日交易600多美元。按现行汇率计算，该数字较2013年下降了5个百分点。外汇交易额之所以出现下降，可能是因为汇率波动影响到了与前一报告期的对比。如果汇率保持不变，那么外汇交易额出现了小幅上升。2016年发布的3年期调查显示，伦敦外汇市场的日成交额估计为2.21万亿美元，比2013年下降了10个百分点，而且继续保持全球最大的外汇交易中心的地位。美国外汇市场的日成交额为1.19万亿美元，与2013年持平。图5-1给出了全球各地外汇市场所占的成交份额。

广义而言，**外汇市场**（foreign exchange market）涉及购买力从某一币种向其他币种的转换、银行的外币存款、以外币表示的信用延期、外贸融资、外汇期权、期货交易与货币互换等。显然，仅用一章的篇幅是无法涵盖以上所有要点的。因此，本章主要限于讨论即期和远期外汇市场，第 7 章讨论货币期货和期权合约，第 14 章则讨论货币互换。

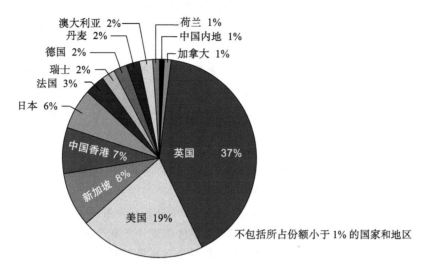

图 5-1　2016 年各国或地区占全球所报告的外汇交易额的百分比

注：图中的百分比按所报告的全部外汇交易额计算，并对国家和地区间的双向计算做了调整。

资料来源：Tabulated from data in Table 6 in the *Triennial Central Bank Survey*, *Preliminary Results*. Bank for International Settlements, Basle, September 2016.

本章首先概述外汇市场的功能和结构以及外汇市场交易的主要参与者。接着，对即期外汇市场进行探讨，主要内容包括即期外汇市场报价的阅读、套算汇率报价的推导以及能确保市场效率的三角套利概念。最后，还将介绍远期外汇市场及远期外汇市场的报价，讨论远期市场的目的，并解释互换交易报价的目的。

本章是本书后面各章的基础。只有深刻理解外汇市场的运作，才能掌握国际财务知识。为此，本书作者希望读者能够仔细阅读本章内容并加以认真思考。

5.1　外汇市场的功能和结构

外汇市场结构是商业银行主要功能——帮助客户运作国际业务，这一功能的延伸和发展。例如，某一公司客户想从国外进口商品，如果出口方要求进口方以出口国货币付款，那么该公司就需要某种外汇来源渠道。相应地，如果采用进口国货币支付，那么出口方也需要进行外汇处理。商业银行提供给客户的服务之一便是帮助进行这方面的外汇交易，而且这种服务也是客户希望银行能提供的。

即期和远期外汇市场都属于**场外交易市场**（over-the-counter，OTC），也就是说，买卖双方并不需要聚集在某个中心市场进行交易。更确切地讲，外汇市场通过电话、计算机终端和自动处理系统所形成的交易网络，将全球范围的那些协助交易的货币交易银行、非银行交易商和外汇经纪人联系在一起。目前，路透社和毅联汇业（ICAP）是外汇交易报价显示器的最大销售商。外汇市场通信系统堪称首屈一指，绝不亚于工业、政府、军队、国防和情报部门的通信系统。国际财务实践专栏 5-1 "鼠标替代了交易所" 一文所描述的就是当今外汇市场的电子化特征。

| 专栏 5-1 |　　　　　　　　　　国际财务实践

鼠标替代了交易所

当电子交易初次应用于外汇市场交易时,新闻报道中到处充斥着对交易中缺少人气的抱怨,都在嚷嚷着电脑是不会买啤酒喝的。

10年前人们在做交易时,还要在其他交易商的嘈杂声中对着电话喊声"成交",而市场里的大喇叭里还时不时会传来经纪人的报价。

"那可是相当的嘈杂和滑稽",一位外汇交易员回忆说,他感到科技的到来业已使很多市场特征消失。

现今,以前的吼声成了有规律的嗡嗡声,因为交易商们都面对银行屏幕,进行着电子对话,而大喇叭则被用作广播分析师对最新经济数据的评论。以往的吵闹声已经转移到了酒吧,那儿的啤酒销量可是一点没有下滑。

1982年,银行同业市场首先应用了路透社的首个屏幕交易系统,当时,绝大多数外汇交易都是在银行同业市场进行的。公司于1989年推出了语音交易产品,随后于1992年又推出了匿名的"成交撮合"平台,直到1993年,公司才面临因 EBS 公司推出电子经纪服务平台而带来的激烈竞争。很多大银行都拥有了 EBS 公司的电子经纪服务平台,其用意就是为了打破路透社的垄断地位。如今,虽然这两个平台在银行同业市场仍然占据主导地位,但都面临着来自互联网的竞争,后者通过其网络门户来鼓励新手进行直接交易。

单就交易量而言,在线平台所占的份额仍然很小。EBS 平台的日均交易额达 1 000 亿美元,而较大的网络平台平均在 150 亿～200 亿美元。不过,根据 Client-Knowledge 的贾斯汀·特伦纳(Justyn Trenner)的计算,全部在线交易的日均总额达 1 000 亿美元,这也表明该行业正在飞速发展。

诸如 FXALL, Hotspot FXi 和 e-Speed 等平台都很明智地避开了与巨头们的直接竞争。相反,它们声称自己所服务的是不同的对象,如公司财务人员和基金经理,并使他们得以直接开展平常往来银行以外的交易。

如果说电子技术为银行同业市场上的小银行提供了价格透明度,那么最新的网络平台也同样为银行客户提供了价格透明度。

"我们并不打算进军银行同业市场,我们所从事的是直接面对客户的银行业务",Hotspot 外汇网的首席执行官约翰·伊勒(John Eley)如是说。他还声称,那些往往需要找三四位经纪人报价的银行客户,在网上花几秒钟就能搞定同一件事,然后自己亲自交易。

"很多银行参与的网络门户削减了成本并降低了风险,从而降低了第三方参与外汇交易的壁垒。"FXALL 的首席营销官马克·沃姆斯(Mark Warms)补充道。他还说,通过对冲基金实现的网络平台交易量已增长了2倍。

芝加哥商业交易所的外汇主管瑞克·希尔斯(Rick Sears)说,自从其 Globex 电子平台使得投资者能全天候地进行期货交易以来,其外汇产品的交易量开始直线上升。该交易所 40%～45% 的外汇市场参与者都是商品交易客户与对冲基金。

"这些机构在使用电子交易后要安心得多。过去,他们常常担心执行风险,但现在电子交易已变得十分普遍。"他说。

在线平台的大量增加以及各种模式的崛起都让观察家们大跌眼镜。人们早先预测,

FXALL等多家银行参与的网络门户因能提供来自多家银行的报价，会挤垮单一银行参与的平台。不过，现实情况并非如此，这两者都发展得很快。根据美国的咨询公司格林威治联合会（Greenwich Associates）最近所进行的调查，FXALL和UBS的在线交易份额都处于市场领先地位。

最初也有人担心，认为交易的激增会影响流动性，从而阻碍交易。不过，这种担心似乎并没有发生。"相反，同一市场拥有了更多的渠道，因为实际上价格无论在哪个市场上都是一样的，"UBS全球外汇配置部门的经理（Fabin Shey）这么说道。

特伦纳（Trenner）先生认为，总体上，外汇交易向少数全球中心（东京、伦敦和纽约）的集中，以及随后所发生的相应的银行重组，反而增强了流动性。

当EBS平台最初被投入使用时，交易商较为担心的是经纪人作用及交易商做市功能的消失，警告说当交易商乐于接受价格但不愿报价时，双向报价的消失会在此紧急关头削弱流动性。

然而，11年过去了，市场并没有遭遇重大问题，而且当新的买卖报价差不等于最后公布的价格时，也没什么迹象表明价格会发生倾斜。

EBS公司的首席执行官杰克·杰弗里（Jack Jeffery）说，价格变化的相对平稳表明，随着交易技术的发展，市场也在不断演变。

"市场的流动性是如此之强，而且对市场走势有着众多不同的看法，以至于做市过程也已发生了变化。"他说，"现在的关键就是参与。只要你参与其中，你就会对流动性做出贡献，而不是消除流动性。"

不过，有人仍然显得心存忧虑，担心市场现在过于依赖科技，使得它越来越受制于计算机的服务器。

不过，业务中断的现象还是很罕见的，因此长期参与者对面临的风险持有乐观态度。

渣打银行（Standard Chartered）外汇交易部主管尼克·比可洛夫特（Nick Beecroft）说："不错，风险的确存在，但市场的适应力也很强"。

"万一信息技术崩溃，经纪人和交易所之间还存在不少联系方法，到时仅仅需要把以前的经纪人从别的业务中全拉回到电话旁而已。外汇市场的恢复能力很强的。"

现在看来，那些对人气流失的担忧似乎是毫无理由的。

资料来源：Jennifer Hughes, 2004, "Special Report: Foreign Exchange," Financial Times, May 27. Used under license from The Financial Times Limited. All Rights Reserved.

就像太阳绕着地球转一样，外汇市场一天24小时都在进行着交易。外汇市场可以分为三个主要市场：亚洲—澳大利亚市场、欧洲市场和北美市场。亚洲—澳大利亚市场包括悉尼、东京、香港、新加坡和巴林等交易中心；欧洲市场包括苏黎世、法兰克福、巴黎、布鲁塞尔、阿姆斯特丹和伦敦交易中心；北美市场包括纽约、蒙特利尔、多伦多、芝加哥、旧金山和洛杉矶交易中心。绝大多数的交易所每天营业9～12小时，也有些银行实行8小时轮班制以保证全天候营业。尤其当亚洲—澳大利亚市场和欧洲市场的营业时间重叠，以及欧洲市场和北美市场的营业时间重叠时，交易就异常活跃。美国超过半数的外汇市场交易于东部标准时间上午8点到中午之间（即伦敦格林尼治的下午1～5点之间）进行，而此时的欧洲市场也处于营业状态。某些交易中心可能比其他交易中心更具市场影响力。例如，当东京市场的交易商在用午饭时，澳大利亚市场的交易量明显减少。图5-2借用每小时的平均电子对话次数来大概反映全球外汇市场的参与情况。当然，并非所有的电子对话都达成完整的交易。

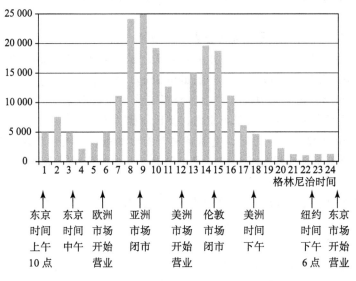

图5-2 外汇市场每小时的电子交易量

资料来源：Federal Reserve Bank of New York,"The Foreign Exchange Market in the United States," 2001, www.ny.frb.org.

5.1.1 外汇市场的参与者

外汇市场可分为两个层级：一是**批发市场**（wholesale market）或**银行同业市场**（interbank market）；二是**零售市场**（retail market）或**客户市场**（client market）。外汇市场的参与者可划分为五类：国际银行、银行客户、非银行交易商、外汇经纪人和中央银行。

国际银行是外汇市场的核心。全球有100～200家银行积极从事外汇方面的"做市"活动，也就是说，国际银行乐意通过自己的账户买卖外汇。这些国际银行为其零售商客户，即银行客户提供服务，因为它们在从事对外商务或进行国际金融资产投资时需要外汇。广义地讲，银行客户包括跨国公司、理财经理和私人投机者。根据2016年BIS的统计数据，零售或银行客户的交易量约占外汇交易总量的7%，其余93%为国际银行或非银行交易商之间的银行同业交易。非银行交易商是指大型的非银行金融结构，如投资银行、共同基金、养老基金、对冲基金等。按照成本—效益原则，它们的规模和交易频次使之值得建立自己的交易场所，以便直接通过在银行同业市场的交易来满足自己的外汇需求。2016年，非银行交易商的交易量占银行同业市场交易量的50%。

在国际银行间的同业交易中，部分交易业务的目的是调整它们所持有的各种外汇头寸。不过，大部分银行同业交易都属于投机性或套利性交易，其参与者试图通过准确判断某种货币对另一种货币的未来价格走势，或者通过相互竞争的交易商之间的临时性价格偏差来获利。市场心理预期是外汇交易中的一个关键因素，交易商通常可以从其他交易商所积累的外汇头寸中推断出其意图。

外汇经纪人为交易商的外汇买卖订单进行撮合并从中收取费用，但他们自身并不持有头寸。经纪人了解市场上很多交易商的报价。但是，今天只有少数专业经纪公司还在运作。银行同业交易的大量业务都是通过路透社和毅联汇业平台来完成的。国际财务实践专栏5-2"财大气粗之地"一文描述了在过去几年里外汇交易的变化历程，并解释了非银行交易商是如何借助电子交易系统而得以与银行及其他非银行交易商一决高下的。

| 专栏 5-2 |　　　　　　　　　　　国际财务实践

财大气粗之地

外汇市场是全球最大、最具活力的市场。在这从不停止营业的外汇市场上，日均外汇交易额约4.74万亿美元。各类交易商集中在东京、伦敦和纽约等地，其业务跨越国界和不同时区，在不足一秒的时间内，所发生的交易量可达数十亿美元。

历经了十年的发展，今日的外汇市场与十年前的市场相比，显得面貌一新。

那个时候，银行要通过持有数个电话的经纪人或是借助路透社和EBS公司提供的相对较新的电子系统来替其客户处理外汇交易。而现在，客户可以通过多种平台实现与银行的交易，而且电脑发出的轻微嚓嚓声使得交易所里的噪声得到极大的降低。

守旧派也许会对这种缺乏面孔的系统心生抱怨，因为它剥夺了交易中的许多"人性"。但无论如何，市场本身都比以前更具活力。很多银行和交易平台都报道说交易量有了很大的上升，从而带来市场份额的增加。许多人认为，市场交易的活跃要归功于市场及市场准入方面透明度的提升。

EBS公司近期声称，自从公司成立10年来，其最繁忙的35个交易日的半数都发生在2004年的头两个月。路透社则声称，其即期市场交易比2003年同期增长了35%，并估计其即期交易量将比去年高出50%。

渣打银行外汇交易部主席尼克·比可洛夫特（Nick Beecroft）说："在过去的5年里，外汇已成为专门的资产类别，从事其他资产类别的主动型套期保值者和资产管理者也都大量参与其中，他们对外汇的关心程度要远超过5年前，更不要说10年前了。"

当时，外汇市场主要还是银行同业交易，所采用的技术也是针对这一目的的。大约50%的外汇交易是由两方之间协商达成的。有35%是通过经纪人对买卖的"撮合"来实现的，其中的交易双方并不知道对方是谁。

路透社于1982年首次采用了屏幕交易系统，接着于1989年又设立了语音平台，以模仿交易员的电话交易。1992年，它又推出了撮合系统，旨在模拟语音经纪人角色。1993年，EBS公司也推出了撮合平台，从而打破了路透社的垄断地位。（2006年，EBS公司为毅联汇业收购。）

银行同业市场中电子经纪的产生，给那些以前很少能获得最有利价格的小银行一个机会，使得它们能在同一基础上与大银行进行交易。这一切应归功于电子报价平台所带来的透明度。

如今，仅有一些专业的经纪公司还在运作，而大量的银行同业交易都使用路透社和EBS所提供的平台。

不过，自那以来，外汇市场又发生了巨大的变化，针对客户的价格透明度开始延伸到了银行以外的行业。

例如，通过一系列的网络平台，基金经理和对冲基金可以迅速获得掌握具体两种外汇之间的各种报价，也可以进行交易。通过某些平台，交易一方完全可以像银行或其他基金管理者那样操作。

ABN Amro 外汇市场的全球总裁约翰·纳尔逊（John Nelson）说："近3年外汇市场所发生的变化要比以往7年所发生的变化还大。键盘一敲，就可立刻在一方的办公室发出交易，并在另一方的办公室完成结算。"

现在，价格信息的迅速传播也极大地提高了市场的公平竞争程度，而且使外汇交易的领域延伸到了投资银行这一核心市场之外。

"当时，银行不同于客户的地方在于它清楚真实的市场价格，而客户却不清楚。而到了今天，我坐在办公桌边就能看到真实的市场价格，"独立调研公司 Client-Knowledge 的总经理贾斯汀·特伦纳如此说。"这大大方便了精明的投资经理积极开展资产型外汇交易。"新闻、数据和价格信息的迅速传播，带来了市场理论研究者所谓的"效率"，即在任何时刻都能提供准确的价格。不过，这也影响了配对货币间的变动。

"因为每个人都会对消息做出反应，这样你就会发现即便趋势不变，但汇率变化呈现出更多的反复性，"4Cast 公司从事经济咨询的高级货币战略师克里斯·弗内斯（Chris Furness）如此说道。他把当今市场行为比作鱼群，会在同一时刻同时改变方向。现在的日均价格变化与过去两年相比，其波动性变得更大。

"受欧元投放所带来的不确定因素的影响，尽管交易商的数量减少了，但当今外汇市场仍然很健康，"路透社的财务与固定收入部门主管马克·罗伯逊（Mark Robson）说。

尽管新的交易机会带来了新的参与者，价格方面的公平竞争程度也得到提高，但许多小银行还是被挤到了市场的角落。

尽管它们本可专做本地区货币服务，但由于采用新的交易技术需要高昂的费用，它们只好成了大银行的客户。

极少数有着雄厚实力的银行则得到了发展，成功地运作起它们的外汇交易平台，不仅营业额上升，利润也得以上升。这样，他们就更有能力向客户提供定制服务，并使之成为标准和规范。

"这一领域充满着激烈的竞争，这也意味着人人都要通过定制化服务才能使自己与众不同。"E-speed 的首席信息官乔·诺维耶洛（Joe Noviello）说道。E-speed 是 Cantor Fitzgerald 证券公司的在线交易平台，去年开始提供外汇交易服务。2015年度外汇市场调查见表5-1。

资料来源：Jennifer Hughes, 2004, "Special Report: Foreign Exchange," *Financial Times*, May 27. Used under license from The Financial Times Limited. All Rights Reserved.

我们经常会看到或听到这样的新闻媒体报道：某国的中央银行（国家货币当局）干预外汇市场，试图影响本国货币兑主要贸易伙伴国货币的汇率，或者是某国实行了钉住某种货币的汇率制度或者固定汇率制。所谓干预主要是指运用外汇储备购买本国货币，使本币的供应量减少，从而本币升值；或者是反过来，出售本币购买外汇，使本币供应量增大，从而使本币贬值。例如，如果通过干预成功地提升了本币兑交易对方国货币的价值，那么就可以减少出口、增加进口，从而缓解对方持续的贸易赤字。为了实现目标，干预外汇市场的中央银行通常得损失外汇储备。事实上，并没有什么证据能够证明单一中央银行的干预措施能够取得成功。不过，若干家中央银行的联合干预倒更有可能取得成功。

表 5-1 2015年度外汇市场调查

总体		非财务公司		银行		杠杆基金		电子交易专业平台	
公司	市场份额(%)	公司	市场份额(%)	公司	市场份额(%)	公司	市场份额(%)	公司	市场份额(%)
花旗集团	16.11	汇丰银行	8.94	德意志银行	19.29	花旗集团	21.32	德意志银行	17.50
德意志银行	14.54	花旗集团	8.80	花旗集团	16.99	JP摩根	16.54	花旗集团	17.08
巴克莱银行	8.11	德意志银行	7.67	巴克莱银行	7.16	巴克莱银行	12.58	巴克莱银行	9.21
JP摩根	7.65	JP摩根	6.92	美林美国银行	6.78	德意志银行	10.76	瑞士银行集团	8.70
瑞士银行集团	7.30	苏格兰皇家银行	6.26	瑞士银行集团	6.58	瑞士银行集团	7.44	JP摩根	7.06
美林美国银行	6.22	法国兴业银行	6.18	汇丰银行	5.67	美林美国银行	5.34	美林美国银行	6.47
汇丰银行	5.40	美林美国银行	6.10	JP摩根	4.43	高盛公司	4.65	汇丰银行	4.14
法国巴黎银行	3.65	巴克莱银行	5.41	苏格兰皇家银行	4.13	渣打银行	3.00	高盛公司	3.51
高盛公司	3.40	法国巴黎银行	5.02	渣打银行	3.69	汇丰银行	2.96	苏格兰皇家银行	3.42
苏格兰皇家银行	3.38	荷兰国际集团	3.50	法国巴黎银行	3.45	摩根士丹利	2.43	法国巴黎银行	2.29

资料来源：*Euromoney*, May 2015.

5.1.2 通汇关系

银行同业市场就是**通汇关系**（correspondent banking relationships）网络，其中的大型商业银行彼此间都会设立存款账户，即所谓的通汇账户。通汇账户网络为外汇市场的有效运行提供了保障。

【例 5-1】通汇关系

下面这个例子说明了通汇账户网络是如何为国际外汇交易提供便利的。假设美国的进口商想从荷兰出口商处进口一批商品，并采用欧元结算，共计 750 000 欧元。美国进口商会与其美国银行联系，询问欧元兑美元的汇率。假设美国银行的报价是 1.309 2 美元兑换 1 欧元。如果美国进口商接受了这个价格，美国银行就会在该进口商的存款账户上借记 981 900 美元（=750 000×1.309 2）用于购买欧元。随后，美国银行会通知其在欧元区的代理银行，如 EZ 银行，要求在美国银行在 EZ 银行的通汇账户上借记 750 000 欧元，同时在荷兰出口商的账户上贷记相同款项。然后，美国银行将在其账户上贷记 981 900 美元以抵消在美国进口商账户上借记的 981 900 美元，这样也反映了美国银行在 EZ 银行的通汇账户上的余额减少。

在上述进行了复杂处理的例子里，我们假定美国银行和荷兰出口商在 EZ 银行均设有银行账户。更实际地讲，就是假定 EZ 银行代表着整个欧元区的银行系统。另外，该例子还暗含着美国银行同 EZ 银行之间存在着某种通信系统。全球银行间金融电信协会（SWIFT）允许商业银行之间发送如上例提到此种类型的指令。SWIFT 属于私人的非营利性的信息传送系统，其总部设在布鲁塞尔，洲际交换中心位于荷兰和（美国）弗吉尼亚州。之前称为票据交换所银行间支付系统（CHIPS）的清算所与美国联邦储备银行系统合作，设立了票据交换所（Fedwire），专门为 95% 以上的国际银行之间以美元支付的清算提供服务。票据交换所银行间支付系统每天处理的支付额平均达 1.5 万亿美元。再就上述例子而言，假如美国银行需要先购买欧元以支付给荷兰出口商，那么它可以通过 CHIPS 来解决用美元购入欧元的问题。例如，从瑞士银行购买欧元，可迅速地通过 SWIFT 向瑞士银行发出指令，要求对方在其在 EZ 银行的账户中存入欧元，并同时命令 EZ 银行将该款项转账给荷兰的出口商。瑞士银行和 EZ 银行之间的转账将依次通过通汇账户或者欧洲票据清算所来完成。

1995 年 8 月，外汇结算有限公司（ECHO）开始运作，它是全球第一家从事银行同业外汇交易的结算中心。ECHO 是一个多边的净额结算系统，不管清算方来自何地或有多少数量，在任何结算日，它都可以为客户进行任何货币的支付及应收凭证结算。多边净额结算系统消除了私人清算所产生的风险和低效率。1997 年，ECHO 与 CLS 服务有限公司合并，成为 CLS 集团的一部分。目前，它能以 18 种货币在 60 个成员间进行业务清算。

5.2 即期外汇市场

即期外汇市场（spot market）涉及外汇买卖的现货交易。一般地，现金结算是在美元与非美元货币交易完成后的两个营业日内进行的（除去买方或者卖方的任何一方的节假日）。美元与墨西哥比索或加拿大元之间常规的即期外汇交易结算仅仅在一个营业日内完成。⊖ 根据 BIS 的统计数据，2016 年即期外汇交易占总的外汇交易量的 35%。表 5-2 给出了按交易工具

⊖ 旅行者所熟悉的银行票据市场虽进行小额外汇兑换，但不同于即期市场。

和交易对象所衡量的外汇营业额。

表 5-2 按交易工具和交易对象所衡量的日均外汇营业额

工具/交易对象	以美元计的成交额（10 亿）	百分比（%）
即期外汇	1 654	35
与申报交易商	607	13
与其他金融机构	930	20
与非金融机构客户	117	2
直接远期交易	700	15
与申报交易商	189	4
与其他金融机构	431	9
与非金融机构客户	80	2
外汇互换交易	2 383	50
与申报交易商	1 209	26
与其他金融机构	1 027	22
与非金融机构客户	147	3
总计	4 737	100

注：营业额是将交易双方的金额都计算在内的净额。

资料来源：Tabulated from data in Table 4 in the *Triennial Central Bank Survey*, *Preliminary Results*, Bank for International Settlements, Basle, September 2016.

5.2.1 即期汇率标价

即期汇率（spot rate）标价分为直接标价和间接标价两种。为了清楚其差别，请参考表 5-3。表 5-3 给出的是截至美国东部时间 2016 年 5 月 16 日（周一）下午晚些时候来自英国毅联汇业（ICAP）及其他渠道所公布的银行交易商的外汇标价。第一列给出的是从美国角度看的**直接标价**（direct quotation），也就是用美元表示的单位外币的价格。例如，1 英镑的即期标价是 1.440 2 美元。（表 5-3 对 5 种货币直接列示了 1 个月、3 个月、6 个月合约的远期标价，其具体内容将在下一节中讨论）。第二列给出的是从美国角度看的**间接标价**（indirect quotation），也就是用外国货币表示的单位美元的价格。例如，1 美元兑英镑的即期标价是 0.694 4 英镑。显然，美国角度的直接标价就是英国角度的间接标价，美国角度的间接标价就是英国角度的直接标价。

表 5-3 汇率

货币		2016 年 5 月 16 日
最近在纽约交易的美元外汇汇率		

	周一	
国家或地区/货币	与 1 单位外币相当的美元数	与 1 单位美元相当的外币数
美洲地区		
阿根廷比索	0.070 8	14.134
巴西雷亚尔	0.285 6	3.501 4
加拿大元	0.775 5	1.289 8
智利比索	0.001 440	694.28
哥伦比亚比索	0.000 330	3 028.50
厄瓜多尔美元	1	1

(续)

货币		2016年5月16日
	最近在纽约交易的美元外汇汇率	
	周一	
国家或地区/货币	与1单位外币相当的美元数	与1单位美元相当的外币数
墨西哥比索	0.054 6	18.306
秘鲁新索尔	0.300 3	3.330
乌拉圭比索	0.032 42	30.845 0
委内瑞拉强势玻利瓦尔	0.100 125	9.987 5
亚太地区		
澳大利亚元	0.728 9	1.372 0
1个月远期	0.728 0	1.373 7
3个月远期	0.726 4	1.376 7
6个月远期	0.724 2	1.380 9
中国人民币	0.153 4	6.520 5
（中国）香港港元	0.128 8	7.763 7
印度卢比	0.014 97	66.805
印度尼西亚卢比	0.000 075 1	13 310
日元	0.009 172	109.03
1个月远期	0.009 179	108.94
3个月远期	0.009 198	108.72
6个月远期	0.009 230	108.34
马来西亚林吉特	0.248 3	4.027 3
新西兰元	0.675 9	1.479 5
巴基斯坦卢比	0.009 56	104.60
菲律宾比索	0.021 5	46.450
新加坡元	0.730 2	1.369 5
韩元	0.000 847 7	1 179.66
中国台湾新台币	0.030 64	32.642
泰国铢	0.028 32	35.420
越南盾	0.000 045 00	22 220
欧洲地区		
捷克克朗	0.041 86	23.889
丹麦克朗	0.152 0	6.579 5
欧元区欧元	1.132 1	0.883 3
1个月远期	1.133 1	0.882 5
3个月远期	1.135 3	0.880 8
6个月远期	1.138 9	0.878 0
匈牙利福林	0.003 593	278.30
挪威克朗	0.122 4	8.173 2
波兰兹罗提	0.257 0	3.891 5
俄罗斯卢布	0.015 27	65.482
瑞典克朗	0.121 1	8.261 0
瑞士法郎	1.022 9	0.977 6
1个月远期	1.024 2	0.976 4
3个月远期	1.027 0	0.973 7

(续)

货币		2016年5月16日
	最近在纽约交易的美元外汇汇率	
	周一	
国家或地区/货币	与1单位外币相当的美元数	与1单位美元相当的外币数
6个月远期	1.031 8	0.969 2
土耳其新里拉	0.337 1	2.966 7
英国英镑	1.440 2	0.694 4
1个月远期	1.440 3	0.694 3
3个月远期	1.440 7	0.694 1
6个月远期	1.441 6	0.693 7
中东与非洲地区		
巴林第纳尔	2.652 3	0.377 0
埃及镑	0.113 3	8.829 8
以色列谢克尔	0.261 7	3.821 0
约旦第纳尔	1.409 7	0.709 4
科威特第纳尔	3.314 1	0.301 7
黎巴嫩镑	0.000 663 6	1 507.00
沙特阿拉伯里亚尔	0.266 6	3.750 3
南非兰特	0.065 0	15.390 0
阿拉伯联合酋长国迪拉姆	0.272 3	3.672 9

资料来源：Compiled from Bloomberg data, May16, 2016, and from using the OANDA online currency converter at www.oanda.com.

世界各地的货币交易商多以美元为交易货币并采用美元标价方式。例如，据2016年BIS的统计资料，全球货币交易中交易一方涉及美元的占88%。此外，在全球所有货币交易中，交易一方涉及欧元的占32%。涉及日元的占21%，涉及英镑的占13%，涉及澳大利亚元的占7%，涉及瑞士法郎和加拿大元的均占5%。表5-4按币种给出了外汇营业额的具体情况。

表5-4 按币种给出的日均外汇营业额

货币	以美元计的成交额（10亿）	百分比（%）
美元	4 152	88
欧元	1 505	32
日元	1 005	21
英镑	609	13
澳大利亚元	327	7
瑞士法郎	242	5
加拿大元	237	5
其他货币	1 397	29
总计（计算两次）	9 474	200
总计（计算一次）	4 737	100

注：因为每笔交易涉及两方，这样每种货币均被报告两次。营业额采用2次计算，是将当地交易方与境外交易方的金额都计算在内的净额。

资料来源：Tabulated from data in Table 5 in the Triennial Central Bank Survey, Preliminary Results, Bank for International Settlements, Basle, September, 2016.

银行同业市场上大部分货币都采用**欧式标价**（European terms），也就是用外币表示的单位美元价格（美国角度的间接标价法）。但传统上，某些货币的价格常常采用美元来表示，即所谓的**美式标价**（American terms，美国角度的直接标价法）。在 1971 年以前，英镑是非十进制货币，也就是说 1 英镑不能自然分成 10 单位的次级货币单位。因此用英镑来标价十进制货币就比较麻烦，从而就形成了用十进制货币来标价英镑以及澳大利亚元、新西兰元的做法，而且这做法一直持续到现在。当欧元被引进时，自然也就对欧元采用美式标价方法。在起初因缺乏了解和经验，这种标价方法可能比较令人困惑，因此在看货币标价时一定要格外留意。

本书中我们将采用以下符号来标价即期汇率。通常，$S(j/k)$ 是指用货币 j 表示的 1 单位 k 货币的价格。这样，如表 5-3 所示，5 月 16 日（星期一）英镑的美式标价为 $S(\$/£) = 1.4402$，相应的欧式标价为 $S(£/\$) = 0.6944$。如果文中已清楚表明了采用何种标价方法，就用 S 来简单地表示即期汇率。

直观上，美式标价法和欧式标价法互为倒数，即

$$S(\$/£) = 1/S(£/\$) \tag{5-1}$$

$$1.4401 = \frac{1}{0.6944}$$

这与结果 1.4402 有出入，原因在于取值时采用了四舍五入的方法。同理可得

$$S(£/\$) = 1/S(\$/£) \tag{5-2}$$

$$0.6943 = \frac{1}{1.4402}$$

5.2.2 套算汇率标价

在讨论套算汇率概念时，我们暂且忽略交易费用。**套算汇率**（cross-exchange rate）是指非美元货币之间的比率。套算汇率可通过美式标价法或欧式标价法下两种货币兑美元的汇率计算得到。例如，美式标价法下欧元兑英镑的套算汇率可计算如下

$$S(€/£) = S(\$/£) / S(\$/€) \tag{5-3}$$

由表 5-3 可得

$$S(€/£) = \frac{1.4402}{1.1321} = 1.2721$$

也就是说，如果 1 英镑值 1.4402 美元，而 1 欧元值 1.1321 美元，那么 1 英镑就值 1.2721 欧元。按照欧式标价法，套算汇率可计算如下：

$$S(€/£) = S(€/\$) / S(£/\$) = \frac{0.8833}{0.6944} = 1.2720 \tag{5-4}$$

这与结果 1.2721 有出入，原因在于取值时采用了四舍五入的方法。
同理可得

$$S(£/€) = S(\$/€) / S(\$/£) = \frac{1.1321}{1.4402} = 0.7861 \tag{5-5}$$

且

$$S(£/€) = S(£/\$) / S(€/\$) = \frac{0.6944}{0.8833} = 0.7861 \tag{5-6}$$

式（5-3）～式（5-6）表明，对于给定的 N 种货币，可以计算出含 $N \times (N-1)/2$ 种套算汇率，从而形成一个三角矩阵。彭博社每天都会刊登 11 种主要货币两两组合、记作 $S(j/k)$ 和 $S(k/j)$ 的 55 种套算汇率。表 5-5 给出了 2016 年 5 月 16 日（星期一）的套算汇率表。

表 5-5 主要货币的套算汇率

	美元	欧元	日元	英镑	瑞士法郎	加拿大元	澳大利亚元	新西兰元	港元	挪威克朗	瑞典克朗
瑞典	8.261 9	9.352 5	0.075 77	11.898	8.450 3	6.407 0	6.022 1	5.609 8	1.064 2	1.011 6	—
挪威	8.167 5	9.245 6	0.074 91	11.762	8.353 8	6.333 8	5.953 3	5.545 7	1.052 0	—	0.988 57
中国香港	7.763 8	8.788 6	0.071 21	11.181	7.940 9	6.020 8	5.659 0	5.271 6	—	0.950 97	0.939 71
新西兰	1.472 8	1.667 2	0.013 51	2.120 9	1.506 3	1.142 1	1.073 5	—	0.189 69	0.180 32	0.178 26
澳大利亚	1.371 9	1.553 0	0.012 58	1.975 7	1.403 2	1.063 9	—	0.931 54	0.176 71	0.167 97	0.166 06
加拿大	1.289 5	1.459 7	0.011 83	1.857 0	1.318 9	—	0.939 92	0.875 57	0.166 09	0.157 88	0.156 08
瑞士	0.977 70	1.106 8	0.008 97	1.408 0	—	0.758 20	0.712 65	0.663 86	12.593	11.971	11.834
英国	0.694 40	0.786 06	0.006 37	—	0.710 23	0.538 50	0.506 15	0.471 50	0.089 44	0.085 02	0.084 05
日本	109.03	123.42	—	157.01	111.52	84.552	79.472	74.031	14.043	13.349	13.197
欧元区	0.883 39	—	0.008 10	1.272 2	0.903 54	0.685 06	0.643 90	0.599 82	0.113 78	0.108 16	0.106 92
美国	—	1.132 0	0.009 17	1.440 1	1.022 8	0.775 49	0.728 90	0.679 00	0.128 80	0.122 44	0.121 04

资料来源：Composite 4 p.m.ET values on May 16, 2016, from Bloomberg.

5.2.3 套算汇率的其他表达方式

从方便的角度上讲，套算汇率可通过计算一个美式标价汇率与一个欧式标价汇率的乘积来得到，而不必计算两个美式标价或者两个欧式标价的外汇汇率。例如，如将式（5-3）中的 $S(€/\$)$ 替换成 $1/S(\$/€)$，则

$$S(€/£) = S(\$/£) \times S(€/\$) = 1.440\,2 \times 0.883\,3 = 1.272\,1 \tag{5-7}$$

一般地，

$$S(j/k) = S(\$/k) \times S(j/\$) \tag{5-8}$$

对式（5-10）两边都取倒数，可得

$$S(k/j) = S(k/\$) \times S(\$/j) \tag{5-9}$$

注意：在式（5-8）和式（5-9）中，可将 $ 相互约去。

5.2.4 汇率买卖价差

迄今为止的讨论都没有涉及外汇交易的买卖价差问题。银行间的外汇交易商以**买入价**（bid price）购入外汇储备，然后以更高的价格即**卖出价**（offer or ask price）出售外汇储备。在表 5-3 中，路透社的标价是买入价还是卖出价？其实，它们最有可能为中间价，即买入价和卖出价的平均值。为方便讨论并不失一般性，假定单位美元外币价为买入价，单位外币的美元价为卖出价。因此，欧式标价代表的是银行同业间的买入价，美式标价代表的是银行同业间的卖出价。

为了更具体地说明英镑兑美元的标价问题，我们采用一个具体的例子。假设 $S^b(£/\$)=0.694\,4$ 表示买入价，这意味着银行交易商将以 1 美元买入 0.694 4 英镑。但是，如果银行交易商想用英镑来购买美元，那么它必须出售英镑，这说明了以上例子所用到的 $/£ 的标价就是一种卖出标价，将该标价记为 $S^a(\$/£)=1.440\,2$，也就是说银行交易商每出售 1 英镑，将获得 1.440 2 美元。

回到欧式标价与美式标价的倒数关系上，它们之间的买卖价差有如下关系：

$$S^a(\$/£) = 1/S^b(£/\$) \tag{5-10}$$

按照美式标价，银行交易商 1 英镑的卖出价是 1.440 2 美元，这意味着银行交易商只愿意用更低的价格买入英镑。银行间的买卖价差是很小的。假设买入价低于卖出价 0.000 5 美元，那么 $S^b(\$/£)=1.439\,7$。与此类似，欧式标价法下银行交易商希望卖出价高于买入价。欧式标价和美式标价的倒数关系可以表述为

$$S^a(£/\$) = 1/S^b(\$/£) \tag{5-11}$$

$$= \frac{1}{1.439\,7} = 0.694\,6$$

因此，银行交易商 1 美元兑 0.694 6 英镑的卖出价的确比其 0.694 4 英镑的买入价要高。

图 5-3 总结了美式标价与欧式标价下买入价与卖出价之间的倒数关系。

请注意，每一行买入或卖出标价是指买入或卖出分母中的货币，第一行是英镑，第二行是美元。

5.2.5 即期外汇交易

如表 5-3 所示，大部分外汇在美式标价法与欧式标

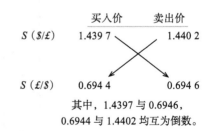

图 5-3 美式标价与欧式标价下买入价与卖出价之间的倒数关系

价法下均采用十进制的四位小数表示。不过，有些货币（如哥伦比亚比索、印度卢比、印度尼西亚卢比等）在欧式标价法下后面只有两位或三位小数，而在美式标价法下则可能有多达七位十进制小数（如韩元）。

在银行同业市场，大银行间主要货币标准化的大额交易金额达 10 000 000 美元或按行话所说的"10 美元"。交易商会报出买入价和卖出价，愿意以所标价格买入或卖出 10 000 000 美元的外汇。即期标价往往只在数秒内有效，如果交易商不能对是否按照所报价位买入或卖出立刻做决定，那么该标价可能很快就会被撤销。

在交谈时，银行同业外汇交易商采用缩写方式以便迅速标价。在上例中，$/£ 的买卖标价为 1.439 7—1.440 2 美元。"1.43"作为买价的主要数字（big figure）被假设为所有交易商知道，而接下来的两位小数则被称为微量数字（small figure）。类似地，"1.44"是作为卖出价的主要数字。由于英镑的即期买入—卖出差价通常都是 5 点左右，所以当问及英镑的标价时，交易商会明确地按"97—02"来标价。

买卖价差的出现方便了货币存货的获得或处置。假设大部分交易商以 1.439 7—1.440 2 美元的价格进行交易。若某交易商认为不久英镑兑美元将升值，那他就可能会大量买入英镑。"98—03"的标价将促使一些交易商以比市场买入价高的价格出售英镑，但比市场卖出价更高的价格也阻止了其他交易商来购买英镑。同理，当按"96—01"标价时，如果交易商认为英镑要贬值，就会减少英镑存货。

零售业买卖价差的幅度要比银行同业间的价差大。也就是说，更低的买入价和更高的卖出价适用于交易额较小的零售业。此外，价差必须能抵补任何层次交易的交易费用。

银行同业交易所通常由那些从事特定货币交易的个体交易商组成，而大银行交易所主要由从事主要货币（日元、欧元、加拿大元、瑞士法郎、英镑）与美元之间交易的交易商组成。如果本地货币不是主要货币，那么还应加上本地货币。这些个体银行也可能专门成立市场，开展区域性货币或欠发达国家货币与美元之间的撮合交易。此外，银行内通常设有汇率套算柜台以开展两种非美元货币之间的交易。通常，从事活跃货币交易的交易商一天会提供多达 1 500 个标价，会开展 400 单交易。[⊖]在一些已经习惯于区域性交易的小型欧洲银行之间，交易商经常采用对欧元的标价来进行交易。

5.2.6 套算汇率的柜台交易

在本章的前面部分，曾经提到过大多数银行同业交易都是通过美元来进行的。假设某位银行客户想把英镑兑换成瑞士法郎。用交易术语来说，此类非美元交易涉及的是一种**货币兑货币**（currency against currency）的交易。银行会经常性地（也是高效地）通过卖出英镑买入美元，再卖出美元买入瑞士法郎的方式为其客户处理此类交易。乍一看，这似乎有些可笑，为什么不直接卖出英镑买入瑞士法郎呢？要回答这个问题，我们先要回顾一下表 5-5 中的套算汇率。假如银行的本币是表中的 11 种货币之一，并与其余 10 种货币构成了一个市场。银行的交易所通常要分 10 个交易柜台，每个柜台处理一种非美元货币兑美元的交易。每个交易商只需要关心他手中的非美元货币与美元的市场情况。但是，如果这 11 种货币中的每一种货币都直接与其他货币进行交易，交易所就需要设置 55 个交易柜台。更糟糕的是，每一交易商将要负责多组货币（欧元兑美元、欧元兑英镑和欧元兑瑞士法郎）的交易撮合，而不再只是欧元兑美元的交易。正如 Grabbe（1996）所说，此做法会加大信息的复杂性，而银行

⊖ 这些数字出自与瑞银集团纽约支行的即期交易柜台经理的讨论。

实际上是很难这样操作的。

银行从事货币兑货币的交易,比如银行客户想要卖出英镑买入瑞士法郎,都可以通过套算汇率柜台来交易。由式(5-8)可知,$S(SF/£)$ 可由 $S(\$/£)$ 和 $S(SF/\$)$ 相乘得到。考虑到交易费用,式(5-8)可重新表述如下:

$$S^b(SF/£) = S^b(\$/£) \times S^b(SF/\$) \tag{5-12}$$

银行可向客户报出用瑞士法郎标价的英镑买入价,该价格可通过将美式标价法下的英镑买入价与欧式标价法下的瑞士法郎(对美元)买入价相乘而得到。

对式(5-12)的两边取倒数,可得

$$S^a(£/SF) = S^a(£/\$) \times S^a(\$/SF) \tag{5-13}$$

式(5-13)与式(5-8)相似。根据此例,式(5-13)给出了银行向顾客所报的以英镑标价的瑞士法郎的卖出价,该价格可通过将欧式标价法下以英镑表示的美元卖出价与美式标价法下的瑞士法郎(对美元)的卖出价相乘而得到。

【例 5-2】套算汇率买卖价差的计算

与前面一样,先假设美元/英镑的买入—卖出价为 1.439 7-1.440 2 美元,英镑/美元的买入—卖出价为 0.694 4-0.694 6 英镑。再假设美元/欧元的买入—卖出价为 1.131 6-1.132 1 美元,欧元/美元的买入—卖出价为 0.883 3-0.883 7 欧元。由这些买入、卖出的标价和式(5-12)可得到:$S^b(€/£) = 1.439\ 7 \times 0.883\ 3 = 1.271\ 7$。由 S^b 的倒数可以得到 $S^a = 0.786\ 3$。类似地,由式(5-13)可得 $S^a(€/£) = 1.440\ 2 \times 0.883\ 7 = 1.272\ 7$,而由它的倒数可以得到 $S^b(£/€) = 0.785\ 7$。也就是说,欧元/英镑的买入—卖出价是 1.271 7-1.272 7 欧元,英镑/欧元的买入—卖出价是 0.785 7-0.786 3 英镑。不难发现,套算汇率的买卖价差要比美式或欧式标价法下的买卖价差大。例如,欧元/英镑的买卖价差为 0.001 0 欧元,而欧元/美元的买卖价差为 0.000 4 欧元;英镑/欧元的买卖价差为 0.000 6 英镑,而美元/欧元的价差为 0.000 5 美元。这种微小的差异是由于 1 英镑的价值差不多相当于 1.4 美元所造成的。这说明套算汇率的买卖价差融合了两种交易的买卖价差,而这对于两种非美元货币之间的兑换是必要的。所以,尽管银行建立起了一个非美元货币之间进行直接交易的市场,但通过美元来进行交易也是有效的,因为这种"货币兑货币"的汇率与通过两种货币兑美元的汇率所计算出来的套算汇率是一致的。图 5-4 给出了有关外汇套算汇率交易的详细情况。

银行标价	美式标价		欧式标价	
	买入价	卖出价	买入价	卖出价
英镑	1.439 7	1.440 2	0.694 4	0.694 6
欧元	1.131 6	1.132 1	0.883 3	0.883 7

1. 银行客户想要卖出 1 000 000 英镑(买入欧元)。银行将按 1.439 7 的汇率卖出美元(买入英镑)。银行客户可得:1 000 000 英镑 × 1.439 7 = 1 439 700 美元。

银行将按 0.883 3 的汇率买入美元(卖出欧元),这样,客户可得:1 439 700 美元 × 0.883 3 = 1 271 687 欧元。

银行客户实际上按英镑兑欧元 1 271 687 欧元/1 000 000 英镑 = 1.271 7 欧元/1.00 英镑的价格卖出了英镑。

2. 银行客户想要卖出 1 000 000 欧元(买入英镑)。银行将以 0.883 7 的汇率卖出美元(买入欧元),这样,银行客户可得:1 000 000 欧元 ÷ 0.883 7 = 1 131 606 美元。

银行将以 1.440 2 的汇率买入美元(卖出英镑),这样,客户可得:1 131 606 美元 ÷ 1.440 2 = 785 728 英镑。

银行客户实际上按欧元兑英镑 1 000 000 欧元/785 728 英镑 = 1.272 7 欧元/1.00 英镑的价格买入了英镑。

从上述两部分可以看出,对英镑而言外汇兑外汇的买卖价差是 1.271 7-1.272 7 欧元。

图 5-4 套算汇率下的外汇交易

5.2.7 三角套利

某些银行专门从事非美元外汇间的直接做市交易,其买卖价差比套算汇率价差要小。不过,其隐含的套算汇率买卖标价对从事非美元交易的做市商构成了压力。如果其直接标价与套算汇率不一致,那么就有可能产生三角套利利润。⊖**三角套利**(triangular arbitrage)是指先将美元兑换成一种货币,再将该货币兑换成第三种货币,最后将第三种货币兑换成美元的过程。三角套利的目的是只要当第二种货币与第三种货币的直接汇率与套算汇率不一致时,就可以通过与这两种货币的交易来赚取利润。

【例5-3】三角套利机会的利用

为了阐明三角套利问题,假设德意志银行的套算汇率交易商发现里昂信贷银行正以 $S^b(€/\$)=0.883\ 3$ 的价格买入美元,与德意志银行的买入价相同,而巴克莱银行正以 $S^b(\$/£)=1.439\ 7$ 的价格出售美元,这也与德意志银行相同。紧接着,他还发现农业信贷银行正以 $S^a(€/£)=1.271\ 2$ 的卖出价在欧元与英镑的直接市场上进行交易。由套算汇率公式(5-12)可得出,欧元/英镑的买入价不应该低于 $S^b(€/£)=1.439\ 7×0.883\ 3=1.271\ 7$,而目前农业信贷银行正以 1.271 2 的汇率在卖出英镑!

如果德意志银行交易商的反应足够快,那么就可以获取三角套利的利润。出售 5 000 000 美元给里昂信贷银行,可兑换到 4 416 500 欧元(=5 000 000 美元 ×0.883 3),再把 4 416 500 欧元卖给农业信贷银行,可兑换成 3 474 276 英镑(=4 416 500 欧元/1.271 2)。同样,再将这些英镑卖给巴克莱银行,可兑换到 5 001 915 美元(=3 474 276 英镑 ×1.439 7),最终获取了 1 915 美元的三角套利利润。图 5-5 总结了本例中三角套利的过程。

显然,农业信贷银行必须提高它的卖出价,使之超过 €1.271 2/£1.00。如图 5-4 中的套算汇率给出了欧元/英镑的买入—卖出价为 1.271 7-1.272 7 欧元。由此可知,农业信贷银行可以在这一价格区间进行交易,也可以以低于 1.272 7 欧元的价格出售,但是不能低于 1.271 7 欧元。例如,如果卖出价为 1.272 0 欧元,那么三角套利利润将会减少。按此价格,4 416 500 欧元出售后可得 3 472 091 英镑(=4 416 500 欧元/1.272 0),结果仅能得到 4 998 769 美元(=3 472 091 英镑 ×1.439 7),也就是说损失了 1 231 美元。在当今应用高科技的外汇市场上,全球各地的众多外汇交易所开发了一种可以接受 ICAP 电子经纪系统的实时外汇价格数据信号的内部软件,以便寻找三角套利机会。就在几年前,在开发出计算机交易系统前,外汇市场还被看作是非常有效的,是不会产生三角套利利润的!

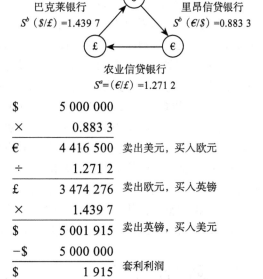

$S^a(€/£)$ 必须大于或等于无套利标价以免存在三角套利的机会。这里,$S^b(\$/£)=S^b(€/\$)×S^b(€/£)=1.439\ 7×0.883\ 3=1.271\ 7$。

图 5-5 三角套利的过程

⊖ 套利交易属于既无风险也不需要投资且能保证获利的策略。

5.2.8 即期外汇市场的微观机构

市场的微观结构指的是市场运作的基本机制。最近 5 项关于外汇市场微观结构的实证研究都说明了即期外汇市场的运行。Huang 和 Masulis（1999）研究了 1992 年 10 月 1 日至 1993 年 9 月 29 日期间美元与德国马克的即期外汇汇率。他们通过研究发现，即期外汇市场的买卖价差随着外汇汇率波动程度的上升而增加，并随着交易商竞争的加剧而下降。这些结果与市场微观结构的模型相一致。他们还发现，当市场中大交易商的比重增加时，买卖价差会减少。这两位学者总结认为，交易商之间的竞争是即期外汇买卖价差的一个重要决定因素。

Lyons（1998）跟踪研究了纽约一家大型银行交易商在 5 个交易日内德国马克兑美元的交易活动情况。在研究期间，该交易商获利颇丰，平均每天能从 10 亿美元的交易量中获取 10 万美元的利润。里昂将所有的交易划分为两类：投机性交易与非投机性交易，即交易方充当了零售客户的金融中介。他发现，交易商的利润主要来自他作为中介的角色。这一点很重要，因为投机交易对所有的交易商而言是一个零和游戏，而且从长期来看任何一个交易商不可能拥有完全的优势。更有意思的是，里昂发现这名交易商进行非投机交易时，他每次持有头寸的时间只有 10 分钟！也就是说，该交易商一般可以在 20 分钟内完成非投机性交易，实现掉汇。

Ito，Lyons 和 Melvin（1998）研究了内幕消息在即期外汇市场中的作用。他们观察了 1994 年 9 月 29 日至 1995 年 3 月 28 日日元兑美元和德国马克兑美元的汇率。研究结果表明，以下传统观点并不成立：既然所有的市场参与者都拥有相同的公开信息，所以内幕消息与外汇汇率无关。他们的证据来自东京外汇市场，在 1994 年 12 月 21 日以前，该市场在中午 12 点到下午 1 点 30 分的午饭时间是不营业的。在 1994 年 12 月 21 日后，午饭时间的即期汇率方差与之前不营业时期相比增加。这一情况在美元兑日元和美元兑马克的交易中都存在，而且，正如所预期的那样，日元兑美元的方差更大一些，因为东京外汇市场上日元兑美元的交易更频繁。Ito，Lyons 和 Melvin 分析了其中的原因，即内幕消息在午饭时间被泄露了。这表明，内幕消息实际上是影响即期汇率的重要因素。

Cheung 和 Chinn（2001）进行了一项关于美国外汇交易商的调查，并收回 142 份有效调查问卷。调查的目的是为了取得关于汇率动态变化方面一些不太容易观察到的信息。他们尤其关注交易商对新闻事件（宏观经济变量的变化）的感觉，因为它们能引起汇率的波动。调查中，这些交易商对关于失业、贸易逆差、通货膨胀、GDP 和联邦储备金率的大量经济调整公告在一分钟之内就会有所反应。事实上，"大约 1/3 的被调查者声称在 10 秒内就可能发生完全的价格调整"！他们还发现，中央银行的干预似乎对汇率没有实质性影响，但是却提高了市场的波动性。Dominguez（1998）也证实了后面这一观点。

5.3 远期外汇市场

与即期交易相联系的是远期外汇市场。**远期外汇市场**（forward market）涉及为了在未来买入或卖出外汇而在现在签订合约。远期价格虽有可能与即期价格相同，但通常会比即期价格高一些（溢价）或者低一些（折价）。远期外汇汇率可按多种主要货币标价，而且有各种到期时间。银行常常以到期期限为 1 个月、3 个月、6 个月、9 个月或 12 个月的合约进行标价。也有到期期限不标准或不完整的合约。现在，超过 1 年期的合约变得越来越频繁，而且对于信誉良好的银行客户，把到期期限延长到 5 年、10 年甚至 30 年之久也是可能的。

5.3.1 远期汇率标价

要学习如何读懂远期汇率标价，先看一下表 5-3。不难发现，图中 5 种主要货币（英镑、加拿大元、日元、瑞士法郎与欧元）的即期汇率标价下直接给出了远期汇率标价，到期期限分别为 1 个月、3 个月和 6 个月。例如，3 个月期远期交易的结算日是该货币即期结算日后的 3 个日历月。也就是说，如果今天是 2016 年 5 月 16 日（周一），那么即期结算日为 5 月 18 日，远期结算日就是 2016 年 8 月 18 日，自 5 月 18 日起的期限为 92 天。

本书中，我们将用如下符号来表示远期汇率标价。一般地，$F_N(j/k)$ 表示 N 个月后交割的 1 单位 K 货币的 J 货币价格。N 等于 1，代表基于一年为 360 天的一份 1 个月期的远期合约。这样，N 等于 3，表示一份 3 个月期的远期合约。在上下文明确的情况下，可以简单地用 F 代表远期汇率。

远期汇率标价可以采用直接标价，也可以采用间接标价，两者是倒数关系。从美国的角度来看，直接的远期汇率标价是一种美式标价。例如，思考一下 2016 年 5 月 16 日（星期一）美元兑瑞士法郎的远期标价和即期标价的关系，我们可以看到：

$S(\$/SF) = 1.022\,9$

$F_1(\$/SF) = 1.024\,2$

$F_3(\$/SF) = 1.027\,0$

$F_6(\$/SF) = 1.031\,8$

从以上标价中我们可以看到，美式标价法下瑞士法郎兑美元的交易价格存在一个溢价，而且溢价从 5 月 16 日起随着远期合约到期期限的增加而增加。正如我们在下一章要正式了解的那样，在一定的条件下，未来 N 个月的远期汇率是即期汇率期望的无偏预测。⊖ 所以，根据远期汇率，在美式标价法下，当瑞士法郎兑美元发生溢价交易时，市场预期美元兑瑞士法郎会**贬值**（depreciate），即价值变小。这样，就得花较多的美元来购买远期瑞士法郎。

欧式远期标价是美式标价的倒数。在欧式标价法下，上述各期限的瑞士法郎远期标价分别为

$S(SF/\$) = 0.977\,6$

$F_1(SF/\$) = 0.976\,4$

$F_3(SF/\$) = 0.973\,7$

$F_6(SF/\$) = 0.969\,2$

从以上标价中我们发现，欧式标价法下美元兑瑞士法郎的交易价格存在折价，远期合约到期日离 5 月 16 日越远，折价就越大。因此，根据远期汇率，在欧式标价法下，当美元兑瑞士法郎发生折价交易时，市场就会预期瑞士法郎兑美元将会**升值**（appreciate），即价值增加。所以，就可以用较少的瑞士法郎购买到 1 个远期美元。这与我们的预期完全吻合，因为欧式标价是美式标价的倒数。

5.3.2 远期多头与空头

我们可以买入（持有多头）或者卖出（持有空头）远期外汇合约。银行客户可以与国际

⊖ 远期汇率是假定风险呈中性条件下关于预期即期汇率的无偏估计。

银行签订合约，在某个特定日期自由买入或者卖出一笔特定数量的外汇。同样地，银行同业交易商可以与竞争银行的交易商相交易，从而建立多头或空头头寸。图 5-6 给出了美式标价法下 3 个月期瑞士法郎远期合约的多头与空头情况，其中的数据取自表 5-3 中 2016 年 5 月 16 日（星期一）的美式标价。图 5-6 中，纵轴表示盈亏情况，横轴 S_3（\$/SF）表示远期合约到期日的即期外汇价格。如果交易商进行远期合约交易，那么远期外汇的买入或者卖出价格都已经在合约中得到锁定。无论远期合约到期日的即期价格是多少，交易商可以按 F_3（\$/SF）=1.027 0 的价格买入（多头方）或者卖出（空头方）外汇。如【例 5-4】所示，远期合约还可以用于投机交易。

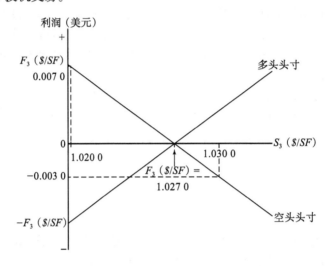

图 5-6　3 个月期瑞士法郎合约的多头与空头曲线

5.3.3　无本金交割远期合约

鉴于政府制定的资本管制措施，一些新兴市场国家的货币不可自由交易，因此无法在离岸即期市场上获取这些货币以结算远期头寸。不过，对于许多这些货币而言，如中国的人民币和俄罗斯的卢布，可以采用无本金交割远期合约（NDF）。无本金交割远期合约采用现金（通常为美元）进行结算，结算金额为合约到期日的即期汇率与无本金交割远期汇率之间的差额乘上合约的名义金额。例如，假定无本金交割远期合约到期日的即期汇率 S（\$/CNY）=0.165 3，那么对于持有的名义金额为人民币 12 000 000 元多头头寸且远期汇率为 F（\$/CNY）=0.165 8 的 NDF 合约，该多头头寸持有者可收取 6 000 美元（=（0.165 8-0.165 3）×12 000 000 元）。这里，合约的即期价值为 1 989 600 美元（=12 000 000 元 ×0.165 8），而远期要支付的金额为 1 983 600 美元（=12 000 000 元 ×0.165 3），差额总值为 6 000 美元。

5.3.4　远期套算汇率

远期套算汇率的标价可以按类似于即期套算汇率的方法进行计算，因此没必要给出具体的例子。一般地

$$F_N(j/k) = F_N(\$/k) / F_N(\$/j) \tag{5-14}$$

或

$$F_N(j/k) = F_N(j/\$) / F_N(k/\$) \tag{5-15}$$

以及

$$F_N(k/j) = F_N(\$/j)/F_N(\$/k) \quad (5\text{-}16)$$

或

$$F_N(k/j) = F_N(k/\$)/F_N(j/\$) \quad (5\text{-}17)$$

例如，利用表 5-3 中的远期报价等式，采用美式标价（式（5-15））的 3 个月期澳大利亚元兑瑞士法郎的套算汇率为

$$F_3(AD/SF) = F_3(\$/SF)/F_3(\$/AD) = \frac{1.027\,0}{0.726\,4} = 1.413\,8$$

采用欧式标价（式（5-15））的 3 个月期澳大利亚元兑瑞士法郎的套算汇率为

$$F_3(AD/SF) = F_3(AD/\$)/F_3(SF/\$) = 1.376\,7/0.973\,7 = 1.413\,9$$

这与结果 1.413 8 有出入，原因在于取值时采用了四舍五入的方法。

【例 5-4】投机性的远期合约头寸

2016 年 5 月 16 日，假设一位从事瑞士法郎与美元交易的交易商从银行的首席经济学家处了解到经济预测情况，使他从而相信在未来的 3 个月里美元将会升值。如果该交易商决定按此消息行事，他会对一份 3 个月期的瑞士法郎兑美元的远期合约进行空头操作。假设他卖出 5 000 000 瑞士法郎并买入美元。假设该预测是正确的，而且在 2016 年 8 月 16 日，瑞士法郎兑美元的即期交易价格为 1.020 0 美元。该交易商可以以即期 1.020 0 美元的价格买入瑞士法郎，并按远期合约 1.027 0 美元的价格卖出。如图 5-6 所示，该交易商获取投机性利润为每单位 0.007 0 美元（=1.027 0 美元 -1.020 0 美元），这笔交易的总利润为 35 000 美元（=5 000 000 瑞士法郎 ×0.007 0 美元 / 瑞士法郎）。如果美元跌价，且 S_3=1.030 0 美元，则投机商的单位损失为 -0.003 0 美元（=1.027 0 美元 -1.030 0 美元），总损失达到 -15 000 美元 =（5 000 000 瑞士法郎）×（-0.003 0 美元 / 瑞士法郎）。

5.3.5　远期升水

通常，远期汇率的升水或贴水可被理解为是对即期汇率的年度偏离率。远期升水（或贴水）在比较两国的利率差异时是很有用的。这在第 6 章国际平价关系中会更清晰地加以说明。**远期升水**（forward premium）或者**贴水**（discount）在美式标价法或欧式标价法下都可以进行计算。

【例 5-5】远期升水 / 贴水的计算

在美式标价法下，计算货币 j 的远期升水或贴水的公式为

$$f_{N,j} = [F_N(\$/j) - S(\$/j)]/S(\$/j) \times 360/\text{天数} \quad (5\text{-}18)$$

当上下文意思明确时，远期升水可简记为 f。

例如，我们用表 5-3 中 5 月 16 日的标价来计算 3 个月期日元兑美元的远期升水或贴水情况。计算如下：

$$f_{3,¥} = (0.009\,198 - 0.009\,172)/0.009\,172 \times 360/92 = 0.011\,1$$

可以看到 3 个月期的远期升水是 0.011 1 或 1.11%。也就是说，日元兑美元的交易在 92 天后交割发生 1.11% 的升水。

在欧式标价法下，日元兑美元的远期升水或贴水可计算如下：

$$f_{N,\$}=[F_N(j/\$)-S(j/\$)]/S(j/\$)\times 360/\text{天数} \qquad (5\text{-}19)$$

在欧式标价法下，可用表 5-3 中 5 月 16 日的标价来计算 3 个月期日元兑美元的远期升水或贴水情况：

$$f_{3,\$}=(108.72-109.03)/109.03\times 360/92=-0.011\ 1$$

可以看到 3 个月期的远期贴水是 −0.011 1 或 −1.11%。也就是说，美元兑日元的交易在 92 天后交割发生 1.11% 的贴水。

5.3.6 互换交易

远期互换交易可以分为直接交易和互换交易。在外汇交易时，银行交易商的确会在所交易的币种中持有投机性头寸，但是他们更多的是利用交易来抵消外汇风险敞口。从银行的观点来看，**直接远期交易**（outright forward transaction）是一种非抵补的外汇投机头寸，尽管某种程度上对作为交易另一方的银行客户来说是对外汇的套期保值。**互换交易**（swap transactions）给银行提供了一种可以缓和外汇远期交易风险的途径。互换交易就是在买入（或卖出）远期外汇的同时，卖出（或买入）大约等量的即期外汇。

互换交易大约占银行同业外汇交易的 50%，而直接交易占 15%（见表 5-2）。在《多德—弗兰克法案》下，远期互换交易和直接远期交易作为互换而不受该法案的监管。因为银行同业间的远期交易经常是互换交易的一个过程，因此银行交易商在交流时采用了一种简便的概念——"远期点数"，即在即期买入价或卖出价的基础上增加或者减去这些点数，得到远期买入价或卖出价（参见例 5-6）。

【例 5-6】远期点数标价

假设瑞士法郎 / 美元（SF/$）的即期买入—卖出汇率为 SF0.977 6–0.977 9。参考这些汇率，远期价格见表 5-6。

当一对远期点数中第二个数小于第一个数时，交易商"知道"应从即期的买入价和卖出价中减去远期点数，就可得到直接远期汇率。例如，即期买入价 SF0.977 6 减去 0.001 2（或 12 点）得到 SF0.976 4，这就是 1 个月的远期买入价；即期卖出价 SF0.977 9 减去 0.001 0（或 10 点）得到 SF0.976 9，这就是 1 个月的远期卖出价。类似地，3 个月的直接远期买入—卖出汇率是 SF0.973 7–0.974 4；6 个月的直接远期买入—卖出汇率是 SF0.969 2–0.970 1。[⊖] 表 5-7 总结了以上的计算结果。

表 5-6 参考汇率后的远期价格

即期	0.977 6–0.977 9
1 个月	12–10
3 个月	39–35
6 个月	84–78

表 5-7 计算结果

即期		0.977 6–0.977 9
	远期点数标价	直接远期标价
1 个月	12–10	0.976 4–0.976 9
3 个月	39–35	0.973 7–0.974 4
6 个月	84–78	0.969 2–0.970 1

关于直接价格有三个方面应引起注意。首先，瑞士法郎兑美元的交易存在远期贴水。其次，所有的买入价都是低于相应的卖出价，因为只有这样交易商才愿意做市。最后，最具代表性的是买卖价差随着到期期限的增加而增加。因为要从即期价格中减去远期点数，故这三

⊖ 如果 1 个月期的远期点数是 12/12，那么做市商必须更谨慎地判断是在即期价格上加上还是减去远期点数。如果要减去该点数，那么电子交易系统会把远期点数表示为 -12/-12。

种情况存立。作为检验，即期买卖价差用点数表示为3点，1个月期买卖价差为5点，3个月期买卖价差为7点，6个月期买卖价差为9点。

如果远期价格交易相比于即期价格存在升水，那么一对远期点数中第二个数应大于第一个数，这样，交易商知道要得到直接的远期买入—卖出汇率，就要在即期买入—卖出价上加上该点数。例如，如果调换一下3个月和6个月的点数分别为5-9和13-19，那么相应的3个月期和6个月期的买入—卖出汇率分别是SF0.978 1-SF0.978 8和SF0.978 9-SF0.979 8。如果用点数来表示，那么3个月期和6个月期的买入—卖出价差分别是7和9，即随着到期期限的增加而增加。

表5-8给出了2016年5月16日即期与远期欧元的点数标价。远期点数标价欧元的到期日从1周到30年不等。不难发现，每一组标价的卖价点数均大于买价点数，所以要将点数加到即期汇率上。2年期远期点数为351.61（买价）与357.61（卖价）。如果即期汇率为1.133 0-1.133 2，那么2年期直接远期报价为1.168 161-1.168 961。

表5-8 美式标价下即期与远期欧元的点数标价

	买入价	卖出价
即期	1.133 0	1.133 2
期限	远期	点数
1周期 FWD	2.20	2.30
2周期 FWD	4.49	4.59
3周期 FWD	6.63	6.99
1个月期 FWD	10.60	10.85
2个月期 FWD	21.25	21.47
3个月期 FWD	31.74	32.54
4个月期 FWD	43.02	43.78
5个月期 FWD	56.25	56.50
6个月期 FWD	67.97	69.02
7个月期 FWD	80.63	81.73
8个月期 FWD	96.66	98.31
9个月期 FWD	111.80	113.30
10个月期 FWD	123.63	125.88
11个月期 FWD	139.38	141.18
1年期 FWD	153.70	155.70
2年期 FWD	351.61	357.61
5年期 FWD	1 054.50	1 074.50
10年期 FWD	2 030.00	2 075.00
15年期 FWD	2 745.00	2 845.00
20年期 FWD	3 531.00	3 681.00
30年期 FWD	5 259.40	5 277.40

资料来源：www.fxstreet.com，May 16, 2016.

用远期点数来标价远期汇率显得比较方便，这主要出于两个原因。首先，即使即期汇率波动频繁，远期点数却可以长期保持稳定。其次，在交易商试图最小化货币风险的互换交易中，实际的即期汇率和直接汇率通常是没有必然联系的，重要的是用远期点数表示升水和贴水的不同。为了阐明此问题,假设某银行客户想要卖出远期 3 个月的美元来买入瑞士法郎。银行可以为客户处理此交易,同时通过即期卖出(借入)美元买入瑞士法郎来消除风险。银行再将瑞士法郎贷出 3 个月,直到已经购买的买入瑞士法郎的远期合约到期需要瑞士法郎交割为止。所收到的美元可用来偿还美元贷款。在此交易中隐含着的是,美元借入利率和瑞士法郎贷出利率之间存在差异。这种利率差异用远期点数表示就是远期升水或贴水。通常,当外币利率比标价货币的利率高时,直接远期汇率将低于即期汇率,反之亦然。这一问题在下一章国际平价关系中将做更加清楚的讨论。在第 6 章中,美式标价下远期升水 $(F-S)/S \approx i_\$ - i_f$,即美元与外币之间的利率差异。

正如即期市场的情况一样,远期零售市场的买卖价差要大于银行之间的买卖价差。除了买卖价差之外,银行通常要求其零售客户有一个回报差且足以抵补银行提供远期外汇交易及其他服务的成本。

在全球金融危机爆发期间,场外衍生品(一般称为"互换")市场所遇到的问题尤其突出。对此,政府制定了旨在增强金融市场交易稳定性的新的监管规定。该监管规定包括建立一个中央结算对手方,用以为交易双方提供保证。不过,在 2012 年 11 月 16 日,美国财政部长根据修订的《多德—弗兰克法案》,免除了对《商品交易法案》(Commodity Exchange Act,CEA)下外汇互换交易和外汇远期合约的监管。显然,美国财政部长关心的是让规模巨大的远期市场遵循 CEA 的集中清算和交易要求所产生的影响,毕竟这种集中清算和交易需要巨大的资金支持,而且规模远远超过其他任何类型的衍生品市场。

5.4 交易所交易货币基金

交易所交易货币基金(ETF)是指代表其所有权份额的股份可在交易所上市交易的金融资产组合。近年来,交易所交易基金作为对众多股票市场指数的投资而得以被创造出来。类似于共同基金,交易所交易基金给小型投资者提供了投资于金融资产组合的机会,而这种机会对单个投资者而言往往是难以利用的。2005 年,一家叫 Guggenheim Investments 的投资公司首次发行了基于欧元共同货币的交易所交易基金——欧元货币信托基金。该基金是面向那些期望持有能跟踪欧元的美元价格的金融资产头寸的机构投资者和零售投资者而设计的。在取得投资者的美元后,该信托基金购入欧元,分存于两个账户,其中一个赚取利息。Guggenheim Investments 共发行了 50 000 份基金,每份面值为 100 欧元。基金股份按美元标价可在纽约证券交易所买卖。每份基金的价格等于 100 欧元的即期美元价值,加上累计利息,再减去费用。自那以来,Guggenheim Investments 按澳大利亚元、英国英镑、加拿大元、中国人民币元、日元、新加坡元、瑞典克朗和瑞士法郎创建了另外 8 只信托基金。2016 年 5 月,全部 9 只货币基金的净值超过 10 亿美元。目前,货币基金已经发展成为类似于股票和债券的重要资产类别,而 Guggenheim Investments 创建的货币信托基金方便了投资者对相关 9 种货币的投资。

本章小结

本章对外汇市场做了介绍。广义而言,外汇交易市场涉及货币间购买力的转换、银行的外汇储备、以外币标价的信用延期、对外贸易融资以及外汇期权与期货合约的交易等。本章仅讨论即期外汇市场和远期外汇市场,其他议题在后面的章节中再做讨论。

1. 外汇市场是世界上最大、最活跃的金融市场。全年任何一天,任何时刻,总有某个外汇市场在营业。2016年,日均即期与远期外汇交易额达到4.74万亿美元。
2. 外汇市场可分为两个层次:零售或客户市场和批发或银行同业市场。零售市场是指国际性银行为那些因进行国际贸易或国际金融资产交易而需要外汇的客户提供服务的市场。绝大部分外汇交易发生在银行同业市场,目的是调整外汇存货头寸或进行投机及套利操作。
3. 外汇市场的参与者包括国际银行、银行客户、非银行的外汇交易商、外汇经纪人和中央银行。
4. 在即期外汇市场上,外汇的买卖几乎是瞬间完成的。在本章中,引入了定义即期汇率标价的符号。此外,还确定了套算汇率的概念。非美元外汇之间的交易必须满足由套算公式决定的买卖价差,或者说要存在三角套利的机会。
5. 在远期市场上,买卖双方目前就商定好在未来某个时间买卖外汇的一个远期价格。这里引入了表示远期汇率标价的符号。运用远期点数这一简便方法来表示基于即期汇率标价的远期汇率标价。此外,还引入了远期升水的概念。
6. 交易所交易的货币基金是方便机构投资者和普通投资者取得9种主要货币头寸的投资工具。

本章拓展

第6章

国际平价关系与汇率预测

本章提纲

利率平价 关键词
购买力平价 思考题
费雪效应 计算题
汇率预测 小型案例：土耳其里拉与购买力平价
本章小结 参考文献与建议阅读材料
本章拓展 附录 6A 购买力平价与汇率决定

对公司及投资者而言，熟知影响汇率变化的因素很重要，因为这些因素的变化会影响其投资和筹资机会。因此，本章将论述一些对于国际财务管理具有重大意义的主要国际平价关系，如利率平价和购买力平价。实际上，其中有些体现了套利均衡中的一价定律。[⊖]掌握这些平价关系有助于理解：①汇率是如何决定的；②如何预测汇率。

既然**套利**（arbitrage）在后面的讨论中至关重要，那么我们就应先给它下个定义。套利是指为了获得一定的收益，同时买进和卖出相同或具有相等价值的资产或商品的行为。只要存在套利机会，市场就不可能处于均衡状态。只有不存在套利机会时，才能说市场是均衡的。像利率平价和购买力平价这些众所周知的平价关系，其实是产生套利均衡的条件。让我们先来讨论利率平价。

6.1 利率平价

利率平价（interest rate parity，IRP）是国际金融市场处于均衡状态时产生套利的必要条

⊖ 所谓一价定律是指相同的或等值的商品以相同的价格在不同的地点或者市场之间进行交易。一价定律排除了有利可图的套利机会。不难发现，金融方面的许多均衡定价关系是建立在一价定律基础上的，即两个价值相等的商品必须等价销售。

件。假设你用 1 美元投资一年，现有两种投资方式可供选择：①以美国利率在美国国内进行投资；②以国外利率在国外进行投资，如在英国，然后根据远期汇率卖出投资项目的到期值，并以此来对外汇风险进行套期保值。这里假设仅考虑无风险投资。

如果你将 1 美元以美国利率（$i_\$$）投资于美国国内，则到期值为 1（$1+i_\$$）美元。假设投资的是无风险资产，如美国国库券，那么以美元投资的未来到期值是确定的。

另一方面，若投资于英国并进行以下交易：
（1）按即期汇率将 1 美元兑换成某个数额的英镑，即 £（1/S）⊖。
（2）将英镑以英国利率（$i_£$）进行投资，到期值为 £（1/S）（$1+i_£$）。
（3）将英国投资的到期值按远期汇率售出，获得预定的美元，即 $ [（1/S）（$1+i_£$）] F，其中 F 是远期汇率。

请注意，汇率 S 或 F 是指 1 单位的外币所能兑换的美元数。在上述例子中，是指 1 单位英镑所能兑换的美元数。一年后，当你在英国的投资到期时，可获得 £（1/S）（$1+i_£$）的全额到期值。但由于你要按远期合约将全部英镑进行交割，所以所持有的英镑净头寸减至零。也就是说，外汇风险已被完全套期保值了。既然投资于美国的收益能预先确定，那么投资于英国并辅之以远期套期保值就可以完全替代美国的国内投资。因为你已通过远期合约将外汇风险套期保值，并成功地将在英国的投资兑换成了美元。在英国投资的"实际"美元利率为

$$\frac{F}{S}(1+i_£)-1$$

要想实现套利均衡，两种等价投资所产生的未来美元收益（或者也可以说，美元利率）必须相等，即

$$(1+i_\$)=\frac{F}{S}(1+i_£)$$

或

$$F=S\left[\frac{1+i_\$}{1+i_£}\right] \tag{6-1}$$

这就是利率平价的正式表达式。从式（6-1）的推导过程中可以清楚地得知，利率平价是应用国际货币市场工具所遵循的**一价定律**（law of one price，LOP）的表现形式。早在 19 世纪末，货币交易者就知晓了利率平价说，但直到 20 世纪 20 年代，通过约翰 M.凯恩斯及其他一些经济学家的著作，这一学说才为大众所知。⊖

此外，利率平价也可以通过构造一个**套利组合**（arbitrage portfolio）推导而得，这一组合必须同时满足两个条件：①无净投资；②无风险，且要求在均衡时该组合净现金流量为零。这一套利组合由以下三个独立的步骤构成：
（1）在美国借入 S 美元，在即期汇率（S）下，正好可以兑换成 1 英镑。
（2）按英国利率将 1 英镑借出。
（3）在远期市场上将在英国投资的到期值售出。

⊖ 为了简化标注，我们删除了汇率符号 S 和 F 中的货币下标。如果汇率 S 或 F 表示单位美元的外国货币数量，那么利率平价公式为：（$1+i_\$$）=（S/F）（$1+i_£$）。

⊖ 一般认为，关于利率平价的系统表述出自凯恩斯的《货币改革》（1924）。

表 6-1 汇总了投资于套利组合后，现在和未来（到期日）的现金流量，即 CF_0 和 CF_1。

表 6-1 某个套利组合的美元现金流量

交易	CF_0	CF_1
1. 在美国借入	S 美元	$-S(1+i_\$)$
2. 在英国借出	$-S$ 美元	$S_1(1+i_£)$
3. 在远期市场卖出应收英镑①	0	$(1+i_£)(F-S_1)$
净现金流量	0	$(1+i_£)F-(1+i_\$)S$

① 此时在远期市场上卖出应收英镑不会带来任何现金流量，即 $CF_0=0$。但在到期日售出，卖方将得到每英镑 $(F-S_1)$ 美元的收益。S_1 是指未来即期汇率。

表 6-1 中有两点值得我们注意：第一，投资时的净现金流量为零。因此，这一套利组合只能自我筹资，它不可能花费任何资金去获取套利组合。第二，到期日的现金流量是确定的。这是因为与净现金流有关的变量 S、F、$i_\$$ 和 $i_£$ 都是确定的。由于所有交易者都无法从该套利组合中获利，因此市场均衡要求该套利组合于到期日所发生的净现金流为零，即

$$(1+i_£)F-(1+i_\$)S=0 \quad (6-2)$$

上式经过简单的变换即为式（6-1）。

利率平价有时还可近似表示成以下形式：

$$(i_\$-i_£)=\left[\frac{F-S}{S}\right](1+i_£) \approx \left[\frac{F-S}{S}\right] \quad (6-3)$$

由式（6-1）可知，利率平价把两个不同国家的利率联系起来。而且，当美元远期贴水，即 $F>S$ 时，美国的利率水平将高于英国的利率水平。前面讲过，汇率 S 和 F 是指 1 单位的外币所能表示的美元数。当美元远期贴水时，也就意味着美元预期将对英镑贬值。如果这样，美国的利率水平就应高于英国的利率水平以补偿美元的预期贬值。否则，就没有人会持有美元有价证券了。反之，当美元远期升水，即 $F<S$ 时，美国的利率水平将低于英国的利率水平。式（6-1）表明只要两个国家的利率不相等时，远期汇率就会偏离即期汇率。⊖

当利率平价存在时，在美国或在英国投资做远期对冲并没有区别。然而当利率平价被打破时，你将会选择其中一个。当 $(1+i_\$)$ 大于（小于）$(F/S)(1+i_£)$ 时，你更倾向于在美国（英国）投资。另一方面，当你需要贷款时，会选择在美元利率低的地方贷款。当利率平价不存在时，还会产生**抵补套利**（covered interest arbitrage）的机会。

6.1.1 抵补套利

为了解释抵补套利的过程，最好用带数字计算的例题进行说明。

【例 6-1】假设美国的年利率为 5%，英国的年利率为 8%，即期汇率为 1.80 美元/英镑，1 年期的远期汇率为 1.78 美元/英镑。在这里，我们分别把它们记为：$i_\$=5\%$，$i_£=8\%$，$S=1.80$ 美元/英镑，$F=1.78$ 美元/英镑。假设套利者能借到 1 000 000 美元或 555 556 英镑（以即期汇率兑换即为 1 000 000 美元）。

首先，我们检验利率平价在当前的市场条件下是否成立。把已知数据代入，则

⊖ 为了确定是否存在套利机会，需要采用精确的利率平价公式，而不是采用近似公式。

$$\left[\frac{F}{S}\right](1+i_£) \approx \frac{1.78}{1.80} \times 1.08 = 1.068$$

与 $(1+i_\$)=1.05$ 并不相等。而且，在当前市场条件下我们可以发现

$$(1+i_\$) < \left[\frac{F}{S}\right](1+i_£) \tag{6-4}$$

显然，利率平价不成立，因而存在套利机会。既然美国的利率较低，那么套利交易应从美国借入资金，在英国借出。

套利者将进行以下交易：

（1）在美国借入 1 000 000 美元。一年后将归还 1 050 000 美元 =1 000 000 美元 ×1.05。

（2）把所借入的 1 000 000 美元在即期市场上兑换成 555 556 英镑。

（3）在英国市场上投资 555 556 英镑，到期值为 600 000 英镑 =555 556 英镑 ×1.08。

（4）在远期市场上卖出 600 000 英镑，得到 1 068 000 美元 =（600 000 英镑 ×1.78 美元 / 英镑）。

当一年后到期时，套利者将获得英国投资的到期值 600 000 英镑，然后按远期合约将这些英镑进行交割，获得 1 068 000 美元，归还美元贷款的本息 1 050 000 美元之后，套利者账户中仍留有 18 000 美元（1 068 000 美元 −1 050 000 美元），即为套利利润。在此次获利过程中，套利者既未从口袋里掏出一分钱也未承担任何风险。他确实做到了"抵补套利"，即在以一种利率贷入的同时，以另一种利率借出，并通过远期对冲来规避外汇风险。⊖表 6-2 概括了抵补套利的过程。

表 6-2 抵补套利的现金流量分析

交易	CF_0	CF_1
1. 借入 1 000 000 美元	1 000 000 美元	−1 050 000 美元
2. 在即期市场上买入英镑	−1 000 000 美元	
	555 556 英镑	
3. 借出 555 556 英镑	−555 556 英镑	600 000 英镑
4. 在远期市场上卖出 600 000 英镑		−600 000 英镑
		1 068 000 美元
净现金流量	0	18 000 美元

这种套利机会能维持多长时间呢？答案很简单：很短暂。只要利率平价发生偏离，消息灵通的交易者们就会马上进行抵补套利。由于这些套利行为，利率平价很快就会重新建立。为了更好地理解这一点，我们再回到之前引起抵补套利的那个例题。由于每个交易者都将进行以下交易：①在美国借入尽可能多的贷款；②在英国借出；③在即期市场上买入英镑；④在远期市场上卖出英镑，所以式（6-4）所描述的初始市场情况会出现如下的调整：

（1）美国的利率将会上升（$i_\$ \uparrow$）。

（2）英国的利率将会下降（$i_£ \downarrow$）。

（3）在即期市场上英镑将会升值（$S \uparrow$）。

（4）在远期市场上英镑将会贬值（$F \downarrow$）。

⊖ 事实上，套利收益等于实际利率差与所借入货币量之间的乘积，即 18 000 美元 =（1.068−1.05）×1 000 000 美元。

这些调整会使式（6-4）左边的值变大，同时右边的值变小，直到两边值相等、利率平价重新成立为止。

图 6-1 描述了整个调整过程。图中的 A 点代表式（6-4）中所述的初始市场情况，大大偏离了利率平价线。⊖ 抵补套利行为会扩大两国的利率差（用水平箭头表示），同时使远期升（贴）水下降（用垂直箭头表示）。因为这些调整是由外汇市场和货币市场的共同作用引起的，所以 A 点向利率平价移动的实际线路可用虚线箭头表示。当初始市场情况在 B 点时，利率平价的重建，一半是由于远期升水，即 $(F-S)/S$ 的增加，另一半则是因为两国的利率差，即 $(i_\$-i_£)$ 的减小。

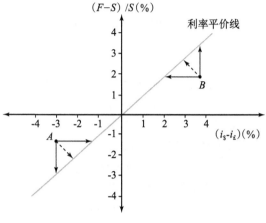

图 6-1 利率平价图

【例 6-2】在我们继续讨论之前，先来了解另一个非常有用的抵补套利的例子。假设市场情况可概括如下：

（1）美国 3 个月期的年利率为 8.0%。

（2）德国 3 个月期的年利率为 5.0%。

（3）即期汇率为 0.800 欧元/美元。

（4）3 个月期的远期汇率为 0.799 4 欧元/美元。

这个例子与前面的例子是不同的，因为它的交易期限为 3 个月而不是 1 年，而且是对汇率进行欧式报价而非美式报价。

如果我们想把式（6-1）中所定义的利率平价应用到这一例子当中，就应先将汇率转换成美式报价，使用 3 个月期利率，而非年利率。也就是说，我们会用到下列数据来检验利率平价是否成立：

$i_\$=8.0/4=2.0\%$ $\qquad i_e=5.0/4=1.25\%$

$S=1/0.800=1.250$ 美元/欧元 $\qquad F=1/0.799\,4=1.251\,0$ 美元/欧元

请注意，必须确保利率和远期汇率的到期时间相同。

现在，我们先计算式（6-1）右边的值：

$$\left[\frac{F}{S}\right](1+i_e)=\frac{1.251\,0}{1.250\,0}\times 1.012\,5=1.013\,3$$

这里，1.013 3 要小于 $(1+i_\$)=1.02$。显然，利率平价不成立，那么就有套利机会。因为德国的利率水平要低于美国的利率水平，所以套利者应在德国借入款项，再在美国借出。我们再次假设套利者可以贷到 1 000 000 美元或价值相等的 800 000 欧元。

套利者可以进行以下交易：

（1）在德国借入 800 000 欧元，三个月后归还本息共 810 000 欧元 = 800 000 欧元 × 1.012 5。

（2）在即期市场上用 800 000 欧元买入 1 000 000 美元。

⊖ 在点 A 处，利率差为 -3%，远期贴水为 -1.11%，即 $(F-S)/S=(1.78-1.80)/1.50=-0.011\,1$ 或 -1.11%。

（3）将1 000 000美元投资于美国，3个月后的到期值为1 020 000美元。

（4）在远期市场上用1 013 310美元=810 000欧元×1.251 0美元/欧元）买入810 000欧元。

3个月后，套利者将获得在美国投资的到期值1 020 000美元，然后按远期合约交割1 013 310美元获得810 000欧元，用来偿还贷款。因此，这一套利的利润为6 690美元（=1 020 000美元-1 013 310美元）。[○]

6.1.2 利率平价与汇率决定

利率平价是与（即期）汇率相关的套利均衡的条件，对汇率的决定有直接影响。为了说明这一点，我们把利率平价关系的表达式转换成即期汇率的形式：

$$S = \left[\frac{1+i_£}{1+i_\$}\right]F \quad (6\text{-}5)$$

式（6-5）表明：若远期汇率已知，则即期汇率由相对利率决定。如果其他条件不变，美国利率的上升将会引起美元兑外币价值的上升。[○]这是因为较高的美国利率会吸引资本流入美国，从而增加对美元的需求量。反之，美国利率的下降将会引起美元兑外币价值的下降。

除了相对利率外，远期汇率是决定即期汇率的又一重要因素。在一定条件下，远期汇率可被看作是人们掌握所有相关信息后，对未来即期汇率做出的预期，即

$$F = E(S_{t+1}|I_t) \quad (6\text{-}6)$$

式中，S_{t+1}是远期合约到期时的未来即期汇率；I_t是当前可获得的信息的集合。[⊜]把式（6-5）与式（6-6）联立起来，可得

$$S = \left[\frac{1+i_£}{1+i_\$}\right]E(S_{t+1}|I_t) \quad (6\text{-}7)$$

式（6-7）中有两点值得注意：第一，"期望值"在汇率决定中起着关键作用。特别是未来汇率的期望值是现行汇率的主要决定因素，当人们"预期"未来汇率会上升时，汇率现在就会上升。人们的期望因此能自我实现。第二，新事件会影响汇率的变动。人们根据所获得的信息（I_t）进行预测。当人们不断获得新信息时，他们的期望值也会不断随之调整。由于新事件的不断发生，汇率也呈现出动态易变的短期行为。所谓新事件是指无法预见的、使未来汇率预测变得更困难的事件。

在式（6-3）中，用未来即期汇率的期望值$E(S_{t+1})$来代替远期汇率F时，可得

$$(i_\$ - i_£) \approx E(e) \quad (6\text{-}8)$$

其中，$E(e)$是汇率变化率的期望值，即$[E(S_{t+1}-S_t)]/S_t$。式（6-8）表明：两国间的利率差（约）等于汇率变化率的期望值。这一关系被称为**非抵补利率平价**（uncovered interest rate parity）。[@]例如，美国的年利率为5%，英国的年利率为8%，就如我们在例题中假设的一样，那么在非抵补利率平价下，英镑对美元的汇率会下降3%，即$E(e) \approx -3\%$。

○ 本例中，关于如何重建利率平价关系，留给读者自己解决。

○ 较高的美元利率（$i_\$\uparrow$）将导致较低的即期汇率（$S\downarrow$），这就意味着美元的升值。请注意，这里的变量$S$表示单位英镑的美元数量。

⊜ 这一相关信息集应包括货币供应量、利率、贸易余额等会对汇率产生影响的因素。

@ 正如下面即将要讨论的，该关系又被称为国际费雪效应。

6.1.3 货币利差交易

与利率平价不同,非抵补利率平价常常不成立,从而会带来非抵补利率套利机会。常见的例子为**货币利差交易**(currency carry trade),即投资买入高收益货币,再以此融入低收益货币,但不进行任何套期保值。因为日本自20世纪90年代中期以来利率几乎为零,所以日元成了最受欢迎的利差交易的融入货币,紧随其后的为瑞士法郎。因为美联储实施了对付经济萧条的低利率政策,所以美元近年来也成了常用的融入货币。另一方面,最受欢迎的投资货币包括澳大利亚元、新西兰元和英镑,主要原因是这些国家的利率相对较高。假设借入的是日元,投资的是澳大利亚元。只要澳大利亚元与日元之间的利差 $i_{A\$}-i_{¥}$ 大于该利差交易期间日元对澳大利亚元的升值($e_{A\$,¥}$),即:$i_{A\$}-i_{¥}>e_{A\$,¥}$。

如果有许多投资者大规模参与上述交易,那么日元兑澳大利亚元就有可能贬值,至少短期内如此。这显然与非抵补套利预测情况相反。短期来看,因为投资者卖出日元买入澳大利亚元,所以日元兑澳大利亚元可能贬值。如果日元兑澳大利亚元的贬值幅度超过了日元利率,那么借入日元的实际成本为负,利差交易就更为有利可图。⊖不过,日元兑澳大利亚元的升值幅度超过了日元利率,那么利差交易就会亏损。显然,货币利差交易投资具有风险,特别当汇率波动时。

图 6-2 给出了日元与澳大利亚元之间的 6 个月期的利率差异 $i_{A\$}-i_{¥}$,以及同期两国货币间的汇率变化 $e_{A\$,¥}$。如图 6-2 所示,如果考察(非重叠的)6 个月期,那么在 2000~2007 年以及 2009~2013 年,日元兑澳大利亚元发生了贬值,这种利差交易就有利可图。对于其他时期,因为汇率的间歇性大幅度升值,利差交易常常亏损。不难发现,在 2008 年下半年,日元出现大幅度升值,反映的是全球金融危机期间,对作为安全资产的日元的需求大幅增加。此时,利差交易就会发生大幅亏损。

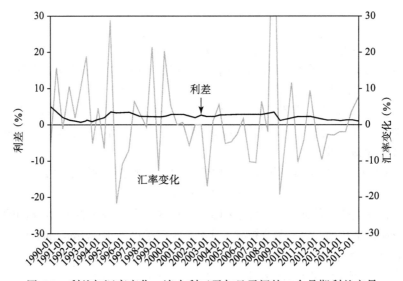

图 6-2 利差与汇率变化:澳大利亚元与日元间的 6 个月期利差交易

注:利率与汇率数据取自 Datastream。这里,两国利率采用 6 个月期银行同业市场利率。利率差异与汇率变化为利差交易开始时的数据。

⊖ 假设按利率 0.50% 借入日元且日元在息差交易期贬值 1.25%。那么,开展息差交易的实际资金成本为 -0.75%(=0.50%-1.25%)。

6.1.4 利率平价发生偏离的原因

虽然利率平价说相当合理，但至少因为两个原因，它无法一直保持成立，那就是：交易成本和资本管制。

在前面抵补套利的例子中，隐含假设无交易成本。因此，在第一个抵补套利的例子中，当以美元利率（$i_\$$）贷款时，套利者每1美元所实现的利润为正数，即

$$(F/S)(1+i_£) - (1+i_\$) > 0 \tag{6-9}$$

事实上，交易成本总是存在的。套利者贷入的利率 i^a 一般要比其借出的利率 i^b 高，以反映买卖差价。同样地，在外汇市场上也存在买卖差价。套利者以较高的卖价买入外汇并以较低的买价卖出。式（6-9）中的四个变量可以当作是买卖差价的中间值。

由于买卖差价的存在，套利者借入美元的利润可能为非正数，即

$$\left(F^b/S^a\right)\left(1+i_£^b\right) - \left(1+i_\$^a\right) \leq 0 \tag{6-10}$$

其中汇率和利率的上标 a 和 b 代表的分别是卖价和买价。之所以这样是因为：

$(F^b/S^a) < (F/S)$

$(1+i_£^b) < (1+i_£)$

$(1+i_\$^b) > (1+i_\$)$

如果因存在交易成本而使套利利润为负，那么此时利率平价的偏离就并不能说明存在套利机会。这样，图6-3中的利率平价线可以被看作是一个带状区域。只有当利率平价偏离到这个区域之外时，才表示存在套利机会，如 C 点。当利率平价偏离发生在这个区域之内，则表示不存在套利机会，如 D 点。这一带状区域的宽度由交易成本的高低来决定。

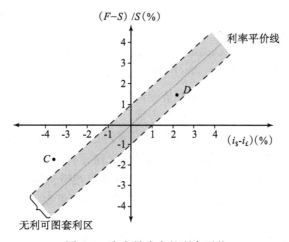

图6-3 含交易成本的利率平价

导致利率平价偏离的另一个主要原因是政府的资本管制。由于各种宏观经济原因，政府有时会限制资本的流入和（或）流出。⊖政府通过行政干预、征税甚至直接下令禁止跨国资本的流动来达到其目的。这些政府的管制措施能有效减少套利行为，因而利率平价偏离可能会一直存在。

日本就是一个有趣的案例。日本一直实行资本管制，直到1980年12月才取消资本管制，允许国际资本自由流动。Otani 和 Tiwari（1981）对 1978～1981 年间资本管制对利率

⊖ 政府实施资本管制的目的往往是为了改善国际收支状况，并使汇率维持在所期望的水平上。

平价偏离造成的影响进行了研究。他们利用下面这个公式来计算利率平价偏离（DIRP）○：

$$DIRP = \left[\frac{(1+i_¥)S}{(1+i_\$)F}\right] - 1 \qquad (6-11)$$

式中　$i_¥$——3个月期的附有回购协议的债券利率；○

　　　$i_\$$——3个月期的欧洲美元存款利率；

　　　S——东京的日元兑美元的即期汇率；

　　　F——东京的日元兑美元的3个月期远期汇率。

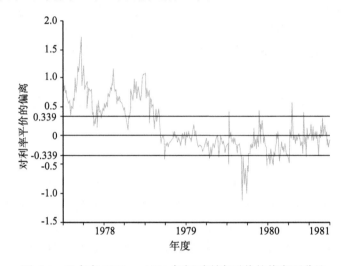

图 6-4　日本在 1978～1981 年间对利率平价的偏离百分比

注：计算偏离时所用的是每天的数据。由 +0.339 和 -0.339 组成的区域是样本期间利率平价偏离的平均幅度。
资料来源：I. Otani and S. Tiwari, "Capital Controls and Interest Rate Parity: The Japanese Experience, 1978-81" *IMF Staff Papers* 28 (1981), pp. 793-816.

图 6-4 是根据上面计算所得的利率平价偏离量而绘出的。如果利率平价确实能成立，那么与其发生的偏离将会随机分布，且期望值为零。

但是，如图 6-4 所示的利率平价偏离极少在零附近波动。在 1980 年年底以前，偏离量经常会变得很大。在 1978 年期间偏离量达到最大。这是因为日本政府为了防止日元升值，采取了各种措施以阻止资本流入而导致的。当 1979 年这些措施被取消时，偏离量就变小了。但在 1980 年时偏离量再次显著增大，这仍是政府实行资本管制而导致的，日本金融机构被禁止存入外币存款。

1980 年 12 月，日本颁布新的《外汇交易和对外贸易法》，外汇交易变得自由化了。果然，1981 年的第一季度偏离量真的在零附近波动。图 6-4 的实证很好地反映了在研究期间资本管制的变化。这说明利率平价发生偏离并不表示一定存在套利机会，特别是在 1978 年和 1980 年，它所反映的只是跨国套利存在很大的障碍。

○ 读者可以自己证明：若购买力平价严格成立，那么式（6-11）中的 DIRP 等于零。
○ 东京货币市场上发行的肯耐基债券（Gensaki）是一种附有回购协议的债券。虽然肯耐基债券的利率由市场所决定，但仍会受到各种市场不完全因素的影响。

6.2 购买力平价

当一价定律被国际上应用于一篮子商品时,我们就得到了**购买力平价理论**(purchasing power parity,PPP)。这一理论表明:两国货币之间的汇率应该等于这两个国家物价水平的比率。购买力平价的基本思想最初是由 16 世纪西班牙最古老的大学萨拉曼卡大学的学者提出的。在征服美洲大陆之后,西班牙出现了大量来自美洲新大陆的黄金流入,结果导致了国内的通货膨胀和西班牙埃斯库多兑外国货币的贬值。这一新出现的货币现象构成了购买力平价理论诞生的背景。之后,古典经济学家大卫·李嘉图(David Ricardo)在 19 世纪提出了这一理论。不过,现代版的购买力平价理论是由瑞典经济学家古斯塔夫·卡塞尔(Gustav Cassel)在 20 世纪 20 年代集成并做进一步推广的。那时,包括德国、匈牙利和苏联在内的许多国家正处在恶性通货膨胀中。这些国家货币的购买力急剧下降,从而使它们相对于一些坚挺的货币,如美元,也急剧贬值。在这样的历史背景下,购买力平价开始流行起来。

假设在美国一篮子商品价格为 $P_\$$,该一篮子商品在英国的英镑价格为 $P_£$。在购买力平价下,美元兑英镑的汇率可表示为

$$S = P_\$ / P_£ \tag{6-12}$$

其中,S 是 1 英镑所表示的美元数。购买力平价表明:如果一篮子商品在美国价格为 225 美元,而在英国为 150 英镑,那么汇率为 1.50 美元/英镑:

$$1.50 \text{ 美元} / \text{英镑} = 225 \text{ 美元} / 150 \text{ 英镑}$$

如果一篮子商品在美国价格稍高一些,假设为 300 美元,那么在购买力平价下,汇率应该也要高一些,即为 2.00 美元/英镑。

为了给出购买力平价的另一种解释,可把式(6-12)写出如下形式:

$$P_\$ = S \times P_£$$

这一等式表明:一篮子商品在美国的价格 $P_\$$ 必定与其在英国的美元价格相等,即 $P_£$ 乘以 S。也就是说,购买力平价要求:当用通用货币计价时,一篮子商品在不同国家的价格应该是相等的。显然,购买力平价是一价定律应用于一篮子商品时的体现。正如在国际财务实践专栏 6-1 "汉堡包货币"中所讨论的那样,购买力平价是定义均衡汇率的一种方式。

| 专栏 6-1 | 国际财务实践 |

汉堡包货币

1986 年,我们的经济学编辑采用汉堡包指数这种有趣的方式来介绍汇率理论。让她没想到的是,30 年后,她仍在研究的这种方法已为全球各地的人们所崇拜。正如汉堡包经济学已进入第三个十年一样,汉堡包指数也在全球各地被广泛使用甚至达到滥用的程度。现在该是弄清楚汉堡包指数所能反映的汇率含义以及它所无法反映的汇率含义的时间了。

《经济学家》杂志所倡导的汉堡包指数是建立在国际经济学中一个古老的观点之上,即购买力平价理论。根据购买力平价理论,从长远来看,汇率应该朝着使得任意两个国家的同一篮子商品和服务的价格相同的水平变动。我们这里的"篮子"中的商品就是麦当劳的汉堡包。全球有大约 120 个国家都在生产汉堡包。汉堡包购买力平价就是一种汇率,使得汉堡包在美国的成本与在其他国家的成本相同。因此,汉堡包在中国只要 19 元,而在美国四个城市的平均价格是 5.04 美元。为了使这两个价格相等,就要将人民币兑美元的汇率设为 3.77:1。不过,实际市场汇率为 6.68:1。换言之,人民币兑美元的价值被低估了 45%。从另

一个角度来说,如果按市场汇率将人民币兑换成美元,那么中国的汉堡包是最便宜的。

按同样的计算方法,可以发现日元和英镑的价值与美元相比分别被低估了31%和22%,波兰的兹罗提和俄罗斯的卢布则被低估得更多。值得注意的是,大多数新兴市场国家的货币显得太便宜了。另一方面,瑞士法郎被大大高估,而加拿大元则被稍稍低估。

汉堡包指数并不是用来精确预测货币走势的。相反,仅仅用来说明一种货币是否处于其"正确"的长期变动水平。不过,有趣的是,汉堡包经济学对汇率的预测似乎很有效:被高估的货币在以后几年中会有下降趋势。不过,必须牢记汉堡包指数的局限性。显然,汉堡包无法进行跨国买卖,其价格往往因税率差异和像租金这样的非贸易投入而发生扭曲。

虽然我们经常会好心提醒,但有些美国政治家仍然喜欢随便引用汉堡包指数,其主要原因在于该指数能满足他们希望通过人民币大幅升值来减少美国巨大贸易赤字的需要。不过,汉堡包在中国显得便宜并不能证明目前人民币的价值远远低于其公平市场价值。购买力平价是一个长期的概念,表明的是汇率的最终变动方向。虽然购买力平价使商品价格在各国相等,但它并不能说明现行的市场均衡汇率。汉堡包投入要素中既有可贸易的要素,也有不可贸易的要素。

显然,商品在贫穷国家的平均价格要低于在发达国家的平均价格。虽然可贸易商品在各国的价格应该相仿,但因贫穷国家的工资水平较低,所以非贸易类服务的价格会比发达国家的价格要低。因为价格便宜表明钱可以花得久一些,所以用购买力平价方法将人均GDP换成美元比用市场汇率更为可靠。这也就是为什么每个贫穷国家都有一个高于市场汇率的暗含的购买力平价汇率,使这些国家的货币显得被低估了。不过,无论是理论还是实践都表明,当一国变得富裕,其生产力提高时,该国的实际汇率就会上升。不过,这并不意味着目前货币需要大幅度升值。按照香港瑞银集团首席经济学家乔纳森·安德森的观点,目前人民币价值仅比公平市场价值低10%~15%。

即使从长期来看,对购买力平价的调整并不一定要进行汇率变动,而是可以通过改变相对价格来进行调整。例如,自1995年以来,按照汉堡包指数,当日元被高估100%时,日本汉堡包的当地价格较原先的价格下降了1/3。在同一时期,美国汉堡的价格较原先的价格上涨了1/3。同样地,人民币未来的实际升值可以通过中国比美国较快的通货膨胀来实现。

对于人均收入水平相似的国家而言,用汉堡包指数来评估其汇率往往最为有效。因此,在新兴市场国家或地区的货币中,人民币的价值显得被低估了,而巴西货币雷亚尔则被低估得不多。对经济学家而言,排斥汉堡包指数显然是不明智的,但若滥用该指数同样也是错误的。

资料来源:"McCurrencies," © *The Economist Newspaper Limited London*, May 25th 2006, updated with July 2016 figures.

国家或地区	汉堡包价格		美元的隐含PPP[①]	2016年7月20日的美元实际汇率	对美元的低估(−)/高估(+),%
	按本地货币计价	按美元计价			
美国[②]	5.04美元	5.04	1.00	1.00	0
阿根廷	50比索	3.35	9.92	14.94	−34
澳大利亚	6澳大利亚元	4.30	1.19	1.34	−15
巴西	16雷亚尔	4.78	3.17	3.24	−5
英国	3英镑	3.94	0.60	0.76	−22
加拿大	6加拿大元	4.60	1.19	1.30	−9

(续)

国家或地区	汉堡包价格		美元的隐含 PPP①	2016年7月20日的美元实际汇率	对美元的低估(−)/高估(+),%
智利	2 300 比索	3.53	456.35	651.12	−30
中国大陆	19 元	2.79	3.77	6.68	−45
捷克	75 克朗	3.06	14.88	24.55	−39
丹麦	30 丹麦克朗	4.44	5.95	6.76	−12
埃及	23 镑	2.59	4.56	8.88	−49
欧元区③	4 欧元	4.21	0.79	0.91	−17
中国香港	19 港元	2.48	3.77	7.76	−51
匈牙利	900 福林	3.15	178.57	285.64	−38
印度	162 卢比	2.41	32.10	67.2	−52
印度尼西亚	31 000 卢比	2.36	6 150.79	13 112.50	−53
以色列	17 谢克尔	4.38	3.40	3.86	−13
日本	370 日元	3.47	73.41	106.73	−31
马来西亚	8 马来西亚林吉特	1.99	1.59	4.03	−61
墨西哥	44 比索	2.37	8.73	18.54	−53
新西兰	6 新西兰元	4.22	1.19	1.42	−16
秘鲁	10 新索尔	3.02	1.98	3.31	−40
菲律宾	133 比索	2.82	26.39	47.12	−44
波兰	10 兹罗提	2.42	1.98	3.97	−52
俄罗斯	130 卢布	2.05	25.79	63.41	−60
新加坡	5 新加坡元	4.01	0.99	1.36	−20
南非	30 兰特	2.10	5.95	14.27	−58
韩国	4 400 韩元	3.86	873.02	1 140.95	−24
瑞典	45 瑞典克朗	5.23	8.93	8.59	4
瑞士	7 瑞士法郎	6.59	1.39	0.99	31
中国台湾	69 新台币	2.15	13.69	32.03	−57
泰国	119 泰铢	3.40	23.61	34.97	−32
土耳其	11 里拉	3.53	2.18	3.04	−30
乌克兰	39 格里夫纳	1.57	7.70	24.80	−69

① PPP：用当地价格除以美国的价格。
② 纽约、芝加哥、亚特兰大和旧金山的平均值。
③ 欧元区价格的加权平均值。
资料来源：McDonald's；*The Economist*，July 23rd，2016.

为了指导人们轻松地预测"正确"的汇率水平，《经济学家》每年都会搜集世界各地的大汉堡价格，并计算所谓的"大汉堡购买力平价"，该汇率能使美国与其他各地的汉堡价格相等。通过将购买力平价与实际汇率相比，就可以判断出一种货币是被低估了还是高估了。2016年7月，大汉堡在美国的（平均）单价为5.04美元，而在中国大陆则为19元。因此，大汉堡购买力平价约为3.77元/美元。但实际汇率却为6.68元/美元，即人民币元的价格被大大低估了。与此相反，瑞士的大汉堡购买力平价为1.39瑞士法郎/美元，而实际汇率却为0.99瑞士法郎/美元，这意味着瑞士法郎被大大高估了。

式（6-12）的购买力平价关系被称为绝对购买力平价。当购买力平价关系以"变化率"的形式来表示时，就得到了相对购买力平价：

$$e = \left[\frac{\pi_\$ - \pi_£}{1+\pi_£}\right] \approx \pi_\$ - \pi_£ \tag{6-13}$$

其中，e 是汇率的变化率，$\pi_\$$ 和 $\pi_£$ 分别是美国和英国的通货膨胀率。例如，若美国的年通货膨胀率为 6%，英国的年通货膨胀率为 4%，则英镑相对于美元每年会升值 2%，即 $e \approx 2\%$。要注意的是，即使绝对购买力平价不成立，相对购买力平价也可能成立。⊖

6.2.1 购买力平价的偏离和实际汇率

购买力平价是否成立对国际贸易具有重要意义。如果购买力平价成立，那么各国之间的通货膨胀率差异就会因汇率的变动而抵消，它们在世界出口市场上的竞争地位也不会受汇率变动的系统影响。但是，如果购买力平价发生偏离，那么名义汇率的变动会引起实际汇率的变动，影响各国的国际竞争地位，从而影响各国的贸易额。

实际汇率 q 是用来衡量购买力平价偏离的，其定义如下：⊖

$$q = \frac{1+\pi_\$}{(1+e)(1+\pi_£)} \tag{6-14}$$

首先要注意的是：如果购买力平价成立，即 $(1+e) = (1+\pi_\$)(1+\pi_£)$，则实际汇率 $q=1$。但如果购买力平价不成立，则实际汇率不等于 1。例如，假设美国的年通货膨胀率为 5%，英国的年通货膨胀率为 3.5%，美元相对于英镑贬值 4.5%，则实际汇率为 0.97：

$$q = \frac{1.05}{1.045 \times 1.035} = 0.97$$

在上面这个例子中，美元的贬值超过了购买力平价的范围，从而增强了美国工业在世界市场上的竞争力。如果美元的贬值小于通货膨胀率差异，那么实际汇率将大于 1，从而削弱美国工业的竞争力。可概括如下：

$q = 1$：本国竞争力不变。

$q < 1$：本国竞争力增强。

$q > 1$：本国竞争力削弱。

图 6-5 所画的是自 1980 年以来，美元、日元、加拿大元、德国货币（欧元）、人民币和英镑的实际"有效"汇率。不过，图 6-5 中的实际有效汇率是以 2010 年的汇率为基准的，即 2010 年的汇率等于 100。实际有效汇率是双边实际汇率的加权平均数，权重是按每种外币在本国的国际贸易中所占的份额决定的。如果本国的通货膨胀超过了国外的通货膨胀，且名义汇率未能贬值到以补偿本国较高的通货膨胀率的程度，那么实际有效汇率会上升。如果实际有效汇率上升（下降），那么本国的竞争力会削弱（增强）。可以注意到，在 20 世纪 80 年代前叶，人民币的实际有效汇率急剧下降，之后就一直保持较低的水平，2006 年开始又缓慢上升。类似地，在 2000 年前，德国货币的实际有效汇率也一直下降，然后转为上升，直到 2009 年又开始持续下跌。相反，英镑的实际有效汇率从 20 世纪 90 年代中期一直升值到 2007 年，使英国公司的竞争力大受影响，但随后英镑的实际有效汇率出现持续下降。

⊖ 由式（6-12）可得 $(1+e) = (1+\pi_\$)/(1+\pi_£)$。对上式变形可得 $e = (\pi_\$ - \pi_£)/(1+\pi_£)$，近似得到式（6-13）中的 $e = \pi_\$ + \pi_£$。

⊖ 假设购买力平价在一开始就成立，那么在一定时期内，实际汇率所衡量的是购买力平价的偏离程度。若购买力平价持续成立，那么实际汇率将保持不变。

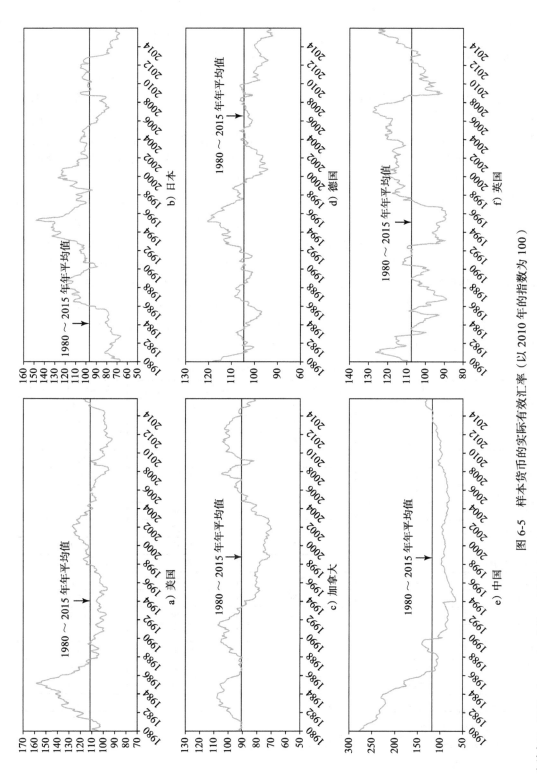

图 6-5 样本货币的实际有效汇率（以 2010 年的指数为 100）

资料来源：IMF, *International Financial Statistics*.

6.2.2 购买力平价的实证研究

上述讨论表明，购买力平价在现实中是否成立确实是个非常重要的问题。事实上，由于购买力平价是当一价定律应用于一篮子商品时的体现，所以只有当各国相同的商品以既定的货币计价时价格相等且各国的消费结构相同时，购买力平价才能成立。

人们曾经对购买力平价理论进行过一系列的实验，但得到的结果都是负面的。例如，Richardson（1978）对美国和加拿大主要商品之间套利活动的研究发现，大部分商品类别不存在商品套利。理查森说："在95%的置信度下，22种商品类别中至少有13种不存在商品套利"。虽然理查森没有直接验证购买力平价，但他的研究结论可以看作是购买力平价的一个极其负面的消息。如果商品套利在诸如美国和加拿大之类几乎没有贸易限制的邻国之间都不能进行，那么购买力平价在其他国家之间就不太可能成立。

表6-3的"世界价格指南"同样提供了商品价格平价不成立的证据。阿司匹林（20片装）的价格从墨西哥城的0.77美元到东京的7.84美元不等。一般情况下，大多数国家和地区的政府对药品的生产和分销实施严格管制。这样，跨境套利就很难做到，从而导致巨大的价格差异。同样地，男士理发费用在马德里是23.29美元，而在香港却为86.67美元。在香港理发的费用竟是慕尼黑的2.72倍！由于理发是不可交易的商品，所以这种价格差异可能会一直存在。相比之下，汉堡包的价格差异就小得多。例如，汉堡包在伦敦的单价为4.28美元，在东京为4.90美元，在多伦多为4.49美元。价格差异小的主要原因在于麦当劳等跨国公司在全球是按可比价格定价的。

表6-3 世界价格指南：2016年3月[①]

城市	汉堡包（美元/份）	阿司匹林（美元/20片）	男士理发（美元/次）	电影票（美元/张）
雅典	3.77	2.03	40.54	9.01
哥本哈根	5.28	6.26	57.04	12.70
香港	2.31	4.61	86.67	16.88
伦敦	4.28	3.23	55.48	20.50
马德里	4.17	5.46	23.29	10.11
墨西哥城	2.40	0.77	25.00	4.64
慕尼黑	4.27	7.28	50.68	10.56
纽约城	3.40	6.48	66.22	10.92
巴黎	4.56	5.71	30.48	13.26
里约热内卢	4.47	4.33	42.79	8.48
罗马	4.73	7.32	50.41	12.73
悉尼	3.83	2.56	71.68	15.23
东京	4.90	7.84	38.29	15.55
多伦多	4.49	2.27	38.57	10.04
维也纳	3.83	6.48	60.00	10.92
平均值	4.05	4.84	49.14	12.10
标准差	0.84	2.22	17.68	3.86
变动系数[②]	0.21	0.46	0.36	0.32

①除美国以外，价格包括营业税和增值税。
②变动系数是标准差的平均数，因此它提供了一种调节较大变量的离差计量方法。
资料来源：AIRINC。

Kravis和Lipsey（1978）通过研究通货膨胀率与汇率之间的关系，发现如果不通过套利快速调整的话，物价水平会发生很大的偏离，因此否定了国际商品价格结构一体化的概念。类似地，Adler 和 Lehman（1983）发现购买力平价偏离是随机变动的，而且也没有回归到购买力平价的趋势。

Frenkel（1981）认为购买力平价虽然没能很好地解释美元与主要欧洲货币之间的汇率行为，但在解释欧洲货币之间（如英镑与德国马克，法国法郎与德国马克）的汇率时要稍微好一些。Frenkel 的发现可能要归功于这样一个事实，即欧洲国家除了在地理位置上相邻外，还同属于欧共体市场，它们之间的内部贸易壁垒和运输成本都很低。Frenkel 还发现，即使在欧洲货币之间，相对价格水平也只是影响汇率的诸多潜在因素之一。如果购买力平价完全成立，那么相对价格水平就能对汇率行为做出充分解释。

通常关于购买力平价的不利证据表明：国际商品套利存在许多实质性的障碍。显然，即使不存在套利行为，不同国家的商品价格也可能因运费而产生差异。如果 1 吨大米从泰国到韩国的运费为 50 美元，那么两国大米的价格就会相差 50 美元。同样地，购买力平价的偏离还可能归咎于国际贸易中的关税和配额。

众所周知，一些商品不可能进行国际贸易。例如，**不可贸易**（nontradables）商品包括：理发、医疗服务和住房等。这些东西既不能移动也不能与服务的提供者分离。假设在纽约城理发一次需 35 美元，但同样的理发在墨西哥城只需 10 美元。显然，你不可能从墨西哥进口理发。要么你去墨西哥，要么墨西哥理发师去纽约，但考虑到旅行费用和移民法，这两者都是不可行的。因此，理发价格之间的巨大差异会一直存在。只要存在不可贸易商品，绝对购买力平价就不会成立。如果购买力平价对可贸易商品成立，且可贸易商品与不可贸易商品之间的相对价格存在，那么相对购买力平价就能成立。但这些条件不太可能成立。

即使购买力平价在现实中不成立，但它仍对经济分析具有重要作用。首先，在判断一国货币价值相对于其他货币是低估还是高估时，可以以购买力平价决定的汇率为基准；其次，可以用由购买力平价决定的经济数据而非市场汇率决定的经济数据进行比较，这样会更有意义。这一点在图 6-6 中尤为突出，"印度的经济实力如何？"

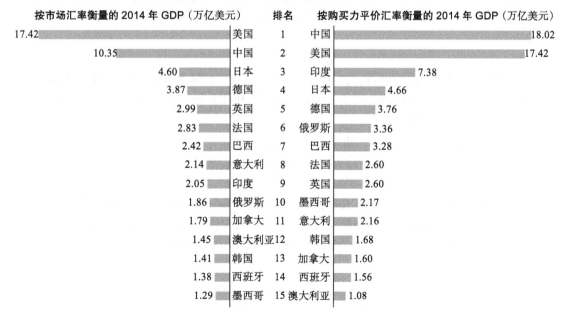

图 6-6 印度的经济实力如何

资料来源：www.worldbank.org.

假设你要把所有国家按其国内生产总值（GDP）排序。如果采用市场汇率，你可能会低估或高估实际GDP价值。如图6-6所示的是同时采用购买力平价和市场汇率所计算的主要国家2014年的GDP价值。一国按GDP价值的排名对于采用何种汇率非常敏感。印度就是一个典型的例子。当按市场汇率折算时，印度排第九位，落后于巴西、英国和意大利。但当按购买力平价汇率折算时，印度则上升至第三位，位于美国和中国之后，但在日本、德国、法国和英国之前。采用市场汇率折算时，中国位列第二，排在美国之后，但当按购买力平价汇率折算时，中国位列第一，排在美国之前了。相反，使用购买力平价汇率时，像澳大利亚、加拿大、法国和英国的GDP排名则下降了。

6.3 费雪效应

在文献资料中我们经常遇到的另一个平价关系是**费雪效应**（Fisher effect）。费雪效应认为，一国预期通货膨胀率的升高（降低）将引起该国利率相同比例的升高（降低）。对于美国，费雪效应如下所示：

$$i_\$ = \rho_\$ + E(\pi_\$) + \rho_\$ E(\pi_\$) \approx \rho_\$ + E(\pi_\$) \tag{6-15}$$

式中 $\rho_\$$——美国"实际"利率的期望值。⊖

例如，假设美国的预期实际年利率为2%，则美国的（名义）利率将完全取决于美国的预期通货膨胀率。例如，假设预期的年通货膨胀率为4.0%，则年利率将约为6%。在6%的年利率下，贷款人在补偿了预期货币购买力下降的部分之后，仍能获得2%的实际报酬率。当然，只要债券市场有效，费雪效应在每个国家都能成立。

费雪效应表明，预期通货膨胀率就是各国的名义利率和实际利率之差，即

$$E(\pi_\$) = (i_\$ - \rho_\$)/(1+\rho_\$) \approx i_\$ - \rho_\$$$
$$E(\pi_\pounds) = (i_\pounds - \rho_\pounds)/(1+\rho_\pounds) \approx i_\pounds - \rho_\pounds$$

现在，我们假设由于资本的自由流动，各国间的实际利率是相同的，即 $\rho_\$ = \rho_\pounds$。当我们把上面的结果代入式（6-13）相对购买力平价的期望值中时，即 $E(e) \approx E(\pi_\$) - E(\pi_\pounds)$，可得

$$E(e) \approx i_\$ - i_\pounds \tag{6-16}$$

这就是**国际费雪效应**（international Fisher effect，IFE）。⊖ 国际费雪效应认为：名义利率之间的差异反映了汇率的预期变动。例如，如果美国的年利率为5%，英国的年利率为7%，那么预期美元兑英镑每年会升值2%。

最后，当把国际费雪效应与利率平价相联立时，即

$(F-S)/S = (i_\$ - i_\pounds)/(1+i_\pounds)$，可得

$$(F-S)/S = E(e) \tag{6-17}$$

这就是所说的**远期预期平价**（forward expectations parity，FEP）。远期平价表明：任何的远期升水或贴水都等于汇率的预期变动。如果是中等风险的投资者，那么只要外汇市场信息有效，远期平价就能成立。否则，即使市场是有效的，远期平价也不会成立。图6-7概括

⊖ 不难发现，式（6-15）可从 $(1+i_\$) = (1+\rho_\$)(1+E(\pi_\$))$ 中得到。
⊖ 国际费雪效应与前面所讨论的无抵补利率平价一样。即便费雪效应在有效市场中成立，国际费雪效应也不一定成立，除非投资者是风险中性的。一般而言，利率差异不仅反映了汇率的预期变动，也反映了风险溢价。

了我们至今讨论的所有平价关系。⊖

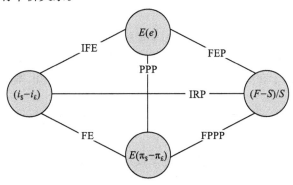

图 6-7 汇率、利率、通货膨胀率之间的国际平价关系

注：
1. 在实际利率相等的假设条件下，费雪效应（FE）认为利率差异等于预期通货膨胀率差异。
2. 如果购买力平价（PPP）和远期预期平价（FEP）同时成立，则远期汇率的升水或贴水等于预期通货膨胀率差异。后者的关系被称为远期购买力平价，即为图中的 FPPP。
3. IFE 是指国际费雪效应。

6.4 汇率预测

自从1973年实行浮动汇率制度以来，汇率变得愈加不稳定。同时，商业活动的范围也变得日益国际化。因此，许多商业决策或多或少都要建立在对未来汇率预测的基础上。显而易见，汇率预测的准确性对于在外汇市场上从事投机、套期保值和套利的交易者来说是至关重要的；对于在国际市场上采购原料、组织生产、融资和制定市场战略的跨国公司来说，同样也是十分重要的，因为这些公司所做决策的质量主要取决于汇率预测的准确性。

许多公司自己做预测，但也有些公司向外部机构购买预测服务。尽管预测者们进行预测的方法有很多，但主要可归结为如下三种：①有效市场理论；②基本分析法；③技术分析法。

下面我们对这些方法分别进行简要的分析。

6.4.1 有效市场理论

在金融市场上，如果资产的现价能完全反映所有可用的相关信息，那么此时的金融市场就是有效的。**有效市场假说**（efficient market hypothesis，EMH）是由芝加哥大学的尤金·法玛（Eugene Fama）教授提出的，它对汇率的预测具有重大意义。⊖

假设外汇市场是有效的，即现行汇率已反映了所有相关信息，如货币供应量、通货膨胀率、交易总额及生产增长率等。只有当市场出现新信息时，汇率才会发生变动。由于新信息是无法预测的，因此汇率会在一定时期内随机波动。总之，汇率的变动不受历史汇率变动的影响。如果汇率确实是随机变动的，则未来汇率的期望值应该等于现行汇率，即

$$S_t = E(S_{t+1})$$

⊖ 假设费雪效应在美国和英国都成立，那么两国的实际利率相等。如图 6-7 所示，费雪效应表明利率差额应等于预期的通货膨胀差额。此外，当把远期平价与购买力平价相结合时，可以得到所谓的远期购买力平价，即远期升水／贴水等于预期通货膨胀差额。

⊖ 要了解有效市场假设的具体内容，请参阅 Eugene Fama, "Efficient Capital Markets II," *Journal of Finance* 26 (1991), pp. 1575–1617.

从某种意义上来说，**随机漫步假说**（random walk hypothesis）认为今天的汇率就是明日汇率的最佳预测值。

虽然从经验来看，研究者们很难推翻汇率走势的随机漫步假说，但却没有任何理论能够说明为什么汇率会出现随机漫步。我们前面所讨论的那些平价关系表明：如果外汇市场有效，当前的远期汇率就相当于在可用信息（I_t）基础上得出的未来市场汇率的期望值，即

$$F_t = E(S_{t+1} \mid I_t)$$

由于两国利率不同，因而远期汇率与即期汇率也不同。也就是说，未来的预期汇率与即期汇率是不相等的。

那些认同有效市场假说的人可用即期汇率或远期汇率来预测未来汇率。但哪种方法更好呢？诸如 Agmon 和 Amihud（1981）的研究者们对此进行了研究，他们比较了远期汇率和随机漫步模型在预测未来即期汇率方面的表现。他们的经验结果表明，在预测未来汇率方面，远期汇率法并不优于随机漫步模型；建立在有效市场假说上的两个预测模型分析了大量的可比资料。⊖

运用有效市场假说预测汇率具有两大优势：第一，由于有效市场方法是以市场价格为基础的，所以预测不需要花费成本。即期汇率和远期汇率都是公开信息，所以任何人皆可免费索取。第二，如果外汇市场是有效的，那么以市场为基础的预测就是最优的，除非预测者能获得当前汇率中不能反映的内幕消息。

6.4.2 基本分析法

基本分析法中有许多用于预测汇率的模型。例如，关于汇率确定的货币分析法指出，汇率是由三个独立的（解释）变量决定：①相对货币供应量；②相对货币流速；③相对国民生产总量。⊜因此，货币分析法的经验公式如下：⊜

$$s = \alpha + \beta_1(m-m^*) + \beta_2(v-v^*) + \beta_3(y^*-y) + u \tag{6-18}$$

式中　s——即期汇率的自然对数；

　$m-m^*$——国内/国外货币供应量的自然对数；

　$v-v^*$——国内/国外货币流速的自然对数；

　$y-y^*$——国内/国外生产总量的自然对数；

　　u——随机误差，均值为零；

　α, β——模型参数。

基本分析法预测汇率的三个步骤如下：

（1）对构建的模型进行估计以判定参数值，如式（6-18）中的 α, β 值。

（2）估计独立变量的未来值，如 $(m-m^*)$、$(v-v^*)$ 和 (y^*-y)。

（3）把独立变量的估计值代入所估计的模型，得出汇率的预测值。

例如，如果预测者想预测一年后的汇率。那么他（她）就必须先估计独立变量一年内的数值，然后将这些数值代入相对应的历史数据模型中。

用基本分析法预测汇率存在三大难点：第一，为了预测汇率，必须先预测一系列独立变

⊖ 要了解详情，请参阅 Tamir Agmon and Yakov Amihud, "The Forward Exchange Rate and the Prediction of the Future Spot Rate," *Journal of Banking and Finance* 5 (1981), pp. 425–37.

⊜ 关于货币分析法的深入讨论，请参阅附录 6A。

⊜ 简便起见，后续等式中的时间下标均被省去。

量。但是预测变量会不可避免地出现误差，而且预测变量未必比预测汇率容易。第二，参数值（即 α 和 β 的数值）是根据历史数据估计的，因此随着时间的推移，它们会因为政府政策和/或经济的基本结构的变化而发生变化。即使模型是正确的，任何一个难点都会降低预测的精确性。第三，模型本身可能就是错的。例如，式（6-18）所表述的公式就可能是错的。由一个错误的模型所得出的预测不可能是正确的。

因此，正如研究人员所发现的，在预测汇率方面，基本分析模型的准确度并不比远期汇率模型或随机漫步模型的准确度更高。例如，Meese 和 Rogoff（1983）发现，即使知道独立变量的真实值，以货币分析法为基础的基本分析模型也不如随机漫步模型准确。他们还证实远期汇率模型也不如随机漫步模型准确。按 Meese 和 Rogoff 的话来说：

> 忽略了即期汇率并不比远期汇率差的事实，令人惊讶的是……在任何条件下，没有一个模型能达到比随机漫步模型更低的方差（RMSE）……模型的失败之处尤其在于，即便采用解释变量的真实值进行预测，也不能使随机漫步模型有所改善。㊀

（第 12 页）

6.4.3 技术分析法

技术分析法首先要分析汇率过去的变动情况，以便确定其变化"规律"，进而再以此预测未来的变动情况。显然，技术分析法是以历史会重演（或者说至少有规律可循）为前提的，因此技术分析法与有效市场法是不一致的。同时，它与基本分析法也不同，因为它的预测中并未用到诸如货币供应量或交易额等主要经济变量。然而，技术分析者们仍有时会用到诸如成交量、发行在外的债券利息和买卖差价等交易数据，来帮助他们进行分析。下面讨论的两个例子就用到了技术分析师最常用的技术分析方法：移动平均线交叉规则与头肩形态。

图 6-8 描述的就是移动平均线交叉规则。许多技术分析师或制图人员都要计算移动平均值，根据每天的汇率波动情况来区分汇率的短期与长期变动趋势。图 6-8 给出了如何根据短期和长期移动平均线的变动来预测汇率。由于短期（如 50 天）移动平均线（SMA）比长期（如 200 天）移动平均线（LMA）更能反映汇率的近期变动，所以当英镑兑美元贬值（升值）时，SMA 就位于 LMA 的下方（上方）。这表明人们可以通过移动平均线的交叉点来预测汇率走势。根据这一规则，当 SMA 由下向上穿过与 LMA 的交点 G 时，表明英镑升值；相反，当 SMA 由上向下穿过与 LMA 的交点 D 时，表明英镑贬值。

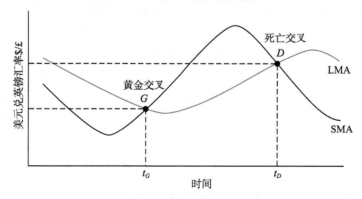

图 6-8 移动平均线交叉定律：一种技术分析法

㊀ 表示误差均值平方根的 RMSE 是 Meese 和 Rogoff 在评估预测的准确性时所用的指标。

图 6-9 描述的就是头肩形态。该形态给出的是市场趋势反转向下的信号。头肩形态由头部、左肩与右肩以及颈线（支撑线）构成。通常，这里的头肩形态表示英镑走势已经见顶，即将出现大的反转走势。如图 6-9 所示，左肩表示英镑汇率在上升时达到局部高点后，先回落到颈线（支撑线），随后又上升到更高点——形成头部，之后开始回落到颈线（支撑线）。右肩表示英镑回落到颈线（支撑线）后，又上升到低于头部的局部高点。当英镑走势向下突破颈线（支撑线）时，头肩形态就完全形成。头肩形态的完全形成意味着英镑将出现大幅贬值。

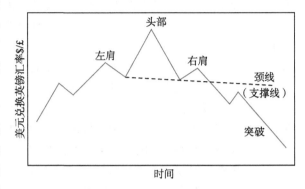

图 6-9 头肩形态：反转信号

虽然学术研究倾向于怀疑技术分析法的有效性，但许多交易者仍然依靠技术分析法制定其交易策略。如果一个交易者知道其他交易者使用技术分析法，那么他也会使用这一方法。如果有足够多的交易者使用技术分析法，那么据此而产生的预测至少会在短期内得以一定程度的自我实现。

6.4.4 汇率预测的绩效

因为预测汇率是有一定难度的，所以许多公司和投资者向专业机构订购预测服务。由于专业机构的预测服务是以市场确定的价格（如远期汇率）来预测汇率的，我们不禁会问：专业预测机构会比市场更有效吗？

纽约大学的理查德·列维奇（Richard Levich）教授对这一问题做出了回答。他以远期汇率为基准，评估了 13 家预测服务机构的绩效情况。在一定条件下，远期汇率可被视为市场对未来汇率的预测。⊖这些机构运用了如计量经济学方法、技术分析法、主观判断法等不同的方法进行预测。列维奇通过计算以下比率来对预测机构的绩效进行了评估：

$$R = MAE(S) / MAE(F) \quad (6-19)$$

式中　$MAE(S)$——某家预测服务机构的绝对预测误差的平均数；

$MAE(F)$——预测者预测的远期汇率的绝对预测误差的平均数。⊜

如果专业预测服务的预测比远期汇率的预测更准确，即 $MAE(S) < MAE(F)$，那么 $R<1$；如果专业预测服务的预测不如远期汇率的预测准确，则 $R>1$。

表 6-4 所列的是各家服务机构所计算的美元兑 9 种主要外币 3 个月期汇率预测的比率 R。出人意料的是，表中仅有 24%（104 项中仅有 25 项）的 R 是小于 1 的。很明显，从总体看，专业预测服务预测的准确性要比远期汇率预测的准确性要差。⊜换言之，它们没有市场预测法准确。

⊖ 这些条件包括：①外汇市场是有效的；②远期汇率不包含显著的风险溢价。

⊜ 预测误差绝对平均值（MAE）的计算如下：$MAE = (1/N) \sum_i |P_i - A_i|$。其中，$P$ 为所预测的汇率，A 为指实际汇率，n 为所预测的次数。MAE 是评价高估或低估的标准。如果预测准确，那么总有 $P=A$，此时 $MAE=0$。

⊜ 列维奇发现，该定性结论对 1 个月期、6 个月期、12 个月期情况都相同。

表 6-4 汇率预测服务的绩效情况

货币	预测服务												
	1	2	3	4	5	6	7	8	9	10	11	12	13
加拿大元	1.29	1.13	1.00	1.59	0.99	1.08	n.a.	1.47	1.17	1.03	1.47	1.74	0.80
英镑	1.11	1.24	0.91	1.44	1.09	0.98	1.05	1.09	1.27	1.69	1.03	1.22	1.01
比利时法郎	0.95	1.07	n.a.	1.33	1.17	n.a.	n.a.	0.99	1.21	n.a.	1.06	1.01	0.77
法国法郎	0.91	0.98	1.02	1.43	1.27	n.a.	0.98	0.92	1.00	0.96	1.03	1.16	0.70
德国马克	1.08	1.13	1.07	1.28	1.19	1.35	1.06	0.83	1.19	1.07	1.13	1.04	0.76
意大利里拉	1.07	0.91	1.09	1.45	1.14	1.12	1.12	1.00	1.17	1.64	1.54	0.93	
荷兰盾	0.80	1.10	n.a.	1.41	1.06	n.a.	n.a.	0.91	1.26	1.26	1.10	1.01	0.81
瑞士法郎	1.01	n.a.	1.08	1.21	1.32	n.a.	n.a.	0.86	1.06	1.04	1.04	0.94	0.63
日元	1.42	1.05	1.02	1.23	1.08	1.45	1.09	1.24	0.94	0.47	1.31	1.30	1.79

注：每一项都是根据式（6-19）所算的比率 R。如果预测服务优于（劣于）远期汇率，则 R 小（大）于 1。

资料来源：Richard Levich，"Evaluating the Performance of the Forecasters," in Richard Ensor, ed., *The Management of Foreign Exchange Risk*, 2nd ed.(Euromoney Publications, 1982).

然而，各家预测服务机构的预测业绩也存在明显的实质性差异。例如，服务机构 4 和 11 所算的比率中，每一项都大于 1。相反，由沃顿（Wharton）计量经济预测协会所做的预测服务 13，大部分比率（9 项中有 7 项）小于 1。从表 6-4 中还能清楚地看到每家服务机构的业绩会因币种的不同而不同。例如，由沃顿所计算的比率 R 在对瑞士法郎时为 0.63，而对日元时为 1.79。显然，沃顿协会在计算美元兑日元的汇率时存在困难。另一方面，服务机构 10 在预测对日元的汇率时，比率 R 仅为 0.47，毋庸置疑地要优于市场预测法！这意味着消费者需要根据他们感兴趣的币种来选择预测服务机构。最后，注意一下服务机构 12，它是以技术分析法而著称的，但其业绩并不比远期汇率或其他服务机构好。这一结果并不能增加技术分析法预测汇率的可信度。

在最近的一项研究中，Eun 和 Sabherwal（2002）对世界 10 家主要商业银行的预测业绩进行了评估。他们引用了《风险》上的数据，《风险》是一本以伦敦行情为主的月刊，专门介绍与衍生证券和风险管理相关的实际问题。从 1989 年 4 月到 1993 年 2 月期间，《风险》公布了由这些银行提供的 3 个月期、6 个月期、9 个月期和 12 个月期的汇率预测情况。这些预测是由所有银行在每月的同一天所做的美元兑英镑、德国马克、瑞士法郎和日元的汇率预测。银行的汇率预测公布于众是很少见的。由于商业银行是外汇市场的构成者和参与者，因此它们应该能够近距离地考察交易流量和市场行情。所以，评估这些银行的预测业绩是很有意思的。

在评估这些银行的预测业绩时，Eun 和 Sabherwal 是以即期汇率为基准的。如前所述，如果你认为汇率是随机漫步的，则今天的即期汇率可作为未来即期汇率的预测。因此，他们计算了每家银行预测的准确性并将其与现行即期汇率，即预测当天的市场汇率相比较。在评估这些银行的预测业绩时，他们计算了下面这一比率：

$$R = MSE(B) / MSE(S)$$

式中　$MSE(B)$——银行预测误差的均方差；

　　　$MSE(S)$——即期汇率预测误差的均方差。

如果某家银行的预测准确性比即期汇率高，即 $MSE(B) < MSE(S)$，则 $R<1$。

表 6-5 列出了 10 家样本银行的 R 比率及远期汇率。总体而言，表中大部分数据都大于 1，

表 6-5 预测汇率：银行做得更好吗

货币	预测期限（月）	澳新银行（澳大利亚）	巴黎巴银行（法国）	巴克莱银行（英国）	化学银行（美国）	商业银行（德国）	兴业银行（法国）	哈瑞斯银行（美国）	日本兴业银行（日本）	密德兰蒙太古银行（美国）	联合银行（瑞士）	远期汇率
英镑	3	2.09	1.31	1.08	1.33	1.31	1.41	1.95	1.10	1.10	0.98	1.02
	6	1.60	1.12	0.92	0.96	1.01	1.17	1.97	0.94	1.11	0.96	1.04
	9	1.42	1.04	0.81	0.88	0.78	0.97	1.65	0.81	0.99	1.09	0.83
	12	1.06	0.84	0.60	1.07	0.72	0.77	1.69	0.68	0.95	1.16	1.02
德国马克	3	1.98	1.39	1.09	1.19	1.59	1.39	1.95	1.14	1.26	1.00	1.01
	6	1.15	1.53	1.16	1.03	1.21	1.21	1.97	1.07	1.27	1.05	1.00
	9	0.92	1.45	1.33	0.99	0.85	0.96	1.71	1.00	1.09	0.93	1.06
	12	0.80	1.19	1.14	1.16	0.62	0.97	1.51	1.00	0.87	1.16	0.96
瑞士法郎	3	2.15	1.47	1.13	1.26	1.66	1.32	1.98	1.05	1.19	1.03	1.02
	6	1.18	1.58	1.30	0.98	1.29	1.35	1.88	1.04	1.24	1.05	1.00
	9	0.88	1.46	1.38	0.84	0.96	1.10	1.66	0.96	1.13	0.87	0.99
	12	0.67	1.16	1.15	0.88	0.74	1.01	1.40	0.91	0.98	1.01	0.94
日元	3	3.52	2.31	1.46	1.44	1.73	2.19	2.51	1.52	2.16	1.80	1.08
	6	2.32	2.43	1.55	1.39	1.59	1.62	2.31	1.62	1.68	1.70	1.06
	9	2.54	2.73	1.80	1.57	1.60	1.85	2.22	1.90	1.74	1.97	0.99
	12	2.70	2.61	1.83	1.79	1.44	1.97	1.89	1.93	1.68	2.00	1.10

资料来源：Cheol Eun and Sanjiv Sabherwal, "Forecasting Exchange rates: Do Banks Know Better?" *Global Finance Journal*, 2002, pp. 195-215.

这意味着这些银行的预测业绩就整体而言要比随机漫步模型差。然而，其中也有些银行要比随机漫步模型预测得准确，特别是长期预测。例如，在预测兑英镑的 12 个月期的汇率时，巴克莱银行（$R=0.60$）、商业银行（$R=0.72$）和日本兴业银行（$R=0.68$），平均来说要比随机漫步模型准确。同样，商业银行在预测 12 个月期的德国马克和瑞士法郎的汇率时要比随机漫步模型准确。但这些只是特殊情况。从表 6-5 中我们还能发现在预测兑日元的汇率时，没有一家银行（包括日本的银行）的预测能比随机漫步模型更准确。表 6-5 最后一列的相对于远期汇率的比率 R 大都在 1 左右，这就意味着远期汇率与即期汇率的预测效果相近。

本章小结

本章系统讨论了主要的国际平价关系及两个相关问题：汇率决定和汇率预测。有效的财务管理离不开对平价关系的全面理解。

1. 利率平价（IRP）理论认为，远期升水或贴水应当等于两国之间的利率差异。如果国际资本可以自由流动，那么利率平价就成为一个套利均衡的产生条件。

2. 如果利率平价关系不成立，那么通过借入一种货币同时借出另一种货币并利用远期合约来对汇率风险进行套期保值，投资者就可确保获利。借助这种抵补套利活动，利率平价将重新成立。

3. 利率平价关系表明，从短期来看，汇率取决于两方面的因素：①两国之间的相对利率水平；②预期的远期汇率。在其他条件相同的情况下，较高（低）的本国利率将导致本国货币的升（贬）值。而且人们对未来汇率的预期往往是自我实现的。

4. 购买力平价（PPP）理论认为，两国货币之间的汇率应该等于两国的物价水平之比。购买力平价关系反映的是一价定律对标准一篮子商品的国际性应用。购买力平价的表述则认为，汇率的变化率必须等于两国之间的通货膨胀率差异。不过，现有的实证研究大多否定了购买力平价关系。这表明，进行国际商品套利的确要面对许多壁垒。

5. 有三种不同的汇率预测方法：①有效市场法；②基本分析法；③技术分析法。有效市场法利用的是即期汇率或远期汇率等市场价格来预测未来汇率。基本分析法利用各种正式的汇率决定模型来进行预测。而技术分析法则利用历史汇率数据来预测未来汇率。实证研究表明，基本分析法和技术分析法都不如有效市场法有用。

本章拓展

附录 6A

购买力平价与汇率决定

尽管购买力平价本身就可以作为一种汇率决定理论,但它也为一种更完善的理论——**货币分析法**(monetary approach)提供了基础。货币分析法是由芝加哥经济学院提出的,它是建立在购买力平价和**货币数量理论**(quantity theory of money)基础上的。

从货币数量理论可知,以下两个等式在每个国家都是成立的:

$$P_\$ = M_\$ V_\$ / y_\$ \tag{6A-1A}$$

$$P_£ = M_£ V_£ / y_£ \tag{6A-1B}$$

式中 M——货币供应量;
V——货币流速,用来衡量货币在经济周期中的周转速度;
y——国民生产总量;
P——总的物价水平,下标是指国家。

若把式(6-12)购买力平价中的物价水平代入上式,可得到如下的汇率表达式:

$$S = (M_\$/M_£)(V_\$/V_£)(y_£/y_\$) \tag{6A-2}$$

根据货币分析法,在汇率决定中起作用的是:

(1)相对货币供应量。
(2)相对货币流速。
(3)相对国民生产总量。

若其他条件都相同,美国货币供给量的增加将导致美元兑英镑同比率的贬值,美元货币流速的加快会导致相同的后果。但美国国民生产总量的增加将导致美元兑英镑同等比率的升值。

货币分析法是以购买力平价为基础的,它可以被视为汇率决定的一个长期理论,而非短期理论。这是因为货币分析法未考虑价格刚性。它假设价格是完全可以调整的,但从短期来看这是不现实的。许多商品和服务的价格在一段时间内都是固定的。劳动合同所规定的工资率是短期价格刚性的一个很好的例子。虽然货币分析法存在这样一个明显的缺陷,但它仍是一个极具影响力的理论,并为现代汇率经济提供了一个基准。

第7章

外汇期货与外汇期权

本章提纲

期货合约的预备知识
货币期货市场
货币期货的基本关系
期权合约的预备知识
货币期权市场
货币期货期权
期权到期时的基本定价关系
美式期权定价关系
欧式期权定价关系
二项式期权定价模型

欧式期权定价公式
货币期权的实证检验
本章小结
本章拓展
  关键词
  思考题
  计算题
  小型案例：期权投机者
  参考文献与建议阅读材料

  2008年1月24日，法国第二大银行法国兴业银行（Societe Generale）披露，该行一名31岁的品行不端的交易员未经授权买入总额高达730亿美元的欧洲股票指数期货合约，因股票市场走势不利于其持有头寸，结果招致法国兴业银行损失72亿美元。通过侵入旨在监控交易情况的电脑系统，该交易员避开了正常的风险管理措施，从而将其交易头寸掩盖了数月。这一损失迫使法国兴业银行紧急筹资80亿美元。同样地，1995年，另一品行不端的交易员因建立了270亿美元各种未做套期保值的交易所交易的期货和期权合约头寸（主要为在新加坡国际货币交易所交易的日经225股票指数期货），导致巴林银行（Barings PLC）损失13亿美元而破产。当市场变化对交易商的投机头寸不利时，损失就产生了。最后，巴林银行被荷兰银行和保险财团ING集团所接管，因欺诈交易而入狱的交易员则在新加坡监狱服刑三年。

  这些例子表明，如果用于投机目的，期货和期权合约确实是高风险的投资。不过，它们也是重要的风险管理工具。本章将介绍外汇交易的外币期货合约和期权合约，以及对外汇价格投机运动和规避汇率变动风险很有用的货币期货期权。在介绍即期汇率和远期汇率的第5章，我们曾提到了外汇市场，而这些合约就是外汇市场的组成部分。

  首先，本章将比较远期合约与期货合约，介绍两者的异同点。我们将介绍期货市场、合约标的货币以及各种货币合约的具体内容。

其次,我们将介绍外汇期权合约,比较和对比期权市场和期货市场。我们将辨析有关期权的交易,并了解合同条款。我们也将讨论柜台期权市场。本章还将通过实际市场价格来说明基本期权定价的上下限关系。另外,我们还会详细讲解投机者是如何使用外汇期权的。在本章的结尾,我们将导出货币期权定价模型。本章内容将和第 5 章、第 6 章介绍的关于远期合约的内容一起,为读者学习第 8 章、第 9 章、第 10 章奠定基础。第 8 章、第 9 章、第 10 章将介绍如何运用这些工具来规避外汇风险。

7.1 期货合约的预备知识

在第 5 章中,远期合约被定义为在未来确定的时间以确定的价格买入或卖出一定数量的外汇的工具。因为远期合约与期货合约的价格都取决于或依附于标的证券的价值,因此它们都被视为**衍生证券**(derivative securities)或**或有索偿证券**(contingent claim securties)。尽管**期货合约**(futures contracts)与远期合约有很多相似之处,但两者还是有很多差别的。远期合约是通过客户的国际银行为其量身定做的。相反,期货合约有其**标准化**(standardized)的特征并且是在**场内交易**(exchange-traded)的,也就是说它不是一种柜台交易,而是在正规交易所进行的交易。客户通过他的经纪人获取期货头寸,经纪人将客户的订单传到交易大厅,再传到交易柜台。在交易柜台,订单合约的价格由场内经纪人与交易商公开叫价决定。

期货合约主要的标准化特征就是**合约规模**(contract size)和**到期日**(maturity date),其中合约规模载明了未来买入或卖出的外币标的金额。期货合约的交易金额是一定的,而非按客户需要设定的。因此,要建立一个相当规模的套期保值头寸或投机头寸,就需要签订多份合约。期货合约事先规定了一年中的**交割月份**(delivery months),在该月份中的特定的一天,合约到期。

客户要建立一个期货头寸,必须在一个抵押账户中存入**初始保证金**(initial performance bond),这种保证金一般为合约价值的 2% 左右,可以用现金也可以用国库券作为保证金。账户余额将随每日交易而波动,这点以下将做详细说明。这种由合约持有者提供的保证金被看作是持有者顺利履约的保证。

远期合约与期货合约的主要不同在于,它们按不同的方式对未来买卖的标的资产进行标价。远期合约是对未来交易设定价格,相反,期货合约是**逐日结算**(settled-up)或**盯市操作**(market-to-market),即按当日的结算价格每日结算。**结算价格**(settlement price)是指交易所每日交易结束后期货交易的价格。它由商品结算委员会设定,如果某一天合约交易量比较小,这时的结算价格就可能稍显武断。期货合约的购买者(拥有多头头寸的客户),如果今天的结算价格高(低)于前一日的结算价格,则称他今天结算金额为正(负)。因为多头头寸使其拥有者有权购买标的资产,因此,一个较高(低)的结算价格就意味着标的资产的期货价格上升(下降)。从而,合约中的多头头寸价值将上升(下降)。两天之间结算价格的变化决定了结算金额的变化。也就是说,每单位标的资产结算价格的变化差价乘以合约规模,就等于多头保证金账户上每日增加(减少)的结算金额。同理,期货合约卖方(空头)的保证金账户的增加(减少)金额,将等于多头保证金账户减少(增加)的金额。因此,多头与空头之间的期货交易是一个**零和博弈**(zero-sum game),也就是说,多头与空头每日的结算金额之和为零。如果投资者的保证金账户余额低于**维持保证金**(maintenance performance bond)水平(大约为初始保证金的 90%),就必须在账户中再存入资金,以使账户余额达到初始保证金水平从而维持头寸的开立。如果投资者出现资金周转困难而无法补足这笔钱，那么他的经纪人就会清算掉他的头寸。

期货市场的盯市操作意味着市场参与者每日都会发生盈利或亏损，而不是像远期合约那样于到期日一次性结算损益。每日交易结束，期货合约就像一份以新的结算价格结算标的资产的远期合约一样，只是到期日减少了一天。由于每日结算，期货的价格将随着时间的推移而与合约最后一天的现货交易价格趋于相同。也就是说，任何期货交易的最终结算价格将与最后一天的现货交易价格相同。然而，如果把保证金账户的获利或损失包括在内，有效价格仍是期货合约的初始价格。表7-1总结了远期合约与期货合约的不同之处。

表7-1 远期合约与期货合约的区别

项目	类型	说明
交易地点	期货合约	全部在指定交易所进行
	远期合约	银行交易商通过电话或者网络处理系统交易
合约规模	期货合约	标的资产有标准金额
	远期合约	根据参与者的需要制定
结算	期货合约	每日结算或者盯市操作，由期货清算所通过参与者的保证金账户结算
	远期合约	参与者于到期日从银行买卖合约约定数量和价格的标的资产
到期日	期货合约	标准化交割日期
	远期合约	根据投资者需要指定日期
交割	期货合约	真正的交割很少发生。经常通过对冲交易完成原来的合约
	远期合约	标的资产交割经常发生
交易成本	期货合约	买卖价格加上佣金
	远期合约	买卖价格加上银行直接通过补偿平衡需求所收取的费用

要使金融衍生品市场高效运作，有两类市场参与者是不可或缺的：**投机者**（speculators）和**套期保值者**（hedgers）。投机者希望从期货价格变动中获利。为了达到这个目的，投机者会依据其对期货价格变化的预测持有多头或者空头。另一方面，套期保值者则想通过多头期货合约来锁定标的资产的买入价格，或是通过空头期货合约来锁定标的资产的卖出价格，从而避免价格变动风险。实际上，套期保值者将价格变动的风险转嫁给投机者，而后者也更能够或者说更乐于承担此项风险。

外汇远期市场与外汇期货市场的流动性都很强。在这两个市场上，客户都可以用**对冲交易**（reversing trade）来清算或者抵消其持有的头寸。⊖在远期市场上，大概有90%的合约导致空头方将标的资产与空头方交割。很自然地，这就使得远期合约有了量身定做的条款。与之形成对比的是，只有大约1%的货币期货合约最终完成交割。虽然期货合约可以用来投机和套期保值，但当外汇交易实际发生时，它们标准化的交割日期往往会与相应的实际到期日错开。因此，这些合约一般都是通过对冲交易来实现的。在期货市场交易中，交易双方在设立和清算头寸的交易中都要交纳**佣金**（commission）。现在，通过经纪人的折扣，每份货币期货合约的佣金仅为15美元。

在期货市场上，**清算所**（clearing house）作为第三方提供交易服务。买方从清算所购买期货合约，而卖方则将期货合约卖到清算所。期货市场的这一特征促进了二手交易市场的发展，因为买卖双方不必掂量对方的信用度。清算所由清算会员组成。不是清算会员的经纪人一定要通过会员才能结算其客户的交易。当期货交易双方有一方拖欠保证金时，清算会员将介入交易，并代表拖欠方支付，然后再向拖欠方索要赔偿。清算所的责任是有限的，因为

⊖ 在远期市场上，投资者通过反向交易来对冲头寸；在期货市场上，投资者事实上并不参与市场交易。

合约持有者的头寸每天都会结算。从组织结构来看，清算所要为清算会员开设一个保证金账户，这样才比较合理。

通常，期货交易中的期货价格都有一个**每日价格限制**（daily price limit），即结算价格在前一天的结算价格基础上的涨跌幅度限制。远期市场就没有该限定。很显然，当价格达到限制点，新的市场结算平衡下的价格就无法达成，从而导致交易停止。交易规则的存在就是为了有序地放松价格限制，直到实现市场结算价格。

7.2 货币期货市场

1972年5月16日，货币期货合约交易于芝加哥商业交易所（CME）首先开始，随后货币期货交易活动在这里迅速发展起来。1978年，交易量只有200万张合约，到2015年，交易量几乎达到2亿张合约。2007年，CME与芝加哥商品交易所合并成立芝加哥商业交易所集团（CME Group）。2008年，芝加哥商业交易所集团又并购了纽约商业期货交易所（NYMEX）。在CME交易的外汇期货大多数都是在每年的3月、6月、9月和12月交割，交割日为每个交割月份的第三个星期三。大多数合约的最后交易日为交割日前的第二个工作日。CME货币期货合约的交易是在芝加哥时间周日至周五每天下午5点到第二天下午4点通过GLOBEX电子交易系统来进行的。GLOBEX是一种全球范围的电子交易平台，能自动接收并撮合期货期权订单，而且可以提供将近24小时的服务。表7-2给出了CME外汇合约的详细情况。国际财务实践专栏7-1"外汇市场交易量直线上升"一文具体介绍了芝加哥商业交易所集团的货币产品及GLOBEX电子交易平台的应用情况。

除了CME之外，经营外汇期货合约的交易所还有ICE美国期货交易所（之前的纽约商品交易所）、墨西哥衍生证券交易所、巴西的BM&F交易所、布达佩斯商品交易所以及韩国交易所的衍生品市场。

表7-2 芝加哥商业交易所集团的外汇期货合约

货币	合约规模
以美元标价	CME
澳大利亚元	AUD100 000
巴西雷亚尔	BRL100 000
英国英镑	GBP62 500
加拿大元	CAD100 000
人民币元	CNY1 000 000
捷克克朗	CZK4 000 000
欧元	EUR125 000
匈牙利福林	HUF30 000 000
印度卢比	INR5 000 000
以色列锡克尔	ILS1 000 000
日元	JPY12 500 000
韩元	KRW125 000 000
墨西哥比索	MXN500 000
新西兰元	NZD100 000
挪威克朗	NOK2 000 000
波兰兹罗提	PLN500 000
俄罗斯卢布	RUB2 500 000
南非兰特	ZAR500 000
瑞典克朗	SEK2 000 000
瑞士法郎	CHF125 000
期货套算汇率（标的货币/计价货币）	
欧元/英镑	EUR125 000
欧元/日元	EUR125 000
欧元/瑞士法郎	EUR125 000

资料来源：CME Group, www.cmegroup.com, website.

| 专栏 7-1 |　　　　　　　　　　国际财务实践

外汇市场交易量直线上升

根据全球最大的规范化的外汇交易市场——芝加哥商业交易所集团所发布的数据，外汇市场增长达到了破纪录的水平。

上个月，芝加哥商业交易所集团报告的日均名义交易量达到1 210亿美元的历史纪录，较一年前增长了82%。

根据众多所采用的指标，如关于希腊信贷问题的消息以及对澳大利亚元与加拿大元之类高收益货币的持续偏好，芝加哥商业交易所集团的欧元、澳大利亚元及加拿大元的交易量及名义价值都创了纪录。欧元期货与期权的日均成交总量达到362 000张合约，名义日均总值稍高于620亿美元。

澳大利亚元期货与期权的日均成交总量达到了119 000张合约，名义日均总值接近110亿美元。加拿大元期货与期权的日均成交总量超过了88 000张合约，名义日均总值达到80亿美元。

随着外汇期货交易的增加，芝加哥商业交易所集团最近发布了白皮书，总结了外汇期货交易的好处。

"在充满不确定性的当今世界，外汇期货合约是应对外汇风险或管理外汇的理想工具，"该白皮书指出。"产品创新、流动性以及财务保障是芝加哥商业交易所集团得以建立世界级衍生品市场的三大基石。芝加哥商业交易所集团提供有各类交易频繁货币的产品，通过采用全新的CME Globex电子交易平台来确保流动性，借助集中结算系统来实现财务保障。"

资料来源：Global Investor, March 2010. All rights reserved. Used with permission.

7.3 货币期货的基本关系

表7-3给出了CME的期货合约报价单。对于每种货币在每个交割月份，我们都可以看到开盘报价、所有交易日的最高价和最低价（本例中是2016年5月16日）以及结算价格。每个价格都采用美式报价，即$F(\$/i)$。（我们用与远期价格同样的符号$F$来标示期货价格，稍后解释为何如此。）对于每份合约，**未平仓**（open interest）合约也都会列出。这是某个特定交割月份所有未结清的多头或空头合约总金额。需要指出的是，未平仓合约是近期月份合约中货币数额最大的合约，本例中是2016年6月的那份合约。由于这些合约中只有很少一部分会真正进行交割，如果我们跟踪调查6月的合约，我们会发现，随着最后交易日（本例中是2016年6月13日）的临近，每种外币合约的数量都在不断下降，这是对冲交易的结果。另外，随着即将到期的合约数的增加，我们会发现2013年9月的合约中未平仓合约数也在增加。总体而言，未平仓合约数（可以近似看作反映需求的信号）随着大多数期货合约的到期日临近而有显著下降。

表7-3 芝加哥商业交易所集团外汇期货合约报价单

	开盘价	最高价	最低价	结算价	改变额	未平仓合约
货币期货						
日元（CME）－¥12 500 000; $/100 ¥						
6月	0.921 0	0.922 6	0.917 3	0.918 2	−0.003 0	159 608
9月	0.924 6	0.925 5	0.920 2	0.921 2	−0.003 0	1 443
加拿大元（CME）－CAD100 000; $/CAD						
6月	0.772 4	0.776 8	0.771 4	0.775 3	0.002 3	118 862

(续)

	开盘价	最高价	最低价	结算价	改变额	未平仓合约
9月	0.771 9	0.776 6	0.771 5	0.775 3	0.002 3	2 744
英镑（CME）- £62 500; $/£						
6月	1.435 3	1.441 6	1.433 3	1.439 1	0.002 3	238 280
9月	1.435 6	1.442 1	1.434 2	1.439 8	0.002 3	1 796
瑞士法郎（CME）-CHF125 000;$/CHF						
6月	1.025 8	1.027 1	1.023 1	1.023 5	−0.003 2	43 970
9月	1.030 0	1.030 0	1.027 6	1.028 2	−0.003 2	178
澳大利亚元（CME）-AUD100 000; $/AUD						
6月	0.724 6	0.730 1	0.724 1	0.728 0	0.001 6	119 002
9月	0.722 2	0.727 5	0.7217	0.725 4	0.001 6	2 404
墨西哥比索（CME）-MXN500 000; $/10MXN						
6月	0.054 87	0.055 12	0.054 40	0.054 81	−0.000 06	91 662
欧元/美元（CME）- €125 000; $/€						
6月	1.131 2	1.135 2	1.131 1	1.132 7	0.001 1	339 149
9月	1.134 7	1.138 6	1.134 7	1.136 3	0.001 1	5 793
欧元/日元（ICE-US）- €125 000; ¥/€						
6月	122.66	123.53	122.64	123.36	0.51	8857
9月	—	—	—	123.35	0.51	2
欧元/英镑（ICE-US）- €125 000; £/€						
6月	0.788 45	0.789 95	0.786 65	0.787 10	−0.000 50	28 429
9月	—	—	—	0.789 15	−0.000 55	4
欧元/瑞士法郎（ICE-US）- €125000; CHF/€						
6月	1.103 1	1.106 9	1.103 1	1.106 7	0.004 5	16 149

资料来源：The Wall Street Journal, Thursday, May 17, 2016, p. C7. Euro/JPY, Euro/GBP, and Euro/CHF quotations are May 16, 2016 values from Bloomberg.

【例 7-1】读懂外汇期货标价

这里以 2016 年 9 月的澳大利亚元合约为例，来学习如何读懂期货报价。如表 7-3 所示，在 2016 年 5 月 16 日周一这天，合约交易的开盘价为 $0.722 2/AUD，那天交易的最高价为 $0.727 5/AUD，最低价为 $0.721 7/AUD。结算价（收盘价）为 $7 254/AUD。未平仓合约数或 2016 年 9 月未结算的合约数为 2 404 份。

当结算价为 0.725 4 美元时，如果要进行实际交割，一份多头合约的持有者将在交割日即 2016 年 9 月 21 日需要拿出 72 540 美元来买入 100 000 澳大利亚元。要注意的是，结算价格相对于前一天上升了 0.001 6 美元，即从 $0.723 8/AUD 上升到了 $0.725 4/AUD。合约的买方和卖方的账户都将随着结算价格的变化而变化。就是说，多头持有方的保证金账户将增加 160 美元（= $0.001 6 × AUD100 000），而空头持有方账户将减少 160 美元。

虽然在期货市场与远期市场的操作中，盯市操作是两者很重要的不同之处，但与远期合约的定价方式相比，盯市操作对期货合约的定价上也没起到什么作用。为了说明这一点，我们来看第 5 章表 5-3 汇率中所列的澳大利亚元的远期价格。即期汇率为 $0.728 9/AUD，1 个月期汇率为 $0.728 0/AUD，3 个月期汇率为 $0.726 4/AUD，6 个月期汇率为 $0.724 2/AUD。

从某种程度上来说，远期汇率是未来即期汇率的无偏估计。以上价格模式预示着未来6个月内，美元兑澳大利亚元将升值。同样地，从澳大利亚元期货合约价格结算模型可知，美元兑澳大利亚元出现升值：$0.728\,0$（6月）到$0.725\,4$（9月）。同样值得注意的是，远期合约与期货合约同时表明了美元的升值趋势。例如，6月份期货合约价格（交割日为6月15日）和9月份期货合约价格（交割日为9月21日）围绕着1个月期远期合约价格（起息日为6月20日）和3个月期远期合约价格（起息日为8月18日）波动。这些现象与6个月期远期合约价格（起息日为11月18日）的变化相一致，从5月到11月出现连续升值：分别为0.728\,9美元、7\,280美元、0.728\,0美元、0.726\,4美元、0.725\,4美元与0.724\,2美元。因此，远期市场与期货市场对于"价格发现"或者是预测未来不同交割日的即期汇率都有很大用处。

从【例7-1】可以看出，期货合约与远期合约的定价方式非常相似。在第6章，我们提出了利率平价理论模型，指出了远期价格与交割日期T的关系：

$$F_T(\$/i) = S_0(\$/i)\frac{(1+r_\$)^T}{(1+r_i)^T} \quad (7-1)$$

我们将用同样的等式来计算期货的价格，这很有效，因为如果这两个市场的价格不一致的话，它们之间的相似性就会产生套利的机会。⊖

【例7-2】采用货币期货来投机与套期保值

假设某交易商在2016年5月16日开立了一个头寸，以$\$1.136\,3/€$买入一份在2016年9月到期的欧元期货合约。该交易商持有这一头寸一直到最后交易日，价格为$\$1.120\,8/€$。由于价格趋同，这也是最后结算价格。该交易商的盈亏情况取决于他9月份的欧元合约是多头还是空头。如果该交易商持有的是多头头寸，作为投机者并没有买进欧元，那么从5月16日到9月21日他将累计损失$-1\,937.50$美元[=（1.120\,8-1.136\,3）×125\,000]。这些亏损每日清算时将从他的保证金账户中扣除。如果他进行实际交割，那么他将为这125\,000欧元实际付出142\,037.5美元（其即期市场价值为140\,100.00美元）。不过，实际成本为142\,037.50美元（=140\,100.00美元+1\,937.50美元），包括从保证金账户扣除的数额。另外，如果套期保值交易商希望在9月21日以$\$1.136\,3/€$买入125\,000欧元，那么该交易商必须通过建立9月份的欧元多头期货合约来锁定142\,037.50美元的买价。

如果交易商持有的是空头，作为投机者并没有买进欧元，那么从5月16日到9月21日的累计利润为1\,937.50美元[=（1.136\,3-1.120\,8）×125\,000]。这些利润每日清算后将加到其保证金账户。如果进行实际交割，那么他的125\,000欧元可收到142\,037.50美元（其即期市场价值为140\,100.00美元）。不过，交易商实际得到

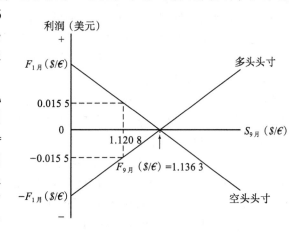

图7-1　2016年9月欧元期货合约的空头与多头头寸

⊖ 作为一种理论观点，Cox、Ingersoll和Ross（1981）认为，除非利率恒定或者可以被准确预测，否则，远期价格和期货价格就不应该相等。就我们的研究目的而言，本书没有必要在理论上那么具体化。

的金额为 142 037.50 美元（140 100.00 + 1 937.50），包括存入他保证金账户的金额。另外，如果套期保值交易商希望在 9 月 21 日以 \$1.136 3/€卖出 125 000 欧元，那么该交易商必须通过建立 9 月份的欧元空头期货合约来锁定 142 037.50 美元的卖价。图 7-1 描述的就是这些多头与空头期货头寸。

7.4　期权合约的预备知识

期权（sption）是一种合约，它赋予所有者一种选择的权利（而不是义务），即拥有在未来一定时间内以一定的价格出售或购买一定数量的标的物的权利。就像期货和远期合约一样，期权也是一种衍生证券或或有索偿证券。它的价值来自它与标的资产之间的确定关系——本章中，这些标的资产就是外汇，或是对外汇的一些要求权。选择购买标的物的期权是**看涨期权**（call option），卖出标的物的期权称**看跌期权**（put option）。通过期权买进或卖出标的资产称为执行期权。预先规定的标的物**买卖价格**（exercise price）称为**执行价格**（striking price）。在期权的术语中，期权的买方常被称为多头，而卖方则被称为期权的**开立者**（writer）或者是空头。

因为如果期权的执行对其不利的话，期权的拥有者可以选择不执行期权，这时期权将升值或者**溢价**（premium）。期权可以分为两种：美式期权和欧式期权。该叫法与期权在哪里交易没有关系，而是同它们的执行特征有关系。**欧式期权**（European option）是只有在合约到期日才可以被执行的期权，而美式期权可以在合约有效期内的任何一天被执行。因此，**美式期权**（American option）的所有者可以做到欧式期权所有者能做的一切，乃至更多，如提前行权。

7.5　货币期权市场

1982 年以前，所有的外汇期权合约都是由国际银行、投资银行和经纪人事务所开立的柜台业务。柜台业务的期权是根据购买者提出的关于到期时间的长短、执行价格、标的资产的金额等具体要求而量身定做的。这些合约的数额一般较大，标的资产至少达到 1 000 000 美元。一般来说，期权合约的标的币种可以是美元、欧元、英镑、日元、加拿大元和瑞士法郎，也可以是交易不那么频繁的币种。柜台交易的期权是典型的欧式期权。

1982 年 12 月，费城股票交易所（PHLX）开始交易欧式和美式的外汇期权。2008 年，NASDAQ OMX 集团收购了费城交易所。如表 7-4 所示，费城股票交易所目前交易的货币期权涉及 7 种货币。表 7-4 中还给出了合约的规模等规定。费城股票交易所的货币期权合约采用美元现金结算。这些合约交易于每年的 3 月、6 月、9 月和 12 月，到期时间可以是 3 个月、6 个月、9 个月和 12 个月，再加上临近的 2 个月，因此到期时间总有 6 个。这些期权属于欧式期权，采用现金结算，结算日为到期月份第三个周五（最后交易日）后的周六（到期日）。这些合约的交易时间是费城时间的每天上午 9 点 30 分到下午 4 点。

表 7-4　费城交易所货币期权合约

外汇	合约规模
澳大利亚元	AUD10 000
英镑	GBP10 000
加拿大元	CAD10 000
欧元	EUR10 000
日元	JPY1 000 000
新西兰元	NZD10 000
瑞士法郎	CHF10 000

与正规的交易所期权交易相比，柜台交易（OTC）的货币期权交易量要大得多。根据国际结算银行的统

计，2016 年每天的柜台交易量大约为 2 540 亿美元。相比之下，交易所交易的外汇期权交易量几乎可以忽略不计了。作为交易所交易的衍生工具，费城股票交易所的期权合约不受《多德—弗兰克法案》下对"互换"的监管。虽然货币期货不受监管，但货币期权要受到监管。

7.6 货币期货期权

芝加哥商业交易所集团（CME Group）就其所提供的货币期货合约开展美式期权交易（参见表 7-2）。对于这些期权，标的资产为外币期货合约，而非实物货币。显然，期货合约成了期权合约的标的。近年来，主要货币期货合约开始进行欧式期权交易。

大多数 CME 期货期权合约的到期日为标的期货合约每年 3 月、6 月、9 月和 12 月的到期周期，以及三个连续非循环月份。例如，在 1 月份，1 月、2 月和 3 月到期的期权按 3 月期货合约交易，4 月和 6 月到期的期权按 6 月期货合约交易，9 月和 12 月到期的期权按对应到期月的期货合约进行交易。每月期权将在期权合约到期月份第三个星期三前的第二个星期五到期。交易是在芝加哥时间周日至周五每天下午 5 点到第二天下午 4 点通过 GLOBEX 电子交易系统来进行的。

货币期货期权与实际货币期权非常相似，因为随着期货合约到期日的临近，期货价格与现货价格逐渐接近。执行一份期货期权将导致看涨期权的购买者拥有一个多头期货头寸，而期权开立者和看跌期权的卖出者拥有一个空头期货头寸。如果在期货到期日前期货期权还没有被冲销，那么就要执行期权标的货币的交割。

7.7 期权到期时的基本定价关系

在到期日，有同样执行价格的欧式期权与美式期权（以前还没有执行过的话），将有相同的终值。对于看涨期权，在时点 T 时的每单位外汇的到期值可以用如下公式表示：

$$C_{aT} = C_{eT} = \text{Max}[S_T - E, 0] \qquad (7\text{-}2)$$

式中　C_{aT}——美式看涨期权的到期价值；

　　　C_{eT}——欧式看涨期权的到期价值；

　　　E——每单位外汇的执行价格；

　　　S_T——到期日的即期价格；

Max 是 maximum 的缩写，表示括号中表达式的最大值。

如果一个看涨（看跌）期权的 $S_T > E$（$E > S_T$），则为**价内**（in-the-money）**期权**，合约将被执行；如果 $S_T = E$，期权期满时为**平价**（at-the-money）**期权**。如果 $S_T < E$（$E > S_T$），看涨（看跌）期权在到期时为**价外**（out-of-the-money）**期权**，不会被执行。

【例 7-3】欧式看涨期权的到期价值

这里以表 7-5 中给出的 PHLX 112 Sep 欧元欧式看涨期权为例来说明定价公式（7-2）。该期权当前的费用 C_e 为 2.76 美分 / 欧元，执行价格为 112 美分 / 欧元，到期日为 2016 年 9 月 16 日。假设到期日即期汇率为 1.162 5 美元 / 欧元。这时，看涨期权的执行价值为每张 EUR10 000 合约 4.25（=116.25−112）美分，总值 425 美元。换言之，看涨期权的所有者可以在即期市场上按 11 200 美元（=10 000 欧元 ×1.12）的价格买入价值为 11 625 美元（=10 000 欧元 ×1.162 5）的 10 000 欧元。相反，如果最后交易日的即期汇率为 1.100 7 美元 / 欧元，那么看涨期权的执行价值为负,每欧元为 -1.93(=110.07-112)美分。因为看涨期权买入者没有执行期权的义务,所以对不利期权当然不会执行,而会选择让期权过期作废,使之价值为零。这样,看涨期权买入者的损失仅限于已经支付的期权费,即 2.76 美分/欧元,就该合约而言损失为 276 美元(=10 000 欧元 ×0.027 6)。

表 7-5 费城交易所货币期权报价

NASDAQ OMX 费城交易所期权		看涨期权	看跌期权	
日元				90.94
1 000 000 日元:单位为万分之一				
89	6月	2.11	0.58	
90	6月	1.47	0.95	
91	6月	0.99	1.46	
92	6月	0.64	2.11	
89	9月	3.15	1.36	
90	9月	2.60	1.80	
91	9月	2.13	2.32	
92	9月	1.74	2.93	
欧元				112.01
10 000 欧元:单位为百分之一				
111	6月	1.83	0.66	
111.5	6月	1.52	0.83	
112	6月	1.23	1.04	
112.5	6月	0.96	1.28	
113	6月	0.76	1.57	
111	9月	3.38	1.83	
111.5	9月	3.05	2.02	
112	9月	2.76	2.22	
112.5	9月	2.48	2.44	
113	9月	2.22	2.68	

资料来源:Mid-prices complied from bid and ask quotations obtained from Bloomberg on Friday, May 20, 2016.

图 7-2a 与图 7-2b 分别从看涨期权买入者与卖出者的角度对到期时的 PHLX 112 Sep 欧元看涨期权进行了分析。不难发现,这两个图形互为镜像。看涨期权买方最多仅会损失期权费,但理论上获利可能无限。看涨期权卖方最多能赚得期权费,但理论上损失可能无限。当到期日的即期价格为 $S_T = E + C_e = 112 + 2.76 = 114.76$(美分/欧元)时,期权的买卖双方持平,即双方都不盈不亏。

图 7-2 清楚表明看涨期权持多的投机性。任何时候,只要投机者认为 S_T 要超过平衡点了,就会建立看涨期权多头头寸。如果预测准确,那么投机者就可获利。如果预

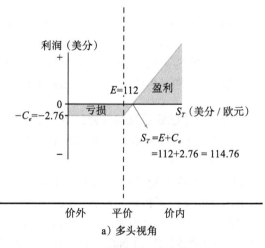

a)多头视角

图 7-2 112 Sep 欧元看涨期权

测不准确，那么损失最多也就是期权费。相反，如果投机者认为 S_T 会低于平衡点，那么建立空头期权就会获利，但利润额不会超出多头方交纳的期权费。但若投机者预测失误，当 S_T 比平衡点大得多时，就会遭受巨大损失。

类似地，在到期日，欧式与美式看跌期权也将有相同的价值。用公式表示，到期价值为

$$p_{aT} = p_{eT} = \text{Max}[E-S_T, 0] \quad (7\text{-}3)$$

式中　P——看跌期权的到期价值。

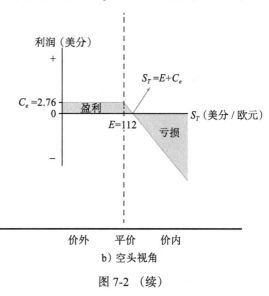

b) 空头视角

图 7-2（续）

【例 7-4】欧式看跌期权的到期价值

这里以 112 Sep 欧元欧式看跌期权为例来说明定价公式（7-3）。该期权当前的费用 C_e 为 2.22 美分/欧元。假设到期日即期汇率为 1.100 7 美元/欧元。这时，看跌期权的执行价值为每张 10 000 欧元合约 1.93（=112-110.07）美分。换言之，看跌期权的所有者可以在即期市场上按 11 200 美元（=10 000 欧元×1.12）的价格卖出价值为 11 007 美元（=10 000 欧元×1.100 7）的 10 000 欧元。如果到期时的即期汇率为 1.162 5 美元/欧元，那么看跌期权的执行价值为负，为 -4.25（=112-116.25）美分/欧元。这样，看跌期权买入者当然不会执行。换言之，他会选择让期权过期作废，使之价值为零。这样，看跌期权买入者的损失仅限于已经支付的期权费，即 2.22 美分/欧元，就该合约而言损失为 222 美元（=10 000 欧元×0.022 2）。

图 7-3a 与图 7-3b 分别从看跌期权买入者与卖出者的角度对到期时的 112 Sep 欧元看跌期权进行了分析。不难发现，这两个图形互为镜像。看跌期权买方的损失最多不会超过期权费，而卖方的盈利最多不会超过期权费。如果最终即期汇率为不可能实现的 0 美元/欧元，那么此时看跌期权买方所能取得的最大利润为 109.78 美分/欧元（$=E-P_e=112-2.22$）。看跌期权卖方的最大损失为 109.78 美分/欧元。另外，当即期价格为 $S_T = E-P_e = 109.78$ 美分/欧元时，多头与空头持平，双方都没有利润和损失。

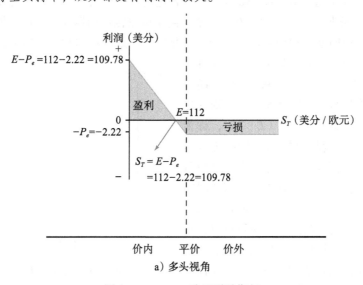

a) 多头视角

图 7-3　112 Sep 欧元看跌期权

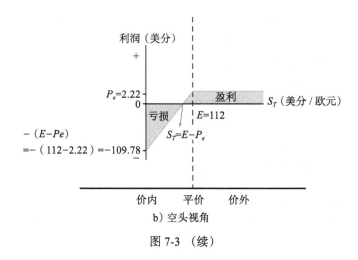

b）空头视角

图 7-3 （续）

图 7-3 清楚地表明了看跌期权持多的投机性。任何时候，只要投机者认为 S_T 要小于平衡点了，就会建立看跌期权多头头寸。如果预测准确，那么投机者就可获利。如果预测不准确，那么损失最多也就是期权费。相反，如果投机者认为 S_T 会超过平衡点，那么建立空头看跌期权就会获利，但利润额不会超出多头方交纳的期权费。但若投机者预测失误，当 S_T 比平衡点小得多时，就会遭受巨大损失。

7.8 美式期权定价关系

美式看涨或者看跌期权可以在到期前的任何时候执行。因此，在理性市场上，美式期权在到期日前的时点 t 将满足下列的基本定价关系：

$$C_a \geqslant \text{Max}\left[S_t - E, 0\right] \tag{7-4}$$

和

$$P_a \geqslant \text{Max}\left[E - S_t, 0\right] \tag{7-5}$$

用文字表达就是，美式看涨或者看跌期权在时点 t 的期权费将至少等同于其立即执行的期权价值，即**内在价值**（intrinsic value）。（为简化起见，已将下标 t 从看涨或看跌期权费符号中删去。）对于长期美式期权的持有者来说，由于可以在短期期权的任何到期时间执行长期期权，也可以在短期期权到期后进行执行，因此当其他条件相同时，长期美式期权的市场价格至少应该等同于短期美式期权的市场价格。

如果 $S_t > E (E > S_t)$，看涨（看跌）期权被称之为"价内期权"；如果 $S_t \cong E$，则称之为"平价期权"；如果 $S_t < E (E < S_t)$，称为"价外期权"。期权费与期权内在价值之差是非负的，有时候我们称之为期权的"**时间价值**"（time value）。例如，美式看涨期权的时间价值是 $C_a - \text{Max}\left[S_t - E, 0\right]$。时间价值的存在使得投资者愿意支付超过立即执行价值的价格，因为随着时间的推移，这份期权可能会成为价内期权，从而变得更加值钱。图 7-4 描绘了美式看涨期权的内在价值和时间价值。

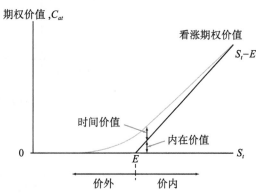

图 7-4 美式看涨期权的市场价值、时间价值以及内在价值

7.9 欧式期权定价关系

欧式看涨或者看跌期权的期权费的上下价限更加复杂，因为它只能在到期日执行。因此，在上下价限表达式中要考虑时间价值因素。表 7-6 列示了欧式期权的期权费下限的表达式。

表 7-6 欧式看涨期权费的下限表达式

	当前	到期日	
		$S_T \leqslant E$	$S_T > E$
投资组合 A：			
购入看涨期权	$-C_e$	0	$S_T - E$
在美国以利率 $r_\$$ 借出现值 E	$\dfrac{-E}{(1+r_\$)}$ $\dfrac{-C_e - E}{(1+r_\$)}$	E/E	E/S_T
投资组合 B：			
以利率 r_i 借出 1 单位 i 货币的现值	$-S_t/(1+r_i)$	S_T	S_T

表 7-6 比较了美元投资者在两种组合中要付出的成本和可获得的盈利。投资组合 A 包括购入一份欧式看涨期权，并在假定整个投资期美国的利率为 $r_\$$ 的前提下，借出相当于执行价格的现值为 E 的金额。这一投资的成本为 $C_e + E/(1+r_\$)$。在到期日，如果 S_T 小于或等于 E，这份看涨期权就没有正的执行价值，那么多头方就不会执行它；如果 S_T 大于 E，看涨期权的多头就会执行它；执行价值是 $S_T - E > 0$。无论在时点 t 出现哪种情况，无风险贷款总可以盈利金额 E。

通过比较，美元投资者会选择投资组合 B，它包括在外汇汇率为 r_i 时借出 1 单位外币的现值 i，我们假定整个投资期间的汇率都为 r_i。以美元表示，这一投资的成本为 $S_T/(1+r_i)$。不管在时点 t 出现哪种情况，投资者都可以盈利 1 单位的外币，价值为 S_T 美元。

从表 7-6 很容易看出，如果 $S_T > E$，投资组合 A 和 B 都将盈利相同的数额 S_T。但是，如果 $S_T \leqslant E$，投资组合 A 将比 B 盈利多一些。这就意味着在理性市场上，投资组合 A 的价格至少与 B 的一样高，即 $C_e + E/(1+r_\$) \geqslant S_T/(1+r_i)$。这就意味着

$$C_e \geqslant \text{Max}\left[\dfrac{S_t}{(1+r_i)} - \dfrac{E}{(1+r_\$)}, 0\right] \tag{7-6}$$

因为欧式看涨期权不可能以一个负价值卖出。

同样地，欧式看跌期权的下限定价关系为

$$P_e \geqslant \text{Max}\left[\dfrac{E}{(1+r_\$)} - \dfrac{S_t}{(1+r_i)}, 0\right] \tag{7-7}$$

该公式的推导留给读者作为练习。（提示：投资组合 A 包括买进看跌期权，借出现值；投资组合 B 包括借出执行价格的现值。）

注意，C_e 和 P_e 只是 5 个变量的函数：S_T、E、r_i、$r_\$$ 以及到期日函数。从式（7-6）和式（7-7）中可以得出结论：当其他条件不变时，下列变动将使看涨期权费 C_e（看跌期权费 P_e）上升：

（1）S_T 越大（小）。
（2）E 越小（大）。

(3) r_i 越小（大）。

(4) $r_\$$ 越大（小）。

(5) $r_\$$ 相对于 r_i 越大（小）。

这里的隐含意思是：期权的执行期限越长，$r_\$$ 和 r_i 越大。当 $r_\$$ 和 r_i 大小差别不大时，一份欧式外汇交易看涨或看跌期权的价格将随着时间的推移而上升。当 $r_\$$ 比 r_i 大很多时，一份欧式外汇交易看涨期权的价格会上涨，但是，随着期权到期日的延长，看跌期权费将下降。当 r_i 比 $r_\$$ 大很多时，情况正好相反。

回顾一下 IRP 的公式：$F_T = S_T [(1+r_\$)/(1+r_i)]$，即 $F_T/(1+r_\$) = S_T/(1+r_i)$。因此，欧式外汇的看涨或者看跌价格的现价公式式（7-6）和式（7-7）分别重新表述如下：⊖

$$C_e \geq \text{Max}\left[\frac{(F_T - E)}{(1+r_\$)}, 0\right] \quad (7\text{-}8)$$

$$P_e \geq \text{Max}\left[\frac{(E - F_T)}{(1+r_\$)}, 0\right] \quad (7\text{-}9)$$

【例 7-5】欧式期权定价的估价

如果持有 112 Sep 欧元欧式看涨期权和 112 Sep 欧元欧式看跌期权，那么式（7-8）和式（7-9）是否成立呢？对于上述两种期权，最后交易日均为 2016 年 9 月 16 日或在 2016 年 5 月 20 日起 119 天之后。就在这一天，4 个月期美元的 LIBOR 利率为 0.80%。因此，$(1+r_\$) = (1+0.008\ 0)(119/360) = 1.002\ 6$。这里，我们用 2016 年 5 月 20 日的 9 月期货价格 1.124 5 美元作为 F_T。这样，对于 112 Sep 欧元欧式看涨期权：

2.76 ≥ Max [(112.45-112)/1.002 6, 0] = Max [0.45, 0] = 0.45

因此，欧式看涨期权的期权费不等式确实成立。对于 112 Sep 欧元欧式看跌期权：

2.22 ≥ Max [(112-112.45)/1.002 6, 0] = Max [-0.45, 0] = 0

因此，欧式看跌期权的期权费不等式也同样成立。

7.10 二项式期权定价模型

至此所讨论的期权定价关系都是看涨和看跌期权费用的下限，而非确切的期权费用的等式。二项式期权定价模型为美式看涨和看跌期权提供一个精确的计价公式。⊜这里将以简单的一步式二项式模型为例，来更好地说明期权定价的本质。

这里采用二项式模型来确定表 7-5 中的 PHLX 112 Sep 欧元欧式看涨期权的价值。从表 7-5 中可知，该期权的标价为期权费 2.76 美分/欧元。美式欧元期权的现货价格为 $S_0 = 112.01$ 美分。我们估计期权的价格变动（即年化的期利率变动的标准差）为 $\sigma = 9.685\%$，该数据从 Bloomberg 取得。这份看涨期权 119 天后到期，即 2016 年 9 月 16 日，或者是

⊖ 美式期权可以在到期前的任何时候进行执行。如果在到期前行使期权对期权所有者不利，那么期权所有者可以像欧式期权那样来处理美式期权。在式（7-4）、式（7-8）（对看涨期权）以及式（7-9）（对看跌期权）中，对美式看涨或看跌期权而言，其下限关系的约束性很强，分别是：$C_a \geq \text{Max}[S_t - E, (F - E)/(1+r_\$), 0]$ 和 $P \geq \text{Max}[E - S_t, (E - F)/(1+r_\$), 0]$。

⊜ 二项式期权定价模型分别由 Sharp（1978），Rendleman 和 Bartter（1979），Cox、Ross 和 Rubinstein（1979）等独立推导而得。

在 $T=119/365 = 0.3260$ 年后到期。一步式二项式模型假定在期权临近到期日时，欧元将升值到 $S_{uT} = S_0 \cdot u$ 或者贬值到 $S_{dT} = S_0 \cdot d$，其中，$U = e^{\sigma\sqrt{T}}$，$d = 1/u$。在时点 T，即期汇率为 118.37=112.01（1.058 6）或者 106.00 = 112.01（0.946 3），其中 u=1.056 8，d=1/u = 0.946 3。当执行价格 E = 112 时，只有当欧元升值才会在时点 T 执行期权，执行价格为 C_{uT} = 6.37 = 118.37−112。如果欧元贬值，那么不执行期权才是合理的，它的价值 C_{dT} = 0。

二项式期权定价模型只要求 $u > 1+r_\$ > d$。由【例 7-5】可知，$1 + r_\$$ =1.002 6。显然 1.056 8 > 1.002 6 > 0.946 3。

二项式期权定价模型是建立在标的资产的价值在中等风险的概率升降的基础上的。从我们的研究目的看，EUR 升值的中等风险概率计算如下：

$$q = (F_T - S_0 \cdot d)/S_0(u-d)$$

式中 F_T 是在期权交易时期的远期（期货）的价格。

我们选用 2016 年 5 月 20 日的 9 月交割的 EUR 期货价格作为 F_T 的近似值，F_T（$/EUR）= 1.124 5 美元。因此：

q = (112.45−106.00) / (118.37−106.00) = 0.521 4

因而，EUR 贬值的中性风险的概率为 $1-q$ = 1−0.521 4 = 0.478 6。

因为欧式看涨期权只能在到期 T 时执行，所以二项式看涨期权费为

$$C_0 = [qC_{uT} + (1-q)C_{dT}] / (1+r_\$) \quad (7-10)$$
$$= (0.521 4(6.37) + 0.478 6(0))/(1.002 6)$$
$$= 3.31（美分/欧元）$$

图 7-5 系统描述了该二项式期权定价模型举例的计算过程。

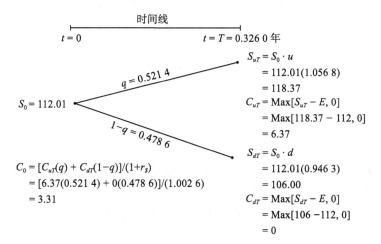

图 7-5　二项式期权定价模型举例的计算过程

另外，（C_{uT} 为正时）二项式看涨期权价格可以用如下公式表示：

$$C_0 = [F_T h - E((S_0 u/E)(h-1)+1)] / (1+r_\$) \quad (7-11)$$

其中，$h = (C_{uT} - C_{dT})/S_0(u-d)$ 是无风险套期保值比率。套期保值比率是指多头（空头）头寸的持有者每份期权必须卖出（买入）标的资产与无风险投资对冲的数量，使得不管标的资产是升值还是贬值，投资者在时点 T 总能得到同样的终值。依据例题数据，我们可以得到：

$$h = (C_{uT} - C_{dT})/S_0(u-d) = (6.37-0)/(118.37-106.00) = 0.515 0$$

因此，看涨期权费为

$$C_0 = [F_T h - E((S_0 u/E)(h-1)+1)]/(1+r_\$)$$
$$= (112.45(0.5150) - 112((118.37/112)(0.5150-1)+1))/(1.0026)$$
$$= 3.31（美分/欧元）$$

式（7-11）比式（7-10）更直观，因为它是式（7-8）的一般形式。用类似的方法，我们可以得出二项式看跌期权定价模型。然而，对我们举的例子，用二项式看涨期权定价模型计算出的价格与实际市场价格 2.76 美分/欧元相比显得过大了，原因在于我们的模型太简单了。在下一节，我们将讨论一个更加完善的定价模型。

7.11 欧式期权定价公式

上一节介绍了简单的一步式二项式期权定价模型。现在，我们将期权期间划分为很多子区间，并假定股票价格是随着二项式过程增加的。这里，S_T 和 C_T 可以为很多不同的值。同时，我们将给出把期权期间划分为无穷多个子区间时欧式看涨或看跌期权的定价公式。精确的欧式看涨与看跌期权的价格公式为[⊖]

$$C_e = S_t e^{-r_i T} N(d_1) - E e^{-r_\$ T} N(d_2) \qquad (7\text{-}12)$$

和

$$P_e = E e^{-r_\$ T} N(-d_2) - S_t e^{-r_i T} N(-d_1) \qquad (7\text{-}13)$$

假定利率 r_i 和 $r_\$$ 在期权合约到期期间 T 是按年计算的常量，到期期间被表示为一年的分数。

运用 IRP，其中有连续的复合函数 $F_T = S_t e^{(r_\$ - r_i)T}$，$C_e$ 和 P_e 在式（7-12）和式（7-13）中可以分别表示为

$$C_e = [F_T N(d_1) - E N(d_2)] e^{-r_\$ T} \qquad (7\text{-}14)$$

$$P_e = [E N(-d_2) - F_T N(-d_1)] e^{-r_\$ T} \qquad (7\text{-}15)$$

其中，

$$d_1 = \frac{\ln(F_T/E) + 0.5\sigma^2 T}{\sigma \sqrt{T}}$$

$$d_2 = d_1 - \sigma \sqrt{T}$$

$N(d)$ 代表标准正态分布密度函数中从 $-\infty$ 到 d_1（或 d_2）的累积区域。变量 σ 是指汇率变动额 $\ln(S_{t+1}/S_t)$ 每年的变动量。从式（7-14）和式（7-15）可以看出，C_e 和 P_e 是关于 5 个变量 F_T、E、$r_\$$、T 和 σ 的函数。当 σ 增大时，C_e 和 P_e 也将增大。

【例 7-6】欧式期权定价模型

作为应用欧式期权定价模型的实例，这里来分析表 7-5 中的 PHLX 112 Sep 欧元欧式看涨期权。2016 年 5 月 20 日，该期权的期权费是 2.76 美分/欧元。期权的最后交易日为 2016 年 9 月 16 日，即标价日开始后 119 天，或者说 $T=119/365=0.3260$ 年。这里采用 2016 年 5 月 16 日的 9 月期货价格作为 F_T 的估计值，F_T（\$/EUR）=112.45 美元。利率 $r_\$$ 的估计值用同一天的 4 个月期美元 LIBOR 的年化利率 0.80%。估计变动率为 9.682%，可从 Bloomberg 得

⊖ 欧式期权定价模型是 Biger 和 Hull（1983），Garman 和 Kohlhagen（1983）以及 Grabbe（1983）所提出的。该模型的诞生可追溯到由 Merton（1973）和 Black（1976）建立的欧式期权定价模型。

到有关数据。

d_1 和 d_2 的值为

$$d_1 = \frac{\ln(F_T/E) + 0.5\sigma^2 T}{\sigma\sqrt{T}} = 0.1002$$

$$d_2 = d_1 - \sigma\sqrt{T} = 0.0449$$

因此，可以得出：$N(0.1002) = 0.5399$，$N(0.0449) = 0.5179$。

现在我们已经有了计算价格要用到的所有数据了：

$$C_e = (112.45(0.5399) - 112(0.5179))e^{-(0.0080)(0.3260)}$$

$$= (60.7118 - 58.0048)(0.9974)$$

$$= 2.70（美分/欧元），实际市场中间价为 2.76 美分/欧元。$$

由此可以看出，该模型用来预测欧元看涨期权效果非常好。

$N(d)$ 的值可以用微软 Excel 中的 NORMSDIST 函数（返回标准正态累积分布函数）来计算得出。式（7-14）和式（7-15）在实践中运用得非常广泛，尤其是在国际银行的柜台期权交易中。表 7-7 给出了利用电子表格软件 FXOMP 计算【例 7-6】中 112 Sep 欧元欧式看涨（跌）期权价格的计算结果。

表 7-7　利用电子表格软件计算欧式外汇期权定价

	A	B	C	D	E	F	G
1							
2	Spot rate (D) =		112.01		Forward rate (D) =		112.45
3							
4	Spot rate (F) =		89.28		Forward rate (F) =		88.93
5							
6	U.S. interest rate=		0.8000%		Foreign interest rate=		−0.4000%
7							
8	Exercise price=		112.00		Option volatility=		9.682
9							
10	Days to expiration=		119		Years to expiration (T) =		0.3260
11							
12	d_1=		0.1002		$N(d_1)$ =		0.5399
13							
14	d_2=		0.0449		$N(d_2)$ =		0.5179
15							
16	Call option premium=		2.70		Put option premium=		2.25
17							

7.12　货币期权的实证检验

Shastri 和 Tandon（1985）利用 PHLX 的看跌、看涨数据，对我们在本章推导出来的美式期权的边界关系公式（式（7-4）～式（7-9））进行了实证检验。他们发现边界关系公式在多处都不成立，但他们将其中的大部分归咎为没有使用同期数据。Bodurtha 和 Courtadon（1986）检验了 PHLX 美式看涨期权和看跌期权的立即执行价格的边界关系（式（7-4）和式（7-5））。他们发现，若使用上一个交易日的数据，边界关系也会不成立。但是，当他们使用同期价格数据，并在计算中考虑到交易成本时，他们发现对 PHLX 美式外汇期权的定价非常有效。

Shastri 和 Tandon（1986）也用 PHLX 美式看涨期权和看跌期权数据来检验欧式期权定价模型。他们断定，非 PHLX 会员的投资者是无法在他们所采用的套期保值组合中获得超额利润的。这就意味着，欧式期权定价模型能很好地为美式货币期权定价。Barone-Adesi 和 Whaley（1987）还发现，欧式期权定价模型对美式平价、价外货币期权的定价也很有效，但是却不能很好地为看涨和看跌价内期权定价。对于价内期权，他们估计用美式期权定价模型能得出更好的结果。

本章小结

本章介绍了外汇期货和外汇期权。这两种工具对投机和规避汇率波动风险都很有用。后面各章将讨论如何使用这些工具来达到套期保值的目的。

1. 远期合约、期货合约以及期权合约属于衍生的或有索偿的债券。也就是说，其价值取决于这些证券的标的资产的价值。
2. 作为金融工具，远期合约和期货合约具有相似性，但也有差异性。两者都约定在未来可按某个价格买进或卖出一定数量的某种标的资产。不过，期货合约是在交易所交易的，具有标准化特征，不同于可以量身定做的远期合约。期货合约的两种标准化特征是合约规模和交割日期。
3. 此外，期货合约每天按新的结算价格进行盯市操作。因此，期货头寸拥有者的个人保证金账户每天会发生增减变化，以反映因期货结算价格相对于前一天所发生的变动而产生的利润或亏损。
4. 期货市场的有效运作需要有投机者和套期保值者的参与。套期保值者的目的是避免因标的资产价格的变动而产生的风险，而投机者的目的是通过预测期货价格变化趋势来获取利润。
5. 芝加哥商品交易所集团和 NASDAQ OMX 期货交易所是两家最大的外汇期货交易所。
6. 利率平价关系常被用作对外汇期货的定价，也可用作对外汇远期合约的定价。
7. 期权是指以特定的价格在约定的时期里买卖标的资产的一种权利而非义务。看涨期权赋予其所有者购买的权利，而看跌期权赋予所有者卖出的权利。美式期权可以在期权存续期间的任何时候执行，而欧式期权只能在到期日执行。
8. 在两家交易所交易的期权具有标准化特征。即期外汇期权在 NASDAQ OMX PHLX 期货交易所进行交易，而货币期货期权在芝加哥商品交易所进行交易。
9. 看涨期权和看跌期权的基本价格界限表达式可通过实际期权价格数据来加以确定和检验。
10. 看涨期权和看跌期权的欧式定价模型同样可通过实际的市场价格数据来推出并解释。

本章拓展

第三篇

外汇风险敞口及其管理

本篇由3章组成，分别介绍有关外汇风险敞口的交易风险、经济风险和换算风险。

第8章介绍的是来自以外币计价合同债务的交易风险敞口的管理，并就该风险的套期保值方法进行了比较。此外，本章还讨论了跨国公司必须进行套期保值的原因以及学术界与实务界对跨国公司套期保值的不同看法。

第9章讨论了经济风险敞口的管理。这里的经济风险指的是企业价值受汇率非预期变化的影响程度。本章给出了衡量经济风险的方法，讨论了经济风险的决定因素，并提出了管理经济风险的套期保值方法。

第10章讨论了换算风险敞口或会计风险敞口的管理。换算风险敞口指的是汇率变化对跨国公司合并财务报表的影响。本章讨论并比较了如何换算外币计价财务报表的各种方法，包括对运用资金调整来管理换算风险敞口的讨论以及对运用资产负债表与衍生工具来套期保值的利弊。

第8章

交易风险敞口的管理

> **本章提纲**

风险敞口的三种类型
远期市场套期保值
货币市场套期保值
期权市场套期保值
应付外币的套期保值
对次要货币之风险敞口的交叉套期保值
或有风险敞口的套期保值
通过互换合约对周期性风险敞口
　的套期保值
通过发票货币的套期保值
通过超前/延后支付的套期保值

风险敞口的净额结算
公司应实施套期保值吗
公司该使用什么样的风险管理产品
本章小结
本章拓展
关键词
思考题
计算题
小型案例：空中客车的美元风险敞口
案例应用：理查德·梅面临的选择
参考文献与建议阅读材料

随着商业的国际化，许多公司都面临着汇率变动带来的风险。汇率的变化可能会影响合约的结算、现金流量乃至公司的价值。因此，财务管理人员必须了解公司的外币风险敞口，并对之进行适当的管理。这样，他们才能稳定公司的现金流量、提高公司的价值。

8.1　风险敞口的三种类型

在讨论如何管理交易风险敞口这一重要问题之前，先简单了解一下风险敞口的不同类型。外币风险敞口通常分为三类：①交易风险敞口；②经济风险敞口；③换算风险敞口。

作为本章讨论的主题，**交易风险敞口**（transaction exposure）可以被定义为一家公司以外币表示的契约现金流量折算为本币后，已实现的本币价值对不可预期的汇率变动的敏感程度。由于这些契约现金流量的结算会影响到公司本币的现金流量，因此交易风险敞口有时也被认为是一种短期经济风险。交易风险敞口产生的原因是合同按固定价格签订，但汇率却随机不断变化。

作为第9章讨论的主题，**经济风险敞口**（economic exposure）可以被定义为意料之外的汇率变化对公司价值的影响程度。任何意料之中的汇率变化都已经在公司的价值中得到体现。在后面的讨论中，我们会发现汇率的变化会对公司在世界市场中的竞争地位有着深远的影响，进而对它的现金流量和市场价值也有重大影响。

第10章讨论的是**换算风险敞口**（translation exposure）。换算风险敞口指的是公司的合并财务报表受汇率变动影响的可能性。合并涉及将子公司的财务报表由当地货币折算为本国货币。假设一家美国跨国公司在英国和日本都有子公司，每家子公司都采用当地货币编制财务报表。母公司必须通过将各个子公司的当地货币折算为美元（本国货币），才能实现世界范围内财务报表的合并。随后我们会了解到，换算涉及许多争议性话题。换算所发生的损益表示的是会计系统对经济风险敞口的事后衡量，而不是对经济风险敞口的事前衡量。第9章的其余部分将集中讨论交易风险的管理。

如前所述，当公司的合同现金流量以固定外币计量时，它就会受到交易风险敞口的影响。假设一家美国公司把产品出售给一位德国客户，发票金额为100万欧元，赊销期为3个月。当这家美国公司在3个月后收到100万欧元时，它只能按照到期日当天的即期汇率将欧元兑换成美元（除非进行了套期保值），但到期日当天的即期汇率无法提前知晓。因此，从这起跨国销售中得到的美元收入是不确定的。如果欧元兑美元升值（贬值），那么以美元计量的收入就会增加（减少）。这种情况意味着，如果这家公司对风险不采取任何措施，它实际上是在对未来的汇率变化进行投机。

下面再给出一个交易风险敞口的例子。假设一家日本公司和一家瑞士的银行签订了一份贷款合约，合约要求其在一年后归还1亿瑞士法郎的本金和利息。由于日元兑瑞士法郎的汇率不确定，日本公司不能明确知道一年后要花多少日元来兑换这1亿瑞士法郎。如果日元兑瑞士法郎升值（贬值），那么需要用较少（较多）的日元来偿还瑞士法郎贷款。

这些例子表明，只要公司拥有以外币计量的应收款或应付款，它就会受到交易风险敞口的影响，而交易的结算会影响现金流量的大小。此外，鉴于公司如今使用外币计量的商业合约和金融合约越来越多，恰当管理交易风险敞口已成为国际财务管理的重要组成部分。与经济风险敞口不同，交易风险敞口有明确的定义：交易风险敞口的大小就是外币应收款或应付款的金额。因此，本章将重点介绍通过使用各种金融合约和操作方法，来规避交易风险敞口。

这里，金融合约包括：①远期市场套期保值；②货币市场套期保值；③期权市场套期保值；④互换市场套期保值。操作方法包括：①发票货币的选择；②超前/延后策略；③风险敞口的净额结算。

在讨论怎样进行交易风险管理之前，有必要先给出一个会产生风险的经营例子。假设波音公司向英国航空公司出口一架波音737飞机，可在一年后收回1 000万英镑。货币市场利率和外汇市场汇率资料如下：

美国利率：年利率6.10%
英国利率：年利率9.00%
即期汇率：1.50美元/英镑
远期汇率：1.46美元/英镑（1年期）

下面让我们来分析管理交易风险敞口的各种方法。

8.2 远期市场套期保值

规避交易风险敞口最直接最普遍的方法也许就是利用货币的远期合约。一般来说,公司可以事先卖出(买进)远期外币应收(应付)款来消除汇率风险敞口。在上述例子中,为了规避外汇风险敞口,波音公司只需卖出1年期的1 000万远期英镑应收款,再换成约定数量的美元。在合约到期日,波音公司必须向合约的另一方即银行支付1 000万英镑,而无论合约到期日的即期汇率为多少,波音公司都将得到1 460万美元(=1.46×1 000万)。当然,波音公司将用它从英国航空公司那里得到的1 000万英镑应收款来履行此远期合约。由于波音公司的英镑应收款完全被英镑应付款(由远期合约产生)抵消,所以公司的净英镑风险敞口为零。

由于波音公司能确保从远期合约的另一方得到约定的1 460万美元,所以来自英国销售的美元收入不会受未来汇率波动的影响。这一点可以从图8-1得到证实。一旦波音公司建立远期合约,那么汇率的不确定性就与其无关了。图8-1也表明,如果波音公司不对汇率风险敞口进行套期保值,那么来自英国销售的美元收入就会受到未来即期汇率的影响。如图8-1所示,如果未来即期汇率确实低于远期汇率$F=1.46$美元/英镑,那么远期套期保值下的美元收入就高于无套期保值时的收入;如果未来即期汇率高于远期汇率,那么情况恰恰相反。在后一种情形下,波音公司失去了英镑升值带来的获利机会。

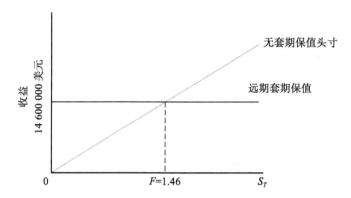

图8-1 来自英国销售的美元收入:远期合约套期保值与无套期保值头寸的比较

假如在远期合约的到期日,即期汇率为1.40美元/英镑,低于1.46美元/英镑的远期汇率。此时,如果波音公司没有建立远期合约头寸,那么公司应当得到1 400万美元,而不是1 460万美元。因此,可以说波音公司通过做远期合约套期保值而净赚60万美元。当然,波音公司通过这种方式不可能总是获利。假设合约到期日的即期汇率为1.50美元/英镑,如果波音公司未进行套期保值,那么公司可获1 500万美元。这样,事后我们可能会说,波音公司做远期合约套期保值的机会成本为40万美元。

表8-1和图8-2给出了进行远期合约套期保值的损益情况。具体损益可按下式计算:

$$收益 = (F - S_T) \times 1 000 万英镑 \qquad (8-1)$$

表8-1 远期套期保值的损益

	从对英国的销售中得到的收入		
到期日的即期汇率(S_T)	未套期保值的头寸(美元)	远期套期保值(美元)	套期保值的损益[②](美元)
1.30	13 000 000	14 600 000	1 600 000
1.40	14 000 000	14 600 000	600 000

(续)

从对英国的销售中得到的收入			
到期日的即期汇率 (S_T)	未套期保值的头寸（美元）	远期套期保值（美元）	套期保值的损益② （美元）
1.46①	14 600 000	14 600 000	0
1.50	15 000 000	14 600 000	-400 000
1.60	16 000 000	14 600 000	-1 400 000

①本例中的远期汇率为 1.46 美元/英镑。
②收益/损失是在到期日的即期汇率下，由远期市场套期保值的收入减去未套期保值时的收入而得到的。

显然，只要远期汇率高于到期日的即期汇率，也就是当 $F>S_T$ 时，则收益为正，相反收益则为负（也就是会最终出现损失）。如图 8-2 所示，当英镑变得一文不值时，公司理论上可以赚得 1 460 万美元，这当然是不大可能的；反之，可能产生的损失也是没有上限的。

然而值得注意的是，以上的分析是事后的，因为没有人能预先知道未来确切的即期汇率，而公司必须事先决定是否要套期保值。要想帮助公司做出决定，有必要考虑以下三种情况：

（1）$\overline{S}_T \approx F$
（2）$\overline{S}_T < F$
（3）$\overline{S}_T > F$

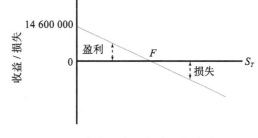

图 8-2 远期合约套期保值的收益/损失

其中，$\overline{S}_T$ 表示公司预期的未来即期汇率。

第一种情况下，公司预期的未来即期汇率 $\overline{S}_T$ 与远期汇率 F 差不多相同，公司预期的损益几乎为零，但是远期套期保值降低了汇率风险敞口。换句话说，公司能在不牺牲国外销售所产生的期望美元收入的情况下消除汇率风险敞口。在这种情况下，如果公司不愿意冒风险，就会倾向于套期保值。需要注意的是，这种情况只有在远期汇率是未来即期汇率的无偏估计时才会有效。⊖

第二种情况下，公司预期的未来即期汇率小于远期汇率，公司将从远期套期保值中获得正收益。由于公司希望在增加美元收入的同时还能消除汇率风险敞口，它将比第一种情况更倾向于套期保值。不过，这种情况意味着，公司管理层不认为远期汇率所反映的就是未来即期汇率的市场预测。

第三种情况下，公司预期的未来即期汇率大于远期汇率，只有当公司国外销售的预期美元收入减少时，才能利用远期合约来降低汇率风险敞口。因此，在其他条件相同的情况下，公司不太乐意进行套期保值。然而，即便预期美元收入会降低，公司仍可能不做套期保值。公司最终是否进行套期保值，取决于其对风险的偏好程度。公司越回避风险，那么越会选择套期保值。从进行套期保值的公司的角度来看，预期美元收入的减少可以看作是回避汇率风险而支付的保险费。

除了远期合约，公司还可以使用货币期货合约来进行套期保值。不过，期货合约并没有

⊖ 正如在第 6 章中所提到的，如果外汇市场是信息有效的且风险溢价相对较小，那么远期汇率就是未来即期汇率的无偏估计。实证研究表明，如果存在风险溢价，那么它通常不会很大。除非公司存在未被远期汇率所反映的内部信息，否则没理由与远期汇率不一致。

远期合约那么适于套期保值。其中主要原因有两点：首先，远期合约是为公司量身定做的，而期货合约则是标准化的工具，对交易的规模、交割日期和其他条件都有具体规定。因此，在大多数情况下，公司只能进行近似的套期保值。其次，由于期货合约具有盯市操作的属性，在期货合约到期前就有中期现金流量产生，公司只好在未知利率下进行投资。这样，要想进行精确的套期保值就变得困难了。

8.3 货币市场套期保值

交易风险敞口也可以通过在国内或国外货币市场上借入和贷出资金来套期保值。一般来说，公司通过借入（贷出）外币以便对它的外币应收（应付）款进行套期保值，从而使资产和负债以同种货币搭配。还是用上面的例子，波音公司可以先借入英镑，然后把借款兑换成美元，这样就可以按美元的投资利息率进行投资，从而降低对英国销售所带来的汇率风险敞口。在借款到期日，波音公司可以用英镑应收款来清偿英镑借款。如果波音公司的英镑借款在还款日的金额正好等于从英国销售所获得的英镑应收款，那么波音公司的净英镑风险敞口就降至零，并在到期时收回美元投资额。

货币市场套期保值最为重要的第一个步骤就是确定英镑的借入量。由于英镑借款的到期值应该正好等于英镑应收款，所以英镑的借入量可以用英镑应收款的贴现现值来计算，也就是 1 000 万英镑 /1.09 = 9 174 312 英镑。如果波音公司借入 9 174 312 英镑，那么一年后要偿还 1 000 万英镑，正好与英镑应收款的数额相等。货币市场套期保值的步骤可总结如下：

步骤一：借入 9 174 312 英镑。
步骤二：按当前的即期汇率 1.50 美元 / 英镑把 9 174 312 英镑兑换成 13 761 468 美元。
步骤三：用这 13 761 468 美元在美国投资。
步骤四：向英航收回 1 000 万英镑，用来偿还英镑借款。
步骤五：收到美元投资的到期价值，即 14 600 918 美元 = 13 761 468 美元 × 1.061，这就是从对英航的销售中能确保得到的美元收入。

表 8-2 货币市场套期保值的现金流分析

交易	当前现金流量	到期日的现金流量
1. 借入英镑	9 174 312 英镑	−10 000 000 英镑
2. 用即期汇率把英镑兑换成美元	13 761 468 美元 −9 174 312 英镑	
3. 在美国投资	−13 761 468 美元	14 600 918 美元
4. 收取英镑应收款		10 000 000 英镑
净现金流量	0	14 600 918 美元

表 8-2 提供了货币市场套期保值的现金流量分析。如表 8-2 所示，目前的净现金流量为零，这就意味着除了可能发生的交易费用外，货币市场的**套期保值费用**（money market hedge）完全是自给的。表 8-2 还清楚地显示出 1 000 万英镑应收款是怎样被 1 000 万英镑应付款（借款产生的）所完全抵消且在到期日产生 14 600 918 美元的净现金流量。⊖

通过货币市场套期保值产生的美元投资的到期值和远期市场套期保值得到的美元收入大

⊖ 当公司有英镑应付账款时，货币市场套期保值方法就是借入美元，按即期汇率兑换成英镑，并按照英镑利率进行投资。

致相同。这并非巧合，主要是因为例子中利率平价（IRP）条件成立这个事实。如果 IRP 不成立，那么通过货币市场套期保值产生的美元收入就与远期市场套期保值得到的美元收入不同。结果，一种套期保值的方法必然优于另一种。然而，鉴于世界金融市场的竞争性和有效性，任何偏离 IRP 的情况都不可能长期存在。

8.4 期权市场套期保值

远期市场和货币市场套期保值可能都存在一个缺陷，即它们都完全消除了汇率风险敞口。这样，公司也就失去了当汇率发生有利变化时从中获利的机会。为详细说明这一点，假设远期合约到期日的即期汇率变为 1.60 美元/英镑，那么远期市场套期保值给公司的代价就是失去了获得 140 万美元收入的机会（见表 8-1）。如果波音公司的确建立了远期合约，就会后悔这样做。波音公司理想的方法是，仅当英镑贬值时才对风险敞口进行管理，而保留英镑升值时可能获利的机会。货币期权就提供了这样一种对汇率风险敞口套期保值的弹性选择权。一般来说，公司可以购买外币看涨（看跌）期权来对其外币应付（应收）款进行套期保值。

为了说明期权套期保值是如何运作的，假设波音公司在场外（柜台）交易市场买进 1 年期 1 000 万英镑的看跌期权，执行价格为 1.46 美元。假设期权费（价格）是 0.02 美元/英镑，因此波音公司需为这份期权支付期权费 200 000 美元（= 0.02 × 1 000 万美元）。该交易为波音公司提供了一项权利而非义务，无论未来即期汇率是多少，公司总能以 1.46 美元/英镑的汇率来兑换这 1 000 万英镑。

现在假设到期日的即期汇率是 1.30 美元/英镑，由于公司拥有按 1.46 美元/英镑的汇率兑换英镑的权利，它一定会执行该英镑的看跌期权，将 1 000 万英镑兑换成 14 600 000 美元。期权套期保值的主要优点就是，公司能够根据到期日的实际即期汇率来决定是否执行期权。前面波音公司已为期权支付了 200 000 万美元的期权费。考虑到货币的时间价值，先前支付的期权费在到期日相当于 212 000 美元（= 200 000 美元 × 1.061），这就意味着在期权套期保值的情况下，公司从对英航销售中得到的净美元收益为 14 387 800 美元：

$$14\ 387\ 800 \text{ 美元} = 14\ 600\ 000 \text{ 美元} - 212\ 200 \text{ 美元}$$

由于只要未来即期汇率低于执行价 1.46 美元，波音公司就一定会执行看跌期权，因此公司能确保从英航的销售中至少得到 14 387 800 的美元收入。

接下来考虑英镑兑美元升值的另一种情况。假设到期日的即期汇率为 1.60 美元/英镑。在此情况下，波音公司就没有动机去执行期权。它宁愿不执行期权，而以即期汇率把 1 000 万英镑兑换成 1 600 万美元。扣除 212 000 美元的期权费，从期权套期保值中得到的净美元收入就变为 15 787 800 美元。以上分析表明，期权套期保值为公司可能产生的风险损失设定了下限，而可能产生的盈余是无限的。不过，公司需要为这种选择权支付期权费。世上没有免费的午餐！值得注意的是，无论是远期市场还是货币市场的套期保值都不需要事先支付任何费用。

表 8-3 给出了若干不同未来即期汇率下，通过套期保值从英航销售中得到的净美元收益。图 8-3 也显示了相同的结果。从图 8-3 可以看出，期权套期保值为美元收入设置了一个底线，美元收入至少为 14 387 800 美元。因此，可以说波音公司对汇率风险采取了保险措施：预先支付的期权费 200 000 美元完全可以被看作是一种保险费。当一家公司有着应付款

而非应收款时,从外汇的角度来说,这家公司可以通过购买该种外币的看涨期权,来为未来购买外汇的美元成本设置一个"上限"。

表 8-3 期权套期保值的美元收入

未来的即期汇率	是否执行	美元毛收入(美元)	期权费用(美元)	净美元收入(美元)
1.30	是	14 600 000	212 200	14 387 800
1.40	是	14 600 000	212 200	14 387 800
1.46	任意	14 600 000	212 200	14 387 800
1.50	否	15 000 000	212 200	14 787 800
1.60	否	16 000 000	212 200	15 787 800

注:本例中的执行汇率(E)是 1.46 美元/欧元。

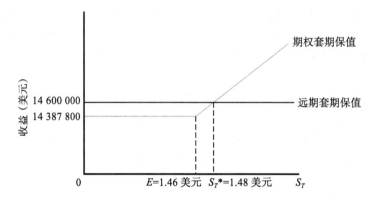

图 8-3 对英航销售而得到的美元收入:期权套期保值与远期合约套期保值的比较

图 8-3 还比较了期权市场套期保值和远期市场套期保值的美元收益。如图 8-3 所示,只要未来即期汇率大于 1.48 美元/英镑,期权市场套期保值就优于远期市场套期保值;而当未来即期汇率小于 1.48 美元/英镑,则反之。在临界点 1.48 美元/英镑上,波音公司使用这两种套期保值方法是无差别的。

临界点的即期汇率对于选择套期保值方法非常重要,其计算过程如下:

$$(10\,000\,000)S_T - 212\,200 = 14\,600\,000\,(美元)$$

通过解这个关于 S_T 的方程,可得到临界点的即期汇率 $S_T^* = 1.48$ 美元/英镑。关于临界点的分析显示,如果公司预期未来即期汇率大于(小于)临界值,则期权市场(远期市场)套期保值方法较优。

与在合约到期日只有一个远期汇率的远期合约不同,期权合约则有着多种执行汇率(价格)。在前面的讨论中,我们分析了一个执行价格为 1.46 美元的期权。考虑到波音公司有一笔英镑的应收款,那么去买一份具有较高执行价格的看跌期权是不错的主意,这样能提高英国销售的最小美元收入值。但我们即刻知道,该公司必须支付更高的期权费。

这再次说明了天下没有免费的午餐。期权合同执行价格的选择最终取决于公司愿意承担的汇率风险的程度。例如,如果公司的目标仅仅是为了避免特别不利的汇率变化(在波音公司的例子中,就是英镑的大幅度贬值),它可能只会考虑购买一份较低执行价格的价外看跌期权,以节省期权成本。表 8-4 对以上三种套期保值的策略给予了总结。

表8-4 波音公司的多种套期保值策略：小结

策略	交易	结果
远期市场套期保值	1. 现在签订一份卖出1 000万英镑的远期合约 2. 1年后，从英国客户处收取1 000万英镑，将其交付给远期合约的另一方	能确保1年后得到1 460万美元；与未来即期汇率无关
货币市场套期保值	1. 现在借入9 174 312英镑，并将其以即期汇率兑换成13 761 468美元 2. 1年后，从英国客户处收取1 000万英镑，将其用来偿还借款	能确保现在得到13 761 468美元，或者在1年后得到14 600 918美元；与未来的即期汇率无关
期权市场套期保值	1. 事先花费20万美元为1 000万英镑收入购买一份看跌期权 2. 1年后，根据到时的即期汇率决定是否执行期权	如果未来即期汇率高于执行汇率，至少能得到14 387 800美元；波音公司能控制损失，且有无限获利的可能

8.5 应付外币的套期保值

到目前为止，我们已经以波音公司的应收款为例对外币交易风险敞口的套期保值进行了讨论。这一部分我们将讨论如何对外币的应付款进行套期保值。假设波音公司进口了一个劳斯莱斯（Rolls-Royce）的喷气机引擎，1年后支付5 000 000英镑。市场情况汇总如下：

美国利率：年利率6.00%
英国利率：年利率6.50%
即期汇率：1.80美元/英镑
远期汇率：1.75美元/英镑（1年期）

对外币应付款套期保值的方法包括：①远期合约；②货币市场工具；③货币期权合约。对于一项应付账款，波音公司应当将偿还应付款的美元成本最小化。

8.5.1 远期合约

如果波音公司决定使用远期合约对这项应付款进行套期保值，那么只需买进5 000 000英镑远期。这里，需用如下数量的美元兑换：

8 750 000美元 = 5 000 000英镑（1.75美元/英镑）

在远期合约的到期日，波音公司将以8 750 000美元从合约的另一方兑换到5 000 000英镑。然后，波音公司用这5 000 000英镑向劳斯莱斯（Rolls-Royce）支付英镑应付款。由于不论一年后即期汇率是多少，波音公司总能用固定的美元数8 750 000美元兑换到5 000 000英镑，因此波音公司的外币应付款就完全被套期保值了。

8.5.2 货币市场工具

如果波音公司首先计算外币应付款的现值，也就是4 694 836英镑（= 5 000 000英镑/1.065），并且立即按照6.5%的英国年利率在英国投资数量完全相同的英镑，从而确保一年后有5 000 000英镑的收入。然后，波音公司可以用该投资的到期值来偿还它的英镑应付款。要想通过货币市场进行套期保值，波音公司必须于现在支出一定数量的美元，即必须按即期汇率买进投资所需的英镑：

8 450 705美元 = 4 694 836英镑 ×1.80美元/英镑

用来购买英镑所必须支付的美元的未来价值计算如下：

$$8\ 957\ 747\ 美元 = 8\ 450\ 705\ 美元 \times 1.06$$

显然，这个数字超过了远期市场套期保值获取 5 000 000 英镑所需的美元成本 8 750 000 美元。由于波音公司要尽可能降低获取英镑套期保值所需美元的成本，所以远期市场套期保值要优于货币市场套期保值。

8.5.3　货币期权合约

如果波音公司决定使用货币期权合约对英镑应付款进行套期保值，那么需要买进 5 000 000 英镑的看涨期权，同时还要决定它的执行价格。假设波音公司选择的执行价格为 1.80 美元/英镑，期权费为 0.018 美元/英镑，那么到期日期权的总成本可计算如下：

$$95\ 400\ 美元 = 0.018\ 美元/英镑 \times 5\ 000\ 000\ 英镑 \times 1.06$$

如果英镑兑美元升值，汇率高于期权合约的执行价格 1.80 美元/英镑，那么波音公司就会选择执行期权，以 9 000 000 美元（= 5 000 000 英镑 × 1.80 美元/英镑）兑换 5 000 000 英镑。反之，如果到期日的即期汇率低于执行价格，那么波音公司会中止期权的执行，在即期市场上购买英镑。这样，波音公司最多需要 9 095 400 美元（= 9 000 000 + 95 400）（或更少）来获取 5 000 000 英镑。

有必要比较远期和期权套期保值。图 8-4 显示了在两种不同的套期保值方法下，对于到期日不同的即期汇率水平，兑换 5 000 000 英镑所需的美元成本。如图 8-4 所示，当即期汇率低于 1.731 美元/英镑时，使用期权套期保值只需支付较少的美元成本，故期权套期保值较为恰当；反之，如果即期汇率高于 1.731 美元/英镑，则远期套期保值较好。临界点的即期汇率 S_T^*，可用如下方程来计算：

$$8\ 750\ 000 = 5\ 000\ 000\ S_T + 95\ 400$$

在临界点，远期市场和期权市场套期保值获取（兑换）5 000 000 英镑的美元成本相同。当我们求出关于 S_T 的方程的解时，就可以得到临界即期汇率。

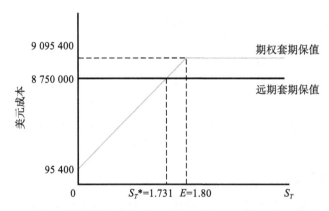

图 8-4　化解应付英镑风险的美元成本：期权与远期套期保值的比较

8.6　对次要货币之风险敞口的交叉套期保值

如果一家公司的应收款或应付款是以英镑、欧元、日元等主要货币来表示的，那么它可以方便地使用远期、货币市场或期权合约来管理汇率风险敞口。相反，如果公司的头寸是以次要币种来计价，比如说韩元、泰铢、捷克克朗，那么用这些货币的金融合约来管理风险不是太昂贵就是不可能。这是因为发展中国家的金融市场相对不发达，而且通常实行高度金融管制。针对这种情况，公司可以考虑使用交叉套期保值手段来管理次要币种的风险敞口。所谓**交叉套期保值**（cross-hedging），就是以一种资产的头寸替代另一种资产的头寸。

假设一家美国公司有一笔韩元应收款，并想对其进行套期保值。如果存在一个完善的韩元远期市场，那么该公司可以简单地通过签订远期合约卖出韩元应收款，但要这样做根本行不通。然而，鉴于韩元/美元的汇率和日元/美元的汇率高度相关，美国公司可以卖出与韩元应收款等值的日元，签订远期合约来锁定日元/美元的远期汇率，从而对韩元进行交叉套期保值。显然，这种交叉套期保值技术的有效性取决于韩元/日元相关性的稳定性和强度。根据 Aggarwal 和 Demaskey（1997）的研究，用日元衍生合约进行交叉套期保值能十分有效地减少印尼卢比、韩元、菲律宾比索、泰铢等亚洲次要货币的风险敞口。同样地，用欧元的衍生合约进行交叉套期保值可减少一些中东欧国家货币的风险敞口，比如捷克克朗、匈牙利福林和罗马尼亚列伊。

Benet（1990）所做的另一项研究表明，商品期货合约对一些次要币种风险敞口的套期保值非常有效。假设墨西哥比索的美元价格和世界石油价格正相关。要注意的是，墨西哥是主要石油出口国，差不多占世界市场份额的 5%。考虑到这种情况，公司就可以用石油期货合约来管理墨西哥比索的风险敞口。如果公司有墨西哥比索应收款（应付款），它就可以卖出（买入）石油期货。同样的道理，公司可以用大豆和咖啡期货合约对在巴西的不动产进行交叉套期保值。当然，这种交叉套期保值技术的有效性取决于汇率和商品期货价格关系的强度和稳定性。

8.7 或有风险敞口的套期保值

期权合约除了能为汇率风险敞口提供灵活的套期保值外，还能够有效地对**或有风险敞口**（contingent exposure）进行套期保值。或有风险敞口是指公司可能遭受也可能不会遭受汇率风险敞口的情况。假设通用电气公司在加拿大的魁北克省竞标一项水利工程。三个月后将公布招标结果，如果通用电气公司中标，将得到 1 亿加拿大元来启动这项工程。由于通用电气公司是否要面临汇率风险敞口取决于它是否中标，因此这是一个典型的或有风险敞口的例子。⊖

用传统的套期保值的工具，像远期合约之类的，是很难处理好或有风险敞口的。假设通用电气公司签订远期合约卖出 1 亿加拿大元来对或有风险敞口套期保值。如果 GE 中标，该公司就不会有什么问题，因为它将得到 1 亿加拿大元来履行该远期合约。但是如果未中标，GE 就会在加拿大元的操作中出现未套期保值的空头头寸。显然，远期合约不能对或有风险敞口提供令人满意的套期保值。当然，如果采取"什么也不做"的策略，那么也不能保证得到令人满意的结果，因为"什么也不做"策略的问题在于，如果竞标成功，通用电器公司的加拿大元交易就会出现未套期保值的多头头寸。

⊖ 如今，出口商允许进口商选择付款币种已十分平常了。例如，波音公司会允许英国航空选择以 1 500 万美元或 1 000 万英镑来支付货款。从某种程度上讲，波音公司也无法预知公司会收到哪种货币，因此就面临着或有风险暴露。英国航空如果知道未来的即期汇率，那么就可以选择相对便宜的币种来支付货款。值得注意的是，本例中，波音公司向英国航空提供了一项免费期权，使之可以按 1.50 美元/英镑的执行汇率，用英镑购买 1 500 万美元（这相当于一项抛售英镑、购买美元的期权）。

另一种方法是买进 3 个月期的 1 亿加拿大元的看跌期权。此时，有以下四种可能的结果。

（1）公司中标，且即期汇率低于执行汇率：公司将履行看跌期权，以执行汇率兑换这 1 亿加拿大元。

（2）公司中标，且即期汇率高于执行汇率：公司将放弃看跌期权，以即期汇率兑换 1 亿加拿大元。

（3）竞标失败，且即期汇率低于执行汇率：尽管公司没有加拿大元，它仍将履行看跌期权并从中获利。

（4）竞标失败，且即期汇率高于执行汇率：公司只要放弃看跌期权即可。

以上四种情况表明，购买了看跌期权后，每种情况都得到了充分考虑；公司就不会处于那种未对外币进行套期保值的境地。再次要强调的是，公司必须事先支付期权费。表 8-5 总结了以上分析结论。

表 8-5 或有风险敞口的管理：GE 对魁北克水利工程竞标的案例

各种策略	中标结果	
	中标	未中标
什么也不做	未套期保值的 1 亿加拿大元多头头寸	没有风险敞口
在远期市场出售加拿大元	没有风险敞口	未套期保值的 1 亿加拿大元空头头寸
买入加拿大元看跌期权①	如果未来即期汇率低于执行汇率（$S_T < E$）	
	按执行汇率兑换 1 亿加拿大元	执行期权并从中获利
	如果未来即期汇率高于执行汇率（$S_T > E$）	
	不执行期权，但按即期汇率兑换 1 亿加拿大元	不执行期权

① 如果未来即期汇率等于执行汇率，即 $S_T = E$，那么通用电器公司执行期权与放弃期权并以即期汇率兑换 1 亿加拿大元两种策略就毫无区别。

8.8 通过互换合约对周期性风险敞口的套期保值

公司必须经常处理一系列外币应收款或应付款。货币互换合约能够对此类周期性的外币现金流量很好地进行套期保值。这种合约是指交易双方约定在未来某段时间内，按事先确定的汇率，也就是互换汇率，用一种货币交换另一种货币的交易。因此，互换合约就像是一系列具有不同到期日的远期合约的组合。互换合约在金额和期限上都非常灵活。到期日可从几个月到 20 年不等。

假设波音公司计划从 1996 年开始的 5 年内，每年年初交付一架飞机给英航。相应地，英航从 1996 年起连续 5 年在每年的 12 月 1 日支付给波音公司 1 000 万英镑。在这种情况下，波音公司面临着一系列的汇率风险敞口。如前所述，波音公司可以通过某个互换协议来对这类风险敞口进行套期保值——互换协议规定今后 5 年里，波音公司在每年的 12 月 1 日支付给合约的另一方 1 000 万英镑，并同时收取事先约定数额的美元。如果合约约定的互换汇率为 1.50 美元/英镑，则不管将来的即期汇率和远期汇率如何变化，波音公司每年都能收到 1 500 万美元。要注意的是，5 个连续的远期合约不会按某个统一的汇率定价，比如说 1.50 美元/英镑。不同期限的远期合约具有不同的远期汇率。此外，长期远期合约使用得也并不多。

8.9 通过发票货币的套期保值

虽然诸如远期合约、货币市场、互换合约和期权合约等金融套期保值工具已为大众所熟知，但通过选择合适的发票币种来规避风险这一操作方法并未引起太多的关注。公司可以通过选择合适的发票币种来转移、共担、分散汇率风险。例如，如果波音公司在对英航的销售中开出的是 1 500 万美元而不是 1 000 万英镑的发票，那么它将不会再面临汇率风险敞口了。但是要注意到的是，汇率风险敞口并没有消失，只是转移给了英国的进口商而已。此时，英航有了一项美元应付款。

除了将外汇风险敞口完全转移给英航之外，波音公司也可以与英航共担风险敞口。例如，发票金额的一半以美元计，另一半以英镑计，即 750 万美元和 500 万英镑。这样，波音公司的汇率风险敞口就减少了一半。但事实上，由于担心被竞争对手抢走生意，公司可能不会像它所希望的那样实现风险敞口转移或风险敞口共担。只有拥有稳定市场的出口商才敢这样做。另外，如果进出口两国的货币都不适合用来做国际贸易结算，那么双方都用风险转移/共担来管理外汇风险敞口。

公司可以采用诸如特别提款权（SDR）等一篮子货币单位作为发票币种，从而在一定程度上分散外汇风险敞口。在欧元流通之前，跨国公司和主权国家通常会发行用 SDR 或 ECU 记账的浮动债券。例如，埃及政府用 SDR 来收取苏伊士运河的使用费。显然，使用一篮子货币的目的是降低外汇风险敞口。前面提到的 SDR 目前由四种货币组成：美元、欧元、日元和英镑。[⊖]由于 SDR 是多种货币的组合，其价值比组成它的任何单一货币的价值都要稳定。在无法获取长期远期合约和期权合约的情况下，一篮子货币是长期风险敞口套期保值的一种尤为有效的工具。

8.10 通过超前/延后支付的套期保值

公司所能采用的减少交易风险敞口的另一种操作方法就是超前和延后收付外币。"超前"意味着提前支付或收取，而"延后"则意味着推迟支付或收取。公司希望能提前收回弱势货币应收款，推迟收回强势货币应收款，从而避免因弱势货币贬值所造成的损失并从强势货币升值中获益。同样，公司希望提前支付强势货币应付款而推迟支付弱势货币应付款。

公司有效实行**超前/延后策略**（ead/lag strategy）的程度越大，那么所面临的交易风险敞口降低的程度就越大。但是，其中也有值得注意之处。假设考虑到英镑很可能贬值，波音公司希望英航提前支付 1 000 万英镑。然而，波音公司的这一想法实施起来会遇到困难。第一，英航希望延迟支付弱币（英镑），因此除非波音公司提供一笔可观的折扣来补偿提前支付所造成的损失，否则就没有提前支付的动机。这当然会减少波音公司提前收取英镑得到的好处。第二，对英航施加提前付款的压力会对波音公司今后的销售产生不利影响。第三，发票的原始账面金额 1 000 万英镑包括了英镑预期的贬值情况，因此波音公司已部分防御了英镑贬值的风险。

超前/延后策略对处理公司内部应收和应付款更为有效，如同一跨国公司的各子公司之间发生的材料费、租金、专利权使用费、利息和股息的应收款和应付款。由于同一家公司的各子公司都服务于公司的总体利益，超前/延后策略往往更容易实施。

⊖ 2015 年 11 月 30 日，国际货币基金组织正式宣布人民币 2016 年 10 月 1 日加入 SDR。——译者注

8.11 风险敞口的净额结算

1984 年，德国汉莎航空公司跟波音公司签订了一份购买价值 30 亿美元飞机的合约，并且购买了 15 亿美元的远期合约，对因美元/德国马克预期升值而产生的汇率风险进行套期保值。不过，该决策有一个明显缺点，汉莎公司绝大一部分的现金流量也是用美元计价的。因此，汉莎公司的净汇率风险敞口不会很大，有着所谓的"自然抵补"。1985 年，美元/德国马克大幅度贬值，结果导致汉莎公司因远期合约外汇交易结算而损失惨重。这一事件说明，如果公司同时有特定外币的应收款和应付款，那么应该考虑只对净风险敞口进行套期保值。

至此，我们已经讨论了一种货币对另一种货币风险敞口的管理。然而在现实中，跨国公司常常持有多种外币头寸组合。例如，一家美国公司可能有一笔欧元应付款，同时又有一笔瑞士法郎应收款。由于欧元和瑞士法郎兑美元的汇率变动几乎是同步的，公司只要等到这些账目到期，然后以法郎购买欧元现货。签订买入欧元、卖出法郎的远期合约既没有必要，又是一种浪费。换言之，如果公司持有多种外币头寸组合，与其分别对每种外币套期保值不如对剩余风险敞口套期保值来得明智。

如果公司要对风险敞口采取更为大胆的**净额结算**（exposure netting）方法，可以把外汇风险敞口管理职能集中到一个地点。很多跨国公司都采用了**再开票中心**（reinvoice center），这是一种用于集中管理外汇风险敞口的附属财务机构。内部交易产生的所有发票都将送到再开票中心，在此结算风险敞口净额。一旦剩余风险敞口被确定下来，该中心的外汇专家就能决定最优的套期保值方法，并将其付诸实施。

8.12 公司应实施套期保值吗

我们已经讨论了如果公司想要规避风险敞口，它该怎样套期保值。不过，一开始我们并没有讨论公司是否应该套期保值。一些人认为如果股东能够自己管理风险敞口，那么公司层面的外汇风险敞口管理就是多余的。另一些人则认为，公司价值只受系统风险的影响，而公司的风险管理只会减少总风险。这些观点暗示着公司的风险敞口管理不一定会增加公司的价值。

在"完全"资本市场上，上述反对公司风险管理的观点可能会有效。不过，资本市场存在种种不完全的情况，例如：

（1）信息不对称。公司管理层比股东更清楚公司的风险敞口状况。因此，应该由公司的管理层而非股东来管理外汇风险敞口。

（2）交易成本的差异。公司能够以低成本套期保值，而股东个人的交易费用是非常昂贵的。并且，公司拥有诸如再开票中心等股东无法获得的套期保值工具。

（3）违约成本。如果违约成本很高，公司的套期保值是无可非议的，因为它能降低违约的可能性。违约风险的降低反过来又能提高信用等级并降低融资成本。

（4）累进公司所得税。在累进公司所得税税率的条件下，平均来说，稳定的税前利润要比变动的税前利润支付的税金少。这是因为在累进税率下，公司在高利润期多付的税金要比其在低利润期节省的税金多。

最后一点需要进一步说明。假设该国的公司所得税制如下：1 000 万美元以下的利润适用 20% 的税率，超过 1 000 万美元的部分适用 40% 的税率。因此，公司就面临着一个简单的累进税率结构。现在考虑一家出口公司，美元贬值时可获利 1 500 万美元，而当美元升值时仅获利 500 万美元。假设美元升值和贬值的机会相等。在这种情况下，该公司的期望所得税额为 250 万美元。

$$\begin{aligned}期望所得税额 &= 1/2 \times 0.20 \times (5\ 000\ 000) \\ &\quad + 1/2 \times 0.20 \times (10\ 000\ 000 + 0.40 \times 5\ 000\ 000) \\ &= 2\ 500\ 000(美元)\end{aligned}$$

现在考虑另一家公司 B，它与 A 公司除了主动并成功地对风险敞口进行套期保值外，其他方面都相同。结果 B 公司能够保证盈利 1 000 万美元，与 A 公司的期望收益相同。但是，B 公司的纳税额却只有 200 万美元。显然，套期保值的结果是节省了 50 万美元的税金。图 8-5 解释了产生这一状况的原因。

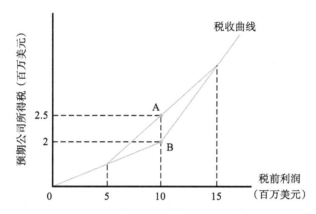

图 8-5　从外汇风险敞口的套期保值中得到的避税额

尽管不是所有的公司都对汇率风险敞口套期保值，但许多公司还是或多或少地有一些套期保值活动，这说明风险管理与公司价值的最大化有关。由于诸多原因，股东自己不能恰当地管理外汇风险，而公司的管理层就能够为其代劳，并实现增加公司价值的目的。然而，有些公司的套期保值活动是出于经营目的，管理层可能是想稳定现金流量，从而减少人力资本的风险。

Allayannis 和 Weston（2001）的研究为套期保值是否能增加公司价值这一重大问题提供了直接证据。他们详细研究了：具有外汇风险敞口的公司使用外币衍生合约（如远期合约、期权）是否增加了公司价值。他们发现，面临货币风险并使用衍生合约套期保值的美国公司，公司价值比没有使用衍生合约的公司价值平均高出 5%。他们发现，对于没有直接海外业务，但可能通过进出口竞争敞口在汇率变动风险下的公司，套期保值能使公司价值有所增加。另外，他们还发现停止套期保值的公司与继续套期保值的公司相比，公司价值下降了。因此，他们的研究清楚地表明，套期保值确实能增加公司的价值。

8.13　公司该使用什么样的风险管理产品

通过广泛调查，Jesswein，Kwok 和 Folk（1995）统计了美国公司对外汇风险管理的理解和使用程度。基于对《财富》500 强公司的调查，他们发现使用最普遍的是传统的远期合约。如表 8-6 所示，大约 93% 的受调查公司使用远期合约。这种古老传统的工具并没有被最近"新奇"的创新工具所代替。第二常用的工具是外币调换（52.6%）和场外货币期权（48.8%）。最新的金融创新工具诸如复合期权（3.8%）和回溯期权（5.1%）属于应用最不广泛的工具。这些结果似乎表明，绝大多数的美国公司都是通过远期合约、互换协议、期权合约来管理外汇风险的。

表 8-6 关于外汇风险管理产品的了解和使用情况的调查[①]

工具类型	听说过（%）	使用过（%）
远期合约	100.0	93.1
外币互换	98.8	52.6
外币期货	98.8	20.1
在交易所交易的外币期权	96.4	17.3
在交易所交易的期货期权	95.8	8.9
场外货币期权	93.5	48.8
循环期权	91.2	28.7
综合远期合约	88.0	22.0
综合期权	88.0	18.6
参与式远期合约	83.6	15.8
远期汇率协定	81.7	14.8
外币保证	77.7	4.2
分割式远期合约	65.3	4.9
复合期权	55.8	3.8
回溯期权	52.1	5.1
交叉套期保值工具	84.4%	23.9%

[①] 这些工具按听说过这些产品的被调查对象占全部调查响应者的百分比排序。调查响应者总数为 173 人。

资料来源：Kurt Jesswein, Chuck Kwok, and William Folks, Jr. "Corporate Use of Innovative Foreign Exchange Risk Management Products," Columbia Journal of World Business（Fall 1995）.

Jesswein, Kwok 和 Folk 的调查还显示，就不同行业而言，金融、保险、房地产行业使用外汇风险管理产品最频繁。这一发现并不让人感到意外，毕竟这些行业拥有较多金融方面的专家，他们能够熟练使用各种衍生证券。此外，上述行业主要处理暴露在外汇风险下的金融资产。该调查还进一步显示，使用外汇风险管理产品的公司与公司国际化程度相关。这也是意料之中的事，因为当公司通过跨国贸易和投资而变得更为国际化时，就要处理日趋增多的外币金额，因此就更加需要对外汇风险进行套期保值。

Marshall（2000）就总部位于英国、美国和亚洲地区（澳大利亚、中国香港、日本、韩国和新加坡）的 180 家跨国公司做了类似的调查。他的调查结果也发现，英国和美国的公司在管理交易风险敞口方面采用比较接近的模式，都会选择各种货币衍生合约。如表 8-7 所示，无论在哪个国家或地区，绝大多数的跨国公司选择采用货币的远期合约。这一发现与 Jesswein, Kwok 和 Folk 的调查结果相一致。不过，就亚洲地区的跨国公司而言，尤其是日本和新加坡的跨国公司，采用货币期货和期权合约的程度要远远高于英国和美国的跨国公司。Marshall 的调查还进一步发现，无论位于哪个国家或地区，跨国公司都广泛采用净额结算、发票币种的选择以及超前/延后支付等操作方法来管理交易风险敞口。Marshall 的调查表明，很多跨国公司在管理交易风险敞口时往往会组合运用各种操作方法和金融合约。

表 8-7 亚洲地区、英国和美国跨国公司运用货币衍生合约工具的情况

工具类型	采用该类型的跨国公司占比值（%）		
	亚洲地区	英国	美国
远期合约	88	92	98

(续)

工具类型	采用该类型的跨国公司占比值（%）		
	亚洲地区	英国	美国
期货合约	24	4	4
期货期权	10	8	9
期权	58	46	43
互换	52	36	54

资料来源：Andrew P. Marshall, "Foreign Exchange Risk Management in UK, USA, and Asia Pacific Multinational Companies," Journal of Multinational Financial Management 10 (2000).

本章小结

1. 如果公司有以外币表示的契约性现金流，那么该公司就面临着交易风险敞口。交易风险敞口可以通过远期合约、货币市场合约、期权合约等金融性合约来进行套期保值，也可以通过诸如发票币种的选择、超前/延后支付策略以及风险敞口净额结算等操作性的方法来进行套期保值。

2. 如果公司拥有一笔应收（应付）外币，那么就可以通过卖出（买入）该外币收入（支出）的远期合约来进行套期保值。在远期利率是未来即期汇率的无偏估计的情况下，公司可以无成本地消除风险敞口。公司还可以通过在国内外货币市场上借入和贷出资金，来达到同样的套期保值效果。

3. 与远期合约和货币市场套期保值不同，货币期权是一种更为灵活的套期保值方法。借助于货币期权套期保值，公司不仅可以控制亏损程度，而且有可能无限盈利。货币期权也是对付或有风险敞口的一种常用套期保值工具。

4. 公司通过适当地选择发票货币就可实现汇率风险敞口的转移、共担和分散。在无法使用金融性工具来对长期风险敞口进行套期保值时，可通过选用特别提款权、欧洲货币单位等一篮子货币单位来实现部分套期保值。

5. 公司可以通过超前/延后收付外币来降低交易风险敞口，该方法特别适用于公司内部子公司间的交易。

6. 当公司持有多种外币头寸时，仅需对剩余风险敞口进行套期保值，而无须对各种货币分别进行套期保值。内部发票中心有助于通过组合投资来管理汇率风险敞口。

7. 在完善的资本市场上，股东都能够对汇率风险敞口和公司进行套期保值，因此公司层面的风险敞口管理几乎没有必要。不过，实际的资本市场并非完善，公司比股东在实施套期保值策略时更具有优势。因此，公司完全有可能通过风险敞口管理来增加公司的价值。

本章拓展

第9章

经济风险敞口的管理

本章提纲

经济风险敞口的测量
经营风险敞口的界定
经营风险敞口的实例
经营风险敞口的决定因素
经营风险敞口的管理
案例应用:默克公司的外汇风险管理
本章小结

本章拓展
关键词
思考题
计算题
小型案例:
　　阿尔比电脑公司的经济风险敞口
参考文献与建议阅读材料

　　随着商业的日趋全球化,越来越多的公司感到有必要关注外汇风险敞口,有必要制定并实施相应的套期保值策略。例如,假设就像20世纪80年代中期以来那样,美元兑日元大幅贬值。汇率的这种变化对美国和日本的企业均可能产生重大的经济影响。例如,在竞争激烈的美国市场,美元贬值会迫使日本汽车制造商比它们的美国竞争对手对其汽车的美元价格提高更多,这样就会使日本汽车制造商处于不利的竞争地位。事实上,近年来日本仿效实施了扩张型货币政策,通过日元的贬值来帮助日本企业增加销售和利润。不过,这也会损害作为进口竞争对手的美国汽车制造商的竞争力。另一方面,如果美元兑日元出现贬值,那么美国汽车制造业的竞争力就会增强,而日本汽车制造商的竞争力就会削弱。

　　汇率变化不仅会影响直接从事国际贸易的企业,而且会影响纯粹的国内企业。例如,假设有一家美国自行车制造商,原材料仅来自美国国内,且仅在美国市场出售产品,账簿上没有任何外币应收款和应付款。这家看似纯粹的美国国内企业如果与一家来自中国台湾的自行车制造商的进口产品竞争,就会面临着外汇风险暴露。若新台币相对美元贬值,这就很可能会导致来自中国台湾的制造商降低台湾产自行车的美元价格,从而提高它们在美国的销售量,转而打击到美国制造商。

　　汇率变化不仅会因企业竞争地位的改变而影响其现金流量,而且还会影响企业的资产和负债的美元（本国货币）价值。假设一家美国企业借了一笔瑞士法郎，由于用来偿还瑞士法郎负债的美元数额取决于美元兑瑞士法郎的汇率，当瑞士法郎相对美元贬值或升值时，美国企业就会盈利或亏损。由弗雷迪·莱克（Freddie Laker）爵士创建的英国莱克航空公司（Laker Airways）堪称是说明汇率风险敞口危害的经典例子。该公司率先引入大批量、低费用航空旅行的概念，通过借入大量美元来购买飞机，而超过一半的收入为英镑收入。随着20世纪80年代上美元兑英镑（和绝大多数货币）的不断升值，大量的美元债务使这家公司不堪重负而最终破产。

上述例子表明，汇率变化会影响企业的经营现金流量以及资产与负债的本币价值，转而对企业的价值产生重大影响。在一项有关美国企业外汇风险的研究中，Jorion（1990）发现，股票收益与美元价值之间存在重要联系。如表9-1所示，Choi和Prasad（1995），Simkins和Laux（1996），Allayannis和Ofek（2001）所做的研究也都发现，股票收益对汇率的变动非常敏感。

表9-1 美国各行业投资组合的外汇风险敞口[①]

行业	市场β值[②]	外汇β值[③]	行业	市场β值[②]	外汇β值[③]
1. 航天	0.999	0.034	14. 采矿和原油	0.310	-0.713
2. 服装	1.264	0.051	15. 机动车辆及零配件	0.919	1.168*
3. 饮料	1.145	-0.437	16. 炼油	0.515	-0.746*
4. 建筑材料	1.107	0.604	17. 制药	1.124	-1.272*
5. 化工	1.074	-0.009	18. 出版与印刷	1.154	0.567
6. 计算机、办公设备	0.928	0.248	19. 橡胶与塑料	1.357	0.524
7. 电子和电子设备	1.202	0.608*	20. 科技、摄影和控制器材	0.975	-0.437*
8. 食品	1.080	-0.430	21. 化妆品	1.051	0.417
9. 林业和造纸	1.117	0.445	22. 纺织	1.279	1.831*
10. 家具	0.901	1.217*	23. 烟草	0.898	-0.768*
11. 工业和农场设备	1.125	0.473	24. 玩具与运动器械	1.572	-0.660
12. 金属制品	1.081	-0.440	25. 交通设备	1.613	1.524*
13. 金属	1.164	0.743*			

① 表中的市场β值和外汇β值是基于1989年1月至1993年12月的美国股市指数回报和美元外汇汇率指数，对《财富》500强公司的月资产回报进行回归得出的。
② 对每一个企业的投资组合，市场β值在统计上的显著水平是1%。
③ 外汇β值只对其中一些企业的资产组合显著，而对其余的不显著。显著水平超过10%的外汇β值以 * 标记。

资料来源：Betty Simkins and Paul Laux, " Derivatives Use and the Exchange Rate Risk of Investing in Large U.S. Corporations," Case Western Reserve University Working Paper（1996）.

表9-1来源于Simkins和Laux的研究，给出了对美国工业市场β值和外汇β值的估计。市场β值和外汇β值分别衡量了各行业投资组合对美国股票市场指数和美元汇率指数的敏感度。正如表9-1所示，外汇β值沿产业线变化巨大，其变化幅度从制药业的-1.272到纺织业的1.831。负（正）的β值意味着股票收益随美元的升值而减少（增加）。在被调查的25个行业中，有10个行业会因外汇变动而产生显著的风险敞口。

本章主要讨论对外汇风险中经济风险的管理。不过，首先要讨论如何衡量经济风险。

9.1 经济风险敞口的测量

货币风险（currency risk）或不确定性（uncertainty），指的是汇率的随机变化，它与货币风险敞口（currency exposure）不同，度量的是"什么正处于风险之下"。在一定条件下，即使汇率随机变化，公司根本不会面临任何风险敞口，即无任何处于风险之下的事件。假定你们公司在英国乡村有一座为员工准备的度假村，该项财产的当地价格总是随着美元兑英镑的价格变化而变化。这样一来，无论什么时候，只要英镑相对美元贬值，该项财产的当地货币价格就会同比例上升。在这种情况下，即使英镑兑美元的汇率随机浮动，你们公司也不会暴露在任何货币风险之下。你们公司所拥有的英国资产已经具备了对外汇风险的内在套期保值，使该项资产的美元价格对汇率的变动不敏感。

考虑另外一种情况，即你们公司英国资产的英镑价格几乎不变的情形。这样，该资产的美元价格对汇率就高度敏感，因为前者随后者的变化而变化。从某种程度上讲，英国资产的美元价格反映了对汇率变动的敏感程度，也就意味着你们公司正暴露在货币风险之下。同样地，如果你们公司的经营现金流量对汇率变化敏感，那么也暴露在货币风险之下。

因此，货币风险敞口可以用两个敏感程度来衡量：①公司资产（和负债）的未来本币价值对汇率随机变化的敏感程度；②公司经营现金流量对汇率随机变化的敏感度。图9-1对这些观点进行了描述。资产包括有形资产（财产及厂场设备、存货）和金融资产。这里，先来讨论存在资产风险敞口的情况。为了便于说明，假定美元通货膨胀不是随机的。那么，对在英国拥有资产的美国公司而言，风险敞口可以通过英国资产的美元价值（P）对美元/英镑的汇率（S）的回归系数（b）来衡量。[⊖]

$$P = a + b \times S + e \tag{9-1}$$

式中　a——回归常数；
　　　e——期望值（均值）为零的随机误差，即 $E(e) = 0$；
　　　$P = SP^*$，其中，P^* 是资产的当地货币（英镑）价格。[⊖]

从上面的式子可以明显地看出，回归系数 b 衡量了资产的美元价值（P）对汇率（S）的敏感程度。如果回归系数为零，即 $b = 0$，资产的美元价值与汇率变化无关，表示无风险敞口。基于以上分析，我们可以说，风险敞口就可用回归系数来衡量。在统计上，**风险敞口系数**（exposure coefficient）b 可定义如下：

$$b = \text{Cov}(P, S) / \text{Var}(S)$$

式中　$\text{Cov}(P, S)$——资产的美元价值与汇率的协方差；
　　　$\text{Var}(S)$——汇率的方差。

接下来，我们用几个实例来说明如何应用这种测量风险敞口的方法。假定一家美国公司在英国拥有资产且该资产的当地货币价格是随机的。为简单起见，我们假定只有三种等概率发生的状态。该英国资产的未来当地货币价格和未来汇率由实际情况决定。首先考虑第一种情况，如表9-2所示。第一种情况表示资产的当地货币价格（P^*）与英镑的美元价格（S）正相关，因此英镑相对美元贬值（升值）将会导致资产的当地货币价格下降（上升）。根据未来的实际情况，资产的美元价格可能是1 372美元、1 500美元或1 721美元。

⊖ 本节讨论摘自 Adler 和 Dumas（1984）对货币风险敞口的阐述。

⊖ 此外，随机误差项（剩余项）和汇率的协方差为零，即 $\text{Cov}(S, e) = 0$。

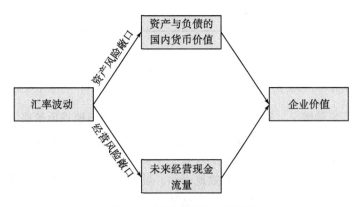

图 9-1　经济风险敞口的渠道

表 9-2　外汇风险的度量

情况	概率	P*	S	P(= SP*)	参数
A. 情况 1					
1	1/3	980 英镑	1.40 美元	1 372 美元	Cov (P,S) = 34/3
2	1/3	1 000 英镑	1.50 美元	1 500 美元	Var (S) = 0.02/3
3	1/3	1 070 英镑	1.60 美元	1 712 美元	b = 1 700 英镑
均值			1.50 美元	1 528 美元	
B. 情况 2					
1	1/3	1 000 英镑	1.40 美元	1 400 美元	Cov (P,S) = 0
2	1/3	933 英镑	1.50 美元	1 400 美元	Var (S) = 0.02/3
3	1/3	875 英镑	1.60 美元	1 400 美元	b = 0
均值			1.50 美元	1 400 美元	
C. 情况 3					
1	1/3	1 000 英镑	1.40 美元	1 400 美元	Cov (P,S) = 20/3
2	1/3	1 000 英镑	1.50 美元	1 500 美元	Var (S) = 0.02/3
3	1/3	1 000 英镑	1.60 美元	1 600 美元	b = 1 000 英镑
均值			1.50 美元	1 500 美元	

计算第一种情况下的参数值。计算可得 Cov (P,S) = 34/3，Var (S) = 0.02/3，因此 b=1 700 英镑。1 700 英镑这个数字代表该英国资产的未来美元价格对汇率随机变化的敏感程度。该结果表明，该美国公司面临着巨大的外汇风险敞口。注意：风险敞口的大小是以英镑表示的。表 9-3 给出了第一种情况下参数的计算。

表 9-3　回归系数的计算：情况 1

1. 计算均值

$$\overline{P} = \sum_i q_i P_i = (1\ 372 + 1\ 500 + 1\ 712)/3 = 1\ 528$$

$$\overline{S} = \sum_i q_i S_i = (1.40 + 1.50 + 1.60)/3 = 1.50$$

2. 计算方差与协方差

$$\mathrm{Var}(S) = \sum_i q_i (S_i - \overline{S})^2$$

$$= \left[(1.40 - 1.50)^2 + (1.50 - 1.50)^2 + (1.60 - 1.50)^2\right]/3 = 0.02/3$$

$$\mathrm{Cov}(P,S) = \sum_i q_i (P_i - \overline{P})(S_i - \overline{S})$$

$$= \left[(1\ 372 - 1\ 528) \times (1.40 - 1.50) + (1\ 500 - 1\ 528) \times (1.50 - 1.50) + (1\ 712 - 1\ 528) \times (1.60 - 1.50)\right]/3$$

$$= 34/3$$

(续)

3.计算风险敞口系数	
	$b = \text{Cov}(P,S)/\text{Var}(S) = (34/3)/(0.02/3) = 1\,700$

注：q_i 表示第 i 种情况下的概率。

接下来考虑第二种情况。很明显，这种情况表明资产的当地货币价格（P^*）与英镑的美元价格（S）负相关。事实上，汇率变化的影响被资产的当地货币价格变化完全抵消，因而资产的美元价格对汇率变化完全不敏感。三种状态下资产的美元价格保持 1 400 美元不变。因此，我们可以说该英国资产能用美元有效地表示。虽然这种情况是不现实的，但它说明了不确定的汇率并不一定导致外汇风险敞口。在这种情况下，虽然未来汇率是不确定的，但是美国公司没有任何风险。既然没有任何风险敞口，就没有必要进行套期保值。

现在我们来看第三种情况。这种情况下，资产的英镑价格保持 1 000 英镑不变，那么美国公司的合同现金流量将用英镑来表示。这种情况实际上代表了经济风险敞口的特例——交易风险敞口。从直观上看，处于风险之下的金额是 1 000 英镑，即风险敞口系数 b 是 1 000 英镑。读者可以用表 9-3 所示的相同计算方法来证实这一点。因此，交易风险敞口的计量就非常简单了。风险敞口系数 b 与以外币表示的合同现金流量的大小相等。

一旦风险敞口大小已知，公司就可以简单地通过出售远期的敞口额度来规避风险。在第三种情况下，资产价值以当地货币表示且数额固定，只要出售 1 000 英镑的远期，就有可能完全抵消未来资产美元价格的变动。然而在第一种情况下，资产的当地货币价格是随机的，出售 1 700 英镑的远期并不能完全抵消未来美元价格的变动，仍然存在一个独立于汇率变化的残差。

基于回归公式（9-1），我们可以将资产美元价值的方差 Var（P）分解成两个独立的部分：汇率相关项和残差项，即

$$\text{Var}(P) = b^2 \text{Var}(S) + \text{Var}(e) \qquad (9\text{-}2)$$

公式右边第一项 b^2 Var（S）表示与汇率随机变动相关的资产美元价值的变动部分，第二项 Var（e）表示独立于汇率变化的资产美元价值的剩余部分。

表 9-4 给出了通过远期合约来规避风险敞口的结果。第一种情况下，公司的风险敞口系数（b）等于 1 700 英镑。如果公司出售 1 700 英镑的远期，将盈利 1 700（$F-S$）美元，其中，F 是远期汇率，S 是到期日的实际即期汇率。公司每出售 1 英镑远期，就会盈利（$F-S$）美元。在表 9-4 中，假定远期汇率为 1.50 美元，与预期未来即期汇率相同。因此，如果状态 1 显示未来即期汇率为 1.40 美元，通过远期合约将盈利 170 = 1 700 ×（1.50-1.40）美元。由于在状态 1 下，资产的美元价值（P）是 1 372 美元，那么套期保值情况下的美元价值（HP）是 1 542 美元（= 1 372 + 170）。

表 9-4 对外汇风险进行套期保值的结果

终值	状态 1	状态 2	状态 3	方差
A. 情况 1（B_i = 1 700 英镑）				
资产的当地货币价格（P^*）	980	1 000	1 070	
汇率（S）	1.40	1.50	1.60	
美元价值（$P = SP^*$）	1 372	1 500	1 712	19 659
远期合约收益	170	0	-170	
套期保值情况下的美元价值（HP）	1 542	1 500	1 542	392

(续)

终值	状态1	状态2	状态3	方差
B. 情况3（$b=1\,700$英镑）				
资产的当地货币价格（P^*）	1 000	1 000	1 000	
汇率（S）	1.40	1.50	1.60	
美元价值（$P=SP^*$）	1 400	1 500	1 600	6 667
远期合约收益	100	0	−100	
套期保值情况下的美元价值（HP）	1 500	1 500	1 500	0

注：在这两种情况下，假设远期汇率为1.50美元/英镑。远期合约的盈亏可以按$b(F-S)$美元来计算。因为这三种情况等可能发生，所以每一种情况的概率q都是1/3。

如表9-4的A部分所示，套期保值情况下美元价值的方差仅为392^2（美元），而无套期保值时为$19\,659^2$（美元）。这个结果表明资产未来美元价值的不确定性与汇率的不确定性密切相关。因此，一旦对外汇风险敞口进行套期保值，资产美元价值的大部分波动被消除。独立于汇率变化的那部分资产美元价值的残差$\text{Var}(e)$等于392^2（美元）。

我们再来看看第三种情况：资产的当地货币价格固定不变。在这种情况下，由于不存在残差项，完全规避风险是可能的。如表9-4的B部分所示，资产的未来美元价值完全依赖于汇率，其方差为$6\,667^2$（美元）。一旦公司通过出售1 000英镑的远期来规避风险敞口，则套期保值情况下的美元价值是非随机的，在三种情况下均为1 500美元。由于资产的美元价值恒定，所以它用美元衡量也是十分有效的。

9.2 经营风险敞口的界定

虽然很多管理者已经认识到随机变化的汇率对他们公司以外币表示的资产和负债的影响，但是他们通常并不是很明白多变的汇率对现金流量的影响。随着经济日益全球化，越来越多的公司参与到国际竞争之中。汇率的浮动会影响公司的经营现金流量，从而大大改变这些公司在国内外市场竞争中的相对地位。

资产和负债（如应收和应付款、外汇贷款等）的风险敞口可列示在会计报表中，而经营现金流量的风险敞口却不同，它取决于随机汇率变动对公司竞争地位的影响，而这往往难以量化。尽管如此，恰当地管理**经营风险敞口**（operating exposure）和**资产风险敞口**（asset exposure）对各家公司都是很重要的。在很多情况下，经营风险敞口在公司全部风险敞口中占大多数，远超过合同风险敞口。经营风险敞口可正式定义为：汇率的随机变化对公司经营现金流量的影响程度。

9.3 经营风险敞口的实例

在讨论经营风险敞口的决定因素及如何管理它之前，有必要用一个简单的例子来说明风险敞口。假设美国有家电脑公司在英国有一家完全控股的子公司阿尔比（Albion）电脑公司，它在英国市场制造并销售个人电脑。阿尔比电脑公司以单价512美元从Intel公司进口微处理器。若此时的汇率是1英镑兑换1.60美元，则每台英特尔（Intel）微处理器价值320英镑。阿尔比电脑公司雇用英国工人，且其他的投入资源均来自当地，同时要向英国政府上缴50%的所得税。

表 9-5 汇总了阿尔比电脑公司的预计经营状况。假定汇率保持 1 英镑兑换 1.60 美元不变。公司预计每年出售单价 1 000 英镑的个人电脑 50 000 台。每台电脑的变动成本为 650 英镑，其中包括 320 英镑的进口原料和 330 英镑的本地原料。毋庸置疑，进口原料的英镑价格会因汇率的变化而变化，进而影响产品在英国市场的售价。无论产量如何，阿尔比电脑公司每年必须支付 400 万英镑的租金、财产税及其他固定制造费用。如表 9-5 所示，预计年经营现金流量为 7 250 000 英镑，当目前汇率等于 1.60 美元/英镑时，恰好相当于 11 600 000 美元。

表 9-5　阿尔比电脑公司的预计经营现金流：基准情况（1.60 美元/英镑）

销售额（以 1 000 英镑/台售出 50 000 台）	50 000 000 英镑
变动成本（650 英镑/台 × 50 000 台）①	32 500 000 英镑
固定制造费用	4 000 000 英镑
折旧额	1 000 000 英镑
税前净利润	12 500 000 英镑
所得税（税率 50%）	6 250 000 英镑
税后利润	6 250 000 英镑
加回折扣	1 000 000 英镑
以英镑计算的经营现金流量	7 250 000 英镑
以美元计算的经营现金流量	11 600 000 美元

① 单位变动成本为 650 英镑，其中本地原料 330 英镑，若用美元计量为 512 美元，英镑与美元的汇率为 1.60 美元/英镑时，进口原料价值 320 英镑。

现在来考虑英镑贬值对阿尔比电脑公司的以美元计算的经营现金流量可能造成的影响。假设汇率由 1.60 美元/英镑降为 1.40 美元/英镑。以美元计价的经营现金流量会随英镑的贬值而变化，这是因为：

（1）**竞争效应**（competitive effect）：英镑贬值会改变企业在市场中的竞争地位，从而影响其以英镑计价的经营现金流量。

（2）**转换效应**（conversion effect）：给定的以英镑计价的经营现金流量在英镑贬值后将转换为数额更少的美元。

为了使大家清楚地了解以美元计价的经营现金流量是如何随汇率变化而变化的，考虑以下几种程度不同的现实情况：

情况 1：除进口原料价格外，其余变量均保持不变。
情况 2：售价和进口原料价格变化，其余均不变。
情况 3：所有变量均发生变化。

对于如表 9-6 所示的情况 1，在其他条件不变的情况下，由于英镑贬值，进口原料的单位变动成本上升至 366 英镑（=512/1.4），总变动成本变为 3 480 万英镑，使得公司的税前利润从 1 250 万英镑（在基准情况下）降至 1 020 万英镑。假设公司所得税税率为 50%，英镑贬值使得公司的净营运现金流量从 725 万英镑（在基准情况下）降至 610 万英镑。若以美元计量，当汇率由 1.60 美元/英镑变为 1.40 美元/英镑时，阿尔比电脑公司的预计净现金流量从 1 160 万美元降为 854 万美元。由于面临着使用本地原料生产同类产品的英国竞争对手，阿尔比电脑公司可能被迫不能提高英镑售价，提高售价很可能会导致其销售量锐减。在这种竞争环境下，阿尔比电脑公司的成本随汇率变化而变化，但售价却仍保持不变。这种不对称性使得公司的预计经营现金流量对汇率变化十分敏感，从而产生经营风险敞口。

表 9-6 阿尔比电脑公司的预计经营现金流量：情况 1（1.40 美元/英镑）

销售额（以 1 000 英镑/台售出 50 000 台）	50 000 000 英镑
变动成本（696 英镑/台 × 50 000 台）	34 800 000 英镑
固定制造费用	4 000 000 英镑
折旧额	1 000 000 英镑
税前净利润	10 200 000 英镑
所得税（税率 50%）	5 100 000 英镑
税后利润	5 100 000 英镑
加回折旧	1 000 000 英镑
以英镑计算的经营现金流量	6 100 000 英镑
以美元计算的经营现金流量	8 540 000 美元

对于如表 9-7 所示的情况 2，由于英镑贬值，售价和进口原料价格都提高了。在这种情况下，阿尔比电脑公司在英国市场上不会遇到任何激烈的竞争，市场对其产品需求是高度无弹性的。因此，阿尔比电脑公司可以将售价提高至 1 143 英镑（英镑贬值后保持美元售价仍为 1 600 美元）而保持销售量为 50 000 台不变。如表 9-7 所示的计算表明，预计营运现金流量增至 9 675 000 英镑，即 13 545 000 美元。与基准情况相比，英镑贬值后，以美元计算的营运现金流量增大了。这个例子说明英镑贬值未必导致以美元计量的营运现金流量的下降。

表 9-7 阿尔比电脑公司的预计经营现金流量：情况 2（1.40 美元/英镑）

销售额（以 1143 英镑/台售出 50 000 台）	57 150 000 英镑
变动成本（696 英镑/台 × 50 000 台）	34 800 000 英镑
固定制造费用	4 000 000 英镑
折旧额	1 000 000 英镑
税前净利润	17 350 000 英镑
所得税（税率 50%）	8 675 000 英镑
税后利润	8 675 000 英镑
加回折扣	1 000 000 英镑
以英镑计算的经营现金流量	9 675 000 英镑
以美元计算的经营现金流量	13 545 000 美元

现在来看情况 3。此时，售价、销售量、本地原料和进口原料的价格均随英镑贬值而变化。特别地，我们假设售价和本地原料的价格均上涨 8%，8% 反映了英国的潜在通货膨胀率。因此，每台售价是 1 080 英镑，本地原料的单位变动成本是 356 英镑。因进口原料价格是 366 英镑，则总的单位变动成本为 722 英镑。由于市场对其产品的需求是有弹性的，价格上涨后，销售量降至每年 40 000 台。如表 9-8 所示，阿尔比电脑公司的预计营运现金流量是 566 万英镑，即 792.4 万美元。在这种情况下，以美元计量的营运现金流量比基准情况下少了 367.6 万美元。

表 9-8 阿尔比电脑公司的预计经营现金流量：情况 3（1.40 美元/英镑）

销售额（以 1 080 英镑/台售出 40 000 台）	43 200 000 英镑
变动成本（722 英镑/台 × 40 000 台）	28 880 000 英镑
固定制造费用	4 000 000 英镑
折旧额	1 000 000 英镑
税前净利润	9 320 000 英镑

(续)

所得税（税率 50%）	4 660 000 英镑
税后利润	4 660 000 英镑
加回折旧	1 000 000 英镑
以英镑计算的经营现金流量	5 660 000 英镑
以美元计算的经营现金流量	7 924 000 美元

表 9-9 汇总了英镑贬值对阿尔比电脑公司预计经营风险敞口的影响。为了便于说明，这里假设汇率变化对公司营运现金流量的影响会持续四年。表 9-9 中给出了四年的基准情况和三种情况下营运现金流量的现值，阿尔比电脑公司现金流量的贴现率假定为 15%。表 9-9 中也提供了因汇率变化，与基准情况相比较而得到的营运现金流量现值变化的经营损益。例如，在第三种情况下，因英镑贬值，公司预计经营损失为 10 495 000 美元。

表 9-9 英镑贬值对阿尔比电脑公司经营风险的影响总结

变量	基准情况	情况 1	情况 2	情况 3
汇率（美元/英镑）	1.60	1.40	1.40	1.40
单位变动成本（英镑）	650	696	696	722
单位售价（英镑）	1 000	1 000	1 143	1 080
销售量（台）	50 000	50 000	50 000	40 000
年现金流量（英镑）	7 250 000	6 100 000	9 675 000	5 660 000
年现金流量（美元）	11 600 000	8 540 000	13 545 000	7 924 000
四年期现值（美元）[1]	33 118 000	24 382 000	38 671 000	22 623 000
经营损益（美元）[2]		-8 736 000	5 553 000	-10 495 000

[1] 美元现金流量的贴现值是以贴现率 15%，计息期四年计算的。假设四年中每年的现金流量固定不变。
[2] 经营损益代表由于英镑贬值与基准情况相比而得到的现金流量现值的变化。

9.4 经营风险敞口的决定因素

契约（交易）风险敞口可以很容易地通过公司会计报表得到。与此不同的是，经营风险敞口无法采用相同的方式得到。公司的经营风险敞口由以下因素决定：①公司取得投入品（如劳动力、原材料）以及销售其产品的市场的结构；②公司通过市场结构、产品组合和投入品来源的调整来减轻汇率变化影响的能力。

为了说明市场结构对经营风险敞口的重要影响，假设福特有一家子公司——福特墨西哥公司，该子公司从母公司进口汽车，在墨西哥市场进行销售。如果美元兑墨西哥比索升值，那么福特墨西哥公司按比索计价的成本就上升。这是否会给福特带来经营风险敞口主要取决于墨西哥汽车市场的结构。例如，如果福特墨西哥公司面临来自墨西哥汽车制造商的竞争，由于竞争对手以比索计量的成本保持不变，福特墨西哥公司若不想冒销售量锐减的风险，就不能提高进口汽车的比索价格。由于市场对其产品需求富有弹性，所以福特墨西哥公司无法借助**汇率传递机制**（exchange rate pass-through）来提高按比索计量的产品价格。这样，美元升值使得福特墨西哥公司的利润降低，从而使母公司承受巨大的经营风险。

相反，如果福特墨西哥公司没有来自当地汽车制造商的竞争压力，而仅仅面临来自其他美国汽车制造商（如通用汽车和克莱斯勒）的进口竞争。由于其他那些美国进口汽车的比索成本同样会受到美元升值的影响，所以福特墨西哥公司的竞争地位不会动摇。在这样的市场结构下，美元升值会导致美国进口汽车的比索价格迅速上升。因此，福特不仅没有发生经营风险敞口，而且会赢得更多的美元利润。

一般来说，当公司成本或价格对汇率变化敏感时，就会面临巨大的经营风险敞口。另一方面，当成本和价格同时对汇率变化敏感或不敏感时，公司不会有大的经营风险敞口。

然而，在给定的市场结构下，公司遭受的经营风险敞口大小取决于当面临汇率变化时，公司稳定现金流量的能力。例如，即使福特面临墨西哥当地汽车制造商的竞争，也可以通过转而使用墨西哥当地的零件和原料来降低风险，因为美元升值后，墨西哥本地零件和原料的美元价格会下降。福特甚至可以雇用当地工人并使用当地资源在墨西哥制造汽车，这样可以使得比索成本对美元/比索的汇率变化不敏感。换言之，公司对产地、资源和套期保值策略的灵活控制是决定经营风险敞口的重要因素。

在讨论如何避免经营风险敞口之前，有必要认清一个事实：名义汇率的变化并不一定总会影响公司的竞争地位。当汇率变化恰好被通货膨胀率差异完全抵消时，就会出现这种情况。为证明这一观点，我们再以面临当地汽车制造商竞争的福特（墨西哥）公司为例。假设美国的年通货膨胀率为4%，墨西哥的为15%。简化起见，假设美国和墨西哥的汽车价格均与本国通货膨胀率呈同比上涨关系。现在假设美元相对比索升值11%，恰好抵消了两国通货膨胀率之差。此时，购买力平价当然成立。

在这种情况下，福特汽车的比索价格上涨15%，其中4%是因为汽车的美元价格上涨，11%是因为美元相对比索的升值造成的。由于福特汽车和当地生产的汽车的比索价格均上涨15%，所以美元相对比索升值11%并不会影响福特相对于当地汽车制造商的竞争地位。因此，福特没有经营风险敞口。

不过，如果美元相对比索升值的幅度大于11%，福特汽车相对于当地产汽车的价格就偏高，从而会削弱福特的竞争地位，福特就因此面临汇率风险敞口。此时，购买力平价不成立，尤其是在短期内。对于那些资源来自不同地区而在同一市场出售其产品的企业，汇率变化更容易影响其竞争地位。

在讨论下一个主题之前，有必要考察汇率变化与商品价格调整之间的关系。面对汇率变化，公司需要从以下三个价格战略中选择一个：①把成本冲击完全传递到销售价格上（完全传递）；②充分吸收这一冲击以保持售价不变（没有传递）；③将以上两种战略进行组合（部分传递）。美国的进口价格并未完全反映汇率的变化，这就属于部分传递现象。

在对该问题的全面研究中，Yang（1997）调查了1980～1991年间美国制造业的汇率传递情况，发现外国出口企业的价格都呈部分传递关系。根据Yang的研究，表9-10给出了不同行业的传递系数。其中，系数1代表完全传递，0代表没有传递。如表9-10所示，传递系数从SIC24（木材制品）的0.081 2到SIC32（石料、玻璃和混凝土制品）的0.884 3不等。平均系数为0.420 5，也就是说，美元每上涨或下跌1%，国外产品的进口价格平均变化0.42%。这意味着外国出口企业面临巨大的外汇风险敞口。值得注意的是，部分传递十分常见，但行业间的差异很大。对于产品差异小而需求弹性高的行业，进口价格受汇率变化的影响相对轻微。相反，产品差异大而需求弹性低的行业，进口价格会随汇率波动而发生大幅变化。在最近的一项研究中，Gopinath and Rigobon（2008）发现传递系数平均只有0.22。传递系数的下降可能意味着，国际贸易竞争程度的提高致使出口企业的定价能力下降了。

表 9-10　美国制造业的汇率传递系数

行业代码	行业	传递系数
20	食品及相关产品	0.248 5
22	纺织品	0.312 4
23	服装	0.106 8
24	木材及木制品	0.081 2
25	家具及室内用品	0.357 6
28	化学及合成品	0.531 2
30	橡塑制品	0.531 8
31	皮革制品	0.314 4
32	石料、玻璃、水泥	0.884 3
33	原料金属	0.212 3
34	加工后金属产品	0.313 8
35	非电力机器	0.755 9
36	电力及电子机器	0.391 4
37	交通设备	0.358 3
38	测量仪器	0.725 6
39	其他制造品	0.276 5
平均		0.420 5

资料来源：Jiawen Yang, " Exchange Rate Pass-Through in U.S. Manufacturing Industries," *Review of Economics and Statistics* 79（1997），pp. 95-104.

9.5　经营风险敞口的管理

随着经济的日益全球化，许多公司开始参与到国际活动中，比如出口、建立跨国资源基地、与外商合资以及在国外建立生产和销售分支机构。这些公司的现金流量对汇率的变化非常敏感。管理经营风险敞口的目的，就是在汇率波动时稳定现金流量。

由于公司的汇率风险敞口主要来自汇率变化对其竞争地位的影响，因此公司的长期战略计划必须考虑汇率风险敞口的管理。例如，在进行厂址选择、原料和零部件购买地以及销售地的战略决策时，公司应综合考虑汇率波动对未来现金流量的影响。因此，经营风险敞口管理绝非短期战术问题。公司可以通过以下几个策略来管理经营风险敞口：①低成本产地的选择；②弹性采购政策；③市场分散化；④产品差异与研发投入；⑤金融性套期保值。

9.5.1　低成本产地的选择

当本币走强或有望走强时，公司的竞争能力就会被削弱。此时，公司可以选择将工厂建在货币被低估或生产原料价格低的国家，因为这些国家生产的成本较低。在过去的几十年里，日本汽车制造商，包括日产和丰田，将生产基地大规模地迁往美国的工厂，以期减轻日元兑美元升值所带来的负面影响。出于同样考虑，德国汽车制造商，如奔驰和宝马，也决定在美国建厂。

此外，公司也可以选择在多个国家设立生产基地以应对汇率变化。以日产公司为例，它在美国、墨西哥和日本均有制造厂。由于拥有多个生产基地，日产公司可以根据当时的汇率情况灵活决定在哪里生产。近年来，虽然日元兑美元大幅升值，但墨西哥比索兑美元出现贬值。按照这种汇率变化情况，日产公司可以选择增加在美国，尤其是在墨西哥的产出以供应美国市场。事实上，这恰恰也是日产公司面对近年来对日元升值现象所做出的反应。然而，维持多个生产基地并不利于公司发展规模经济，且提高了生产成本，从而部分抵消了维持多个生产基地带来的收益。

9.5.2 弹性采购政策

即使公司仅在国内拥有生产基地，它也可以通过从原料价格比较低的地区进行采购，大大减轻汇率变化造成的影响。在20世纪80年代初期，美元与大多数主要货币的比率居高不下，美国跨国公司经常从外国供应商手中购入低成本的原材料和零部件，以避免因价格竞争而被挤出市场。

面对近年来日元走强的趋势，许多日本公司采用了同样的策略。众所周知，日本的制造业，尤其是汽车行业和家用电器业，高度依赖于低成本国家（如泰国、马来西亚和中国）的零部件和半成品。**弹性采购政策**（flexible sourcing policy）并非仅仅局限于原料和零部件，公司也可以从国外雇用低成本的工人来代替高成本的本国工人，从而使公司更具竞争力。例如，由于日元日益走强，日本航空公司大量雇用外国乘务员以保持自己在国际航线上的竞争力。

在最近的一项研究中，Holberg和Moon（2004）解释了为什么对于开展海外经营活动的公司而言，经营性套期保值特别有效。假设有一家美国公司，如波音公司，正在向日本出售其产品——波音787飞机。此时，如果美元和日元之间的汇率出现波动，那么波音公司将面临货币风险。不过，如果波音公司从日本购买诸如飞机起落架、机身之类的投入品，它就不需要将日元应收账款转换为美元，从而规避了汇率风险。此外，由于经济衰退，日本对波音飞机的需求下降，波音公司也可以直接减少购买日本的投入品，从而使该公司能够更好地适应其日本销量下滑的情况。这样，波音公司不仅能够保护自身免遭因汇率变化所产生的价格风险，而且还能保护自身免遭因需求变化而引起的数量风险。

9.5.3 市场分散化

另一种应对汇率风险敞口的方法是尽量分散产品市场。假设通用电气（GE）在墨西哥和德国出售发动机，由于美元兑比索升值，墨西哥市场销售量的下降将会被因美元兑欧元贬值导致的德国市场销售量的增加而弥补。因此，通用电气的总体现金流量会比仅有一个国外市场（或在墨西哥或在德国）时更加稳定。只要汇率不是总沿一个方向变化，公司就可以通过出口市场分散化来稳定现金流量。

有一种观点认为，公司可以通过交易的多元化来降低外汇风险敞口。按照这种观点，虽然个体交易会面临一定程度的汇率风险敞口，但公司整体不会面临重大风险敞口。不过，同时要指出的是，公司不能仅仅为了分散外汇风险而开立新业务，因为过度扩张会导致低效率，甚至造成损失。新业务的扩张务必要经过仔细的利弊斟酌。

2015年1月15日，瑞士中央银行取消了关于瑞士法郎兑欧元的汇率为1.20瑞士法郎/欧元的限制政策，转而让瑞士法郎兑欧元大幅升值。这一突如其来的政策变化立即使得对欧元区客户的瑞士商品价格上涨了近20%，损害了瑞士商品对欧元区的出口。不过，美元兑包括瑞士法郎在内的大多数货币一直在升值，使得瑞士商品在美国（也包括那些其货币与美元挂钩的国家或地区）的价格变低。这种情况有助于抵消在欧元区销售下滑的影响。考虑到并非所有主要货币同一时间对瑞士法郎的变化方向会一致，因此这确实会有助于瑞士商品实现市场的多元化。另外值得注意的是，伴随着政策的变化，许多瑞士公司为了进一步减轻瑞士法郎升值所带来的不利影响，纷纷将其部分业务转移到低成本国家，尤其是东欧国家。

9.5.4 产品差异与研发投入

面对汇率的不利波动，投资于研发项目可以保持和加强公司的竞争地位。成功的研发成果能使公司降低成本，增强生产能力。另外，研发成果能引入独一无二的新产品，而竞争对手无力提供近似替代品。由于对新产品的需求是高度非弹性（例如：价格不敏感）的，公司将会面临较小的汇率风险敞口。同时，公司要努力使消费者相信，其产品的确与其他竞争对手所供的不同。一旦公司产品有着独到的特性，其需求量就不会对价格敏感。

瑞典汽车制造商沃尔沃（Volvo）就是一个很好的例子。该公司注入大量资金致力于提高汽车的安全性，而且成功树立了安全汽车生产商的声誉。该公司更是通过一次盛大的促销活动"沃尔沃，为了生命"使其声誉蒸蒸日上，从而也帮助沃尔沃在竞争激烈的世界汽车市场赢得了注重安全的消费者的青睐。[⊖]

9.5.5 金融性套期保值

金融性套期保值（financial hedging）虽不能取代上面讨论的**长期经营套期保值**（operational hedging）方法，但可以稳定公司的现金流量。例如，公司可以借入或借出长期外币，或者买入远期外汇合约或期权合约并在必要时抛出。需要指出的是，现有的金融合约是针对名义汇率变化，而非实际汇率变化进行套期保值的。因为公司的竞争地位受实际汇率变化的影响，所以金融合约至多只能为公司的经营风险敞口提供一个大概的套期保值。然而，如果进行资源配置的经营性套期保值的成本过高或不切实际，金融合约不失为一种灵活、经济的应对汇率风险敞口的方法。

| 案例应用 |　　　　　　　　　　**默克公司的外汇风险管理**[⊖]

为进一步说明公司在实际中是如何管理汇率风险敞口的，这里以美国大型制药公司——默克（Merck &Co）为例来研究其全面管理汇率风险敞口的方法。虽然默克公司采取的套期保值策略仅反映了它自身的经营情况，但我们亦可从中了解到其他公司应对风险敞口策略的基本框架。

默克公司主要研发、生产并出售保健药品。作为一个在一百多个国家经营的跨国公司，默克公司在1989年的全球销售额就高达66亿美元，控制了全球市场份额的4.7%。默克公司的主要国外竞争对手是欧洲公司和新兴的日本公司。默克公司是美国国际化程度最高的药业公司之一，其海外资产占公司总资产的40%，大约有50%的产品销往国外。

正如大多数药业公司一样，默克公司在海外建有子公司，子公司的数量大约有70家，它们主要负责从母公司进口产品并在当地市场出售。由于销售额是用当地货币计量的，所以公司会直接受到汇率波动的影响。成本一部分以美元计算，用于基本生产和研发；另一部分则以当地货币计算，用于扫尾工作、营销、分销等。默克公司发现，单个子公司的成本和收

⊖ 沃尔沃于2010年被中国汽车制造商吉利控股集团收购。

⊖ 此处引用了Lewent和Kearney（1990）的案例。

入不相匹配，主要是因为研发、制造、经营过于集中在美国总部。

为了减少货币的不匹配，默克公司首先考虑重新配置资源来使美元成本转化为其他货币成本。然而，公司发现重新配置员工、生产和研究基地并非切实有效的应对汇率风险敞口的方法。鉴于经营套期保值不适用，默克公司就采用了金融性套期保值，它采取了五步走的金融套期保值战略：①汇率预测；②评估战略计划的效果；③决定是否进行套期保值；④选择套期保值的工具；⑤制订套期保值计划。

第一步：汇率预测

第一步是预测不利汇率波动发生的可能性。财务人员估计出未来五年计划中的美元可能升值或贬值的范围，其中要综合考虑到影响汇率的各个主要因素，如美国贸易赤字、资本流动、美国预算赤字、有关汇率的政府政策等。外部预测人员也要对计划期内的美元走势进行预测。

第二步：评估战略计划的效果

一旦估计出了未来汇率变化的范围，就可以对各种汇率方案（如美元升值和贬值）的现金流量和利润进行计划和比较。这些计划是基于五年的累积信息，而非逐年的信息制定的，因为累积结果提供了公司长期计划中有关汇率风险敞口大小的更为有用的信息。

第三步：决定是否进行套期保值

在决定是否进行套期保值以规避汇率风险敞口时，默克公司考虑的重点是：长期现金流量最大化目标和汇率波动对公司实现战略目标能力的潜在影响。这些重点最终集中在股东财富最大化上。有两个原因促使默克公司决定进行套期保值：首先，公司有一大部分的收入来自海外，这与以美元计价的成本所占的比例失调。其次，多变的现金流量会削弱公司实施战略计划的能力，尤其是影响作为公司未来成长基础的研发投入。为了在竞争激烈的市场中赢得一席之地，公司必须长期保障充足的科研资金。但是，多变的汇率导致现金流量不确定，使得保障这一高水准的研发支出困难重重。管理者最终决定进行套期保值，以期减少汇率变动对未来现金流量的潜在影响。

第四步：选择套期保值的工具

这一步的目标是选择适合公司风险偏好的最经济的套期保值的工具。在众多套期保值工具（如远期合约、外币借款、货币期权）中，默克公司选择了货币期权。因为自20世纪80年代中期以来，美元兑主要货币持续贬值，默克公司不想放弃一旦美元相对外国货币贬值而可能带来的潜在利润。默克公司将期权成本视为保存公司实力以实施战略计划而交纳的保险费。

第五步：制订套期保值计划

选定货币期权作为主要的套期保值工具后，公司还要制订具体的套期保值计划。在制订计划时，应综合考虑保值的期限、期权合约的执行价和需要套期保值的收入所占的比重等众多因素。在不同的汇率情况下，默克公司模拟出实施方案的几种结果，最后决定：①采用多年期长期期权合约而非逐年签订的期权合约来保障公司战略现金流量；②不能为节约成本而作空头期权；③只有部分套期保值，其余自保。

为制订出成本有效最大化的套期保值计划，默克公司建立了计算机模型，来模拟各种不同的套期保值策略的效果。图9-2提供了一个模拟结果的例子，并比较了套期保值和未套期保值两种情况下的现金流量分布图。很明显，套期保值后的现金流量比未套期保值时的均值大，而方差更小。正如我们在第8章中所讨论的，套期保值不仅可以降低风险，而且当降低风险能使公司的资本成本和税赋成本降低时还会增加公司的现金流量。在这种情况下，套期保值比未套期保值更有利。

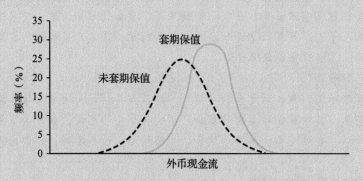

图9-2 未套期保值和套期保值时的现金流量对比

资料来源：J. Lewent and J. Kearney, "Identifying, Measuring, and Hedging Currency Risk at Merck," Bank of America Journal of Applied Corporate Finance, Winter 1990.

本章小结

本章我们讨论了如何度量和管理汇率风险的经济风险敞口，也考察了现实中公司是如何管理外汇风险的。

1. 汇率变化会影响企业的现金流和以本币计量的资产和负债的价值，从而对企业的价值产生系统影响。
2. 外汇风险敞口常常被分为三类：经济风险敞口、交易风险敞口和换算风险敞口。
3. 经济风险敞口是指汇率不可预期的变化对企业价值的影响程度。交易风险敞口是指公司的契约性外币现金流的本币价值对不可预期的汇率变化的敏感程度。换算风险敞口是指汇率变化对公司合并财务报表的潜在影响程度。
4. 若公司在国外拥有资产，其外汇风险敞口可用外国资产的美元价值对汇率的回归系数来衡量。如果风险大小已知，公司就可简单地通过卖出远期外汇来对风险进行套期保值。
5. 资产和负债的风险敞口可明确体现在会计报表中。与之不同的是，经营风险敞口取决于汇率的随机变化对公司未来现金流的影响。不过，这种影响很难度量。尽管如此，对经营风险敞口的管理常常十分重要，因为在公司的全部风险敞口中，经营风险比契约性风险占有更大的比例。
6. 公司的经营风险敞口由以下因素决定：①公司的原材料市场和产品销售市场的结构；②公司通过调整市场、产品组合和资源获取渠道来降低汇率变化影响的能力。
7. 由于公司的汇率风险主要来自汇率变化对其竞争地位的影响，因此，汇率风险管理在公司的长期战略计划中占有非常重要的地位。风险敞口管理的目的就是在汇率波动时维持现金流的稳定。
8. 公司可以通过各种策略来管理经营风险敞口，例如：①选择低成本生产基地；②灵活的原材料采购政策；③市场多元化；④产品的差异化；⑤利用货币期权和远期合约的金融性套期保值。

本章拓展

第10章

换算风险敞口的管理

本章提纲

换算方法
《第8号财务会计准则公告》
《第52号财务会计准则公告》
国际会计准则
案例应用：
　《第52号财务会计准则公告》
　下Centralia公司的合并会计
换算风险敞口的管理
关于《第8号财务会计准则公告》

向《第52号财务会计准则公告》
　转变的实证分析
本章小结
本章拓展
关键词
思考题
计算题
小型案例：圣得西体育用品公司
参考文献与建议阅读材料

本章将结束关于外汇风险敞口及其管理的讨论。本章主要讨论换算风险敞口。**换算风险敞口**（translation exposure）常常也被称为会计风险敞口，指的是无法预料的汇率变化对跨国公司的合并财务报表产生的影响。当汇率发生变化时，从母公司的角度来看，国外子公司按照当地货币计量的资产和负债的价值也发生了变化。因此，必须为跨国公司建立一个解决财务报表合并问题的手工操作方法，以便合理地处理汇率变化。

本章介绍了进行换算调整处理的基本方法。我们将以一个简单的合并报表为例，用不同的方法进行换算调整处理，并对不同方法的效果加以比较。我们还将特别介绍美国财务会计准则委员会（FASB）近期出台的方法，财务会计准则委员会是美国一家为商业企业和注册会计师事务所制定会计政策的权威机构。但是，本章对其他主要发达国家所采用的换算方法也将做一简单介绍。

这里，首先将依据财务会计准则委员会近期出台的公告，用一个案例来详细阐述汇率变动对合并过程的影响。接着，将分析换算风险敞口与经济风险敞口、换算风险敞口与交易风险敞口之间的关系。之后，将讨论换算风险敞口管理的必要性和具体方法。本章最后将对各种换算方法对公司价值的影响进行实证分析。

10.1 换算方法

近年来,业界多采用四种外币换算方法:流动/非流动项目法、货币/非货币项目法、时态法和现行汇率法。

10.1.1 流动/非流动项目法

在 20 世纪 30 年代至 1975 年《财务会计准则委员会第 8 号公告》(FASB8)生效期间,美国普遍采用的外币换算方法是**流动/非流动项目法**(current/noncurrent method)。这个方法所暗含的基本原则就是,资产和负债应当按照到期日的不同进行换算。流动资产和流动负债被定义为在一年或一年以内到期,因此将按现行汇率进行换算。非流动资产和非流动负债应当按照其最初登记入账时的实际历史汇率进行换算。如果采取这种方法,当地货币升值(贬值),那么流动资产多于流动负债的国外子公司就会出现换算收益(换算损失)。当然,如果这家子公司用当地货币计量的净营运资本为负值,那么情况恰好相反。

使用流动/非流动项目法时,大多数利润表项目按照会计期间的平均汇率进行换算。然而,对于那些与非流动资产或非流动负债相关的收入和费用,如折旧费用,则按照资产负债表项目所适用的历史汇率进行换算。

10.1.2 货币/非货币项目法

在**货币/非货币项目法**(monetary/nonmonetary method)下,国外子公司的所有货币性资产负债表项目(如现金、有价证券、应收账款、应付票据、应付账款)都按现行汇率进行换算。所有其他(非货币性)资产负债表项目,包括股东权益,则按照初次登记入账时的实际历史汇率进行换算。与流动/非流动项目法相比,货币/非货币项目法对存货、长期应收款和长期负债等项目的处理明显不同。货币/非货币项目法的潜在原则是货币性项目具有相似性,因为它们的价值都是用货币计量的,而它们换算后的货币价值也会随着汇率的变动而变动。货币/非货币项目法不是按到期日的相似性,而是按属性的相似性为基础来对会计项目进行分类的。

使用货币/非货币项目法时,大多数利润表项目按照会计期间的平均汇率进行换算。而对于与非货币性账户相关的收入和费用,如销货成本和折旧费用,则按照相应的资产负债表项目的历史汇率进行换算。

10.1.3 时态法

在**时态法**(temporal method)下,诸如现金、应收账款、应付账款等货币性项目(不论是流动性还是非流动性的)都应按现行汇率换算。至于其他资产负债表项目,如果会计账簿上是以现行价值报告的,就按现行汇率换算;如果是以历史成本报告的,则应按最初登账时的历史汇率进行换算。因为固定资产和存货通常是以历史成本入账的,所以时态法和货币/非货币项目法对它们的换算方法就一样了。但是,这两种方法的基本原理是完全不同的。在以现行价值计量的情况下,所有的资产负债项目都应按现行汇率进行换算。

在使用时态法进行换算处理时,大多数利润表项目都是按会计期间内的平均汇率进行换算。但是,对于折旧和销货成本项目,如果相关资产负债表项目是按历史成本计量的,则要按历史汇率进行换算。

10.1.4 现行汇率法

在现行汇率法（current rate method）下，除了股东权益之外，所有的资产负债表项目都应按现行汇率换算。这是所有换算方法中最为简单的一种。普通股账户和其他所有附加的实缴股本都按其各自发行日的实际汇率进行换算。年末留存收益等于留存收益的期初余额加上当年的增加额。由于此种方法下换算利润不会出现在利润表中，因而"轧平"权益账户"累计换算调整"（cumulative translation adjustment，CTA）将用来平衡资产负债表。

采用现行汇率法时，利润表项目都按各项目被确认时的汇率进行换算。鉴于这种做法的不现实性，通常会采用会计期间的加权平均汇率进行换算。

【例 10-1】换算方法的比较

表 10-1a 和表 10-1b 通过实例针对不同换算方法对财务报表编制所产生的影响进行了比较。该例子假设某家跨国公司的瑞士子公司平时用瑞士法郎记账和编制资产负债表和利润表，现在要将其换算成跨国公司的申报货币美元。

表 10-1a 的第一列给出了用瑞士法郎申报的资产负债表和利润表，从中我们可以看出，留存收益增加额和累计留存收益都是 900 000 瑞士法郎（该例子假设子公司处于开业第一年的年末）。历史汇率是 3.00 瑞士法郎/美元。表的后四列是假设瑞士法郎升值到 2.00 瑞士法郎/美元后的换算报表。因此，该会计期间的平均汇率是 2.50 瑞士法郎/美元。从表 10-1a 中可以看出，当采用货币/非货币项目法换算时，该瑞士子公司的总资产最少，为 2 550 000 美元，所发生的 550 000 美元的外汇损失在利润表中进行申报；而如果采用现行汇率法，相应的总资产最多，变为 3 300 000 美元，实际产生外汇利得 540 000 美元，记入"累计换算调整"账户。

采用时态法时，我们假设该瑞士子公司存货的置存价值是市场价值 1 800 000 瑞士法郎，而不是历史成本 1 500 000 瑞士法郎。值得注意的是，如果该瑞士子公司采用时态法并按存货历史成本记录存货价值，则得到存货的换算价值与货币/非货币项目法相等，都是 500 000 美元。

表 10-1a 瑞士法郎从 3.00 瑞士法郎/美元升值到 2.00 瑞士法郎/美元后，不同换算方法对财务报表编制的影响比较

（单位：1 000 货币单位）

	当地货币 （瑞士法郎）	流动/非流动法 （美元）	货币/非货币法 （美元）	时态法 （美元）	现行汇率法 （美元）
资产负债表					
现金	2 100	1 050	1 050	1 050	1 050
存货 （现时价值 = SF1 800）	1 500	750	500	900	750
固定资产净额	3 000	1 000	1 000	1 000	1 500
总资产	6 600	2 800	2 550	2 950	3 300
流动负债	1 200	600	600	600	600
长期负债	1 800	600	900	900	900
普通股	2 700	900	900	900	900
留存收益	900	700	150	550	360

（续）

	当地货币 (瑞士法郎)	流动/非流动法 (美元)	货币/非货币法 (美元)	时态法 (美元)	现行汇率法 (美元)
累计换算调整	—	—	—	—	540
负债与权益合计	6 600	2 800	2 550	2 950	3 300
利润表					
销售收入	10 000	4 000	4 000	4 000	4 000
商品销售成本	7 500	3 000	2 500	3 000	3 000
折旧费用	1 000	333	333	333	400
净营业利润	1 500	667	1 167	667	600
所得税（40%）	600	267	467	267	240
税后利润	900	400	700	400	360
外汇损益	—	300	(550)	150	—
净利润	900	700	150	550	360
股利	0	0	0	0	0
留存收益增加额	900	700	150	550	360

表 10-1b 列示了瑞士法郎从 3.00 瑞士法郎/美元贬值到 4.00 瑞士法郎/美元后，该瑞士子公司的换算后的资产负债表和利润表。因此，该会计期间的平均汇率为 3.50 瑞士法郎/美元。如表 10-1b 所示，采用现时汇率法换算时，其总资产最少，为 1 650 000 美元，记入"累计换算调整"账户的实际外汇损失为 257 000 美元；而采用货币性和非货币性项目法时，其总资产最多，为 2 025 000 美元，产生外汇利得 361 000 美元。

表 10-1b 瑞士法郎从 3.00 瑞士法郎/美元贬值到 4.00 瑞士法郎/美元后，不同换算方法对财务报表编制的影响比较

(单位：1 000 货币单位)

	当地货币 (瑞士法郎)	流动/非流动法 (美元)	货币/非货币法 (美元)	时态法 (美元)	现行汇率法 (美元)
资产负债表					
现金	2 100	525	525	525	525
存货					
(现时价值=SF1 800)	1 500	375	500	450	375
固定资产净额	3 000	1 000	1 000	1 000	1 500
总资产	6 600	1 900	2 050	1 975	1 650
流动负债	1 200	300	300	300	300
长期负债	1 800	600	450	450	450
普通股	2 700	900	900	900	900
留存收益	900	100	375	325	257
累计换算调整	—	—	—	—	(257)
负债与权益合计	6 600	1 900	2 025	1 975	1 650
利润表					
销售收入	10 000	2 875	2 875	2 875	2 875
商品销售成本	7 500	2 143	2 500	2 143	2 143
折旧费用	1 000	333	333	333	286

(续)

	当地货币 （瑞士法郎）	流动/非流动法 （美元）	货币/非货币法 （美元）	时态法 （美元）	现行汇率法 （美元）
净营业利润	1 500	381	24	381	428
所得税（40%）	600	152	10	152	171
税后利润	900	229	14	229	257
外汇损益	—	(129)	361	96	—
净利润	900	100	375	325	257
股利	0	0	0	0	0
留存收益增加额	900	100	375	325	257

10.2 《第8号财务会计准则公告》

《第8号财务会计准则公告》(FASB8) 于1976年1月1日生效，它的目标是根据公认会计原则，用美元计量企业以外币申报的资产、负债、收入及费用。《第8号财务会计准则公告》主要采用我们前面所介绍的时态换算法，但是，该公告有一些不尽如人意的地方。例如，根据时态法，企业的收入和费用都按特定会计期间内的平均汇率换算。但实际上，跨国公司一般按月编制报表，企业的工作就是汇总每个月的数据以得到全年的总值。

会计界和跨国公司在一开始就不太认同《第8号财务会计准则公告》。时态法要求将换算损益反映在利润表中，这一点从【例10-1】中可以看出。这样，企业各年的报告利润可能而且确实会在各年间发生大幅变动，这使得公司经理们非常恼火。

此外，很多跨国公司并不喜欢将存货按历史汇率换算，但《第8号财务会计准则公告》规定，如果企业是按历史价值报告存货（大多数企业确实如此），它就必须按历史汇率对存货进行换算。人们都认为将存货按现行汇率换算要简便得多。

10.3 《第52号财务会计准则公告》

由于《第8号财务会计准则公告》备受争议，财务会计准则委员会于1979年1月将一个提案搬上了议事日程，该提案将重新审视《第8号财务会计准则公告》的各项规定。后来，于1979年2月成立了一个工作组，其成员由来自财务会计准则委员会、国际会计准则委员会以及加拿大和英国众多会计准则团体的代表组成。在召开了多次会议及听证会之后，财务会计准则委员会于1981年12月发布了《第52号财务会计准则公告》(《FASB52》)，所有的美国跨国公司都必须从1982年12月15日或此后日期开始的财政年度起采用这一标准。

《第52号财务会计准则公告》的目标是：

（1）提供总体上与汇率变动对企业现金流量和所有者权益产生的预期经济影响相一致的信息。

（2）在合并财务报表中反映与美国公认会计原则相一致的各合并主体的以功能货币计量的财务结果及其关系。⊖

⊖ 参见《美国第52号财务会计准则》第4条。

许多人分析认为《第52号财务会计准则公告》采用的是现行汇率换算方法。不过，这种说法实际上并不对，因为《第52号财务会计准则公告》要求在某些情况下采用现行汇率法，而在其他情况下使用时态法。根据《第52号财务会计准则公告》，跨国公司应当根据其国外子公司所采用的职能货币来决定采用何种换算方法。《第52号财务会计准则公告》将**职能货币**（functional currency）定义为"该主体开展经济活动的主要经济环境中所流通的货币"。[⊖]一般而言，职能货币就是该主体大多数业务活动发生国的当地货币。但是，在某些情况下，职能货币可能是其母公司本国的货币，或是某第三国的货币。表10-2汇总了确定职能货币的方法。

表10-2 确定职能货币时需认真考虑的经济因素

	外国货币	母公司货币
现金流量指标	国外子公司的现金流量主要是以外国货币计量的，它们并不直接影响母公司的现金流量	国外子公司的现金流量直接影响母公司的现金流量，而且随时都可以汇给母公司
销售价格指标	短期内国外子公司产品的销售价格一般不受汇率变动的影响，其产品的销售价格更多地由当地市场竞争和政府规章制度决定	国外子公司产品的销售价格短期内会受到汇率变动的影响，其产品的销售价格由全球竞争态势决定
销售市场指标	国外子公司在当地有非常活跃的产品销售市场	产品销售市场主要位于母公司所在国，或者销售合同金额是用母公司所在国货币规定的
费用指标	国外子公司的产品成本因素主要是当地发生的成本	国外子公司的产品成本因素主要是持续不断地从母公司所在国购买零部件的成本
融资指标	国外子公司所融资金主要用其所在国的流通货币表示，而且偿债义务一般由子公司自己履行	国外子公司所融资金主要来自于母公司，由母公司履行债务责任或是子公司所负债务主要由母公司偿还
公司间交易和协议指标	子公司与母公司间的交易量很小，而且它们在经营上的相互关系也很薄弱。不过，国外子公司可能从母公司的竞争优势，比如从母公司的专利或是商标中获益	外国子公司与母公司间存在大量交易，而且它们在经营上保持着密切的关系。而且，如果外国子公司只是一家"空壳公司"，它只记录可由母公司记录的账户，那么其职能货币一般就是母公司所在国货币

资料来源：Excerpted from Foreign Currency Translation, Statement of Financial Accounting Standards No. 52, Paragraph 42, Financial Accounting Standards Board, Stamford, CT, December, 1981.

申报货币（reporting currency）是指跨国公司编制合并财务报表时所采用的货币。申报货币通常是母公司的记账货币，同时也是母公司所在并开展大多数业务活动的国家的流通货币。尽管如此，申报货币也可能是某第三国货币。为便于学习，本章假定申报货币与母公司货币相同，都采用美元。

10.3.1 《第52号财务会计准则公告》的换算过程

《第52号财务会计准则公告》将实际换算过程分为两个步骤。第一，必须确定国外子公司用何种货币记账。如果子公司采用当地货币记账，而该货币又不是其职能货币（如图10-1所示，并非一定要这样做），则需要使用其职能货币重新计量。重新计量的目的是"产生同样的结果，就好像国外子公司采用职能货币记账一样。"[⊜]重新计量的过程采用时态法来完成。

⊖ 参见《美国第52号财务会计准则》第5条。
⊜ 参见《美国第52号财务会计准则》第10条。

第二，当国外子公司的职能货币同母公司货币不一致时，需要用现行汇率法将以职能货币计量的账簿转换成用申报货币表示。显然，如果国外子公司的职能货币与其母公司的申报货币一致，就没有必要进行换算。

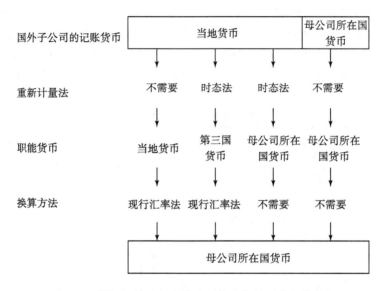

图 10-1 《第 52 号财务会计准则公告》的两步换算过程

注：按照《第 52 号财务会计准则公告》，换算过程包括两步。第一，如果子公司采用当地货币记账，而该货币又不是其职能货币，则需要使用其职能货币重新计量。第二，当国外子公司的职能货币同母公司货币不一致时，需要用现行汇率法将以职能货币计量的账簿转换成用申报货币表示。《第 52 号财务会计准则公告》规定，如果跨国公司国外子公司所在国的经济出现高通货膨胀时，当地货币要转换成母公司货币重新计量。

资料来源：Derived from J. S. Arpan and L H. Radenbaugh. *International Accounting and Multinational Enterprises*, 2nd ed. (New York: Wiley, 1985), Exhibit 5.2, p. 136, and Andrew A. Haried, Leroy F. Imdieke, and Ralph E. Smith, *Advanced Accounting*, 6th ed. (New York: Wiley, 1994), Illustration 15-3, p. 562.

10.3.2 发生高通货膨胀的经济体

《第 52 号财务会计准则公告》规定，如果跨国公司国外子公司所在国的经济出现高通货膨胀，就要用时态法"把职能货币当作申报货币"，对使用当地货币记账的子公司财务报表重新计量。⊖高通货膨胀经济体的定义为："三年内的累计通货膨胀率大致达到 100%，甚至更高。"⊖出台这一规定的目的，是防止那些用历史价值记录的重要大额资产负债项目在按现行汇率换算成申报货币后，价值急剧缩减。相对购买力平价理论告诉我们，高通货膨胀国家的货币会相对于低通货膨胀国家的货币贬值，贬值幅度大约是两国通货膨胀率之差。因此，例如，当子公司所在国出现高通货膨胀经济时，它们用当地货币记录的固定资产项目换算成申报货币后，与其真实账面价值相比，其价值会大幅减少。

10.4 国际会计准则

伴随着跨国投融资的增加，市场变得日益一体化，作为共同会计语言的国际会计准则开

⊖⊖ 参见《美国第 52 号财务会计准则》第 11 条。

始为大家所接受。事实上，自 2005 年 1 月以来，在欧盟地区从事经营的所有企业都必须遵循国际会计标准局制定的会计准则。因为投资者希望找到一种能比较各国公司财务报表的方法，所以国际会计准则必将对于协调全球各地的会计标准产生重大影响。

2001 年 4 月，国际会计标准局担负起了其前身国际会计标准委员会制定会计标准的责任。类似于财务会计准则公告，国际会计标准局也发布了一系列被称为《国际财务报告标准》的公告。此外，国际会计标准局也承认并维持国际会计标准委员会发布的被称为国际会计标准的公告。《第 21 号国际会计标准》——汇率变动的影响，就是关于处理外币换算的标准。第 21 号国际会计标准非常接近本章之前所讨论的货币/非货币项目法。因此，欧盟目前所采用的换算方法就不同于美国。不过，国际会计标准局与财务会计准则公告都优先采用一套共同的高质量的全球标准。2009 年，两大组织对之前公布的理解备忘录进一步发布公告，目的是使两大准则在 2011 年之前实现实质性的趋同。这方面的进展目前有些慢，但显然绝大多数国家不久都将按共同标准来换算外币。

| 案例应用 | 《第 52 号财务会计准则公告》下 Centralia 公司的合并会计

我们将通过一个案例来说明依据《第 52 号财务会计准则公告》合并跨国公司资产负债表的过程。该案例的基本信息如表 10-3 所示，它列示了一家美国母公司 Centralia 公司及其分别设在墨西哥和西班牙的两家全资子公司的未合并的资产负债表。Centralia 公司是美国中西部一家制作小型厨房电器设备的公司。墨西哥子公司的设立是为了迎合墨西哥市场的需求，该市场可能会在北美自由贸易协定（NAFTA）的影响下迅速扩张。同样地，设立西班牙子公司主要是为了满足欧盟地区的需求。墨西哥子公司的职能货币是比索，西班牙子公司的职能货币是欧元，Centralia 公司的申报货币是美元。本例中我们假设初始汇率是：1.0 美元 = 1.333 3 加拿大元 = 10.00 墨西哥比索 = 1.10 欧元 = 1.50 瑞士法郎。

表 10-3 Centralia 公司及其墨西哥和西班牙子公司的未合并资产负债表

（2016 年 12 月 31 日；单位：1 000 货币单位）

	Centralia 公司 （母公司）（美元）	墨西哥子公司 （墨西哥比索）	西班牙子公司 （欧元）
资产			
现金	950①	6 000	825
应收账款	1 750②	9 000	1 045
存货	3 000	15 000	1 650
对墨西哥子公司的投资	2 200③	—	—
对西班牙子公司的投资	1 660④	—	—
固定资产净额	9 000	46 000	44 000
总资产	18 560	76 000	7 920
负债与所有者权益			
应付账款	1 800	10 000②	1 364
应付票据	2 200	17 000	1 210⑤
长期负债	7 110	27 000	3 520
普通股	3 500	16 000③	1 320④
留存收益	3 950	6 000③	506④

	Centralia 公司 （母公司）(美元)	墨西哥子公司 （墨西哥比索）	西班牙子公司 （欧元）
负债与所有者权益合计	18 560	76 000	7 920

① 母公司在一家加拿大银行有 200 000 加拿大元的存款，按汇率 1.3333 加拿大元/美元换算，该项目在母公司账簿上的价值总和为 150 000 美元。
② 墨西哥子公司欠母公司 3 000 000 墨西哥比索，在母公司账簿记录上反映为应收账款 300 000 美元。母公司应收墨西哥子公司的其他的应收账款（应付账款）用美元（比索）计量。
③ 墨西哥子公司是 Centralia 公司的全资子公司。它反映在母公司账簿上的价值是 2 200 000 美元，它等于按汇率 10.00 墨西哥比索/美元换算的墨西哥子公司账簿上记录的普通股（16 000 000 比索）和留存收益（6 000 000 比索）的总和。
④ 西班牙子公司是 Centralia 公司的全资子公司。它反映在母公司账簿上的价值是 1 660 000 美元，它等于按汇率 1.10 欧元/美元换算的西班牙子公司账簿上记录的普通股（1 320 000 欧元）和留存收益（506 000 欧元）的总和。
⑤ 西班牙子公司因从一家瑞士银行贷款而拥有 375 000 瑞士法郎（375 000÷1.3636 = 275 000）的未清偿应付票据，该贷款是西班牙子公司账簿上所记录的 1 210 000 欧元（1 210 000 欧元 = 275 000 欧元 + 935 000 欧元）应付票据的一部分。

未合并资产负债表与报表脚注显示，墨西哥子公司欠母公司 3 000 000 比索，根据现行汇率 10.00 墨西哥比索/美元换算，母公司账簿记录为 300 000 美元的应收账款。另外，母公司对墨西哥子公司的 2 200 000 美元的投资换算成 22 000 000 比索记录在墨西哥子公司的权益账户上。同样，母公司对西班牙子公司价值 1 660 000 美元的投资也被换算成 1 826 000 欧元记录在西班牙子公司的权益账户上。脚注还显示，母公司在一家加拿大银行有 200 000 加拿大元的存款，按照 150 000 美元列示在现金账户上。西班牙子公司欠瑞士一家银行 375 000 瑞士法郎的贷款，按 SF1.3636/€1.00 换算后，这笔价值 275 000 欧元的贷款构成了其总价值为 1 210 000 欧元应付账款的一部分。

表 10-4 列示了 Centralia 公司及其子公司资产负债表的合并过程。特别要注意一点，在合并资产负债表中不会出现公司间的债务和投资项目。也就是说，墨西哥子公司欠母公司 3 000 000 比索的债务不能反映在合并报表的应收账款或应付账款中。当墨西哥子公司最终向其母公司清偿债务时，实际上相当于把钱从一个公司的口袋中拿出，然后放进另一个公司的口袋。同理，母公司对各子公司的投资与各子公司的所有者权益对冲。母公司全权拥有子公司，因而股东投资所代表的就是母公司的所有权。从这种意义上说，整个跨国公司都归股东所有。

表 10-4 汇率变化前 Centralia 公司及其墨西哥和西班牙子公司的未合并资产负债表

（2016 年 12 月 31 日；单位：1 000 美元）

	Centralia 公司 （母公司）	墨西哥子公司	西班牙子公司	合并资产负债表
资产				
现金	950①	600	750	2 300
应收账款	1 450②	900	950	3 300
存货	3 000	1 500	1 500	6 000
对墨西哥子公司的投资	—③	—	—	—

(续)

	Centralia 公司（母公司）	墨西哥子公司	西班牙子公司	合并资产负债表
对西班牙公司的投资	—④	—	—	—
固定资产净额	9 000	4 600	4 000	17 600
总资产				$29 200
负债与所有者权益				
应付账款	1 800	700②	$1 240	$3 740
应付票据	2 200	1 700	1 100⑤	5 000
长期负债	7 110	2 700	3 200	13 010
普通股	3 500	—③	—④	3 500
留存收益	3 950	—③	—④	3 950
负债与所有者权益合计				29 200

① 包括母公司在一家加拿大银行 200 000 加拿大元的存款，按汇率 1.3333 加拿大元/美元换算，账面价值为 150 000 美元。

② 公司内贷款 1 450 000 美元 = 1 750 000 美元 – 300 000 美元 [= 3 000 000 墨西哥比索/（10.00 墨西哥比索/美元）]。

③④ 合并过程中母公司对子公司的投资与子公司的所有者权益对冲。

⑤ 西班牙子公司欠某家瑞士银行贷款为：375 000 瑞士法郎（1.3636 瑞士法郎/欧元 = 275 000 欧元）。结转后的账面值为 1 210 000 欧元（= 275 000 欧元 + 935 000 欧元）/1 210 000 欧元/（1.10 欧元/美元）= 1 100 000 美元。

表 10-4 中所列示的合并资产负债表是相当简单的一种。从合并资产负债表平衡的角度来说，表 10-4 很完美，也很简洁，即总资产 = 总负债 + 所有者权益。上面的例子假定，所采用的现行汇率和各子公司建立时的最初汇率是一致的，即汇率没有随时间而发生变化。因此，尽管上例正确列示了按《第 52 号财务会计准则公告》进行合并过程的基本原理，但却不符合实际。毕竟，换算方法的核心目的就是用一些系统的方法来处理汇率的变动。

在确定汇率变动给跨国公司的合并资产负债表带来的影响时，编制换算风险敞口报告将大有用途。**换算风险敞口报告**（translation exposure report）包含了合并资产负债表中所涉及的所有个别账户，反映了跨国公司因各种外币所产生的外汇风险敞口金额。仍以 Centralia 公司及其子公司为例，从表 10-3 可知，该跨国公司面临着来自墨西哥比索、欧元、加拿大元、瑞士法郎的外汇风险敞口。如果任何一种货币相对申报货币的汇率发生变动，产生了该货币的净换算风险敞口，那么这将会影响到合并资产负债表。

Centralia 公司的换算风险敞口报告如表 10-5 所示。该报告列示了各种风险敞口货币所导致的风险敞口资产和风险敞口负债的金额，以及净差异或净风险敞口。加拿大元的净风险敞口为正值 200 000 加拿大元；墨西哥比索的净风险敞口为正值 25 000 000 墨西哥比索；欧元的净风险敞口为正值 2 101 000 欧元；而瑞士法郎的净风险敞口为负值 375 000 瑞士法郎。正风险敞口净额说明风险敞口资产的金额高于风险敞口负债的金额，负风险敞口净额恰好相反。当风险敞口货币的汇率相对于申报货币贬值时，如果存在正（负）风险敞口净额，风险敞口资产比风险敞口负债的换算损失更大（小）。同理，风险敞口货币的汇率相对于申报货币升值时，如果存在负（正）风险敞口净额，风险敞口资产比风险敞口负债的换算价值增值更小（大）。所以在汇率变动之后，合并过程不可能使合并资产负债表平衡。

为说明汇率变动给合并过程带来的影响，我们再来看看表 10-3 中未合并资产负债表的各项合并情况。现在我们假设汇率已经由 1.00 美元 = 1.333 3 加拿大元 = 10.00 墨西哥比索 =

1.10 欧元 = 1.50 瑞士法郎变化到 1.00 美元 = 1.333 3 加拿大元 = 10.00 墨西哥比索 = 1.178 6 欧元 = 1.50 瑞士法郎。为了简化例题并更好地描绘汇率变动的影响,假定只有欧元汇率相对其他货币发生了变动(贬值)。

表 10-5 Centralia 公司及其在墨西哥和西班牙子公司的换算风险报告

(2016 年 12 月 31 日;单位:1 000 货币单位)

	加拿大元	墨西哥比索	欧元	瑞士法郎
资产				
现金	200	6 000	825	0
应收账款	0	9 000	1 045	0
存货	0	15 000	1 650	0
固定资产净额	0	46 000	4 400	0
风险敞口资产	200	76 000	7 920	0
负债				
应付账款	0	7 000	1 364	0
应付票据	0	17 000	935	375
长期负债	0	27 000	3 520	0
风险敞口负债	0	51 000	5 819	375
风险敞口净额	200	25 000	2 101	(375)

为了对汇率变动的影响有一个全面了解,先看一下表 10-5。如表 10-5 所示,该跨国公司拥有 2 101 000 欧元的正风险敞口净额。这表示当欧元从 1.1000 欧元/美元贬值 7.145% 到 1.178 6 欧元/美元时,欧元风险敞口资产的换算价值要比欧元风险敞口负债的换算价值少 127 377 美元。计算过程如下:

$$\frac{\text{货币 } i \text{ 的净敞口}}{S_{\text{新}}(\text{货币 } i/\text{报告货币})} - \frac{\text{货币 } i \text{ 的净敞口}}{S_{\text{旧}}(\text{货币 } i/\text{报告货币})}$$
$$= \text{申报货币不均衡缺口}$$

将例子中的数据代入上面的公式,得

$$\frac{2101\,000}{1.178\,6} - \frac{2101\,000}{1.100\,0} = 127\,377\,(\text{美元})$$

换言之,2 101 000 欧元的净换算风险敞口按现行汇率 1.100 0 欧元/美元换成美元后为 1 910 000 美元。当汇率为 1.1786 欧元/美元时,欧元贬值了 7.145%,产生的换算损失是 127 377 美元 = 2 101 000 欧元 ÷ 1.178 6 × 0.071 45。

表 10-6 列示了欧元贬值后 Centralia 公司与其两个国外子公司的合并过程和合并资产负债表。不难注意到,母公司及其墨西哥子公司各账户的价值与表 10-4 相一致。然而,由于欧元汇率的变动,西班牙子公司账户的价值发生了变化。为了使合并后的资产负债表平衡,有必要使用一个"轧平"权益性账户,其余额为 −127 377 美元。正如之前所介绍的,这个特殊权益账户就是累计换算调整账户(CTA 账户)。在任何时候,该账户的余额都代表过去发生的换算调整的总累计值。《第 52 号财务会计准则公告》将汇率变动产生的影响处理为对权益的调整,而不是对净利润的调整,因为"汇率变动对出售或清算产生的净投资只有间接的影响,但是在出售或清算之前,这种影响很不确定且无足轻重,因此最近发生的换算调整不能报告为企业经营成果的一部分。"⊖

⊖ 参见《美国第 52 号财务会计准则》第 11 条。

表 10-6　汇率变动后 Centralia 公司及其墨西哥和西班牙子公司 2016 年 12 月 31 日的合并资产负债表

（单位：1 000 美元）

	Centralia 公司（母公司）	墨西哥子公司	西班牙子公司	合并资产负债表
资产				
现金	950①	600	700	2 250
应收账款	1 450②	900	887	3 237
存货	3 000	1 500	1 400	5 900
对墨西哥子公司的投资	—③	—	—	—
对西班牙子公司的投资	—④	—	—	—
固定资产净额	9 000	4 600	3 733	17 333
总资产				28 720
负债与所有者权益				
应付账款	1 800	700②	1 157	$3 657
应付票据	2 200	1 700	1 043⑤	4 943
长期负债	7 110	2 700	2 987	12 797
普通股	3 500	—③	—④	3 500
留存收益	3 950	—③	—④	3 950
累计换算调整	—	—	—	（127）
负债与所有者权益				28 720

① 该数值包括了母公司在一家加拿大银行的 200 000 加拿大元的存款，即 150 000 美元 [= 200 000 加拿大元 /（1.3333 加拿大元 / 美元）= 150 000 美元]。
② 公司内部贷款：1 750 000 美元 − 300 000 美元 [= 3 000 000/（10.00 墨西哥比索 / 美元）]= 1 450 000 美元。
③④ 合并过程中母公司对子公司的投资与子公司的所有者权益对冲。
⑤ 西班牙子公司欠一家瑞士银行 375 000 瑞士法郎的贷款 [375 000 瑞士法郎 ÷（1.2727 瑞士法郎 / 欧元）= 294 649 欧元]。汇率变动后，该贷款是西班牙子公司账簿上所记录的 1 229 649 欧元应付票据 [1 229 649 欧元 = 294 649 欧元 + 935 000 欧元] 的一部分。[1 229 649 欧元 /（1.1786 欧元 / 美元）= 1 043 313 美元]。
⑤ 西班牙子公司欠某家瑞士银行贷款为：375 000 瑞士法郎（1.2727 瑞士法郎 / 欧元 = 294 649 欧元）。汇率变化后的结转账面值为 1 229 649 欧元 = 294 649 欧元 + 935 000 欧元）。1 229 649 欧元 /（1.10 欧元 / 美元）= 1 043 313 美元。

10.5　换算风险敞口的管理

10.5.1　换算风险敞口与交易风险暴露的比较

我们在第 8 章中讨论了交易风险敞口及其管理方法。值得注意的是，导致交易风险敞口的一些项目也会产生换算风险敞口，而有些项目不会。表 10-7 所示的是 Centralia 公司及其两个子公司的交易风险敞口报告。产生交易风险敞口的项目是以日常经营所用货币以外的其他货币表示的应收账款、应付账款或者持有的外币现金财产。从表 10-7 可以看出，母公司交易风险敞口的来源有两个，一个是加拿大银行 200 000 加拿大元的存款。显然，如果加拿大元贬值，那么 Centralia 公司加拿大元存款兑换的美元就变少了。前面我们已经注意到该存款是换算风险敞口，事实上，出于同样的原因它也是交易风险敞口。母公司对墨西哥子公司所持有的 3 000 000 墨西哥比索的应收账款也是一种交易风险敞口，但并不是换算风险敞口，因为它是公司内部的应付账款和应收账款。西班牙子公司欠某家瑞士银行 375 000 瑞士法郎的应付票据既是交易风险敞口，也是换算风险敞口。

表 10-7 Centralia 公司及其墨西哥和西班牙子公司 2016 年 12 月 31 日的交易风险敞口报告

机构	金额	账户名称	换算风险敞口
母公司	200 000 加拿大元	现金	是
母公司	3 000 000 墨西哥比索	应收账款	否
西班牙子公司	375 000 瑞士法郎	应付票据	是

一般来说，同时消除交易风险敞口和换算风险敞口是不可能的。在某些情况下，化解一种风险敞口也会化解另一种风险敞口。但是在其他情况下，化解一种风险敞口的同时又会导致另一种风险敞口的产生。因为交易风险敞口会对实际现金流量产生影响，所以我们认为交易风险敞口要比换算风险敞口重要得多。也就是说，没有哪个财务经理会愿意以产生交易风险敞口作为代价来减少或消除换算风险敞口。前已述及，换算过程不会对申报货币现金流量产生直接影响，只有当暴露在外汇风险中的资产被出售或清算时，才会对净投资产生真正的影响。实际从业者也同意此观点。Marshall（2000）在对英国、美国和亚太地区跨国公司的外汇风险管理实践的调查中发现，83% 将管理外汇风险敞口的重点或重心放在交易风险敞口的管理上，而只有 37% 放在换算风险敞口的管理上。

Centralia 公司及其子公司可以采取某些措施在降低交易风险敞口的同时也降低换算风险敞口。母公司所采取的第一步，就是将加拿大元存款转换成美元存款。第二步，母公司可以要求其墨西哥子公司偿还 3 000 000 墨西哥比索的欠款。第三步，西班牙子公司筹集足够的现金去偿还瑞士银行 375 000 瑞士法郎的贷款。采取上述三个步骤后，该跨国公司的所有交易风险敞口就被消除了。而且，换算风险敞口也被降低了。从表 10-8 Centralia 公司及其子公司的换算风险敞口报告（作为对表 10-5 的修正）可以看出，与加拿大元和瑞士法郎相关的换算风险敞口已被全部化解了。另外，该表还显示公司墨西哥比索的净风险敞口由 25 000 000 墨西哥比索降至 22 000 000 墨西哥比索，欧元的净风险敞口由 2 101 000 欧元降至 1 826 000 欧元。

表 10-8 Centralia 公司及其墨西哥和西班牙子公司 2016 年 12 月 31 日的修正后的换算风险敞口报告

（单位：1 000 货币单位）

	加拿大元	墨西哥比索	欧元	瑞士法郎
资产				
现金	0	3 000	550	0
应收账款	0	9 000	1 045	0
存货	0	15 000	1 650	0
固定资产净额	0	46 000	4 400	0
风险敞口资产	0	73 000	7 645	0
负债				
应付账款	0	7 000	1 364	0
应付票据	0	17 000	935	0
长期负债	0	27 000	3 520	0
风险敞口负债	0	51 000	5 819	0
净风险敞口	0	22 000	1 826	0

10.5.2 换算风险敞口的套期保值

如表 10-8 所示，当墨西哥比索和欧元相对美元的汇率发生变动时，公司依然存在很大的换算风险敞口。如果公司想要控制住净投资历史价值的会计变化，有两种方法可以化解剩余的换算风险敞口：一是资产负债表套期保值；二是衍生工具套期保值。

10.5.3 资产负债表套期保值

请注意，换算风险敞口不是公司所特有的风险，而是货币所特有的风险。换算风险敞口的根源是用同一种货币计量的净资产和净负债不匹配。**资产负债表套期保值**（balance sheet hedge）能够消除这种不匹配所带来的风险敞口。我们以上例中的欧元为例，从表 10-8 可以看出，风险敞口资产比风险敞口负债多 1 826 000 欧元。如果西班牙子公司，或者更可行一点说，母公司或墨西哥子公司中的任何一家的负债比资产多出 1 826 000 欧元，那么就欧元而言，就不存在任何换算风险敞口。这时，一个完美的资产负债表套期保值就实现了。此时欧元兑美元汇率的变动就不再会对公司的合并资产负债表产生任何影响，因为用欧元计量的资产价值的变动被同样用欧元计量的负债价值的变动完全抵消了。然而，如果母公司或是墨西哥子公司的负债增加，比如说增加了欧元借款，影响了资产负债表的套期保值，那么如果西班牙子公司不能将新增负债——欧元现金流量完全转换，就会产生欧元交易风险敞口。

10.5.4 衍生工具套期保值

根据表 10-5 中的资料，可以推算出当欧元的净风险敞口为 2 101 000 欧元时，如果欧元从 1.100 0 欧元 / 美元贬值到 1.178 6 欧元 / 美元，股东权益将要产生 127 377 美元的账面损失。根据表 10-8 所示的调整后的换算风险敞口报告，欧元相同幅度的贬值将导致 110 704 美元的权益损失，这依然是个可观的数字（这里的计算过程留给读者自己练习）。如果想为潜在的损失套期保值，人们就可以尝试采用诸如远期合约一类的衍生工具。我们之所以用"尝试"这个词，是因为采用**衍生工具套期保值**（derivatives hedge）来控制换算风险敞口，实际上是对汇率变化的一种投机，这一点从下面的例子中可以看出。

【例 10-2】通过远期合约对换算风险敞口套期保值

为了说明如何利用远期合约来对 110 704 美元的潜在权益换算损失套期保值，我们假设远期汇率与合并资产负债表日的汇率刚好相同，都是 1.139 3 欧元 / 美元。如果合并资产负债表日的预期即期汇率为 1.178 6 欧元 / 美元，那么卖出 3 782 468 欧元的远期合约就能规避潜在的换算风险。

$$\frac{潜在折算损失}{F(报告货币/职能货币) - 预期[S(报告货币/职能货币)]}$$

= 用职能货币表示的远期合约头寸

$$\frac{110\ 704}{1/(1.139\ 3) - 1/(1.178\ 6)} = 3\ 782\ 468（欧元）$$

按预期的即期价格购买 3 782 468 欧元需要花费 3 209 289 美元。按远期合约价格交割 3 782 468 欧元将获得 3 319 993 美元，该过程盈利 110 704 美元。如果一切尽如意料，那么通过远期合约进行套期保值所得的 110 704 美元盈利将会弥补换算过程中发生的权益损失。但是，需要注意的是，由于远期头寸的大小取决于预期的未来即期汇率，套期保值的结果因而也存在着不确定性。所以，欧元的远期合约头寸实际上是一个投机头寸，如果到期日的即期汇率低于 1.139 3 欧元 / 美元，那么该套期保值交易将蒙受损失。此外，这种套期保值过程也与"远期汇率是市场未来即期汇率的无偏预测"的说法相背离。

1998年，《第133号财务会计准则公告》（FASB 133）发布，它为衍生工具提供了核算和报告的标准。为了符合《第133号财务会计准则公告》下的套期保值会计要求，公司必须明确风险敞口与衍生工具之间必须有明晰的联系。《第133号财务会计准则公告》对哪些交易可以作为可接受的套期保值工具以及当套期保值失效时该如何处理预料之外损益有明确规定。按照《第133号财务会计准则公告》，公司必须证明套期保值交易的效果。因套期保值失效而产生的大额损益应该记录为当期收益，小额损益则结转至其他综合收益（OCI），即资产负债表中的权益账户。按照《第52号财务会计准则公告》以及在发布《第133号财务会计准则公告》之前，进行非标准套期保值的公司可以将因换算风险套期保值无效而发生的损益转至CTA账户。不过，按照《第133号财务会计准则公告》，这一处理方法有所调整：有效套期保值收益与CTA合并记入其他综合收益，但套期保值总收益与所套期保值的换算风险敞口（无效套期保值收益）之间的差额先记入利润表的当期收益。因此，就【例10-2】而言，如果一切尽如意料，衍生工具套期保值的收益会完全冲销折算损失，因此累积换算调整数（CTA）为零。

10.5.5 换算风险敞口与经营风险敞口的比较

从以上的分析中可以看出，如果没有套期保值，欧元的贬值将会导致权益损失，但它只是账面损失。这种损失不会对申报货币现金流量产生任何直接影响。而且，只有当子公司的资产被出售或清算时，才会对跨国公司的净投资产生实际的影响。然而，正如我们在第9章中讨论过的，在某些情况下，当地货币的贬值可能会对公司的经营产生有利的影响。例如，由于货币贬值，子公司所在国进口的同类竞争性商品价格已相对升高，子公司可以提高其产品的销售价格。如果成本并没有成比例地增加，而且社会需求不变，这种货币贬值将会给子公司带来经营利润。跨国公司在其运营管理过程中，必须关注这些影响已实现经营利润变化的实质性因素。

10.6 关于《第8号财务会计准则公告》向《第52号财务会计准则公告》转变的实证分析

Garlick，Fabozzi和Fonfeder（1987）对一些跨国公司进行了实证采样分析，来考察当公司的财务准则由《第8号财务会计准则公告》转向《第52号财务会计准则公告》时，公司价值是否受到影响。《第8号财务会计准则公告》规定，换算损益要立即反映在净利润中。而《第52号财务会计准则公告》则规定，换算损益要反映在资产负债表中的CTA中。因此，换算过程的变化影响了跨国公司的报告收益。"尽管不同的换算过程对报告收益产生了影响，但是如果公司经理们依据《第8号财务会计准则公告》下的经济因素而非会计因素进行次优决策，那么跨国公司的实际现金流量并不会受到影响。在这种情况下，这种规定性的转变不会改变企业价值。"⊖

在《第52号财务会计准则公告》的征求意见稿发布日和正式执行日，研究人员都检验了其关于公司价值是否会改变的假设。他们发现，换算方法的改变或可能的改变并未引起明显的积极反应。研究结果似乎表明，如果表面上的收益变动不影响企业价值，市场就不会对这些表面性收益变动做出反应。其他的研究人员在调查了其他只对收益产生表面影响的会计

⊖ Garlicki, Fabozzi, and Fonfeder (1987)。

变动后,也发现了相似的结果。Garlick,Fabozzi 和 Fonfeder 的研究结果也表明,管理换算损益是在做无用功。

本章小结

在本章中,我们讨论了换算风险敞口的本质及管理。换算风险敞口是指汇率的非预期变动对跨国公司合并财务报表所带来的影响。

1. 跨国公司在合并财务报告时所采用的四种公认的方法是:流动/非流动项目法、货币/非货币项目法、时态法和现行汇率法。
2. 在假设外国货币升值或贬值的情况下,本章通过实例对四种换算方法进行了比较。值得注意的是,按照现行汇率法进行的换算调整所引起的换算损益不会影响所报告的现金流,同样,其他三种方法所引起的换算损益也不会影响所报告的现金流。
3. 本章讨论了由财务会计准则委员会出台的《第 8 号财务会计准则公告》中所规定的换算方法,并将其与《第 52 号财务会计准则公告》中的相关规定进行了比较。
4. 在执行《第 52 号财务会计准则公告》时,国外子公司所采用的职能货币必须换算成合并财务报表所采用的报告货币。国外子公司所在地货币并不一定就是其职能货币。在这种情况下,就要通过时态法并采用职能货币来重新计量国外子公司的财务报表。在将职能货币换算成报告货币时,可以使用现行汇率法。在有些情况下,国外子公司的职能货币可能是报告货币,这时也就没有必要进行换算了。
5. 值得注意的是,欧盟遵循国际会计标准局所制定的货币/非货币换算方法,即第 21 号国际会计标准。
6. 本章列举了一个拥有两家全资子公司的跨国公司作为小案例,说明了该如何按照《第 52 号财务会计准则公告》对资产负债表进行换算。为此,首先讨论自公司开业以来汇率未发生过变动情况下的处理方法,接下来讨论了假设汇率发生了预期变动时的处理方法,以便全面反映《第 52 号财务会计准则公告》对合并资产负债表的影响。如果存在净换算风险敞口,就需要用累计换算调整账户来平衡汇率变化后的合并资产负债表。
7. 本章介绍了控制换算风险敞口的两种方法:资产负债表套期保值和衍生工具套期保值。因为换算风险敞口不会对经营现金流立刻产生直接影响,因此,与控制交易风险敞口(它涉及潜在的实际现金流损失)相比,对换算风险敞口的控制相对显得不太重要。一般而言,要在实际操作中同时消除交易风险敞口和换算风险敞口几乎不可能。合乎逻辑的做法是,对交易风险敞口进行有效管理,哪怕这是以发生换算风险敞口为代价的。

本章拓展

第四篇

国际金融市场和国际金融机构

本篇对国际金融机构、资产和市场进行了全面的分析,并给出了管理汇率风险的必要工具。

第11章分析了国际银行与国内银行业务之间的区别,考察了各种银行机构的制度差异。国际银行及其客户既是欧洲货币市场也是国际货币市场的核心。

第12章分析了构成国际债券市场的外国债券与欧洲债券之间的差异。通过与从国内债券市场融资相对照,本章分析了从国际债券市场融资的好处。此外,本章还讨论了主要类型的国际债券。

第13章讨论的是国际股票市场。本章首先从统计上分析了发达国家和发展中国家股票市场的规模。接着,讨论了二级市场的各种股票交易方法。此外,本章还讨论了公司股票在多个国家交叉上市所带来的好处。

第14章讨论的是利率互换与货币互换这两种用来管理长期利率与货币风险的工具。

第15章讨论的是国际证券组合投资。本章分析了国际分散投资带给各国投资者的潜在利益。

第11章

国际银行与货币市场

本章提纲

国际银行业务
国际银行产生的原因
国际银行分支机构的类型
资本充足率标准
国际货币市场
国际债务危机
亚洲金融危机
全球金融危机

本章小结
本章拓展
关键词
思考题
计算题
小型案例：底特律汽车业在拉美的扩张
参考文献与建议阅读材料
附录11A 欧洲货币的创造

本章主要介绍世界金融市场和机构，主要涉及四个问题：国际银行、以银行为主要参与者的国际货币市场运作、国际债务危机和全球金融危机。本章首先讨论国际银行为其客户所提供的服务，这样安排是因为国际银行与国内银行的区别就在于所提供的服务组合不同。接着给出了有关世界上那些最大国际银行的规模及金融实力的统计数据。本章第一部分最后讨论的是国际银行所包括的各种类型银行的业务。本章第二部分首先分析了构成国际货币市场基础的欧洲货币市场、国际银行创造的欧洲货币存款以及欧洲信贷贷款，接着讨论了其他重要货币市场工具，如欧洲票据、欧洲商业票据及远期利率协议。本章第三部分回顾了仅在几年前发生的严重国际债务危机的历史并探讨了私人银行向主权国家放贷的危险。本章最后深入讨论了目前正在发生的全球金融危机。

11.1 国际银行服务

国际银行的特点在于它们所提供的区别于国内银行的服务类型。首先，国际银行通过贸易融资为其客户的进出口贸易提供了便利。另外，它们也为客户安排必要的外汇买卖以开展跨国交易和跨国投资。在提供外汇交易服务时，银行经常通过远期合约和期货合约来帮助客户规避应收款项和应付款项的外汇汇率风险。由于国际银行有进行外汇交易的便利，所以它们也经常用自己的户头交易外汇产品。

国内银行与国际银行的重要差别在于它们所接受的存款和所从事的投资和贷款的类型。大型国际银行在欧洲货币市场上同时进行借款和贷款。另外，它们通常会是国际贷款财团的成员，与其他国际银行一起，共同为需要进行项目融资的跨国公司和因经济发展需要的主权国家提供大量资金。此外，根据其经营所在国的规定或其组织形式，国际银行也可能参与欧洲债券或是外国债券的承销交易。如今，银行组织常常采用控股形式，既能担当传统商业银行的职能（本章讨论的主题），也能从事投资银行业务的银行。

国际银行经常为客户提供咨询服务和建议。国际银行特别擅长的领域，包括外汇交易套期保值策略、利率和货币互换融资以及国际现金管理服务。本章及本书其他章节将深入介绍国际银行的这些服务和它们的营运活动。当然，并非所有的国际银行都会提供我们介绍的所有服务。那些能够提供大部分我们所介绍的服务的银行，被称为**综合银行**（universal banks）或**全能银行**（full service banks）。

全球大型银行

表 11-1 列出了按总资产排名的世界前 30 家大银行，表中给出了各大银行按美元统计的总资产、净收益以及市值。如表 11-1 所示，在前 30 家大银行中，来自美国的银行为 8 家，来自澳大利亚、加拿大和英国的银行均为 4 家，来自中国和法国的银行均占 3 家，来自德国、日本、荷兰和西班牙的银行均为 1 家。

根据表 11-1，我们可以正确地得出结论：世界上主要国际金融中心包括纽约、伦敦、东京、巴黎以及日益重要的悉尼、北京和上海。不过，伦敦、纽约和东京这三个城市则因为各自国家相对自由的银行监管、各国的经济规模以及这些国家货币在国际贸易中的重要性而成为最重要的国际金融中心。由于在这三个地方的主要银行通常都提供全方位的服务，所以这三个金融中心经常被称为全能服务中心。

表 11-1　世界前 30 大银行（截至 2016 年 4 月，单位：10 亿美元）

排名	银行	国别	总资产	净收益	市值
1	中国工商银行	中国	3 420.3	44.2	198.0
2	中国银行	中国	2 589.6	27.2	143.0
3	摩根大通银行	美国	2 423.8	23.5	234.2
4	汇丰控股	英国	2 409.7	13.5	133.0
5	美国银行	美国	2 185.5	15.8	156.0
6	法国巴黎银行	法国	2 166.3	7.4	66.8
7	富国银行	美国	1 849.2	22.7	256.0
8	花旗银行	美国	1 801.0	15.8	138.1
9	德意志银行	德国	1 779.7	-7.5	26.4
10	巴克莱银行	英国	1 650.8	-0.5	41.8
11	瑞穗金融集团	日本	1 625.5	5.0	40.7
12	西班牙桑坦德银行	西班牙	1 455.9	6.6	72.5
13	法国兴业银行	法国	1 449.6	4.4	32.5
14	苏格兰皇家银行	英国	1 201.8	-2.4	42.4

(续)

排名	银行	国别	总资产	净收益	市值
15	劳埃德银行集团	英国	1 189.0	0.8	70.0
16	荷兰国际集团	荷兰	914.4	5.5	49.9
17	加拿大皇家银行	加拿大	853.0	7.7	90.7
18	加拿大多伦多道明银行	加拿大	834.0	6.2	81.8
19	澳大利亚国民银行	澳大利亚	671.6	5.0	56.5
20	澳大利亚联邦银行	澳大利亚	657.0	6.9	99.2
21	加拿大丰业银行	加拿大	653.5	5.5	61.7
22	澳新银行（ANZ）	澳大利亚	625.8	5.9	54.9
23	西太平洋银行	澳大利亚	571.0	6.3	80.6
24	法国外贸银行	法国	543.4	1.5	17.2
25	蒙特利尔银行	加拿大	496.9	3.4	41.8
26	美国合众银行	美国	428.6	5.8	75.0
27	纽约梅隆银行	美国	372.9	3.2	44.2
28	巨兹堡金融服务集团	美国	361.0	4.0	44.0
29	美国BB&T银行	美国	212.4	2.1	29.1
30	中国华融资产管理公司	中国	118.5	2.3	14.3

资料来源：Compiled from *The Global 2000*, www.forbes.com.

11.2 国际银行产生的原因

在本章之初关于国际银行所提供服务的讨论中，已经暗含了银行之所以要跨国经营的原因。Rugman和Kamath（1987）把这些原因正式罗列如下。

（1）低边际成本：在国内积累的管理和营销经验可以以很低的边际成本应用于国外。

（2）知识优势：国外银行的分支机构可以借鉴母国银行在客户开发和资信调查方面的经验，并应用于国外市场。

（3）国内信息服务：在国外的附属银行可以为它们所在地的公司提供更多更完善的关于该银行母国的贸易与金融方面的信息，这是国外的当地银行所无法媲美的。

（4）声誉：大型跨国银行的声誉良好、流动性强、存款安全，这些都可以吸引国外的客户。

（5）管制优势：跨国银行常常不会受制于当地银行要遵守的规章管制。它们或许可以少披露些财务信息，或许在外汇存款方面可以少交些存款保险金和存款储备金，并且它们可以不受地域限制。（也就是说，美国的银行可以不受来源于哪个州的限制。）

（6）批发银行防御策略：银行跟随他们的跨国公司客户至国外为其子公司服务，可以防止它们客户的海外子公司向国外的银行寻求服务而丧失客户。

（7）零售银行防御策略：跨国银行可以防止它们客户的支票、旅游和国外业务市场免受国外银行的竞争。

（8）交易成本：如果可以绕开政府监管，那么银行拥有国外分支机构并保留外国货币余额就可以减少外汇兑换的交易成本和风险。

（9）增长：在母国，银行的增长可能会因国内银行所提供服务的饱和而受到限制。

（10）降低风险：国际多样化经营可以带来更加稳定的收入。各个国家的商业和货币政策可以相互抵消，从而降低在单个国家经营的国别风险。

11.3 国际银行分支机构的类型

国际银行的服务和运作取决于银行经营的制度环境和所建立的银行设施类型。以下将介绍国际银行各分支机构的主要类型，详细讲述每种类型存在的目的以及基本原理。我们首先介绍代理行之间的关系，这种关系可以使银行为其客户提供最低限度的服务，接下来介绍提供更为多样化服务的分支机构，最后介绍那些因管制方面的变化、为了提升银行在世界范围内竞争力而设立的机构。⊖

11.3.1 代理行

对于全球各地的大银行来说，如果在哪个重要的金融中心没有设立自己的运营机构，那么它们一般会与该中心的其他银行建立代理关系。当双方银行各自在对方银行开立一个往来银行账户时，**代理行关系**（correspondent bank relationship）就形成了。例如，一家纽约的大银行会在伦敦的一家银行开立一个往来账户，而伦敦的该银行也会在纽约的那家银行设立一个往来账户。

代理银行制使得银行的跨国公司客户可以通过其在当地的银行或者关联行，在世界范围内开展业务。代理银行主要是为跨国公司的国际交易所引起的外汇兑换提供服务。但是，代理行服务也包括协助贸易融资，如议付信用证、承兑向代理行开立的汇票等。另外，如果跨国公司需要为其在国外的子公司提供当地的融资服务，则需要当地银行向国外的代理行开出一封介绍信。

代理行关系是很实惠的，因为银行可以以很低的成本为其跨国公司客户提供服务，而不用在很多国家实际设置银行职员。其弊端就是银行的客户通过代理行得到的服务水平可能不如银行自己在国外的分支机构所提供的服务水平高。

11.3.2 代表处

代表处（representative office）是由母行配备工作人员的一种小型服务机构，用来协助其母行的跨国公司客户与银行的代理行打交道。借由代表处的设立，母行可以使其跨国公司客户享受到比仅仅通过代理行关系所提供的服务更好的服务。母行可能会在一个有很多跨国公司客户或者至少有一个重要客户的国家设置代表处。代表处也会协助跨国公司获得当地商务习惯、经济方面的信息以及对跨国公司的外国客户提供资信评估。

11.3.3 国外分行

国外分行（foreign branch bank）像当地银行一样进行运营，但在法律上它仍然是母行的一部分。因此，分行既要受母国银行业规章的约束，又要受运营地银行业规章的约束。美国在国外的分行要遵守美国的《联邦储备法》（Federal Reserve Act）和《联邦储备K条例：国际银行运作》（Federal Reserve Regulation K: International Banking Operations），这些法规涉及

⊖ 本节大部分内容引用自 Hultman（1990）的观点。

了大多数关于美国银行在国外经营以及外国银行在美国经营所要遵守的规章制度。

母银行设立国外分行的原因很多。最重要的一个原因是通过设立外国分行可以比设立代表处向其跨国公司客户提供更全面、更完善的服务。例如，分行可提供的贷款限额是基于母行的资本量，而不是分行的资本量。因此，分行可以为其客户提供的贷款额度要高于母行在当地设立的特许银行。另外，国外分行的账簿是母行账簿的一部分。因此，分行系统将比代理行网络更快地为客户进行结算，因为分行的相关借贷手续是与母行在同一个内部组织中完成的。

美国母行会设置国外分行的另一个原因，就是为了与东道国银行在当地进行竞争。美国银行的分支机构不受美国存款储备的约束，也不需要向联邦储蓄保险公司（FDIC）交纳存款保险金。因此，分支机构在放贷的成本结构方面与当地银行有相同的竞争力。

设立分行是美国银行向海外扩张的最流行方式。很多分行都设在欧洲，尤其是在英国。很多分行都以"贝壳"分行（shell branches）的形式在海外金融中心开展运营，这将在本章的后面部分进行介绍。

影响外国银行在美国运营的最为重要的法案是《国际银行法案》（International Banking Act of 1978，IBA）。总体而言，该法案规定在美国运营的外国银行分支机构要与美国本国银行一样，遵守美国银行业的规章制度。特别地，该法案还规定外国分支机构必须满足联邦存款储备金要求，并且向联邦储蓄保险公司（FDIC）交纳存款保险金。

11.3.4 子银行与联营银行

子银行（subsidiary bank）是一家在当地设立的有法人资格的银行，或为母国银行全资所有，或为母国银行控股。**联营银行**（affiliate bank）是指由国外的母行拥有部分股权，但又不为其控制的银行。子银行和联营银行都要遵守所在地的银行法。美国的母行很喜欢这种子银行与联营银行的结构，因为它们被许可承销证券。

与在美国的外国母行的分行一样，外国母行也喜欢将其控股的子银行设立在美国主要的金融中心。在美国，外国银行的办事处常常设立在人口稠密的纽约州、加利福尼亚州、伊利诺伊州、佛罗里达州、佐治亚州和得克萨斯州。 ⊖

11.3.5 埃奇法案银行

埃奇法案银行（Edge Act banks）是位于美国的、经联邦政府特许设立的美国银行的子银行，它们可以从事全方位的国际银行活动。新泽西州的参议员沃尔特 E. 埃奇（Walter E. Edge）在1919年发起了对联邦储备法案第25款的修改，从而使得美国银行可以在客户服务方面与外国银行一较高下。联邦储备第 K 条款允许埃奇法案银行接受外币存款、开展贸易信贷、为国外的外国项目融资、进行外汇交易，并为美国居民投资外国证券开展投资银行活动。就其本身而言，埃奇法案银行并不直接与美国商业银行在服务方面相竞争。

为了绕开关于州际银行交易的限制，埃奇法案银行一般设立在母公司所在州以外的州。但从1979年开始，美联储允许埃奇法案银行进行洲际银行交易。而且，IBA 也允许在美国经营的外国银行设立埃奇法案银行。因此，美国与外国的埃奇法案银行是在平等竞争的基础

⊖ 参见 Goldberg and Grosse（1994）。

上开展经营。

与国内商业银行所不同的是，埃奇法案银行被允许在工商业企业拥有股权。因此，《埃奇法》容许美国的母行在国外拥有子银行，也可以在国外的联营银行中拥有股权。不过，自1966年以来，美国的银行可以直接投资外国银行；自1970年起，为美国的银行所控股的公司可以对外国公司进行投资。

11.3.6 离岸金融中心

银行外部交易活动的很大一部分是通过离岸金融中心发生的。**离岸金融中心**（offshore banking center）位于这样的国家或地区，其银行系统允许拥有不在该地开展正常经济活动的境外客户。为国际货币基金组织所认可的主要离岸金融中心包括巴哈马、巴林、开曼群岛、中国香港、荷属圣马丁、巴拿马和新加坡。

离岸银行是作为母行的分行或者子行来运营的。一个国家借以吸引外国银行来设立离岸银行的一个主要特色在于，离岸银行可以完全不受东道国银行法规的约束。例如，离岸银行享有低法定存款准备金和零存款保险金、低税收、可以便利国际银行交易的有利时区，而且在一定程度上享有银行保密法的保护。但是，这并不意味着东道国容忍或鼓励低水准的银行活动，因为东道国一般只允许最大和最有声誉的银行进入。

离岸银行所从事的主要活动是吸收非东道国政府货币存款并发放相应的贷款。离岸银行产生于20世纪60年代后期，当时的美联储授权美国银行在境外设立"贝壳"分行，即只要在东道国有一个邮政信箱就行，而实际的银行交易由母行来完成。这样做的目的是让小型的美国银行有机会参与到正在成长的欧洲货币市场，而不用承担在主要的欧洲货币中心开业的费用。现在已经有数百家离岸分行或子行，其中有1/3是由美国母行所设立的。⊖大多数离岸金融中心仍然是作为"贝壳"分行的设立地而存在的，但是中国香港和新加坡已经发展成为开展全能服务的金融中心，现在可以与伦敦、纽约和东京相竞争了。

11.3.7 国际银行设施

1981年，美联储授权设立**国际银行设施**（International Banking Facilities，IBF）。国际银行设施是一套独立于母行的资产和负债账户，而不是一种独特的实体单位或法律实体。任何美国特许的存款机构、国外银行在美国的分行或子行，或者是任何一家埃奇法案银行在美国的办事处都可以运作国际银行设施。在美国，国际银行设施像国外的银行般经营，不受国内法定存款准备金的约束，也不需要向联邦存款保险公司（FDIC）交纳存款保险金。国际银行设施吸引非美国居民的存款，而且只能向外国人放贷。所有的非银行存款必须是不可转让的定期存款，而且到期日至少要有两个工作日，额度至少达100 000美元。

国际银行设施在很大程度上是离岸金融中心成功的产物。美联储希望将美国在国外的分行和子行的存款和放贷业务大部分返还到美国。国际银行设施已经成功地夺回了大部分原先在境外处理的欧元交易。不过，离岸金融中心永远不会完全消失，因为国际银行设施被禁止向美国居民放贷，而离岸银行则可以。

表11-2从美国的视角概括了国际银行机构的组织结构和特征。

⊖ 参见 Hultman（1990）的第10章关于离岸金融中心和国际银行设施的精彩讨论。

表 11-2　基于美国视角的国际银行机构的组织结构和特征

银行类型	所在地	是否接受外国存款	是否向外国人放贷	是否受联邦储备金要求约束	是否向FDIC交纳存款保险金	是否为独立于母行的法律实体
国内银行	美国	否	否	是	是	否
代理银行	外国	不详	不详	否	否	不详
代表处	外国	否	否	是	是	否
国外分行	外国	是	是	否	否	否
子银行	外国	是	是	否	否	是
联营银行	外国	是	是	否	否	是
埃奇法案银行	美国	是	是	是	是	是
离岸金融中心	原则上在外国	是	是	否	否	否
国际银行设施	美国	是	是	否	否	否

11.4　资本充足率标准

全世界的银行监管者和储户都会关注的一个问题是银行存款的安全性。**资本充足性**（bank capital adequacy）指的是银行为防范风险资产和银行倒闭而持有的作为储备的权益资本及其他证券。1988年，国际清算银行（BIS）建立了用于衡量十国集团（G10）和卢森堡的银行资本充足情况的基本方案框架。由于国际清算银行的总部设在瑞士，所以这一协议称为《**巴塞尔协议**》(Basel Accord)。国际清算银行是清算各国中央银行间国际交易的中心银行，同时也帮助其成员之间达成国际银行协议。

《巴塞尔协议》要求从事国际交易的银行的资本充足率至少达风险加权资产的8%。该协议将资本分成两类：一级核心资本（Tier Ⅰ Core Capital）包括股东权益和留存收益；二级补充资本（Tier Ⅱ Supplemental Capital）包括国际上公认的非权益项目，如优先股和次级债券。补充资本的总额不得超过银行总资本的50%，或者说不得超过风险加权资产的4%。在确定风险资产加权比例时，四类风险资产的权重是不同的，风险越高的资产权重越大。政府债券的权重为零，短期银行同业资产的权重为20%，居民住宅抵押资产的权重为50%，其他资产的权重为100%。因此，如果一家银行拥有这四类资产各1亿美元，那么它的风险加权平均资产为1.7亿美元。对应于这些投资，银行必须保留1 360万美元的资本，其中可以有不超过一半即不超过680万美元的二级补充资本。

1988年的《巴塞尔协议》主要立足于银行吸收存款和发放贷款这一功能。因此，它所关注的是信用风险。该协议被全球各国银行监管者所广泛接纳。但是它也存在一些问题和弊端。其受批评的一面就是其实施的武断性。风险加权资产的最低资本要求8%总是一成不变的，而从不考虑信用风险指数在不同的商业交易中是不同的，也不考虑银行设立在发达国家还是发展中国家，亦不考虑银行所从事交易的风险类型。在整个20世纪90年代，银行在权益、利率和汇率等衍生产品方面的交易逐渐增多，而其中有些衍生品在《巴塞尔协议》起草时甚至还不存在。因而，即使《巴塞尔协议》在传统信用风险下足以保护银行存款者的权益，其关于资本充足率的规定也不足以防范衍生品交易下的市场风险。例如，1995年巴林银行（Barings Bank）的倒闭可部分地归咎于衍生品交易者的欺诈行为，但在事发之前，根据《巴塞尔协议》的资本充足率标准，它却是一家安全的银行。

鉴于 1988 年《巴塞尔协议》的不足，在 20 世纪 90 年代初，巴塞尔委员会意识到需要更新资本协议。1996 年的新协议（于 1998 年正式生效）要求参与重要交易活动的商业银行在 8% 的要求之外留出额外的资本，以应对其交易客户的内在市场风险。由短期次级债券组成的新三级资本可以用来满足应对市场风险的资本要求。此时，原始协议的其他不足就更明显了。包括电脑错误、文件管理失误和欺诈等在内的操作风险已越来越成为不可忽视的重要风险。这种扩大了的风险范围正反映了银行所从事的业务及其所处的业务环境。1999 年，巴塞尔委员会起草了一份新的协议。2004 年 6 月，经广泛征求有关方面的意见，被称为《巴塞尔协议 II》的新资本充足方案被"十国集团"中央银行行长和银行监管部门批准。2005 年 11 月，巴塞尔委员会发布了更新后的协议，目前已开始正式实施。

《巴塞尔协议 II》建立在三条相互强化的原则之上：最低资本金率要求、监管评价程序及对市场规则的有效应用。新协议详细规定了实施对风险更为关注的最低资本要求方面的细节，这些要求扩展到关于各种银行集团中控股公司的级别。关于第一条原则，银行资本的定义与 1988 年的协议一样，但是最低 8% 的资本充足率是综合考虑银行信用、市场和经营风险而计算出来的。在确定资本充足率时，新方案为银行在计算信用风险和经营风险时提供了一个选择范围。在制定更完善的风险计量制度方面，新协议鼓励银行采用多种方法。市场风险的确定采用盯住银行交易户头价值的方法。如果这样还不可行的话，那就盯住由模型计算出的价值。

第二条原则旨在确保每家银行都有健全的内部程序，以便在全面估算风险的基础上正确评估其资本充足水平。例如，为了估计不利经济状况下资本充足率可以提高的程度，新协议要求银行进行意义重大的压力测试。银行和监管部门都会用测试结果来确保银行持有充足的资本。第三条原则是前两条原则的补充。设计者认为关键信息的公开化可以为银行和监管当局带来更大的市场制约效应，以更好地管理风险和增强银行的稳定性。㊀

全球金融危机始于 2007 年年中。整个危机期间，许多银行都想方设法维持流动性。㊁这场危机表明，出于对资产估值以及成本充足度的担忧，资金的流动性完全有可能快速枯竭，一些融资渠道也会化为乌有。在金融危机爆发之前，银行积累了巨大的资产负债表外市场风险，这些风险按照《巴塞尔协议 II》的资本要求并未得到充分反映。虽然许多银行机构已经出现了巨大亏损，但大多数亏损仍然留在银行的交易账户中。事实上，这些损失并非由实际违约造成，而是来自信贷机构降级、信贷范围扩大以及流动性损失。

2009 年 7 月，巴塞尔委员会银行监管部门提出了强化《巴塞尔协议 II》的全套措施，旨在加强对那些大量从事国际业务银行的监管。这些措施被称为《巴塞尔协议 2.5》。其中，关于第一条原则的强化措施，要求增加最低资本要求，使其足以支付或保障：交易账户中失去流动性的信贷产品；各种复杂证券，如资产抵押证券和担保负债；资产负债表外工具的风险。㊂关于第二条原则的强化措施要求实施更严格的监管与风险管理。具体而言，强化措施明确要求董事会和管理高层了解企业的全面风险。关于第三条原则的措施要求强化各种证券以及资产负债表外工具的信息披露，以便市场参与各方更好地评估企业的风险。《巴塞尔协议 2.5》原定于 2011 年年底实施。目前，大多数 G20 国家已在执行。

㊀ 本节内容引自"统一资本计量与资本标准的国际协议：修订框架"《国际清算行》，2004 年 6 月。
㊁ 如做深入讨论，可参见"11.8 全球金融危机"一节。
㊂ 参见本章"深化阅读"栏目关于抵押担保证券和担保债务权证的解释。

在《巴塞尔协议 2.5》的基础上，巴塞尔委员会于 2010 年 9 月 12 日发布的《巴塞尔协议 III》，旨在大力加强资本监管框架，进一步提高银行资本的质量。按照巴塞尔委员会的改革方案，一级资本只包括普通权益和留存收益，不再包括不得赎回的、非累积的优先股等，而且，一级资本充足率从 4% 增加到 6%。另外，加上保证银行应对未来资金压力的 2.5% 的资本留存缓冲率，一级资本要求就增加到 8.5%，总资本要求则增加到 10.5%。这些改革措施将于 2019 年 1 月全面实施。在本书写作之时，巴塞尔协议委员会成员已全部实施这些措施。

11.5 国际货币市场

11.5.1 欧洲货币市场

国际货币市场的核心是欧洲货币市场。**欧洲货币**（Eurocurrency）是指货币发行国之外的国际银行所拥有的该货币的定期存款。例如，欧洲美元是指存于美国之外银行的美元存款；欧洲英镑是指存于英国之外的国际银行的英镑存款；欧洲日元是指存于日本之外的国际银行的日元存款。"欧洲货币"（Eurocurrency）这个叫法的前缀"欧洲"（Euro）是不恰当的，因为存款的银行不一定要在欧洲。存款所在的银行可以是在欧洲、加勒比海或者亚洲。实际上，如我们在前面一段所述，欧洲美元存款可以是存入境外的"贝壳"分行或国际银行设施，但实际美元存款仍存在美国母行。亚洲也有一个"亚洲美元"市场，总部设在新加坡，但它可以被看成是欧洲货币市场的一个主要部分。

最初的欧洲货币市场可以追溯到 20 世纪 50 年代和 20 世纪 60 年代早期，那时苏联和其他一些苏维埃国家卖出黄金和日用品来筹集硬通货。这些国家不敢把它们国家的美元存在美国银行，怕存款因此被冻结或被没收，所以这些国家把美元存在一家电挂地址为"EURO-BANK"的法国银行。自那开始，在美国之外的美元存款被称为欧洲美元，而接受欧洲美元存款的银行被称为**欧洲银行**（Eurobank）。⊖

欧洲货币市场是一种外部银行系统，与货币发行国的国内银行系统并行运行。这两个系统都吸收存款，并用这些存款基金向其客户放贷。在美国，银行要遵守联邦储备系统理事会颁布的 D 条例（Federal Reserve Regulation D），该条例具体规定了定期存款的法定存款准备金。另外，美国银行必须为其吸收的存款向联邦储蓄保险公司（FDIC）交纳保险金。但是，欧洲美元不受存款准备金的约束，也不要交纳保险金，因此运营成本相对较低。也正是由于运营成本低，欧洲货币市场，尤其是欧洲美元市场一问世就发展得极为红火。

欧洲货币市场是在银行同业或批发市场上运作。欧洲货币市场的大部分交易都是银行同业间交易，总和达到 1 000 000 美元或者更多。那些有着富余存款但没有零散放贷客户的欧洲银行会将富余存款借给那些有客户而又需要贷款资金的欧洲银行。有富余资金的银行收取的借款利率被称为同业拆借利率，它们会根据银行间报价利率来接受同业银行的存款。通常，大多数欧洲货币的基差为 10～12 个基点。不过，在金融危机期间，基差会稍高一些。欧洲货币存款的利率按到期时间长短报价，到期时间从 1 天到若干年不等。不过，较为标准的到期时间为 1 个月、2 个月、3 个月、6 个月、9 个月和 12 个月。表 11-3 给出了样本欧洲货币的利率。附录 11A 介绍了欧洲货币的创造过程。

⊖ 参见 Rivera-Batiz 和 Rivera-Batiz（1994）关于欧洲货币市场历史起源的文章。

表 11-3 欧洲货币的利率报价（2016 年 5 月 20 日）

	短期	7 日通知存款	1 个月	3 个月	6 个月	1 年
欧元	−0.45～−0.35	−0.39～−0.31	−0.47～−0.21	−0.31～−0.21	−0.22～−0.12	−0.09～ 0.01
丹麦克朗	−1.00～ 0.00	−0.51～−0.26	−0.48～−0.23	−0.46～−0.21	−0.41～−0.16	−0.32～−0.07
英镑	0.30～ 0.45	0.45～ 0.55	0.46～ 0.56	0.60～ 0.70	0.72～ 0.82	1.00～ 1.03
瑞士法郎	−0.85～−0.77	−0.90～−0.65	−0.89～−0.64	−0.85～−0.60	−0.80～−0.55	−0.66～−0.41
加拿大元	0.45～ 0.55	0.56～ 0.76	0.58～ 0.68	0.76～ 0.86	0.94～ 1.04	1.21～ 1.31
美元	0.38～ 0.39	0.52～ 0.62	0.45～ 0.49	0.44～ 0.67	1.13～ 1.20	1.31～ 1.51
日元	−0.30～ 0.10	−0.30～−0.10	−0.28～−0.20	−0.22～−0.02	−0.24～−0.04	−0.19～ 0.12
新加坡元	0.03～ 0.06	0.63～ 0.75	0.63～ 0.75	0.88～ 1.00	1.13～ 1.25	1.25～ 1.38

资料来源：Collected from Bloomberg, May 20, 2016.

伦敦历史上且现在仍然是主要的欧洲货币金融中心。现在，很多人都听过**伦敦银行同业拆借利率**（London Interbank Offered Rate，LIBOR），它是伦敦的欧洲货币存款的参考利率。说明白一些，对于欧洲美元、欧洲加拿大元、欧洲日元甚至欧元，都存在一个伦敦银行同业拆借利率。在其他金融中心，则存在其他的参考利率。例如，SIBOR 是新加坡银行同业拆借利率；TIBOR 是东京银行同业拆借利率。显然，竞争使得同一种欧洲货币的各种不同的银行同业拆借利率非常接近。

1999 年 1 月 1 日，统一的欧洲货币——欧元在欧洲经济货币联盟的 11 个成员国中问世，市场由此呼唤一种新的银行同业拆借利率。欧元的问世也导致了在提及欧元时，人们搞不清所指的是欧元还是别的欧洲货币，如欧洲美元。正因为如此，人们开始用"国际货币"（International Currencies）来替代"欧洲货币"（Eurocurrencies）这一称谓，用"主体银行"（Prime Banks）来替代"欧洲银行"（Eurobanks）。**欧元银行同业拆借利率**（Euro Interbank Offered Rate，EURIBOR）是指在欧元区内由一家主体银行向另一家主体银行提供的银行间借款利率。

在货币批发市场，欧洲银行接受欧洲货币的定期存款并发行**可转让定期存单**（negotiable certificates of deposit，NCD）。事实上，这是欧洲银行筹集贷款资金的更可取的方法，因为储蓄周期一般较长，而且储户要求的利率也要稍低于银行同业间拆借利率。可转让定期存单的面值至少要达到 500 000 美元，但是更常见的面值是 1 000 000 美元或以上。

表 11-4 以"10 亿美元"为单位列示了国际银行在 2011～2015 年各年末的对外负债（欧洲存款以及其他欧洲负债）。从 2015 年一栏可以看到，总的外部负债为 210 787 亿美元，其中银行同业拆借额为 139 561 亿美元，而非银行存款为 71 226 亿美元，所使用的面值货币主要为欧元、美元和英镑。

表 11-4 国际银行对外负债（年末价值，单位：10 亿美元）

年份 负债类型	2011	2012	2013	2014	2015
对同业银行的负债	18 720.1	17 494.4	17 822.4	17 444.9	13 956.1
对非银行的负债	7 182.8	7 630.9	8 051.8	7 736.1	7 122.6
总负债	25 902.9	25 125.3	25 874.3	25 181.1	21 078.7

资料来源：Compiled from various issues of *International Banking and Financial Market Developments*, Bank for International Settlements.

欧洲银行约 90% 的外部负债来自定期存款，其他则来自可转让定期存单（NCD）。如果储户提前支取定期存单，将要支付罚息。而可转让定期存单是可以转让的，如果储户在存款到期前突然需要钱，那么他可以将该定期存单在二级市场出售。可转让定期存单最早始于 1967 年的伦敦，最初是为欧洲美元设立的。除了美元之外，伦敦以及其他金融中心的银行也发行其他货币的"欧洲定期存单"，但是非美元的可转让定期存单在二级市场上的流通性比较差。

11.5.2 洲际交易所与LIBOR

在伦敦，每个交易日的上午 11 点，洲际交易所（ICE）旗下的独立资本化单元洲际交易所基准管理机构（IBA）为 5 种欧洲货币（美元、英镑、欧元、瑞士法郎和日元）的 7 种不同到期期限的货币定出伦敦银行间同业拆借利率（LIBOR）。洲际交易所的 LIBOR 被世界各地的银行、证券行和投资者用作最为重要的基准以结算全球国际货币市场、衍生品市场和资本市场至少 350 万亿美元的交易。⊖洲际交易所基准管理机构通过取中间的两个四分位数利率的均值来为它所跟踪的每一种欧洲货币确定 LIBOR，而且这些被选定的参与伦敦欧元货币市场的欧洲银行确信按这些利率可以从其他伦敦主要银行借入资金。因此，这些被选定的银行就可以估计其伦敦银行间同业拆入利率（LIBID）或主要银行的 LIBOR。这样，如果 LIBOR 每天出现小小的变化，那么就代表着天量的资金变化。例如，若 LIBOR 变化了 1 个基点，那么基于 LIBOR 定加的价值达 350 万亿美元的金融工具，按年计算其价值变化就达 350 亿美元之巨。因此，对 LIBOR 的一点点操纵，都会产生严重的影响和后果。2013 年 11 月，洲际交易所收购纽约泛欧证交所之后，洲际交易所基准管理机构（IBA）从纽约泛欧证交所接手了 LIBOR 的确定业务。后来，因英国银行家协会（BBA）在管理期间爆出丑闻，最近纽约泛欧证交所从其手里接管了 LIBOR 的管理业务。

国际财务实践专栏"金融业腐败之源"讨论了近年来曝光的两起 LIBOR 操纵丑闻。其中之一是选定银行故意低报其在全球金融危机期间可以低利率借入资金。相比于真实的借款利率，低报借入欧洲货币的利率就不会向市场传递真实信号，即银行财务状况的恶化。在全球金融危机期间，欧洲银行之间都不信任对方的资金实力，担心对方资产负债表中隐藏有不良资产。结果，欧洲货币市场几乎没有发生交易。另一起丑闻则是近期曝光的选定银行之间的大量串通操纵，其目的是通过操纵 LIBOR 而从自己持有的那些以 LIBOR 为指数的金融头寸上获利。虽然丑闻事件仍处在发酵阶段，但巴克莱银行已是首家承认这些操纵行为的银行，而且受到了处罚。2012 年 6 月，巴克莱银行支付了 2.5 亿英镑（4.5 亿美元）的罚金；7 月，巴克莱银行的主席和 CEO 也遭董事会解雇。总体上，对银行管理者利率操纵的调查发现，在全球最大的金融机构中至少有 18 家银行以及数十名交易员和经纪人卷入其中。英国和美国的监管部门对相关银行总共施以 60 亿美元的罚金。目前，已有一名交易员被判 14 年监禁，对其他人员的处罚尚在进行之中。

11.5.3 欧洲信贷

欧洲信贷（Eurocredits）是欧洲银行提供给企业、主权政府、一些非主要银行或是国际组织的短期或中期欧洲货币贷款。这种贷款是以非欧洲银行所在国的货币借出的。由于这

⊖ 同样地，日本银行业协会负责确定 TIBOR（东京银行同业拆出利率），新加坡银行业协会负责确定 SIBOR（新加坡银行同业拆出利率），欧洲银行业协会负责确定欧元银行同业拆出利率（EURIBOR）。

种贷款数额一般比较大,单个银行很难借出,所以欧洲银行会联合起来形成银行借贷**辛迪加**(syndicate),以分散风险。

这些贷款的信贷风险比在银行同业市场拆借的风险要大。因此,欧洲信贷的利率也相应较高,以便补偿银行或者辛迪加所承担的额外风险。伦敦的欧洲信贷的基准利率是LIBOR。这种贷款利率是以 LIBOR+X% 的形式表示,其中 X 是贷款的利率差价,由借款者的信用状况决定。另外,由于欧洲信贷采用滚动定价法,所以欧洲银行所支付的欧洲货币定期存款的利息不会高于他们的放贷收益。因此,欧洲信贷可以被看作是一系列的短期贷款,而在每期到期时(一般是 3 个月或者 6 个月),贷款得以滚动,基准借贷利率又根据两次贷款间隔时的 LIBOR 重新设定。

图 11-1 描述了本章讨论的各种利率之间的关系。这些数据来自表 11-3。2016 年 5 月 20 日,美国国内银行对 6 个月期可转让定期存单所支付的利率为 0.875%,而银行给信用最好的企业的贷款利率即优待利率为 3.50%。这就表示银行有 2.625% 的利差来支付营运成本和获利。比较而言,欧洲银行将以 1.13% 的利率办理 6 个月期的欧洲美元定期存款,如欧洲美元可转让定期存单。欧洲美元的信贷利率是 LIBOR+X%,因而任何低于 2.30% 的贷款利差都会使得欧

图 11-1 2016 年 5 月 20 日美国借贷利率与欧洲美元利率的比较

洲美元贷款比优待利率贷款更有吸引力。因为贷款利差落在 0.25%~3%,中间利率就在 0.5%~1.5%。由图 11-1 可知,欧洲银行在欧洲美元信贷市场上可获得的借贷利差很小。从分析可以看出,借款者在欧洲美元市场上可以以较低的利率获得资金。但是,近年来的国际竞争迫使美国的商业银行不得不以低于优惠利率的价格在国内放贷。

【例 11-1】欧洲信贷的滚动定价法

TELTREX 国际公司可以从伦敦的巴克莱银行以年利率为 LIBOR+0.75%(贷款利差)借入 3 000 000 美元,每 3 个月滚动一次。假定当前 3 个月的 LIBOR 为 5.53%,假定在未来的与第二个 3 个月期的 LIBOR 降低为 5.12%。那么,如果 TELTREX 国际公司要借入一项 6 个月的欧洲美元贷款,它要支付给巴克莱银行多少利息呢?

解:3 000 000×(0.055 3+0.007 5)/4 + 3 000 000×(0.512+0.007 5)/4
= 47 100 + 44 025
= 91 125(美元)

| 专栏 11-1 | 国际财务实践 |

金融业腐败之源

在重大事件中,最令人难忘的往往是最普通的事情。在迅速发酵的 LIBOR 操纵丑闻当中,对于银行交易员来说最普通不过的就是去操纵那些举足轻重的金融数字。他们互相开个玩笑,又或者提供一些小恩小惠。某个交易员为了操纵数字,会向其他交易员说"我给你买了咖啡";"兄弟,我这次可欠了你一个大人情……我请你喝香槟"。这些交易员为了记住下

周要"操纵数字",每天都会把这些信息记下来。他会在他的日历上记下"要把价格抬高600万",这就跟他在上面写要"买牛奶"一样平常。

在许多人看来,这似乎只是一起地区性事件。不过,有着300年历史的英国巴克莱银行也卷入了其中。该银行只要稍微修改一个数字,就可能会开始引起全球的震荡。交易员所修改的这个数字,是决定全球范围内的个人以及公司贷款利息以及存款利息的一个数字,还是价值800万亿美元左右的金融工具进行定价的一个参考基准。这些金融工具从复杂的利率衍生品到简单的按揭贷款,应有尽有。这个数字还决定了每年全球数十亿美元的流动情况。然而,这个数字现在却出错了。

上周有关证据开始浮出水面。有文件详细陈述了在美国和英国巴克莱银行与监管者之间的解决方案。根据这些文件,该银行以及其他一些未被点名的银行的雇员在过去5年里至少多次操纵LIBOR这个数字。当然,可能会出现更糟的情况。加拿大、美国、日本、欧盟、瑞士、英国等地的监管者正在调查众多银行操纵LIBOR等利率的事。企业以及律师们也在研究他们是否能控告巴克莱等银行,让其赔偿他们的损失。这可能导致银行业耗费数十亿甚至上百亿美元的巨资。某跨国银行的执行官说道:"银行业的'烟草时代'来了。"他指的是1998年美国烟草行业高达2 000亿美元的一系列诉讼案。他还说:"这次的损失接近烟草业那次。"

在这次的LIBOR操纵丑闻中,有多达20间大型银行涉嫌。这一丑闻还进一步削弱了银行以及银行管理者的公信力。

正如伦敦金融区的办事方法非常落后一样,LIBOR也同样落后,甚至倒退了从前多数金融区的银行家互相了如指掌,信任比合同远来得重要的时候。就LIBOR而言,每天都由一组银行为10种货币以及15种不同到期期限的债券设定借贷利率。其中最为重要的是,为期3个月的美元LIBOR,本应用于传递这样的信号——从该数据设定那一天的上午11点起,一家银行从另一家银行进行为期3个月的贷款将要支付多少借贷成本。每天,这个由18家个银行组成的小组,通过预测他们需要借贷时的成本来估测并确定美元利率。其中,最高以及最低的四个估测值要被剔除,剩下数字的平均值即为银行同业拆借利率。所有参与银行的估测值随同每天的LIBOR定价一起公布。

理论上,LIBOR应该是一个非常准确的数字,因为其一开始银行都会遵守规则并且会做出准确的估计。但由于整个市场并不大,所以多数银行都知道其他银行的动静。事实上,其整个体系都已经腐烂了。首先,这个数字依据的是银行的估计,而不是银行间实际互相借贷的价格。一名曾经在某大银行工作并深入接触过LIBOR的资深交易员说:"既没有交易过程的记录,也没有人知道市场的真实情况,有的是各种金融工具,而且都盯着一个根本不存在的利率。"

其次,那些报价员总是有着很强的造假动机,因为他们的银行盈利与否通常取决于每天的LIBOR水平。更糟糕的是,这个体系的透明性要求不但没能抑制,反而加深了他们说谎的意图。实力较弱的银行根本不想去管这件事,即使有能力支付,它们也不想提交一个真实的,但可能会增加其借款成本的利率。

在巴克莱事件中,有两种不同的利率操纵手段被曝光。第一种手段引起的公愤最大,涉及巴克莱银行以及其他未被点名的银行的衍生品交易员,他们试图通过操纵LIBOR的最终结果来增加他们衍生品的盈利(或降低他们的损失)。此次事件涉及的资金额可能很大。鉴于巴克莱是这类金融衍生品的主要交易行之一，只要LIBOR的最终价格发生一点点的改变，都有可能引起每天高达数百万美元的盈利或亏损。比如说2007年，在LIBOR发生正常变动的情况下，巴克莱每天亏损或赚取的金额高达2 000万英镑（当时相当于4 000万美元）。在与英国金融服务监管局（FSA）和美国司法部进行调解的过程中，巴克莱承认其交易员曾操纵利率数百次。

交易员试图为谋取个人利润而操纵利率的行为的确让人愤怒。相比之下，银行对此不作为而带来的伤害可能更大。交易员在某家银行行动或者与对手银行串通就可能使LIBOR改变1%～2%（或是1～2个基点）。在2007年金融危机爆发前的大约10年里，市场筹资方法有限，LIBOR也仅仅在一个相当狭窄的区间内波动。另外，那个时候的银行业和世界经济可谓资金充裕，银行和企业的借贷成本都还很低。

巴克莱事件还揭露出了第二种LIBOR操纵手段。至少在过去两年里，甚至是在金融危机爆发最严重的时候，巴克莱以及众多其他银行都提交了不实的、被低估的银行借款成本。就操纵的规模而言，这次事件似乎算得上是最大的，至少涉案数目是最高的。几乎所有参与LIBOR的银行提交的估计利率都比平均水平低30～40个基准点。这可能会给有关银行带来最沉重的债务负担。

不过，世界各国的监管者们最后总算意识到了这些重要市场可能已遭到众多银行暗箱操作。其中就不乏世界大银行，或是协助警方调查，或是被质询，如花期集团、德意志银行、汇丰银行、摩根大通银行、苏格兰皇家银行、瑞银集团等。

去年10月，欧洲委员会官员突然搜查了那些参与EURIBOR衍生品交易的银行和其他公司。今年2月，针对瑞银集团提出的"宽恕申请"，瑞士竞争委员会专门调查了两家瑞士银行和10家其他银行与金融中介操纵LIBOR和TIBOR（东京银行间同业拆借利率）这一事迹对那些声称受害的瑞士客户和公司的不利影响。

要改变这一切，必须从两个方面进行大的变动。首先，利率应当尽可能地根据实际借贷数据来加以确定。当然，对于交易很小的市场，的确需要有某些假设的或估计的利率，以便建立全套标准。这样，就需要进行第二个大的变动。考虑到银行总有试图影响LIBOR的动机，所以必须建立新的体制，明确倡导实事求是，坚决反对串通报价。这样，就不会出现日历上记下修改LIBOR之类的丑闻了。

资料来源：Excerpted from *The Economist*, July 7, 2012, pp. 25-27.

11.5.4 远期利率协议

欧洲银行在接受欧洲存款和提供欧洲信贷时所面对的一个主要风险是存贷款到期期限长短不匹配所引起的利率风险。例如，如果存款到期日长于信贷到期日，而利率又在下降，那么信贷利率就要下调，而银行却仍然要支付较高的存款利率。相反，如果存款到期日比信贷到期日短，而利率却在上升，那么银行接受存款的利率就要上涨，而银行却还是以原来较低的利率收取信贷利息。只有当存款和信贷的到期日完全相同时，银行才能用欧洲信贷的滚动特征来赚取想要的借贷利差。

远期利率协议（forward rate agreement，FRA）是一种银行间协议，欧洲银行可以利用远期利率协议规避借贷期限不匹配产生的利率风险。该市场的规模很大。2015年12月，未结清的远期利率协议的名义价值就高达 583 260 亿美元。远期利率协议包括两方当事人，买方和卖方，其中：

（1）对于买方，如果未来利率低于合约约定的利率，买方同意支付按名义本金计算的一定数量的利息给卖方。

（2）对于卖方，如果未来利率高于合约约定的利率，买方也要支付按名义本金计算的规定数量的利息给买方。

图 11-2 描述了远期利率协议的盈亏情况。其中 SR 代表结算利率，AR 代表协议利率。

远期利率协议可用来解决标准期限的欧洲存款与信贷的到期日不匹配而产生的问题。例

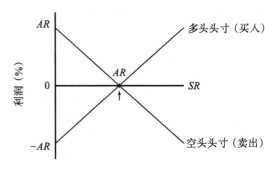

图 11-2　远期利率协议的盈亏情况

如，一份远期利率协议可能是建立在 6 个月利率的基础上的，它从今天开始计算的 3 个月后生效，9 个月后到期；这是一份 "3 对 9" 的远期利率协议。下面的时间轴描述了这个远期利率协议的情况。

| 开始 | 协议期间（3 个月） | 现金结算 | 远期利率协议期（6 个月） | 结束 |

远期利率协议下的付款额等于按下式所计算的结果的绝对值：

$$\frac{名义金额 \times (SA-AR) \times 天数/360}{1+(SR \times 天数/360)}$$

式中　天数——远期利率协议期的长度。

【例 11-2】"3 对 6" 的远期利率协议

例如，假设某银行已发放了一笔金额为 3 000 000 美元的 3 个月期欧洲美元贷款与其所吸收的 6 个月期欧洲美元存款相对冲。银行担心的是 3 个月期 LIBOR 会跌破预期，因此欧洲信贷利率就得以新的基准利率进行滚动，从而使它所吸收的 6 个月期存款变得无利可图。⊖ 为了自我保护，银行可出售一份金额为 3 000 000 美元的 "3 对 6" 的远期利率协议。这份协议的价格就是 3 个月后的 "3 个月美元" 的预期 LIBOR。

假设 AR 为 6%，3 个月远期利率协议的实际天数为 91 天。因此，当欧洲贷款在第二个 3 个月期进行滚动时，银行希望收到的基本利息额为 45 500 美元（=3 000 000 美元 $\times 0.06 \times 91/360$）。如果 SR（即 3 个月的市场 LIBOR）为 5.125%，银行只能收到 38 864.58 美元的基础利息，或者说将少收到 6 635.42 美元。因为 SR 小于 AR，银行将从出售远期利率协议中获利。银行将从买方收到在这份 91 天的远期利率协议开始时数额已经确定的现金，其大小等于按下式计算所得结果的绝对值的现值，即 6 635.42 美元 [=3 000 000×（0.051 25−

⊖ 与无偏估计假说（UEH）相一致，协议利率 AR 是在 FRA 期初的预期利率。例如，在一份 "3 对 6" 的 FRA 中，可以根据远期利率计算出 AR，该远期利率是与 3 个月的伦敦同业拆放利率 LIBOR 相联系的，即 $\{[1+（6 个月 LIBOR)(T_2/360)]/[1+（3 个月 LIBOR)(T_1/360)]-1\} \times 360/(T_2-T_1)=f \times 360/(T_2-T_1)=AR$
其中，T_1 和 T_2 分别代表 3 个月和 6 个月期欧洲货币协议离到期日的实际天数，f 表示远期汇率。参见第 15 章中 Bodie, Kane 和 Marcus（2005）关于无偏估计假设的进一步讨论。

0.06）×91/360]，这个绝对值的现值为

$$\frac{3\,000\,000\times(0.051\,25-0.06)\times91/360}{1+(0.051\,25\times91/360)}$$

$$=\frac{6\,635.42}{1.012\,95}$$

$$=6\,550.59（美元）$$

6 550.59 美元等于这份 91 天远期利率协议期初所损失的 6 635.42 美元的现值，欧洲存款利息用于支付预期欧洲贷款的利息。如果 SR 大于 AR，银行将付给协议的买方额外利息损失的现值。在该例中，银行获得 3 个月的欧洲美元贷款利率的协议将使得这笔贷款成为一项可以获利的交易。

远期利率协议也可以用作投机。如果预计未来的利率将小于 AR，那么可以出售一份远期利率协议。反之，如果预计未来的利率会比 AR 大，那么就可以买进一份远期利率协议。

11.5.5 欧洲票据

欧洲票据（Euronotes）是一种短期票据，它是由一组被称为"设施"的国际投资银行或是商业银行发行的。作为客户的借款人与一家业务单位签订协议，申请以自己的名义在一定时期内开出欧洲票据，一般是 3～10 年。欧洲票据以低于面值的价格折价发行，期满时按面值全额偿付，它的到期日一般为 3～6 个月。欧洲票据对借款者很有吸引力，因为与辛迪加欧洲银行贷款相比，其利息开支通常较低，一般为 LIBOR+0.125%。银行之所以乐于发行欧洲票据，是因为它们可以赚取一些发行费，或者是从资金吸纳中获得利息收入。

11.5.6 欧洲商业票据

欧洲商业票据（Eurocommercial paper），与国内的商业票据一样，是一种无担保的短期本票，由企业或者是银行发行，通过经销商直接卖给公众投资者。像欧洲票据一样，商业票据也是按面值的一定折扣销售的，到期日通常为 1～6 个月。

大多数的欧洲商业票据是以美元标价的。但是，美国商业票据市场与欧洲商业票据市场有很多不同之处。欧洲商业票据的到期时限一般是美国商业票据到期时限的两倍。正因为如此，它的二级市场比美国票据的二级市场更活跃。另外，欧洲商业票据发行人的信用大多比美国的同行差，因此，票据的收益率一般也较高。⊖

表 11-5 以 10 亿美元为单位列示了欧洲票据和欧洲商业票据市场 2011～2015 年第一季度的年末价值。

表 11-5 欧洲票据市场年末规模　　　　　　　　　　（单位：10 亿美元）

项目	2011 年	2012 年	2013 年	2014 年	2015 年（1Q）
欧洲票据	317.2	338.1	385.1	361.8	357.6
欧洲商业票据	578.4	502.4	484.8	521.6	530.3
合计	895.7	840.5	869.9	883.4	887.9

资料来源：Compiled from various issues of *International Banking and Financial Market Developments*, Bank for International Settlements.

⊖ 参见 Dufey 和 Giddy（1994）关于美国和欧洲商业票据市场各方面差异的资料。

11.5.7 欧洲美元利率期货合约

第 7 章主要介绍了外汇期货合约。不过，期货合约的交易可以针对多种不同标的的资产。其中尤其重要的一种合约，就是在芝加哥商业交易所和新加坡交易所交易的欧洲美元利率期货。现在，欧洲美元合约已经成为规避短期美元利率风险的最常见的期货合约。其他可交易的欧洲货币期货合约包括欧洲日元期货合约、欧洲瑞士法郎期货合约以及引进欧元后开始交易的欧元银行同业拆息（EURIBOR）期货合约。

欧洲美元期货合约标的是假定的 1 000 000 美元的 90 天的欧洲美元存款。该合约在 3 月、6 月、9 月和 12 月循环交易，以及最近非循环的 4 个月。其假定的交割日期是交割月份的第三个星期三。最后交易日为交割日前的 2 个工作日。该合约为现金结算合约，也就是说，这 1 000 000 欧洲美元存款的交割并不是真正进行的，而是在交割日根据最后交易日的最终结算价格来计算盈利或损失金额，然后从保证金账户扣除。表 11-6 给出了 CME 对欧洲美元的期货合约报价。请注意，合约涉及未来许多年，甚至长达 10 年以上。

表 11-6 芝加哥商业交易所欧洲美元期货合约报价

	结算价	变动额	未平仓合约	交易量
欧洲美元（CME）-$1 000 000；百分数				
6 月（16 年）	99.350	-0.010	1 189 501	111 055
9 月	99.240	-0.020	1 128 870	98 386
12 月	99.145	-0.025	1 435 860	122 756
3 月（17 年）	99.080	-0.035	903 812	83 536
6 月	99.020	-0.040	904 486	76 193
9 月	98.960	-0.045	726 280	73 261
12 月	98.895	-0.045	1 054 382	114 417
3 月（18 年）	98.845	-0.050	505 537	53 941
6 月	98.790	-0.050	454 557	45 773
9 月	98.735	-0.055	370 422	40 984
12 月	98.675	-0.055	522 255	52 614
3 月（19 年）	98.630	-0.055	303 790	28 733
6 月	98.580	-0.055	264 054	19 403
9 月	98.525	-0.055	184 347	15 927
12 月	98.465	-0.055	210 475	14 977
3 月（20 年）	98.415	-0.055	118 741	14 029
6 月	98.355	-0.055	62 903	10 952
9 月	98.300	-0.055	58 922	10 787
12 月	98.240	-0.055	80 188	9 435
3 月（21 年）	98.190	-0.050	42 073	7 027
6 月	98.130	-0.050	33 253	526
9 月	98.075	-0.050	18 157	452
12 月	98.020	-0.050	14 362	773
3 月（22 年）	97.975	-0.050	7 901	366
6 月	97.930	-0.045	5 470	34
9 月	97.890	-0.040	5 358	59

资料来源：Closing values on Monday, May 16, 2016, from Bloomberg.

【例 11-3】读懂欧洲美元期货报价

欧洲美元期货价格被解释为 3 个月伦敦银行同业拆借利率（LIBOR）的指数，计算公式为：$F=100-\text{LIBOR}$。例如：从表 11-6 可知，2016 年 12 月的合约（假设交割日期是 2016 年 12 月 21 日）在 2016 年 5 月 16 日星期一的结算价格为 99.164 5。这预示着 3 个月的 LIBOR 收益率是 0.855%。价格变动的最小值为 0.5 个基点（bp）。1 000 000 美元的面值，1 个基点的变化就表示每年 100 美元。对于 90 天存款的合约，0.5 个基点就是 12.5 美元的价格变动。

【例 11-4】欧洲美元期货的套期保值

本例将展示怎样利用欧洲美元期货合约来规避利率风险。假定 MNC 公司的财务主管在 2016 年 5 月 16 日星期一知悉他的公司将在 2016 年 12 月 18 日因一大宗商品销售收回 20 000 000 美元的现金，而这笔钱在 90 日内不会被用到。因此，该财务主管就可能将这笔暂时闲置的现金在此期间投资到货币市场，例如欧洲美元存款。

该财务主管注意到，现在 3 个月的 LIBOR 是 0.627 60%，而 2016 年 12 月的 3 个月 LIBOR 要高得多，达到 0.855%。另外，该财务主管还注意到，欧洲美元期货价格模型显示 3 个月 LIBOR 在 2022 年 9 月前将保持上涨。然而，该财务主管认为 90 天有 0.855% 的回报率是一个不错的利率，应予"锁定"，所以他决定进行套期保值来规避 2016 年 12 月较低的 3 个月 LIBOR。通过套期保值，MNC 公司拥有的 90 天的 20 000 000 美元闲置资金将会得到固定回报 42 750 美元（= 20 000 000 × 0.008 55 × 90/360）。

为了进行套期保值，该财务主管就必须买进欧洲美元期货合约，即建立起欧洲美元期货合约的多头头寸。起初我们可能认为没有必要建立多头头寸，但要记住，3 个月后的 LIBOR 如果出现下降，欧洲美元的期货价格就会上升。为了对冲 20 000 000 美元存款的利率风险，该财务主管就必须买进 20 份 2016 年 12 月的合约。

假设在 2016 年 12 月的最后交易日，合约的 3 个月 LIBOR 是 0.70%。那么该财务主管着实该庆幸他选择了套期保值。在利率为 0.70% 时，20 000 000 欧洲美元 90 天的存款只能带来 35 000 美元的利息收入，比利率为 0.855% 时少了 7 750 美元。实际上，该财务主管必须将闲置的现金以 0.70% 的利率存入银行。但是，短期损失将会由多头长期期货头寸的获利来弥补。在利率为 0.70% 时，2016 年 12 月合约的最后结算价是 99.30（=100-0.70）。期货头寸获利额计算如下：[99.30-99.145] × 100bp × 2 × 12.5 × 20 份合约 = 7 750（美元）。这是要弥补的损失的精确数额。

11.6 国际债务危机

有些原则对银行可靠的经营行为做出了界定。"其中，至少有 5 项原则还与刚制定时的一样：避免对单个项目、个人或是集团进行集中放贷；对不了解的项目要保持谨慎；要了解交易的对方；要使资产与负债相配比；必须清楚债务人的抵押品并不易受那些削弱债务人还债能力的事件的影响。"⊖然而，世界上一些国际大银行却无视上述第一条和第二条原则，它们借款给一些**欠发达的主权国家**（less-developed countries）政府，结果导致了**国际债务危机**（international debt crisis，有时也称第三次世界的债务危机）。

⊖ 引用自 *International Capital Markets: Part Ⅱ. Systematic Issues in International Finance*（International Monetary Fund, Washington, D.C.），August 1993, p.2.

11.6.1 历史

国际债务危机始于 1982 年 8 月 20 日，当时，墨西哥要求美国和其他国家的 100 多家银行免除墨西哥 680 亿美元的贷款。随后，巴西、阿根廷以及其他 20 多个发展中国家也在银行贷款的偿还方面也发生了类似的问题。在危机最严重之时，第三世界国家的负债达到 12 000 亿美元之巨。

多年来，债务危机的发生使一些世界级大银行几乎就要倒闭。1989 年，世界银行估计 19 个欠发达国家的未偿还债务平均达到其国民生产总值的 53.6%，而且光是利息就占到其出口收入的 22.3%。显然，国际银行界对此非常震惊。表 11-7 列示了美国 10 家最大银行仅仅对墨西哥的放贷情况，以此来说明在危机达到顶点时，那些放贷给欠发达国家的银行所面临问题的严重性。

表 11-7　截至 1987 年 9 月 30 日美国前 10 大银行对墨西哥的借款　（单位：10 亿美元）

银行名称	墨西哥的未偿还贷款	对发展中国家贷款的计提坏账准备
花旗银行	2.900	3.432
美洲银行	2.407	1.808
汉华实业银行	1.883	1.833①
纽约化学银行	1.733	1.505①
纽约大通银行	1.660	1.970
纽约银行家信托公司	1.277	1.000
摩根大通银行	1.137	1.317
芝加哥第一国民银行	0.898	0.930
第一洲际银行	0.689	0.500
富国银行	0.587	0.760

①截至 1987 年 6 月 30 日。

资料来源：The Wall Street Journal, December 30, 1987.

国际债务危机的根源在于石油。在 20 世纪 70 年代初，石油输出国组织（OPEC）成为全球石油的主要供应商。在此期间，OPEC 大幅度提高石油价格。价格上升的结果就是 OPEC 聚敛了大量美元，而这些美元正是来自那些石油进口国。

OPEC 存放了大量的欧洲美元存款。到 1976 年，其存款数额达到近 1 000 亿美元。欧洲银行面临的一大问题就是如何借出这些资金，以获得利息收入来支付这些存款的利息。对此，第三世界国家正求之不得，于是它们接受贷款并用于发展经济和支付石油进口。这样，借贷就形成了一个循环，即"石油美元循环"：欧洲美元贷款被第三世界国家用于支付新的石油进口；接着，来自发达国家和欠发达国家的石油收入又被重新存入银行；这些存款再被贷给了第三世界国家。

在 20 世纪 70 年代末，OPEC 又一次提高了石油价格。高石油价格导致了工业化国家的高通货膨胀和高失业率。对此，许多主要的工业化国家实施了紧缩的货币政策，而紧缩的货币政策则导致了全球经济的衰退和对商品（如石油）需求的下降，并导致商品价格的下降。这种紧缩的货币政策却使得实际利率上升，由此增加了欠发达国家的借款成本，因为大多数银行贷款是以美元计价的浮动利率贷款。商品价格的下降以及由此所带来的收入减少，共同使得欠发达国家难以履行其还贷义务。

首先，国际银行为什么要对欠发达国家的主权政府发放如此大的风险贷款呢？一个显而易见的原因是它们持有大量的欧洲美元存款，急需使这些存款产生利息收入。银行急于将钱贷出去，因此在向不熟悉的借款者发放贷款时，对风险的分析就不够慎重。此外，很多美国银行声称遇到来自华盛顿的官方压力，要求支持第三世界国家的经济发展。

11.6.2 债权转股权

在欠发达国家债务危机的中期，一个二级市场得到了发展。在该市场上，欠发达国家的债务被以远低于面值的价格进行转让。参与该二级市场的有近50家债权银行、投资银行和专业做市商。一些投资者向债权银行买入对欠发达国家的债权，以供**债权转股权**（debt-for-equity swaps）交易之用。作为银行辛迪加和债务国重组协议的一部分，债权银行以美元为计价单位，按低于面值的价格将债权卖给希望在欠发达国家对其子公司或者对当地的公司进行股权投资的跨国公司。欠发达国家的中央银行再以比银行得到债权时低些的折扣买进这些债权，并用本国货币进行支付。跨国公司就用这些当地货币在该欠发达国家对预先得到批准的新项目进行投资，这种投资对该国及其民众往往具有经济效益和社会效益。

图11-3描写了假设的债权转股权流程。如图11-3所示，跨国公司直接或通过做市商，以6 000万美元的价格买进了一家债权银行对墨西哥1亿美元的债权，即按面值40%的折扣成交。然后，该跨国公司将该债权以8 000万美元的价格卖给墨西哥中央银行，并按照当前汇率获得墨西哥比索。这些墨西哥比索被投资于该公司在墨西哥的子公司，或用来对当地公司的股权投资。该跨国公司支付了6 000万美元，却获得了相当于8 000万美元的墨西哥比索。

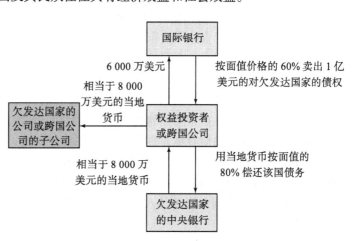

图11-3 债权转股权流程示意图

在欠发达国家发生债务危机期间，拉美国家的债务平均按原价30%左右的折扣价格成交。根据1990年9月10日出版的Barron's，巴西主权债务按21.75美分/美元的价格出售，墨西哥主权债务按43.12美分/美元成交，而阿根廷主权债务只有14.25美分/美元。

现实中债权转股权的例子大量存在。克莱斯勒（Chrysler）按56%的折扣购买了对墨西哥的债务，然后用获得的相当于1亿美元的墨西哥比索投资于其在墨西哥的子公司。大众汽车公司（Volkswagen）支付1.7亿美元获得了对墨西哥的2.83亿美元的债务，然后又换成了相当于2.6亿美元的墨西哥比索的权益资本。更为复杂一点的案例就是，花旗银行以做市商的身份按4 000万美元的价格购买了另一家银行对墨西哥6 000万美元的债务，然后与墨西哥银行（BANCO DE MEXICO——墨西哥中央银行）兑换成了相当于5 400万美元的墨西哥比索，用于日产汽车（Nissan）在墨西哥城之外建立卡车工厂。

谁会从债权转股权中受益呢？所有参与者都将受益，否则该交易就不会发生。债权银行可以将其无收益的贷款从其账簿上消除，而且至少收回了部分本金。做市商显然可以从折价销售的贷款债权中获得买卖差价。欠发达国家可以从两个方面受益。一方面，它偿还了硬通货贷款（一般按面值折价后偿付），而这些贷款本来是难以用其自己国家的货币进行偿还的。另一方面，发生在其国内的新的生产性投资有望促进其经济增长。权益资本的投资者可以按当前汇率的一定折价获得其投资所需的欠发达国家的货币。

第三世界国家只对特定类型的投资进行债权转股权。欠发达国家通过发行本国货币来获得偿还硬通货所需的钱，很明显这会增加该国的货币供应并导致通货膨胀。因此，只有当权益性投资对经济的好处大于因通货膨胀所带来的害处时，欠发达国家才允许进行债权转股权交易。可接受的投资类型包括：

（1）出口导向型产业，如汽车业等，它能带来硬通货。

（2）能扩大出口的高科技产业，这种产业有助于提升一国的科技实力，培养国民的技能。

（3）旅游产业，如度假村，这会带动旅游业的发展，增加游客，从而带来硬通货。

（4）低收益的住房项目，这可以提高部分民众的生活水平。

11.6.3　解决方案：布雷迪债券

现在，大多数债务国和债权银行都认为国际债务危机实际上已经结束。1989年春，老布什政府的财政大臣尼古拉斯·布雷迪（Nicholas F. Brady）受命制订方案以解决债务危机问题。布雷迪给了债权银行三个供选择的解决方案：①把贷款变成市场化的有价证券，债券面值为原始贷款额的65%；②将贷款利率下调到6.5%，并转换成抵押债券；③向债务国追加贷款以帮助他们渡过难关。可以想象，很少有银行会选择第三种方案。第二种方案要求把债务展期至25～30年，由债务国购买具有相同到期日的零利息美国国库券作为担保，并使这些债券市场化。这样的债券称为**布雷迪债券**（Brady bonds）。

截至1992年，很多国家签订了布雷迪债券协议，包括阿根廷、巴西、墨西哥、乌拉圭、委内瑞拉、尼日利亚和菲律宾。到1992年8月，16个主要债务国中有12个已经签订了再融资协议，协议金额达到未偿还私人银行债务的92%。总计有1 000多亿美元的债务被转换成布雷迪债券。

11.7　亚洲金融危机

我们在第2章中提到过，亚洲金融危机始于1997年中期，当时泰国宣布对泰铢进行贬值。随后，其他国家也通过终止本国货币钉住美元浮动的手段来使本国货币贬值。自欠发达国家发生债务危机以来，国际金融市场还没有遭受过如此大范围的动荡。始于泰国的这场危机很快波及该地区的其他国家，以及其他地区的新兴市场。⊖

有趣的是，在亚洲金融危机爆发前，该地区的经济发展一度依靠创纪录的私人资本输入来筹集资金的。"十国集团"银行也竞相为该地区的发展提供资金，其方式是为该地区的贸易提供各种各样的产品和服务组合。这些资金流引发了东亚各国国内的价格泡沫，特别是房地产的泡沫。金融市场的同步开放也是引发金融资产价格泡沫的原因。另外，在亚洲，商业企业与金融机构之间普遍存在的亲密关系也导致了投资决策的失误。

在东亚，债权银行的风险敞口主要涉及当地银行和商业企业，不像欠发达国家债务危机

⊖ 本节讨论参考了如下讨论亚洲金融危机的文献：Developments, Prospects, and Key Policy Issues（International Monetary Fund, Washington, D.C.），September 1998, pp. 1-6 and the Bank for International Settlements working paper titled "Supervisory Lessons to Be Drawn from the Asian Crisis," June 1999.

那样涉及主权国家。但是可以想象到，如果金融危机进一步发展，政府将会出面解救他们的银行。该地区控制危机发展的经验至少表明，当发生经济衰退时，作为整体的经济和金融体系必须统一管理。但是好像还没有哪个国家真正这样做了。

11.8 全球金融危机

2008年12月1日，美国国家经济研究署（National Bureau of Economic Research）正式宣布美国经济早在1年前的2007年12月已转入衰退。事实上，该声明只是证实了人们多月来的猜测而已。在美国公告该声明前一个月，日本、中国香港以及欧洲大部分地区也宣布其经济转入衰退。在2007年夏，始发于美国的信贷紧缩，至少作为危机症状之一，已演变为全球性经济下滑，有人担心这次经济危机的严重性不亚于发生于1929～1933年、持续43个月的大萧条。2009年6月，美国经济衰退进入到低谷期。随后四年来，世界经济开始缓慢恢复，但依然十分脆弱。

为了深层次了解金融危机，这一节首先讨论信贷紧缩问题以及它是如何演变为金融危机的。同时，本节还讨论了银行业的变化问题，而作为可行商业模式的独立投资银行似乎到了尽头。接着讨论了美国财政部和联邦储备银行设计的旨在缓解美国经济动荡的经济刺激措施，以及全球各地主要中央银行为应对经济危机相互协调并采取的措施。最后讨论了为预防并减轻未来危机影响而进行的金融监管改革。

11.8.1 信贷紧缩

信贷紧缩，即借贷人无法轻易获得贷款，最初爆发于2007年夏的美国。信贷紧缩的根源可以追溯到三大因素：对银行及证券业监管的放松；全球性储蓄充盈；美国联邦储备银行在本世纪头十年之初所创造的低利率市场环境。

1. 对银行及证券业监管的放松

1933年的美国《格拉斯—斯蒂格尔法案》规定商业银行不得从事其他金融服务，如证券、保险和房地产。根据该法案，商业银行可以从事政府证券的新发行，但不得从事投资银行和证券承销公司的经纪业务。在美国商业银行看来，它们与外国银行相比处于不利的竞争地位，因为外国银行从事投资银行业务并不会受到限制。为此，国会面临的压力越来越大，要求废除该法案。这样，采用各种措施，废除该法案的提议于1987年提出，到1999年通过《金融服务现代化法案》时被正式废除。《格拉斯—斯蒂格尔法案》的废除使得商业银行、投资银行、保险公司和房地产抵押贷款银行的经营业务界限消除。自废除《格拉斯—斯蒂格尔法案》起，货币市场基金可以接收已转给金融企业的未担保的存款，投资银行与商业银行的功能开始交叉，都可以从事对方的职能，众多衍生以及证券化产品使得过去不可流动的贷款具有了流动性，结果形成了缺乏监管的**影子银行体系**（shadow banking system）。相比于接受正常监管的银行，影子银行不仅经营业务模糊，而且杠杆运用泛滥。最终结果自然就是发生信贷紧缩危机。

2. 全球性储蓄充盈

正如第3章所讨论的，一国经常账户余额为一国出口到其他国家与其从其他国家进口的商品和服务间的差额。如果一国的经常账户出现赤字，表明一国经济上支付给外国人的款项大于从对方所收取的。经常项目盈余国可以用盈余来购买赤字国的商品和服务，也可以用来对对方的投资。中国和日本取得的经常账户盈余来自消费品出口，石油输出国组织成员国的经常账户盈余来自向其他国家出售石油，而石油价格常常采用美元标价。作为中央银行，中国人民银行和日本银行持有巨额外汇储备。据估计，截至 2008 年年末，中国拥有 19 550 亿美元的外汇储备，其中 70% 的外汇储备为美元。为获得利息收入，各国常常用所持有的美元外汇储备来购买美国国债或美国政府部门证券。到 2008 年 6 月底，中国政府持有 12 000 亿美元的美国国债。石油输出国组织成员国也购买巨额美国国债，并通过主权财富基金进行投资。考虑到这些因素，近年来全球资金流动性显然很充盈，而且大多资金为美元，随时准备投资。不过，这里的关键是：美国国内投资必须维持一定速度，形成国内储蓄率不足（但消费没有减少）；存在便于各国央行投资美国国债和美国政府机构证券的市场，从而帮助维持美国的低利率。

3. 低利率市场环境

联邦基金的目标利率从 2000 年 5 月 16 日的 6.5% 下降到 2003 年 6 月 25 日的 1.0%。在 2005 年 5 月 3 日之前，联邦基金的目标利率一直低于 3%。美联储降低联邦基金利率的主要目的是为了对付 2000 年因股票市场下跌而引发的金融风暴，而这次金融风暴的起因在于高科技以及网络经济泡沫的破灭。低利率为首次购房者创造了进行抵押贷款的机会，也为已有房者购买更加昂贵的住房提供了机会。低息抵押贷款使得对住房的需求过度上升，从而推动了美国许多地区住房价格的大幅度上涨。由于房价上升，许多房主又常常通过再融资和退回住房的产权来获得现金以用于消费。因为许多消费品来自国外，结果导致出现美国经常账户逆差。

在此期间，许多银行和抵押贷款融资机构降低了信贷标准来吸引新的买房者，以便他们在目前的低利率情况下有能力进行抵押贷款，或以那种在最初几年将抵押贷款利率暂先设定在较低水平，但今后可能又会重新设为更高利率的"诱惑性"利率来吸引买房者。如果按照更为严格的信贷标准，那么其中的许多购房者就不会有资格获得抵押贷款，他们也负担不起按传统利率计算的按揭贷款。这些所谓的次级贷款一般不为发放贷款的原始银行所持有，而是通过再次出售并打包成**抵押担保证券**（mortgage-backed securities，MBS），再销售给投资者。因为全球性储蓄充盈，很多投资者想购买抵押担保证券。对抵押担保证券的过度需求，再加上大多数创造抵押担保证券的银行只是将抵押贷款打包成抵押担保证券而不是自己持有，结果导致贷款标准的降低以及次级贷款市场的增长。

为了经济的平稳增长，美联储通过公开市场委员会会议不断上调联邦基金的目标利率，从 2003 年 6 月 25 日的 1% 上调到 2006 年 6 月 29 日的 5.25%。结果，抵押贷款利率也不断上升，房价停止上涨，新房出现难销，抵押再融资也无法取得资本利得。这样，很多次级抵押贷款的借款人发现此时即使有可能但也很难偿还抵押贷款了，尤其是当他们的可调整抵押贷款的利率被重新调整到较高水平时。待到真相大白时，人们才发现**结构性投资工具**（structured investment vehicles，SIV）和**担保债务权证**（collateralized debt obligations，CDOs）中的次级抵押贷款债务（MBS）数量以及它们的真正所有者基本上都是未知的，至少可以说是未被留意过的。（参考"深化阅读"专栏）虽然有人认为结构性投资工具和担保债务权证会将抵押贷款证券风险蔓延到世界各地并转嫁给最能承担风险的投资者，但结果是许多银行虽不直接持有抵押贷款，但通过所发起的结构性投资工具中的抵押贷款证券而间接持有。更为糟糕的是,投资者以为通过投资抵押贷款证券化、结构性投资工具与担保债务权证的风险分散根本不存在。不过,抵押贷款证券化、结构性投资工具与担保债务权证仅仅分散于一类资产,而且属于质量较差的住房抵押证券。当次级抵押债务人开始拖欠他们的抵押贷款时,商业票据的投资者就不愿意对结构性投资工具进行投资。这样,一旦交易者害怕把资金存入即便是最有实力的国际性银行,欧洲货币市场的同业交易就停止了,全球资金的流动性就基本上变得枯竭。

4. 从信贷紧缩到金融危机

随着信贷紧缩的升级,许多担保债务权证自身也陷入各种等级的抵押贷款证券危机,尤其是最高风险等级的债务。随着全国范围内次级抵押贷款止赎率的不断上升,这些债务不是没有发行,就是无法发行。商业和投资银行被迫注销了数十亿美元的次级债务。随着美国经济陷入衰退,因为担心信用卡债务以及其他消费贷款成为坏账,银行也开始提取数十亿美元的准备金。一些信用评级公司,如穆迪、标普与惠誉,在认识到它们之前所使用的评估各种风险等级的模型存在错误之处后就降低了对许多担保债务权证的评级。此外,鉴于全国范围内次级抵押贷款止赎率的不断上升,信贷评级机构也下调了许多抵押贷款证券的评级,尤其是那些包含次级抵押贷款的抵押贷款证券。这样,出售信贷违约互换合约的债券保险商和购买这种信用保险品的银行就面临一个无法支撑的问题。因为其投资组合中的抵押贷款证券出现违约,受银行支持的结构性投资工具开始向债券保险商大量索赔。这样,信用评级机构要求债券保险商投放更多的抵押品给予持有信贷违约互换合约对手盘的对手,从而使得债券保险商的资金更为紧张,进而导致信用评级快速下降,而这又引发了更多的保证金要求。如果像美国国际集团这样的大债券保险商都破产,那么那些依靠保险保障的银行将只好冲销更多的抵押担保债务,而这又将进一步削弱其一级核心资本。到2008年9月,形成了全球范围对优质投资品种(主要为美国短期国债)的大量需求。2008年10月10日,TED利差(美国国库券3个月利率与欧洲美元3个月利率的差值)达到了创纪录的水平——543个基点。图11-4描述了从2007年1月到2008年12月中旬的TED利差。显然,投资者的安全性需求大幅度增加,以至于在2008年11月某个时间,1个月期美国国库券的收益率仅为1个基点。投资者基本上愿意将资金投到零回报的安全品种上,根本不愿意购买那些需要活命钱的银行和工业企业所发行的商业票据上。这样,现代银行的经营面临全方位的压力,许多金融机构更是无法生存。

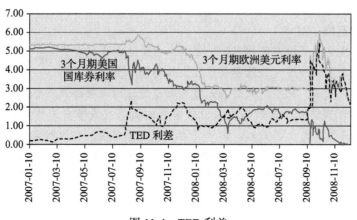

图 11-4　TED 利差

| 深化阅读 |

衍生证券的价值来源于其他资产的价值。衍生品通常被用作一种风险管理工具来对冲或中和标的资产的风险头寸。然而，衍生证券也可用于投机目的，从而形成风险极大的头寸。有四种衍生证券在次级信贷危机中起到重要作用：抵押贷款证券、结构性投资工具、担保债务权证和信贷违约互换。

1. 抵押贷款证券（MBS）与结构性投资工具（SIV）

抵押贷款证券归类为衍生证券，就是因为抵押贷款证券的价值来源于标的抵押资产的价值。从本质上讲，抵押贷款证券似乎很重要。每一抵押贷款证券代表某种抵押品组合。因此，抵押贷款证券可以分散持有者的信用风险。结构性投资工具一直是抵押贷款证券的主要投资者。结构性投资工具就是一家虚拟银行，一般通过商业银行或投资银行运作，但是不列示于资产负债表。通常，结构性投资工具通过商业票据市场来筹措短期资金，为其投资抵押贷款证券及其他资产抵押证券提供资金。结构性投资工具通常利用高杠杆，按 10～15（有时可能更高）的倍数筹资。由于其收益曲线一般向上倾斜，所以结构性投资工具通常可赚取 0.25% 的收益。显然，结构性投资工具受收益曲线利率风险倒数的影响，即如果短期利率上升并超过长期利率，那么结构性投资工具必须对抵押贷款证券投资进行再融资，而且筹资的短期利率必须大于抵押贷款证券所赚的收益率。结构性投资工具必须考虑另一风险，即违约风险。如果第一担保抵押借款人拖欠房贷，那么结构性投资工具就会失去投资价值。然而，结构性投资工具主要投资于信用评级高的 Aaa／AAA 级抵押贷款证券。通过分散投资于多种抵押贷款证券，结构性投资工具就可进一步分散其投资抵押贷款证券的信用风险。显然，结构性投资工具的价值来源于它所代表的抵押贷款证券投资组合的价值。

2. 担保债务权证（CDO）

担保债务权证是抵押贷款证券的另一主要投资者。担保债务权证本质上是一种企业实体，设立的目的是用来持有作为贷款抵押的固定收益资产组合。固定收益资产组合常常被分成不同部分，每一部分代表一个不同的风险级别，如 AAA、AA、BB 或未分级等。担保债务权证是固定收益证券的重要资金来源之一。担保债务权证的投资者持有的是特定风险类别的现金流量头寸，而不是直接持有固定收益证券。这类投资依赖于那些用来界定风险和回报的计量指标。担保债务权证的投资者包括保险公司、共同基金、对冲基金和其他担保债务权证，甚至还包括结构性投资工具。抵押贷款证券和其他资产抵押证券为许多担保债务权证的抵押品。

3. 信贷违约互换（CDS）

信贷违约互换是最受欢迎的信用衍生工具。信贷违约互换就是一份合同，对被称为参考实体的特定公司或主权的违约风险提供保险。违约被称为信用事件。一旦信用事件发生，那么按照年度付款即基差，保险合约的买入方根据信贷违约互换条款有权按全部面值向保险合约的卖方出售参考实体发行的债券。可出售债券的面值就是信贷违约互换的名义价值。例如，对于一份名义价值为 1 亿美元、80 个基点的 5 年期信贷违约互换合约，如果信用事件没有发生，那么买入方每年支付卖方 800 000 美元（=0.008×1 亿美元）。如果信用事件的确发生，那么买方向卖方提供实际交割的债券，不用做任何进一步的年度付款。有些信贷违约互换需要现金结算。此时，卖方按信贷违约互换面值与违约发生情况下的市场价值之间的差额向买方进行支付。

信贷违约互换使得风险债券的买方有能力将风险债券转换为无风险债券。如果不考虑流动性差异，那么持有 5 年期风险债券多头头寸外加该债券 5 年期信贷违约互换多头头寸应当等价于持有 5 年期无风险债券多头头寸。因此，显而易见的是，信贷违约互换基差必须等于 5 年期风险债券与对应 5 年期无风险债券之间的收益基差。众多金融机构以买方或卖方角色在场外交易市场共同对信贷违约互换进行做市交易。这个例子说明，信贷违约互换具有期货交易合约的特点。不过，信贷违约互换因为在场外市场交易，所以不受美国商品期货交易委员会的监管。此外，信贷违约互换因为被归类为互换而非保险合约，所以并不受国家保险委员会的监管。不过，保险商常常是做市商。实质上，信贷违约互换市场是一个不受监管的市场。短短几年时间，信贷违约互换市场从几乎不值一提发展成为拥有 58 万亿美元的市场。债券投资者可以利用信贷违约互换来对他们投资组合中的信贷违约风险进行套期保值。此外，没有标的债券头寸的投机者可以用信贷违约互换来对特定参考实体的信用违约进行投机买卖。按照谨慎风险管理原则，信贷违约互换的做市商应当持有风险中性的头寸，但事实常常并非如此。"保险"的提供方通常持有大量的净卖出头寸。

11.8.2 金融危机的影响

金融危机对世界经济带来了显著的影响。因为经济危机，金融服务业、汽车产业和全球金融市场发生了巨大的变革。其中一些最为重要的变革具体说明如下。

1. 金融服务业

（1）英国的北方洛克银行因为流动性危机而被收归国有。

（2）斯蒂熊公司以 12 亿美元强制性出售给 J.P. 摩根大通公司。

（3）2008 年 9 月 7 日，房利美（Federal National Mortgage Association，Fannie Mae）和房地美（Federal Home Loan Mortgage Corp.，Freddie Mac）遭美国联邦住房金融局（Federal Housing Finance Agency）托管，直到现在未解除。目前，美国财政部持有这两家靠政府支持企业的高级优先股和普通股权证的比例高达 79.9%。自那以来，两家公司为维持经营从纳税人基金共取得资金 1 880 亿美元，但向财政部支付的优先股股利已达 2 460 亿美元。

（4）报告大量 CDO 损失后，美林证券被美国银行收购。

（5）拥有 158 年经营历史的投资银行雷曼兄弟公司因持有次级抵押贷款和其他信用评级很低的垃圾证券而遭受前所未有的损失，只好宣布破产。

（6）AIG 公司因美联储 2009 年 9 月的 1 820 亿美元的救助计划而得以生存。短短 4 年的时间，从公众公司又成了私有企业。虽然人们对于 AIG 在没有政府救助的情况下是否会破产尚有争论，而且永远无法得到结论，但可以肯定的是：若 AIG 破产，那么必然会对世界金融市场带来不可估量的连锁影响。这样看来，救助计划很有必要。

（7）因为担心对手失去信心并出现流动性危机，最后剩下的两家投资银行（高盛与摩根士丹利公司）选择将自己重组为商业银行持股公司。⊖

⊖ 术语"大投行"指的是华尔街过去所称的大型投资银行。其渊源来自发行新证券时要出书面公告，即所谓的"发行公告"（tombstones），其上要用粗体字体列出承销发行的那些著名的投资银行。用粗体字体的目的就是为了醒目一些。

（8）美国最大的储蓄与贷款机构华盛顿互助银行，在发生为期 10 天的银行挤兑后被美联储接管并随后被出售给 J.P 摩根大通公司。

（9）美联银行（Wachovia）为富国银行（Wells Fargo）收购。美联银行的问题始于 2006 年公司买了一家从事浮动利率抵押贷款业务的储蓄和贷款银行——黄金西部财务公司（Golden West Financial Corp.）。

（10）在发生流动性危机之后，花旗集团靠美国财政部和美联储的救助而得以生存。美国财政部和美联储救助的原因就是花旗集团太大并太重要，实在是破产不起。2010 年 12 月，财政部出售了所拥有的花旗集团的股份，450 亿美元的救助投入赚得 120 亿美元。

2. 住房与就业

（1）2008 年年中，美国超过 9% 的单一家庭住宅抵押贷款发生至少迟付款 1 个月或出现某种程度取消赎回的现象。约 30% 的次优贷款和不下 5% 的主要贷款发生逾期不还现象。

（2）2008 年 9 月，根据 20 个美国城市的标准普尔 Case-Shiller 房价指数，房价相对于 2006 年 6 月的最高价下跌了 20%。这一下跌幅度致使 1 000 万美国家庭的住房投资出现"潜水"，即房屋市价低于抵押贷款余额。显然，新家园建设陷入瘫痪局面，而这进一步削弱了美国经济。住房指数随后开始探低，到 2009 年 4 月已经下跌了 33%。到本书写作之时，房屋指数离最高点仍有 10% 的跌幅。

（3）2008 年 11 月，美国劳工部报告的失业率为 6.7%，是过去 15 年最高的。到 2009 年 10 月，美国的失业率上升至 10.1%。目前，美国的失业率为 4.9%，处在政策制定者认可的完全就业的正常范围内。

3. 汽车产业

底特律汽车制造商的问题起因于信贷紧缩导致流动性下降，从而使公司无法为消费者购买新车提供融资。到 2008 年夏这种情形进一步恶化，当时的汽油价格达到每加仑 4 美元。虽然美国人青睐于底特律这些汽车公司制造的宽大但高耗能的汽车和运动型多用途车，但并不打算真正购买。由于经济不断低迷，许多行业失业率上升，汽车销售下降。2009 年 4 月 30 日，克莱斯勒申请破产。一个月以后，破产法官批准了这项破产计划。这样，菲亚特就拥有了 20% 的"新"克莱斯勒，汽车工人工会退休医疗信托拥有 55%，而美国与加拿大政府为公司的小股东。2009 年 6 月 1 日，通用汽车申请破产，随后从财政部获得 495 亿美元的政府救助资金。自那时以来，通用汽车公司通过出售品牌或经销权来收缩业务。2010 年，"新"通用汽车公司通过再 IPO 筹集了 201 亿美元，使美国政府拥有的股权从 61% 减少到 33%。2013 年 12 月，美国财政部将最后持有的通用汽车公司的股份出售，总亏损达 112 亿美元。

4. 金融市场

金融危机在对金融市场产生了破坏性的影响，进而影响了投资收益。在美国，虽然股票价格已经有所回升，但在金融危机中股价一度以前所未有的速度狂跌。截至 2013 年 3 月，道琼斯工业平均指数和标准普尔 500 指数回到了 2007 年 10 月的前期最高点，但以美元计价的外国股票市场仍然一蹶不振。同期，MSCI 全球指数仍然下跌了 14%。

全球金融危机更是将欧元区的**主权债务危机**（sovereign debt crisis）推向了危急关头。主权债务危机可以追溯到欧洲货币联盟组建之时。当时，为了协调各国的经济差异，要求各成员国必须将赤字和总债务分别控制在占 GDP 的 3% 和 60% 的范围内。在 21 世纪初的几年里,许多成员国并没有达到这些标准,而且在随后年份增加了债务水平。此外,有些国家的做法还缺乏透明度。自 2009 年年末起,随着全球债务水平的上升以及若干欧元区国家信用等级的大幅下调,投资者开始担心主权债务危机的爆发。因为欧洲银行持有大量的这类主权债务,人们开始担心欧盟银行体系的偿付能力。2010 年年初,这种担心开始升级,致使欧盟、欧洲中央银行和 IMF 推出一系列的救助计划。特别地,希腊、爱尔兰、葡萄牙和塞浦路斯的主权债务的信用评级被降至垃圾级。在同意采取众多严厉的紧缩政策后,这些国家获得了金融救助。欧元区其他国家的经济状况相对较强。目前,希腊 10 年期债务的收益率比德国高出 8.5%。不过,人们仍然担心这种危机可能蔓延到意大利和西班牙(那些有高额预算赤字的欧元区国家)。同时,对以美元标价的高品质投资品的热捧也导致了美元的升值。例如,2008 年 4 月美元兑欧元的即期汇率为 1.6 美元兑 1 欧元,而现在是 1.11 美元兑 1 欧元。同期,美元兑英镑的即期汇率为 2.00 美元兑 1 英镑,现在则升至 1.25 美元兑 1 英镑。美国的最大优势在于美元是最主要的储备货币。然而,美国也有自己的忧虑,美国政府未来 10 年预期将出现 3.5 万亿美元的赤字预算。这种赤字规模可谓是前所未有的。

11.8.3 经济刺激措施

虽然我们无法准确预测到信用紧缩,但在某种程度上了解导致信用紧缩的因素仍然很有意义。即便当美联储降低联邦基金利率时,当时的美联储主席艾伦·格林斯潘这样说道:"我并不清楚这是怎么一回事,但我们的确正在做有损市场的事情,毕竟资本市场不是这样运作的。"⊖降低利率并使利率长期保持在相当低的水平其实是一个错误。回想起来,在网络经济泡沫破裂后,全球的储备本应能够满足美国和世界经济发展所需的流动需求。我们很难理解美联储竟然没有意识到用这些可获得的现成经济数据来分析当时的形势。降低联邦基金利率只会额外增加美国经济的流动性,加剧美国人毫无节制的购买热潮。在美联储开始提高利率后,好日子就到头了。格林斯潘似乎已经意识到他所犯的错误。在 2008 年 10 月 13 日向国会作证之前,格林斯潘对于他促成的放松监管环境这一点,承认他犯了错。他还进一步承认他对美国国内价格弹性的假设犯了严重的预测错误,他从未预料到美国国内价格竟然可以下跌到这个程度。

2008 年出台的一些旨在刺激美国和世界经济的新计划如下:

(1)2007 年 9 月 18 日,在美国联邦储备委员会主席本·伯南克的带领下,美联储开始降低利率,使最近高达 5.25% 的利率降低至 2008 年 12 月 16 日的 0~25 个基点。显然,为了增加货币供给,刺激经济,美联储把公开市场操作的可用手段都用尽了。美国联邦储备委员会开始实施大规模的量化宽松政策,用于购买长期国债和抵押证券。2014 年 10 月,美国联邦储备委员会开始停止买入,但此时累计买入的资产已达 4.5 万亿美元。

(2)与此同时,世界各地的央行都降低了短期利率。2008 年 10 月 8 日,美联储、欧洲中央银行、英格兰银行以及中国人民银行采取统一的降低利率行动。2008 年 12 月 17 日,即美联储下调利率一天之后,挪威、捷克共和国、中国香港特别行政区、沙特阿拉伯、阿曼、科威特等国和地区的银行都下调了利率。美国、欧元区和日本也实行了量化宽松政策。

⊖ Creg Ip and Jon E. Hilsenrath, "How Credit Got So Easy and Why It's Tightening." *The Wall Street Journal*, August 7, 2007, pp. A1 and A2.

（3）由于信贷市场的冻结，企业面临着获取营运资金的难题。为了提供所需的信贷，美联储设立了商业票据资助机构，直接从美国企业处买了价值 13 000 亿美元的商业票据。

（4）美联储设立了价值 5 400 亿美元的货币市场投资者融资机制，通过向货币市场基金购买商业票据和定期存单，试图重建公众对这些基金的信心。

（5）美国国会授权联邦存款保险公司（FDIC）将银行存款保险水准从 100 000 美元提高到 250 000 美元，而且有可能长期维持这样的水平。

（6）由美国前任财政部长亨利·保尔森牵头提出的 7 000 亿美元不良资产救助计划于 2008 年 10 月 3 日获得立法通过，其目的是向金融机构购买不良贷款和抵押贷款证券。这项财政援助计划背后的目的是将不良资产从银行账面中转走，从而减轻存款者的恐慌。2008 年 11 月 12 日，政策来了个大转变，财政部长保尔森宣布政府不会用不良资产救助计划资金来向银行购买不良抵押贷款，转而采取直接向银行集中注入资金。总计支付或承诺了 4 264.0 亿美元的 TARP 资金。该计划于 2014 年 12 月到期，已取得的回报达 4 417 亿美元。因此，该计划实现了一定的盈利。

11.8.4　金融危机的后果

全球经济危机还在蔓延中。在这种形势下，几乎每个经济实体都出现了经济下滑。这些经历能带来很多值得借鉴的经验教训。其中一个教训就是：如果银行家只是作为抵押证券发起人提供服务，他们似乎不会认真评估信用风险，毕竟他们只是将抵押证券让渡给投资者，而不是自己持有。当次贷危机爆发时，这一切就得到证实：商业银行和投资银行以各种形式持有的抵押债务风险远比他们以为的要多。这部分原因在于《格拉斯—斯蒂格尔法案》的撤销，从而使得商业银行可以从事投资银行业务。正如我们所知，市场已经将投资银行视作一种可行的商业模式，华尔街的顶尖公司们将不复存在。不过，次贷危机能否让商业银行永远牢记这一教训还是一个未知数。就其在 20 世纪 80 年代的国际债务危机和 20 世纪 90 年代的亚洲经济危机中的表现来看，出于某些原因，银行们总是乐于贷大笔款项给那些还款可能性很小的借款人。银行必须充分评估一项投资或贷款的潜在风险，这一点毫无借口可言。对于借钱给主权政府或贷款给位于世界遥远地方的私人，风险具有特殊性，必须进行适当的分析。

允许信贷违约互换市场在缺失美国商品期货交易委员会或其他合法代理机构的监督下经营，显然这样的决定是个严重的判断失误。信贷违约互换是规避信用风险的一个有效手段，但市场需要场外衍生产品更具透明度，而做市商需要全面了解所拥有头寸的风险程度。另一个教训是，信用评价机构必须改进用于评估诸如抵押贷款证券和信贷违约互换之类证券所内含信用风险的模型，而借款人必须保持警惕，不可完全相信信用评价。

正如任何人所预期的，金融危机的必然后果就是对银行业务和金融市场功能加强更多政治与制度监管。如前所述，在这方面，巴塞尔银行监管委员会出台了被称为《巴塞尔协议 2.5》的一揽子建议措施，旨在加强对银行国际业务的监管。此外，旨在加强国际银行资本结构监管的计划也已出炉，该计划被称为"巴塞尔协议Ⅲ"。就国家层面而言，英国出台的《2012 金融服务法案》新设了两个金融监管机构，并于 2013 年 4 月 1 日生效。金融政策委员会的主要任务是发现和监控系统性风险，并就控制这些风险采取措施。审慎监管局（Prudential Regulation Authority）则负责监管银行、存款类金融机构、保险提供商和主要投资公司。在欧盟，现有监管体系为由三大欧洲监管机构组成的新体系所替代，而且监管规定得到统一。三大欧洲监管机构包括欧盟银行管理局（European Banking Authority）、欧盟证券与市场管理局（European Securities and Markets Banking Authority）和欧盟保险及职业年金管理局（European Insurance and Occupational Authority）。三大欧洲监管机构与欧盟系统性风险委员会（European Systemic Risk Board）一起共同负责监管全部金融市场、金融产品和金融机构。

在美国，总统巴拉克·奥巴马于2010年7月21日签署了《华尔街改革法案》和《消费者保护法》。这些立法成为新的金融监管法案，涉及对金融业法律的全方位修订。此外，这些法案扩大了政府对银行业和金融市场的监管全力。自大萧条以来，如此大规模的法律出台尚不多见。成立了"金融稳定监督委员会"（Financial Stability Oversight Council），专门负责监控并应对系统性风险。特别地，新的金融法规授权美国联邦储蓄保险委员会（FDIC）控制并解散那些面临重大困难的大型金融服务企业。因为这些企业的破产可能引起整个经济的系统性风险。这样，银行不会再因大而不可破产。美国商品期货交易委员会也被赋予众多新的权力，负责监管金融衍生产品，希望以此来避免将来诸如信贷违约互换之类的场外衍生产品发生滥用现象。此外，对冲基金和私人股权投资基金现在必须在美国证券交易委员会注册。做市商必须持有抵押贷款债券，而不准只是创设和出售给公众。新的金融法规下的《沃尔克法则》（Volcker Rule）还专门规定限制银行从事自营买卖并禁止银行设立对冲基金和私募基金。此外，设立了新的消费者保护机构，负责起草新的规范住房抵押和信用卡的消费金融规则，要求银行向借款人提供更多透明的披露信息，并确保借款人有还贷手段。新设的信用评级办公室将负责管理信用评级机构。在公司治理方面，股东对管理层薪资水平和高级职员去职补偿费拥有不具法律约束力的投票权。显然，这些新的金融法规就是为了处理金融危机所暴露出来的各种经济弱点而精心制定的。虽然有些人对金融法规的有效性抱怀疑态度并坚持认为金融危机是不可避免的，但我们相信金融法规是引导金融行为并确立适当行为的有效标准。如果没有规则，那么整个经济就会失控。

本章小结

本章介绍了国际银行业、国际货币市场以及第三世界债务危机等问题。从本章开始，我们将用5章的篇幅连着介绍世界金融市场和机构。

1. 国际银行的特点可以根据所提供的服务类型来说明。国际银行通过提供贸易融资，为其客户提供进出口业务方面的便利。国际银行也提供外汇兑换服务，帮助客户规避汇率风险，自营外汇交易业务，并创造货币衍生品市场等。一些国际银行还吸收外汇存款，向非国内银行客户发放外币贷款。此外，如果银行业规章许可，一些国际银行也可能参与承销国际债券。

2. 国际银行机构有各种类型，包括代理行、代表处、国外分行、子行及附属银行、埃奇法案银行、离岸金融中心和国际银行设施。国际银行设立各类机构以及提供各种服务的原因各不相同。

3. 欧洲货币市场是国际货币市场的核心。欧洲货币是指存放在位于货币发行国之外国家的国际银行的该种货币的定期存款。例如，占货币市场很大份额的欧洲美元是指存放在美国境外的银行中的美元存款。欧洲货币市场的总部位于伦敦。欧洲银行是指吸收欧洲货币存款并发放欧洲货币贷款的国际银行。本章讲述了欧洲货币的产生过程，并介绍了欧洲信贷即欧洲货币贷款的性质。

4. 其他主要的欧洲货币市场工具包括：远期利率协议、欧洲票据和欧洲商业票据。

5. 资本充足率是指银行为防范风险资产、降低经营失败概率而持有的权益资本和其他证券的数量。1988年的《巴塞尔协议》对从事国际交易业务的银行制订了确定资本充足率的框架。《巴塞尔协议》所针对的主要是银行吸收存款和发放贷款这一业务。因此,《巴塞尔协议》所关注的就是信贷风险问题。该协议已经为全球各地的银行监管部门所广泛采纳。在20世纪90年代,银行在权益、利率和汇率等衍生品方面的交易逐渐增多,而其中的许多衍生品在制定《巴塞尔协议》时甚至根本不存在,因而,《巴塞尔协议》关于资本充足率的规定也就不足以防范市场风险。此外,包括电脑错误、文件管理失误和欺诈在内的经营风险也是最初协议所未曾考虑的。2004年,"十国集团"的中央银行和银行监管机构签订了被称为《巴塞尔协议Ⅱ》的新的资本充足方案。《巴塞尔协议Ⅱ》所要求的最低资本充足率为8%,以应对银行所面临的信贷、市场和经营风险。据估计,该新协议会在2006年年底得到正式实施。

爆发于2007年年中的全球金融危机表明,考虑到资产估值与资本充足问题,流动性风险会体现为具体风险,某些资金来源会枯竭。许多银行机构发生了巨大亏损,而大部分亏损一直只是记在银行的商业账户上。这些损失并非来自实际违约,而是因为信用评级下降而导致信贷利差扩大和流动性的丧失。2009年7月,巴塞尔银行监管委员会出台了一揽子强化《巴塞尔协议Ⅱ》的建议措施,旨在加强对银行国际业务的监管。这些措施也成为旨在加强国际银行资本结构监管的、被称为《巴塞尔协议Ⅲ》的一部分。为强化资本监管,委员会于2010年9月发布了《巴塞尔协议Ⅲ》,其目标是建立缓冲资本以满足经济萧条之需、提高银行资本的质量并对过分利用杠杆设定杠杆比率要求。

6. 国际债务危机的起因在于国际银行对第三世界主权国家政府的过度放贷。危机始于20世纪70年代,当时石油输出国组织的成员国将大量欧洲美元存入银行,而银行必须将这些存款借出以支付存款的利息。随后因石油价格的暴涨导致了高失业和通货膨胀,使得很多欠发达国家不堪负担偿还贷款的义务。债务数额之大使得全球很多大银行,特别是借出大部分存款的美国银行濒于危险境地。虽然一些银行采用了债权转股权方式来处理第三世界国家的债务问题,但最为主要的解决方法是采用抵押性的布雷迪债券,允许欠发达国家减少偿还金额并可延期偿还。

7. 亚洲金融危机爆发于1997年年中。该危机始于泰国,迅速蔓延到该地区的其他国家或地区,并波及其他地区的一些新兴市场。自欠发达国家债务危机爆发以来,国际金融市场从未遭受过这样大范围的动荡。就在亚洲金融危机爆发之前,该地区因大量私人资本的流入而一度出现了经济扩张。当时,来自工业化国家的银行竞相为该地区的成长机会提供资金。在东亚地区,银行信贷的风险敞口主要来自于当地的银行和企业,而不像欠发达国家的债务危机那样来自于主权政府。不过,人们很难准确计量政治风险和经济风险。

8. 信贷紧缩危机,即借贷人无法轻易获得贷款,最初爆发于2007年夏的美国。信贷紧缩的根源可以追溯到三大因素:对银行及证券业监管的放松;全球性储蓄充盈;美国联邦储备银行在21世纪头十年之初所创造的低利率市场环境。低利率为首次购房者创造了进行抵押贷款的机会,也为已有房者购买更加昂贵的住房提供了机会。在此期间,很多银行和信贷公司通过降低贷款标准来吸引那些在低利率环境下有能力负担抵押贷款的新的购房者。所谓的次级贷款一般不为发放贷款的原始银行所持有,而是通过再次出售并打包成抵押证券,再销售给投资者。在经济萧条时,很多次级抵押贷款的借款人发现即使有可能但也很难偿还抵押贷款。待到真相大白时,人们才发现结构性投资工具和债务抵押证券中 MBS 的数量以及它们的真正所有者基本上都是未知的。当次级抵押债务人开始拖欠他们的抵押贷款时,全球资金的流动性就基本上变得枯竭。商业银行和投资银行出现了巨大亏损,许多银行为了继续在银行业生存下去只好被大银行收购或接受政府的救助。至此,出现了全球性的经济衰退,几乎每个经济实体都出现了经济下滑。这些经历能带来很多值得借鉴的经验教训。其中一个教训就是:如果银行家只是作为抵押证券发起人提供服务,他们似乎不会认真评估信用风险,毕竟它们只是将抵押证券让渡给投资者,而不是自己持有。为了避免或减少未来爆发金融危机的风险,目前正在实施新的银行监管法规和金融监管法规。

本章拓展

附录 11A

欧洲货币的创造

我们来看看下面这一简化了的例子以说明欧洲货币的创造。假设一家美国进口商从德国出口商处购买了 100 美元的商品,并从他的美元支票账户(活期存款账户)里开出一张 100 美元的支票来付款。假设该德国出口商将收到的 100 美元以活期存款的形式存入了美国的银行(实际上代表了整个美国的商业银行系统)。这笔交易可以用 T 形账户来表示,资产变化列在账户的左侧,负债变化则列在账户右侧:

美国商业银行	
	活期存款
	美国的进口商　−100 美元
	德国的出口商　+100 美元

从上面的账户可以看出,整个美国银行系统所改变的只是 100 美元活期存款的所有权从国内变到国外而已。

该德国出口商不会将他的存款以活期的形式保留很长时间,因为这种存款没有利息收入。如果公司的经营不需要这笔资金,那么该出口商可以将这 100 美元以定期存款的形式存入美国以外的银行,这比按定期存款的形式存在美国的银行的利率要高。假设该出口商将其在美国银行的账户撤销,并将这笔资金存入伦敦的欧洲银行。这样,伦敦的这家银行就得到了 100 美元的定期存款,并将这 100 美元以活期存款形式存入其在美国的代理行(美国的银行系统)的账户。这些交易可用以下的 T 型账户来表示:

美国商业银行	
	活期存款
	德国出口商　　−100 美元
	伦敦的欧洲银行+100 美元

伦敦的欧洲银行	
活期存款	定期存款
美国银行　　+100 美元	德国出口商　　+100 美元

在这些交易中,有两点一定要注意:第一,100 美元活期存款的所有权又被转移了(从德国出口商转到了伦敦的欧洲银行),但是这 100 美元仍然存在美国银行;第二,德国出口商在伦敦欧洲银行的 100 美元定期存款表示产生了欧洲美元。这笔存款还是存在美国。因此,在欧洲美元的产生过程中,美元并没有从美国银行系统流出。

该伦敦欧洲银行很快会将这笔美元借出,否则它将难以承担支付给这笔定期存款的利息。那么该伦敦欧洲银行会将这笔美元借给谁呢?很显然,银行会借给需要以美元来进行商业交易的团体或者是想在美国进行投资的投资者。我们假设一家荷兰的进口商从伦敦欧洲银行处借入这 100 美元,用于购买美国出口商的货物并在荷兰销售。这些交易可以用以下的 T 型账户表示:

伦敦的欧洲银行	
活期存款	
美国银行　　−100 美元	
贷款	
荷兰进口商　　+100 美元	

美国商业银行	
	活期存款
	伦敦银行　　−100 美元
	荷兰进口商　　+100 美元

荷兰进口商	
在美国银行的活期存款 +100 美元	来自伦敦欧洲银行的贷款 +100 美元

在这些交易中要注意:伦敦的欧洲银行将其在美国商业银行的 100 美元活期存款贷给了荷兰的进口商。

这位荷兰进口商将从其在美国银行的活期存款账户开出一张 100 美元的支票,交给美国的出口商以支付货款。这家美国出口商将把这张支票存入他在美国银行的活期存款账户。这些交易可以用以下 T 型账户表示:

荷兰进口商	
活期存款	
在美国银行　　−100 美元	
存货　　　　　+100 美元	

美国出口商	
存货	−100 美元
在美国银行的活期存款	
	+100 美元

美国商业银行	
	活期存款
	荷兰进口商　−100 美元
	美国出口商　+100 美元

这些 T 字型账户表明，存于美国银行的 100 美元活期存款的所有权已经从荷兰进口商转到了美国的出口商，或者说所有权从国外转移到了美国。但是，这最初的 100 美元从来没有离开过美国的银行系统。

问题：请解释欧洲货币的创造过程。

第12章

国际债券市场

本章提纲

世界债券市场统计	本章小结
外国债券与欧洲债券	本章拓展
债券工具的种类	关键词
国际债券的币种、发行者及发行者所在国的分布	思考题
	计算题
国际债券市场的信用评级	小型案例：莎拉－李（Sara Lee）公司的欧洲债券
欧洲债券市场的结构与实务	
国际债券市场指数	参考文献与建议阅读材料

本章继续讨论国际资本市场及其机构，但重点讨论的是国际债券市场。本章内容对于那些想在国际债券市场上筹集债券资本的跨国公司的财务主管很有用，对于那些有意投资于固定收益类国际证券的投资者也很有帮助。

本章开篇以一组简洁的统计数据来说明国际债券市场的规模和主要的标价货币；然后给出了一些有用的定义，以便对国际债券市场进行精确的描述；接着，详尽讨论了区分各细分债券市场的特征以及用于交易的各种债券工具，并考察了国际债券市场的货币分布情况以及借款者的国别和类型；再下来，讨论了欧洲债券市场的交易实务；最后，讨论了国际债券的信用评级和债券市场指数，它们对于绩效分析都大有帮助。

12.1 世界债券市场统计

表 12-1 描述了世界债券市场的总体情况，列出了以主要货币标价的未清偿的国内和国际债券的金额。如表 12-1 所示，2014 年年底全球未清偿债券的面值约为 952 440 亿美元，其中绝大部分为国内未清偿的债券，占比为 78%，即 742 494 亿美元，余下 209 446 亿美元

为国际债券，占比 22%。

表 12-1 截至 2014 年年末国内与国际未清偿债券的数额 （单位：10 亿美元）

货币	国内债券	百分比	国际债券	百分比	合计	百分比
美元	32 653.2	44.0	8 475.9	40.4	41 129.1	43.2
欧元	10 931.4	14.7	8 708.4	41.5	19 639.8	20.6
英镑	4 174.9	5.6	1 947.3	9.3	6 122.2	6.4
日元	10 457.3	14.1	417.7	2.0	10 875.0	11.4
其他	16 032.6	21.6	1 445.3	6.9	17 477.9	18.4
总计	74 249.4	100.0	20 994.6	100.0	95 224.0	100.0

资料来源：Derived from data in *International Banking and Financial Market Developments*, Bank for International Settlements, June 2016.

由表 12-1 可知，美元、欧元、英镑和日元是大多数国内和国际债券的标价货币。其中，用美元标价的国内债券（44.0%）多于相应的国际债券（40.4%），用日元标价的国内债券（14.1%）多于相应的国际债券（2.0%）；相反，用欧元标价的国际债券（41.5%）多于相应的国内债券（14.7%），用英镑标价的国际债券（9.3%）也多于相应的国内债券（5.6%）。

12.2 外国债券与欧洲债券

国际债券市场可以分为两类基本市场：外国债券市场和欧洲债券市场。**外国债券**（foreign bond）是指由外国的借款者在某国的资本市场上以该国货币向投资者发行的债券。例如，一家德国的跨国公司向美国的投资者发行以美元标价的债券。**欧洲债券**（Eurobond）是指以某国货币为标价，但在该货币的发行国以外的资本市场上出售给投资者的债券。例如，一位荷兰的借款者在英国、瑞士和荷兰市场上发行的以美元为标价货币的债券。外国债券市场、欧洲债券市场与本国债券市场平行运作，并相互竞争。⊖ "龙债券"（Dragon bond）市场是指非日本亚洲发行者通过亚洲辛迪加售卖通常以美元标价的市场。所以，这个市场可以被看作欧洲债券市场的一部分。

表 12-2 列示了从 2011 年到 2015 年第一季度未清偿的国际债券的金额。表中金额按照债券的类型分类。如表 12-2 所示，未清偿的国际债券的金额近几年一直保持比较稳定。

表 12-2 以主要债券类型划分的未清偿的国际债券 （单位：10 亿美元）

债券类型	2011 年	2012 年	2013 年	2014 年	2015 年（1Q）
固定利率债券	13 541.5	14 824.0	15 545.9	15 140.1	14 569.6
浮动利率债券	6 339.0	5 959.4	5 975.6	5 450.6	5 037.2
可转换债券	325.5	318.1	377.0	403.9	395.4
附认股权证证券	1.0	0.9	0.0	0.0	0.0
合计	20 207.0	21 102.3	21 898.5	20 994.6	20 002.2

资料来源：Compiled from various issues of *International Banking and Financial Market Developments*, Bank for International Settlements.

⊖ 当涉及国际债券市场中外国债券与欧洲债券的区分时，本章交替使用了市场分割、市场分组和市场等术语。

在任何年份，新发行的国际债券中几乎有 80% 是欧洲债券而不是外国债券。欧洲债券以它们的标价货币命名，如美元欧洲债券、日元欧洲债券、瑞士法郎欧洲债券，或者相应地称为欧洲美元债券、欧洲日元债券、欧洲瑞士法郎债券等。另外，外国债券的名字五花八门，通常以其发行国的名字命名。例如，最初向美国投资者出售的以美元标价的外国债券被称为"扬基债券"（Yankee Bonds），在日本销售的以日元标价的外国债券被称为"武士债券"（Samurai Bonds），在英国销售的以英镑标价的外国债券被称为"牛头犬债券"（Bulldogs Bonds）。

12.2.1 无记名债券与记名债券

欧洲债券通常是无记名债券。对于**无记名债券**（bearer bond），拥有债券凭证即拥有了债券的所有权。发行商对于谁是债券当前的持有者不做任何记录。而**记名债券**（registered bonds）的持有者的名字被记录在债券上，而且发行商也会记录持有人的信息，或者按照持有者的名字分配一个序列号。在出售记名债券时，或是发行一张新的印有债券新的持有人名字的证书，或者按照新的持有人的名字配备一个序列号。

美国证券法规定，向美国公民出售的"扬基债券"和美国公司债券必须是记名债券。无记名债券对于希望私下交易或者是匿名交易的投资者很有吸引力，其中一个原因是它们可以避税。因此，对于到期期限相同的债券，投资者大多会选择收益率较低的无记名债券，而对于发行商而言也可以减少资金成本。

12.2.2 美国证券法规

外国债券必须遵守发行国的证券法规，这就意味着公开交易的"扬基债券"必须同美国国内债券一样遵守美国的证券法规。1933 年的《美国证券法》要求完全公开与证券发行相关的全部信息。1934 年的《美国证券交易法》成立了美国证券交易委员会（SEC），负责实施 1933 年的法案。在美国，向公众投资者发售的证券必须向 SEC 登记，还得向有意向的投资者提供一份披露发行商详细财务信息的说明书。向 SEC 登记的成本、因登记导致的债券发行延误（大约四周左右）以及对一些外国发行商认为是隐私的信息的公开，这些因素都使得外国借款者更愿意在欧洲债券市场筹集美元。在国际债券市场中，欧洲美元市场的规模大约是外国债券市场的 4 倍，其原因主要有两个：第一，将欧洲美元债券投放市场所花的时间较短；第二，借款者用欧洲美元债券融资所要支付的利率较"扬基债券"低。由于欧洲美元债券不受美国证券法规的约束，因此，发行商的声誉好坏是其能否在国际资本市场上筹集到资金非常重要的因素。

交易限制规定禁止在美国或向美国投资者在 40 天的限制期内发行或销售欧洲债券。限制期为证券在二级市场的上市留出了适应时间，其目的是要保护美国投资者避免投资于那些因投资信息缺乏而"市场"无法评估债券价值的无记名债券，而不是要让投资者投资于那些未来有利于避税或逃税的无记名债券。

12.2.3 预提税

在 1984 年之前，美国对持有美国政府债券或者公司债券的非美国公民所获得的利息征收 30% 的预提税。而且，要求在美国发行欧洲美元债券的美国公司在向外国人支付利息时代扣这一税收。1984年，关于预提税的法律被取消。另外，美国公司还被允许向非美国居民出售国内无记名债券，但国会并没有赋予财政部这项特权。

预提税的废止使得美国政府债券和公司债券的相对收益有了重大变化。在1984年之前，在海外出售的高等级的欧洲美元债券与相同到期日的需课以预提税的美国国库券相比，前者的收益率比较低。但是，现在情况有了逆转。外国投资者发现不用交预提税的记名美国国库券的安全性比公司发行的较高收益的欧洲美元债券更有吸引力。

12.2.4 便利债券发行的证券法规

美国证券法规最近的两个改动对于国际债券市场有所影响。变化之一是"第415号法规"（Rule 415），它是美国证管会在1982年制定的允许"上架注册"的法规。**上架注册**（shelf registration）是指允许发行商对其准备发行的债券进行预先注册，然后将其保留，等到以后实际需要的时候再发行。因此，"上架注册"消除了将外国债券推向美国市场所需要的等待时间，但是它没有取消信息披露的要求，而后者正是很多外国发行商觉得代价太大而且（或者）比较反感的。1990年，美国证管会制定了144A号法规，该法规允许合格的美国机构投资者进行私下交易，而不必满足公开发行交易时严格的信息披露要求。144A号法规的出台是为了使美国资本市场与欧洲债券市场相比更具有竞争力。144A号法规下的发行属于非记名性质，只能在合格的机构投资者（QIBs）间交易。144A市场的很大部分是"扬基债券"。"国际财务实践"专栏12-1中的"《萨班斯—奥克斯利法案》和债券"讨论了为什么国际公司喜欢在美国的私人发行市场发行"扬基债券"，原因就在于避开《萨班斯—奥克斯利法案》关于注册债券严格的信息披露要求。

| 专栏 12-1 | 国际财务实践 |

《萨班斯—奥克斯利法案》和债券

美国于2002年颁布的《萨班斯—奥克斯利法案》旨在消除企业的欺诈行为。《萨班斯—奥克斯利法案》以美国众议院财务服务委员会前任主席迈克尔·奥克斯利和来自马里兰州的民主党前参议员保罗·萨班斯的名字命名。该法案的通过发生在安然和世通公司破产之后。

彭博新闻社最近有一篇文章报道说，该法案促使更多的公司发行无记名债券。"至少有100家公司正在发行不用向美国证券交易委员会登记的债券以取代需要进行更多披露的借款。更为公开的债券。"发行无记名债券的数量"……在过去的两年里上升了50%，增长速度是其余美国市场增长速度的5倍。"

根据彭博新闻社的报道，鉴于企业若不对公众公开财务信息而受到的惩罚较小，所以私人债券发行大幅增加。要使投资者购买无记名债券，发行人只需要多支付不超过11个基点就可以成功。相反，发行人需要花费数百万美元去遵循《萨班斯—奥克斯利法案》的规定。

公开发行债券所节省的成本很容易因遵循《萨班斯—奥克斯利法案》的成本而丧失。按照《萨班斯—奥克斯利法案》的规定，公司必须聘用外部审计人员来评估其财务报告。该法案也适用于那些希望向美国公众发行所谓扬基债券的外国借款者。据彭博新闻社报道，"那些过去曾在美国发行公众债券的跨国公司都在设法回避《萨班斯—奥克斯利法案》。"

《萨班斯—奥克斯利法案》一直试图使债券市场变得更为透明。无记名债券只能在机构之间进行交易，而且这些交易不出现在全国证券交易商协会（NSAD）的交易与法律遵循报告（TRACE）上。

不过，另据彭博新闻社报道，投资者愿意为获得额外的文件资料或满足注册要求而付出更多的费用。自 2004 年以来，无记名债券的市场价值每年上升 28%，而所有的公司债券的价值每年仅增长 5%。

无记名债券的发行人只需要向持有其证券的投资者披露信息。据彭博新闻社报道，发行无记名债券的公司包括一些股东人数有限的发行者，他们过去是通过私人发行债券来获得资金。

例如，"美国最大的农业公司嘉吉公司至少拥有 83 亿美元的无记名债券。股东人数有限的公司只按私人发行的方式发行债券，或是通过被称为 144a 规则的美国证券交易委员会来免除责任。"嘉吉公司的一位发言人指出："对人数有限的投资者我们是有办法的，因为我们并不发行记名式债券。我们的利率较高，而且我们只对那些合格的机构买主披露信息。"

资料来源："Mark Pittman"，"Sarbanes-Oxley Backfires in Unregistered Bonds Sales"，Bloomberg News, February 14, 2007.

12.2.5 全球债券

全球债券于 1989 年首次发行。**全球债券**（global bond）发行规模很大，所以很难在全球一个国家或地区发行完成。因此，全球债券一般在世界各地的主要市场发行和交易。因为同一债券几乎在全球所有市场无限制地交易，所以全球债券具有完全可互换性。全球债券的平均发行总规模在 10 亿美元之上。大多数全球债券以美元标价。那些在美国由美国（外国）借款者发行的美国债券被归类为美国国内债券（扬基债券），在其他地方发行的部分被称为欧洲债券。如果发行规模大而且对全球债券进行全球的推销，那么债券的流动就会提高，在其他条件不变的情况下，与发行小规模的国内债券相比，投资者可能愿意接受较低的收益率。不过，这并非总是如此。例如，Resnick（2012）的最新研究发现，在其他条件不变的情况下，投资者对于以美元标价的国内债券、扬基债券、欧洲美元债券和全球债券要求相等的收益率。因此，全球债券投资者要求的收益率相比其他债券市场具有竞争性。另一方面，Resnick 并未发现，在其他条件不变的情况下，作为支付给承销商的债券发行费，全球债券的总承销差价并没有低于发行规模小的国内债券、扬基债券、欧洲美元债券。发行成本节省完全来自全球发行规模大而带来的规模经济。Miller 和 Puthenpurackal（2005）也发现，债券全球发行会带来成本节省。迄今最大的公司性全球债券是由德国电信（Deutsche Telekom）发行的，它以多国货币债券形式发行了 146 亿美元的全球债券，包括：三种以美元标价的总额为 95 亿美元，期限分别为 5 年、10 年和 30 年的债券；两种以欧元标价的总额为 30 亿欧元，期限分别为 5 年和 10 年的债券；两种以英镑标价的总额为 9.5 亿英镑，期限分别为 5 年和 30 年的债券；一种以日元标价的总额为 900 亿日元，期限为 5 年的债券。另一大型全球债券是由美国电话电报公司（AT&T）打包发行的。在它 1999 年 3 月发行的这些债券中，2004 年到期的有 20 亿美元，利率为 5.625%；2009 年到期的有 30 亿美元，利率为 6%；2029 年到期的有 30 亿美元，利率为 6.5%。意大利在 1993 年 9 月发行的债券是最大的主权政府全球债券之一，其中有 20 亿美元在 2003 年到期，利率为 6%；有 35 亿美元于 2023 年到期，利率为 6.875%。迄今为止，新兴市场最大的全球债券之一是由韩国在 1998 年 4 月打包发行的，其中有 10 亿美元于 2003 年到期，利率 8.75%；有 30 亿美元于 2008 年到期，利率为 8.875%。美国证券交易委员会 415 号和 144A 号法规似乎便利了全球债券的发行。可以预期，未来的全球债券发行会更多。

12.3 债券工具的种类

就为投资者提供的投资工具类型而言，国际债券市场比国内债券市场更具有创新性。本节将介绍国际债券的主要类型。我们先从比较标准化的债券工具开始介绍，最后介绍近年来出现的比较新奇的债券工具。

12.3.1 固定利率债券

固定利率债券（Straight fixed-rate bond）是具有固定到期日，并承诺在到期日向债券持有人偿付本金的债券。在债券存续期间，固定的息票被作为利息支付给债券持有人，这种息票是按面值的百分比计算的。与很多半年付息一次的国内债券相比，欧洲债券通常每年付息一次。原因在于欧洲债券通常是无记名债券，每年支付息票对于债券持有者而言更加方便；而由于债券持有者在地理上分散各处，所以债券发行商也可以降低成本。由表 12-2 可知，任何年份新发行的国际债券中有很大一部分都是固定利率债券。就近年来所发行的固定利率债券而言，最常见的标价货币是美元、欧元、英镑和日元。

12.3.2 欧洲中期票据

欧洲中期票据（Euro-Medium-Term Notes，Euro MNTs）是由公司发行的一种固定利率债券，其到期日可以低于 1 年，也可以长达约 10 年。与固定利率债券一样，欧洲中期票据有固定的到期日，并定期支付息票利息。与债券发行不同的是，欧洲中期票据的发行不是在市场上一次性完成的，而是通过发行机构部分连续发行的，这使借款者可以灵活地只在需要的时候获得资金。该特点对于发行商而言很有吸引力。自 1986 年首次发行以来，欧洲中期票据已成为非常受欢迎的中期资金融通工具。在本章的所有统计性图表中都含有未清偿的中期票据的金额。

例如，英国的 BT 集团曾于 2007 年 12 月发行了一种固定利率的欧洲中期票据，金额为 6 亿美元，利率为 5.15%，于 2013 年到期。

12.3.3 浮动利率票据

第一张浮动利率债券产生于 1970 年。**浮动利率票据**（Floating-rate notes，FRNs）一般是中期债券，它参照某个参考利率支付息票利息。其通常的参考利率是 3 个月或者 6 个月的美元的伦敦银行同业拆借利率（LIBOR）。浮动利率票据通常是根据参考利率每季度或是每半年付息一次。例如，假设有一张 5 年期的浮动利率票据，其参考利率是 6 个月的 LIBOR，该债券每半年付息一次。在每半年开始时，将设定下个半年的要支付的利息额：$0.5 \times (\text{LIBOR}+X\%) \times$ 面值，其中 X 代表根据发行商的信用程度所确定的高于 LIBOR 的违约风险溢价，对于高质量的债券发行商而言，这个值通常不会高于 0.125%。例如，如果

$X=0.125\%$,当前 6 个月的 LIBOR 值是 6.6%,那么,面值为 1 000 美元的债券在下一阶段应支付的利息为:$0.5 \times (0.066+0.001\ 25) \times 1\ 000$ 美元 $=33.625$ 美元。如果在下个半年重设利率时的 LIBOR 为 5.7%,那么下个半年要支付的利息就被确定为 29.125 美元。

显然,浮动利率票据在面对风险时的反应与固定利率债券不同。当市场利率变动时,所有债券的价格会发生反向的变化。相应地,如果利率变化频繁的话,那么固定利率债券的价格可能会发生很大变动;而浮动利率票据在两个重新设定价格日间的价格变动不会很大,在此期间下一期的利息已经被确定了(当然,是假设参考利率为可供发行商选用的市场利率)。在下一个利息设定日,如果下一阶段的利息是根据参考利率的新的市场价值来设定的,那么,债券的市场价格将与其面值相近,这样,利息支付就按市场对参考利率的未来价值的预期来决定。(浮动利率票据的实际市场价格可能与确切的面值有些偏离,因为利息中的违约风险溢价部分是在期初就设定的,而借款者的信用却是随着时间不断变化的。)对于那些非常需要保持投资本金价值的投资者而言,如果他们想在债券到期日之前就进行清算,那么浮动利率票据就是很有吸引力的一种投资工具。从表 12-2 可以看出,浮动利率票据是国际债券中第二大最常见的类型。大多数未清偿的浮动利率票据的标价货币是欧元和美元。

下面给出的是有关浮动利率票据的一个例子。2006 年 5 月,通用电气资本公司发行了 4 年期的浮动利率票据,面值为 50 万美元,第 1 年利息按固定利率 5.464% 计,后面 3 年的利率按 3 个月期 LIBOR 加 6 个基点计算。

12.3.4 与权益相关的债券

与权益相关的债券有两种形式:可转换债券和附认股权证的债券。**可转换债券**(convertible bonds)是允许投资者将债券换取发行公司约定数量股票的债券。可转换债券的底价(floor-value)就是它对应的固定利率债券的价格。可转换债券通常是按照它们对应的固定利率债券的价格和转换价格之中较大者溢价销售的。另外,虽然可转换债券的利率比较低,但投资者通常更愿意接受,因为他们认为这种可转换的特征很吸引人。**附认股权证的债券**(bonds with equity warrants)可以被看成是附有看涨期权的固定利率债券。这种权利赋予债券持有者在一个预先规定的时期内以特定的价格从发行商那里购买一定数量股票的权利。

12.3.5 双重货币债券

双重货币债券是在 20 世纪 80 年代中期流行起来的。**双重货币债券**(dual-currency bonds)是一种固定利率债券,它是以一种货币(如瑞士法郎)发行,也以该种货币支付利息,但是在到期日却用另一种货币(如美元)归还本金的债券。与相应的固定利率债券相比,双重货币债券的利率通常较高。在到期日以某种货币(本例中是美元)偿还本金的金额是在期初就确定下来的,如果支付货币是硬通货,那么通常容许该金额有所上浮。从投资者的角度来看,双重货币债券包含了一份长期远期合约。如果美元在债券存续期间内升值,那么归还的本金价值将高于原来用瑞士法郎支付的本金。双重货币债券的市场价值等于"用瑞士法郎支付的利息根据瑞士市场利率折现后的现值"加上"将以美元归还的本金根据预期的汇率转换成的瑞士法郎金额再按照瑞士市场利率贴现"后的值。

双重货币债券的主要发行商是日本的公司。这些债券以日元发行并以日元支付利息,但用美元偿还本金。日元/美元双币债券对于那些想在美国建立或扩张子公司的日本跨国公司而言，是一种很有吸引力的融资方式。这些日元收入可以转换成美元，从而为在美国的资本投资提供资金，而在早期的利息可以由母公司用日元支付。在到期日，美元本金的偿付可以由子公司赚得的美元利润来支付。

表12-3汇总了本章所讨论的国际债券市场上各种债券工具的典型特征。

表12-3 国际债券市场上各种债券工具的典型特征

债券工具	利息支付的频度	利息支付的模式	到期日的支付方式
固定利率债券	每年	固定	按发行货币支付
浮动利率债券	每季或半年	变动	按发行货币支付
可转换债券	每年	固定	按发行货币支付或是转换成股权
附认股权证的固定利率债券	每年	固定	按发行货币支付并兑现认股权证
双重货币债券	每年	固定	按约定的另一种货币支付

12.4 国际债券的币种、发行者及发行者所在国的分布

表12-4给出了从2011年到2015年第一季度的未清偿国际债券金额的货币分布情况。如表所示，最常用的标价货币是欧元、美元、英镑、日元、瑞士法郎和加拿大元。

表12-4 未清偿国际债券金额的货币分布　　（单位：10亿美元）

	2011年	2012年	2013年	2014年	2015年（1Q）
货币					
欧元	9 331.8	9 620.0	9 907.3	8 708.4	7 763.5
美元	6 640.5	7 223.8	7 860.7	8 475.9	8 628.1
英镑	1 905.5	1 921.3	2 045.6	1 947.3	1 850.3
日元	741.9	646.2	485.2	417.7	413.3
瑞士法郎	380.8	380.9	352.6	300.9	291.4
加拿大元	311.5	287.6	261.6	207.5	179.8
其他	895.0	1 022.5	985.3	936.9	875.8
合计	20 207.0	21 102.3	21 898.5	20 994.6	20 002.2

资料来源：Compiled from various issues of *International Banking and Financial Market Developments*, Bank for International Settlements.

表12-5分两类给出了国际债券发行商的国别和类型。从上面一类可以看出，在过去的几年里，国际债券的主要发行商为法国、德国、荷兰、英国和美国。从表12-5的下面一类可以看出，如果按照发行商类别划分的话，金融企业是近几年国际债券的主要发行商。

表12-5 以发行商的国别和类型划分的未清偿的国际债券金额　　（单位：10亿美元）

	2011年	2012年	2013年	2014年	2015年（1Q）
国别					
澳大利亚	530.9	570.4	601.2	595.7	581.3
加拿大	643.8	684.5	732.8	737.3	739.6
法国	1 637.1	1 715.1	1 758.4	1 603.3	1 469.0
德国	1 869.1	1 921.6	1 902.7	1 743.0	1 598.6
意大利	1 142.2	1 094.9	1 154.9	988.2	889.1
日本	335.8	329.5	344.1	358.7	364.5
荷兰	1 265.6	1 307.5	1 337.3	1 244.1	1 143.1

(续)

	2011年	2012年	2013年	2014年	2015年（1Q）
英国	2 771.9	2 744.2	2 785.3	2 595.8	2 448.9
美国	2 991.5	2 938.5	2 943.6	2 986.9	2 988.9
其他发达国家	4 373.6	4 111.6	4 213.1	3 725.9	3 425.7
离岸中心	261.8	316.7	325.8	333.3	338.1
发展中国家	1 691.5	2 042.9	2 379.4	2 628.4	2 639.1
国际机构	1 028.0	1 324.9	1 453.5	1 465.2	1 384.2
合计	20 207.0	21 102.3	21 898.5	20 994.6	20 002.2
类型					
金融企业	15 506.3	15 723.4	15 921.4	14 964.2	14 210.8
政府	1 542.8	1 578.0	1 655.3	1 612.4	1 539.1
国际组织	1 028.1	1 324.9	1 455.3	1 465.7	1 384.6
非金融企业	2 129.8	2 476.0	2 866.7	2 952.4	2 867.6
合计	20 207.0	21 102.3	21 898.5	20 994.6	20 002.2

资料来源：Compiled from various issues of *International Banking and Financial Market Developments*, Bank for International Settlements.

"国际财务实践"专栏12-2中的"运用未评级债券，喜力让欧洲市场耳目一新"一文就讨论了喜力所发行的欧洲债券。

| 专栏 12-2 | 国际财务实践 |

运用未评级债券，喜力让欧洲市场耳目一新

喜力（Heineken）于本周在欧洲市场投放了最大规模的未评级债券，该债券很是引人注目，分两种，首次交易总额就达11亿欧元。该债券分为6年期和10年期两种，其预购量达发行量的5倍多，而且价格维持在指导价内。尽管评级风潮正劲，一些著名的投资者要求借款者至少有2级，但喜力的成功证明了欧洲债券市场对于未评级债券的需求程度。喜力债券受欢迎的主要原因在于它的品牌遍及全球——这家啤酒制造商在170多个国家都有着经营活动。

其中的10年期债券也是首次由未评级公司发行的债券，其预购量已经是发行量的6倍了，这使得其承销商，如巴克莱资本（Barclays Capital）、花旗集团（Citigroup）、瑞士信贷第一波士顿（Credit Suisse First Boston）和摩根大通（JP Morgan）将承销量由5亿欧元提高到6亿欧元。"市场既没有明确的方针让我们清楚能从喜力债券中获利多少，也没有告诉人们何时能把喜力债券纳入信誉良好的类别——我们得说服大众。"在伦敦的CSFB财团的首脑克里斯·图福瑞（Chris Turrfey）说，"未评级债券对于承销商而言是个难题，但是喜力债券的交易恰恰相反，它的两种债券都超过了预购量。"尽管承销集团的主承销商是根据酩悦·轩尼诗–路易·威登集团（Louis Vuitton Moet Hennessy）、麦当劳（McDonald's）和嘉士伯（Carlsberg）等品牌来对债券定价的，但是价格最终是由投资者对于信用的评价决定的。尽管喜力为未进行评级而付出了小小的代价，但其债券还是以A级的标准来定价。

喜力执行董事会成员雷纳·霍福特·格拉福德（Rene Hooft Graafland）说道，喜力公司保留了控股权益并保持了谨慎的经营方法。他说，是公司多样化的现金来源和利润来源使得

喜力的信用度居高不下。在解释为什么喜力没有接受评级时，霍福特·格拉福德说："这次发行债券仅仅是为了为并购奥地利的 BBAG 啤酒公司而融资 19 亿欧元的，这在 10 月 15 日已经完成了。喜力并不想成为固定的债券发行商。""不接受评级的决定并不是随便做出的，但显然投资者对于未评级的喜力品牌的债券是有需求的。"霍福特·格拉福德说，"喜力的运作模式是相对固定的，公司的经营也是高度透明的。"

收购 BBAG 公司后，喜力成为东欧中部地区该行业的领头羊，拥有的市场份额达 27%。尽管喜力没有接受评级，但是投资者可以根据子公司的负债水平以及这些新债券被列入公司未清偿债务的可能性来做出判断。喜力的两种债券都是以为期 5 天的巡回销售方式来出售的，从其超额认购的水平就可以知道销售得很成功。

喜力之前之所以将负债集中在其控股子公司，而不由母公司承担，仅仅是因为这在荷兰的法律框架下成本更低。不过，该法律在上个月已经改变。"但是，我们很清楚地告诉大家，我们的负债水平不高，以前都是集中在三家大型的控股子公司。"霍福特·格拉福德说，"除了标准的法律规定之外，我们发行的债券还有个规定，就是子公司的负债水平不能超过整个集团资产的 35%。"在 2010 年到期债券的购买者中，瑞士投资者占 25%，英国投资者占 22%，比利时、荷兰、卢森堡三国关税同盟和法国投资者各占 17%。到期日较短的债券的购买者中，零售商占 38%，基金经理和保险公司分别占 32% 和 26%。在 2013 年到期的债券中，英国的投资者迄今是最多的，占了 36%；然后是法国投资者，占 14%；而瑞士和奥地利的投资者各占 10%。在认购簿中，基金经理占主导地位，为 39%；零售商也很多，占了 31%；保险公司紧随其后，占了 28%。

资料来源：Excerpted from *Euroweek*, London: Oct 26, 2003, p.1.

12.5 国际债券市场的信用评级

惠誉国际评级（Fitch Ratings）、穆迪投资服务（Moody's Investors Service）、标准普尔全球评级（S&P Global Ratings）多年来一直为美国国内和国际债券以及它们的发行商提供信用评级。这三家信用评级机构将债券根据借款者的信誉进行归类。债券的信用级别是在分析了违约风险和债务特点等当前信息之后所确定的。信用级别同时也反映了发行商的信誉和汇率的不确定程度。

穆迪将债券和发行商分为 9 个等级，从 Aaa，Aa，A，Baa，Ba 依此类推到 C。从 Aaa 到 Baa 即人们所熟悉的可投资等级，这些债券被认为没有任何投机因素；当前看来，利率的支付和本金的归还也没有问题。信用级别较低的债券的未来前景是缺乏保障的。从 Aa 到 Caa，穆迪还有三个修正数字 1、2 与 3，分别将债券置于某一等级的最高等级、中间等级和最低等级。

标准普尔全球评级将债券和发行商分为 10 个等级。债券的发行商分为 AAA，AA，A，BBB，BB，依此类推一直到 CC 和 R，SD，D。其中 AAA 到 BBB 为可投资等级。级别为 R 代表该发行商由于财务问题正处于监管之下；级别为 SD 或 D 的是指该发行商曾经在债券到期时不能清偿一个或数个债权人的债务。AA 到 CCC 级的债券还会在前面加上加号（+）或减号（−），以修正在该等级中的不同级别。惠誉所用的等级模式和定义与标准普尔相同。

不难发现，与国内债券和外国债券相比，欧洲债券属于高级别的比例要高于一般情形。

例如，根据 Claes，DeCeuster 和 Polfliet（2002）的研究，欧洲债券中将近 40% 属于 AAA，30% 属于 AA。对这种现象的解释之一，就是发行商在得到低的评级之后，利用他们的发行权利在信息传开之前就撤销了债券的发行。我们认为 Kim 和 Stulz（1988）提出的另一种解释更有可能。他们认为只有信用等级较高和信誉较好的公司才进入欧洲债券的发行市场，因此这些债券的评级很高。无论如何，了解惠誉、穆迪和标准普尔对于国际债券的评级总是有好处的。

Gande 和 Parsley（2005）通过对国外以美元标价的主权债务的收益差价（这种差价与评级结果有关）变动的观察，对跨国融资市场的关系进行了研究。他们发现了一个不对称的关系，那就是如果一国的评级良好，它在其他国家的主权债券的信用价差几乎不受影响；但是负面的评级结果却会使得其在其他国家的主权债券的信用价差扩大很多。平均来看，主权债券每下降一个等级，在其他国家的该国主权债券差价就会上升 12 个基点。他们将国家之间的溢价归结为高度正相关的资本和贸易往来的结果。

表 12-6 给出了标准普尔全球评级在对主权政府、市政机关、公司、公用事业和跨国企业发行的长期债券进行信用评级时所遵循的指导原则。从表 12-5 可以看出，主权国家发行的债券占国际债券的大部分。在对一个主权政府进行评级时，标准普尔分析中心是围绕表 12-7 所列出的 5 个因素来进行评定的。对于主权政府的评级尤其重要，因为这个级别就代表了标准普尔对位于该国的企业债券的评级上限。

表 12-6　标准普尔全球评级关于长期债券发行商信用评级的定义

标准普尔全球评级对发行商的信用评级是根据其支付负债的经济能力（它的信誉）而给出的前瞻性评价。这个评价主要关注的是债务人在债务到期时的偿还能力以及其是否愿意偿还经济债务。它并不与任何具体经济债务相挂钩，也不考虑债务的性质和条款、破产或清算时的信用、法律偏好或债务的合法性和强制性。	
对于发行商的信用评级方式，主要有对手信用评级（counterparty credit ratings）、信用评级服务公司（以前称信用评估服务）所进行的评级和主权信用评级（Sovereign Credit Ratings）三种。	
发行商的信用等级可以是短期的也可以是长期的。短期信用等级仅在一个较短的时间段内反映发行商的信用。	
长期发行商的信用等级	
AAA	被评为"AAA"表示该债务人有极强的还本付息能力。"AAA"是标准普尔全球评级给出的最高信用等级
AA	被评为"AA"表示该债务人有很强的还本付息能力。它与最高等级只有很小程度的差别
A	被评为"A"表示该债务人还本付息能力强。但是它与高一级的债务人相比，比较容易受环境和经济条件改变的不利效果所影响
BBB	被评为"BBB"表示该债务人有足够的还本付息能力。但是，环境因素或经济的不利变化会使其还本付息能力减弱
BBB、B、CCC 与 CC	被评为"BBB""B""CCC""CC"的债务人被认为有很大的不确定因素。"BB"代表这种不确定因素比较小，而"CC"的不确定因素最大。这些债务人可能还是有一些可靠性和保障性，但是面对较强的不确定因素和处于不利条件之下时，他们往往还是会失去还本付息的能力
BB	被评为"BB"的债务人与其他更低等级的债务人相比，其保障性稍高。但是它要面对严重的长期不确定性，或者是处于不利的商业、财务或是经济条件之中，这会使债务人失去还本付息的能力
B	被评为"B"代表该债务人比"BB"级的债务人更容易失去还本付息能力，但是他在当前还是有还本付息能力的。不利的商业、财务或是经济条件很可能削弱其还本付息的能力或意愿
CCC	被评为"CCC"代表该债务人目前履行还本付息的能力非常脆弱，并且要依靠顺利的商业、财务或是经济条件才能实现这种能力

CC	被评为"CC"代表该债务人目前还本付息的能力极度脆弱。违约虽然尚未发生,但若标准普尔全球评级预计违约几乎不可避免,那么无论违约何时实际会发生,此时就被评为"CC"级
R	被评为"R"代表该债务人由于其财务问题正处于监管之下。由于监管悬而未决,债务人只有能力对部分债务还本付息。请参考标准普尔的信用评级,详细了解对具体的发行商或者是一类发行商进行监管的描述
SD 和 D	被评为"SD"(Selective Default 选择性违约)或"D"表示该发行商在债务到期时已经无法偿还其中一部分或者是大部分的债务(已评级或未评级的)。当标准普尔认为某个债务人的违约已经是经常性的并且债务人无法支付其所有或是大部分债务时,就会评定其为"D"级。当标准普尔认为某个债务人已经在某项债务(不包括符合监管资本的债务)上选择性违约,并且该债务人在将来在其他债务上会继续这种状况时,就会评定其为"SD"。选择性违约包括完成的贱卖交易,其中一笔或多笔金融债务被转卖或被其他金融工具替换。不过,价格要小于面值
N.R.	被标记"N.R."代表该债务人未进行信用评级
"+" 或 "−"	从"AA"到"CCC"等级分别可以用"加号"或者"减号"("+"或者"−")进行修正,以表示该债券与处于同一等级的其他债券之间的不同水平

当地货币与外国货币的信用评级

标准普尔的信用评级明显有外币与本币之分。当债务人对以本币标价的负债与以外币标价的负债具有不同的偿还能力时,外币发行商的级别与本地货币发行商的级别就有区别

资料来源: www.globalcreditportal.com, June 6, 2016.

表 12-7 标准普尔的主权风险评估框架

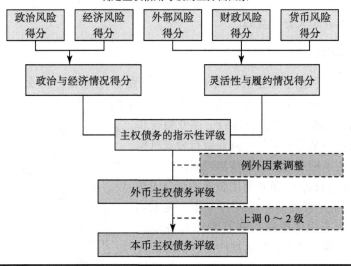

五大主权评级因素的评估

针对这五个关键因素的分析均包括定量分析和定性分析。诸如政治制度的稳定性等因素,主要采用定性指标,而其他因素的分析,如与实体经济、债务、外部流动性等有关的因素,主要采用定量指标。

1. 制度评估

制度评估包括分析政府机构和决策是如何通过提供可持续的公共财政、促进平衡的经济增长以及应对经济或政治冲击来影响主权国家的信用基础的。

2. 经济评估

主权债务违约的历史表明，一个富有的、多样化的、富有弹性的、以市场为导向且适应性强的经济，再加上持续的经济增长历史，不仅能为主权国家提供强大的收入基础，有助于增强其财政政策和货币政策的灵活性，而且最终能提升其债务承受能力。不难发现，以市场导向的经济体往往具有较高的财富水平，毕竟这些经济体能够更富效率地分配资源，从而促进可持续的、长期的经济增长。

进行主权经济评估的主要因素包括：收入水平；增长前景；经济多样性和波动性。

这三个因素共同决定了主权的经济评估。该标准首先根据按人均GDP衡量的国家收入水平来进行初步评估；然后，根据经济的增长前景和潜在的集中程度或波动性，对初步评估进行正向或负向的调整。

3. 外部评估

外部评估反映了一国从国外获得资金来偿还公共和私营部门对非居民负债的能力。外部评估是指所有居民的交易和头寸相对于非居民的交易和头寸的大小，因为正是这些流量和存量的总和影响着一国的竞争力、汇率的变化、外国投资者的情绪，并最终影响到该国的国际购买力和国际还款能力。

4. 财政评估

财政评估反映了主权国家赤字和债务负担的可持续性。该指标考虑的是财政弹性、长期财政趋势和脆弱性、债务结构和融资渠道以及因或有负债所引起的潜在风险。

5. 货币评估

主权国家的货币评估反映的是其货币当局在履行其使命、支持经济可持续增长、减轻重大经济冲击或金融冲击方面的能力。货币政策可能是主权国家实现稳定的重要工具，有助于在经济增长不足时放松信贷，在经济过热时收紧信贷。因此，灵活的货币政策可能是减缓或防止经济萧条时主权信用恶化的重要因素。

资料来源：From S&P Global Ratings, *Sovereign Rating Methodology*, June 7, 2016, www.standarddandpoors.com.

12.6 欧洲债券市场的结构与实务

由于每年国际债券市场新发行债券中欧洲债券占80%左右，因此了解一些关于欧洲债券市场的结构和实务是大有裨益的。

12.6.1 一级市场

如果借款者想要通过向公众投资者发行欧洲债券来融资，那么他会与一家投资银行签约，委托它作为将债券投放市场的承销银团的**主承销商**（lead manager）。**承销银团**（underwriting syndicate）是由投资银行、商业银行和专门从事公众发行中某部分工作的商业银行分支机构所组成的集团。主承销商有时会邀请协理商来组成**承销集团**（managing group），负责与借款者协商合同条款、确定市场状况并管理债券的发行工作。表12-8根据《欧洲货币》杂志的资料列出了2015年在承销国际债券和其他债券产品方面排名靠前的承销商。

承销集团与其他银行一起成为债券发行的**承销商**（underwriters），也就是说，它们将用自己的资金从借款者那里以发行价格的折价购入债券。这个折价，或者说**承销差价**（underwriting spread）一般在2%~2.5%之间。比较而言，本国债券的平均承销差价仅为1%。大多数的承销商与其他银行一起，将作为**销售团**（selling group）的一部分，向公众投资者

表12-8 全球及各个区域债券资本市场上业绩最佳的承销商

总体情况	
全球及区域市场	银行
全球市场	巴克莱资本
北美地区	美林美国银行
西欧地区	汇丰
中东地区	汇丰
非洲地区	巴克莱资本
亚洲地区	汇丰银行
中东欧地区	联合信贷银行
北欧与波罗的海地区	德意志银行
拉丁美洲	花旗集团
新兴市场地区	汇丰

资料来源：www.euromoney.com.

出售债券。承销银团的成员根据它们所发挥作用的大小及类型，共同分享购销差价。显然，主承销商将得到购销差价的大部分，而仅作为销售团成员的银行只能得到购销差价的一小部分。从借款者决定发行欧洲债券之日起，到收到销售净收入，一般总共要花费 5～6 个星期的时间。图 12-1 给出了一个以美元标价的欧洲中期票据的墓碑广告（通告），介绍了该票据的发行情况以及负责将这些票据投放市场的承销银团的情况。

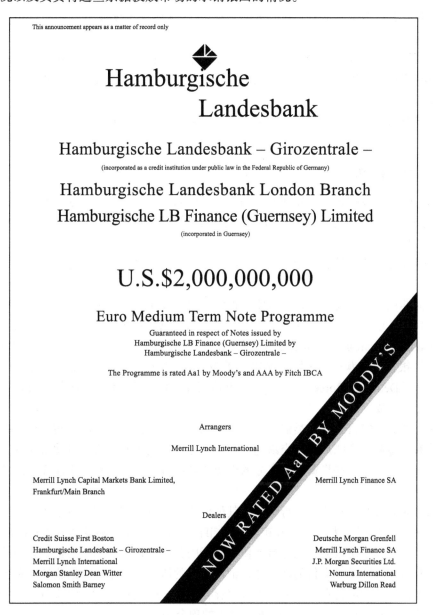

图 12-1　欧洲债券发行的墓碑广告

12.6.2　二级市场

投资者起初在**一级市场**（primary market）上向销售团成员购买的欧洲债券，可在到期日之前在二级市场上转售给其他投资者。欧洲债券的**二级市场**（secondary market）是一种场外交易市场，其主要交易发生在伦敦。但是，在其他一些主要的欧洲金融中心，如苏黎世、卢森堡、法兰克福和阿姆斯特丹，也会发生一些重要的交易。

二级市场包括做市商和经纪人，他们通过一系列电信设备相互联系。**做市商**（market makers）通过报出双边**买价**（bid prices）和**卖价**（ask prices），随时为自己的客户买卖债券。做市商之间可以直接联系，也可以通过经纪人、零售商进行交易。买卖差价是唯一的利润，做市商不收取其他佣金。不过，新的电子交易平台使得资产管理者可以跳过做市商而直接进行相互交易。

欧洲债券市场的做市商和交易者都是国际债券市场联合会的成员。该组织是设在苏黎世的一家自我管理的组织。做市商一般就是承销过程中身为主承销商的投资银行、商人银行或者商业银行。而**经纪人**（brokers）从做市商那里接受买卖命令，然后寻找配对的交易；他们也有可能以自己的客户进行交易。经纪人向他们服务的做市商收取少量的佣金作为报酬。他们并不与零售客户直接交易。

12.6.3 清算程序

起初，欧洲债券的投资者发现空白债券及其匿名性颇有吸引力（也许可以作为避税的手段），因此愿意接受较具有相同风险的国内或外国债券收益低的收益率。不过，近年来，随着机构投资者持有债券的增加，欧洲债券、国内债券以及外国债券等细分市场日益一体化，结果是空白债券匿名特征的价值变小了。这样，机构投资者也就不愿意为缺少价值的这种特征付出高价。

欧洲债券在二级市场的交易，需要一种能实现一方向另一方进行所有权转移和资金支付的系统。目前，已设立了两个主要的结算系统，欧洲清算系统（Euroclear）和国际清算银行（Clearstream International），负责处理大部分欧洲债券的交易。欧洲清算系统设在布鲁塞尔，由欧洲清算银行负责营运；国际清算银行于2000年创立，位于卢森堡，由德国证券及衍生工具交易所（Deutsche Borse Clearing）和世达国际结算系统（Cedel International）以及其他两家公司合并组成。

这两个清算系统营运方式类似，都拥有一家实体存储债券凭证的储蓄银行。每个系统的会员都持有现金和债券账户。当交易达成，系统会生成电子登记簿，自动将债券凭证的所有权从卖方转移至买方，并将资金从买方的现金账户中转入卖方账户。实体交付证券的方式很少发生。

欧洲清算系统和国际清算银行也具有其他职能，用以参与欧洲债券市场的高效运作。第一，这些清算系统可以为欧洲债券市场的做市商存于系统中的存货提供90%以上的融资。第二，另外，清算系统也会帮助进行新债券发行的分销工作。该系统会把新印制的债券实体入库，并收取债券购买者支付的认购金，记录债券的所有权。第三，这些清算系统还可以代发利息。在债券约定的付息日，借款者按照存在系统中的债券金额，将应付利息付给清算系统，由系统将准确的利息金额划入债券持有人的现金账户中。

12.7 国际债券市场指数

国际债券市场指数有好几种。其中著名的有摩根大通（J.P. Morgan）的"政府债券指数"系列和"经济与货币联盟政府债券指数"。这些指数跟踪的是高收入国家发行的固定收益债券。摩根大通也发布新兴市场政府债券指数与新兴市场公司债券指数，这些指数跟踪的是新兴市场发行的债券。摩根大通美国全球综合债券指数是以美元标价的投资级指数，跟踪的是来自发达国家与新兴市场所发行的 3 200 多只固定收益债券，这些债券涉及 9 大类资产。全球综合指数则跟踪的是包括美国在内的 60 多个国家与地区的 5 500 多只债券，这些债券的计价货币超过 25 种。

表 12-9 给出了《华尔街日报》每天刊登的 2 年期和 10 年期美国、澳大利亚、加拿大、德国、日本、瑞典、瑞士和英国政府债券到期时的收益。根据这些数据，人们就可以对主要工业国的利率期限结构进行对比。国际债券的另一数据来源是《金融时报》每天公布的"基准政府债券"中的息票利率、价格以及到期时的收益。表 12-10 给出了一个例子。

表 12-9 全球政府债券：计划收益

高于或低于美国国债的收益或基差：以所选择的其他国家的 2 年期和 10 年期政府债券为基准；箭头表示最近时期其收益的增加（▲）或下降（▼）。

利息(%)	国家/到期年限	最新收益	收益(%) 0 20 40 60 80 100 120	上一交易日	一个月前	一年前	按基点衡量的高于或低于美国国债的基差 最新变动	较上一日的变动	一年前
0.750	美国 2	0.774 ▲		0.746	0.738	0.540			
1.625	10	1.749 ▲		1.700	1.754	2.146			
3.250	澳大利亚 2	1.573 ▲		1.590	1.999	2.012	79.9	84.5	147.2
4.250	10	2.241 ▲		2.286	2.571	2.906	49.2	58.6	76.0
1.000	加拿大 2	−0.421 ▲		−0.416	−0.469	−0.140	−119.5	−116.2	−68.1
0.500	10	0.487 ▲		0.477	0.481	0.916	−126.3	−122.3	−123.0
0.000	德国 2	−0.501 ▲		−0.505	−0.513	−0.195	−127.5	−125.1	−73.5
0.500	10	0.147 ▲		0.128	0.131	0.628	−160.2	−157.2	−151.8
4.500	意大利 2	−0.051 ▲		−0.058	0.017	0.146	−82.6	−80.4	−39.5
2.000	10	1.484 ▲		1.480	1.350	1.791	−26.5	−22.0	−35.5
0.100	日本 2	−0.249 ▲		−0.247	−0.250	−0.009	−102.4	−99.3	−54.9
0.100	10	−0.111 ▲		−0.110	−0.111	0.393	−186.0	−181.0	−175.3
4.500	西班牙 2	−0.069 ▲		−0.080	−0.038	0.027	−84.3	−82.6	−51.3
1.950	10	1.613 ▲		1.608	1.497	1.742	−13.7	−9.3	−40.4
1.250	英国 2	0.387 ▲		0.369	0.422	0.631	−38.7	−37.7	9.1
2.000	10	1.396 ▲		1.379	1.417	1.890	−35.3	−32.1	−25.6

资料来源：*The Wall Street Journal*, May 27, 2016, p. C6.

表 12-10 《金融时报》刊登的每日国际政府债券市场数据

5月16日	到期日	利息	买入价	收益率	每日收益率变动	每周收益率变动	每月收益率变动	每年收益率变动
基准政府债券								
澳大利亚	10/18	3.25	103.98	1.57	0.02	0.01	−0.43	−0.54
	11/27	2.75	103.88	2.36	0.02	−0.06	−0.32	0.00
奥地利	10/19	0.25	99.98	0.26	0.00	0.00	0.00	0.00
	10/26	0.75	102.39	1.51	0.00	0.00	0.00	0.00
比利时	05/18	0.75	101.74	−0.10	0.00	0.00	0.00	0.00
	06/26	1.00	104.59	0.53	0.02	−0.01	−0.02	0.00
加拿大	05/18	0.25	99.39	0.56	0.01	0.04	−0.03	0.00
	06/26	1.50	101.90	1.30	0.02	−0.02	−0.10	0.00
丹麦	11/18	0.25	101.68	−0.42	0.00	0.00	0.00	0.00
	11/25	1.75	112.64	0.39	0.01	0.03	0.02	0.00

（续）

			基准政府债券					
5月16日	到期日	利息	买入价	收益率	每日收益率变动	每周收益率变动	每月收益率变动	每年收益率变动
芬兰	05/18	1.00	99.99	1.01	0.00	0.06	0.00	0.00
	04/26	0.50	100.88	0.41	0.00	0.00	0.00	0.00
法国	05/19	1.00	104.20	−0.38	0.00	0.00	0.00	0.00
	11/20	0.25	102.20	−0.23	0.00	0.00	0.00	0.00
	05/26	0.50	100.13	0.49	0.01	−0.01	−0.02	0.00
	05/45	3.25	142.20	1.46	0.02	0.00	0.01	0.00
德国	04/19	0.50	102.97	−0.51	0.00	0.00	0.00	0.00
	10/20	0.25	103.02	−0.43	0.00	0.00	0.00	0.00
	02/25	0.50	103.42	0.15	0.02	0.02	−0.02	0.00
	08/46	2.50	143.85	0.85	0.02	0.03	0.01	0.00
希腊	07/17	3.38	94.32	8.70	0.02	−0.31	−2.28	0.00
	02/26	3.00	74.89	7.30	−0.04	−0.90	−1.60	0.00
爱尔兰	10/17	5.50	108.35	−0.36	0.00	0.00	0.00	0.00
	05/26	1.00	101.92	0.80	−0.01	−0.08	−0.06	0.00
意大利	04/19	0.10	100.3	0.09	−0.01	0.02	0.00	0.00
	06/21	0.45	99.68	0.51	0.02	0.02	0.04	0.00
	06/26	1.60	100.47	1.56	0.00	0.02	0.13	0.00
	03/47	2.70	100.28	2.70	0.00	0.01	0.19	0.00
日本	05/18	0.10	100.70	−0.25	0.00	0.00	0.00	0.00
	05/21	0.05	101.34	−0.22	0.00	0.00	0.00	0.00
	03/26	0.10	102.10	−0.11	0.00	0.00	0.00	0.00
	03/46	0.80	111.84	0.36	0.01	0.08	−0.01	0.00
荷兰	01/19	1.25	104.60	−0.46	0.00	0.00	0.00	0.00
	07/25	0.25	100.15	0.23	0.01	0.00	−0.02	0.00
新西兰	03/19	5.00	107.97	2.08	0.01	0.07	−0.04	−1.03
	04/27	4.50	117.92	2.60	0.00	0.00	−0.23	−1.06
挪威	05/19	4.50	111.62	0.59	0.00	0.01	0.10	0.00
	02/26	1.50	101.28	1.36	0.00	0.02	0.09	0.00
葡萄牙	06/19	4.75	110.90	1.12	0.02	−0.04	−0.13	0.00
	02/26	3.30	101.28	3.14	0.00	−0.12	0.03	0.00
西班牙	01/19	0.25	100.60	0.03	0.00	0.00	−0.08	0.00
	04/26	1.95	103.08	1.61	0.01	0.04	0.12	0.00
瑞典	10/18	1.00	99.91	1.04	0.00	0.06	0.01	0.00
	05/25	2.50	117.51	0.50	0.02	−0.01	−0.02	0.00
瑞士	05/19	3.00	111.83	−0.90	0.00	0.00	0.00	0.00
	05/26	1.25	116.14	−0.33	0.00	0.00	0.00	0.00
英国	07/18	1.25	101.87	0.39	0.02	−0.03	−0.09	0.00
	01/21	1.50	103.13	0.82	0.02	−0.01	−0.06	0.00
	07/26	1.50	99.74	1.53	0.02	−0.02	−0.09	0.00
	12/46	4.25	144.59	2.23	0.01	0.02	−0.08	0.00
美国	04/18	0.75	99.95	0.78	0.02	0.07	0.00	0.00
	04/21	1.38	100.59	1.25	0.04	0.06	0.00	0.00
	02/26	1.63	98.83	1.76	0.05	0.00	−0.03	0.00
	02/46	2.50	99.07	2.59	0.04	−0.02	0.00	0.00

资料来源：*Financial Times*, May 17, 2016, p. 19.

本章小结

本章介绍并讨论了国际债券市场,并对国际债券市场的规模、各细分债券市场、各种债券工具、国际债券的主要标价货币、主要借款国的类型等进行了统计分析。本章还考察了国际债券市场的交易惯例、国际债券的信用等级和国际债券市场指数。

1. 截至 2014 年年末,未清偿的国内债券约为 74.2 万亿美元,国际债券为 21.0 万亿美元。债券的四大标价货币分别是欧元、美元、英镑和日元。

2. 外国债券发行是指外国借款者向某国资本市场的投资者发行以该国货币标价的债券。欧洲债券发行是指以某国货币为标价,向该货币发行国以外国家的资本市场的投资者出售债券。

3. 在国际债券市场中,欧洲债券市场的规模约为外国债券市场的 4 倍。造成这种情况的原因主要有两个,不过,这两个原因都与美元是国际债券市场上最常用的融资货币有关。一方面,欧洲债券能比"扬基债券"更快地投放市场,这是因为欧洲债券并不面向美国国内的投资者发行,因此就不必遵循美国证券交易委员会严格的登记要求。另一方面,欧洲债券常常为无记名债券,其匿名性为持有者利息避税提供了便利。由于这一原因,与记名的"扬基债券"相比,投资者通常更愿意接受收益率较低的欧洲债券。对于借款者而言,投资者的低收益率意味着他的低债务负担。

4. 固定利率债券是最常见的国际债券类型,其次是浮动利率债券。国际债券市场上的其他债券类型还有:可转换债券、附认股权证的债券和双重货币债券。

5. 惠誉国际评级、穆迪投资服务、标准普尔全球评级等机构可对大多数国际债券进行评级。人们已经注意到,欧洲债券中高信用等级的比例非常高。产生这种现象的合理解释是因为只有信用等级高和信誉好的公司才能发行欧洲债券。一家公司实体的信用等级通常不会高于其所在国家的主权政府的等级。在对主权政府进行信用评级时,标准普尔通常会考虑到该国的政治风险和经济风险。

6. 目前,欧洲债券是在一级市场发行,由借款者所雇请的承销银团负责进行市场出售。欧洲债券的二级市场属于场外交易市场,大多数交易发生在伦敦。

7. 作为投资银行的摩根大通公司开发了一些最好的国际债券市场指数。这些指数常常被用于绩效评估。摩根大通公布的债券指数包括发达国家债券指数、新兴市场债券指数和全球综合债券指数。

本章拓展

第13章

国际股票市场

本章提纲

世界股票市场统计
市场结构、交易惯例与费用
国际股票交易
国际股票市场指数
埃雪MSCI基金
国际股票收益率的影响因素
本章小结

本章拓展
关键词
思考题
计算题
小型案例：San Pico新建的股票交易所
参考文献与建议阅读材料

本章重点讨论股票市场，即公众持股公司的所有权是如何在世界范围内进行交易的。本章既要讨论公司在一级市场上如何将新的普通股卖给初始投资者，也要讨论二级市场投资者之间是如何交易已发行普通股的。学好本章对于理解公司如何募集新的权益资本很重要，而对想要进行分散化国际投资的投资者而言，本章介绍的制度方面的信息也十分有用。

本章首先概述世界股票市场。这里所提供的统计资料可用来比较发达国家和发展中国家众多二级股票市场的规模和交易机会。本章还将探讨市场结构的差异，并比较各国的股票交易成本。接下来，还将讨论一家公司股票在多个国家股票交易所上市交易的好处。本章还将考察与在跨国市场上向初始投资者募集新的权益资本相关的议题。本章最后还将讨论影响股票估值的因素。有关外国股票市场的历史市场绩效和在这些市场上投资的风险将在第15章中进行介绍，到时将用一个极具说服力的案例来分析国际投资分散化。

13.1 世界股票市场统计

在理性讨论国际股票市场之前，有必要掌握主要国家股票市场的地理分布、相对规模以及进行交易与拥有所有权的机会。本节主要介绍这些背景资料，还将简述美洲、亚太地区和欧洲—非洲—中东地区的股票市场。

13.1.1 股票市场总值

2015年年末，世界证券交易所联合会（World Federation of Exchanges）所跟踪的80家正规交易所的市场资本总值达671 250亿美元。表13-1给出了2011～2015年这些交易所的股票市场资本总额。如表13-1所示，这些交易所的市场资本总值在这5年间增加了近39%。这一增长主要来自于绝大多数国家或地区在金融危机后实现了经济的恢复，尽管许多国家的市场资本总值在2015年出现了下降。

资本市场价值的变化在各地区间的分布并不均匀。例如，5年间美洲地区的资本市场价值增加了41%（主要来自于美国的增长），亚洲太平洋地区增加了58%（主要来自于中国香港地区、日本和中国内地的增长），而欧洲—非洲—中东地区仅仅增加了15%。

表13-1 股票市场总值　　　　　　　　　（单位：10亿美元）

股票交易所 \ 年份	2011年	2012年	2013年	2014年	2015年
美洲地区					
巴巴多斯股票交易所	—	—	—	3	3
百慕大股票交易所	1	1	1	2	2
巴西证券交易所巴西证券期货交易所	1 229	1 227	1 020	844	491
阿根廷布宜诺斯艾利斯股票交易所	44	34	53	60	56
智利圣地亚哥股票交易所	270	313	265	233	190
哥伦比亚股票交易所	201	262	203	147	86
利马股票交易所	82	103	81	79	57
巴拿马股票交易所	—	—	—	14	13
墨西哥证券交易所	409	525	526	480	402
国民证券交易所	—	—	—	3	2
加拿大证券交易所	—	—	—	2	—
牙买加股票交易所	—	—	—	3	6
纳斯达克证券交易所	3 845	4 582	6 085	6 979	7 281
纽约证券交易所	11 796	14 086	17 950	19 351	17 787
加拿大TMX集团	1 912	2 059	2 114	2 094	1 592
该地区股票市场总值	19 789	23 193	28 299	30 293	27 967
亚洲－太平洋地区					
澳大利亚证券交易所	1 198	1 387	1 366	1 289	1 187
孟买证券交易所	1 007	1 263	1 139	1 558	1 516
大马股票交易所	396	467	500	459	383
孟加拉国吉大港证券交易所	—	—	—	34	32
斯里兰卡科伦坡股票交易所	19	17	19	24	21
孟加拉国达卡股票交易所	—	—	—	35	34
越南河内股票交易所	—	—	—	6	7
越南胡志明股票交易所	—	—	40	46	52
香港交易及结算所	2 258	2 832	3 101	3 233	3 185
印度尼西亚股票交易所	390	428	347	422	353

(续)

年份 股票交易所	2011 年	2012 年	2013 年	2014 年	2015 年
日本交易所集团	3 541	3 681	4 543	4 378	4 895
韩国交易所	996	1 179	1 235	1 213	1 231
印度国民股票交易所	985	1 234	1 113	1 521	1 485
新西兰证券交易所有限公司	0	53	66	74	74
菲律宾股票交易所	165	229	217	262	239
莫尔兹比港股票交易所	—	—	—	3	2
上海证券交易所	2 357	2 547	2 497	—	4 549
深圳证券交易所	1 055	1 150	1 452	2 072	3 639
新加坡证券交易所	598	765	744	753	640
泰国证券交易所	268	390	354	430	349
悉尼证券交易所	—	—	—	0	0
台湾证券柜台买卖中心	—	60	78	85	83
台湾证券交易所	636	735	823	851	745
该地区股票市场总值	14 670	16 982	18 521	21 160	23 215
欧洲—非洲—中东地区					
阿布扎比证券交易所	63	68	110	114	112
阿曼股票交易所	27	27	26	26	25
雅典股票交易所	34	45	83	55	42
巴林证券交易所	—	—	—	—	19
贝鲁特证券交易所	—	—	—	11	11
西班牙证券交易所	1 031	995	1 117	993	787
伊斯坦布尔证券交易所	197	315	196	220	189
卡萨布兰卡股票交易所	60	52	54	53	46
突尼斯股票交易所	—	—	—	9	9
西非证券交易所	—	—	—	12	12
布加勒斯特股票交易所	—	—	—	22	19
布达佩斯证券交易所	19	21	20	15	18
塞浦路斯证券交易所	3	2	2	4	3
德国证券交易所	1 185	1 486	1 936	1 739	1 716
迪拜证券交易所	—	—	—	88	84
埃及证券交易所	49	59	62	70	55
泛欧证券交易所	2 442	2 832	3 584	3 319	—
爱尔兰证券交易所	108	—	170	143	128
约翰内斯堡证券交易所	789	908	943	934	736
哈萨克斯坦证券交易所	23	—	26	23	35
卢布尔雅那证券交易所	6	6	7	8	6
伦敦证券交易所	3 266	3 397	4 429	4 013	3 879
卢森堡证券交易所	68	70	79	63	47
马耳他证券交易所	3	4	—	4	4
莫斯科证券交易所	1 554	825	771	386	393

(续)

股票交易所 \ 年份	2011年	2012年	2013年	2014年	2015年
马斯喀特证券交易所	—	—	—	38	41
内罗毕证券交易所	—	—	—	26	20
纳米比亚证券交易所	—	—	—	2	2
纳斯达克-OMX集团北欧证券交易所	842	996	1 269	1 197	1 268
尼日利亚证券交易所	—	—	—	63	50
奥斯陆证券交易所	221	243	264	219	194
巴勒斯坦证券交易所	—	—	—	3	3
卡塔尔证券交易所	—	—	153	186	143
沙特证券交易所（塔特伍尔）	339	373	467	483	421
瑞士证券交易所	1 090	1 233	1 541	1 495	1 519
毛里求斯证券交易所	8	7	9	9	7
德黑兰证券交易所	107	—	346	117	89
特拉维夫证券交易所	157	162	203	169	138
乌克兰证券交易所	—	—	—	12	6
华沙证券交易所	138	177	205	169	138
维也纳证券交易所	85	106	118	97	96
萨格勒布证券交易所	—	—	—	20	18
该地区股票市场总值	13 919	14 520	18 188	16 658	15 942
全世界股票市场总值	48 377	54 695	65 007	68 110	67 125

资料来源：From various year-end issues of World Federation of Exchanges' *Monthly Report*.

13.1.2 股票市场流动性指标

所谓流动性股票市场指的是在这个市场上投资者能够以接近当前报价的价格快速地买卖股票。衡量股票市场**流动性**（liquidity）的指标是周转率，即一段时间内股票市场交易额与股票市场的规模或市场资本总值之比。一般来说，周转率越高，二级股票市场的流动性就越强，这也表明股票越容易转手。

表 13-2 列示了表 13-1 中 75 家股票交易所在 2011～2015 年间的周转率（%）。这里的周转率（%）计算的是各个年度 12 月份的数据。如表 13-2 所示，绝大多数国家或地区的股票交易所的周转率在这 5 年间保持比较稳定的态势，而且绝大多数国家或地区的周转率处于较高的水平，其中超过 40% 的交易所的月度周转率达到 30% 以上。

此外，表中数据也表明，发展中国家股票交易的周转率差异甚大。各个地区许多小型股票市场（如阿根廷、秘鲁、斯里兰卡、克罗地亚、黎巴嫩、尼日利亚和斯洛文尼亚）的周转率都非常低，表明目前的流动性低下。相反，规模较大的新兴股票市场（如中国大陆、印度和中国台湾地区）具有较高的流动性。

表 13-2 各个年度 12 月份的股票周转率[①]   (%)

股票交易所 \ 年份	2011年	2012年	2013年	2014年	2015年
美洲地区					

(续)

股票交易所 \ 年份	2011年	2012年	2013年	2014年	2015年
巴巴多斯股票交易所	—	—	—	0.2	30.8
百慕大股票交易所	0.9	3.2	—	2.5	0.7
巴西证券交易所巴西证券期货交易所	65.5	64.5	56.8	81.6	80.9
阿根廷布宜诺斯艾利斯股票交易所	3.1	5.3	5.2	4.8	5.2
智利圣地亚哥股票交易所	21.3	16.8	17.4	10.5	8.1
哥伦比亚股票交易所	13.3	7.2	7.9	11.1	11.1
利马股票交易所	4.7	25.7	—	5.5	1.6
巴拿马股票交易所	—	—	4.0	2.0	1.4
墨西哥证券交易所	18.4	21.9	32.2	26.2	24.7
牙买加股票交易所	—	—	—	6.4	6.1
加拿大TMX集团	66.4	68.2	56.0	85.1	85.1
亚洲—太平洋地区					
澳大利亚证券交易所	68.6	49.3	50.8	57.7	58.2
孟买证券交易所	8.6	8.6	7.2	8.0	7.2
大马股票交易所	24.2	21.2	22.7	29.1	27.1
孟加拉国吉大港证券交易所	—	—	—	3.3	3.0
斯里兰卡科伦坡股票交易所	9.7	6.8	6.3	9.4	8.4
孟加拉国达卡股票交易所	—	—	—	26.7	42.2
越南胡志明股票交易所	—	—	41.6	47.2	35.1
香港交易及结算所	37.8	38.1	39.6	62.0	38.2
印度尼西亚股票交易所	19.0	21.3	18.0	20.2	15.1
日本交易所集团	75.0	108.9	132.2	125.0	107.0
韩国交易所	174.8	97.3	80.7	106.7	121.3
印度国民股票交易所	42.9	42.4	40.0	44.1	40.6
新西兰证券交易所有限公司	—	12.9	15.1	11.5	13.2
菲律宾股票交易所	20.9	15.9	12.9	15.8	10.4
莫尔兹比港股票交易所	—	—	—	69 221.1	0.6
上海证券交易所	82.7	129.9	143.5	565.6	295.0
深圳证券交易所	174.5	239.8	287.5	615.7	558.9
新加坡证券交易所	24.8	39.4	32.8	35.1	30.7
泰国证券交易所	57.7	63.7	47.5	85.8	70.2
台湾证券柜台买卖中心	—	174.7	215.8	221.6	258.1
台湾证券交易所	85.3	84.6	69.7	75.4	69.1
欧洲—非洲—中东地区					
阿布扎比证券交易所	8.1	8.8	44.2	25.0	15.4
阿曼股票交易所	11.1	11.7	11.5	17.5	12.1
雅典股票交易所	23.5	30.6	35.1	46.6	96.3
贝鲁特证券交易所	—	—	—	7.0	3.4
白俄罗斯货币与股票交易所	—	—	—	4.6	1.6
西班牙证券交易所	80.7	83.5	81.3	108.8	104.7
伊斯坦布尔证券交易所	115.8	132.5	192.3	222.7	211.9
卡萨布兰卡股票交易所	19.1	22.4	10.6	25.9	23.5
突尼斯股票交易所	—	—	—	16.1	9.1

(续)

股票交易所 \ 年份	2011年	2012年	2013年	2014年	2015年
西非证券交易所	—	—	—	5.8	5.1
布加勒斯特股票交易所	—	—	—	20.6	7.4
布达佩斯证券交易所	65.0	33.6	45.9	42.8	34.7
塞浦路斯证券交易所	8.8	5.9	1.2	4.1	4.6
德国证券交易所	92.9	58.3	58.3	71.3	73.8
迪拜证券交易所	—	—	—	86.1	26.1
埃及证券交易所	16.3	27.4	25.1	39.6	28.7
泛欧证券交易所	52.2	40.4	43.2	55.1	54.7
爱尔兰证券交易所	8.9	7.1	10.6	9.2	16.1
约翰内斯堡证券交易所	31.8	29.6	26.5	35.6	47.4
哈萨克斯坦证券交易所	6.4	1.8	1.1	17.0	1.1
卢布尔雅那证券交易所	5.1	5.7	8.6	7.6	6.8
伦敦证券交易所	44.7	42.5	38.3	56.4	49.2
卢森堡证券交易所	0.4	0.1	0.1	0.1	0.2
马耳他证券交易所	0.5	1.1	—	1.5	2.6
莫斯科证券交易所	57.3	24.9	32.3	58.7	28.0
马斯喀特证券交易所	—	—	—	14.7	13.1
内罗毕证券交易所	—	—	—	11.1	3.8
纳米比亚证券交易所	—	—	—	1.7	2.4
纳斯达克-OMX集团北欧证券交易所	60.5	38.8	42.0	47.7	53.3
尼日利亚证券交易所	—	—	—	13.5	6.7
奥斯陆证券交易所	53.2	29.6	34.3	55.7	43.0
巴勒斯坦证券交易所	—	—	—	8.5	31.9
卡塔尔证券交易所	—	—	15.9	29.5	12.7
沙特证券交易所（塔特伍尔）	111.7	104.9	78.9	131.8	95.3
瑞士证券交易所	51.2	35.9	41.2	54.1	55.4
毛里求斯证券交易所	3.9	4.6	2.6	3.7	3.8
德黑兰证券交易所	8.0	27.5	27.2	10.7	6.0
特拉维夫证券交易所	37.0	37.2	34.3	34.9	32.9
塞舌尔 Trop-X 证券交易所	—	—	26.4	0.0	0.3
乌克兰证券交易所	—	—	—	0.9	0.5
华沙证券交易所	37.5	31.2	31.8	32.2	36.6
维也纳证券交易所	28.1	20.7	21.4	30.7	30.6
萨格勒布证券交易所	—	—	—	2.5	3.0

① 月度股票周转率按12月的市值计算。

资料来源：Various year-end issues of World Federation of Exchanges' *Monthly Report*.

13.2 市场结构、交易惯例与费用

全世界的二级股票市场都服务于以下两个主要目的：变现和股票价值评估。⊖投资者或交易商在一级市场上购买了发行公司所发行的股票，但他们可能并不想永久持有这些股份。

⊖ 本节的大部分讨论引自 Schwartz（1988）第2章中的观点。

二级股票市场的存在使得股东可以坚持不再想要的股票，而想拥有这些股票的人则可以买入这些股票。如果没有**二级股票市场**（secondary market）所提供的变现功能，那么公司就难以在**一级市场**（primary market）上吸引到买家。此外，买卖双方在二级市场上的竞争性交易也为已发行的股票确立了公平的市场价格。

在二级市场交易中，一般通过代表公众买方和卖方的所谓**经纪人**（broker）来完成交易。提交给经纪人的指令既可以是**市价指令**（market order），也可以是**限价指令**（limit order）。市价指令以经纪人收到指令时市场上最接近的价格——市场价格来执行。而限价指令则脱离了市场价格，它被登记在**限价指令簿**（limit order book）上，等到指令价格出现才得以执行。

为了提高买卖双方之间股票交易的效率，二级股票市场有着种种不同的设计。不过，二级股票市场一般由自营商市场或代理商市场组成。在**自营商市场**（dealer market）上，经纪人通过自营商交易股票，自营商以委托人的身份参与股票交易，用其自己的账户买卖证券。公众交易者在自营商市场上从不彼此直接进行交易。在**代理商市场**（agency market）上，经纪人从代理商那儿获得客户的指令，然后将该指令与另外一个公众指令相匹配。代理商可以被看成是经纪人的经纪人。代理商也被称为官方经纪人和中央经纪人。

在美国，自营商市场结构和代理商市场结构并存。**场外交易**（over-the-counter，OTC）市场属于自营商市场。几乎全部的场外股票交易都是通过美国证券自营商全国协会自动报价系统（NASDAQ，即纳斯达克）来实现的，该系统是一个计算机网络系统，主要显示所有的自营商在同一只证券上的**出价**（bid prices，买入价）和**要价**（ask prices，卖出价）。不过，纳斯达克市场通常不被归类为场外交易市场，而被视为上市的股票交易所。对于纳斯达克市场上交易的股票，每只股票平均有 14 家做市商。

在美国，公司必须满足一定的上市要求才可以在某一家正规股票交易所挂牌交易。美国两家最大的股票交易所——纽约证券交易所（NYSE）和美国股票交易所（AMEX），都是全国性的交易所，交易所里进行交易的都是大多数投资者感兴趣的大公司股票。而仅得到地区性关注的公司股票则在一些地区性的交易所进行交易。

美国的股票交易所市场都是代理商市场或称拍卖市场。交易所里进行交易的每只股票都由一家**专营商**（specialist）负责，专营商通过持有该种证券的存货来做市。在交易所的交易大厅，每位专营商都有一个指定席位（台面）并在那里替他的客户交易股票。场内经纪人将一只证券的各种公众市价指令传递给专营商执行。身为一名自营商，专营商有义务公布他所负责的股票的买入价和卖出价，并有义务自觉用其自己的账户按这些价格买入或卖出股票。通过拍卖，场内经纪人的"群体作用"会为他们的客户实现一个更为有利的价格，该价格介于专营商报出的买入价和卖出价之间，这样场内经纪人之间就可进行股票交易。专营商也持有限价指令簿。在执行这些指令时，专营商充当代理商角色。在确立股票的买入价和卖出价时，如果限价指令价格比专营商报出的价格更有利，则应优先考虑限价指令价格，但如果可能的话，专营商在用其自己的账户进行交易前，必须先执行公共指令中的限价指令。美国的场外交易市场（OTC）和交易所市场都是**连续型市场**（continuous markets），市场内的市价指令和限价指令在营业时间内可以随时得到执行。

近年来，大多数国家的股票市场都至少在部分股票的交易上实现了自动化。第一家实现自动化的股票市场是多伦多股票交易所（TSE），它于 1977 年建立了计算机辅助交易系统（CATS）。自动交易系统以电子数据的形式连续地存储和显示公众指令，因此使得公众交易者得以相互传递指令、执行股票交易，而无须交易所职员的帮助。自动交易系统之所以获得成功,在很大程度上要归功于交易指令的快捷下达,并且在完成交易的过程中只需要少数的股票交易所职员。事实上,绕开专业交易系统的自动交易量占到纽约证券交易所交易量的一半以上。在一些国家,股票交易大厅已经不复存在。

并非所有国家的股票交易系统都能提供连续型交易。例如,巴黎证券交易所就是一个传统意义上的**短期同业拆借市场**(call market)。在短期同业拆借市场中,股票交易所的代理商先在一段时间累积一批指令,然后在交易日按书面或口头竞价的方式定期执行这批指令。市价指令和限价指令都通过这种方式进行处理。短期同业拆借市场的主要缺陷在于,交易者不能确定他们的指令将以什么样的价格被执行,因为在交易真正发生前,他们根本无法获得买入价和卖出价方面的信息。2000年9月22日,巴黎证券交易所与布鲁塞尔和阿姆斯特丹交易所合并,从而形成了泛欧证券交易所(本章后半部分将对此进行讨论)。

第二种非连续型股票交易所交易系统就是**集合交易**(crowd trading)。通常,集合交易是这样形成的。在交易圈内,交易所的代理商定期报出待交易股票的名称。这时,交易商报出该只股票的买入价和卖出价,并寻找交易对方以实现交易。如果能找到交易对方,那么就可以敲定并执行一桩交易。不像所有交易都有着共同价格的短期同业拆借市场,集合交易中的某些双边交易可以按不同的价格成交。集合交易一度是苏黎世股票交易所使用的交易系统,但瑞士股票交易所在1996年8月就改用自动交易系统了。目前,马德里股票交易所还有少量的交易是通过集合交易来完成的。

连续型交易系统非常适合活跃的股票交易的需要,然而短期同业拆借市场和集合交易却为不常交易的股票提供了便利条件,因为它们减少了短期内出现稀稀拉拉指令流的可能性。表13-3对全球主要股票交易系统进行了总结。

表 13-3 主要股票交易系统的特征

股票交易系统	市场特征		
	公共指令	指令流	例子
自营商	由自营商交易	连续型	纳斯达克,OTC
代理商	由代理商协助匹配公众指令	连续型或定期型	NYSE的专营商系统①(连续型) 老巴黎交易所(非连续型)
完全自动化	由电子系统匹配公众指令	连续型	多伦多股票交易所

① 如文中所注释的,专营商有时也会充当自营商角色。

市场联合与合并

全球主要的国家股票市场约为80家。西欧和东欧曾经有20多家国家股票市场,所采用的语言不下15种。如今,全球各地的股票市场都面临着来自客户的压力,这些客户希望尽快能在任何地方交易公司股票以实现合并或相互参股。为了满足投资者的需要,有些股票市场进行了合并或合作。其中最为著名的合作之一是欧洲交易所有限公司(Euronext N.V.),该公司就是由阿姆斯特丹交易所、布鲁塞尔交易所和巴黎交易所于2000年9月22日合并而成的。合并之后,上述三个市场就成为欧洲交易所有限公司的全资公司,分别以阿姆斯特丹欧洲交易所有限公司、布鲁塞尔欧洲交易所有限公司和巴黎欧洲交易所有限公司的名义开展经营活动。欧洲交易所有限公司建立了单一的交易平台来为上述三地的全部成员服务。此外,投资者可以购买全部股票和产品。统一的清算公司和支付交割系统也为交易提供了方便。2001年6月,里斯本股票交易所与欧洲交易所有限公司合并。表面看来,今后必将成立欧洲股票交易所。不过，即便是在欧盟内部，由于缺乏统一的证券法规，这一发展将会受到限制。2007年4月4日，欧洲交易所有限公司与纽约证券交易所合并就是未来交易国际化的前奏。此外，合并后的 NYSE 欧洲交易所有限公司于2008年10月1日收购了美国股票交易所，成立 NYSE AMEX 股票交易所。2013年11月13日，拥有12年能源和商品期货交易历史的美国洲际交易所（Intercontinental Exchange）以110亿美元的价格收购了纽约泛欧证券交易所（NYSE Euronet）。2014年3月20日，美国洲际交易所将泛欧证券交易所以12亿美元剥离上市。2016年3月，伦敦证券交易所与德国证券交易所合并，合并后的总市值达到300亿美元以上。

另一值得注意的欧洲交易安排就是北欧电子交易系统罗莱克斯（Norex），它是由丹麦、爱沙尼亚、芬兰、拉脱维亚、立陶宛、瑞典（全部为北欧最大的、一体化证券市场 OMX 所有并经营）、冰岛和挪威的北欧与波罗的海地区的交易所合并而成。北欧电子交易系统罗莱克斯的交易都是通过斯德哥尔摩自动交易所来进行的，该交易所采用全新的电脑和电子交易系统，每秒钟能处理2 000笔下单业务。2008年2月27日，纳斯达克收购了 OMX，成立了纳斯达克 OMX 交易所。2008年的7月24日，纳斯达克 OMX 又收购了费城股票交易所。

13.3　国际股票交易

在20世纪80年代，世界资本市场开始向更广阔的全球一体化道路迈进。产生这一趋势的因素有以下这些。第一，投资者开始认识到国际投资组合分散化的好处。第二，由于固定交易佣金制的废除、政府管制的减少和欧盟采取统一的资本市场措施，世界主要资本市场变得更加开放了。第三，新的计算机和通信技术提高了证券交易的效率和公平度，投资者可以通过交易指令的排序和执行、信息发布、解散及兑现等方式来进行交易。第四，跨国公司认识到了在全球筹集新资本所带来的好处。在这一部分，我们将探讨更广阔的全球一体化对世界股票市场的一些重大影响。首先我们从股票的交叉上市开始。

13.3.1　股票的交叉上市

交叉上市（cross-listing）指的是发行股票的公司除了在其本国股票交易所挂牌交易股票外，还在一个或多个外国股票交易所挂牌交易股票。交叉上市并不是一个新的概念；然而，随着世界股票市场全球化程度的提高，交叉上市的股票数量在近几年有了很大的增长。尤其突出的是，现在不仅仅有跨国公司交叉上市，非跨国公司也会交叉上市。

表13-4给出了2015年全球各国股票交易所挂牌上市的公司总数，并将其具体分解为本国公司和外国公司两部分。从表13-4可以看出，所有发达国家的股票市场几乎都有一些外国公司上市。在一些交易所，外国上市的股票占很大比例。事实上，在卢森堡股票交易所上市交易的外国股票比本国的股票还多，而在新加坡股票交易所上市的外国股票的比例达到37%。

表13-4　2015年主要国家股票交易所上市的公司总数、本国公司数及外国公司数

股票交易所	上市公司总数	本国上市公司数	外国上市公司数
美洲地区			
巴巴多斯股票交易所	24	20	4
百慕大股票交易所	67	14	53
巴西证券交易所巴西证券期货交易所	359	345	14

(续)

股票交易所	上市公司总数	本国上市公司数	外国上市公司数
阿根廷布宜诺斯艾利斯股票交易所	99	93	6
智利圣地亚哥股票交易所	310	223	87
利马股票交易所	310	212	98
巴拿马股票交易所	31	30	1
墨西哥证券交易所	143	136	7
国民证券交易所	10	10	0
牙买加股票交易所	60	59	1
纳斯达克证券交易所	2 859	2 417	388
纽约证券交易所	2 424	1 910	514
加拿大 TMX 集团	3 559	3 501	58
该地区合计数	**10 255**	**9 024**	**1 231**
亚洲—太平洋地区			
澳大利亚证券交易所	2 108	1 989	119
孟买证券交易所	5 836	5 835	1
大马股票交易所	902	892	10
孟加拉国吉大港证券交易所	256	256	0
斯里兰卡科伦坡股票交易所	294	294	0
孟加拉国达卡股票交易所	287	287	0
越南河内股票交易所	377	377	0
越南胡志明股票交易所	307	307	0
香港交易及结算所	1 866	1 770	96
印度尼西亚股票交易所	521	521	0
日本交易所集团	3 513	3 504	9
韩国交易所	1 961	1 948	13
印度国民股票交易所	1 794	1 793	1
新西兰证券交易所有限公司	191	171	20
菲律宾股票交易所	265	262	3
莫尔兹比港股票交易所	17	6	11
上海证券交易所	1 081	1 081	0
深圳证券交易所	1 746	1 746	0
新加坡证券交易所	769	483	286
泰国证券交易所	639	639	0
悉尼证券交易所	4	4	0
台湾证券柜台买卖中心	712	681	31
台湾证券交易所	896	824	72
该地区合计数	**26 342**	**25 670**	**672**
欧洲—非洲—中东地区			
阿布扎比证券交易所	68	65	3
阿曼股票交易所	228	228	0
雅典股票交易所	240	236	4
巴林证券交易所	46	44	2
贝鲁特证券交易所	10	10	2
白俄罗斯货币与股票交易所	62	62	0

(续)

股票交易所	上市公司总数	本国上市公司数	外国上市公司数
西班牙证券交易所	3 651	3 623	28
伊斯坦布尔证券交易所	393	392	1
卡萨布兰卡股票交易所	75	74	1
突尼斯股票交易所	78	78	0
西非证券交易所	39	39	0
布加勒斯特股票交易所	84	82	2
布达佩斯证券交易所	45	45	0
塞浦路斯证券交易所	84	84	0
德国证券交易所	619	555	64
迪拜证券交易所	60	60	0
埃及证券交易所	252	250	2
泛欧证券交易所	1 068	944	124
爱尔兰证券交易所	53	43	10
约翰内斯堡证券交易所	382	316	66
哈萨克斯坦证券交易所	85	78	7
卢布尔雅那证券交易所	46	46	0
伦敦证券交易所	2 685	2 167	518
卢森堡证券交易所	192	27	165
马耳他证券交易所	23	23	0
莫斯科证券交易所	254	251	3
马斯喀特证券交易所	116	116	0
内罗毕证券交易所	64	64	—
纳米比亚证券交易所	41	8	33
纳斯达克-OMX 集团北欧证券交易所	832	800	32
尼日利亚证券交易所	184	183	1
奥斯陆证券交易所	214	171	43
巴勒斯坦证券交易所	49	49	—
卡塔尔证券交易所	43	43	0
沙特证券交易所（塔特伍尔）	171	171	0
瑞士证券交易所	270	234	36
毛里求斯证券交易所	72	71	1
德黑兰证券交易所	318	318	0
特拉维夫证券交易所	460	440	21
塞舌尔 Trop-X 证券交易所	4	3	1
乌克兰证券交易所	160	158	2
华沙证券交易所	905	872	33
维也纳证券交易所	92	79	13
萨格勒布证券交易所	186	186	0
该地区合计数	14 764	13 552	1 212
全世界合计数	51 361	48 246	3 115

资料来源：Table 1.2 *Monthly Report*, December 2015. World Federation of Exchanges.

一家公司决定交叉上市其股票的原因有多种，具体包括：

（1）交叉上市可以扩大公司股票的投资者基础，从而可以潜在地提高对其股票的需求。对公司股票需求的增加可以提高该公司股票的市场价格。另外，更大的市场需求和更宽的投资者基础会提高证券的价格流动性。

（2）交叉上市可以提高公司在新的资本市场上的知名度，从而可以在必要时从当地的投资者那里筹集新的权益或债务资本。对于那些来自新兴市场国家、资本市场规模有限的公司而言，它们之所以把自己的股票在有着更为完备的资本市场的外国交易所上市，其主要原因就在于此。

（3）交叉上市使得公司为更多投资者和客户知晓。如果公司的股票（产品）在一国的当地有售，那么该地方的客户（投资者）更有可能成为这家公司股票的投资者（客户）。因此，如果投资者可以在其自己国家的股票交易所交易这些证券，那么这将为投资者实现国际投资组合分散化提供便利。

（4）如果一家公司按照严格的证券管制和信息披露要求在发达国家的资本市场上交叉上市，就会使投资者觉得公司的管理已经开始改善。

（5）交叉上市可以通过为公司股票创造出更宽的投资者基础，从而降低公司遭受恶意收购的可能。

公司股票的交叉上市使得公司既要遵守本国的证券法规，又要遵守它所上市的那个国家的相应的规章制度。在美国交叉上市就意味着这家公司要满足美国证管会（SEC）所颁布的会计和披露要求。根据**绑定理论**（bonding theory），在美国交叉上市不仅会限制交叉上市企业的内部人士寻求私人利益的能力，而且有利于企业按有利的条件为新的增长机会筹集到资金。将公司的财务报表进行调整以满足美国的标准是一件很费力的事，而且一些外国公司很不愿意披露其秘密盈余。对于那些只想在大的机构投资者之间进行股票交易，而不想在美国的股票交易所挂牌交易的外国公司来说，它们只要满足美国证管会的144A规则就可以了，因为美国证管会的144A规则在会计和披露要求方面的要求稍微宽松一些。美国证管会的144A规则中的股票销售常常适用于家族公司，它们出于保密或税收方面的原因常常以不被认可的会计标准开展业务。

13.3.2 扬基股票发行

从本部分的介绍可以看出，美国的投资者近年来买卖了大量的外国股票。自20世纪90年代初以来，许多外国公司，尤其是拉丁美洲的公司，都已在美国的股票交易所上市，这为未来在美国股票市场上发行**扬基股票**（Yankee stock）奠定了基础，亦即将新的权益资本直接销售给美国的公众投资者们。与过去相比，这对于拉丁美洲的公司而言是个突破，它们一般都向大的投资者出售受美国证管会的144A规则所限制的股票。有三个因素似乎促进了扬基股票的销售。许多拉丁美洲和东欧国有企业的私有化是推动因素之一；发展中国家经济的快速增长是第二个因素；第三个因素是北美自由贸易协议的达成，因此墨西哥的公司预期会对新的资本产生大量的需求。

13.3.3 美国存托凭证

外国股票可以直接在全国性交易所进行交易，但是它们通常是以存托凭证的方式进行交易的。比如，扬基股票常常在美国的交易所以**美国存托凭证**（American Depository Receipts,

ADR）的形式上市交易。美国存托凭证是一种代表一定数量外国股票的收据凭证，在发行者本国市场上仍然由美国的存托银行代为监管。美国存托凭证在美国的交易所上市交易或在场外市场交易，银行充当美国存托凭证的交易代理商。第一份美国存托凭证于 1927 年面世，当时的目的是消除部分交易实际股票时将发生的风险、延误、不便和费用。截至 2015 年年底，在美国的股票交易所交易的美国存托凭证数达 390 只，另有数百只场外交易的存托凭证。类似地，新加坡存托凭证在新加坡股票交易所交易。全球存托凭证（Global Depository Receipts，GDR）允许一家外国公司在几个国家的股票交易所同时交叉上市。许多全球存托凭证都在伦敦和卢森堡股票交易所上市交易。多年来，存托凭证市场获得了很大的发展。截至 2015 年年底，共有 3 602 个存托凭证计划在全球各地的交易所交易，代表来自 79 个国家或地区的企业所发行的股份。图 13-1 所示的是一份全球存托凭证的墓石通告。

```
            CIB
COMMERCIAL INTERNATIONAL BANK
        (EGYPT) S.A.E.
       International Offering of
   9,999,000 Global Depository Receipts
           corresponding to
 999,900 Shares (nominal Value of E£100 per Share)
               at an
 Offer price of US$11.875 per Global Depository Receipt
              Seller
        National Bank of Egypt

          Global Co-ordinator
          Co Lead Managers
Robert Fleming & Co. Limited  Salomon Brothers International Limited
                UBS Limited

          Domestic Advisor
Commercial International Investment Company S.A.E.

       ING    BARINGS
                              July 1996
```

图 13-1 全球存托凭证的墓碑式广告

资料来源："Global Depository Receipt Tombstone," *Euromoney*, October 1998, p.127. All rights reserved. Used with permission.

与在外国股票交易所直接交易标的股票相比，美国存托凭证为美国的投资者提供了许多好处。非美国的投资者也可以参与投资美国存托凭证，并且他们常常出于投资便利的原因而选择投资美国存托凭证，而不是投资标的股票。美国存托凭证的优点包括：

（1）美国存托凭证用美元表示面值，在美国的股票交易所交易，并且可以通过投资者的日常经纪人进行购买。相反，买卖标的股票很可能需要投资者进行下列事宜：① 在公司发行股票的所在地通过经纪人开立一个账户；② 换汇；③ 安排股票凭证的运送或者开立一个代管账户。

（2）从标的股票上收到的股息由代管人托收并兑换成美元，再付给美国存托凭证的投资者；而若投资于标的股票，就要求投资者自己去收取国外的股息，并且进行货币的兑换。此外，美国和一些国家之间的税收条约还减轻了非本地居民投资者所应支付的股息税。因此，投资于标的股票的美国投资者需要填一份退税申请表以获得退税的差额。然而，美国存托凭证的投资者却能收到扣除了适用税率下的税金后全部的相应美元股息。

（3）美国存托凭证交易实行三天工作日结算制，就像美国的股票交易一样；而标的股票的结算日制度就因国而异了。

（4）美国存托凭证以美元标价。

（5）美国存托凭证（144A规则下的股票发行除外）是记名股票，可以提供所有权保护；而绝大多数的标的股票都是无记名股票。表13-5所描述的是各种类型的美国存托凭证项目。

（6）如果投资者想卖掉所投资的美国存托凭证，他只需在美国的股票交易所将它转给别人就行，或者也可以在当地股票市场卖出标的股票。在这种情况下，美国存托凭证实际上是交给了存托银行注销，该银行将标的股票交付给相应的买方。图13-2描述了美国存托凭证发行和注销的过程。

（7）美国存托凭证常常代表一组标的股票，而不是一对一的交换，这使得美国存托凭证可以按照美国投资者习惯的价格区间进行交易。一份单独的美国存托凭证所代表的标的股票的股数可能多于一股，也可能少于一股，这要取决于标的股票的价值。

（8）美国存托凭证的持有者可指示存托银行行使与标的股票相关的投票权。在美国存托凭证的持有者没有具体指示的情况下，存托银行不可行使投票权。

表13-5 美国存托凭证的类型

	第一级	第二级	第三级	第144A条规则
种类	在美国未上市交易的项目	在美国交易所上市交易的股票	在美国交易所上市并报价的股票	交由具有资质的机构买家管理的私人募集
交易	场外交易	纳斯达克 美国证券交易所 纽约证券交易所	纳斯达克 美国证券交易所 纽约证券交易所	美国私人募集
美国证监会注册	表F-6	表F-6	表F-1和表F-6	无
美国的报告要求	免除12g3-2（b）规则	表20-F①	标20-F①	免除12g3-2（b）规则

① 财务报告必须按照美国公认会计准则的要求进行部分调整。

第一级：最基本的美国存托凭证项目类型。发行方不在美国市场上筹集新的权益资本，而且/或者不能在纳斯达克上市交易。

第二级：发行方不在美国市场上筹集新的权益资本，并且美国存托凭证能在纳斯达克、美国证券交易所或纽约证券交易所上市交易。

第三级：发行方可在美国市场上公开发行新股，但美国存托凭证能在纳斯达克、美国证券交易所或纽约证券交易所上市交易。

第144A条规则：这种类型的美国存托凭证是交由具备资质的机构买家（QIB）管理的私人募集权益。它只能在具备资质的机构买家之间交易。

资料来源：Excerpted from www.adr.com.

美国存托凭证有两种类型，有担保的和无担保的。有担保的美国存托凭证由银行应发行标的股票的外国公司的要求而发行的。担保银行常常为美国存托凭证的持有者提供各种配套服务，包括投资信息和部分年报的英文译本。有担保的美国存托凭证是唯一一种被允许在美国的股票交易所挂牌交易的存托凭证。所有新的美国存托凭证必须都是有担保的。无担保的美国存托凭证通常是由外国公司应无直接关系的美国投资银行的要求而发行的，这种类型的美国存托凭证可以追溯到1980年以前，现在仍然存在。因此，外国公司可以不用按照常规或定期向托管人提供投资信息或财务报告。有担保的美国存托凭证的托管费用一般由外国公司支付。美国存托凭证的投资者只需支付无担保的美国存托凭证的费用。无担保的美国存托凭证也许会有几家发行银行，但各银行所提供的服务是不同的。通常，只有有担保的美国存托凭证才可以在纳斯达克或主要的股票交易所上市交易。

一位经纪自营商可以在美国市场上购买已有的美国存托凭证，也可以在发行者本国的市场上购买标的股票，进而创造出新的美国存托凭证。由于可供获取的美国存托凭证的数量是不断变化的，因此这位经纪自营商必须在前面说到的两个选项中选择一个，这取决于美国市场或发行者本国市场中的各种因素，如可获得性、定价和市场状况等。

要创立新的美国存托凭证，标的股票必须交由发行者本国市场中的托管银行。然后托管人会发行代表这些股票的美国存托凭证。注销美国存托凭证的程序与发行的程序相似，只是步骤相反而已。下图给出了一个较为详尽的描述，其中包括各方当事人和各步程序。

美国存托凭证购买和发行的程序：两种模式
已有的美国存托凭证
A1：投资者在美国市场上向经纪人发出指令
A2：美国的经纪人在相应的市场上购买美国存托凭证
A3：美国存托凭证的结算和支付（用记账或记凭证的方式）

新的美国存托凭证
B1：投资者给在美国的经纪人发出指令
B2：在美国的经纪人给当地的经纪人（美国以外）发出等额股票的指令
B3：当地的经纪人在当地市场上购买股票
B4：当地的股票由托管银行托管
B5：股票存放的托管人接收证明
B6：托管人发行新的美国存托凭证并支付给美国的经纪人
B7：美国存托凭证的结算和支付（用记账或记凭证的方式）

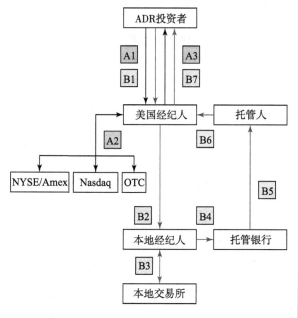

图 13-2　美国存托凭证发行和注销的程序

资料来源：Excerpted from www.adr.com.

截至 2015 年年底，美国的交易所上市交易的担保美国存托凭证为 385 只，较 2013 年年底的 392 只出现了下降趋势。不过，从交易所撤销上市交易的大多数美国存托凭证继续向投资者出售，主要通过将美国存托凭转换为第一级场外交易美国存托凭证。撤销上市后，交叉上市的公司可向美国证券交易委员会申请撤销证券的登记，从而不用再按 1934 年《证券交易法案》的要求进行报告了。2007 年 3 月 21 日，按照美国证券交易委员会的《交易法案规则 12h-6》，撤销上市的手续进一步简化，外国公司可以很容易地撤销登记。对于近来存托凭证撤销上市案的大量增加，是否意味着外国上市公司觉得在美国交叉上市没有好处或者美国市场因 2002 年《萨班斯—奥克斯利法案》的实施而失去了竞争力。《萨班斯—奥克斯利法案》其实就是关于上市企业公司治理的一套内容广泛的新的改革措施。

大量事实表明，遵从《萨班斯—奥克斯利法案》不仅要求特别繁多，而且费用也特别高。此外，美国市场特别关注的是，中国公司作为首次公开募股的主力，它们多是选择在中国香港而不是在美国交叉上市。例如，2009 年中国最大 10 家首次公开募股公司中有 9 家在香港交叉上市，2006 年中国银行 97 亿美元的次公开募股就在香港交叉上市。也有证据发现，公司经理觉得遵循美国有关规制的问责要求也是一种负担。当然，其中的原因可能很简单，就是中国政府希望大力发展本国的股票交易所。对于作为第一级存托凭证在美国交易的交叉上市公司不仅免除了1934年《证券交易法案》的报告要求，而且也免除了《萨班斯—奥克斯利法案》下的问责要求。因此，近年来，从美国交易所撤销上市的大多数企业仍然选择在美国场外市场交易的这一现象表明，虽然遵从《萨班斯—奥克斯利法案》要求多、费用高，但也没有把美国市场看作交叉上市的好地方。

13.3.4 全球记名股票

戴姆勒—奔驰公司和克莱斯勒公司于1998年11月17日合并，组成戴姆勒—克莱斯勒公司，属德资企业。这次合并堪称全球股票市场的里程碑，因为它同时创造了一种新的股票——**全球记名股票**（Global Registered shares，GRS）。与美国存托凭证不同，全球记名股票是一种可以在全球交易的股票，而美国存托凭证是银行托管本国市场股票的收据凭证，且只能在外国市场上交易。戴姆勒—克莱斯勒公司全球记名股票的一级交易市场是法兰克福股票交易所和纽约证券交易所。然而，它们是在全球共20家交易所进行交易的。这些股票完全可以互换，即在一家交易所购买的全球记名股票可以在另一家交易所出售。它们的交易货币都是美元和欧元。不过，需要有一家新的全球股票过户登记处，来将美、德两国的过户代理商以及登记人加以联结，以方便结算工作的进行。2007年10月，公司剥离了克莱斯勒，改名为戴姆勒AG。这样，戴姆勒AG仍然作为全球记名股票进行交易。2010年5月，戴姆勒AG决定从纽约证券交易所撤销上市，并就此向美国证券交易委员会提出申请。2010年6月7日，撤销上市生效，戴姆勒AG的全球记名股票开始在场外市场交易。这样，戴姆勒AG就不用再按1934年《证券交易法案》的要求进行报告，也不用遵从2002年《萨班斯—奥克斯利法案》的问责要求。如此一来，戴姆勒AG每年可节省数百万欧元的费用。戴姆勒AG对此的解释是：如今的全球市场已经具有高交易量，因此没有必要再在众多市场进行交叉上市了。2010年9月23日，戴姆勒AG在美国场外市场发行了第一级场外交易美国存托凭证，而且每一份美国存托凭证等于1股全球记名股票。相对于美国存托凭证，全球记名股票的主要优点是，全部股东的地位相同，都有直接投票权；其主要缺点是，在建立全球性的登记和结算设施方面的花费更高。目前，全球记名股票已取得了一定的成功，许多公司正在考虑用全球记名股票来取代美国存托凭证。[⊖]德意志银行和瑞士联合银行集团也发行有全球记名股票。

【例 13-1】戴姆勒 AG 公司

戴姆勒AG公司是著名的德国汽车生产商，公司股票在德国的法兰克福股票交易所交易上市。与此同时，公司在美国场外市场发行了第一级场外交易美国存托凭证。在2016年6月6日，星期一，戴姆勒AG公司股票在法兰克福股票交易所以59.50欧元/股的价格收盘。同一天，其美国存托凭证在美国的收盘价为67.60美元/股。为了避免投资者在这两个交易所间进行套利交易，戴姆勒AG公司的股票必须实现按汇率调整后的相同价格进行交易。市场确实对此采取了措施。6月6日这天，美元兑欧元的汇率是1.135 5美元/欧元。因此，59.50欧元×1.135 5美元/欧元=67.56美元，在数量上非常接近在美国的收盘价67.60美元。这中间的差异很容易理解，美国场外交易市场要比法兰克福股票交易所晚几个小时收盘，因此两者市场价格难免会发生微小的变动。

⊖ 本节的大部分资料引自G.Andrew Karolyi 于2003年所做的实证研究。

13.3.5 关于交叉上市与美国存托凭证市场的实证研究

针对交叉上市，特别是关于美国存托凭证，一些实证研究得出了一些重要发现。

Park（1990）发现，美国存托凭证收益率的波动（或变化）有相当大的一部分可以通过本国市场中标的股票价格的变动来加以解释；然而，在美国市场上观察到的信息也是美国存托凭证产生报酬的重要因素。

Kao、Wei 和 Vu（1991）研究了美国存托凭证作为金融工具在构建分散化权益投资组合中的作用。他们在研究过程中使用了 1979～1989 年美国存托凭证的月收益率数据，这些存托凭证的标的股票来自英国、澳大利亚、日本、荷兰和瑞典。他们发现，经风险调整后，无论以美国股票市场的基准还是世界股票市场的基准来衡量，美国存托凭证的国际分散化组合都要胜出一筹。

Jayaraman、Shastri 和 Tandon（1993）从标的股票的风险和收益的角度考察了美国存托凭证上市的影响。他们发现，在初始发行日，标的股票有正的异常绩效（如：超过预期均衡收益的收益）。他们将这种结果作为证据，来说明美国存托凭证的上市为发行公司提供了又一个筹集新权益资本的市场。此外，他们还发现标的股票收益率的波动幅度（变化）有所增加。他们认为该结果符合这一理论：美国存托凭证与标的股票市场之间存在的信息不对称会导致差价的产生，而掌握着专有信息的交易者就会试图从此中获利。

Gagnon 和 Karolyi（2004）将美国存托凭证和在美国市场上市交易的其他类型的交叉上市股票的价格与 39 个国家或地区的 581 家公司在本国市场价格在剔除货币因素后进行了同步比较。结果发现，对于绝大多数股票而言，交叉上市股票的价格与本国市场股票的价格相差 20～85 个基点，因此在考虑交易成本的情况下限制了套利的机会。不过，如果存在限制套利的制度性壁垒，那么价格偏离情况较大，或是溢价 66%，或是折价 87%。不过，这种大幅度的价格偏离不会持续到第二天。他们还发现，与本国市场相比，如果在美国市场交易的比重越大（小），那么在美国交易的交叉上市股票与美国市场指数的相关程度就较高（低）。

Berkman 和 Nguyen（2010）以 1996～2005 年间来自 30 个国家的 277 家企业为样本考察了在美国交叉上市对国内流动性的影响。其研究结果发现，来自公司治理不完善和会计准则不健全国家的公司在交叉上市后的头两年国内流动性得到改善，但随后又逐渐下降。不过，根据他们的发现，交叉上市总体上不能明显提高国内流动性。他们的发现显然与绑定理论不相一致。按照该理论的判断，来自缺乏投资者保护的企业应当出现国内流动性的持续提高。

Abdallah 和 Ioannidis（2010）对之前的研究进行了重新考察。他们发现，如果在本地市场业绩不错时期交叉上市，那么往往可以利用股价高估的机会在交叉上市国筹集新的资本。他们还发现，交叉上市后收益率出现异常下降，而且如果交叉上市前收益越异常，下降就越明显。他们的研究发现只能证实了前人的发现：交叉上市后本地市场风险下降，但这种下降逐渐变小。这些发现符合那些在受管制的美国交易所或在场外市场交叉上市的公司的情况，也符合来自大陆法系和英美法系国家的公司。总体而言，他们的研究结果并不支持绑定理论的预测，即交叉上市传递出公司关注投资者利益保护的信号，因此能通过降低要求报酬率来提高企业的价值。

Doidge、Karolyi 和 Stalz（2010）研究了为什么那些已经交叉上市的外国企业选择从美国股票交易所退市。美国证券交易委员会于 2007 年 3 月 21 日实施的《交易法案规则 12h-6》

使得外国公司撤销在美国股票交易所的上市变得容易。可用两个理论来预测为什么公司要决定撤销上市。按照绑定理论的预测，对于缺乏成长性的公司，根本没有对新的外部资本的需求，而其中业绩糟糕的公司也许就有可能遭到退市。按照竞争力丧失理论，《萨班斯—奥克斯利法案》下的合规成本以及可能的其他监管变化导致公司利润下降，致使交叉上市的价值变负。根据他们所发现的最有力证据，企业退市并离开美国市场（随后也不在美国场外市场上市）的原因就是企业认为未有筹集新的外部资金的需求。按照他们的研究，《萨班斯—奥克斯利法案》并非影响企业离开美国市场的决定因素。

13.4 国际股票市场指数

为了衡量具体国家的股票市场的活跃程度和绩效，人们采用了一国二级市场上交易的股票指数。投资者可以参照一些国家的股票指数来进行投资决策。

由摩根士丹利资本国际（MSCI）编制并出版的股票指数是反映一个国家股票市场绩效的极好的资料来源。MSCI提供了发达国家的23个股票市场、24个新兴市场国家和32个前缘市场国家（指拥有传统发达国家和新兴市场所没有的投资机会的国家）的收益率和市价的有关资料。在构建这些指数时，MSCI努力使所采用的一国的股票至少代表该国各产业85%的市场资本总值。每个国家的股票指数都以市场价值为权重，也就是说，一只股票所代表的指数比例是由它在整个指数所涉及的股票市场资本总值中所占的比例多少来决定的。此外，MSCI公布了由23个国家的股票指数所组成的以市值为权重的世界指数。世界指数包括全世界大约2 600家主要公司所发行的股票。MSCI还公布了一些地区性指数，包括：来自21个国家大约1 000只股票的欧洲、澳大利亚和远东指数（EAFE）；美国和加拿大的北美指数；远东指数（包括3个国家）；一些欧洲指数（取决于具体的成员国）；北欧指数（包括4个国家）；太平洋指数（包括5个国家）；新兴市场指数（包括23个国家）。EAFE指数得到广泛采用，除了不能代表北美股票市场的绩效外，它几乎就是世界指数。MSCI还公布很多种工业指数，每一种都分别包括了它所报告的国家中相关产业的股票发行情况。最近，为了更好地反映股票市场情况，MSCI推出两个新的指数：全球所有国家可投资市场指数（ACW）与除美国外全球所有国家可投资市场指数（ACW ex US）。ACW指数包括9 000多只股票，代表46个MSCI发达国家与新兴市场国家的指数，ACW ex US指数包括6 000多只股票，代表全球98%的美国以外的市场。

《金融时报》除了按当地货币报道各国或地区交易所的主要股票市场指数值外，还报道来自世界各国或地区股票市场的指数值。在这些指数中，许多都是由股票市场自己或者著名的投资咨询公司编制的。表13-6给出了每日刊发在《金融时报》上的指数表。

表13-6　主要国家或地区的股票市场指数

国家/地区	指数	国家/地区	指数
阿根廷	Merval指数	巴西	Bovespa指数
澳大利亚	全部普通股指数 S&P/ASX 200Res指数 S&P/ASX 200指数	加拿大	S&P/TSX Met & Min指数 S&P/TSX 60指数 S&P/TSX综合指数
奥地利	ATX指数	智利	IGPA Gen指数
比利时	BEL20指数 BEL Mid指数	中国大陆	上海A股指数 上海B股指数

(续)

国家/地区	指数	国家/地区	指数
中国大陆	上海综合指数	马来西亚	富士大马 KLSE 综合指数
	深圳 A 股指数	墨西哥	IPC 指数
	深圳 B 股指数	摩洛哥	MASI 指数
	富时 A200 指数	荷兰	AEX 指数
	富时 B35 指数		AEX 全部股份指数
哥伦比亚	COLCAP 指数	新西兰	NZX50 指数
克罗地亚	CROBEX 指数	尼日利亚	SE 全部股份指数
塞浦路斯	CSE M&P Gen 指数	挪威	奥斯陆全部股份指数
捷克共和国	PX 指数	巴基斯坦	KSE100 指数
丹麦	OMX 哥本哈根 20 指数	菲律宾	马尼拉综合指数
埃及	EGX30 指数	波兰	WIG 指数
爱沙尼亚	OMX 塔林指数	葡萄牙	PSI 综合指数
芬兰	OMX 赫尔辛基指数		PSI20 指数
	General 指数	罗马尼亚	BET 指数
法国	CAC 40 指数	俄罗斯	RTS 指数
	SBF120 指数		MICEX 综合指数
德国	M-DAX 指数	沙特阿拉伯	TADAWUL 全部股份指数
	XETRA Dax 指数	新加坡	新加坡海峡时报指数
	TecDAX 指数	斯洛伐克	SAX 指数
希腊	雅典 Gen 指数	斯洛文尼亚	SBI TOP 指数
	富时 /ASE 指数	南非	富士 JSE 全部股份指数
中国香港	恒生指数		富士 JSE Top 40 指数
	恒生中国企业指数		富士 JSE Res 20 指数
	恒生企业指数	韩国	KOSPI 指数
	恒生红筹股指数		KOSPI 200 指数
匈牙利	Bux 指数	西班牙	马德里 SE 指数
印度	BSE Sens 指数		IBEX 35 指数
	S&P CNX500 指数	斯里兰卡	CSE 全部股份指数
印度尼西亚	雅加达综合指数	瑞典	OMX 斯德哥尔摩 30 指数
爱尔兰	ISEQ 综合指数		OMX 斯德哥尔摩全部股份指数
以色列	特拉维夫 100 指数	瑞士	SMI 指数
意大利	富士 MIB 指数	中国台湾	加权指数
	富士意大利 MID Cap 指数	泰国	曼谷 SET 指数
	富士意大利全部股份指数	土耳其	BIST 100 指数
日本	日经 225 均指数)	阿拉伯联合酋长国	阿布扎比综合指数
	东证指数	英国	富士 100 指数
	S&P 东证 150 指数		富士 30 指数
	2nd Section 指数		富士全部股份指数
约旦	安曼 SE 指数		富士 techMARK100 指数
肯尼亚	NSE20 指数		富士 4GoodUK 指数
科威特	KSX 市场指数	美国	标准普尔 500 指数
拉脱维亚	OMX 里加指数		富士纳斯达克 500 指数
立陶宛	OMX 维尔纽斯指数		纳斯达克综合指数
卢森堡	卢森堡综合指数		纳斯达克 100 指数

(续)

国家/地区	指数	国家/地区	指数
美国	Russell 2 000 指数	跨境指数	富士 E300 指数
	纽约证券交易所综合指数		FTSEurofirst 80 指数（欧元）
	Wilshire 5 000 指数		FTSEurofirst 100 指数（欧元）
	道琼斯工业指数		富士 Lattbex Top 指数（欧元）
	道琼斯综合指数		富时 Eurotop 100 指数
	道琼斯交通指数		富士 Gold Min 指数（美元）
	道琼斯公用事业指数		富士 All World 指数
委内瑞拉	IBC 指数		富士 World 指数（美元）
越南	VNI 指数		MSCI All World 指数（美元）
跨境指数	STOXX50 指数（欧元）		MSCI ACWI Fr 指数（美元）
	Euro Stoxx 50 指数（欧元）		MSCI 欧洲指数（欧元）
	DJ Global Titans 指数（美元）		MSCI 太平洋指数（美元）
	Euronext 100 ID 指数		SAP 全球 1 200 指数（美元）
	富士 Multinatts 指数（美元）		SAP 欧洲 350 指数（欧元）
	富士 Global100 指数（美元）		SAP 欧元指数（欧元）
	富士 4Good Glob 指数（美元）		

资料来源：*Financial Times*, May 17, 2016, p. 218.

标准普尔也发布标准普尔 ADR 指数，而且投资者可以对该指数进行投资，以便投资者评价在美国的股票交易所交易的国际股票。标准普尔 ADR 指数包括作为二级或三级 ADRs、全球股票或普通股票而交易的标准普尔全球 1 200 指数成员的外国公司。该指数采用市值加权法，包括来自 29 个国家的 260 种证券。

13.5 埃雪 MSCI 基金

BlackRock 国际投资管理公司引入的埃雪 MSCI 基金（iShares MSCI），是作为一种可以便利对国家、区域和世界基金进行投资的工具。埃雪 MSCI 基金是各篮子股票，旨在复制各类 MSCI 股票指数。目前，有数十只埃雪 MSCI 基金。其中，有少量为国别基金，其余都是复制其他 MSCI 股票指数，如世界股票指数、EAFE 股票指数与新兴市场股票指数。埃雪 MSCI 基金属于交易所交易基金，绝大多数在 NYSE AMEX 交易。

在交易所交易的埃雪基金必须遵守美国证券交易委员会（SEC）和美国国家税收总署（IRS）的分散化要求，即严禁将基金的 50% 以上投资于 5 只或 5 只以下的证券，或者对某一种证券的投资不得超过投资基金的 25%。因此，对一些国家而言，这种投资基金不能很好地复制 MSCI 国家指数。然而对于投资者而言，埃雪股却是实现在不同国家多样化投资的一个低成本且便捷的方法。《华尔街日报》上总会刊登在交易所交易时间最长的 100 只基金每日的价值。

国际财务实践专栏 13-1 "投资南非，兴趣日浓"所讨论的是，如何通过埃雪股 MSCI 南非交易投资基金来对南非进行投资。

| 专栏 13-1 | 国际财务实践

投资南非，兴趣日浓

在过去的 3 年里，南非的股票市场已经迈入了世界领先者的行列，为那些受货币升值驱动而大幅增加的外国投资者带来了回报。然而，在这段时间的大部分时间里，外国投资者的投资兴趣还是相当谨慎的。这种局面直到 2004 年的最后一个季度才发生扭转，外国投资者在约翰内斯堡证券交易所（JSE）对南非股票的净购买额飙升至 210 亿南非兰特（相当于 37.4 亿美元），创下了季度历史新高。

第四季度股票的净购买额远远超过过去 5 年的季度平均值 37 亿南非兰特或者按那段时间的平均汇率所折算的 8.95 亿美元。伦敦证券公司的南非首席经济学家安德烈·罗克斯（Andre Roux）说道，"外国投资者似乎要采取一致行动，来使南非（SA）股票尽快从低迷中走出。"

与以往外国投资者的购买不同的是，这次的购买并不限于资源类股票。"他们正想从目前炙手可热的国内经济态势中分一杯羹，把包括银行、本地产业和电子等行业都纳入他们的采购计划之中"，罗克斯说道，"从全球角度来看，南非股票价格公道，而且国家正处于经济高度增长的时期，货币更充足、利率更稳定，购买者对此也显得比较满意。"

遗憾的是，股票投资的范围仅局限于投资以美元、欧元或英镑表示的纯南非共同基金。目前，最大的两个投资工具分别是：巴克莱国际投资管理公司（BGI）的 1.27 亿美元的埃雪 MSCI 南非指数（iShares SA），这是一家在美国股票交易所挂牌的交易所指数基金（ETF）；百慕大公司的 6 500 万英镑百慕大南非信托（SAT），这是一家在伦敦证券交易所挂牌的投资公司。

作为交易所指数基金（ETF），埃雪南非指数（iShares SA）是一种指数跟踪产品；南非信托则采取灵活运作，还把 FTSE/JSE 全部股票指数作为其基准。这两种产品的组合叫作大盘蓝筹股，但是南非信托对资源的投资占到 41.3%、对金融投资占 24.6%，这要低于埃雪南非指数 48.1% 的资源投资和 27.0% 的金融投资。但与埃雪南非指数 24.9% 的产业投资相比，南非信托对产业的投资却高达 34.1%。

2004 年，南非兰特的强势造成了对资源投资的萎缩，而高业绩的零售商（如 Truworths 和 Massmart）的出现却使得对产业的投资走高，这两者共同作用，使得南非信托在 2004 年占得了先机。南非信托年末以 49.9% 的收益率收盘，而埃雪南非指数也达到 43.6%（用英镑表示的）。然而，用美元表示的埃雪南非指数却遥遥领先，收益率为 55.4%。

资料来源：Excerpted from *Funds International*. London: VRL Publishing, Ltd., January 2005, p. P1.

13.6 国际股票收益率的影响因素

在结束本章之前，探讨一些影响股票市场收益率的因素的实证证据将会大有裨益。毕竟，要构建起高度分散化的国际股票投资组合，投资者必须估算出其投资组合中各证券的预期收益率以及该组合中的两两相关性。如果股票的收益率仅受一组普通因素的影响，那么投资者可以更容易地准确估算出这些参数。这些因素可能包括：① 影响股票发行企业开展运营活动的整体经济环境中的宏观经济变量；② 股票发行企业所在国与该企业的供应商、客户、投资者所在国之间汇率的变化；③ 企业经营所在国的产业结构。

13.6.1 宏观经济因素

目前,有两项研究检测出了不同宏观经济变量对股票收益率的影响。Solnik(1984)考察了汇率变化、利率差异、本国利率水平以及本国通货膨胀预期值的变化对股票收益率的影响。他发现,与本国货币变量相比,国际货币变量对股票收益率的影响甚微。在另一项研究中,Asprem(1989)发现,工业生产、就业、进口、利率水平和通货膨胀指标的变化只能解释他所研究的10个欧洲国家股票市场收益率变动的一小部分原因,而绝大部分的收益率变动可以用国际股票市场指数加以解释。

13.6.2 汇率

Adler和Simon(1986)抽取了一组外国股票和债券指数的样本,考察它们受汇率变化的影响程度。他们发现,汇率变化通常可以解释外国债券指数变化的大部分原因,但外国股票市场对汇率变化的敏感程度要高于外国债券市场。此外,他们的研究结果还表明,规避(或防范)外国股票投资中的汇率不确定性风险是明智的做法。

Eun和Resnick(1988)在另一研究中发现,主要股票市场和外汇市场之间的交叉相关系数虽然非常小但为正,表明特定国家的汇率变化会强化该国及其他被考察国股票市场的走势。最近,Gupta和Finnerty(1992)利用主成分分析方法,对来自5个国家的30只股票的15年的月度数据进行了分析,发现汇率风险通常并没有体现在价格中。

13.6.3 产业结构

考察产业结构对外国股票收益率影响的研究并没有形成定论。在一项考察各国股票市场结构的相关性研究中,Roll(1992)得出了这样的结论:一国的产业结构非常重要,它可以在相当大的程度上解释国际股票指数收益率的相关结构。他还发现,产业因素要比汇率因素更能解释股票市场的变化。

相反,Eun和Resnick(1984)在对8个国家12个产业的160只股票样本的调查发现,强调国家因素的模型要比强调产业因素的模型能更好地估计国际证券收益率两两之间的相关结构。同样,Heston和Rouwenhorst(1994)对来自12个国家代表7大产业板块的829家公司的个股收益率数据进行研究后发现,"产业结构对各国股票市场收益率变动的影响非常小,而各国股票指数之间的低相关性几乎完全是由国别差异因素所造成的。"

Rouwenhorst(1999)和Beckers(1999)同时考察了欧洲货币联盟(EMU)对欧洲股票市场的影响,并得出了相反的结论。Rouwenhorst认为,对于自1982年以来的西欧而言,国别因素对股票收益率的影响要大于产业因素,而且这种状况贯穿于1993~1998年。在此段时间里,西欧各国的利率在趋同,加入欧洲货币联盟的国家的财政政策和货币政策也逐渐变得协调一致。另一方面,Beckers发现,随着欧洲各国的财政、货币和经济政策的一体化,市场之间以及不同市场的相同部分之间的相关性有所增加。因此他认为,这些国家间的两两相关性的增加意味着对欧元区进行分散化投资的收益率的降低。

Griffin和Karolyi(1998)通过研究货物贸易产业和非货物贸易产业是否存在实际差异,考察了产业结构协方差的影响。他们发现,在货物贸易产业,不同行业中的企业的跨国协方差要大于某一既定行业内企业的跨国协方差。相反,对于非货物贸易行业,企业是否属于同一个行业对跨国协方差的影响不大。

Phylaktis和Xia(2006)利用1992~2001年间来自34个国家50个行业类别的数据库考察了国家和行业对国际权益报酬的影响。他们的研究强调的是这些影响随时间推移而出现的变化情况以及地理差异。他们得到的主要结论包括：① 在整个研究期间，国家影响较行业影响明显得多，但从1999年起，行业影响开始变得明显；② 这种变化的程度随地区不同而不同，在欧洲和北美更为明显，不过，国家影响在亚太和拉美地区更为明显。

本章小结

本章对国际股票市场做了概要介绍。这里所介绍的内容不仅可以帮助读者理解跨国公司如何在国内一级市场之外筹集新的权益资本，也为那些对国际证券投资分散化感兴趣的投资者提供了关于制度方面的有用信息。

1. 本章首先介绍了发达国家主要股票市场及发展中国家新兴股票市场的统计概况，还提供了各个股票市场的总市值和交易额方面的资料。表13-1表明，绝大多数国家或地区的股票市场的资本总值在2011～2015年间实现了增长，主要来自于这些国家或地区在金融危机后实现了经济的恢复。此外，许多发展中国家股票市场的交易周转率仍然很低，表明这些市场的流动性并未得到改善。

2. 本章还重点讨论了股票二级市场结构的差异性。传统上，二级市场被分为自营商市场或代理商市场。这两种市场结构虽然都能实现股票市场的连续交易，而非连续交易市场则往往为代理商市场。场外交易市场、专营商市场及自动化市场都使得连续的市场交易成为可能。短期同业拆借市场和集合交易都属于非连续交易形式。本章用表格的形式总结了不同国家股票市场的交易费用情况（包括佣金和税金），并比较了各个市场的特征。值得注意的是，绝大多数国家的股票市场都已至少部分实现了自动化交易。

3. 本章还深入讨论了公司股票在国外交易所交叉上市的情况。公司将其股票交叉上市的目的在于：扩大其股票的投资者人数；在国外资本市场树立声誉；为向这些市场上的投资者筹集新的权益资本和债务资本铺平道路。本章还就扬基股票，即向美国投资者出售的外国股票进行了讨论。在美国市场上，扬基股票是作为美国存托凭证进行交易的。美国存托凭证是一种代表着各种外国股票的、存于外国银行的存单。美国存托凭证消除了进行实际股票交易的部分风险、延误、不便以及费用。

4. 本章还介绍了各种衡量国际股票市场的指数。了解从何处获得具有对比意义的股票市场绩效资料是很有用的。本章还详细讨论了MSCI指数。此外，还给出了各国交易所或主要投资咨询机构所发布的主要国家的股票市场指数情况。

5. 一些实证研究对可能影响股票收益率的因素进行了检验。结果表明，与国际货币市场因素相比，本国利率水平及本国通货膨胀的预期变化等因素对本国股票收益率有着更大的影响。产业结构似乎并不是最为重要的因素。实证研究还发现，股票收益率对本币的汇率变动较为敏感。

本章拓展

第14章

利率互换与货币互换

本章提纲

互换的种类
互换市场的规模
互换银行
互换市场的报价
利率互换
货币互换
基本货币互换的定价
对基本货币互换的反思
基本利率互换与基本货币互换的各种变体

利率互换与货币互换的风险
互换市场的有效性
本章小结
本章拓展
关键词
思考题
计算题
小型案例：Centralia 公司的货币互换

　　第 5 章介绍了远期合约，一种用于规避汇率风险的工具；第 7 章又介绍了其他规避外汇风险的工具：期货和期权合约。然而，这些工具的使用期限很少有长达几年的。第 7 章还讨论了用来规避短期以美元计价的利率风险的欧洲美元期货合约。本章中我们将探讨利率互换，包括单一货币和交叉货币，这些都是用来规避长期利率和外汇风险的方法。

　　本章首先将介绍一些有用的定义，以界定和区分利率互换和货币互换，并给出有关利率互换与货币互换市场规模的数据。随后，我们将阐述利率互换的用途，然后考察如何构建货币互换。本章还将详述互换交易商在持有利率互换和货币互换组合时所面临的风险以及互换的定价方法。

14.1 互换的种类

　　在利率互换融资中，**交易双方**（counterparties）亦即两个对等方，签订合同来定期交换现金流。利率互换的方式有两种：一种是**单一货币利率互换**（single-currency interest rate swap），一般简称利率互换；另一种是**交叉货币利率互换**（cross-currency interest rate swap），通常称为货币互换。

在基本的固定利率对浮动利率的利率互换（又被戏称为"香草"交易）中，交易一方将其浮动利率债务下的利息支付与对方固定利率债务下的利息支付相交换。两种债务均用同种货币标价。人们之所以会采用利率互换，是为了使现金的流入和流出更好地相匹配，或为了节约成本。基本利率互换有多种变体，接下来将就其中的几种加以讨论。

在**货币互换**（currency swap）中，交易一方将以一种货币表示的债券的还本付息义务与对方以另一种货币表示的债券的还本付息义务相交换。基本的货币互换包括固定汇率下的还本付息债券互换。人们之所以使用货币互换，是为了以更低的成本进行所互换货币标价的债务融资，和/或为了规避长期外汇风险。国际财务实践专栏14-1"世界银行的首笔货币互换业务"介绍了第一笔货币互换业务。

| 专栏 14-1 |　　　　　　　　　国际财务实践

世界银行的首笔货币互换业务

世界银行经常在世界各国资本市场及欧洲债券市场上借款。它倾向于借入名义利率较低的货币，比如德国马克和瑞士法郎。1981年，世界银行对这些货币已经达到官方借款限额，但却希望借入更多。恰巧，IBM公司拥有几年前发生的大量的德国马克及瑞士法郎债务。这些借款已被兑换为美元以供公司使用。所罗门兄弟有限公司说服世界银行发行与IBM公司债务期限一致的欧洲美元债券，为的是能够与IBM公司进行货币互换。IBM公司同意偿付世界银行欧洲美元债券的本息（利息加本金），进而世界银行也就同意偿付IBM公司的德国马克及瑞士法郎债务。虽然互换的详细过程没有公开，但交易双方都由于支付了较低的总成本（包括利息支出、交易费用及服务费用）而获益。另外，世界银行也通过利用这种间接方式取得了所需货币来获取收益，而不用直接到德国和瑞士资本市场上去筹资。

14.2 互换市场的规模

如上述国际财务实践专栏14-1所示，首先发展起来的是货币互换市场。但如今，利率互换市场的规模却更大。表14-1给出了一些有关利率互换和货币互换市场规模和发展状况的统计数据。这里的市场规模用**名义本金**（notional principal，决定利息支付量的参考本金）来衡量。如表14-1所示，自2007年以来利率互换出现了萎缩。未清偿的利率互换的交易总量从2007年年末的310万亿美元下降到了2015年年末的289万亿美元，跌幅为7%。导致萎缩的原因有二：一是下一节所要讨论的对这一市场管制的强化；二是新产生的交易所交易利率期货合约对场外利率互换市场的竞争。未清偿的货币互换的交易总量从2007年年末的14.3万亿美元增长到2015年年末的超过22.7万亿美元，增加了59%。

尽管表14-1没有明示，但用于进行利率互换和货币互换的四种最常见的标价货币是：欧元、美元、日元和英镑。另外，第五种最常见的标价货币是：用于利率互换的加拿大元和用于货币互换的瑞士法郎。

表 14-1　场外利率互换和货币互换市场的规模

（表中数字为未清偿的名义本金[①]；单位：10亿美元）

年份/年	利率互换	货币互换
2007	309 588	14 347

(续)

年份/年	利率互换	货币互换
2008	309 760	13 322
2009	349 236	16 509
2010	364 377	19 271
2011	402 611	22 791
2012	370 002	25 420
2013	456 725	25 448
2014	381 129	24 042
2015	288 634	22 750

① 名义本金仅用作确定利息支付量的一个参考标准。在利率互换中，本金实际上并没有发生交换。在互换开始的当天，互换双方的市场价值相等。当利率发生变化时，现金流的价值也会改变，因而互换双方价值就不再相等，这就是利率风险，变动幅度可以达到名义本金的2%~4%，只有这一小部分归结于信用（或违约）风险。利率互换的名义本金需要调整以便反映因中央清算而产生的双重计算以及因抵消交易净额结算而产生的减少计算。

资料来源：Interest rate swap notional values are compiled from various issues of *International Banking and Financial Market Developments*, Bank for International Settlements.

14.3 互换银行

互换银行（swap bank）是为交易双方提供互换业务的金融机构的通称。互换银行可以是国际性的商业银行、投资银行、商人银行或独立的经营者。互换银行既可以充当经纪人，也可以充当交易商。作为经纪人，互换银行促成双方的交易，但不承担任何交易风险。互换经纪人也因提供这种服务而收取佣金。如今，大部分的互换银行都充当**中介商**（swap broker）**或做市商**（swap dealer）。作为做市商，互换银行必须愿意接受任何一方的货币互换，而后将其贷出或寻求另外的交易者。此时，互换银行担任的是互换交易的角色，因而要承担一定的风险。显然交易商地位更具风险性，因此互换银行要获取一部分现金流以补偿其承担的风险。

在全球金融危机期间，场外衍生品市场所出现的问题高度引人注目。这些问题带来了政府新的监管规定，目的是要提高金融市场的交易稳定性。就利率互换与货币互换交易而言，两项新的监管规定产生了明确的影响。在美国，根据《多德—弗兰克法案》的修正条款，《商品交易所法案》赋予商品期货交易委员会新的权力，可以针对互换交易商和主要的互换交易参与者制定标准，以便及时准确地确认、核对、压缩和记录互换交易。在欧盟，欧洲证券和市场监管局采用了新的欧洲市场基础设施监管规定，规定了中央交易对手方和交易数据库，要求交易方必须有适当的程序和安排，以监测和降低操作风险和交易对手的信用风险，从而降低利率互换的风险。目前，货币互换交易还不需要进行中央结算。此外，必须以初始保证金的形式提供担保。伴随着这些变化，现在互换市场的运作方式与第7章所描述的期货市场相类似。国际财务实践专栏14-2"双重欺骗"针对新的监管规定下实施中央结算所过程中的问题进行了讨论。

| 专栏 14-2 | 国际财务实践

双重欺骗

对于清算所而言，并非规模越大越好

  在伦敦金融区边缘的阿尔德盖特大街上，一家博彩公司吸引了相当多的风险投资者。但在马路对面，伦敦证券交易所（LSE）旗下的伦敦结算所才是真正处理大赌注的地方。现在，它和其他结算所在高端金融领域占有重要地位。它们确保了每天都有数万亿美元的衍生品合约得到支付。十年的交易造就了五家巨大的怪兽级交易所：伦敦证券交易所、德意志交易所、芝加哥商品交易所集团、洲际交易所和香港交易所。伦敦证券交易所与德国证券交易所拟议的合并计划，将使怪兽级交易所的数量缩减至 4 家。

  虽然伦敦证券交易所和德意志交易所分别从各自的交易所取其名称，但现在它们所赚的钱绝大部分靠的是各自的清算所——伦敦结算所以及欧洲结算所，毕竟衍生品的清算已成为现代金融体系的核心。

  假设有两家银行想要对利率波动进行方向相反的对冲。它们签订了一份合约，如果利率上升，那么其中的一家需要付款给另一家；当然，如果利率下降，那么付款情况就相反。理论上，潜在的损失或收益是无限的，因为利率变化没有上限（或下限）。为了确保对方能付清款项，双方通常要借助作为中间人的清算所。考虑到结算费，结算所会与双方签订了两个相互抵消但技术上独立的衍生产品合约。只要双方都认为这样做可以赚到钱，他们就知道自己的投资是可靠的。

  但是，清算所现在面临的风险是，输的一方拿不出资金来。因此，它要求双方拿出抵押品，或者保证金；如果其中一方违约，它就可以扣留抵押品。当然，如果违约方欠款超过了保证金，那么清算所就只能自己承担损失。

  从理论上讲，这一制度降低了银行倒闭导致危机蔓延的风险，使金融体系更具弹性。2009 年，由大型经济体组成的 G20 集团决定，简单的衍生品合约应该全部通过清算所进行，而不是直接在双方之间进行结算。其结果是，清算所也被称为中央交易对手，现在处理的交易价值估计高达数万亿美元。

  清算所的保证金越高，它们就越安全。要求的保证金是用复杂的精算模型计算出来的，并且受到严格的监管。交易风险越大，所需的保证金自然就更多。伦敦结算所以及欧洲结算所之间持有大约 1 500 亿欧元（约合 17 010 亿美元）的抵押品。德意志交易所指出，其庞大的保证金有助于确保"全球金融市场的安全、弹性和透明度"。但是，要客户提供更多的抵押品显然是很昂贵的。因此，为了竞争到客户，清算所都不愿实施要求较多保证金的措施。

  当然，银行不仅仅赌利率。它们还可以购买与债券收益率或汇率波动相关的衍生品。其中一些衍生品的价格相互之间存在某种可预测的关系。例如，利率期货的收益会抵消债券价格期货的损失。在确定要求客户提供的抵押品的总额时，清算所会考虑到这种相关性因素。这一方法被称为"交叉保证金"或"投资组合保证金"。芝加哥商品交易所集团曾夸口说，其投资组合服务可以减少 54%～80% 的保证金需求。伦敦清算所的"Spider"和欧洲结算所的"Prisma"也做了类似的事情。

  所有这些都给清算所的合并带来了动力。一些客户利用伦敦结算所和欧洲结算所来做相关的对赌。如果两家结算所合并，他们就可以利用交叉保证金来降低客户所需的抵押品数量，从而在竞争中获得优势。（至少他们曾最初表示过会将这种补偿限制在给予完美匹配的衍生品上）。

不过，这也有不利的一面。交易所行业已经高度集中，不管谁吞并了 LES（ICE 可能会介入），五大交易所都将变为四大交易所。一旦合并，系统内抵押品的数量可能就会减少。

这样做也可能带来风险。在危机期间，不同资产类别之间的相关性有时会消失。1987 年股市崩盘后，香港期货交易所的清算所就发生了不可预知的变动，结果导致香港资本市场的关闭。这类事件表明，依赖相关性来降低保证金要求的模式必须做得极端保守。

没有证据表明任何大的清算所持有的抵押品太少。它们的模式是按两个最大客户同时失败的情况来设计的。如果情况变糟，那么它们也可以动用巨额的违约基金。但令人担忧的是，竞争的逻辑似乎是清算所越来越大的，而抵押品越来越少。

资料来源：© The Economist Newspaper Limited, London, April 2, 2016.

14.4 互换市场的报价

互换银行会根据客户的需要，为它们量身定制关于利率互换和货币互换的条款。它们也会为普通互换交易做市，为具有 Aa 或 Aaa 信用等级的交易双方提供合适的现行市场报价。假设有一基本型的美元固定利率对浮动利率的互换，其中利率按美元的 LIBOR 进行指数化。互换银行通常会依据 3 个月或者 6 个月的美元 LIBOR 平价（即没有信用溢价）报出固定利率的买卖价差（半年或一年期）。假设有一每半年付息一次的 5 年期互换的标价为 8.50%～8.60%，而且是依据 6 个月 LIBOR 平价所报的。这就意味着互换银行将按每半年付息一次的固定利率 8.50% 支付美元款项，而按 6 个月的美元 LIBOR 平价收取款项；或是收取按每半年付息一次的固定利率 8.60% 计算的美元款项，而支付的款项按 6 个月的美元 LIBOR 平价计算。

按照惯例，互换银行在对某种货币的利率互换利率进行报价时，要参照当地同种货币的标准利率；在对货币互换利率报价时，则要参考美元的 LIBOR。例如，对一项每半年付息一次的 5 年期瑞士法郎（SF）互换业务来说，假设依据 6 个月 LIBOR 平价所确定的买卖互换报价为 6.60%～6.70%。这意味着在某一利率（或货币）互换中，互换银行会按每半年付息一次的固定利率 6.6% 支付瑞士法郎款项，而按 6 个月瑞士法郎（美元）LIBOR 收取款项；或是收取每半年付息一次的固定利率为 6.7% 的瑞士法郎款项，而按 6 个月瑞士法郎（美元）LIBOR 来支付款项。

接下来，如果互换银行根据 6 个月的美元 LIBOR 做出 8.50%～8.60% 的美元报价，并据此做出 6.60%～6.70% 的瑞士法郎报价，这样，互换银行就建立了一个货币互换。此时，互换银行要么偿还每半年付息一次的固定利率为 8.50% 的美元款项，收取每半年付息一次的固定利率为 6.7% 的瑞士法郎款项；要么收取每半年付息一次的固定年利率为 8.6% 的美元款项，支付每半年付息一次的固定利率为 6.60% 的瑞士法郎款项。

表 14-2 给出了利率互换的报价。互换银行通常会根据 90 天的 LIBOR 利率来建立互换收益曲线，这一点在第 7 章所讨论的欧洲美元利率远期合约中已有涉及。

表 14-2 利率互换的报价

6月5日	欧元		英镑		瑞士法郎		美元		日元	
	买入价	卖出价	买入价	卖出价	买入价	卖出价	买入价	卖出价	买入价	卖出价
1年	−0.16	−0.13	0.72	0.74	−0.73	−0.65	0.801	0.805	−0.08	−0.06
2年	−0.16	−0.14	0.76	0.77	−0.73	−0.70	0.943	0.948	−0.14	−0.13
3年	−0.14	−0.10	0.82	0.84	−0.72	−0.68	1.052	1.054	−0.16	−0.14
4年	−0.08	−0.04	0.89	0.91	−0.67	−0.64	1.146	1.149	−0.14	−0.12
5年	−0.01	0.03	0.97	0.99	−0.60	−0.57	1.236	1.238	−0.11	−0.09
6年	0.09	0.12	1.06	1.08	−0.52	−0.49	1.326	1.331	−0.08	−0.04
7年	0.20	0.23	1.16	1.17	−0.43	−0.40	1.410	1.415	−0.04	0.00
8年	0.32	0.35	1.24	1.26	−0.35	−0.31	1.489	1.449	0.00	0.04
9年	0.43	0.46	1.32	1.34	−0.25	−0.23	1.558	1.563	0.04	0.08
10年	0.53	0.55	1.39	1.40	−0.17	−0.14	1.625	1.626	0.07	0.11
12年	0.70	0.73	1.50	1.52	−0.07	−0.02	—	—	0.15	0.17
15年	0.88	0.92	1.61	1.63	0.06	0.11	1.870	1.870	0.28	0.31
20年	1.04	1.06	1.67	1.68	0.18	0.23	2.002	2.004	0.42	0.45
25年	1.06	1.10	1.66	1.67	—	—	2.067	2.070	—	—
30年	1.08	1.09	1.65	1.66	0.29	0.34	2.104	2.106	0.48	0.50

注：伦敦商业的买卖收盘价。英镑和日元的报价是按6个月Libor、以实际天数/365为基准计算的半年度报价，除了1年期英镑的报价是按3个月Libor、以实际天数/365为基准计算的年度报价；欧元/瑞士法郎/美元的报价是按6个月Euribor/Libor/Libor、以30/360为基准计算的年度债券报价。

资料来源：*Bloomberg*, May 17, 2016.

14.5 利率互换

14.5.1 基本利率互换

考虑下面这个基本的固定利率对浮动利率的所谓普通利率互换例子：A银行是英国一家信用评级为AAA级的国际性银行。该银行需要10 000 000美元来为其客户筹集浮动利率下的欧洲美元项目贷款。该银行正在考虑发行以LIBOR为指数的5年期浮动利率票据，或者是发行5年期的固定利率为10%的欧洲美元债券。发行浮动利率票据对A银行来说更可取，因为它可以用浮动利率负债来筹集浮动利率的资产。按照这一方法，银行可以规避固定利率发行所带来的利率风险。但如果LIBOR大幅下降的话，那么A银行在没有进行套期保值的情况下最后所支付的利息会高于它放出贷款所得的利息。

B公司是美国一家信用评级为BBB级的公司。它需要10 000 000美元为其一个具有5年期经济寿命的资本支出进行融资。该公司可以在美国债券市场上发行5年期固定利率为11.25%的债券，也可以发行利率为LIBOR+0.50%的5年期浮动利率票据。此时，固定利率的负债对B公司来说更可取，因为这种方式锁定了筹资成本。若LIBOR在债券有效期内大幅上涨的话，选浮动利率票据将是不明智的，这可能会使该项目无利可图。

若有一家对A银行和B公司的筹资需求都非常熟悉的互换银行，它就能够建立起固定利率对浮动利率的利率互换，从而使A、B双方及互换银行都受益。假定该互换银行依据LIBOR平价所报的5年期美元利率互换为10.375%～10.50%。这样，就存在互换得以产生的必要条件，即**质量价差**（quality spread differential, QSD）。所谓QSD是指分别在固定利率和浮动利率债券下的违约风险报酬差之间的差额。一般来说，前者大于后者。原因在于低评级债券的收益曲线要比高评级债券的收益曲线陡峭，金融界的理论学家们对这种现象进行了各种各样的解释，但没有哪种解释是完全令人满意的。表 14-3 描述了 QSD 的计算过程。

表 14-3　质量价差的计算

	B 公司	A 银行	差异率
固定利率	11.25%	10.00%	1.25%
浮动利率	LIBOR+0.50%	LIBOR	0.50%
			QSD=0.75%

如果 QSD 存在，则交易双方就可以在需要融资时，分别发行对自己来说最不利（但对对方而言，却是最有利）的债券，然后互换利息支付方式。这样双方就都获得了自己所期望的利息支付方式，这要比自己设法转换利息支付方式节省成本。图 14-1 描述了互换银行安排双方进行互换交易的一种可能情况。图中所用的利率是指每年对 10 000 000 美元的名义本金上所需支付的百分率。

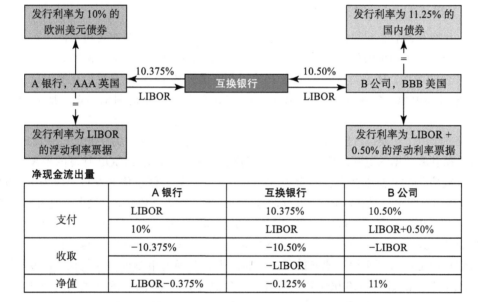

图 14-1　固定利率对浮动利率的利率互换 ①

① 本息数用 10 000 000 美元的名义本金的百分比表示。

如图 14-1 所示，互换银行指示 B 公司按 LIBOR+0.50% 发行浮动利率票据，而不是按 11.25% 的固定利率发行更为合适的负债。然后 B 公司转给互换银行 10.50%（按 10 000 000 美元的名义本金计算），得到 LIBOR。B 公司总共支付 10.50%（给互换银行）加上 LIBOR+0.50%（给浮动利率的债券持有人），且又得到 LIBOR（从互换银行处），因而总成本（利息支出、交易成本及服务费用）为 11%。这样，通过互换，B 公司已将浮动利率负债转变成固定利率负债，并且总成本比互换前 11.25% 的固定利率低了 0.25%。

同样地，A 银行接受指示发行 10% 的固定利率负债，而不是发行更为合适的浮动利率票据。然后，它转给互换银行 LIBOR，得到 10.375%。A 银行总共支付 10%（给固定利率的欧洲美元债券持有人）加上 LIBOR（给互换银行），并且得到 10.375%（从互换银行处），这样总成本为 LIBOR-0.375%。通过互换，A 银行已将固定利率负债转变成浮动利率负债，并且总成本比互换前 LIBOR 的浮动利率低了 0.375%。

互换银行也从这笔交易中受益，因为它支付给交易各方的成本低于它所收取的利息。如图 14-1 所示，它获得 10.50%（从 B 公司处）加上 LIBOR（从 A 银行处），支付 10.375%（给 A 银行）及 LIBOR（给 B 公司）。因而该互换银行每年的净现金流入量是名义本金 10 000 000 美元的 0.125%。总之，A 银行共节省了 0.375%，B 公司共节省了 0.25%，并且互换银行也赚取了 0.125% 的利差。总利差为 0.75%，相当于质量价差的值。因此，如果质量价差存在，它就可以被交易各方分享，从而降低各方的总成本。

在利率互换中，由于交易双方都已借入同种货币，因此它们筹措的本金总额并没有进行互换。互换的利息支付数额是根据名义本金之和求出的，它可能不等于交易各方真正借入的实际数额。而且，尽管图 14-1 描绘了基于名义本金计算的利息支付的总互换，但在实务中，真正发生互换的只有利息的净差额部分。例如，B 公司支付给互换银行的利息是按照 10 000 000 美元的本金额和 10.50% 与 LIBOR 之间的利差来计算的。

14.5.2　基本利率互换的定价

利率互换开始后，交易的某一方可能希望将这笔互换尽快冲销或者再卖回。对于交易一方来说，利率互换的价值就是交易方根据名义本金计算的收入流和支出流的现值之差。以前例中的 B 公司为例，B 公司按名义本金 10 000 000 美元的 10.50% 支付给互换银行，从互换银行处得到 LIBOR。它由于以 LIBOR+0.50% 的利率发行了浮动利率票据，所以总成本为 11%。

假设一年后，互换银行按 LIBOR 平价把 4 年期的美元互换定价为 9.00%～9.125%。这也会导致浮动利率票据的重新定价。不管在何时进行重新定价，按 LIBOR 计算的未来浮动汇率下的应收或应付的利息都按名义本金 10 000 000 美元计算。假设债券发行面值为 10 000 000 美元，尚未付息四次，利率为 10.50%，则在新的 9% 的互换买入利率下，债券现值为 10 485 958 美元 = 1 050 000 美元 × $PVIFA$（9%,4）+10 000 000 美元 × $PVIF$（9%,4）。互换价值为 10 000 000 美元 -10 485 958 美元 = -485 958 美元。因此，B 公司很愿意支付 485 958 美元给互换银行以退出或"卖掉"原先的互换。实际上，互换的市场价值就是在新的 9% 的买入互换贴现率下，根据 10 000 000 美元的名义本金值计算的 10.50% 的利息支出与 9% 的利息收入之差的现值，即 -150 000 美元 × $PVIFA$（9%,4）= -485 958 美元。

14.6　货币互换

14.6.1　基本货币互换

考虑下面这个基本的货币互换例子：一家美国跨国公司希望为其德国子公司的资本支出融资。该项目的经济寿命为 5 年，项目成本为 40 000 000 欧元。在现行汇率 1.30 欧元/美元下，母公司在美国资本市场上以 8% 的利率发行 5 年期债券，可以融资 52 000 000 美元。然后母公司将美元兑换成欧元来支付项目成本。根据预期，德国子公司的这一项目可赚取足够多的钱来偿付每年的美元贷款利息，并能在 5 年后还清本金。此情形下唯一的问题就是所产生的长期交易风险。如果在贷款期间，美元相对欧元大幅升值，那么对德国子公司来说，要赚取足够多的欧元来偿付美元贷款就可能变得非常困难。

美国母公司还可以采用另一种方法，即在国际债券市场上发行欧元面值的欧洲债券，筹集到 40 000 000 欧元（美国母公司也可以在德国资本市场上发行欧元面值的外国债券）。然而，如果这家美国跨国公司并不知名，它要以理想的利率借款就非常困难。假设美国母公司能以 7% 的固定利率借到 5 年期的 40 000 000 欧元，而目前一家具有同等信誉度的知名企业所能借到的利率是 6%。

假设一家具有同等信誉度的德国跨国公司存在与此相反的融资需求。它的一家美国子公司需要筹资 52 000 000 美元来为其 5 年期的资本支出融资。德国母公司可以先在德国债券市场上以 6% 的固定利率融资 40 000 000 欧元，然后再兑换成美元以供子公司的资本支出。然而，如果欧元相对于美元大幅升值的话，交易风险就会随之发生。在此情况下，美国子公司要赚取足够的美元来偿付贷款本息就可能会变得非常困难。德国母公司可以发行欧洲美元债券（或者在美国市场上发行扬基债券），但是由于它并不知名，因而借款成本将会是 9% 的固定利率。

一家熟悉这两家跨国公司筹资需求的互换银行就可以为它们安排货币互换，从而解决它们各自的困难，即要么承受长期的交易风险，要么以较高的利率借款。（为了不再使该例子复杂化，现假设互换银行所收取的买卖互换利率相等，即不存在买卖价差。该假设在后面的举例中将被放宽一些。）互换银行会指示各家母公司在各自国家的资本市场上筹资，由于它们在自己国家的市场上有着一定知名度，因此这种品牌效应就会带来**比较优势**（comparative advantage）。然后再通过互换银行进行贷款本金互换。每年德国子公司汇寄 2 400 000 欧元的利息（40 000 000 欧元的 6%）给美国母公司，再通过互换银行支付给德国跨国公司来偿付欧元贷款利息。德国跨国公司的美国子公司通过互换银行每年支付 4 160 000 美元（52 000 000 美元的 8%）的利息给美国跨国公司来偿付美元贷款利息。在贷款到期时，两家子公司将本金汇至各自的母公司，再通过互换银行交换资金来偿付母公司在其国内资本市场上债券发行额。图 14-2 描述了这一货币互换的过程。

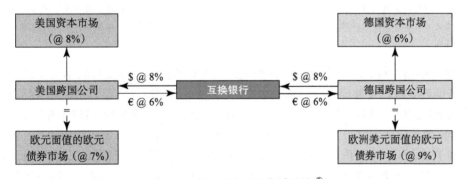

图 14-2　美元 / 欧元间货币互换 ①

① 美元（欧元）债券利息可用名义金额 52 000 000 美元（40 000 000 欧元）的百分比表示。

如图 14-2 所示，由于交易双方在各自的资本市场上有相对的融资优势，因而它们都能节约成本。美国跨国公司通过货币互换以 6% 的总成本借入欧元，而不必承担欧元债券市场上 7% 的利率。德国跨国公司通过互换以 8% 的总成本借入美元，而不必承担欧元债券市场上 9% 的利率。货币互换同样也以契约的形式为交易双方的还本付息锁定了一系列未来的外汇汇率。一开始，本金在现行汇率 1.30 美元 / 欧元 = 52 000 000 美元 / 40 000 000 欧元下进行互换。每年在贷款利息支付日前，互换合约规定交易双方交换美元贷款利息 4 160 000 美元和欧元贷款利息 2 400 000 欧元,这就是合约汇率 1.733 3 美元/欧元。到期日将发生最后一笔互换,包括最后一次的利息支付及本金的再次交换,即 56 160 000 美元和 42 400 000 欧元的互换。因此,第 5 年的契约汇率是 1.324 5 美元/欧元。显然,互换交易在互换期内锁定了交易各方偿付还本付息贷款的外汇汇率。

14.6.2 还本付息货币互换的等价性

下面继续美元—欧元的货币互换例子。从表面上看,德方从货币互换中得到的收益不及美方,原因在于德方以 6% 的利率(2 400 000 欧元/年)借款,却以 8% 的利率(4 160 000 美元)偿付利息。美方收取 4 160 000 美元,而支付 2 400 000 欧元。正如表 14-4 所示,这种推断是因人们对国际平价关系的错误认识而产生的。简而言之,表 14-4 表明了以 6% 的利率筹借欧元等价于以 8% 的利率筹借美元。

表 14-4 货币互换中现金流的等价性

	现金流产生的时间						总成本
	0	1	2	3	4	5	
1. 欧元债务现金流	40	−2.40	−2.40	−2.40	−2.40	−42.40	6%
2. 美元债务现金流	52	−4.16	−4.16	−4.16	−4.16	−56.16	8%
3. 合约外汇汇率	1.300	1.733 3	1.733 3	1.733 3	1.733 3	1.324 5	—
4. 隐含外汇汇率	1.300	1.325	1.350	1.375	1.401	1.427	—
5. 无差别欧元现金流	40	−3.14	−3.08	−3.03	−2.97	−39.35	6%
6. 无差别美元现金流	52	−3.18	−3.24	−3.30	−3.36	−60.50	8%

注:第 1 行和第 5 行均代表在 6% 的贴现率下现值为 40 000 000 欧元的欧元现金流。如果互换发生,第 1 行的现金流则没有汇率风险,但第 5 行的隐性现金流却是在互换不发生的情况下才没有风险。确定的现金流更为可取。第 5 行不确定的欧元现金流可通过用第 2 行的美元现金流除以第 4 行对应的隐含外汇汇率得到。类似地,第 2 行和第 6 行均表示在 8% 的贴现率下现值为 52 000 000 美元的美元现金流。如果互换发生,第 2 行的现金流则没有汇率风险,然而互换不发生时,第 6 行表示的隐含现金流才没有风险。确定的现金流更为可取。第 6 行不确定的美元现金流可通过用第 1 行的欧元现金流乘以第 4 行中对应的隐含外汇汇率得到。

表 14-4 中第 1 行表示的是以百万计的欧元债务的现金流,第 2 行表示的是以百万计的美元债务的现金流。每种现金流的总成本(AIC)也可用相应的货币表示。第 3 行表示的是互换协议所规定的交易双方的合约外汇汇率。如果我们假定利率平价(IRP)介于 6% 的欧元利率和 8% 的美元利率之间,则第 4 行表示的就是每个交易方和市场所期望的外汇汇率,该汇率是基于暗含的利率平价以及认为远期汇率就是未来即期汇率期望值的无偏估计。由于这些利率分别是各方在其享有一定知名度的国内市场上的最有利的利率,上述说法似乎很合理。按照这种等价关系,有:$\bar{S}_t(\$/€) = S_0[1.08/1.06]^t$。例如,从表 14-4 中得到:1.350 美元/欧元 = 1.30 美元 × $(1.08/1.06)^2$。

第 5 行表示的是在 6% 的贴现率下现值为 40 000 000 的等量欧元现金流。如果不存在货币互换,德国跨国公司不得不将美元兑换成欧元以偿还欧元贷款利息。每年兑换发生时的期望汇率如第 4 行的隐含外汇汇率所示。第 5 行可被看作是由第 2 行的现金流在第 4 行的隐含汇率下换算而来。也就是说,第一年,当期望汇率为 1.325 美元/欧元时,4 160 000 美元的期望值是 3 140 000 欧元。第二年,当期望汇率为 1.350 美元/欧元 1.00 时,4 160 000 美元的期望值是 3 080 000 欧元。可以看出,隐含汇率下的这种换算将 8% 利率的现金流转换成了 6% 利率的另一种货币的现金流。

对 40 000 000 欧元的贷款人来说，从借款人处收取第 1 行或第 5 行的现金流是等价的。然而从借款人的角度来说，由于货币互换，第 1 行的现金流没有汇率风险，而第 5 行的却有。因此，借款人更偏向交换的确定性，而无视等价性。

第 6 行表示的是美元现金流，这是基于第 4 行的隐含外汇汇率、52 000 000 美元的现值计算得出的。第 6 行可被看作是第 1 行 6% 利率的现金流经由期望利率转化为第 6 行 8% 利率的现金流。该现金流和第 2 行的现金流对贷款人来说都是无差别的。然而，借款人却更愿意支付第 2 行的现金流，因为它们没有汇率风险。

14.6.3 基本货币互换的定价

假设美元—欧元互换合约签订一年后，美国的利率从 8% 跌至 6.75%，欧元区的利率从 6% 跌至 5%。进一步假定，由于美国利率按比例下跌的幅度大于欧元区利率的下跌幅度，所以美元相对欧元升值。实际汇率是 1.310 美元/欧元而不是预期的 1.325 美元/欧元，交易的一方或双方都会乐于将他们的头寸卖给互换交易商，从而以新的更低的利率进行再融资。

美国美元债务的市场价值是 54 214 170 美元，即在 6.75% 的贴现率下，尚未支付的四次利息 4 160 000 美元与本金 52 000 000 美元的现值之和。同样，在新的 5% 的利率下，欧元债务的市场价值是 41 418 380 欧元。美方愿意损失 54 214 170 美元 − 41 418 380 欧元 × 1.310 美元/欧元 = −43 908 美元来取得它在货币互换中的利息。也就是说，美方愿意支付 43 908 美元来放弃在互换协议下能够得到的美元现金流，为的是免于支付欧元现金流。这样美国跨国公司就可以不受限制地在 6.75% 的成本下再次筹到 52 000 000 美元、利率为 8% 的资金，并且可能进行一笔新的货币互换交易。

从德方的角度来看，这笔互换的价值为 41 418 380 欧元 − 54 214 170 美元/1.310（美元/欧元）= 33 517 欧元。德方愿意收取 33 517 欧元来卖掉这笔互换，也就是说，放弃收取欧元现金流而不用支付美元现金流。这样，德国跨国公司就可以在 5% 的新利率下，能够再次筹到 40 000 000 欧元。德国公司也可能进行另一桩新的货币互换。

14.6.4 对基本货币互换的反思

作为一个更具现实性的基本货币互换例子，我们有必要识别出互换银行建立货币互换市场时所开出的买卖价差。拓展一下前面的例子，假设互换银行按美元 LIBOR 平价，以 8.00%～8.15%（6.00%～6.10%）的利率为 5 年期美国美元（欧元）货币互换定价。另外，更实际一点，假设互换银行能够独立处理美国跨国公司和德国跨国公司之间的互换交易。那么，在现行汇率为 1.30 美元/欧元的情况下，美国跨国公司和德国跨国公司在各自的资本市场上筹措到的本金 52 000 000 美元和 40 000 000 欧元都会卖给互换银行以获取各自所需的货币，即 40 000 000 欧元给美国跨国公司而 52 000 000 美元会给德国跨国公司。德国子公司每年通过互换银行将 2 440 000 欧元利息（40 000 000 欧元的 6.10%）汇给美国母公司。反过来，互换银行每年会将 2 400 000 欧元（40 000 000 欧元的 6%）汇给德国跨国公司，为的是帮其偿付欧元债务利息。美国子公司每年会通过互换银行将 4 238 000 美元利息（52 000 000 美元的 8.15%）汇给德国母公司。互换银行依次每年将 4 160 000 美元（52 000 000 美元的 8%）汇给美国跨国公司，为的是帮其偿付年美元债务利息。在债务到期日，子公司再通过互换银行进行交易，将本金数额汇给各自的母公司（德国跨国公司的美国子公司的美元，以及美国跨国公司的德国子公司的欧元），用来偿还在各自资本市场上发行的债券数额。结果是，美国跨国公司通过货币互换按 6.10% 的总成本筹借到欧元，而不必在欧元债券市场上承担 7% 的利率。德国跨国公司通过货币互换以 8.15% 的总成本筹借到美元，而不必在欧元债券市场上承担 9% 的利率。图 14-3 所描述的就是这一互换。

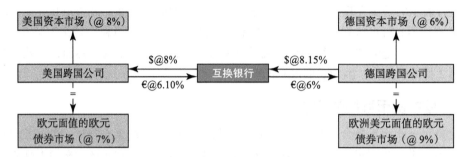

图 14-3　存在买卖价差的美元/欧元间货币互换 ①

① 美元（欧元）本息可用 52 000 000 美元（40 000 000 欧元）名义金额的百分比表示。

表 14-5 描述了利用 CURSWAP 电子表格软件为美国跨国公司计算基于德国跨国公司的有关电脑输出结果。根据该表格，德国跨国公司按互换协议支付的实际美元现金流按美国跨国公司的 8.15% 支付，收到的欧元现金流按 6% 计算。（请注意，为了简化计算，假设欧元债券的票面利息率与互换银行对 5 年期欧元货币互换的买入利率相同，不考虑欧元外汇买卖的基差。此外，假设不存在承销费用，而且欧元债券按面值发行。）

表 14-5　基于 CURSWAP 软件的交叉货币互换分析

	A	B	C	D	E	F	G
1							
2							
3			FC Bond	FC	$	Actual	
4			Cash Flow	Received	Paid	$ Cash Flow	
5							
6		0	40 000 000	−40 000 000	30 769 231	30 760 231	
7		1	−2 400 000	2 400 000	−2 507 692	−2 507 692	
8		2	−2 400 000	2 400 000	−2 507 692	−2 507 692	
9		3	−2 400 000	2 400 000	−2 507 692	−2 507 692	
10		4	−2 400 000	2 400 000	−2 507 692	−2 507 692	
11		5	−42 400 000	42 400 000	−33 276 923	−33 276 923	
12							
13		AIC	6.00%	6.00%	8.15%	8.15%	
14							
15		Face value	40 000 000				
16						Bid	Ask
17		Coupon rate	6.000%		Spot FX rate	1.300 0	1.300 00
18							
19		OP as % of par	100.00%		FC swap rate	6.00%	6.10%
20							
21		Underwritting fee	0.000%		$ swap rate	8.00%	8.15%

14.7 基本利率互换与基本货币互换的各种变体

我们已经讨论过几种基本货币和利率互换的变体。例如，固定利率对浮动利率互换并不要求互换者拥有固定利息债券。有一种变体是零利率对浮动利率互换，即在整个互换期间，浮动利率支付者定期支付标准的浮动利率利息，而固定利率支付者仅仅在互换结束时一次性偿付。另一种变体是浮动利率之间的互换，在这种互换中，互换双方分别采用不同的浮动利率指数（如 LIBOR 和国库券利率）或同一指数下的不同期数（如 3 个月和 6 个月的 LIBOR）。为使互换成为可能，同样应该存在质量价差。另外，利率互换也可以建立在分期支付的基础上。当假定的名义本金随着时间推移逐步摊销时，本息支付额也随之逐期递减。货币互换并不一定就是固定利率债务的互换。固定利率对浮动利率、浮动利率对浮动利率的货币互换也经常出现。另外，分期货币互换也具有分期偿付的特征，即名义本金的分期付款额会再次交换。

14.8 利率互换与货币互换的风险

下面将讨论互换交易商所面临的一些主要风险。

利率风险是指在互换银行还没来得及将利率互换转让给参与交易的另一方之前，利率就发生了不利变化的风险。为了说明这个问题，我们再来考虑一下图 14-3 中的利率互换。在该例中，互换银行赚取了 0.125% 的利差，B 公司每年将 10.50% 的利率（名义本金是 10 000 000 美元）转给互换银行，换回 LIBOR。A 银行将 LIBOR 转给互换银行，换回 10.375%。假设互换银行先与 B 公司进行互换，如果固定利率大幅上涨（比如上涨了 0.50%），A 银行就不愿成为互换的另一方，除非它会得到 10.875% 的利率，但这会使互换银行的互换业务无利可图。

基准风险是指交易双方的浮动利率没有与同一种指数挂钩，不同指数之间的差别就是基准。比如，交易一方将其浮动利率票据的指数固定为 LIBOR，而另一方将其浮动利率票据的指数固定为美国国库券利率。在此种情况下，指数间并不是完全正相关，对于互换银行来说互换可能没有收益。本例中，如果国库券利率远远高于 LIBOR，互换银行从交易一方收取 LIBOR 而将国库券利率支付给另一方的话，那么这种情况就会发生。

汇率风险是指互换银行将与交易一方所建立的互换转移给交易另一方的过程中，互换银行面临的是来自汇率变动的风险。

信用风险是指互换交易商所面临的主要风险，它是指交易方违约的可能性。互换银行介于交易双方之间，它只对守信用的一方负责，而对违约方不承担责任。互换银行与每一交易方间各有专门协议。

不匹配风险是指互换银行为交易一方寻找合适的另一方时遇到的困难。这种不匹配可能关系到交易双方所需本金的大小、个别贷款发放的到期日或利息归还日期。教科书中的例子常忽略这些实际问题。

主权风险是指国家对互换交易中的货币做出汇率限制的可能性。这种风险使交易一方履行其对另一方的义务时要付出很高的成本，甚至根本不可能履行这种义务。在此情况下，存在着中止互换的条款，这些条款会导致互换银行收益减少。

14.9 互换市场的有效性

交易方采用货币互换的两个主要原因：一是可在利息成本降低的情况下利用互换来的货

币进行债务融资,这是由于交易双方在其各自的国内资本市场上具有比较优势;二是通过货币互换可得到规避长期外汇风险的益处。这些原因是很浅显的,且难以驳倒。尤其是在国际债券市场上,知名度对于融资变得极其重要。

利率互换的两个主要原因是:更好地使资产与负债的期限得到匹配和/或通过获得质量价差来节约成本。在无资本流动壁垒的有效市场中,通过质量价差获得成本节约的论点很难让人接受。这暗示了套利机会是由于对不同贷款工具的违约风险收益的不恰当定价所带来的。如果质量价差是利率互换存在的一个主要原因,那么套利就会使得质量价差随着时间的推移而逐渐减少,而互换市场成长也会减缓。不过,如表14-1所示,截然相反的情况发生了:近年来,利率互换交易急速增长。因此,套利观点似乎没多少可取之处。所以,必须借助完备市场理论来解释利率互换的存在和发展。也就是说,所有的负债工具不能被所有借款人随时使用。因此,利率互换市场有助于某一特定借款人得到其所需的融资类型。由于这种融资更适合他们的资产期限结构,所以交易双方(也包括互换银行)都可以从融资中获益。

本章小结

本章对货币互换和利率互换进行了说明,并详述了互换的应用问题及与互换相关的风险。

1. 本章首先对利率互换和货币互换进行了定义。基本的利率互换是固定利率对浮动利率的互换,即互换交易的一方将其固定利率债务的利息支付与另一方浮动利率债务的利息支付进行交换,而且两种债务均采用同一种货币标价。在货币互换中,互换交易的一方将其用某种货币表示的债券的还本付息与另一方用其他货币表示的债券的还本付息相交换。

2. 本章也讨论了互换银行的作用。"互换银行"是用来描述为交易双方提供互换服务的金融机构的通称。互换银行起到经纪人或交易商的作用。作为经纪人,互换银行将互换双方加以配对,但自身不承担任何互换风险。作为交易商,互换银行必须接受任何一方的货币互换。

3. 本章给出了一个关于基本利率互换的例子。不难发现,使互换交易切实可行的一个必要条件是:交易双方的固定和浮动利率的违约风险利益间存在质量价差。此外,因为互换双方的债务均采用相同的货币标价,显然利率互换的双方并不交换本金。利率互换是根据名义本金来计算利息的。

4. 本章举例说明了利率互换开始后的定价问题。显然,在互换开始后,对交易的任何一方来说,利率互换的价值就等于按名义本金收取以及支付利息流现值的差额。

5. 本章还列举了一个关于基本货币互换的详例。该例子表明,货币互换中交易双方的还本付息债务成本实际上是相等的。其名义差异可用一系列国际平价关系来解释。

6. 本章举例说明了货币互换开始后的定价问题。显然,在互换开始后,对交易的任何一方来说,货币互换的价值等于以某种货币标价的收入现值与以另一种货币标价的支出现值之差。计算现值时,这两种货币应换算为同一种货币单位。

7. 除了基本的"固定对浮动"的利率互换和"固定对固定"的货币互换外,还有许多其他的互换变体。其中的一种变体就是结合了名义本金分期付款的分期偿付互换。另一种变体是零息票对浮动利率的互换。其中,在整个互换期间,浮动利率支付者定期支付标准的浮动利率利息,但固定利率支付者仅在互换结束时进行一次付清。还有一种变体是"浮动对浮动"的利率互换。在该互换中,交易双方采用的是不同的浮动利率指数或同一指数下的不同期数。

8. 本章对互换市场发展成长的原因进行了详

尽的讨论。利率互换的存在和发展离不开完备的市场。换言之，因借款人通常无法获得所有的债务工具，所以利率互换市场有助于满足借款人所需的融资类型。

本章拓展

第15章

国际证券组合投资

本章提纲

国际投资的相关性结构与风险分散
最优国际证券组合的选择
汇率变化的影响
国际债券投资
国际共同基金的绩效评价
基于国家基金的国际分散投资
基于美国存托凭证的国际分散投资
基于交易所交易基金的国际分散投资
基于对冲基金的国际分散投资
证券组合持有中存在本国偏好的原因
基于小市值股票的国际分散投资

本章小结
本章拓展
关键词
思考题
计算题
小型案例：
  最优国际证券组合的解决方案
参考文献与建议阅读材料
附录15A 存在外汇风险套期保值时的国际证券投资
附录15B 最优证券组合的求解

近年来，私人和机构投资者在国际股票、债券及其他金融证券方面的证券组合投资呈显著上升的趋势，按美元来衡量已经超过了公司的对外直接投资。如图15-1所示，美国投资者投资于国际证券（美国存托凭证和当地股票）的美元净值稳步增长，从20世纪80年代初几乎可以忽略的数量，到90年代的2 000亿美元，然后再到2015年年末的67 000亿美元。图15-1还显示，在美国投资者的证券组合中，国外证券的份额已从20世纪80年代初的1%上升到2015年的27%。⊖考虑到美国股票占有世界股票总市值不到40%的份额，国际投资总额将会继续增加。不难注意到，因爆发全球金融危机，2008年国际证券组合投资出现暂时下降的现象。

国际证券组合投资近年来的迅速增长反映了金融市场的全球化趋势。金融市场全球化的动力起初来自于一些主要国家的政府，它们在20世纪70年代末逐步放宽了对汇率和资本市场的管制。例如，英国在1979年取消了对投资性美元的额外收费，日本在1980年实现了外

⊖ 在2000~2002年间，所持国外股票的美元价值有所下降，这反映了同期全球股票市场的暴跌。

汇市场的自由化，首次允许本国居民自由投资外国证券。⊖甚至一些发展中国家，如巴西、中国、印度、韩国和墨西哥也采取措施，通过发行国家基金或直接在国际股票交易所上市交易当地股票以便外国投资者投资其资本市场。另外，近年来通信技术和计算机技术的快速发展也推动了跨国交易和国际信息的传播，进而促进了投资的全球化。

本章将主要讨论以下问题：① 为什么投资者要把自己的证券组合进行全球分散？② 投资者可以从国际投资的分散化中获利多少？③ 汇率波动对国际证券组合投资有何影响？④ 投资者能否从对美国本地的国际共同基金和国家基金的投资中获利并能获利多少？⑤ 在实际持有的证券组合中，产生"本国偏好"的可能原因有哪些？本章将对国际证券组合投资进行系统讨论，而且学习本章无须组合投资方面的前期知识。

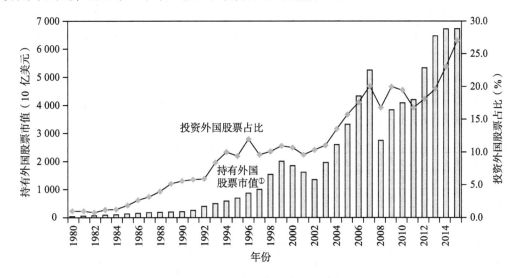

图 15-1 美国对国外证券的投资情况

① 美国居民持有的外国股票。包括美国存托凭证。
资料来源：The Federal Reserve Board, *Flow of Funds Accounts of the United States*, various issues.

15.1 国际投资的相关性结构与风险分散

显而易见，即便是偶尔观察不同国家的证券价格，也会发现它们的变化趋势很不一样。这表明当投资者采取国际分散投资而不是国内分散投资时，他们可能会以较小的风险获得一个既定的收益。投资者进行国际分散投资和国内分散投资的原因是一样的，即尽可能降低风险。正如老话"不要把所有的鸡蛋都放在同一个篮子里"所说，大多数人都厌恶风险，而且都想最大限度地分散风险。投资者可以通过持有不完全相关的有价证券来分散证券组合风险。事实上，证券组合的相关性越小，证券组合的风险也就越低。

对**证券组合的风险分散**（portfolio risk diversification）有专门的解释：投资不同国家的有价证券回报的相关性要小于国内投资回报的相关性。直观上讲，这是因为经济、政治、体制，甚至是一些心理因素对有价证券收益的影响在国与国之间有很大的不同，从而导致了国际证券的相关性相对较低。例如，中国大陆的政治经济消息会极大地影响到中国香港的大多

⊖ 在美元投资溢价体制下，当英国居民购买外币并投资购买国外证券时，他们需付出高于当前商业汇率的超额费用，使得进行跨国证券投资的成本增加，从而降低了英国投资者开展境外投资的热情。

数股票的收益，但对芬兰股票收益的影响却是微乎甚微。另一方面，俄罗斯的政局动荡会影响到芬兰的股票收益（这归因于两国邻近的地理位置和经济联系），但几乎不会波及中国香港的股票。此外，各国商业周期的相异性也会进一步降低国际相关性。

较低的国际相关性意味着投资者如果采取国际分散投资而不是国内投资，可以更有效地降低证券投资风险。从风险规避的角度来看，**国际投资分散化的获利**（gains from international diversification）多少取决于**国际相关性结构**（international correlation structure），因而对它进行实证研讨是很有价值的。

表 15-1 提供了国际相关性结构的历史数据。具体而言，该表的斜对角线代表国内个股收益两两之间的平均相关性，在对角线以外则显示了国与国之间股票收益的平均相关性。这些相关系数是以美元为基准的，利用 1973～1982 年的每周收益数据计算得来的。从表 15-1 中可以看出，德国国内的平均相关系数为 0.653，日本国内的平均相关系数为 0.416，英国国内的平均相关系数为 0.698，美国国内的平均相关系数为 0.439。与之相对应，美国与德国之间的平均相关系数是 0.170，与日本的平均相关系数是 0.137，与英国的平均相关系数是 0.279。另一方面，英国与德国之间的平均相关系数是 0.299，与日本的平均相关系数是 0.209。显然，股票收益的国际相关性小于国内相关性。

表 15-1 国际股票收益间的相关性[①]   （单位：美元）

股票市场	澳大利亚	法国	德国	日本	荷兰	瑞士	英国	美国
澳大利亚（AU）	0.586							
法国（FR）	0.286	0.576						
德国（GM）	0.183	0.312	0.653					
日本（JP）	0.152	0.238	0.300	0.416				
荷兰（NL）	0.241	0.344	0.509	0.282	0.624			
瑞士（SW）	0.358	0.368	0.475	0.281	0.517	0.664		
英国（UK）	0.315	0.378	0.299	0.209	0.393	0.431	0.698	
美国（US）	0.304	0.225	0.170	0.137	0.271	0.272	0.279	0.439

① 该表的对角线显示了国内个股收益两两之间的平均相关性，对角线之外则显示了国与国之间股票收益的平均相关性。这些相关系数是利用 1973～1982 年的每周收益数据计算得来的。

资料来源：C. Eun and B. Resnick, "Estimating the Correlation Structure of International Share Prices," *Journal of Finance*, December 1984. p.1314.

表 15-1 所示的国际相关性结构有力地表明了国际分散投资能够显著降低风险。Solnik（1974）的研究也印证了这一说法。图 15-2 取自 Solnik 的研究，图 15-2 首先表明随着证券组合所包含的股票种类的增多，证券组合的风险稳步下降，并最终收敛至**系统风险**（systematic risk，或称为不可分散风险）水平。系统风险指的是投资者将投资充分分散后依然存在的风险。如图 15-2 所示，一个充分分散的美国国内证券组合的风险是普通个股的 27%，而一个充分分散的国际证券组合的风险却只是普通个股的 12%。这表明在充分分散的情况下，国际证券组合的风险还不到纯粹美国国内证券组合的一半。

图 15-2 也从瑞士的角度阐明了这一情形。可以看出，一个完全分散的瑞士国内证券组合的风险是普通个股的 44%。然而，这种方式的证券组合风险是充分分散的国际组合的 3 倍多。这表明，如果从国际投资的角度来看，瑞士的系统风险大多数实际是非系统风险（或称为可分散风险）。此外，与美国投资者相比，瑞士投资者将更多地获益于国际分散投资。总

而言之，图 15-2 提供了强有力的证据，证明国际分散投资比纯国内分散投资更有利。⊖

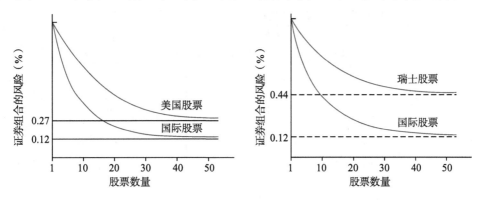

图 15-2　风险减少：国内与国际分散投资的比较 ①

① 证券组合的风险（%）是证券组合的收益方差与典型个股的收益方差之比。
资料来源：*Financial Analysts Journal*, July/August 1974.

不过这里有值得大家注意的问题。正如 Roll（1988）、Longin 和 Solnik（1995）等人所做的一些研究所发现的，当市场波动幅度较高时，国际股票市场的变动就更加趋于一致。正如从 1987 年 10 月的市场崩溃中所观察到的，大多数发达国家市场同时出现了衰退。考虑到投资者恰恰是在市场波动时才需要分散风险的情况，这一发现也对国际分散投资的优点提出了质疑。然而，人们或许会说，除非投资者在市场动荡时期清算掉手中的证券组合，否则他们依然可以从国际风险分散中获益。随后，Solnik 和 Roulet（2000）进一步发现，全球 15 个主要股票市场的平均相关系数在 1971～1998 年上升了 10 个百分点。尽管国际市场的相关性近年来有了增加，但不同国家之间证券的相关性仍然小于一个国家内的证券的相关性。

15.2　最优国际证券组合的选择

在选择证券组合时，理性投资者会同时考虑收益和风险。如果投资者预期能获得较高的收益并能得到充分补偿，那么他们就愿意承担额外的风险。所以，在此我们把收益和风险纳入分析范围，首先将观察国际主要股票市场的风险—收益特征，然后评估持有**最优国际证券组合**（optimal international portfolios, OIPs）的潜在收益。

表 15-2 给出了 1980～2015 年 12 个主要股票市场上月收益（单位：美元）的汇总统计数据。⊖ 先查看一下这些市场之间的相关系数。美国股票市场与国外股票市场之间的相关性系数分布在与日本的 0.38 和与加拿大的 0.77 之间。除加拿大外，荷兰和英国的股票市场都与美国股票市场具有相对较高的相关性，其相关系数分别为 0.73 和 0.69。事实上，荷兰的股票市场与许多市场都存在着相对较高的相关性。例如，与德国的相关系数是 0.81，与法国和英国的相关系数分别为 0.79 和 0.80，这很可能归因于荷兰经济具有较高的国际化程度。相比之下，意大利和日本的股票市场与其他市场的相关性反而相对较低。一般来讲，相邻国家，如美国与加拿大、德国与荷兰，都会呈现最高的两两相关性，这大多是因为两国的经济

⊖ Solnik 的研究表明，面对汇率风险时，国际证券投资组合可得到充分的套期保值，这样，美国投资者和瑞士投资者面临相同的国际证券投资组合风险，而这些风险本质上是由当地股票市场的风险决定的。Solnik 的研究还表明，与跨行业投资组合相比，跨国投资组合更胜一筹。

⊖ 表 15-4 中的全部统计数据都是使用摩根士丹利资本国际股票市场指数，而非个人股票指数而计算所得的。

依赖性较高。

表 15-2 对 12 个主要股票市场月度收益情况汇总：1980 年 1 月～2015 年 12 月（单位：美元）

股票市场	相关系数											均值 (%)	SD (%)	β①	SHP②	排名
	AU	CN	FR	GM	HK	IT	JP	NL	SD	SW	UK					
澳大利亚（AU）												1.067	6.89	1.07	0.100	（8）
加拿大（CN）	0.68											0.895	5.48	0.99	0.094	（9）
法国（FR）	0.55	0.58										1.046	6.25	1.11	0.107	（7）
德国（GM）	0.51	0.57	0.79									0.922	6.57	1.14	0.083	（11）
中国香港（HK）	0.55	0.54	0.44	0.47								1.280	8.21	1.07	0.110	（5）
意大利（IT）	0.42	0.50	0.65	0.60	0.38							1.022	7.39	1.06	0.087	（10）
日本（JP）	0.39	0.38	0.45	0.38	0.31	0.40						0.728	6.10	0.96	0.057	（12）
荷兰（NL）	0.60	0.70	0.79	0.81	0.54	0.63	0.47					1.076	5.53	1.08	0.126	（3）
瑞典（SD）	0.58	0.59	0.65	0.69	0.51	0.59	0.44	0.71				1.097	6.67	1.13	0.107	（6）
瑞士（SW）	0.53	0.55	0.72	0.74	0.44	0.51	0.48	0.77	0.63			1.047	4.97	0.85	0.134	（2）
英国（UK）	0.66	0.69	0.70	0.66	0.57	0.57	0.48	0.80	0.66	0.69		1.029	5.32	1.02	0.122	（4）
美国（US）	0.58	0.77	0.63	0.63	0.50	0.46	0.38	0.73	0.61	0.59	0.69	1.043	4.36	0.88	0.152	（1）

① β 代表了一国或地区的股票市场指数相对于国际股票市场指数的系统风险。

② SHP 为夏普绩效值，等于 $(\overline{R}_i - R_f)/\sigma_i$，其中，$\overline{R}_i$ 和 σ_i 分别是第 i 个市场的收益均值和标准差。每个市场按照夏普绩效值的排名在括号中列示。每月无风险利率 R_f 是 0.380%，它是样本期 1980～2015 年美国国库券的月平均收益率。这里采用平均无风险利率来协助估计样本期间股票市场的历史业绩。

资料来源：Returns on MSCI stock market indexes are from *Datastream*.

表 15-2 还给出了每个市场月收益的均值和标准差（SD）以及国际 β 值，国际 β 值表示的是一个国家（地区）的市场对国际市场波动的敏感性。㊀国家（地区）股票市场有着显著的风险—收益特征。月平均收益率在日本的 0.73%（年收益率 8.76%）到中国香港的 1.28%（年收益率 15.36%）间波动，而标准差范围却介于美国的 4.36% 和中国香港的 8.21% 之间。德国的国际 β 值最高（1.14），而瑞士则最低（0.85）。这意味着德国的股票市场对国际市场波动最敏感，而瑞士的市场则最不敏感。

最后，表 15-2 给出了衡量各国（地区）股票市场历史业绩的计算公式：

$$SHP_i = (\overline{R}_i - R_f)/\sigma_i \tag{15-1}$$

式中 $\overline{R}_i$ 和 σ_i 分别是收益的均值和标准差；

R_f——无风险利率，上述表达式被称为"夏普绩效值"，它提供了一种评估经过"风险调整"后的绩效的方法。

夏普绩效值（SHP）代表的是每一标准差风险所带来的超额收益（即超过无风险利率的部分）。在计算表 15-2 中的夏普绩效值时，美国短期国库券的平均月利率被作为无风险利率的近似值。

利用 1980～2015 年的抽样期所计算的夏普绩效值，从日本的 0.057 到美国的 0.152 不等。其中，美国市场表现最好，瑞士市场稍次一些，荷兰市场位列第三。美国市场的强劲绩效主要是由于其低风险，而日本市场绩效最差主要是由于其低收益率。这里在计算夏普绩效

㊀ 这里的 β 项被正式定义为 $\beta_i = \sigma_{iw}/\sigma_w^2$，其中 σ_{iw} 表示第 i 个市场的收益与国际市场指数间的方差；σ_w^2 表示国际市场收益的方差。例如，如果某一市场的国际 β 值为 1.2，这就意味着当国际市场上下波动 1% 时，该市场就随之波动 1.2%。

值时采用平均月度无风险利率来估计样本期间股票市场的历史业绩。中国香港的收益率在样本市场中位列第一,但其夏普绩效值在样本市场中位列第五,原因在于其高风险。

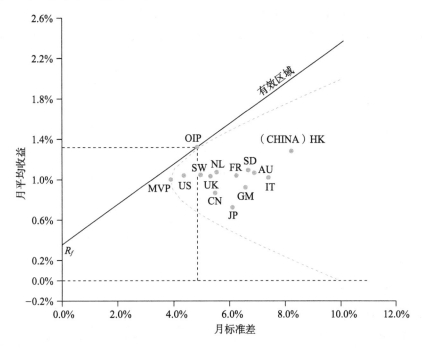

图 15-3 最优国际证券组合的选择

利用表 15-2 所提供的历史数据,从美国(或以美元为基准的)投资者的角度出发,我们可以求出最优国际证券组合的构成。[⊖]图 15-3 描述了最优国际证券组合(OIP)的选择。其结果列示在表 15-3 中。如表 15-3 中倒数第 2 列所示,美元投资者的最优国际证券组合的构成为:在其

中国香港市场	=10.45%
意大利市场	=0.01%
美国市场	=58.39%
瑞士市场	=31.15%
总计	=100.00%

最优国际证券组合中,美国投资者将资金的最大份额(58.39%)用于美国市场,随后是瑞士和中国香港,比例分别为 31.15% 和 10.45%,意大利仅为 0.01%。显然,意大利市场在美国投资者的最优国际证券组合中占比很小。美国投资者的最优国际证券组合中不包括其他市场。[⊜]除了最优国际证券组合,图 15-3 也给出了方差最小的组合(MVP),即所有风险组合中风险最小的组合。[⊜]

同理,我们可以得出各国投资者的最优证券组合的构成。由于国际股票市场的风险—收益特征会随着用于评估收益的国际基准货币的不同而变化,因此当各国(地区)投资者使用

⊖ 最优国际证券投资组合可以通过根据组合的权重,使夏普比率最大化来求得,即 $SHP=[E(R_p)-R_f]/\sigma_p$。具体讨论请参阅附录 15B。

⊜ 显然,并非任何市场都允许如表 15-3 所示的卖空。这样,最优国际组合投资根据历史参数值进行建立。这里分析组合投资的目的是估计国际组合投资分散化的"潜在利益"。显然,如果要组建未来的最优国际组合投资而且要持有一个时期,我们就必须采用估计的(预计的)参数值。

⊜ 在 1980~2015 年期间,美国投资者在其最优国际证券组合中包括日本市场(17.67%)、瑞士市场(23.84%)和美国市场(58.49%)。作为比较,澳大利亚投资者在其最优国际证券组合中包括澳大利亚市场(27.58%)、加拿大市场(9.97%)、日本市场(10.86%)、瑞士市场(26.35%)和美国市场(25.24%)。

不同的国际基准货币时，所得出的最优国际证券组合的构成也是不同的。表 15-3 所给出的最优国际组合的构成是从各国（地区）投资者定居地货币的角度来分析的。表 15-3 中的计算采用了 1980～2015 年的股票市场指标和同期的无风险利率。

表 15-3　按投资者定居地统计的最优国际证券组合的构成　（持有期间：1980～2015 年）

股票市场	从投资者落户的角度												
	AU	CN	FR	GM	HK	IT	JP	NL	SD	SW	UK	US	LC[①]
澳大利亚（AU）	0.200 6	0.027 0											0.132 0
加拿大（CN）													
法国（FR）													
德国（GM）													
中国香港（HK）	0.084 1	0.079 0	0.055 7	0.053 8	0.110 3	0.129 7	0.117 6	0.058 4	0.079 7	0.072 5	0.072 3	0.104 5	0.079 6
意大利（IT）		0.011 8	0.074 8	0.071 3		0.058 4		0.074 6	0.023 6			0.000 1	0.059 3
日本（JP）													
荷兰（NL）													
瑞典（SD）	0.162 2	0.079 0	0.020 8	0.025 2	0.042 5	0.135 0	0.225 7	0.029 3	0.105 5	0.119 1	0.132 7		0.271 4
瑞士（SW）	0.235 5	0.247 7	0.536 6	0.515 5	0.326 8	0.400 8	0.351 5	0.532 4	0.475 6	0.599 2	0.330 4	0.311 5	
英国（UK）			0.032 2	0.064 9				0.023 3	0.064 8		0.194 6		0.195 8
美国（US）	0.317 6	0.555 5	0.279 8	0.263 9	0.520 4	0.276 1	0.305 2	0.282 2	0.250 8	0.209 2	0.270 0	0.583 9	0.261 9
合计	1.000 0	1.000 0	1.000 0	1.000 0	1.000 0	1.000 0	1.000 0	1.000 0	1.000 0	1.000 0	1.000 0	1.000 0	1.000 0
无风险利率（%）[②]	0.512 5	0.237 4	0.335 1	0.357 6	0.302 3	0.673 0	0.166 6	0.371 8	0.378 2	0.236 8	0.479 4	0.380 2	0.380 2

① LC 这列表示没有考虑汇率变化的最优国际证券组合的构成。
② 无风险利率表示投资者在持有期间（1980～2015 年）落户某国所面临的平均无风险利率。按 1 个月国库券利率或欧洲货币利率确定。

例如，英国（或者是以英镑为基准的）投资者的最优国际证券组合的构成为：中国香港 7.23%，瑞典 13.27%，瑞士 33.04%，英国 19.46% 和美国 27.0%。从表 15-3 中很容易看出，市场表现最好的三个市场中国香港、瑞士和美国出现在所有国家或地区的投资者的最优国际证券组合中。另外，瑞典市场也出现在除美国以外的各个国家或地区的投资者的最优国际证券组合中。相反，加拿大、法国、德国、日本和荷兰市场并未出现在所有国家或地区投资者的最优证券组合中，包括国内投资者的最优证券组合。值得注意的是，澳大利亚市场仅出现在澳大利亚和加拿大投资者的最优证券组合中。

表 15-3 的最后一列给出了在忽略汇率变化的情况下、按本国货币（LC）得到的最优国际证券组合的构成。这是汇率保持不变时所得国际证券组合。其实，这也反映了货币流通对国际证券组合构成的影响。

本国（地区）货币最优国际证券组合的构成为：澳大利亚（13.20%），中国香港（7.96%），意大利（5.93%），瑞典（27.14%），英国（19.58%）和美国（26.19%）。值得注意的一个有趣现象是，在本国（地区）货币最优证券组合里占有一定份额的英国市场在以美元为基准的美国投资者的最优国际证券组合中却无一席之地，它的出局暗含了英镑兑美元的弱势性。瑞典市场的情况也相类似。与此相反，在本国（地区）货币最优国际证券组合中无份额的瑞士市场反而包含在各国（地区）投资者的最优国际证券组合中，这肯定要归因于瑞士法郎的强劲表现，而非瑞士股票市场的业绩。

得出最优国际证券组合后，我们就可以评估持有这些证券组合与纯本国（地区）证券组合的获益情况。我们用两种不同的方法来衡量持有国际证券组合所获得的收益：① 夏普绩效值的增量；② 在与国（地区）内投资相同的风险水平下，证券组合收益的增加值。夏普绩效值的增量（ΔSHP）等于最优国际组合（OIP）与国（地区）内证券组合（DP）间的夏普绩效值之差，即

$$\Delta SHP = SHP(OIP) - SHP(DP) \quad (15\text{-}2)$$

式中，ΔSHP 表示在每一个标准差的风险下，从国际投资中所获得的超额收益。另一方面，在与国（地区）内投资相同的风险水平下，证券组合收益的增加值可由同等风险下的国际证券组合（IP）与国（地区）内证券组合（DP）间的收益之差算出。该超额收益 ΔR 也可通过 ΔSHP 乘以国（地区）内组合的标准差得到，即

$$\Delta R = (\Delta SHP)(\sigma_{DP}) \quad (15\text{-}3)$$

表 15-4 从各国或地区投资者的角度列示了国际投资收益的两组测算值。先看美国投资者的情况。从表 15-4 的最后一行可以看出，其最优国际证券组合的月收益均值为 1.07%，标准差为 4.20%，而美国国内证券组合的月收益均值为 1.04%，标准差为 4.36%，由此可见，最优国际证券组合的风险略低于国内证券组合，其收益略高于国内证券组合。其结果是，夏普绩效值从 0.152 增加到 0.164，增加了 7.9%。换种说法，在与国内投资相同的风险水平下——标准差为 4.36%，美国投资者每月可以从所持的国际证券组合中获取 0.05% 的超额收益，即增加的年收益为 0.60%。样本期间，美国投资者所能获得的收益非常一般。

表 15-4　按投资者定居地统计的国际分散投资的收益（月收益：1980～2015 年）

投资者所在地	国（地区）内组合			最优国际组合			国际投资所得收益			
	均值(%)	SD(%)	SHP	均值(%)	SD(%)	SHP	ΔSHP	(Δ%)①	ΔR②	(% p.a.)③
澳大利亚（AU）	1.06	5.13	0.106	1.18	3.95	0.169	0.063	(59.4)	0.32	(3.84)
加拿大（CN）	0.88	4.34	0.148	1.10	3.77	0.230	0.082	(55.4)	0.36	(4.32)
法国（FR）	1.10	5.58	0.137	1.16	4.15	0.200	0.063	(46.0)	0.35	(4.20)
德国（GM）	0.89	5.96	0.090	1.17	4.16	0.196	0.106	(117.8)	0.63	(7.56)
中国香港（HK）	1.37	8.02	0.133	1.19	4.24	0.208	0.075	(56.4)	0.60	(7.20)
意大利（IT）	1.17	6.93	0.072	1.21	4.44	0.121	0.049	(68.1)	0.34	(4.08)
日本（JP）	0.53	5.35	0.067	1.01	5.29	0.160	0.093	(138.8)	0.50	(6.00)
荷兰（NL）	1.06	5.06	0.137	1.17	4.17	0.191	0.054	(39.4)	0.27	(3.24)
瑞典（SD）	1.37	6.41	0.155	1.23	4.09	0.209	0.054	(34.8)	0.35	(4.20)
瑞士（SW）	0.91	4.37	0.155	0.98	4.54	0.165	0.010	(6.5)	0.04	(0.48)
英国（UK）	1.09	4.57	0.134	1.18	4.42	0.159	0.025	(18.7)	0.11	(1.32)
美国（US）	1.04	4.36	0.152	1.07	4.20	0.164	0.012	(7.9)	0.05	(0.60)

① 该列表示与国（地区）内证券组合相关的国际证券组合夏普绩效值增量的百分比，即 [$\Delta SHP/SHP(DP)$]×100，其中，ΔSHP 表示的是最优国际证券组合与国（地区）内证券组合间夏普绩效值之差。
② 该列表示在国（地区）内证券组合的相同风险水平下，最优国际证券组合所获得的超额收益。
③ 该列表示最优国际证券组合所获得的年度超额收益。

对于某些国家或地区的投资者，特别是澳大利亚、加拿大、意大利、德国、中国香港和

日本的投资者，他们从国际证券组合的分散化（IPD）中所获的利益尤其大，其夏普绩效值增长率都在 50% 以上。例如，日本投资者的夏普绩效值增长率就为 139%，投资者借由持有最优国际证券组合，在国内外风险水平相等的情况下，每年可以获取 6.0% 的超额收益。类似地，德国投资者的夏普绩效值增长率就为 118%，投资者借由持有最优国际证券组合，在国内外风险水平相等的情况下，每年可以获取 7.56% 的超额收益。表 15-4 同时也显示，英国、瑞士和美国投资者从国际证券组合的分散化中的获益一般。总的来说，表 15-4 中列示的数据表明，不管是以本币还是以国际基准货币计算，投资者均可由国际证券组合的分散化获得不同程度的潜在收益。⊖

15.3 汇率变化的影响

美国居民投资于国外市场所获取的实际美元收益，不仅依赖于国外市场的收益情况，还取决于美元与当地货币的汇率变化情况。这样，一项成功的国外投资将取决于国外证券市场和外币这两方面的因素。

严格来说，如果以 $R_{i\$}$ 代表在第 i 个国外市场所获取的用美元表示的投资收益，那么

$$R_{i\$} = (1+R_i)(1+e_i) - 1 = R_i + e_i + R_i e_i \tag{15-4}$$

式中　R_i——第 i 个国外市场的当地货币收益；

　　　e_i——当地货币与美元的汇率变化率。如果当地货币相比美元增值（贬值）了，e_i 就是正（负）的。

假设一位美国居民刚刚抛售了她一年前所购买的英国石油（BP）股票，BP 股价的英镑值增加了 15%（即 $R_i = 0.15$），而英镑兑美元的汇率在一年的时期里却下降了 5%（即 $e_i = -0.05$），那么 $R_{i\$} = （1+0.15）（1-0.05）-1 = 9.25\%$，也就是该项投资用美元表示的收益为 9.25%。

以上分析表明，汇率变化会影响国外投资的风险，具体影响如下：

$$\text{Var}(R_{i\$}) = \text{Var}(R_i) + \text{Var}(e_i) + 2\text{Cov}(R_i, e_i) + \Delta\text{Var} \tag{15-5}$$

式中　Δ Var 项表示叉积项 $R_i e_i$ 对国外投资风险的贡献程度。如果汇率一定，则公式右边只有 Var (R_i) 一项。

式（15-5）表明，汇率波动可以通过三种可能的渠道影响国外投资的风险：

（1）其自身的变化，Var (e_i)。

（2）与当地市场收益的协方差，Cov (R_i, e_i)。

（3）叉积项的贡献程度，Δ Var。

表 15-5 分别列出了 1990～2015 年澳大利亚、加拿大、德国、日本、瑞士和英国 6 个主要海外国家的债券和股票市场各自的美元收益方差的构成。我们先来看看债券市场的情况。该表清楚地表明，与外国债券相关的投资风险有很大一部分来源于汇率的不确定性。考虑投资德国债券的情况，从该表可以看出，按当地货币衡量的德国债券的收益方差仅为 2.86% 的平方，但以美元衡量的收益方差则上升到 10.97% 的平方。这种变化幅度的上升要归咎于两

⊖ 在分析国际投资的收益时，暗含着这样的假设，即投资者可以完全承受汇率风险。正如稍后所要讨论的，投资者可以利用远期合约来规避外汇风险，并以此提高收益。该假设表明，在投资者了解证券的风险—收益特征的情况下，前述结果是严格地依据过去经济发展情形来分析的。当然，在实际工作中，投资者将不得不估计这些特征，而且评估错误会导致资金配置的无效率。

个原因，即汇率的变化 Var(e_i) = 9.19 以及汇率变化与当地债券市场收益的协方差即 2Cov(R_i, e_i) = −1.22。正如所预期的那样，叉积项所起的作用甚小。以投资瑞士债券市场为例，在它的债券市场上，当地债券市场的收益仅为以美元计的收益变化的 16.49%。这意味着，投资瑞士债券大体上等同于投资瑞士货币。

表 15-5 国际证券美元收益方差的各组成部分① （每月数据：1990 年 1 月至 2015 年 12 月）

	Var($R_{i\$}$)的组成②				
	Var($R_{i\$}$)	Var($R_{i\$}$)	Var(e_i)	2Cov(R_i,e_i)	ΔVar
债券					
澳大利亚	13.81	4.57（33.09%）	11.20（81.10%）	−2.08（−15.06%）	0.12（0.87%）
加拿大	7.60	3.47（45.66%）	4.90（64.47%）	−0.79（−10.39%）	0.02（0.26%）
德国	10.97	2.86（26.07%）	9.19（83.77%）	−1.22（−11.12%）	0.14（1.28%）
日本	12.73	1.98（15.55%）	9.93（78.00%）	0.69（5.42%）	0.13（1.03%）
瑞士	12.55	2.07（16.49%）	10.82（86.22%）	−0.57（−4.54%）	0.23（1.83%）
英国	9.91	4.17（42.08%）	7.57（76.39%）	−2.02（−20.38%）	0.19（1.92%）
美国	4.55	4.55（100%）	0.00（—）	00（—）	0.00（—）
股票					
澳大利亚	37.75	16.36（43.34%）	11.20（29.67%）	10.39（27.52%）	−0.20（−0.53%）
加拿大	31.35	18.25（58.21%）	4.90（15.61%）	8.51（27.14%）	−0.31（−0.96%）
德国	44.44	37.58（84.56%）	9.19（20.67%）	−2.54（−5.72%）	0.21（0.49%）
日本	39.85	34.45（86.46%）	9.93（24.91%）	−5.07（−12.72%）	0.54（1.35%）
瑞士	24.54	20.75（84.58%）	10.82（44.08%）	−7.27（−29.65%）	0.24（0.99%）
英国	25.77	18.88（73.28%）	7.57（29.36%）	−0.86（−3.34%）	0.18（0.70%）
美国	20.27	20.27（100%）	0.00（—）	0.00（—）	0.00（—）

① 证券组合的方差根据月收益（%）计算。
② 括号内的数字表示各组成部分对总组合风险的相对贡献。
资料来源：Monthly stock and bond returns data are obtained from the *Datastream* database. Specifically, Morgan Stanley Capital International (MSCI) stock market indexes and *Datastream* benchmark 10-year government bond indexes are used.

毫无例外的是，汇率的波动都要大于债券市场的波动。汇率变化与当地债券市场收益的协方差既可能为正，也可能为负。债券市场的实证研究表明，对汇率风险的控制将大大提高国际债券组合的效率。

与债券市场相比，投资于国外股票市场的风险中，汇率波动的贡献作用相对较小。再次考虑投资德国市场的情况。德国股票市场以当地货币衡量的方差为 37.58% 的平方，但当以美元衡量时就上升到 44.44% 的平方。德国当地市场收益的变化占以美元衡量的股票市场收益变化的 84.56%。比较而言，汇率的波幅占到了美元收益方差的 20.67%，这也是一个不小的数目。有趣的是，当地股票市场的收益是与汇率负相关的，这部分地削弱了汇率变化的影响。以投资瑞士股票市场为例，当地股票市场方差为 20.75，只略小于 24.54 的美元收益方差。换言之，就投资瑞士股票市场而言，美国投资者与瑞士投资者面临的风险几乎相同。主要原因在于汇率波动基本上被当地市场收益与汇率变化之间显著的负向联动所抵消。就投资澳大利亚股票而言，汇率对美元收益方差的贡献主要通过与当地股票市场收益之间较强的正向同步变化关系以及通过其自身的波动性。加拿大股票的情况基本相同。

15.4 国际债券投资

尽管就资本市值来说,世界债券市场与世界股票市场相差无几,但迄今为止它在国际投资领域却未受到足够的重视。这至少部分地反映出一种看法,即汇率风险的存在使得人们很难认识到国际债券分散投资所带来的显著好处。因此,我们有必要对此加以研究,看看这种看法是否有其合理之处。

表15-6提供了澳大利亚、加拿大、德国、日本、瑞士、英国和美国7个主要国家的长期政府债券指数按美元衡量的月度收益的汇总统计资料。表15-6也给出了美国(或以美元为基准)投资者最优国际债券组合的构成。值得注意的是,欧洲债券市场有很高的相关性。例如,德国债券市场与瑞士和英国债券市场的相关系数分别为0.80和0.70。这些较高的相关系数反映了一个事实,即欧洲货币兑美元的汇率是作为一个整体在波动的。同样地,澳大利亚债券和加拿大债券两个"商品货币"之间有着0.69的高相关系数。相反,日本债券与其他债券的相关系数就比较低。例如,日本债券与澳大利亚债券、加拿大债券和美国债券的相关系数分别为0.29、0.22和0.38。表15-6还进一步表明,在1990～2015年这一研究期间,债券市场的收益率均值区间从日本的0.48到澳大利亚的0.81,而收益率标准差的区间从美国的2.13%到澳大利亚的3.71%。澳大利亚的夏普绩效值指数最高(0.152),随后分别是英国(0.144)、加拿大(0.138)和美国(0.135)。

表 15-6 债券月收益汇总统计和最优国际债券组合的组成 (美元:1990年1月至2015年12月)

债券市场	相关系数						均值 (%)	SD (%)	SHP	最优国际组合 (权重)[①]
	AU	CN	GM	JP	SW	UK				
澳大利亚(AU)							0.81	3.71	0.152	0.255 9
加拿大(CN)	0.69						0.62	2.76	0.137	0.130 9
德国(GM)	0.51	0.44					0.61	3.31	0.112	−0.340 0
日本(JP)	0.29	0.22	0.44				0.48	3.56	0.067	−0.067 9
瑞士(SW)	0.42	0.32	0.80	0.49			0.67	3.54	0.122	0.288 8
英国(UK)	0.47	0.50	0.70	0.33	0.59		0.70	3.15	0.144	0.290 7
美国(US)	0.35	0.36	0.45	0.38	0.37	0.41	0.53	2.13	0.135	0.441 6
最优国际投资组合							0.68	2.24	0.194	

① 最优国际债券组合的计算中考虑到了短期抛售,并把1个月期美国国债利率作为月度无风险利率。样本期间的平均无风险利率为0.243%。利用Datastream提供的10年期政府债券指数为基准。

资料来源:Bond returns data are obtained from *Datastream*.

在最优国际组合中,美国债券占了最大的权重(44.16%),随后是英国(29.07%)、瑞士(28.88%)、澳大利亚(25.59%)和加拿大(13.09%)。不过,德国债券和日本债券为负数权重,分别为−34.0%和−6.79%。这意味着美国投资者早应该买入这两个国家货币标价的债券。最优国际债券组合的月度收益均值为0.68%,标准差为2.24%,夏普绩效值为0.194。考虑到美国债券的月度收益均值是0.53%,标准差是2.13%,夏普绩效值是0.135,美国投资者应当能通过持有最优国际债券组合而大大获利。

在国外债券投资中,汇率波动风险占主要地位。这意味着投资者可以通过恰当控制汇率风险来增加国际债券投资分散化的收益。近期的研究也的确证明,当投资者通过货币远期合约来控制汇率风险时,他们确实可以提高国际债券组合的效益。例如,Eun和Resnick(1994)证实,当对汇率风险进行套期保值时,如果从风险—收益的角度来衡量,国际债券组合要比

国际股票组合更有优势。⊖

欧洲统一货币欧元的出现很可能会改变相关市场的风险—收益特性。例如，在欧元出现之前，意大利与德国债券的特征大相径庭，前者一般被视为一项高风险、高收益的投资，而后者则是一项低风险、低收益的投资，这主要是因为德国马克的坚挺和意大利里拉的疲软。然而，欧元发行后，不管是德国债券还是意大利债券，以及其他所有的欧元区债券，都将用这种统一货币进行标价和交易，致使债券的国籍因素不再重要。虽然欧元区债券存在着不同的信用风险，但它们的风险—收益特征却大体相同。这也意味着非欧元面值的债券，如英国债券，在保留自身独特的风险—收益特征的同时，在国际债券分散投资策略中的地位将不断攀升。

15.5 国际共同基金的绩效评价

目前，美国投资者仅通过投资于以美元为基准的国际共同基金就可在美国实现国际分散投资。近年来，国际共同基金增长迅速。通过投资于国际共同基金，投资者可以：① 节约他们试图直接投资于国外市场时所必须承担的交易成本和信息成本；② 避免直接在国外市场进行证券组合投资所遇到的法律和制度壁垒；③ 从职业基金管理者的专业技能中获得潜在利益。

国际共同基金的这些优势对私人小投资者特别具有吸引力。这些私人小投资者愿意进行国际投资的分散，但他们缺乏必要的专业技术和对境外市场投资的直接途径。因此我们就有必要问一个相关的问题，即通过投资现有的以美元为基准的国际共同基金，投资者能从国际分散投资中获益吗？为了给出答案，我们来考察一些将大部分资产投资于国外市场的国际共同基金的历史绩效。

表 15-7 国际共同基金：绩效评估　　（月收益：1977 年 1 月至 1986 年 12 月）

基金	均值（%）	SD（%）	β_{US}	R^2	SHP[①]
ASA 共同基金	1.75	11.88	0.80	0.08	0.084
加拿大人基金	0.91	4.64	0.75	0.47	0.035
国际投资者共同基金	2.34	10.09	0.72	0.09	0.157
日本共同基金	1.72	7.02	0.59	0.13	0.138
Keystone 国际共同基金	1.14	4.29	0.69	0.47	0.091
美林太平洋共同基金	1.82	5.45	0.32	0.06	0.196
新视野共同基金	1.47	3.99	0.80	0.73	0.179
凯万环球共同基金	1.94	6.35	1.02	0.47	0.186
Putnam 国际共同基金	1.64	5.91	0.62	0.20	0.150
Scudder 国际共同基金	1.46	4.23	0.50	0.26	0.168
Sogen 国际共同基金	1.48	3.36	0.70	0.78	0.217
坦伯顿成长基金	1.48	4.13	0.84	0.74	0.176
联合国际成长基金	1.41	3.86	0.71	0.61	0.172
平均	1.58	5.78	0.69	0.39	0.150
美国 MNC 指数	1.34	4.38	0.98	0.90	0.135
标准普尔 500 指数	1.17	4.25	1.00	1.00	0.099
MSCI 全球指数	1.46	3.80	0.70	0.61	0.186

① 夏普绩效值是以无风险利率 0.752% 计算的，该利率为样本期内的月平均国库券利率。

资料来源：Eun, C.; Kolodny, R.; Resnick, B., "U.S.-Based International Mutual Funds: A Performance Evaluation."

⊖ 如要进一步了解汇率风险的套期保值，请读者参阅附录 15A。

表 15-7 以数家有着充足交易记录的国际共同基金（以美元为基准）为样本，给出了它们的风险—收益分布情况。有三家基金（ASA 共同基金（投资于南非黄金矿业股份）、加拿大人基金和日本共同基金）是单一国家基金，而其他基金的投资范围更广。表 15-7 显示在 1977 年 1 月至 1986 年 12 月期间，只有一家基金的收益均值没有超出美国股票市场（在标准普尔 500 指数下）的收益均值。国际共同基金的月收益均值为 1.58%（年收益率 18.96%），而标准普尔 500 指数的月收益均值却为 1.17%（年收益率 14.04%）。国际共同基金的标准差分布在 3.36% ~ 11.88%，其均值为 5.78%，而标准普尔 500 指数下的标准差却为 4.25%。⊖

表 15-7 还给出了国际基金的 β_{US} 值和相关系数 R^2 的值。⊜值得注意的是，大部分基金的 β_{US} 值都小于 1。平均而言，美国股票市场收益的波动占国际共同基金收益波动的不到 40%。相反，美国股票市场收益的波动却占到美国本土股票基金收益波动的 90%。⊝这些结论说明，这些样本基金为美国投资者进行国际分散投资提供了一个较好的获益机会。相反，美国 MNC 指数（包括 60 家在国际收支中占最大比重的美资跨国公司）的 β_{US} 为 0.98，相关系数 R^2 的值为 90%。这意味着这些跨国公司的股价与国内公司的相差不大，没有起到国际分散投资的效果。⊛

最后，表 15-7 给出了国际共同基金的夏普绩效值。正如表 15-7 所示，如果以夏普绩效值来衡量，13 家国际基金中大约有 10 家都胜过美国股票市场指数。图 15-4 描述了与之对应的点，不难发现，只有三家国际基金位于美国资本市场线（CML）的下方。⊛这与早先的研究结果，即大部分美国国内共同基金在美国资本市场线下面形成了鲜明对比。然而如果以全球指数（World Index）为基准来衡量，那么这些样本基金的表现就差强人意了。国际共同基金的平均夏普绩效值是 0.15，远低于全球市场指数值（0.186）。这似乎表明，如果可以的话，投资于全球指数基金是很理想的做法。⊛

除了国际共同基金，投资者还可通过

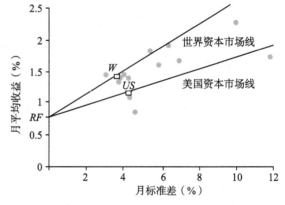

图 15-4 国际共同基金的绩效（1977 年 1 月至 1986 年 12 月）

注：每个国际基金都用圆点（·）标示。无风险利率（RF）为 0.752%，该利率为样本期美国短期国库券的平均利率。W 和 US 分别表示 MSCI 全球指数和标准普尔 500 指数。

⊖ 显然，目前尚无对国际互助基金最近业绩进行前面估计的研究。
⊜ 美国的 β 系数所衡量的是基金收益对美国股票市场收益的敏感程度。判定系数（R^2）所衡量的是基金收益方差中美国市场收益所占的贡献。
⊝ 参见 Sharpe（1996），pp.127-28。
⊛ 该结果与 Jacquillat 和 Solnik（1978）的研究结论相一致，表明许多国家的跨国公司对国外股票市场指数的风险（β 值）都比较低。
⊛ 资本市场线是通过结合无风险利率和市场证券投资组合而得到的一条直线。
⊛ 资本资产定价模型表明，如果国际市场组合确实具有均值—方差效率，那么组合的期望收益将取决于国际 β 系数。换句话说，这也表明如果投资者所持的证券组合未能充分地进行国际分散，那么他们就得承担一些没有超额收益补偿的可分散风险。在这种情况下，近似地按全球指数基金持有世界市场组合与无风险资产就可得到最优的风险收益组合。

以下途径在"家门口"进行国际分散化投资,而不必直接在外国证券市场投资:国家基金、美国存托凭证(ADRs)、交易所交易基金(ETFs)与对冲基金。接下来,我们将对这些工具一一进行讨论。

15.6 基于国家基金的国际分散投资

近来,在美国及其他发达国家,国家基金已经成为国际投资的最流行手段之一。顾名思义,国家基金仅对一国股票进行投资。通过投资于国家基金,投资者可以:

(1)以最小成本在单个国外市场进行投机。
(2)以国家基金为基础,构建其个人的国际证券投资组合。
(3)进入以其他方式几乎无法进入的新兴市场。

许多新兴市场,如印度、中国与俄罗斯,在很大程度上仍然处于市场分割状态。因此,国家基金通常就能为国际投资者提供即使算不上唯一但也是最可行的方法来将投资分散到这些难以进入的国外市场。

然而,现有的大部分国家基金仍是封闭型的。就像其他封闭基金一样,**封闭型国家基金**(closed-end country fund,CFCE)也可以发行一定量的股份,像个股一样在东道国的股票交易所交易。与开放型共同基金股份不同,封闭型国家基金的股份不能按基金本土市场所确定的标的净资产价值(VAV)进行赎回。目前,大约有30个国家和地区提供封闭型国家基金,其中部分已列在表15-8中。在美国,大多数的封闭型国家基金都在纽约证券交易所上市交易,仅有少数在美国股票交易所上市交易。

表15-8 封闭型国家基金的美国市场 β 值和本国市场 β 值以及它们的净资产价值

国家	基金的平均溢价(%)	净资产价值			基金股票价值			样本周期
		β_{US}	β_{HM}	R^2	β_{US}	β_{HM}	R^2	
澳大利亚	-14.77	0.62	0.48	0.13	0.25	0.81	0.60	1986-01 ~ 1990-12
巴西	-24.72	0.11	0.16	0.02	0.32	0.65	0.60	1988-04 ~ 1990-12
加拿大	-6.29	0.04	0.47	0.03	-0.19	0.29	0.11	1986-06 ~ 1990-12
德国	1.80	0.73	0.53	0.11	0.15	0.69	0.40	1986-07 ~ 1990-12
印度	-2.66	0.87	0.26	0.04	-0.27	0.66	0.40	1988-08 ~ 1990-12
意大利	-12.49	0.89	0.68	0.21	0.13	0.57	0.28	1986-03 ~ 1990-12
韩国	63.17	1.00	0.63	0.19	0.24	0.76	0.62	1985-01 ~ 1990-12
马来西亚	-0.36	1.34	0.60	0.24	0.58	0.68	0.79	1987-06 ~ 1990-12
墨西哥	-21.14	0.99	0.53	0.13	0.33	0.75	0.62	1985-01 ~ 1990-12
西班牙	21.57	1.56	0.28	0.14	0.39	0.75	0.65	1988-07 ~ 1990-12
南非	12.16	0.00	0.35	0.13	0.08	0.85	0.59	1985-01 ~ 1990-12
瑞士	-7.65	0.79	0.47	0.25	0.33	0.65	0.75	1987-08 ~ 1990-12
泰国	-6.86	1.20	0.44	0.14	0.63	0.85	0.75	1988-02 ~ 1990-12
英国	-16.55	1.04	0.62	0.36	0.55	0.73	0.37	1987-08 ~ 1990-12
平均		0.80	0.46	0.15	0.25	0.69	0.54	

资料来源:Change E.; Eun, C.; Kolodny, R., "International Diversification through Closed-End Country Funds," *Journal of Banking and Finance*, October 1995.

由于每份基金的价格通过美国股票交易所来确定，因而它与基金本国市场所确定的标的净资产价值（NAV）有很大的偏离。如果基金的价值超过净资产价值，则超出部分被称为溢价；相反则称为折价。表 15-8 给出了封闭型国家基金样本的溢/折价情况。如表 15-8 所示，各基金的平均溢价有很大的不同，界于韩国基金的 63.17% 和巴西基金的 -24% 之间。墨西哥基金与巴西基金一样，按一个很大的折价进行交易，平均为 -21.14%。从表中还可以看出，在时间跨度上，溢（折）价也有很大的起伏。大多数基金自设立起，就同时按溢价和折价进行交易。⊖基金的这种溢/折价现象表明，封闭型国家基金的风险—收益特征会偏离其标的股票的净资产价值。

封闭型国家基金的现金流来自于所持有的美国境外的标的资产。但是封闭型国家基金却在美国按其市价进行交易，市价也总会偏离净资产价值。封闭型国家基金这种混合特性说明它们的行为部分地与美国证券相似，部分地与所在国市场证券相似。为了研究这个问题，考虑下面这个双因素市场模型：⊜

$$R_i = \alpha_i + \beta_i^{US} R_{US} + \beta_i^{HM} R_{HM} + e_i \qquad (15-6)$$

式中　R_i——第 i 个国家基金的收益；

　　　R_{US}——标准普尔 500 指数下美国市场指数的收益；

　　　R_{HM}——国家基金所在国市场的收益；

　　　β_i^{US}——第 i 个国家基金收益对美国市场收益的敏感程度；

　　　β_i^{HM}——第 i 个国家基金收益对所在国市场收益的敏感程度；

　　　e_i——误差值。

式（15-6）同时对封闭型国家基金和它们的标的净资产进行评估，也就是说，我们为每种基金做两次回归。在第一次回归中，左边的独立变量 R_i 是美国投资者从封闭型国家基金自身所获得的收益。在第二次回归中，左边的变量是净资产价值所获得的收益，这些评估结果都反映在表 15-8 中。

如表 15-8 所示，封闭型国家基金比它们的标的净资产价值的 β_{US} 值要高出不少。封闭型国家基金的平均 β_{US} 值是 0.84，而净资产价值的平均 β_{US} 值却只有 0.25。另一方面，封闭型国家基金的平均 β_{HM} 值是 0.46，而相比净资产价值却是 0.67。以韩国为例，其基金（股票净资产）的 β_{US} 是 1.00（0.24），β_{HM} 是 0.63（0.76）。再以泰国为例，其基金（股票净资产）的 β_{US} 是 1.20（0.63），β_{HM} 是 0.44（0.85）。换句话说，封闭型国家基金收益与其对应的净资产价值相比，前者对美国市场因素的敏感性更大，而对所在国市场因素的敏感性更小。这意味着与净资产价值比较起来，封闭型国家基金的行为更类似于美国有价证券。⊜然而，大部分封闭型国家基金的 β_{HM} 值都很大，这使得美国投资者可以在一定程度上实现国际分散投资。表中还有一点值得注意，那就是封闭型国家基金的相关系数 R^2 的值非常低，平均值为 0.16。这意味着封闭型国家基金本身具有极为特殊（或独特）的风险特性，这种风险与美国和所在国市场的波动都无关。

⊖ Bonser-Neal, Brauer, Neal 和 Wheatly（1990）的一项研究表明，国家基金溢价/折价反映的是在该基金所在国进行直接组合投资所面临的壁垒。他们发现当这些壁垒减少时，基金的溢价也会下降。

⊜ 式（15-6）中所用的国内市场收益 R_{HM} 实质上就是通过本国市场收益对美国市场收益进行回归而得到的剩余项。这样，希望分散国际市场风险的美国投资者就会重视所面临的"纯"（或正交）国外市场风险，即 β_{HM}。

⊜ 这一发现与 Bailey 和 Lim（1992）的研究相一致，表明 CECF 的行为更类似于美国证券而非国外股票市场指数。

表 15-9 封闭型国家基金及其净资产价值的周收益统计及最优证券组合的构成

(以美元标价,1989年1月至1990年12月)

国家	国家基金股份			净资产价值			最优证券组合	
	均值(%)	SD(%)	与美国的相关性	均值(%)	SD(%)	与美国的相关性	封闭型国家基金(权重)	净资产价值(权重)
澳大利亚	0.46	5.64	0.12	0.01	1.78	0.25	0.003 3	0.000 0
巴西	0.73	6.31	−0.01	0.29	7.55	−0.02	0.127 1	0.002 3
加拿大	0.14	4.91	−0.31	−0.19	1.98	−0.19	0.066 0	0.000 0
德国	0.78	9.70	0.22	0.38	4.67	−0.11	0.025 3	0.000 0
印度	0.36	5.93	0.18	0.15	3.92	−0.21	0.075 0	0.088 2
意大利	0.44	7.00	0.22	0.39	2.20	0.25	0.000 0	0.104 4
韩国	−0.37	6.79	0.25	0.00	2.91	0.08	0.000 0	0.000 0
马来西亚	0.72	7.89	0.35	0.37	3.21	0.29	0.000 0	0.000 0
墨西哥	1.11	6.07	0.50	0.77	2.63	0.24	0.242 7	0.602 6
西班牙	0.39	8.76	0.40	0.03	3.08	0.29	0.000 0	0.000 0
南非	0.43	4.00	−0.13	0.36	5.06	−0.03	0.299 3	0.095 4
瑞士	0.27	4.50	0.46	0.20	2.48	0.36	0.000 0	0.000 0
泰国	0.71	8.42	0.29	0.50	5.14	0.23	0.000 0	0.000 0
英国	0.35	4.01	0.44	0.27	4.08	0.23	0.042 4	0.061 6
美国指数	0.18	2.06	1.00	0.18	2.06	1.00	<u>0.118 9</u>	<u>0.045 4</u>
						合计 =	1.000 0	1.000 0
						均值 =	0.58%	0.58%
						SD=	2.49%	1.81%
						SHP=	0.233	0.320

资料来源:Change E.; Eun, C.; Kolodny, R.," International Diversification through Closed-End Country Funds," *Journal of Banking and Finance*, October 1995.

尽管封闭型国家基金的行为更像美国证券,它们还是为美国投资者提供了机会,让他们可以在国内以较低的交易成本实现国际分散投资。我们现在就可以估算出使用封闭型国家基金进行国际分散投资所获得的潜在收益。表 15-9 给出了 14 个样本基金的风险—收益特征以及美国股票市场指数,抽样期间为 1989 年 1 月至 1990 年 12 月。为了便于比较,表 15-9 还提供了包含封闭型国家基金的国际最优证券组合的构成以及相应的包含净资产价值的最优证券组合的构成。

就风险—收益的效率方面来看,由封闭型国家基金组成的最优组合胜于美国指数;前者的夏普绩效值是 0.233,而后者的夏普绩效值是 0.087,这一点在图 15-5 中清晰可见,该图分别描绘了封闭型国家基金和净资产价值的效率集。

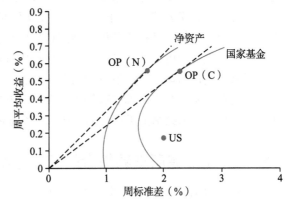

图 15-5 国家基金与净资产的效率集比较(1989 年 1 月至 1990 年 12 月)

注:OP(N)和 OP(C)分别代表净资产和国家基金的最优组合。其效率集用虚线表示。

图15-5表明，相比于封闭型国家基金，净资产价值可以提供更好的分散投资机会。因此，这对于那些不必支付过多成本就可以直接投资国外市场的投资者来说是个不错的选择。然而，大多数投资者并没有这样的机会。不过，封闭型国家基金也不失为实现国际分散投资的一条划算的途径。最后值得注意的是，在封闭型国家基金的最优组合中，新兴市场的国家基金占有显著的权重。具体而言，巴西基金占12.71%，印度基金占7.50%，墨西哥基金占24.27%，这些新兴市场的基金总共占最优封闭型国家基金组合的45%。这意味着来自新兴市场的封闭型国家基金极大地拓宽了国际投资者的投资机会。

15.7 基于美国存托凭证的国际分散投资

美国投资者使用美国存托凭证（ADRs）就像使用国家基金一样，可以不出国门地实现国际分散投资。正如第13章所解释的，美国存托凭证代表美国（存托）银行的外国分支机构或受托人所持有的国外股份的收据。与封闭型国家基金一样，美国存托凭证也可以在美国交易所像美国本土的有价证券一样进行交易。这样，美国投资者既可以节约交易成本，还可以享受快速而又可靠的披露、结算和保管服务。人们注意到，英国和欧洲地区的投资者可以像美国投资者一样，利用全球存托凭证（GDRs）不出国门就可实现国际分散投资，这里的全球存托凭证是代表关于在伦敦证券交易所上市的国外股票所有权的一种凭证。

一些研究对利用美国存托凭证进行国际分散投资的潜在收益进行了调查。Officer和Hoffmeister（1987）发现，在国内组合中加入美国存托凭证可以极大地降低风险。一个典型的美国股票证券组合中仅需包含4种美国存托凭证，就可在预期收益不变的情况下，将其收益的标准差降低25%，这就意味着风险降低了25%。他们还发现，美国存托凭证对美国股票市场的β_{US}值很低。在1973～1983年的样本期间，美国存托凭证的β_{US}平均值仅为0.264。

Wahab和Khandwala（1993）发现了类似的结果。他们指出，当投资者在组合中持有7种美国存托凭证且权重与标准普尔500指数相同时，该组合的日收益的年度标准差会从30.2%（纯国内组合）下降到17.5%。他们还发现，在标准普尔500指数中仅加入7种美国存托凭证后，该组合的大部分非系统风险将会被消除。当加入的美国存托凭证超过7种后，无论占有多大权重，该组合的风险都不会有明显的进一步降低。

考虑到大部分的美国存托凭证来自发达国家，如澳大利亚、日本和英国等，美国投资者通过美国存托凭证把投资分散于新兴市场的机会是有限的。然而，在少数如墨西哥等国的新兴市场，投资者可以从数种美国存托凭证中进行选择。在这种情形下，美国存托凭证和封闭型国家基金作为国际分散投资的两种手段，投资者应仔细权衡其利弊。与美国存托凭证相比，封闭型国家基金很有可能提供更完全的证券组合分散。然而，如前所示，投资于美国存托凭证和封闭型国家基金所获得的潜在收益有被溢/折价抵减的趋势。

15.8 基于交易所交易基金的国际分散投资

1996年4月，美国股票交易所（AMEX）创立了一类有价证券，**即世界权益基准股份**（World Equity Benchmark Shares，WEBS），最初由巴克莱（Barclays）全球投资集团设计和经营管理的。在本质上，世界权益基准股份就是交易所交易基金，被设计用来密切跟踪国外股票市场指数。目前，世界权益基准股份跟踪以下国家和地区的摩根士丹利资本国际（MSCI）指数：澳大利亚、奥地利、比利时、巴西、加拿大、智利、中国大陆、法国、德国、中国香港、印度尼西亚、爱尔兰、以色列、意大利、日本、韩国、马来西亚、墨西哥、荷兰、秘鲁、波兰、新加坡、南非、西班牙、瑞典、瑞士、中国台湾、泰国、土耳其和英国。过去，美国股票交易所也为美国市场创立了一种类似的有价证券，即素有"蜘蛛"之称的标准普尔存托凭证（SPDR），设计用来跟踪标准普尔500指数。使用交易所交易基金（ETFs）与使用世界权益基准股份和标准普尔存托凭证很相像，投资者可以像交易单只股票那样交易整个股票市场指数。作为开放式基金，世界权益基准股份以非常接近其净资产价值的价格进行交易。除了单一国家指数基金外，投资者仅通过持有标准普尔全球100指数基金的股份，就可以立即实现全球分散化投资。该指数基金同其他世界权益基准股份一样也在美国股票交易所进行交易。后来，世界权益基准股份改名为埃雪基金并且在多个交易所上市，包括纽约证券交易所、伦敦证券交易所和香港股票交易所。

Khorana、Nelling和Trester（1998）所做的一项研究发现，世界权益基准股份的确紧密追踪了标的MSCI国家指数的情况。例如，世界权益基准股份和标的国家指数日收益的平均相关系数是0.97。他们还发现世界权益基准股份与标准普尔500指数的平均相关系数非常低，为0.22，这使得世界权益基准股份成为实现国际风险分散的出色工具。对于那些期望实现国际股权投资风险分散的投资者而言，世界权益基准股份是替代国际共同基金、美国存托凭证和封闭型国家基金等传统工具的重要手段。

15.9　基于对冲基金的国际分散投资

对冲基金是指私人筹集的投资基金，近年来呈现迅猛的增长速度。对冲基金之所以增长迅猛，主要是受机构投资者（如养老金基金、捐赠基金和私人基金会等）希望能在任何市场行情下获得正收益的欲望的驱动。一般来说，传统的共同基金依靠的是"买入并持有"的投资策略，而对冲基金则不同，它采用灵活而动态的交易策略，总是积极地使用杠杆作用、卖空和衍生工具合约来实现投资目标。这些基金会投资于各种证券，如货币、国内外债券以及股票、商品、不动产等。许多对冲基金的目标就是在任何市场行情下实现绝对收益。

从法律上讲，对冲基金属私人投资合作关系。同样地，这些基金一般不遵循《投资公司法案》来注册成为一家投资公司，也不受任何报告和披露要求的限制。结果是，许多对冲基金都是在很不透明的环境中运作的。对冲基金顾问通常会收取占基金资产价值1%～2%的管理费作为报酬，外加资本增值额20%～25%的业绩费。在一定的投资锁定期内，投资者可能不准清算其资产。在美国，只有机构投资者和富有的个人投资者才可以投资对冲基金。然而，在许多欧洲国家，散户投资者也可以投资对冲基金。

对冲基金与各种股票市场指数之间的相关性较低，这样，投资者就可以通过对冲基金来分散自己的证券组合风险。而且，对冲基金也使得投资者有机会进入本难以进入的国外市场。例如，J.P摩根就提供了投资者投资Jayhawk中国基金的机会，该基金所投资的是难以在美国市场购买的中国股票。同样，对冲基金也使得投资者能从一些全球性宏观经济事件中获利。实际上，许多对冲基金被归类为"全球/宏观"基金。全球/宏观基金的例子包括乔治·索罗斯（George Soros）的量子基金（Quantum Fund）、朱利安·罗伯逊（Julian Robertson）的美洲虎基金（Jaguar Fund）及路易斯·培根（Louis Bacon）的摩尔全球基金（Moore Global Fund）等知名基金。一些对冲基金在1992年的英镑危机和1997年的亚洲金融危机期间都很活跃。众所周知，乔治·索罗斯正确地预测到了欧洲货币系统（EMS）中英镑的退出时间，并押注英镑退出后就会贬值。据报道，在1992年9月，他的基金在英镑上卖空100亿美元、赚取了10亿美元的利润。在1997年的亚洲金融危机期间，索罗斯基金在泰铢和马来西亚林吉特上也进行卖空。这引起了马来西亚总理马哈蒂尔·穆罕默德和乔治·索罗斯之间就对冲基金是否该对货币危机负责的一系列争执。

虽然投资者可以由对冲基金获利，他们也必须提防相关的风险。对冲基金对未来事件的错误预测和错误模型也可能导致错误的押注。长期资本管理（LTCM）基金的失败就为投资者提供了前车之鉴。约翰·梅里韦瑟（John Meriwether）是所罗门兄弟公司的前固定收益交易师，他于1993年成立了长期资本管理基金。他召集了一群经验丰富的华尔街交易手和两位诺贝尔奖获得者——迈伦·斯科尔斯（Myron Scholes）和罗伯特·默顿（Robert Merton），使得长期资本管理基金在投资团体中具有可靠的信誉和名望。长期资本管理基金利用其名誉从事着高杠杆的固定收益套汇策略。此外，长期资本管理基金大举借债，押注于高质和低质债务的国际利率会趋于一致。例如，长期资本管理基金买入意大利政府债券同时卖出联邦德国债券期货。起初，长期资本管理基金做得还不错，在开始的几年里实现了近40%的股票年收益。但接下来却发生了亚洲和俄罗斯金融危机，这使得高质和低质债务的国际利率非但没有收敛，反而开始渐行渐远。结果，长期资本管理基金债台高筑，资本基础衰竭，最后以破产告终，基金投资者也损失惨重。

15.10 证券组合持有中的存在本国偏好的原因

如前所述，投资者可以从国际分散投资中获得很大的潜在利益。然而，投资者实际所持的证券组合与根据国际证券投资理论所预测的证券有很大的差异。最近，许多研究人员，诸如 French 和 Porteba（1991），Cooper 和 Kaplanis（1994），Tesar 和 Werner（1993），Glassman 和 Riddick（1993），Chan、Covrg 与 Ng（2005）等，都对证券组合投资集中于本国股票的程度进行了研究和证实。

表 15-10 摘自 Lau、Ng 和 Zhang（2010）所做的研究，反映了证券组合中的本国偏好程度。例如，1998～2007年，美国共同基金平均将87%的资金投资于本国股票，而当时美国股票市场仅占世界市场资本价值的45%。相比较而言，德国共同基金的投资似乎更为国际化，他们将其资金的71%投资于国外股票，将29%投资于本国证券。然而，考虑到德国股票在世界市场价值中仅占3.2%，所以德国共同基金在其证券组合中也显示了很大程度的本国偏好。不难发现，巴西的共同基金只投资于本国股票，原因可能在于政府的管制。近年来，投资者开始热衷于投资外国证券。不过，大多数投资者的证券组合中仍然显现出强烈的本国偏好。

表 15-10 证券组合中的本国偏好（1998～2007年）

国家	国际市场价值中的份额（%）	组合中国内股票的比例（%）
澳大利亚	1.70	78.91
巴西	0.71	100.00
加拿大	2.67	28.67
法国	4.13	55.48
德国	3.21	29.35
日本	9.29	98.50
瑞典	1.00	48.56

(续)

国家	国际市场价值中的份额（%）	组合中国内股票的比例（%）
英国	7.64	42.95
美国	44.86	86.88

资料来源：Adopted from S.T. Lau et al., "The World Price of Home Bias," *Journal of Financial Economics* 97（2010）, pp. 191-217.

实际持有的证券组合中的本国偏好很明显与一系列文献理论背道而驰，其中就包括Grubel（1968）、Levy 和 Sarnat（1970）、Solnik（1974）、Lessard（1976）以及 Eun 和 Resnick（1988）等集体确立的国际分散投资模型。这种现象的出现可能与下列原因有关：首先，国内有价证券可能向投资者提供了一些如预防国内通货膨胀之类的额外服务，而国外有价证券则做不到这一点。其次，投资者投资国外有价证券时，会遇到一些正式或非正式的障碍，这都使他们难以从国际分散投资中获利。下面，我们将探讨证券组合中出现本国偏好的可能原因。⊖

第一，投资者可能面临与购买力平价相违背而产生的特定国家的通货膨胀风险，而持有国内证券可对国内通货膨胀起到套期保值的作用。在这种情况下，那些想要规避国内通货膨胀风险的投资者，会将他们较大份额的投资基金配置给国内股票，从而导致了本国偏好。然而，这种情形不大可能出现。那些厌恶通货膨胀风险的投资者很可能会投资国内无风险债券，而非国内股票，因为后者规避通货膨胀的能力很弱。⊖此外，Cooper 和 Kaplanis（1994）所做的研究也排除了抵御通货膨胀是导致本国偏好的主要原因。

第二，人们所观察到的本国偏好所反映的可能只是对国外投资的制度与法律限制因素。例如，许多国家过去经常限制外国投资者持有本国公司的股份。在芬兰，外国投资者最多只能拥有任何芬兰国内公司股票的30%。在韩国，外国投资者拥有任何本国公司股份的比例被限制在20%以内。结果是，外国投资者必须为取得当地股票支付额外费用，从而减少了在那些国家进行投资所获得的收益。同时，按照所谓的"谨慎法则"，一些机构投资者对海外的投资不会超过一定比例。例如，日本保险公司和西班牙养老基金最多把其基金的30%投资于国外有价证券。这些流入与流出的限制可能是导致实际证券组合持有中出现本国偏好的原因。

第三，额外的税金和交易/信息成本也会限制跨国投资者对国外有价证券的投资，从而导致本国偏好。国外投资者往往要为国外证券的分红缴纳预提税，而他们在本国本可能享受该项税种的减免。国外有价证券的交易成本较高，部分原因是许多国外市场相对不活跃、缺乏流动性，还有部分原因是对国外证券的投资往往牵扯到外汇市场交易。此外，正如默顿（1987）所说，投资者趋向于持有他们熟悉的有价证券。在一定程度上，相比国外证券，投资者更熟悉本国证券，因此他们会将资金分配给本国证券，而不是国外证券。与熟悉性偏好相一致的是，Chan、Covrig 和 Ng（2005）发现，当一个国家远离世界其他国家而且所使用的语言也是少数语种时，国内（国外）投资者会更多（更少）地投资于该国市场。还有一种非常可能的原因，就是一些投资者可能并没有充分意识到国际分散投资的潜在收益。Bailey、

⊖ 关于这一问题，请读者参阅 Uppal（1992）。

⊖ Fama 和 Schwert（1975）的研究表明，普通股是对国内通货膨胀进行套期保值的特殊手段，因为普通股的收益与通货膨胀利率负相关。相比之下，债券收益与通货膨胀率正相关。

Kumar 和 Ng（2004）发现，本国偏好的程度因投资者而异。通过分析数万名美国个人投资者的佣金记录，他们考察了在美国上市的国外股票和封闭型国家基金的所有权和交易情况。他们发现更富有、更老练和更有经验的投资者更有可能投资国外有价证券。

在资产持有中之所以会出现本国偏好，很大程度要归咎于上述因素的共同作用。考虑到国际金融市场正在不断趋于一体化，以及积极的金融创新所不断创造的新的金融产品，如国家基金和国际共同基金，在不久的将来，本国偏好可能会大大减弱。

15.11　基于小市值股票的国际分散投资

对于投资者的国际分散投资，很大程度上讲，那些知名的大市值股票占了投资的绝大部分。毫无疑问，国际投资中除了存在"本国偏好"外，也存在"大市值偏好"。这些偏好很多方面与"熟悉易生投资"（familiarity breeds investment）的观点相一致。⊖不过，大市值股票或以大市值股票为主的股票市场指数的收益率越来越倾向于联动，从而降低了国际分散投资带来的收益。图 15-6 说明的就是这一点，描述了历年来十大国际主要股票市场间平均收益的相关情况。不难发现，国际股票市场收益间的平均相关性在 20 世纪中期以前一直围绕 0.37 上下波动，但自那以后一直在上升。当 2009 年全球金融爆发最剧烈之时，平均相关系数达到了 0.80 的高点。近年来国际相关系数上升的趋势致使许多投资者对国际分散投资的利益和理念产生了怀疑。

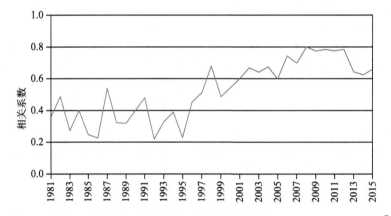

图 15-6　十大国际主要股票市场间平均收益的相关性（1981～2015 年）①

① 十大股票市场为：澳大利亚、加拿大、法国、德国、中国香港、意大利、日本、荷兰、英国和美国。计算研究期各年度的相关系数时，采用美元衡量的股票市场周收益率。

资料来源：Datastream.

深受国际投资者欢迎的许多知名的大市值股票多是那些有着大量外国客户和投资者的跨国公司。相反，小市值股票多是面向当地经营的企业，面临的国际防线暴露有限。因此，大市值股票的收益很大程度上受共同的"全球性因素"的影响，小市值股票的收益则主要受到"当地因素"的影响。这一切意味着那些经营面向当地的小市值股票可能是进行国际分散投资的有效工具。Eun、Huang 和 Lai（2008）近来所做的研究也证实了这一点。

⊖ 这一观点由 Huberman（2001）提出。在相同研究中，Leuz、Lins 和 Warnock（2009）发现，外国投资者不太乐于投资信息披露不可靠和治理不完善的公司。

根据上述三人的研究，表 15-11 对十大股票市场大市值基金与小市值基金 1980～1999 年间的风险—收益特征进行了比较汇总。表 15-11 给出了两类基金的年化平均收益（均值）、收益标准离差、夏普绩效值以及与美国股票市场指数的相关系数。由表 15-11 可知，小市值基金的平均收益均值为 21.1%，远高于大市值基金 16.6% 的平均收益均值。这也证实了大多数国家或地区存在的"小市值溢价"现象。不过，这里有两个国家属于例外：荷兰和美国。正如所预期的那样，小市值基金的收益标准离差平均为 25.3%，高于大市值基金 22.3% 的收益标准离差。夏普绩效值也表明，在每个国家小市值基金的业绩好于大市值基金的业绩，除了荷兰和美国。

表 15-11 大市值基金与小市值基金：风险—收益特征比较

国家或地区	大市值基金				小市值基金			
	均值	SD	SHP	相关系数(US)	均值	SD	SHP	相关系数(US)
澳大利亚	14.9%	25.7%	0.32	0.45	24.9%	33.1%	0.55	0.22
加拿大	10.9%	17.9%	0.24	0.71	24.6%	22.5%	0.80	0.45
法国	15.3%	21.9%	0.40	0.46	17.2%	21.9%	0.48	0.27
德国	14.4%	20.1%	0.39	0.41	14.6%	16.5%	0.48	0.19
中国香港	22.1%	34.3%	0.45	0.38	27.6%	39.7%	0.53	0.26
意大利	20.0%	27.7%	0.48	0.26	23.2%	27.2%	0.61	0.21
日本	15.6%	24.2%	0.37	0.22	23.1%	27.8%	0.59	0.13
荷兰	18.4%	16.2%	0.73	0.61	16.3%	18.4%	0.52	0.20
英国	17.3%	19.1%	0.56	0.54	24.0%	23.7%	0.73	0.31
美国	17.4%	15.1%	0.71	0.99	15.9%	21.7%	0.43	0.55
平均	16.6%	22.2%	0.46	0.50	21.1%	25.3%	0.57	0.28

资料来源：Cheol Eun, Victor Huang, and Sandy Lai, "International Diversification with Large- and Small-Cap Stocks," *Journal of Financial and Quantitiative Analysis* 43（2008），pp.489-542.

很重要的一点是，相比于所考察的所有 10 个国家或地区的每个大市值基金，小市值基金与美国股票市场指数的相关系数要小得多。例如，荷兰小市值基金与美国股票市场指数的相关系数为 0.20，而其大市值基金与美国股票市场指数的相关系数为 0.61。虽然在表 15-11 中没有列示出来，但不难发现：小市值基金不仅与大市值基金的相关性小，而且小市值基金相互之间的相关性也小。例如，荷兰小市值基金不仅与美国小市值基金的相关系数只有 0.17。相反，大市值基金相互之间的相关性相对较高，反映大市值基金共同面临着全球性风险因素。因此，小市值基金完全有潜力成为国际投资分散的有效工具。

针对这一背景，投资公司近年来设立了许多小市值导向的国际共同基金，这样投资者就可以对国外的小市值基金进行分散投资，而且交易成本增加有限。Fidelity、ING、Lazard、美林、摩根士丹利、Oppenheimer、Templeton 等投资公司目前提供有大约 70 只小市值导向的国际共同基金。就地理分布而言，其中一些基金属于全球性国际基金，如 Templeton 全球小公司基金和 Fidelity 国际小市值基金；有些属于地区性和国别基金，如 AIM 欧洲小公司基金和 DFA 日本小公司基金。总之，通过在投资组合中增加外国小市值股票，投资者可以明显提升国际分散投资的收益。

本章小结

本章讨论了国际证券投资分散化所带来的利益。国际证券投资分散化是 20 世纪 80 年代出现的一种主要的跨国投资形式,它与公司的对外直接投资并驾齐驱。

1. 近年来,国际证券投资得到了迅速发展,其原因包括:① 金融市场管制的解除;② 国际共同基金、国家基金、国际交叉上市股票等投资工具的出现,从而使得投资者无须承担额外成本就可以进行国际分散投资。
2. 投资者为了减少风险而进行分散投资;通过分散投资使风险减少的程度取决于证券投资时各种证券之间的协方差。既然国家之间证券收益的相关性小于国内证券之间的相关性,因此,投资者通过国际投资分散比纯国内投资更能降低证券投资的风险。
3. 通过充分的风险—收益分析,当各国国内投资的风险水平相等时,投资者可通过国际投资分散来获得"额外"利益。实证表明,不管是用本币还是用标准币衡量收益,投资者均可以通过持有最优国际证券组合而获得超额收益。
4. 外汇的不确定性之所以会影响国外投资的风险,要归咎于其自身的波动性及其与当地市场收益的协方差。总的来说,汇率的波动性本质上要大于债券市场收益的波动性,但会小于股票市场收益的波动性。这表明当投资者利用远期合约来控制汇率风险时,他们可以获得更多的分散投资利益,尤其是在进行债券投资时。
5. 投资者实际持有的美国国际共同基金的确为投资者提供了进行全球投资风险分散的有效途径。此外,如果用夏普绩效值进行衡量,绝大多数国际共同基金的业绩都好于美国股票市场指数。封闭型国家基金同样也为足不出国的美国投资者提供了一种获取国际分散投资利益的机会。尽管如此,人们发现与其标的资产的净值相比,封闭型国家基金与美国有价证券非常类似。
6. 虽然国际投资分散化的潜在收益巨大,许多投资者还是将其基金的很大部分用在投资国内有价证券上,因此呈现一种所谓的本国偏好现象。本国偏好很可能反映了国际金融市场的不完备性:过高的交易成本及信息成本、对外国人的歧视性课税、国际投资中所存在的法律和制度性壁垒等。

本章拓展

附录 15A

存在外汇风险套期保值时的国际证券投资

本附录主要介绍在国际证券组合中汇率风险的套期保值是怎样提高国际分散化的金融资产组合的风险—收益效率的。先来看一下正文中的式(15-4)和式(15-5),它们给出了美元投资者投资单个国家的证券 i 所获得的收益和方差:

$$R_{i\$} = (1 + R_i)(1 + e_i) - 1 \qquad (15\text{A-1a})$$

$$= R_i + e_i + R_i e_i \qquad (15\text{A-1b})$$

$$= R_i - e_i \qquad (15\text{A-1c})$$

在式（15A-1c）中，为了方便讨论，我们忽略了叉积项 $R_i e_i$，因为通常情况下它非常小。因此，美国美元投资者投资国外证券 i 的预期收益可以近似地表达为

$$\overline{R}_{i\$} \approx \overline{R}_i + \overline{e}_i \qquad (15\text{A-2})$$

同样，国外有价证券 i 的方差也可以表达如下：

$$\text{Var}(R_{i\$}) = \text{Var}(R_i) + \text{Var}(e_i) + 2\text{Cov}(R_i, e_i) \qquad (15\text{A-3})$$

类似地，两个不同的国外证券的美元收益的协方差是：

$$\text{Cov}(R_{i\$}, R_{j\$}) = \text{Cov}(R_i, R_j) + \text{Cov}(e_i, e_j) + \text{Cov}(R_i, e_j) + \text{Cov}(R_j, e_i) \qquad (15\text{A-4})$$

现在，考虑使用一个简单的外汇风险套期保值策略：美元投资者卖出预期外币收益的远期合约。按美元计量，它就等同于把不确定的美元收益 $(1 + \overline{R}_i)(1 + e_i) - 1$ 转化为确定的美元收益 $(1 + \overline{R}_i)(1 + f_i) - 1$，式中，$f_i = (F_i - S_i)/S_i$ 是有价证券 i 币种的货币远期汇兑溢价。尽管在此策略中，预期的国外投资收益将按已知的远期汇率兑换为美元，但是未预期到的外国投资收益将按未来不确定的即期汇率兑换为美元。因此，在此套期保值策略中，美元收益率公式可表达如下：

$$R_{i\$H} = [1 + \overline{R}_i](1 + f_i) + [R_i - \overline{R}_i](1 + e_i) - 1 \qquad (15\text{A-5a})$$

$$= R_i + f_i + R_i e_i + \overline{R}_i(f_i - e_i) \qquad (15\text{A-5b})$$

因为式（15A-5b）中第三项和第四项数量很可能太小，所以美元投资者的预期套期保值收益公式可近似表述为

$$\overline{R}_{i\$H} \approx \overline{R}_i + f_i \qquad (15\text{A-6})$$

回顾第 6 章关于远期预期平价的讨论，不难发现：$\overline{e}_i$ 是 f_i 的无偏估计，即 $f_i = \overline{e}_i$。因此比较式（15A-1c）和式（15A-6）就可以发现，无论美元投资者是否对投资进行汇率风险的套期保值，他所获得的期望收益都大致相同。

凡在投资者可以建立有效的套期保值来消除汇率的不确定性之时，式（15A-3）中的 $\text{Var}(e_i)$、$\text{Cov}(R_i, e_i)$ 都约等于零。同样，式（15A-4）中 $\text{Cov}(e_i, e_j)$、$\text{Cov}(R_i, e_j)$、$\text{Cov}(R_j, e_j)$ 也近似等于零。因此，由于 f_i 是一个常数，则它符合

$$\text{Var}(R_{i\$H}) < \text{Var}(R_{i\$})$$

和

$$\text{Cov}(R_{i\$H}, R_{j\$H}) < \text{Cov}(R_{i\$}, R_{j\$})$$

表 15-5 的实证性结论大体上证明了这些关系。因此，在进行国际投资时，如果投资者对汇率风险进行套期保值，那么风险—收益的效率将会大大提高。

附录 15B

最优证券组合的求解

这里，我们将讨论怎样求解风险证券的最优组合，并假定存在支付无风险利率 R_f 的无风险资产。如果投资者偏好风险小（或厌恶风险）、收益大的投资，那么我们就可以通过使夏普比率的最大化来求得最优组合。夏普绩效值是单位标准差下证券组合的超额收益，即

$$\text{Max } SHP_p = [\overline{R}_p - R_f]/\sigma_p \qquad (15\text{B-1})$$

式中 $\overline{R}_p$ ——证券组合的期望收益率；

σ_p ——证券组合收益的标准差。

期望组合收益 $\overline{R}_p$ 刚好由组合中每种资产的期望收益乘以它在组合中的权重得出,即

$$\overline{R}_p = \sum_i x_i \overline{R}_i \quad (15B-2)$$

式中,x_i 是在第 i 项单个资产中投入的资产比例;所有资产投资的比例加起来等于 1,即 $\sum_i x_i = 1$。另一方面,组合风险 σ_p 与单个资产收益的方差和它们之间的协方差有关,即

$$\sigma_p = [\sum_i \sum_j x_i x_j \sigma_{ij}]^{1/2} \quad (15B-3)$$

式中 σ_{ij} ——第 i 项资产与第 j 项资产收益的协方差,括号里面的值是组合收益的方差。

下面我们考虑组合里只有两项风险资产(A 和 B)的例子。这个例子中,证券组合的收益和风险由下式得出:

$$\overline{R}_p = x_A \overline{R}_A + x_B \overline{R}_B \quad (15B-4)$$

$$\sigma_p = [x_A^2 \sigma_A^2 + x_B^2 \sigma_B^2 + 2x_A x_B \sigma_{AB}]^{1/2} \quad (15B-5)$$

假设我们要得出这两项资产的最优组合,我们把式(15B-4)和式(15B-5)代入式(15B-1),当夏普绩效值最大时,就可以求出各项资产在组合里的最优权重:

$$x_A = \frac{[\overline{R}_A - R_f]\sigma_B^2 - [\overline{R}_B - R_f]\sigma_{AB}}{(\overline{R}_A - R_f)\sigma_B^2 + (\overline{R}_B - R_f)\sigma_A^2 - (\overline{R}_A - R_f + \overline{R}_B - R_f)\sigma_{AB}}$$

$$x_B = 1 - x_A \quad (15B-6)$$

例子:假定我们要用美国(US)和荷兰(NL)的股票市场指数来构建最优国际组合。根据 1980 年 1 月至 2012 年 12 月期间的数据,我们可以得到这两个股票市场的下列数据(%/月)

$$\overline{R}_{US} = 0.647; \sigma_{US}^2 = 21.07$$

$$\overline{R}_{NL} = 0.635; \sigma_{NL}^2 = 35.64$$

$$\sigma_{US,NL} = \sigma_{US}\sigma_{NL}\rho_{US,NL} = (4.59)(5.97)(0.73) = 20.00$$

使用无风险月利率 0.55% 并将该数据代入式(15B-6)得

$$x_{US} = \frac{(0.647 - 0.023) \times 35.64 - (0.635 - 0.023) \times 20.0}{(0.647 - 0.023) \times 35.64 + (0.635 - 0.023) \times 21.07 - (0.647 - 0.023 + 0.635 - 0.023) \times 20.0}$$

$$= 0.9606$$

$$x_{NL} = 1 - x_{US} = 1 - 0.9606 = 0.0394$$

因此,最优国际证券组合的构成是 96.06% 的美国市场投资和 3.94% 的荷兰市场投资,其期望收益和风险分别为

$$\overline{R}_{OP} = 0.9606 \times 0.647 + 0.0396 \times 0.635 = 0.647\%$$

$$\sigma_{OP} = 0.9606^2 \times 21.07 + 0.0394^2 \times 35.64 + 2 \times 0.9606 \times 0.0394 \times 20.0^{1/2} = 4.58\%$$

第五篇

跨国企业的财务管理

第 16 章　对外直接投资和跨国并购
第 17 章　国际资本结构与资本成本
第 18 章　国际资本预算
第 19 章　跨国公司的现金管理
第 20 章　国际贸易融资
第 21 章　国际税收环境与转移定价

第五篇主要讨论跨国公司的财务管理方法。

第 16 章讨论的是跨国公司除了先在国内生产然后出口海外市场外会选择在国外建立生产设施并进行资本支出的原因。

第 17 章讨论的是跨国公司的国际资本结构与资本成本。本章提出的一个分析观点是：如果公司选择在国际市场发行股票和借款，那么公司的资本成本可以得到有效降低。

第 18 章介绍了唐纳德·雷萨德（Donald Lessard）提出的调整现值模型。该模型可用于母公司分析国外经营的资本支出。

第 19 章主要讨论有关跨国公司的现金管理问题。如果跨国公司建立集中现金库存与多边结算制，那么外币现金交易数量将减少，这不仅可以节省资金，而且可以更好地控制其现金。

第 20 章简要介绍了贸易融资和对等贸易问题。通过一个典型的国际贸易交易事例，本章介绍了用于贸易融资的三种单证：信用证、远期汇票和提单。

第 21 章从纳税理论出发分析了国际税收环境。本章介绍了各种征税方法，并比较了若干国家的所得税税率。本章最后讨论了跨国公司用来降低税负的方法——转移定价策略。

第16章

对外直接投资和跨国并购

本章提纲

对外直接投资的全球化趋势
公司对外投资的原因
跨国并购
政治风险与对外直接投资
本章小结

本章拓展
关键词
思考题
小型案例：安然公司与孟买的政客
参考文献与建议阅读材料

20世纪80年代初，日本本田汽车公司在俄亥俄州的马里斯维尔（Marysville）建立了一个装配厂，开始为北美市场生产汽车。这些汽车用来替代从日本进口的汽车。随着在俄亥俄州的工厂的生产能力的提高，本田开始向其他市场出口在美国生产的汽车，包括本国市场日本。本田在美国的投资是出于一些重要因素。第一，本田想要绕过加在日本汽车生产商身上的贸易壁垒，因为按照1981年签订的《自愿限制出口协议》，日本的汽车制造商不得增加向美国市场的汽车出口量。第二，对美国的直接投资可能已经成为本田公司整体战略的一部分，旨在提高对丰田（Toyota）、日产（Nissan）等国内竞争对手的竞争地位。在本田的带头下，丰田和尼桑也先后开始在美国进行直接投资。

值得注意的是，日本政府也一直要求日本汽车公司开始到美国生产。20世纪80年代初，日本每年向美国大约出口200万辆汽车，而从美国大约进口2万辆汽车。美国政府曾经就日本产的电视机进口设定了配额，现在日本政府想要抢先一步，以防美国政府的贸易保护主义在汽车行业故伎重演。自从1977年美国对电视机实行进口配额以来，事实上日本所有的电视机生产商都被迫在美国建立了工厂。

本田在美国俄亥俄州建立工厂的决定受到了全美汽车工人联合会（UAW）的欢迎，该协会是美国的一个工会，他们认为该工厂为其成员提供了重要的工作机会。本田也受到俄亥俄州各种不同方式的帮助，包括完善工厂附近的基础设施、允许使用俄亥俄州立大学（Ohio State University）经营的交通研究中心（Transportation Research Center）、免除财产税并设立了专门的对外贸易区，以便本田按较低的关税从日本进口汽车零配件。

一旦公司进行**对外直接投资**（foreign direct investments，FDI），它就成了一家跨国公司。对外直接投资通常包括在国外建立全新的生产企业，如本田在俄亥俄州的工厂，也可能包括对现存外国企业的收购和兼并。例如，福特公司购买并取得了对日本汽车生产厂马自达（Mazda）的实际控制权。对外直接投资既可通过**绿地投资**（greenfield investment），即建立一家全新的生产企业，也可通过**跨国并购**（cross-border mergers and acquisitions）来实现。不管采用哪种方式，都会赋予跨国公司一定程度的控制力。因此，对外直接投资体现了跨国公司内部的组织扩张。

据联合国的一次调查，全球对外直接投资存量的增长速度约为商品和服务出口增长速度的2倍，而后者的增长速度又比世界GDP的增长速度高约50%。⊖事实上，跨国公司的对外直接投资在加强各国的经济联系以及决定新兴全球经济的发展方向上起着重要的作用。通过进行全球化的对外直接投资，通用电气、丰田汽车、英国石油、IBM公司、通用汽车、可口可乐、麦当劳、大众、西门子、雀巢等跨国公司已经遍布全球，家喻户晓。这些跨国公司在全球范围内配置它们强大的资源（有形的和无形的），为的是追求利润和巩固竞争地位。

在本章中，我们将讨论对外直接投资的竞争理论，以便清楚公司开展对外直接投资的原因。我们还将详细讨论跨国并购这一越来越流行的对外直接投资模式。另外，我们还将展开讨论对外直接投资中对于国内投资并不特别重要的一个问题，即怎样计量和管理与对外直接投资相关的政治风险问题。关于政治风险的分析，也可广泛应用于国际证券投资。一旦跨国公司并购了一家国外的企业，它的经营运作就必须遵守东道国所制定的"游戏规则"。政治风险有多种多样，可以是那些对国外收入汇回国内的（不可预料的）限制，也可以是对为外国所有的资产直接加以全部没收。显然，有效处理政治风险对跨国公司的财富安全至关重要的。不过，在讨论这些问题之前，先就近年来对外直接投资的全球化趋势做一简要回顾。

16.1 对外直接投资的全球化趋势

图16-1和表16-1描述了近年来**对外直接投资流量**（FDI flows）的发展趋势。对外直接投资流量是现有对外直接投资的增量。如这些图表所示，在2010～2015年这六年间，平均每年的世界对外直接投资总流出大约为13 940亿美元。显然，一些发达国家是对外直接投资的主要流出国。中国是唯一发生对外直接投资流出的发展中国家。在2010～2015年这六年里，美国平均每年向国外投资大约3 200亿美元，紧随其后的是日本，每年向国外投资大约1 110亿美元。中国是第三大对外直接投资流出国，这六年里平均每年向国外投资980亿美元。德国（840亿美元）也向海外进行大量的直接投资。排在这四大国之后的依次是荷兰（580亿美元）、加拿大（530亿美元）、瑞士（470亿美元）、法国（390亿美元）、意大利（290亿美元）和西班牙（270亿美元）。在这六年期间，上述这些排序前十国家的对外直接投资占到世界对外直接投资流出总量的近62%。这就意味着，注册在这些国家的跨国公司在进行对外投资方面应当具有某种比较优势。值得注意的是，中国开始位列前十大对外直接投

⊖ 资料来源：《2004年世界投资报告》，联合国贸易和发展会议，联合国。

资国，而过去一直是对外直接投资主要流出国的英国近年来不再进入前十，主要原因在于英国近年来实施的撤资活动。

表 16-1　对外直接投资流出量与流入量　　　　（单位：10 亿美元）

国家/地区		2010年	2011年	2012年	2013年	2014年	2015年	年平均
澳大利亚	流出量	19.8	1.7	6.7	1.6	0.0	−16.7	2.2
	流入量	36.4	58.9	59	57	39.6	22.3	45.5
加拿大	流出量	34.7	52.1	55.9	54.9	55.7	67.2	53.4
	流入量	28.4	39.7	43.1	71.8	58.5	48.6	48.3
中国	流出量	68.8	74.7	87.8	107.8	123.1	127.6	98.3
	流入量	114.7	124	121.1	123.9	128.5	135.6	124.6
法国	流出量	48.2	51.4	31.6	25.0	42.9	35.1	39.0
	流入量	13.9	31.6	17	42.9	15.2	42.9	27.2
德国	流出量	125.5	77.9	62.2	40.4	106.2	94.3	84.4
	流入量	65.6	67.5	28.2	11.7	0.9	31.7	34.3
意大利	流出量	32.7	53.7	8.0	25.1	26.5	27.6	28.9
	流入量	9.2	34.3	0.1	24.3	23.2	20.3	18.6
日本	流出量	56.3	107.6	122.5	135.7	113.6	128.7	110.7
	流入量	−1.3	−1.8	1.7	2.3	2.1	−2.3	0.1
墨西哥	流出量	15.1	12.6	22.5	13.1	8.3	8.1	13.3
	流入量	26.4	23.6	20.4	45.9	25.7	30.3	28.7
荷兰	流出量	68.4	34.8	6.2	70.0	56.0	113.4	58.1
	流入量	−7.2	24.4	20.1	51.4	52.2	72.6	35.6
西班牙	流出量	37.8	41.2	−4.0	13.8	35.3	34.6	26.5
	流入量	39.9	28.4	25.7	32.9	22.9	9.2	26.5
瑞典	流出量	20.3	29.9	29.0	30.1	8.6	23.7	23.6
	流入量	0.1	12.9	16.3	4.9	3.6	12.6	8.4
瑞士	流出量	85.7	48.1	43.3	38.6	−3.3	70.3	47.1
	流入量	28.7	28.3	16	0.6	6.6	68.8	24.9
英国	流出量	48.1	95.6	20.7	−18.8	−81.8	−61.4	0.4
	流入量	58.2	42.2	55.4	47.6	52.4	39.5	49.2
美国	流出量	277.8	396.6	318.2	307.9	316.5	300.0	319.5
	流入量	198	229.9	188.4	211.5	106.6	379.9	219.1
世界	流出量	1 391.9	1 557.6	1 308.8	1 310.6	1 318.5	1 474.2	1 393.6
	流入量	1 388.8	1 566.8	1 510.9	1 427.2	1 277.0	1 762.2	1 488.8

注：带负号的 FDI 数表示 FDI 的三项构成（权益资本、再投资收益或公司内贷款）中至少一项为负而且无法被其他正项所抵消。负项 FDI 包括逆向投资或收回投资。

资料来源：*World Investment Report, 2016*, UNCTAD.

图 16-1 和表 16-1 也给出了各国对外直接投资的流入量。在 2010～2015 这六年间，流入美国的对外直接投资额巨大，平均每年为 2 190 亿美元，位于所有国家之首。紧随其后最受欢迎的 FDI 流入国依次为中国（1 250 亿美元）、英国（490 亿美元）、加拿大（480 亿美元）、澳大利亚（460 亿美元）、荷兰（360 亿美元）、德国（340 亿美元）、墨西哥（290 亿美元）、法国（270 亿美元）和西班牙（260 亿美元）。这 10 个国家占世界对外直接投资流

入总量的43%左右，表明这些国家比其他国家更加具有区位优势。相反，日本的对外直接投资流入量则相对较小，这与其在对外直接投资流出中所占的重要地位形成鲜明对比。在2010～2015年这段时间里，日本平均每年只有1亿美元的对外直接投资流入，这在一定程度上反映了日本在外国投资方面法律、经济和文化的壁垒。

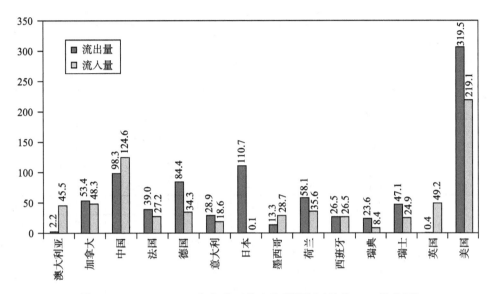

图 16-1　2010～2015年年均对外直接投资额（单位：10亿美元）

资料来源：Adapted from *World Investment Report 2016*, UNCTAD.

值得注意的是，近年来流入中国的对外直接投资迅速增长。对外直接投资流入量从1990年的35亿美元增长到2015年的1 360亿美元。截至2015年，中国已成为仅次于美国的第二大对外直接投资流入国。吸引跨国公司到中国投资的不仅仅是其廉价的劳动力和富有效率的制造业基础设施，而且还有抢占中国富有潜力的大市场的渴望。

在发展中国家中，墨西哥是另一个重要的对外直接投资流入国，平均每年大约吸引290亿美元的对外直接投资。众所周知，在墨西哥这样的低成本国家，跨国公司进行投资是为了服务其北美和墨西哥市场。鉴于近年来中国工资水平的持续上升，墨西哥、印度尼西亚、越南等发展中国家将吸引到越来越多的对外直接投资流入。同样值得注意的是，跨国公司之所以每年向西班牙投入260亿美元的巨资，是因为相对于欧洲其他国家如法国和德国，西班牙的生产成本相对较低。而且作为欧盟成员国之一，跨国公司最有可能利用在该国的投资在欧盟巨大的共同市场中获得一个立足点。

在2008～2009年间，全球范围内的对外直接投资流入与流出量出现了明显的下降趋势，主要是受到全球经济衰退的影响。不过，从2010年起又开始逐步恢复。

现在，我们再来看看**对外直接投资的存量**（FDI stocks），即以往对外直接投资流量的积累。跨国公司的所有跨国生产活动都可以用对外直接投资存量来表示。表16-2提供了各国对外直接投资存量的汇总情况，包括流入的和流出的。如表16-2所示，全球对外直接投资的总存量从1980年的5 140亿美元上升到2000年的大约74 000亿美元，再增加到2015年的约250 000亿美元。以美国为例，对外直接投资的流出存量从1980年的2 200亿美元上升到2015年的59 830亿美元。截至2015年，美国、德国、英国、法国、日本、瑞士、加拿大、荷兰和中国有着全球最高的对外直接投资流出存量。另一方面，美国、英国、中国、德国、法国、加拿大和荷兰有着最多的对外直接投资流入存量。图16-2描述了美国、欧盟和日本三大主要经济体的对外直接投资存量的流向情况。显然，大部分对外直接投资存量集中在这三大主要经济体。

表16-2 对外直接投资流出存量与流入存量　　　　　　　　（单位：10亿美元）

国家	存量	1990年	1995年	2000年	2005年	2010年	2015年
澳大利亚	流出存量	30.1	41.3	92.5	159.2	449.7	396.4
	流入存量	75.8	104.2	121.7	210.9	527.1	537.4
加拿大	流出存量	78.9	110.4	442.6	399.4	998.5	1 078.3
	流入存量	113.1	116.8	325	356.9	983.9	756
中国	流出存量	2.5	17.3	27.8	46.3	317.2	1 010.2
	流入存量	14.1	129	193.3	317.9	587.8	1 220.9
法国	流出存量	110.1	200.9	365.9	853.2	1 173.0	1 314.2
	流入存量	86.5	162.4	184.2	600.8	630.7	772
德国	流出存量	151.6	235.0	483.9	967.3	1 364.6	1 812.5
	流入存量	111.2	134	470.9	502.8	955.9	1 121.3
意大利	流出存量	56.1	86.7	170.0	293.5	491.2	466.6
	流入存量	58	64.7	122.5	219.9	328.1	335.3
日本	流出存量	201.4	305.5	278.4	386.6	831.1	1 226.5
	流入存量	9.9	17.8	50.3	100.9	214.9	170.7
墨西哥	流出存量	0.6	2.7	8.3	28.0	121.6	151.9
	流入存量	27.9	61.3	121.7	209.6	363.8	420
荷兰	流出存量	109.1	158.6	305.5	641.3	968.1	1 074.3
	流入存量	73.7	102.6	243.7	463.4	588.1	707
西班牙	流出存量	14.9	34.3	129.2	381.3	653.2	472.1
	流入存量	66.3	128.9	156.3	367.7	628.3	533.3
瑞典	流出存量	49.5	61.6	123.6	202.8	374.4	345.9
	流入存量	12.5	32.8	93.8	171.5	347.2	281.9
瑞士	流出存量	65.7	108.3	232.2	394.8	1 041.3	1 138.2
	流入存量	33.7	43.1	86.8	172.5	610.9	833
英国	流出存量	230.8	319.0	923.4	1 238.0	1 574.7	1 538.1
	流入存量	218	244.1	463.1	816.7	1 057.2	1 457.4
美国	流出存量	435.2	705.6	1 316.2	2 051.3	4 809.6	5 982.8
	流入存量	394.9	564.6	1 256.9	1 625.7	3 422.3	5 588
世界FDI存量	流出存量	1 758.2	2 897.6	7 436.8	10 671.9	20 803.7	25 044.9
	流入存量	1 950.3	2 992.1	7 488.4	10 129.7	20 189.7	24 983.2

资料来源：*Adapted from World Investment Report 2009, 2012, 2016*, UNCTAD.

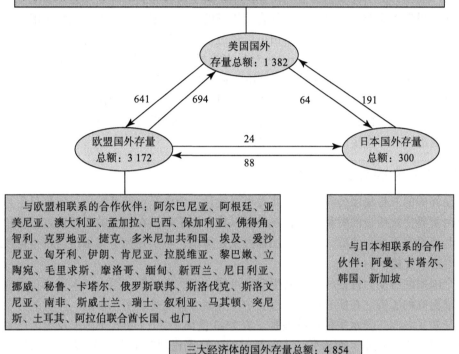

图 16-2 2001 年三大经济体的对外直接投资存量及其主要的对外直接投资伙伴（单位：10 亿美元）

注：合作伙伴是指三大经济体在衡量对外直接投资流入存量和三年平均国内流量时所涉及的主要经济体。

资料来源：UNCTAD *World Investment Report 2003*: www.unctad.org/wir.

16.2 公司对外投资的原因

为什么公司要选择在海外建厂生产，而不是直接从母公司出口或向东道国当地公司授权生产？换句话说，为什么公司要通过建立跨国公司的方式向海外扩张呢？与国际贸易理论或国际证券组合理论不同的是，我们还没有一套完善而全面的对外直接投资理论。但是有些理论可以解释对外直接投资现象的某些方面。很多现存的理论，如金德尔伯格（Kindleberger, 1969）和海默（Hymer, 1976）所提出的理论，都认为市场不完全（即产品、生产要素和资本市场的不完全）是导致对外直接投资的关键因素。

下面，我们将讨论在公司进行海外投资决策时起关键作用的一些因素：① 贸易壁垒；② 不完全的劳动力市场；③ 无形资产；④ 纵向一体化；⑤ 产品生命周期；⑥ 为股东提供投资分散化服务。

16.2.1 贸易壁垒

国际商品和服务市场经常由于政府的影响而变得不完全。政府可能会对商品和服务的进出口施以关税、配额和其他限制措施，从而阻碍了商品和服务的跨国自由流动。有时，政府甚至可能会全面禁止某些商品的国际贸易。政府管制国际贸易往往是为了增加税收、保护国内产业和追求其他经济政策目标。

面对产品出口的贸易壁垒，公司可能决定将其生产转移到国外以规避贸易壁垒。本田在俄亥俄州的投资就是贸易壁垒促成对外直接投资的一个典型例子。因为在俄亥俄州生产的汽车不受关税和配额的限制，这样，本田可以通过在美国建立工厂来规避这些壁垒。近来，墨西哥、西班牙这样的国家之所以会成为对外直接投资的流入热点，至少可以部分地这样解释：跨国公司想要规避北美贸易自由贸易协定和欧盟所设立的对外贸易壁垒。

贸易壁垒自然也可能起因于运输成本。相对于其经济价值，像矿石和水泥这样体积庞大的产品是不适宜出口的，因为昂贵的运输成本实际上会降低边际利润。在这种情况下，可以在国外市场进行对外直接投资以降低运输成本。

16.2.2 不完全的劳动力市场

假设韩国的三星集团公司想为其北美市场建设一个电子消费品工厂。如果只是为了规避北美自由贸易协定所设的贸易壁垒，三星可以将它的工厂设在北美的任何地方。三星选择将其生产基地设在墨西哥北部，而不是加拿大或是美国，主要是为了利用墨西哥当地廉价的劳动力成本这一优势。

一个国家的劳动力价格相对于其生产力可能会被严重压低，因为工人不能自由地穿越国境来寻求更高的工资。在所有的要素市场中，劳动力市场是最不完全的。严重的劳动力市场不完全导致了各国工资水平的持续差别。表16-3给出了2012年若干国家及地区的制造业部门的每小时劳动力成本。西班牙工人每小时的工资比比利时工人低25美元。在墨西哥，每小时工资仅为6.36美元，而在美国则为35.67美元。如表16-3所示，平均小时工资从瑞士的57.79美元到孟加拉国的0.37美元不等。

表16-3 全球各地的劳动力成本（2012年）

国家或地区	每小时平均成本（美元）	国家或地区	每小时平均成本（美元）
瑞士	57.79	新加坡	24.16
比利时	52.19	韩国	20.72
瑞典	49.80	以色列	20.14
澳大利亚	47.68	巴西	11.20
德国	45.79	中国台湾	9.46
法国	39.81	墨西哥	6.36
加拿大	36.59	菲律宾	2.10
美国	35.67	中国大陆	1.64
日本	35.34	印度	1.45
意大利	34.18	印度尼西亚	1.15
英国	31.23	越南	0.73
西班牙	26.83	孟加拉国	0.37

资料来源：U.S. Department of Labor, Bureau of Labor Statistics japan External Trade Organization.

如果工人因移民障碍而无法自由移动，那么公司可将自身迁移到拥有廉价劳动力的地方，从而获取利益。这正是跨国公司在一些欠发达国家或地区（如墨西哥、中国大陆、印度）和东南亚国家（如泰国、马来西亚和印度尼西亚）进行对外直接投资的主要原因之一。在这些国家，劳动力价格相对于其生产力被严重压低。日本、韩国、中国台湾等地的公司近年来之所以会大量投资于中国大陆，部分原因就在于中国大陆拥有的高效生产力和低成本劳动力。不过，随着中国大陆劳动力成本的上升，一些制造企业开始转至工资水平非常之低的其他亚洲国家，如孟加拉国、柬埔寨和越南。

16.2.3 无形资产

可口可乐公司在全世界投资建设罐装厂，而不是授权给当地公司生产可乐。可口可乐之所以选择对外直接投资作为进入国外市场的手段，最大的原因是它希望能保护这一闻名世界的软饮料配方。如果可口可乐授权当地公司生产可乐，就不能保证配方不被泄漏。一旦配方被泄漏给当地的其他公司，它们就会生产出类似的产品，这将影响到可口可乐的销售。这种情况就叫自作自受。在20世纪60年代，可口可乐在印度设有罐装厂，其间受到来自印度政府的巨大压力，印度政府要求其公布可乐配方作为公司继续在印度经营的条件。最后，可口可乐公司选择退出印度市场，而没有公布可乐的配方。○

尽管当地公司拥有某些固有的优势，但跨国公司仍然可以在国外进行投资。这就意味着跨国公司应该比当地公司拥有更大的优势。事实上，跨国公司通常因为其拥有的特殊**无形资产**（intangible assets）而享有比较优势。这些无形资产包括先进技术、管理经验、营销诀窍、强大的研发能力和品牌等。无形资产通常很难通过包装来出售给外国人。另外，无形资产的产权很难建立和保护，特别是在那些难以实施法律追索权的国家。这样，跨国公司发现，建立国外子公司并通过对这些无形资产的内部化交易来直接获得收益，反而能获得更高的利润。**内部化理论**（internalization theory）可以用来解释为什么是跨国公司而非当地企业在国外进行投资。

Caves（1982）和Magee（1977）特别强调了市场不完全对无形资产，尤其是文化因素在促进公司开展对外直接投资中的作用。根据对外直接投资的内部化理论，那些持有具有公共物品性质的无形资产的公司之所以乐于进行对外直接投资，就是为了在更大范围内利用这些资产，同时也是为了避免在国外市场交易时通过市场机制可能发生的无形资产的盗用。○

16.2.4 纵向一体化

假设壳牌石油（Royal Dutch Shell）为其炼油厂从沙特阿拉伯的一家石油公司购买了一大批原油。在这种情况下，壳牌石油可能会遇到一些问题。例如，壳牌石油公司作为下游公司想要压低原油价格，而沙特阿拉伯石油公司作为上游公司想要抬高价格。如果沙特阿拉伯公司有较强的议价能力，壳牌石油将被迫支付一个高于预期的价格，这将影响该公司的利润。另外，因为世界精炼油需求在不断波动，其中一家公司可能要承担过多的风险。但是，如果两家上下游公司组成纵向一体化的公司，那么两家公司之间的矛盾就可以得到解决。显然，如果壳牌石油公司控制了油田，那么这个问题就不会存在了。近年来，中国企业积极开展一体化投资活动，主要是在采矿和资源领域展开海外并购。例如，山东钢铁集团投资15亿美元于2010年收购了塞拉利昂非洲矿物公司（African Minerals of Sierra Leone）的控股权。另外，中国铝业最近耗资140亿美元购买了澳大利亚大型采矿企业力拓矿业集团（Rio Tinto）9%的股权，为的是确保矿石供应有保障、价格又合理。迄今为止，中国企业的海外并购主

○ 随着印度经济的逐步开放以及对外投资环境的改善，可口可乐重新进入了印度市场。
○ 公共物品的例子包括公园、灯塔、广播电视发射设备。这些物品一旦被生产出来，不管人们是否为之付钱，都很难阻止人们使用它。

要集中在资源富裕国家，如澳大利亚、巴西、加拿大、蒙古、塞拉利昂、圭亚那和印度尼西亚。

一般而言，跨国公司可能在那些原材料易于取得的国家进行对外直接投资，以便保证稳定价格下的原材料供应。此外，如果跨国公司对原材料市场实现了垄断或寡头垄断，就会为其他企业进入该产业构成壁垒。鉴于这些原因，很多从事加工或自然资源产业的跨国公司倾向于直接拥有油田、矿产资源和森林。跨国公司还发现，在靠近自然资源的地方建立制造或加工工厂是有利可图的，这样可以节省运输成本。显而易见，将体积庞大的铝土矿石运回母国，再提炼出铝的代价是极其高昂的。

由于对外直接投资需要为跨国公司生产原材料的国外产业，所以垂直型对外直接投资绝大多数都是后向的（backward）。但是，如果对外直接投资需要销售跨国公司产出品的企业，那么垂直型对外直接投资就是前向的了。众所周知，美国的汽车生产商发现它们的产品很难在日本打开市场。部分原因是，大部分的日本汽车经销商都与日本的汽车生产商有着长期密切的合作关系，因此它们都不愿意代理外国进口的汽车。为了解决这个问题，美国汽车生产商开始在日本建立自己的经销网以帮助其汽车销售。这就是前向型纵向对外直接投资的一个例子。

16.2.5　产品生命周期

美国哈佛大学教授雷蒙德·弗农（Raymond Vernon, 1966）指出，公司是在所引入新产品的生命周期的某个特定阶段开展对外直接投资的。雷蒙德·弗农认为，回顾整个21世纪，大部分新产品，如计算机、电视机和大批量生产的汽车都是由美国的公司所开发的，并且首先满足美国市场。根据雷蒙德·弗农的**产品生命周期理论**（product life-cycle theory），当美国公司首先引入新产品时，它们选择在靠近消费者的母国建立生产工厂。在产品生命周期的早期，产品的需求价格弹性较低，因此首先开发该产品的公司可以制定一个相对较高的价格。同时，公司还可以根据母国消费者的反应不断改进产品。

随着国外对这些产品的需求的增加，这家先行的美国公司开始向国外出口新产品。随着这些产品的国外需求的不断增多，美国公司以及一些外国公司开始在国外生产产品以满足当地市场。随着产品生产的规范化和走向成熟，通过削减成本来保持竞争优势就变得很重要了。那些在低成本国家经营的外国生产商开始将产品出口到美国。同时，成本因素促使美国公司开始在低成本的国家投资建厂，再将产品返销美国。换句话说，当产品成熟并且成本成为重要因素时，企业就会进行对外直接投资。因此，对外直接投资可以被视作在国内外竞争对手的竞争下、为了保持优势而采取的一种防御性行为。国际财务实践专栏16-1 "制造业中的线性序列：辛格公司"提供了一个关于对外直接投资的产品生命周期理论的有趣实例。

| 专栏 16-1 |　　　　　　　　　　国际财务实践

制造业中的线性序列：辛格公司

辛格公司（Singer）是最早开始国际化经营的美国公司之一。1850年8月，辛格（I.M. Singer）发明了一种缝纫机，并于1851年在纽约建立了辛格公司，将这种机器投入生产并在美国销售。为了保护这种创新产品，辛格在1851年向美国和若干外国申请并取得了专利。直到1855年，该公司的生产仍然以满足国内市场为主。

1855年，辛格公司以一次性付款和支付特许费的条件将一种单线缝纫机在法国的专利卖给了一位法国商人，从而迈出了其国际化经营的第一步。这次交易对辛格来说是一次不愉快的经历，因为法国商人不愿意支付特许费，同时还经销其竞争对手的产品，从而引起了纠纷，还促使辛格不再将其国外的专利权卖给独立经营的商人。鉴于这次经历，到1856年，辛格不再向国内市场的独立运营商授予地区代理权，并且开始建立自己的销售渠道。独立代理商不能向顾客提供指导，也不能提供服务，而且也不愿意拿自己的资金冒险，接受分期付款和持有大量存货。

吸取国内的经验教训，辛格采用了特许代理商的方式进入国外市场。特许代理商在特定的区域内宣传和出售辛格公司的产品。到1858年，辛格已经在里约热内卢和其他地方拥有了独立商人作为其国外的代理商。在1860年9月到1861年5月间，公司向其加拿大、古巴、库拉索（Curacao）、德国、墨西哥、秘鲁、波多黎各、乌拉圭和委内瑞拉的代理商出口了127台机器。由于在国内积累的经验，辛格加速了其产品销售的线性序列，有时候还同时利用特许代理商和自己的销售渠道。

辛格也开始向国外市场推广其建立销售渠道的策略。到1861年，公司已经在格拉斯哥（Glasgow）和伦敦拥有了领工资的代理人，他们在英国建立了很多销售部门，授权出售缝纫机。到1862年，辛格在英国开始面临仿造者的竞争。由于美元的低估，辛格公司在国外可以低于国内的价格出售缝纫机，因此辛格机器在国外的销量稳定上升。1863年，辛格相继在德国的汉堡和瑞典设立了销售办事处。到1866年，辛格机器在欧洲已经供不应求，这给它的竞争对手创造了机会。在美国内战以后，美元升值，同时美国的工资开始上涨，这就增加了生产成本，影响了公司的国际竞争力。因此，一些美国公司开始在国外建厂。

1868年，辛格在格拉斯哥建立了一个小装配厂，零件从美国进口。这个尝试证明是成功的，1869年，辛格决定从美国进口设备，而在格拉斯哥制造所有的零件。到1874年，部分是由于国内的经济衰退，辛格所有产出的一半以上都销往国外。于是，辛格开始使用付给工资加佣金的代理商，来替代靠当地融资的独立运营的代理商。到了1879年，其在伦敦的地区总部已经在英国建立了26个办事处，在巴黎、马德里、布鲁塞尔、米兰、巴塞尔、开普敦、孟买、奥克兰各建立了一个办事处。

到19世纪80年代末，辛格已经在国外拥有了庞大的销售组织，伦敦的地区总部主要负责澳大利亚、亚洲、非洲、南美洲南部、英国和欧洲大陆的大部分地区的销售。汉堡的办事处负责欧洲北部和中部的销售，而纽约办事处则负责加勒比海、墨西哥、南美洲北部和加拿大的销售。到1881年，辛格在格拉斯哥的三家工厂的生产量已经不能满足需求。因此，辛格于1882年在格拉斯哥附近的Kilbowie建立了一家现代化工厂，该工厂拥有美国最新的工具设备，其生产能力和美国最大的工厂不相上下。1883年，辛格在加拿大和澳大利亚分别建立了工厂。借助于经验，辛格发现，在苏格兰设厂生产并销售产品来供给欧洲和其他市场，要比在美国生产更为划算。

资料来源：*World Investment Report 1996*, UNCTAD, p.77.

按照产品生命周期理论，可以预计美国经过一段时间将从一个新产品的出口国变为进口国。图16-3描述国际贸易模式的这种动态变化。产品生命周期理论的预言是与我们所能观察到的很多产品的动态变化相一致的。例如，个人计算机首先由美国的公司（如IBM和苹果公司）开发出来的，然后再出口到海外市场。然而，随着个人计算机成为标准化商品，美国却成了个人计算机的净进口国，要从日本、韩国和中国台湾的生产商以及美国公司在国外的子公司那里进口计算机。

值得一提的是，弗农的产品生命周期理论是在20世纪60年代发展起来的，当时美国毫无疑问在研发能力和产品创新上都处于领先地位。但是，美国之外的其他国家也开始逐渐出现产品创新，新产品经常由几个发达国家同时推出。一件新产品也可能在初创时期就在多个国家生产。仅仅用产品生命周期理论已经很难解释现在日趋复杂的国际生产体系。

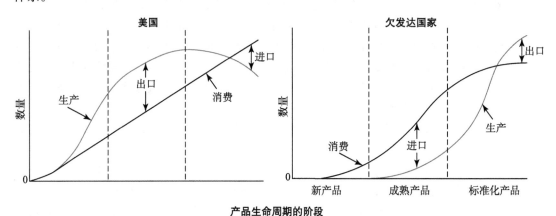

图 16-3　产品生命周期

16.2.6　为股东提供投资分散化服务

如果由于跨国资本流动存在障碍，一位投资者不能有效地分散其所持有的国际投资，那么跨国公司就可以通过开展对外直接投资，来为其股东提供投资分散化服务。当一家公司在很多国家都拥有资产时，公司的现金流量就在国际范围内实现了分散。因此，该公司的股东尽管没有直接拥有外国股份，它们也能间接从国际投资分散化中获益。可见，资本市场的不完全性可以促进公司进行对外直接投资。

尽管跨国公司的股东可能从公司的国际分散化投资中间接受益，但是跨国公司进行对外直接投资的目的显然不仅仅是为了向股东提供投资分散化服务。事实上，近年来国际证券投资的许多壁垒已经被废除了，投资者可自行在国际上进行分散投资，资本市场的不完全性对于促进对外直接投资的作用也就下降了。

16.3　跨国并购

如前所述，对外直接投资既可以通过绿地投资，即在国外建立一家新的生产企业，也可通过跨国并购（cross-border merger and acquisition），即合并或者购买一家现存的外国企业来实现。近年来，通过跨国并购方式进行对外直接投资的数量不断增加，占对外直接投资流量的50%以上（按美元计算）。例如，1998年，英国石油以480亿美元的价格收购了美国阿莫科石油公司（Amoco）；2000年，法国的Vivendi公司以404亿美元收购了加拿大的一家大企业Seagram公司；德国的赫司特（Hoechst）制药公司被法国的罗内—普朗克公司（Rhone-

Poulenc SA)（生命科学）以 219 亿美元的价格收购。2008 年，美国的信息服务企业 Thomson 公司以 176 亿美元收购了英国的新闻机构路透社。2009 年，瑞士的制药大佬罗氏公司以 467 亿美元收购了美国一家经营相当成功的生物技术企业基因技术公司。2010 年，美国卡夫食品公司（Kraft Foods）以 188 亿美元的价格收购了英国糖果生产企业吉百利（Cadbury）。最引人注目的一宗收购交易发生在 2000 年，英国沃达丰（Vodafone）电信公司以 2 030 亿美元的价格收购了德国的曼内斯曼公司。表 16-4 列出了 1998～2015 年间发生的重大并购交易。跨国并购交易的迅速增长应归功于正在兴起的资本市场的自由化和世界经济的一体化。㊀

通过并购交易，跨国公司可以从别的公司购买特殊资产，或是在更大的范围内利用自己的资产，以便维持自身在世界市场竞争中的地位。作为进行对外直接投资的模式，跨国并购相对于绿地投资具有两大优势：① 速度快；② 能增加所有者的资产。联合国最近所进行的一项研究中，讨论了为什么跨国公司会选择并购作为一种投资方式。㊁

并购这种投资方式很受许多公司的欢迎，这些公司希望通过剥离那些脱离其核心竞争力的资产，并购买那些能提高它们竞争力的重要资产，来保护、巩固和提高其全球竞争地位。对这些公司而言，从别的公司购买来的所有权资产，如技术、著名商标、已经建立的供应网和销售系统，能够立即投入使用，提高全球生产网络的效率，因此可以更好地服务于全球顾客、提高利润、扩大市场占有率、增强公司的竞争力。

最近，中国企业开始积极利用跨国并购，而且把跨国并购作为获取品牌和高新技术的手段。例如，2010 年，中国汽车制造商浙江吉利控股集团以 13 亿美元的价格从福特汽车公司手中收购了以安全技术闻名的瑞典汽车制造商沃尔沃。通过此举，吉利立刻获得了沃尔沃的品牌、技术和经销商网络。2014 年，中国保险公司安邦以 19.5 亿美元收购了纽约著名酒店沃尔多夫酒店。2015 年，中国化工以 79 亿美元的价格收购了意大利轮胎制造商倍耐力，并出价 480 亿美元收购瑞士农用化学品公司——先正达。很明显，开放的资本市场使得企业能够战略性地利用跨国并购交易来获得被收购公司的品牌、高新技术和管理经验。

不过，跨国并购的结果并不总与预期一致。戴姆勒—克莱斯勒并购案就为我们提供了一个活生生的例子。起初，合并后的公司预期每年可节省高达 30 亿美元的开支，而且可以填补产品和地理上的差距。由于存在对这种利润增值效应的预期，在这宗 405 亿美元的交易公布后，两家公司的股价应声大幅上扬。不过，双方预期的成本节省、技术方面的增值效应以及更强的营销能力都没有实现。随着利润的连年下跌，克莱斯勒公司于 2007 年 5 月被出售给私人资本投资公司 Cerberus，价格为 74 亿美元。这样，长达 9 年的跨大西洋并购就此结束。戴姆勒-克莱斯勒这一经典案例表明，跨国并并购不是总能取得预期效果。

企业跨国收购对政治非常敏感，因为大多数国家都希望保持本国公司的地方控制权。因此，虽然绿地投资因为代表新的投资和就业机会而受到这些国家的欢迎，但是外国公司想要通过竞价来收购东道国公司通常会遭到抵制，有时甚至引发人们的憎恨情绪。因此，从股东利益和公共政策的角度来看，跨国收购能否获得**利润增值效应**（synergistic gains）以及这些利润在收购公司和目标公司之间的分配方式都成了很重要的问题。如果合并后的公司价值高

㊀ 不难发现，联合国贸易和发展会议将一些发生在同一国家内的并购交易列为跨国并购交易。其理由就是"只要最终的东道国与最终的母国不同，那么同一国家内发生的并购交易仍然被当作跨国并购交易。"

㊁ 资料来源：《1996 年世界投资报告》，联合国贸易和发展会议，p.7。

表 16-4　1998～2015 年间完成的 39 宗最大的跨国并购交易[①]

序号	年份	交易价值（10 亿美元）	兼并公司	兼并公司所在国（地区）	兼并公司所属行业	被兼并公司	被兼并公司所在国（地区）	被兼并行业所属行业
1	2000	202.8	沃达丰空中通信公司	英国	无线电话通信	曼内斯曼	德国	无线电话通信
2	2014	130.3	威瑞森电信公司	美国	除无线电话通信以外的电话通信	威瑞森无线公司	美国	无线电话通信
3	2007	98.2	RFS Holdings BV	荷兰	投资者服务	ABN-AMRO Holding NV	荷兰	投资者服务
4	1999	74.3	皇家荷兰石油	荷兰	原油、天然气	壳牌运输与贸易公司	英国	原油、天然气
5	2015	68.4	阿特维斯公司	爱尔兰	制药	艾尔建公司	美国	制药
6	1998	60.3	沃达丰	英国	通信	空中通信	美国	通信
7	2008	52.2	InBev NV	比利时	麦芽饮料	安海斯—布希	美国	饮料与包装
8	1998	48.2	英国石油	英国	石油、气、汽油提炼	阿莫科	美国	石油、气、汽油提炼
9	2009	46.7	罗氏公司	瑞士	制药配方	基因技术	美国	生物产品但不包括诊断
10	2000	46.0	法国电信	法国	电话通信（除无线电话）	奥兰治公司	英国	电信通信（除无线电话）
11	2015	42.7	美敦力公司	美国	电疗与生物物理治疗仪	Orange 公司（曼内斯曼）	爱尔兰	外科设备与医疗仪器
12	2014	42.2	中信太平洋公司	中国香港	钢结构、高炉、轧钢	中信公司	中国内地	投资咨询
13	1999	40.5	戴姆勒—奔驰	德国	交通设备	克莱斯勒	美国	交通设备
14	1999	40.4	威望迪公司	法国	供水	施格兰	加拿大	移动图像和录影带产品
15	2007	37.6	力拓公司	英国	矿石	Alcan 公司	加拿大	铝与铝制品
16	1999	34.6	捷利康	英国	药	阿斯特拉公司	瑞典	药
17	1999	32.6	曼内斯曼	德国	金属和金属产品	奥兰治公司	英国	通信
18	2006	32.2	米塔尔钢铁	荷兰	钢结构、鼓风炉、轧钢	安赛乐钢铁	卢森堡	钢结构、鼓风炉、轧钢
19	2006	31.7	西班牙电信	西班牙	电话通信（不包括无线电话）	英国 O2 移动公司	英国	无线电话通信

20	2001		德国电信公司	德国	语音无线公司	美国	无线电话通信
21	2000	29.4	英国石油阿莫科公司	英国	阿尔科	美国	汽油提炼
22	2013	27.2	OAO Rosneft 俄罗斯石油公司	俄罗斯联邦	秋明英国石油公司 (TNK-BP)	英属维尔京群岛	原油、天然气
23	2007	27.0	投资者集团	意大利	Endesa SA	西班牙	公用事业
24	2000	26.4	联合利华	英国	贝斯特食品公司	美国	干果、蔬菜和汤料
25	2011	25.1	国际电力	英国	GDF 苏伊士能源欧洲国际	比利时	天然气输送
26	2008	25.1	荷兰政府	荷兰	Fortis Bank Nederland	比利时/荷兰	银行业
27	2014	23.1	Numericable 电信集团	法国	法国 Societe Francaise 电信	法国	除无线电话以外的电话通信
28	2007	23.1	股东	美国	Tyco 健康护理集团	美国	健康护理
29	2011	22.8	VimpelCom 电信	荷兰	Weather Investments Srl 电信	意大利	除移动电话业务之外的通信业务
30	2007	22.4	Iberdrola SA	西班牙	Scottish 电力集团	英国	电力服务
31	1999	22.2	罗内-普朗克	法国	赫司特	德国	化学药品
32	2006	21.9	机场发展	西班牙	BAA 公司	英国	机场与机场终端服务
33	2013	21.8	软银公司	日本	斯普林特电信	美国	除无线电话以外的电话通信
34	2011	21.6	赛诺菲-安万特集团	法国	健赞	美国	除诊断物以外的生物制品
35	2007	21.2	美国银行公司	美国	ABN AMRO North	美国	银行服务
36	2015	21.0	霍尔希姆公司	瑞士	拉法基集团	法国	水泥和液压产品
37	2015	20.6	捷恩斯国际控股	荷兰	斯坦霍夫国际控股	南非	金属制家用家具
38	2007	20.4	AB 收购集团	美国	Alliance Boots 公司	英国	制药、健康护理、美容等
39	2000	19.6	苏黎世联合股份公司	瑞士	联合苏黎世	英国	人寿保险
		19.4					

资料来源：*World Investment Report*, various issues (UNCTAD).

㊀ 原书中第 22 宗和第 23 宗重复一致，故删除，序号顺改。——译者注

于合并前两家公司的价值,那么就产生了利润增值效应。[①]如果跨国收购取得了利润增值效应并且两家公司的股东同时获利,我们就可以说跨国收购是有益的,因此无论是站在国家还是全球角度来看,都不应阻挠跨国收购。

利润增值效应是否来源于跨国收购取决于收购公司的动机。一般而言,如果收购者利用的是前面章节提到的市场不完全性,就会产生利润增值效应。换句话说,公司可能为了利用低价的生产要素,规避贸易壁垒而收购国外公司。

如前所述,无形资产市场的不完全性也是促使公司进行跨国收购的重要原因。根据内部化理论,一家公司如果拥有具有公共物品性质的无形资产,如技术和管理技能,就有可能收购国外公司,以便创造在更大范围内使用这种特殊资产的平台,同时可避免通过市场机制在国外市场交易时可能发生的盗用行为。公司进行跨国收购还可能出于取得目标公司无形资产并将其内部化的目的。在这种**后向内部化**(backward-internalization)的例子中,收购公司想要在全球范围内使用目标公司的无形资产,从而取得来自规模经济的租金收益。因此,这种内部化向前(forward)可以内部化收购公司的资产,向后则可以内部化目标公司的资产。

考虑到跨国收购在对外直接投资中占据着越来越重要的地位,一些研究者开始研究跨国收购的效果。Doukas 和 Travlos(1988)研究了国际收购对美国收购公司的股票价格的影响。研究表明,当美国收购公司通过扩张进入新的产业或地区时,这些公司股东获得了巨大的超常回报。当公司已经在目标公司的所在国拥有业务时,美国股东得到的回报就没那么大了。另一方面,Harris 和 Ravenscraft(1991)研究了被国外公司收购的美国公司的股东财富收入。他们发现,美国目标公司的股东在公司被国外公司收购时所取得的收入,要高于被美国本土公司收购时所取得的收入。

Morck 和 Yeung(1992)也研究了国际收购对美国公司的股价的影响。他们指出,那些拥有信息类无形资产的美国公司收购国外公司后,其股价均大幅上升。这与他们在 1991 年的早期研究成果是一致的,即公司的市场价值是与其国际化程度正相关的,这是因为公司的无形资产(如研发能力)有着公共物品的特性。但是,国际化本身并不能影响公司的价值。他们的实证结论也证实了对外直接投资的(前向型)内部化理论。

另一方面,Eun, Kolodny 和 Scheraga(1996)通过对 1979~1990 年间主要国外对美国公司并购的抽样分析,直接度量了股东从跨国收购中获得收益的大小。他们的成果汇总在表 16-5 中。第一,该表显示,无论收购公司属于哪个国家,美国目标公司的股东平均实现了 1.03 亿美元的巨额收入。第二,国外收购公司的股东的收益却由于公司所在国家的不同而不同。英国的收购公司的股东平均遭受了 1.23 亿美元的巨大损失,而日本公司的股东则平均获得了 2.28 亿美元的巨大收益。加拿大对美国公司的并购则为其股东创造了平均 1 500 万美元的不错收入。

表 16-5 跨国收购所创造的平均收益:收购美国公司的外国公司

收购国	案例数	研发能力/销售额(%)		平均收益(单位:100 万美元)		
		收购公司	目标公司	收购公司	目标公司	合并后的公司
加拿大	10	0.21	0.65	14.93	85.59	100.53
日本	15	5.08	4.81	227.83	170.66	398.49
英国	46	1.11	2.18	−122.91	94.55	−28.36

---

① 协同收益的产生可能是因为合并后的公司可以节省生产、营销、销售和研发方面的成本,并且可以重新部署合并后的资产,使之用于最有价值的项目。

(续)

收购国	案例数	研发能力/销售额(%)		平均收益(单位:100万美元)		
		收购公司	目标公司	收购公司	目标公司	合并后的公司
其他	32	1.63	2.80	−47.46	89.48	42.02
所有	103	1.66	2.54	−35.01	103.19	68.18

资料来源:Reprinted from *Journal of Banking and Finance 20*, C. Eun, R. Kolodny, and C. Scheraga, "Cross-Border Acquisitions and Shareholder Wealth: Tests of the Synergy and Internalization Hypotheses," pp. 1559-1582, ©1996 with kind permission from Elsevier Science-NL, Sara Burgerhartstreet 25, 1055 KV Amsterdam, The Netherlands.

第三,跨国收购总的来说是能创造利润增值效应的公司行为。美国的目标公司和国外收购公司的股东平均获得了6 800万美元的收入。不过,利润增值效应由于收购公司所属国家的不同而相差甚巨。日本公司的收购平均创造了3.98亿美元的巨额联合收入,其中43%属于目标公司,57%属于收购公司。[一]相反,英国公司的收购大约平均带来了2 800万美元的损失,并且导致了由收购公司向目标公司股东的财富转移。

Eun、Kolodny和Scheraga认为,日本收购公司的巨大收益可以归功于其对目标公司的研发能力的成功内部化。这些目标公司的平均研发能力远远高于其他国家收购公司的目标公司。因此,后向内部化的目标公司的无形资产应该是促使日本公司在美国进行收购交易的巨大推动力。这就支持了后向内部化假设。[二]在英国公司的收购案例中,合并后的平均财富收入是负的,收购公司股东的财富遭受了损失。这可能是由于英国公司在收购美国公司的过程中选择了净现值为负值的项目。众所周知,公司管理者可能为了追求增长和投资分散化而进行了牺牲股东利益的收购。正如詹森(Jensen)在1986年曾经指出的那样,由于各种各样的原因,管理者可以从公司规模的扩大中获益,尽管这种规模已经超过了能使股东财富最大化的规模。[三]

16.4 政治风险与对外直接投资

在评价对外国的投资机会时,母公司必须考虑到在国外投资可能产生的风险。一个主权国家可能会采取各种损害跨国公司利益的手段。在本节里,我们将要讨论如何计量和控制**政治风险**(political risk),即母公司由于东道国的负面政治变动而产生的潜在损失。政治风险有多种形式,可以是直接没收国外资产,也可以是会影响国外项目获利能力的意外的税法变动。

从政治事件的影响范围和影响方式来看,公司所面临的政治风险是不同的。从影响范围来看,政治风险可以分为以下两类。

(1)宏观风险:所有的国外经营都会受到东道国负面政治变化的影响。
(2)微观风险:仅有特定的国外经营地区或特定外国公司会受到影响。

本章练习中的案例"安然公司与孟买政客"就是有关安然公司在印度遭遇微观风险的一

[一] 这一结果与国内收购的研究结果迥异,表明目标公司的股东占有了大部分的协同收益。
[二] 日本收购公司本身具有很强的研发能力。这表明,那些收购美国公司的日本公司可能产生技术方面的协同收益,并能利用美国目标公司的技术秘诀。
[三] 例如,管理者的报酬通常是与他们所控制的资产规模相关,而不仅仅与利润相关。

个例子。

从公司受影响的方式来看，政治风险可以分为以下三类。⊖

（1）转移风险：这是因资本、款项支付和技术的跨国流动的不确定性所引起的。

（2）经营风险：这与东道国政策的不确定性对跨国公司当地经营的影响有关。

（3）控制权风险：这是因东道国对所有权和当地经营的控制权的不确定性而引起的。

转移风险的例子包括出乎意料而实施的资本管制、对红利和利息收益所征收的预提税。经营风险的例子包括环境政策、采购/当地含量要求、最低工资法和利用当地信用的准入许可限制等方面的意外变化。控制权风险的例子包括外国人持有最高股权的限制、一段时期后强制将所有权转移给当地企业的要求（即淡出要求）以及跨国公司在当地企业的国有化。

在近代历史中，我们可以找出很多政治风险的例子。20世纪60年代，古巴就发生了对外国资产进行了国有化的事情。在有些国家，强烈的民族主义情感也会导致对外国资产的没收。例如，当加麦尔·纳塞尔（Gamal Nasser）在20世纪50年代在埃及掌权时，就对苏伊士运河实行了国有化，而这条运河以前一直为英国和法国所控制。从政治角度考虑，这场运动在整个阿拉伯世界影响巨大。

如图16-4示，没收外国资产在20世纪70年代最为频繁，平均每年有30个国家被卷入到没收行为当中。但也正是从那时起，这种没收行为便逐渐开始减少。这种改变反映了私有化的流行，其主要促发因素则是全世界国有企业的运营失败和堆积如山的政府债务。

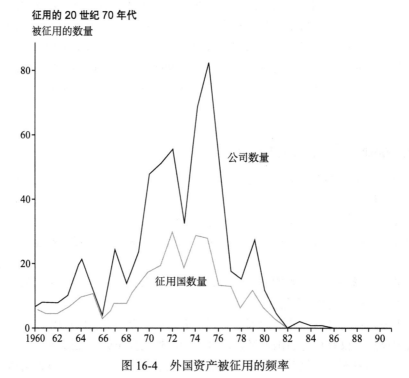

图16-4 外国资产被征用的频率

资料来源：*The Economist*, March 27, 1993, p.19. ©1993 The Economist Newspaper Group, Inc. Reprinted with permission.

⊖ 这里的分析利用了Kobrin（1979）和Root（1972）的研究成果。

但是，这并不意味着政治风险已经成为历史。1992年，位于休斯敦的一家能源类公司的子公司安然开发公司签署了一份合同，在印度建立当时最大的电厂，项目所需的总投资达到28亿美元。电力严重短缺已经成为制约印度经济发展的瓶颈之一。然而，在安然公司投资了将近3亿美元后，该项目被电厂所在地的马哈拉施特拉州（电厂将建于此）的印度民族主义政客取消了。后来，马哈拉施特拉州邀请安然公司就该项目重开谈判。如果安然公司同意重新谈判，它可能就要被迫接受一个比较低的利润率水平。从安然公司的这次惨败可以看出，与对外直接投资有关的政治风险的主要来源之一，就是在国外缺少一种确保合同得以执行的手段。

政治风险并不容易计量。当安然公司签约在印度建立电厂时，它可能没有预料到印度民族主义政党的胜利。尽管计量政治风险是一件很困难的事，但是跨国公司仍要计量正在酝酿中的国外项目的政治风险。政治风险分析专家经常用以下几个关键因素来主观评价政治风险。⊖

1. 东道国的政治和政府体制

东道国的政治和行政机构能否高效、合理地做出政治决策，会极大地影响该国的政治风险。如果一国政党很多，并且政府换届频繁（如意大利），那么政府政策可能就会变得不一致和不连续，从而会产生政治风险。

2. 政党业绩及其相对实力

观察一下各个政党的政治纲领及其历史记录，不难发现它们是如何管理一国经济的。如果一个政党有很强的民族主义思想和/或社会主义信念，它就可能执行那些有损国外投资者利益的政策。另一方面，如果一个政党赞成自由化的、以市场为导向的理念，它就不太可能损害外国公司的利益。如果前一个政党比后一个政党受欢迎，它就有可能赢得下次大选，那么跨国公司将承受更大的政治风险。

3. 与世界政治、经济的一体化程度

如果一国在政治和经济上都与世界其他国家没有联系，那它就可能不太愿意遵守游戏规则。如果一国是欧盟、经济合作与发展组织（OECD）、世界贸易组织等世界性组织的主要成员，它就更有可能遵守游戏规则，从而也就降低了政治风险。在一国加入世界贸易组织后，在该国经营的跨国公司所面临的政治风险将减小。

4. 东道国国内的种族和宗教问题

从波斯尼亚（Bosnia）所发生的内战来看，国内和平可能会因种族和宗教矛盾而遭到破坏，从而给外国企业带来政治风险。类似的例子还有尼日利亚、卢旺达、北爱尔兰、土耳其、以色列、斯里兰卡和魁北克。

5. 地区安全

来自邻国的实际的和潜在的侵略显然也是政治风险的主要来源。科威特就是其中的一个例子。韩国等国家和地区也面临同样的潜在风险，具体风险取决于东亚未来的政治发展进程。以色列和它的阿拉伯邻国也仍然面临着同样的风险。

⊖ 这部分分析引用了摩根士丹利的政治风险评估体系。

6. 重要经济指标

政治事件经常是由经济情况所引发的。因此，政治风险并不完全独立于经济风险。例如，持续的贸易逆差可能促使东道国政府延迟或停止向国外债权人支付利息，建立贸易壁垒或者延迟本国货币的兑换，而这将给跨国公司带来很大的困难。收入分配的严重不公平（如在许拉美国家）和生活水平的恶化也会引起严重的政治混乱。阿根廷持续的经济衰退以及比索—美元平价的最终崩溃导致了银行存款的冻结、街头暴动和 2002 年的三换总统。

跨国公司可以请内部专家来分析政治风险。不过，跨国公司常常使用外部专家来对不同国家的政治风险进行专业评估。例如，摩根士丹利运用各种资料来源，包括政府和私人部门的出版物，国际组织所提供的统计资料、报刊文章，以及在现场与政府官员和私人部门所做的尽职调查，提供的关于国家风险和政治风险的深度分析报告。同样地，政府部门也提供对公司和投资者很有用的政治风险分析报告。表 16-6 和表 16-7 给出了澳大利亚政府就越南和土耳其所做的政治风险分析。这些也说明了如何进行政治风险分析。

表 16-6 政治风险分析：越南

主权评级：穆迪：B1，前景为稳定		标普：BB-，前景为稳定	
政治优势 ① 自 1995 年内战结束后，共产党执政，政局稳定。 ② 越南共产党获得广泛支持，表明其在提高人民生活水平和维持安全方面取得成功。		经济优势 ① 自 20 世纪 80 年代以来，开始向市场经济过渡。 ② 外资促进 GDP 高增长。 ③ 劳动力受过良好的教育且成本低廉。 ④ 自然资源丰富，区位优势明显。	
政治劣势 ① 制度不统一且不断变化。 ② 法律制度不健全，且存在腐败。 ③ 经济活动不透明，对小股东保护不足，公司治理水平低下。		经济劣势 ① 较大的财政与贸易赤字，银行体系脆弱。 ② 国有企业过度集中，分散化不足。 ③ 产业与信贷政策仅支持国有企业。	
政治与治理指标		经济指标	
世界银行评级——经商方便程度	90/183	GDP（单位:10 亿美元）	199
议会自由程度——政治权利与公民自由权	不自由	人均 GDP（单位：美元）	2 171
透明国际评级——清廉指数	112/180	实际 GDP 增长（15 年平均,%）	6.5
OECD 国家风险评级 0～7：0 风险最小，7 风险最大	5	财政盈余（占 GDP%）	-5.6
		公共债务（占 GDP%）	55.0
		外国直接投资流入（单位:10 亿美元）	6.1
		经常项目余额（占 GDP%）	0.7
		对外负债（占 GDP%）	22.8
		外汇储备（占 GDP%）	16.8

20 世纪 80 年代末苏联的解体迫使越南从中央计划经济与闭关自守向市场导向与再参与国际一体化过渡。从总体上讲，这一转变非常成功。GDP 年均增长接近 8%，外国投资成为主要推动因素。人均收入从 1990 年的 100 美元增长到 2015 年的 2 200 美元以上。越南对投资者和出口商有多方面吸引力：大量迅速增长的年轻人口；劳动力受过良好的教育且成本低廉；自然资源丰富；区位优势明显；政治与社会高度稳定。有力的政府刺激与支出政策帮助越南避免了全球经济危机带来的不利影响。不过，政府当局目前也面临诸多问题：财政赤字超过 GDP 的 6%、通货膨胀加快以及银行体系脆弱。此外，大量贸易赤字对钉住美元的越南货币盾的价值带来压力，迫使越南中央银行动用储备并将越南盾贬值 8%。标普将越南的外币债务评为 BB 投机级，但前景稳定。穆迪的评级相仿，为 B1 级。公共债务占 GDP 的 55%，银行与国有企业的或有债务很大。

自 1975 年国内战争结束以来，越南共产党一直在执政，从而保证了越南政局的高度稳定。虽然越南共产党的思想一直在淡化，但造成的是国有企业过度集中。越南国有企业渗透到所有行业，产出占 GDP 接近 40%。外国投资者面临的挑战包括：制度不统一且不断变化、法律制度不健全、银行体系脆弱、存在腐败、产业与信贷政策只支持国有企业等。

资料来源：www.efic.gov.au, World Bank, and IMF, 2015 figures.

表 16-7 政治风险分析：土耳其

主权评级：穆迪：Baa3，前景为负面		标普：BB+，前景为负面	
政治优势 ① 20 世纪 70 年代末开始向民主社会过渡。 ② 加入欧盟明显促进了经济自由和社会稳定。		**经济优势** ① 主要经济业绩指标与中东欧国家相当。 ② 能经受住近来全球经济危机的考验。 ③ 外国投资者乐于购买该国债券。 ④ 稳定增长可预期。	
政治劣势 ① 军队与民选政府间的冲突成为不稳定的导火线。 ② 宗教保守分子与反宗教现代派之间关系紧张。		**经济劣势** ① 经常出现宏观经济不平衡，过度依赖对外融资。 ② 经常项目赤字扩大，信贷快速增加，通胀压力大。 ③ 存在高经济周期风险和货币风险。 ④ 里拉作为新兴市场货币波动性大。	
政治与治理指标		**经济指标**	
世界银行评级——经商方便程度	55/183	GDP（单位:10 亿美元）	722
议会自由程度——政治权利与公民自由权	部分自由	人均 GDP（单位：美元）	9 290
透明国际评级——清廉指数	66/180	实际 GDP 增长（15 年平均 ,%）	3.0
OECD 国家风险评级 0～7：0 风险最小，7 风险最大	4	财政盈余或赤字（占 GDP%）	-5.0
		公共债务（占 GDP%）	33.6
		外国直接投资流入（单位 :10 亿美元）	1.5
		经常项目余额（占 GDP%）	-4.5
		对外负债（占 GDP%）	55.3
		外汇储备（占 GDP%）	19.4

自 20 世纪 70 年代结束以来，土耳其实施戒严令，经济发展受到保护主义、三位数的通货膨胀以及经济危机的严重影响。后来，为了加入欧盟，土耳其在社会民主、经济自由以及社会稳定方面有了巨大的进步。前总统图尔古特·厄扎尔（Turgut Ozal）于 20 世纪 80 年代提出的贸易自由化促进了该国经济的对外开放。就主要经济业绩指标而言，如人均收入、经营环境、社会诚信和经济增长，土耳其与中东欧国家相当。2002 年年初，IMF 牵头实施了经济稳定计划，从而使得土耳其的全部经济发展潜力开始发挥。该计划帮助土耳其制定并实施了正确的政策：年通货膨胀率从 70% 大幅降至 10% 以下，恢复财政偿债能力，2002～2007 年的年 GDP 增长保持在 7% 左右。土耳其能较好地经受住近来全球金融和经济危机的考验，外国投资者也乐于购买该国债券。虽然没有达到投资级的主权评级（标普：BB+；惠誉：BB+；穆迪：Baa3），但该国主权债务的基差基本上与俄罗斯和巴西（BBB-）等投资级的新兴市场相当。

虽然取得了这些方面的进步，但土耳其的经营环境仍然存在明显的弱点。土耳其经常出现宏观经济不平衡，经济发展过度依赖对外融资。土耳其面临的主要短期经济挑战包括经常项目赤字扩大、信贷快速增加以及不断增加的通胀压力。此外，土耳其面临规模巨大的对外融资需求。这样，土耳其经济很容易遭受国内外经济衰退的冲击。政治方面，军队与民选政府之间的冲突、宗教保守分子与反宗教现代派之间的紧张关系成为社会不稳定的导火线。出口商和投资者也面临较高的经济周期风险和货币风险。近来，土耳其的 GDP 增长出现了大幅上升和反弹，里拉作为新兴市场货币波动性很大。

资料来源：www.efic.gov.au, World Bank, and IMF, 2015 figures.

下面我们来介绍透明国际这家全球民间机构每年编制的**全球清廉指数**（corruption perceptions Index，OPIC）。全球清廉指数对各国公共部门的腐败印象情况进行综合评价，依据的是诸如世界银行、经济学人集团（Economist Intelligence Unit）、世界经济论坛等机构所做的调查与评价。各个国家或地区的清廉指数可以用作总体上判断跨国公司以及国际投资者在该国或地区进行投资时面临的法律规则与政治风险的不确定性情况。按照 2015 年的全球清廉指数，丹麦、芬兰和瑞典最为透明，随后分别是新西兰、荷兰、挪威、瑞士、新加坡和加拿大。德国与英国并列第 10 位，美国则位列第 16 位。

接下来所讨论的是如何控制政治风险。第一，当面对政治风险时，跨国公司可以对国外投资项目采用保守的方法。当一个国外项目面临政治风险时，跨国公司可以直接将政治风险加入资本预算的过程中，并相应地调整该计划的净现值。公司可以通过降低预期现金流量或是提高资本成本来做到这一点。只有当调整后的净现值为正时，跨国公司才有可能执行这个国外投资计划。必须认识到政治风险在某种程度上是可以被分散的。假设一家跨国公司在30个不同的国家拥有资产。因为各国的政治风险可能不是正相关的，这样与一个国家有关的政治风险在某种程度上就可能被分散了。如果政治风险分散化程度较高，对净现值的主要调整可能就没必要了。这种观点表明，跨国公司可以利用对外投资在地理上的分散化来降低政治风险。简而言之，不要把所有的鸡蛋放在同一个篮子里。

第二，一旦跨国公司决定进行对外投资，可以利用很多方法来降低所面临的政治风险。例如，跨国公司可以与当地公司组成一家合资企业。如果这个项目部分归当地公司所有，东道国政府就不太可能没收该投资，因为这种行为不但会损害跨国公司的利益，而且会损害当地公司的利益。跨国公司也可以考虑建立国际企业集团来执行该计划。这种情况下，跨国公司可以降低所面临的政治风险，同时，使得东道国政府没收该投资的代价变得更加昂贵。不难理解，如果某种行为会同时激怒很多国家，东道国政府自然就不愿意采取该行动。此外，跨国公司可以通过在当地举债来为该计划融资。在这种情况下，如果东道国政府采取伤害公司利益的行动，跨国公司可以选择拒付债务。

第三，跨国公司可以通过购买保险来防止政治风险。很多发达国家都有这种保险，这对于那些自己无力处理政治风险的小公司特别有用。在美国，联邦政府所拥有的**海外私人投资公司**（overseas private investment corporation，OPIC）就提供这种保险。该保险主要针对以下几种情形：① 外国货币不可兑换；② 美国拥有的海外资产被没收；③ 由于国外战争、革命和其他暴力政治事件而被损坏的美国有形资产；④ 由于政治暴乱而损失的企业收入。海外私人投资公司的主要目的是鼓励在发展中国家进行私人投资。跨国公司也可以向私人保险公司（如伦敦劳埃德公司）购买定制的保单。

如果跨国公司所面临的风险能够被全部保险，那么跨国公司可以在计算该计划的净现值时将保险费从预期现金流量中扣除。这样，跨国公司在将国外投资的预期现金流量进行折现时，就可以像评价国内投资项目那样，采用通常的资本成本。最后需要指出的是，很多国家已经达成了双边或是多边投资保护协议，从而有效地消除了很多政治风险。因此，如果跨国公司在与母国签订了此类协议的国家进行投资，那么就不需要过于关注政治风险。

腐败行为是跨国公司和投资者可能面临的一种典型的政治风险，比如政府官员滥用公权谋取私利。为了能顺利地签订合同和完成其他行政程序，投资者可能会遇到政客和政府官员的索贿。如果公司拒绝支付好处费（grease payments），它们就可能失去很多商业机会，或是面对来自官方的种种阻力。相反，如果公司贿赂官员，它们又将触犯法律，如果贿赂被揭发并被媒体曝光，那么公司的处境将更为尴尬。虽然世界上任何地方都有腐败行为，但这种问题在很多处于经济发展过渡期的国家尤为严重，因为这些国家的政府部门庞大，民主力量薄弱，而且舆论受到压制。《反海外贿赂法》（FCPA）从法律上禁止了美国公司向国外官员行贿。1997年，经济合作与发展组织也通过了一个决议，将公司向国外官员的行贿行为定为犯罪。因此，对大多数发达国家的公司来说，无论从道德上还是法律上讲，行贿都是错误的。公司要面对的另一种特别的风险，就是来自像黑手党这样的犯罪组织的勒索。为了解决这个问题，公司有必要雇用一些熟悉当地经营环境的员工，加强地方对公司的支持，并提高安保措施。

本章小结

本章讨论了有关跨国公司对外直接投资的一些问题,而跨国公司对新兴全球经济的形成有着重要的影响。

1. 一旦公司开展对外直接投资,它就在进行跨国经营了。对外直接投资既可以是在国外建立全新的生产工厂,也可以是对现有的外国企业进行并购。
2. 在2010~2015年的六年里,全球对外直接投资总流出量平均每年约为13 940亿美元。美国既是对外直接投资的最大流入国,也是最大流出国。除了美国之外,日本、中国和德国是对外直接投资的主要流出国,而美国、英国、中国、加拿大和澳大利亚是近年来对外直接投资的主要流入国。
3. 在现有的大多数对外直接投资理论中,都把种种市场不完全性,即产品市场、要素市场和资本市场方面的不完全性作为跨国公司进行国际直接投资的动机。
4. 按照对外直接投资的内部化理论,那些拥有具有公共产品性质的无形资产的公司为了在更大范围内利用其资产,就会倾向于在国外进行直接投资。同时,对国外进行直接投资又能避免在国外因市场交易而导致无形资产的滥用。
5. 根据雷蒙德·弗农的产品生命周期理论,在新产品引入之初,公司会选择在国内生产,从而比较接近客户市场。一旦产品生产变得标准化并趋向成熟,降低成本就成了企业维持竞争力的主要因素。在这一阶段,公司可选择在成本较低的国家建立生产工厂。
6. 近年来,越来越多的对外直接投资采取对现存企业进行并购的形式。利润增值效应的产生可能起因于收购者想要利用市场的诸多不完全性。
7. 无形资产市场的不完全性,如研发能力,可能是促使跨国并购的重要因素。前向并购可内部化收购公司的无形资产,后向并购则可内部化目标公司的无形资产。
8. 在评价政治风险时,专家们通常都较为关注一些关键因素,如东道国的政治和政府体制、政党的历史及它们之间的相对实力、东道国与世界政治经济体制的一体化程度、东道国的种族和宗教稳定性、地区的安全性和一些重要经济指标。
9. 在评价对外投资项目时,跨国公司必须考虑政治风险的影响,因为主权国家很可能改变游戏规则。跨国公司可以提高资本成本或是降低该项投资的预期现金流量,也可以通过购买保险来应对政治风险。

本章拓展

第17章

国际资本结构与资本成本

本章提纲

资本成本
分割市场与一体化市场中的资本成本
资本成本的国别差异
股票的境外上市
交叉上市情况下的资本资产定价
外国股权限制的影响
子公司的财务结构
本章小结

本章拓展
关键词
思考题
计算题
参考文献与建议阅读材料
附录17A 不可交易资产的定价：数值模拟

近来，全球许多大公司通过从国内外融资开始将其资本结构国际化。因此，这些公司不仅经营活动范围变得跨国化，而且其**资本结构**（capital structure）也变得跨国化了。这一趋势不仅反映了企业通过国际化筹资来降低资本成本的自觉努力，也反映了随着国际金融市场的愈加自由化、各种管制的逐步解除，企业的跨国融资也变得愈发可行。

如果国际金融市场是完全一体化的，那么因各国的资本成本相同，企业从国内还是从国外融资就变得无关紧要了。但是如果各市场不是完全一体化的，那么企业就可以通过在国内、外市场上的证券发行来为股东创造价值。

如第13章所述，通过在境外股票交易所的交叉上市，在分割的资本市场上运营的企业就可以减少市场分割所带来的负面影响，同时也可以实现企业资本结构的国际化。[1]例如，IBM、本田汽车和英国石油公司都同时在纽约、伦敦和东京的证券交易所上市交易。一般而言，通过公司股权结构的国际化，企业能够提高自身股价并降低资本成本。

本章中，我们将考察资本结构国际化对企业资本成本和市场价值的种种影响，并研究现存的关于国外企业拥有国内企业所有权的限制及其对企业资本结构的影响。我们最为关注的

---

[1] Stapleton 和 Subrahmanyam（1977）指出，企业可以通过国外直接投资来消除资本市场分割化的负面影响。

是跨国公司以最低成本获取资本的能力,这可使得跨国公司在实施大额资本项目时有利可图并使其股东财富最大化。我们先来回顾一下资本成本的概念和基本的资产定价理论。

17.1 资本成本

资本成本(cost of capital)是指一个投资项目必须产生的用来支付融资成本的最小收益率。如果一个投资项目的收益率等于资本成本,那么实施这一项目对企业价值没有影响。当一家企业确定并实施了一个收益率高于资本成本的投资项目时,企业价值将会增加。因此,对于追求价值最大化的企业来说,尽量降低资本成本显得很重要。

当一家企业的资本结构中既有负债又有权益时,其融资成本可用**加权平均资本成本**(weighted average cost of capital)来表示。以资本结构比率作为权重,将负债的税后成本和权益资本成本进行加权平均即可计算出加权平均资本成本。具体而言:

$$K = (1-\lambda) K_l + \lambda (1-\tau) i \tag{17-1}$$

式中 K——加权平均资本成本;
　　　K_l——负债企业的权益资本成本;
　　　i——负债资本(如借款)的税前成本;
　　　τ——公司所得税的边际税率;
　　　λ——负债占总市场价值的比率。

通常,随着企业资本结构中负债比例的增加,K_l和i都会增加。⊖当负债与权益融资达到最优组合时,加权平均资本成本(K)达到最低值。因为利息支出有抵税的优点,故企业有进行举债融资的动机。在绝大多数国家,利息支出都是可以抵税的,而股利支付则不可以。然而,进行举债融资时,应考虑与高额负债相伴随的可能的破产成本之间的平衡。因此,负债的税收优势与潜在的破产成本之间的权衡是决定最佳资本结构的一个重要因素。

值得注意的是,各国的资本结构标准差异很大,主要体现了各国在法律环境和制度因素方面的差异。如图17-1所示,最近由 Fan, Titman 和 Twite(2012)所做的一项研究表明,企业的负债比率中值从韩国的超过0.5到澳大利亚的0.099不等。德国、英国、瑞典、美国和加拿大等发达国家的负债比率相对较低,低于0.20;相比之下,许多发展中国家,包括韩国、印度尼西亚、巴西和印度,都有较高的负债比率。上述研究表明,在负债的税收利益较大的国家或地区,企业往往具有较高的负债比率。此外,在法制不强、政府腐败较多的国家或地区,企业往往倾向于使用更多的债务。在一个法律体系更弱和腐败更多的国家或地区,企业会更多地选择负债,毕竟采用这种方法剥夺外部股东的权益相比于剥夺债务持有者的权益更为容易。

最优资本结构的选择很重要,因为追求股东财富最大化的企业会一直进行新的资本支出融资,直到最后1单位新增投资的边际收益等于最后1单位新增融资的加权边际成本为止。因此,当一家企业面临一系列可能的新投资计划时,任何能降低企业资本成本的方法都会增加企业所实施投资的利润,从而增加企业股东的财富。将企业资本结构国际化就是这样一种方法。

图17-2所说明的就是这一点。只要一个项目的内部收益率(IRR)高于企业的资本成本,追求价值最大化的企业就会实施这一投资项目。将所有可供选择的投资项目按IRR的降序排列,企业就得到了如图17-2所示的负斜率的IRR曲线。IRR曲线与资本成本线的交点就是

⊖ 在第18章里,我们区分了杠杆公司的权益资本成本K_l和非杠杆公司的权益资本成本K_u。

企业最优的资本支出。

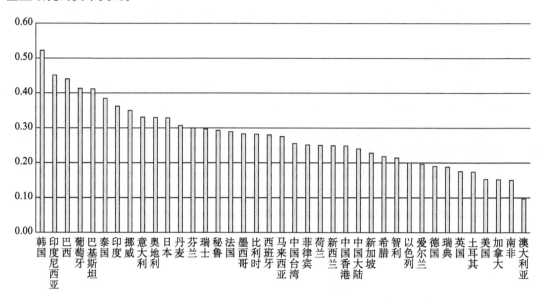

图17-1 各国或地区企业的负债比率中值

注：本图描述了1991～2006年间39个国家或地区企业的负债比率中值。这里的负债比率为总负债与企业的市场价值之比。总负债是指流动负债以及长期附息债务的账面价值。企业的市场价值是指普通股的市场价值、优先股的账面价值和总负债之和。

资料来源：本图依据Fan, Titman和Twite（2012）所得到的数据绘制。

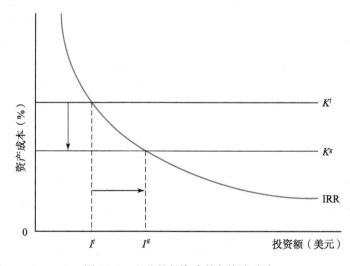

图17-2 企业的投资决策与资本成本

注：K^l和K^g分别代表本国资本结构和国际资本结构情况下的资本成本；IRR代表投资项目的内部收益率；I^l和I^g分别代表本国资本结构和国际资本结构下的最优投资额。

假设企业的资本成本从本国资本结构下的K^l降到了国际资本结构下的K^g。如图17-2所示，企业可盈利的投资支出就能从I^l增加到I^g，从而增加企业的价值。然而应该注意的是，减少资本成本提高企业价值，不只是因为实施了新项目增加了投资，还因为现有项目的现金流量因资本成本的改变而得以重新评价。

17.2 分割市场与一体化市场中的资本成本

计算企业融资成本（K）时最大的困难是权益资本成本（K_e）的计算。权益资本成本是投资者要求的企业股票的期望收益。该收益通常用**资本资产定价模型**（Capital Asset Pricing Model，CAPM）来估计。CAPM 表明，任一股票（或任一证券）的均衡期望收益率是证券固有的系统风险的线性函数。确切地说，由 CAPM 决定的第 i 种证券的期望收益率为

$$\overline{R}_i = R_f + (\overline{R}_M - R_f)\beta_i \tag{17-2}$$

式中 R_f——无风险收益率；

$\overline{R}_M$——**市场投资组合**（market portfolio），即所有资产按市场价值加权平均的投资组合的期望收益；

β_i——贝塔系数，证券 i 固有的系统风险的一个指标。

系统风险（systematic risk）是一种资产的不可分散的市场风险。CAPM 公式表明，证券 i 的期望收益 $\overline{R}_i$ 随 β_i 的增加而增大，市场风险越大，期望收益越大。β 由 $\text{Cov}(R_i, R_M)/\text{Var}(R_M)$ 计算而来，其中，$\text{Cov}(R_i, R_M)$ 是证券 i 与市场投资组合未来收益的协方差，$\text{Var}(R_M)$ 是市场投资组合收益的方差。

现在假定国际金融市场是分割的，那么投资者只能在国内进行分散投资。在这种情况下，CAPM 公式中的市场投资组合（M）所代表的是国内市场的投资组合，在美国经常用标准普尔 500 指数来表示。资产定价中相关的风险指标是针对国内市场投资组合计算的 β。在分割化的资本市场中，相同的未来现金流量在不同国家多半会有不同的定价，这是因为不同国家的投资者认为它们有着不同的系统风险。

考虑另一种情况。假定国际金融市场是完全一体化的，则投资者可在国际上分散投资。在这种情况下，CAPM 公式中的市场投资组合是世界上所有资产组成的"世界"市场投资组合。这时，相关的风险指标是针对世界市场投资组合计算出的 β。在一体化国际金融市场上，相同的未来现金流量在各地的定价将是相同的。一般来说，与市场分割条件下的情况相比，市场一体化条件下的投资者会要求较低的证券期望收益，因为他们在一体化市场中能更好地分散风险。⊖

【例 17-1】一个用数字来说明的例子

假定 IBM 的美国国内 β 值为 1.0，即 $\beta_{IBM}^{US}=1.0$，这是平均的 β 风险水平。另外，假设美国市场投资组合的期望收益是 12%，即 $\overline{R}_{US}=12\%$，无风险利率可采用美国短期国债利率，即 6%。如果美国资本市场与世界其他地方相分割，则 IBM 股票的期望收益计算如下：

$$\overline{R}_{IBM} = R_f + (\overline{R}_{US} - R_f)\beta_{IBM}^{US}$$
$$= 6 + (12-6) \times 1.0 = 12\%$$

就 IBM 的国内 β 值而论，投资者将要求在 IBM 股票上的投资有 12% 的收益回报。

假定现在美国资本市场与世界上的其他地方是一体化的，IBM 股票的世界 β 值是 0.8，即 $\beta_{IBM}^W = 0.8$。假定无风险利率为 6%，世界市场投资组合的期望收益是 12%，即 $R_f=6\%$，$\overline{R}_W=12\%$，则对 IBM 股票的期望收益率可计算如下：

⊖ 关于一体化/分割化对资本成本影响的详细讨论，请参阅 Cohn 和 Pringle（1973），Stulz（1995）的相关文献。

$$\overline{R}_{\text{IBM}} = R_f + (\overline{R}_W - R_f)\beta_{IBM}^W$$
$$= 6 + (12-6)(0.8) = 10.8\%$$

由于 0.8 的世界 β 值相对较低，投资者对一体化市场所要求的收益率就会低于对分割市场所要求的收益率。

很明显，国际金融市场的一体化或分割化对资本成本的决定有很大的影响。不过，这方面的实证证据却不甚充分。Harvey（1991）和 Chan，Karolyi 和 Stulz（1992）等研究者越来越发现，很难否定国际 CAPM 的存在。这表明国际金融市场是一体化的而不是分割化的。然而，包括 French 和 Poterba（1991）在内的另一组研究者已经证实，投资者进行国际分散投资的程度实际上非常有限，这也表明国际金融市场应该是更为分割化的而不是一体化的。另一方面，在一项考察加拿大与美国股市一体化的研究中，Mittoo（1992）发现，在美国股票交易所交叉上市的加拿大股票是按一体化市场来定价的，而对于那些未交叉上市的加拿大股票，则主要按分割化市场来定价。

这些研究表明，国际金融市场肯定不再是分割化的，但还不是完全的一体化。如果国际金融市场果真不是完全的一体化，那么各国之间的资本成本就会存在系统性差异。

17.3 资本成本的国别差异

资本成本可能因国或地区而异，主要原因在于金融一体化程度、公司治理质量、宏观经济环境等因素方面存在国际差异。Lau、Ng 和 Zhang（2010）最近所做的研究证实，各国之间存在巨大的权益资本成本差异。例如，许多发达国家的估计资本成本比较低，如日本（7.4%）、美国（8.5%）和英国（8.9%）。相反，一些发展中国家的估计资本成本就比较高，如印度（13.1%）、南非（14.5%）和巴西（16.8%）。根据他们的研究，假定其他条件不变，那么一国的资本成本与其所持投资组合的本国偏好强相关。

具体而言，Lau 等首先计算了一国的本国偏好，即持有的国内证券中的国内共同基金百分比与该国占世界股票市场市值的百分比权重之间的差异。如果一国占世界股票市场市值的 6%，国内共同基金对国内证券的总投资超过了 6%，那么该国就被认为存在本国偏好。Lau 等接着计算了所谓的内含资本成本（implicit cost of capital，ICOC）来代替本国资本成本。对于一国的任何企业，他们根据四种模型来估计现有股票价格与收益预测所隐含的内含资本成本，然后取四种模型所估计结果的平均值。对于任何国家，将该国所有样本企业的内含资本成本估计值按价值权重求和，所得结果作为该国的内含资本成本。⊖

表 17-1 给出了 38 个样本国或地区各自的本国（地区）偏好程度以及内含资本成本。不难发现，表中所给出的本国（地区）偏好程度实际上等于所持有的国（地区）内证券中的国（地区）内共同基金百分比除以该国占世界股票市场市值的百分比的自然对数值。如表 17-1 所示，本国（地区）偏好程度介于美国的 0.70 与秘鲁的 7.56 之间。美国的本国偏好程度最小，而且资本成本也最低（8.5%）；秘鲁的本国偏好程度最高，其资本成本第二高（16.5%），仅次于巴西的 16.8%。图 17-3 给出了各个国家（地区）的内含资本成本与本国（地区）偏好

⊖ 在计算内含资本成本时，Lau 等（2010）实际采用的方法就是之前 Hail 与 Leuz（2006）所采用的方法。内含资本成本法的基本假设就是能使股票现价等于未来非预期收益期望现值的内含保存率（IRR）。内含资本成本法的详细资料可参阅 Hail 与 Leuz（2006）的论文。

程度的散点图，表明这两者之间存在正的相关性。较高的本国（地区）偏好程度往往与较高的资本成本相对应。

表 17-1 世界各地的资本成本

国家或地区	占世界市值的权重（%）	国内基金投资当地证券比重（%）	本国/地区偏好程度	内含资本成本
阿根廷	0.16	60.46	6.02	0.133
澳大利亚	1.70	78.91	3.96	0.087
奥地利	0.15	22.91	4.91	0.096
比利时	0.63	17.71	3.31	0.088
巴西	0.71	100.00	4.95	0.168
加拿大	2.67	28.67	2.27	0.095
智利	0.23	55.31	5.52	0.106
中国大陆	1.84	99.40	3.99	0.106
捷克	0.06	58.59	7.08	0.110
丹麦	0.37	23.69	4.11	0.085
芬兰	0.55	66.20	4.43	0.111
法国	4.13	55.48	2.65	0.089
德国	3.21	29.35	2.17	0.086
希腊	0.33	91.94	5.63	0.096
中国香港	2.08	22.51	2.34	0.101
印度	0.71	99.51	4.98	0.131
爱尔兰	0.26	2.51	2.20	0.103
意大利	1.96	40.76	3.03	0.087
日本	9.29	98.50	2.36	0.074
卢森堡	0.12	12.21	4.54	0.077
马来西亚	0.43	99.90	5.44	0.100
墨西哥	0.44	77.73	5.19	0.115
荷兰	1.57	31.18	2.91	0.092
新西兰	0.09	61.38	6.52	0.093
挪威	0.29	52.27	5.29	0.112
秘鲁	0.05	89.01	7.56	0.165
菲律宾	0.12	99.52	6.71	0.098
波兰	0.12	82.46	6.69	0.119
葡萄牙	0.18	42.95	5.49	0.089
新加坡	0.51	20.00	3.52	0.100
南非	0.80	79.92	4.54	0.145
西班牙	2.09	38.89	2.94	0.095
瑞典	1.00	48.36	3.93	0.090
瑞士	2.24	21.08	2.17	0.084
中国台湾	1.10	100.00	4.51	0.113
泰国	0.23	100.00	6.09	0.138
英国	7.64	42.95	1.71	0.089
美国	44.86	86.88	0.70	0.085

注：研究的样本期为 1998～2007 年。

资料来源：The world price of home bias, S.T. Lau et al., *Journal of Financial Economics* 97（2010），pp. 191-217.

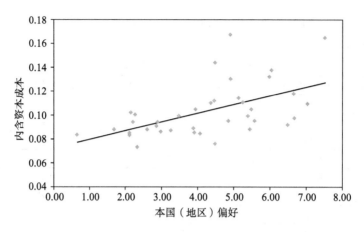

图 17-3　内含资本成本与本国（地区）偏好

资料来源：The world price of home bias, S.T.Lau et al., *Journal of Financial Economics 97*（2010），pp. 191-217.

如果一国（如秘鲁）具有较高的本国（地区）偏好程度，那么风险的全球分散就会受到阻碍，该国的资本成本就会因此而增加。根据这一结论，Lau 等认为降低本国（地区）偏好程度和扩大风险的全球分散有助于降低资本成本。此外，他们的研究还发现，会计透明也有助于降低资本成本。

在完善的市场上，企业从国外与从国内融资没有什么差别。然而，当市场不完善时，国际融资能降低企业的资本成本。例如，在第 12 章中，我们了解到与国内债券融资相比，欧洲债券融资常常是一种成本更低的债务融资形式。在本章中我们将继续沿着这一思路，来探寻如何才能通过企业所有权结构的国际化来降低权益资本成本。让我们先来考察一下诺沃工业公司（Novo Industri）的经历——该企业曾通过跨国上市成功地实现了资本成本的国际化。本章所做的讨论来自 Stonehill 和 Dullum（1982）的研究。⊖

| 案例应用 | 诺沃工业公司 |

诺沃工业公司（Novo Industri A/S）是丹麦的一家跨国公司，占有世界工业酶市场份额的约 50%。1981 年 7 月 8 日，诺沃在纽约证券交易所挂牌上市，从而成为第一家直接在美国筹集权益资本的斯堪的纳维亚（Scandinavian）公司。

20 世纪 70 年代末，诺沃的管理层决定：若要为公司未来的发展规划进行融资，必须进入国际资本市场。鉴于丹麦的股票市场相对来说太小，且缺乏流动性，诺沃不可能指望着从那里筹集到所需要的所有资金。另外，诺沃的管理层意识到由于丹麦股票市场具有分割性，与美国礼来公司（Eli Lilly）和迈尔斯药厂研究部门（Miles Lab）这样的主要竞争对手相比，公司面对的是更高的资本成本。

于是，诺沃决定通过国际化资本成本来获取其他的资金来源渠道，同时降低资本成本。诺沃首先提高了财务与技术的公开化程度，然后于 1978 年在伦敦证券交易所挂牌上市并发行欧洲债券。为了进一步达成目标，诺沃的管理层决定发行美国存托凭证，以使美国的投资者能用美元而无须用丹麦克朗来购买公司的股票。由摩根信托公司（Morgan Guarantee）发行的美国存托凭证于 1981 年 4 月开始在场外交易市场交易。1981 年 7 月 8 日，诺沃卖出了

⊖ Stonehill 和 Dullum（1982）就诺沃公司的案例做了详细分析。

180 万份美国存托凭证,共筹集到 4.5 亿丹麦克朗,同时将其美国存托凭证在纽约证券交易所挂牌上市。表 17-2 按时间顺序列出了这一系列事件。

表 17-2　诺沃工业公司资本结构的国际化进程

1977 年	诺沃在丹麦和英国版报表中提高了财务与技术的公开化程度。英国股票经纪公司格里夫森—格兰特（Grieveson, Grant and Co.）公司开始跟踪诺沃股票,用英语发布了首份专业证券分析报告。诺沃的股价:200～225 丹麦克朗/股
1978 年	诺沃通过发行可转换欧洲债券筹资 2 000 万美元,该债券由摩根建富证券公司（Morgan Grenfell）承销。诺沃在伦敦证券交易所挂牌上市
1980 年 4 月	诺沃在纽约组织了营销专题研讨会,从而提升了其股票在美国投资者心中的地位
1980 年 12 月	诺沃股价达到 600 丹麦克朗/股;市盈率上升到 16 左右
1981 年 4 月	诺沃的美国存托凭证在纳斯达克挂牌上市（5 份美国存托凭证=1 股）,摩根信托公司（Morgan Guaranty Trust）为存托银行
1981 年 7 月	诺沃在纽约证券交易所（NYSE）挂牌;诺沃股价达到 1 400 丹麦克朗/股;外国所有权增加,超过流通股的 50%;美国机构投资者开始持有诺沃的股份

资料来源:Arthur Stonehill and Kare Dullum, *Internationalizing the Cost of Capital*（New York: John Wiley & Sons, 1982）.

如图 17-4 所示,诺沃的股价在美国上市后大幅上扬。⊖然而其他丹麦股票则没有经历如此规模的价格上涨。诺沃股价的急剧上涨表明,该股票在美国上市后变为完全的国际化定价,而这也暗示丹麦股票市场确实与世界其他地方相分割。从诺沃的经历中我们能得到以下经验:对于那些在小规模的分割的国内资本市场上运营的企业而言,它们可以在纽约和伦敦证券交易所这样大规模的、流动性强的资本市场上市,从而获得新的资本并降低资本成本。

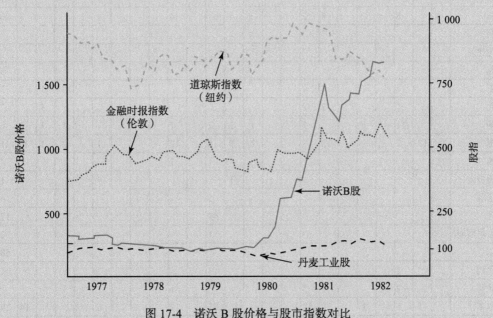

图 17-4　诺沃 B 股价格与股市指数对比

资料来源:Stonehill, Arthur I.; Dullum, Kare B., *Internationalizing the Cost of Capital: The Novo Experience and National Policy Implications*. John Wiley & Sons, 1982, p.73. Note that Novo A shares are nontradable Shares held by the Novo Foundation.

⊖ 显然,诺沃有两种股票:诺沃的基金会所持有的不可交易的 A 股与可公开交易的 B 股。

17.4 股票的境外上市

正像我们从诺沃工业公司的案例中所看到的那样,企业能从跨国上市中获益。因此,股票的跨国上市很受大公司的欢迎。表17-3给出了Sarkissian和Schill(2004)关于交叉上市的地域性分析——国家或地区之间海外上市的频率分布。在他们所做的研究期间(截至1998年年底),有2 251家公司在海外上市。从表17-3的底部可以看到,美国和英国的交易所是最受欢迎的海外上市地,这可能反映了这些市场的深度和可信度。其他重要的交易市场包括比利时、法国、德国、卢森堡、荷兰和瑞士,每家交易所都有100多家外国股票上市交易。仔细研究表17-3可以发现,从某种程度上讲,企业似乎都愿意在邻近市场上上市交易。加拿大在海外上市的266家企业中有211家是在美国交易所挂牌上市的。新西兰则主要在澳大利亚挂牌上市,反过来也一样。Sarkissian和Schill就这一趋势解释说,这很类似于持有证券组合时的"本国偏好",这是一种就近偏好,这也会影响公司对海外上市地点的选择。

表17-3 国家或地区之间海外上市的频率分布

发行股票企业所在的国家或地区	澳大利亚	奥地利	比利时	巴西	加拿大	丹麦	法国	德国	中国香港	爱尔兰	意大利	日本	卢森堡	马来西亚	荷兰	新西兰	挪威	秘鲁	新加坡	南非	西班牙	瑞典	瑞士	英国	美国
阿根廷			1										3										2	1	12
澳大利亚					4		2					4	1			45			3				2	10	26
奥地利			1				2	8							1										
比利时							7	3					4		7	1							4		1
巴西													5											1	21
加拿大	4		8				6	2				1	4			1	1						8	20	211
智利																									22
哥伦比亚													3												1
捷克																								5	
丹麦																	1					1	1	3	3
芬兰							1	2														3		2	4
法国			11	1				7			1	2	7								1	3	5	6	23
德国		17	7				13				2	9	6		12		1			2	1		26	11	11
希腊													1	1										4	2
中国香港	3											1				1			9					1	4
匈牙利		1											5											4	1
印度													48											17	
印度尼西亚													1											2	4
爱尔兰																								58	14
以色列			2																					4	59
意大利			2				4	5							1						1				14
日本		1	5	1			30	52					21	19					6				14	29	28
韩国													12											14	3
卢森堡			5				3	1							2							1	1	6	3
马来西亚												1							1					5	
墨西哥																									30

(续)

发行股票企业所在的国家或地区	挂牌上市所在的国家或地区																								
	澳大利亚	奥地利	比利时	巴西	加拿大	丹麦	法国	德国	中国香港	爱尔兰	意大利	日本	卢森堡	马来西亚	荷兰	新西兰	挪威	秘鲁	新加坡	南非	西班牙	瑞典	瑞士	英国	美国
荷兰		4	11				9	20		1	1		6						1			1	12	13	26
新西兰	17																								5
挪威						1	1	2							1							2	1	5	6
秘鲁																									3
菲律宾													5						1						1
波兰													1											7	
葡萄牙								1																1	5
新加坡	2												2												1
南非			9				15	5					4										4	10	11
西班牙							4	4			4												2	4	5
瑞典		1	1		5	3	3						2				2		2				4	12	12
瑞士		1	1				1	5	10				4		1									1	5
中国台湾													14						1					10	2
泰国													2						1						
土耳其													1											6	
英国	6		8		4	1	13	10	1		13		8	1	3		12		2	7	1		4		77
美国	8		31		27		32	40				23	71				3	2				5	67	104	
委内瑞拉													1												3
总计	40	25	106	1	37	8	148	179	1	13	4	60	150	3	140	45	10	2	34	2	4	17	157	406	659

资料来源: Sergei Sarkissian and Michael Schill. "The Overseas Listing Decision: New Evidence of Proximity Preference." *Review of Financial Studies* 17(2004).

表17-4给出了部分在纽约证券交易所上市的海外股票的名单。许多知名的国际公司都在纽约证券交易所上市交易,如必和必拓、诺基亚公司、西门子、本田汽车、墨西哥电信、荷兰国际集团、联合利华、英国石油和沃达丰。伦敦证券交易所也是海外上市的热门地。表17-5给出了部分在伦敦证券交易所上市的海外股票的名单。不难发现,许多在伦敦证券交易所上市的公司来自英联邦国家,如澳大利亚、加拿大和印度。鉴于伦敦传统上作为欧洲金融中心的地位,许多在伦敦证券交易所上市的公司来自欧洲大陆国家,如法国、德国、荷兰、波兰和俄罗斯。此外,许多知名的美国公司,如美国银行、波音公司、通用汽车、通用电气、IBM和辉瑞制药,都在伦敦证券交易所交叉上市。如今,全球许多股票交易所都在为吸引企业前来交叉上市以及增加国际股票的交易量而激烈竞争。

表17-4 在纽约证券交易所上市的部分外国企业

国家	企业
澳大利亚	必和必拓、萨姆森石油天然气、西姆斯集团、澳大利亚西太平洋银行
巴西	巴西布拉德斯科银行、巴西航空工业公司、巴西国家石油、巴西电信、巴西淡水河谷公司
加拿大	阿格瑞姆公司、巴里克黄金公司、加拿大太平洋铁路公司、多姆塔纸业、加拿大皇家银行、汤森路透、多伦多道明银行
智利	智利银行、智利航空、干露酒庄

(续)

国家	企业
中国	中国东方航空公司、中国人寿、华能电力、中石油、中国移动、学而思教育集团
芬兰	诺基亚公司
法国	肯联铝业、法国电信、赛诺菲—安万特制药、赛肯通信、道达尔公司、威望迪
德国	德意志银行、欧励隆工程炭公司、思爱普软件公司、维捷
印度	印度工业信贷投资银行（ICICI）、印孚瑟斯、塔塔汽车公司、惠普罗
以色列	阿龙蓝色广场、以色列塞康、移动眼公司、梯瓦制药
意大利	埃尼集团、陆逊梯卡、纳图兹集团、意大利电信、
日本	佳能公司、本田、日本京瓷、瑞穗金融、野村控股、日本电话电报公司都科摩、索尼、丰田汽车
韩国	韩国电力、韩国电信、埔项制铁、鲜京电信（SK电信）
墨西哥	墨西哥西麦斯水泥集团、Empresas ICA、墨西哥媒体集团、墨西哥电话公司
荷兰	荷兰全球人寿保险公司，AVG科技（AVG）、核心实验室公司、飞利浦电子、联合利华、ING
挪威	耕海渔业公司、挪威油田服务集团、挪威国家石油公司
南非	英美黄金阿散蒂公司、南非金田、沙索公司
西班牙	西班牙桑坦德银行、西班牙电信公司
瑞士	ABB集团、诺华集团、泰科国际、瑞士联合银行集团
英国	巴克莱、英国石油、英国电信、帝亚吉欧、葛兰素史克制药公司、汇丰银行、劳埃德、保诚、皇家苏格兰银行、皇家荷兰壳牌

资料来源：*Datastream.*

表17-5 在伦敦证券交易所上市的部分外国企业

国家或地区	企业
澳大利亚	IronRidge资源公司、草原采矿、伦吉资源公司、South 32公司
加拿大	加拿大太平洋铁路、娱乐一号公司、猎鹰油汽、共和国金田、涡轮动力系统
中国大陆	中国国际航空、中国石化、大唐国际发电、浙江高速
埃及	国际商业银行、苏伊士水泥、埃及电信
法国	法国圣戈班公司、Multi Units法国、道达尔
德国	巴斯夫、德国商业银行、SQS软件质量系
印度	劳埃德电气工程、信实实业、印度国家银行、塔塔电力
爱尔兰	阿比银行、爱尔兰银行、凯恩房屋、瑞安航空控股公司
以色列	以色列工人银行、Dori传媒集团、金属技术
日本	全日本空输、三菱电器、理光、丰田汽车
韩国	现代汽车公司、LG电子、三星电子、鲜京电信（SK电信）
荷兰	欧洲资产信托、金伯利企业、Nord黄金
巴基斯坦	幸运水泥公司、穆斯林商业银行、联合银行
波兰	波兰商业银行、波兰国营石油公司、波兰电信
俄罗斯	俄罗斯天然气、卢克石油公司、俄罗斯储蓄银行、谢维尔斯德公司、俄罗斯石油公司
中国台湾	宏碁、长荣海运、鸿海精密工业
土耳其	土耳其经济银行、土耳其担保银行、土耳其图尔帕斯石油公司
美国	Abbott实验室、美国银行、波音公司、通用汽车、通用电气、霍尼韦尔公司、IBM、摩根大通、辉瑞公司

资料来源：London Stock Exchange.

一般来讲，公司通过以下几种途径从股票的境外上市中获益：

（1）公司可以扩展其潜在的投资者基础，从而带来更高的股价和更低的资本成本。

（2）交叉上市为公司股票创造了二级市场，从而方便了在国外市场的筹资。⊖

（3）交叉上市能增强公司股票的流动性。

（4）交叉上市能提高公司及其产品在国外市场的知名度。

（5）交叉上市的股票可以作为"收购货币"（acquisition currency）来收购外国公司。

（6）交叉上市能改善公司治理和透明度。

最后一点值得详细说明一下。考虑有这样一家公司，在它所在的国家里股东权利不能得到很好的保护，控股股东（如创办家族和大股东）能通过对公司的控制获得大量的私人利益，如额外补贴、过高的薪水、红利甚至是盗窃行为。一旦公司将它的股票在纽约证券交易所、伦敦证券交易所或其他国外交易所上市，由于这些交易所实行严格的披露和上市要求，控股股东也许就无法继续将公司的资源转变成他们的私人利益。正如 Doidge，Karolyi 和 Stulz（2001）所述，尽管更多的公共审查和更高的透明度带来了种种"不便"，控股股东仍可能选择在海外上市公司股票，这样可以给他们自己打上"作风良好"的标签，从而可以筹集到资金去实施有利可图的投资项目（进而提高股价），最终使他们的利益最大化。这还意味着，如果一家外国公司不需要筹集资金，它就可能不会争取在美国上市，这样控股股东就能继续从公司中攫取私人利益。前面提及的研究表明，在其他状况相同的情况下，那些在美国交易所上市的外国公司比起未在美国上市的外国公司来说，股价平均要高近17%，这反映了由于在美国上市，投资者认为公司的治理加强了。由于伦敦证券交易所也实行严格的披露和上市要求，在那里上市的外国公司也会由于公司治理加强的效果而得到更高的定价。⊖

Lang，Lins 和 Miller（2003）的研究表明，境外上市能够通过改善企业整体信息环境来提升企业的价值。他们特别指出，相对于非境外上市的公司，在美国交易所交叉上市的外国企业能够享受更多的专业分析家的分析，并能提高对企业未来收益预测的精确性。他们进一步指出，在其他条件相同的情况下，那些具有广泛专业分析和高预测精确性的企业价值会更高。这些研究成果与其他一些研究成果是一致的，即认为境外上市企业一般会享有低资本成本和良好的公司治理。

尽管存在以上这些潜在利益，但由于成本的缘故，并非所有的公司都寻求海外上市。

（1）要做到符合外国交易所和监管当局实行的披露和上市要求，可能会有很高的成本。

（2）一旦公司的股票在海外市场交叉上市交易，那么作为内部人的控股股东难以继续谋取私人利益。

（3）一旦公司的股票在海外市场上市交易，就可能会受到其中市场波动的外溢的影响。

（4）一旦外国人可以取得公司的股票，他们就可能会攫取公司的控制权，并对公司的国内控股权形成挑战。

根据各方面的调查，披露要求可能是影响公司海外上市的最大障碍。例如，准备在纽约证券交易所上市的外国公司所面临的最麻烦的障碍，就是要遵循美国证券交易委员会所制定

⊖ 根据 Chaplinsky 和 Ramchand（1995）的分析，与仅仅进行国内发行股票相比，全球股票发行能使企业以有利的条件进行融资。此外，他们还发现，如果企业的股票发行也包括在国外发行，那么股票发行时所产生的对股票价格的负面影响就会减少。

⊖ Dahya，McConnell 和 Travlos（2002）指出，自凯德伯瑞委员会（Cadbury Committee）在1992年发布《最佳行为规范》（Code of Best Practice）以来，英国的公司治理标准得到了显著提高。该规范建议，公司董事会至少应包含三名外部董事，并且主席与首席执行官的职位应由不同人员担任。

的美国会计准则。根据 Glaum 和 Mandler（1996）对德国所做的一项调查，大体上有 1/3 的抽样企业对在美国上市感兴趣，但是它们把要根据美国公认会计原则（US-GAAP）对财务报表进行调整的要求视为最主要的障碍。在纽约证券交易所上市的德国企业戴姆勒必须同时遵循美国公认会计原则（US-GAAP）和德国会计法规，它公布了两种版本的合并财务报表，但两种报表的报告利润截然不同。⊖ 如图 17-5 所示，在 1993 年和 1994 年，根据德国会计准则计算的公司净利润为正，而根据美国会计准则计算的为负。此外，Gande 和 Miller（2012）也发现，就惩罚以及对外国企业市值的负面影响而言，针对外国企业的美国证券集团诉讼的成本可能非常之高。按照境外上市的成本效益分析，如果境外上市项目的净现值为正，因而可增加企业的价值，那么可将境外上市视为一个可以实施的项目。

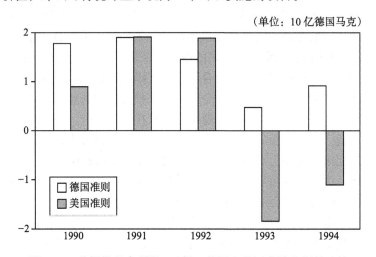

图 17-5　戴姆勒的净利润/亏损：德国和美国会计准则的比较

资料来源：*The Economist*. May 20, 1995.

通过对众多有关公司进行跨国上市决策的学术文献的调查，Karolyi（1996）指出：①股价对跨国上市反应显著；②平均看来，股票上市后的总交易量增加，而且很多股票的国内市场交易量也有所增加；③股票交易的流动性在整体上增强了；④股票在国内市场的风险敞口显著降低，与此伴随的仅是全球市场风险的少量增加；⑤跨国上市导致权益资本成本平均减少了 1.14%；⑥严格的披露要求是跨国上市的最大障碍。Miller（1999）所进行的一项详细研究也证实股票的两地上市能消除国际资本流动的障碍，能抬高股价，降低资本成本。考虑到这些研究成果，股票的跨国上市基本上是净现值为正的项目。

17.5　交叉上市情况下的资本资产定价⊖

为了充分理解国际交叉上市的效应，有必要弄清楚资产在其他资本市场中的定价方法。这里我们要讨论仅有部分资产可进行国际交易背景下的**国际资产定价模型**（International Asset Pricing Model，IAPM）。为了简化讨论，我们假定交叉上市资产是**可国际交易资**

⊖ 与美国的会计准则不同，德国会计准则考虑到了税收方面的因素和对债权人的保护。因此，谨慎原则是美国主要的会计原则，但有失真实与公平。德国的管理者在会计政策上被赋予较大的决策权，他们会尽量做到公司收入的稳定。

⊖ 读者可以略过本节的理论分析而直接阅读数字举例。这样做仍不失连贯性。

产（internationally tradable assets），而其他所有的资产是**不可国际交易资产**（internationally nontradable assets）。

为此，有必要对资本资产定价公式进行调整。注意 β 的定义，资本资产定价公式（17-2）可重写为

$$\overline{R}_i = R_f + [(\overline{R}_M - R_f)/\mathrm{Var}(\overline{R}_M)]\mathrm{Cov}(R_i, R_M) \tag{17-3}$$

根据本章的目的，最好定义 $[(\overline{R}_M - R_f)/\mathrm{Var}(\overline{R}_M)]$ 等于 $A^M M$，其中 A^M 是关于所有投资者的**总体风险厌恶水平指标**（measure of aggregate risk aversion），M 是市场投资组合的总市值。⊖ 按照这些定义，式（17-3）可重写为

$$\overline{R}_i = R_f + A^M M\, \mathrm{Cov}(R_i, R_M) \tag{17-4}$$

式（17-4）表明，在既定的投资者**总体风险厌恶水平**（risk-aversion measure）下，资产的期望收益率随资产与市场投资组合间的协方差的增加而增大。

但是，在介绍存在交叉上市情况下的国际资产定价前，我们先来讨论一下完全分割市场和完全一体化市场条件下的资产定价机制。假设世界上有两个国家，本国和外国。在**完全分割的资本市场**（completely segmented capital market）中，不存在可国际交易资产，资产将根据各自国家的**系统风险**（country systematic risk）来定价。对于本国资产，预期的资产收益可计算如下：

$$\overline{R}_i = R_f + A^D D\, \mathrm{Cov}(R_i, R_D) \tag{17-5}$$

对于外国的资产，预期的资产收益可计算如下：

$$\overline{R}_g = R_f + A^F F\, \mathrm{Cov}(R_g, R_F) \tag{17-6}$$

式中　$\overline{R}_i$——第 i 种本国资产的现时均衡预期收益；

　　　$\overline{R}_g$——第 g 种外国资产的现时均衡预期收益；

　　　R_f——无风险收益率，假定两国的 R_f 相同；

　　　A^D——本国投资者的风险厌恶水平；

　　　A^F——外国投资者的风险厌恶水平；

　　　D——所有本国证券的总市值；

　　　F——所有外国证券的总市值；

$\mathrm{Cov}(R_i, R_D)$——第 i 种资产的未来收益与本国市场投资组合收益间的协方差；

$\mathrm{Cov}(R_g, R_F)$——第 g 种资产的未来收益与**外国市场投资组合**（domestic country market portfolio）收益间的协方差。

相比较而言，在**完全一体化的世界资本市场**（fully integrated world capital markets）中，所有的资产都可进行国际交易，每种资产都是根据**世界系统风险**（world systematic risk）来定价的。这样，对本国和外国资产都存在：

$$\overline{R}_i = R_f + A^W W\, \mathrm{Cov}(R_i, R_W) \tag{17-7}$$

式中　A^W——全世界投资者的总体风险厌恶水平指标；

　　　W——由本国和外国市场投资组合构成的**世界市场投资组合**（world market portfolio）的总市值；

$\mathrm{Cov}(R_i, R_W)$——第 i 种证券与世界市场投资组合的未来收益之间的协方差。

我们马上就会看到，在**部分一体化世界金融市场**（partially integrated world financial

---

⊖ 事实上，在这里我们假定投资者总是对风险持厌恶态度。

markets)中，有些资产可国际交易（指那些跨国上市的），而有些不可以国际交易，资产定价的关系将变得更为复杂。

首先我们来明确结论：可国际交易资产的定价等同于世界金融市场完全一体化情况下的定价。不考虑国别因素，一种可国际交易资产只需要依据式（17-7）所示的世界系统风险来定价。相反，不可国际交易资产应根据世界系统风险来定价，并且要反映可交易资产产生的溢出效应以及一国特有的系统风险。由于**定价的溢出效应**（pricing spillover effect），不可交易资产无法像在完全分割的世界金融市场中那样定价。

对于本国的不可交易资产，定价关系可由下式给出：

$$\overline{R}_i = R_f + A^W W \text{Cov}^*(R_i, R_W) + A^D D[\text{Cov}(R_i, R_D) - \text{Cov}^*(R_i, R_D)] \quad (17\text{-}8)$$

其中，$\text{Cov}^*(R_i, R_D)$ 是指由可交易资产引起的第 i 种不可交易资产与本国市场投资组合之间的间接协方差。其公式为

$$\text{Cov}^*(R_i, R_D) = \sigma_i \sigma_D \rho_{iT} \rho_{TD} \quad (17\text{-}9)$$

式中　　σ_i——第 i 种资产的未来收益的标准离差；

σ_D——本国市场投资组合的未来收益的标准离差；

ρ_{iT}——第 i 种不可交易资产与可交易资产组合 T 之间的相关系数；

ρ_{TD}——投资组合 T 与本国市场投资组合的收益之间的相关系数；

$\text{Cov}^*(R_i, R_W)$——第 i 种不可交易资产与世界市场投资组合的间接协方差。

外国的不可交易资产可以用类似的方法定价。因此，我们仅需把精力集中在本国不可交易资产的定价上。

式（17-8）表明，在对不可国际交易资产定价时，要根据：**间接世界系统风险**（indirect world systematic risk）$\text{Cov}^*(R_i, R_W)$ 和净本国系统性风险 $[\text{Cov}(R_i, R_D) - \text{Cov}^*(R_i, R_D)]$，即本国系统风险减去由可交易资产引起的那部分风险后得到的差额。尽管不可交易资产只能在本国进行交易，但它们仍要根据间接的世界性系统风险和本国特有的系统风险来定价。不可交易资产之所以会有部分国际定价，是因为可交易资产产生了定价溢出效应。(Alexander, Eun 和 Janakiramanan 在 1987 年最先对资产定价溢出效应进行了详细说明。)

尽管不可交易资产只被本国投资者所持有，但它们部分地得到国际化定价，这反映了可交易资产的溢出效应。从式（17-8）可以推断出，不可交易资产只有当其与可交易资产毫不相关时，才不会受溢出效应的影响，进而只考虑本国因素来定价。当然这种情形不太可能发生。定价模型也暗示道，如果本国和外国市场投资组合能用可交易资产确切地复制出来，则不可交易资产和可交易资产的定价将完全国际化，就好像世界金融市场是完全一体化的一样。

国际资产定价模型有一些有趣的含义。第一，对于那些在其他分割市场中跨国上市的资产而言，只要将它们变成可交易的，就可以使之与国际资本市场直接一体化。第二，那些拥有不可交易资产的企业实质上是搭了拥有可交易资产企业的**便车**（free ride），因为前者间接地从国际一体化所带来的低资本成本和高资产价格中获益，而并没有支付任何相关的成本。附录 17A 用数字模拟清楚地说明了这一问题。

存在不可交易资产时的资产定价模型表明，资本市场的部分一体化所带来的利益能通过定价溢出效应传播到整个经济中。定价溢出效应有重要的政策含义：为了从资本市场的部分一体化中得到最大利益，一国应选择那些与本国市场投资组合相关程度最高的资产进行交叉上市。

与上面所介绍的理论分析相一致，许多企业在其股票进行境外上市时，确实发生了资本成本的下降。Alexander，Eun 和 Janakiramanan（1988）在他们对在美国股票交易所上市的外国股票进行的研究中发现，来自像澳大利亚、日本这样一些国家的外国企业发生了资本成本的显著降低。相反，加拿大企业在美国上市时，其资本成本下降的幅度相当小，这可能是因为与其他市场相比，加拿大市场与美国市场的一体化程度更高一些。

17.6 外国股权限制的影响

当公司试图通过其所有权结构的国际化来降低资本成本和增加市场价值时，它们同时也会担心公司的控制权会落入外国人手中。结果，发达国家与发展中国家的政府经常对外国人所能持有的本地企业所有权的最大百分比施加限制。在印度、墨西哥和泰国等国家，外国人最多只能购买本地公司流通股的49%。这些国家常常想方设法来确保本地公司不为外国人所控制。法国和瑞典曾经实行过更为严厉的20%的限制措施。在韩国，直到最近，外国人仍只被允许拥有当地企业股份的20%。

在瑞士，当地企业可发行两种不同的权益股票——无记名股票和记名股票。外国人通常只能购买无记名股票。类似地，中国企业发行A股和B股，外国人只被允许持有B股。表17-6列出了不少国家曾对当地企业的外国所有权进行限制的例子。显然，这些限制可以作为一种手段，确保本地企业特别是那些被认为对国家利益有重要战略意义的企业的控制权掌握在本国手中。⊖

表17-6 对外国人施加的股权限制：历史例子

国家	对外国人的限制
澳大利亚	银行业10%、广播业20%、新建采矿企业50%
加拿大	广播业20%、银行/保险公司25%
中国	外国人只能购买B股；只有本国居民方能购买A股
法国	最高20%的限制
印度	最高49%的限制
印度尼西亚	最高49%的限制
墨西哥	最高49%的限制
日本	对一些大企业实施25%～50%不等的最高比例；经财政部批准可收购单一企业10%以上的股份
韩国	最高20%的限制
马来西亚	银行业20%、自然资源30%
挪威	纸浆、纸和采矿业0%、银行业10%、工业和石油股份20%、航运公司50%
西班牙	国防产业和大众传媒业0%、其他企业50%
瑞典	有表决权的股份不超过20%、总权益资本不超过40%
瑞士	外国人仅能购买无记名股票
英国	政府保留对外国收购英国企业的否决权

资料来源：Various publications of Price Waterhouse.

⊖ Stulz 和 Wasserfallen（1995）指出，从理论上讲，公司有可能通过对外国股权施加限制来实现其市场价值的最大化。他们认为，当本国和外国的投资者对公司的股票有着不同的需求函数时，公司可通过差别对待本国投资者和外国投资者来最大化公司的市场价值。

17.6.1 市场定价现象

假设有外国人打算购买某韩国企业 30% 的股份，但由于对外国人施加的所有权限制，他们最多只能购买 20%。由于该规范有效地限制了外国人占有的所有权，因此外国和本国投资者可能会面对不同的市场股票价格。换句话说，由于对外国人施加了法定限制，股价可能呈现出二重性，亦即**市场双重定价现象**（pricing-to-market PTM）。

| 案例应用 | 雀巢公司[⊖]

大多数在公开市场交易的瑞士公司有三种普通股：①记名股票；②有表决权的无记名股票；③无表决权的无记名股票。直到现在，外国人仍然不被允许购买记名股票，他们只能购买无记名股票，只有瑞士公民才能得到记名股票。

雀巢公司是一家著名的瑞士跨国公司，其收益的 95% 以上来自海外市场，公司的记名股票占有表决权流通股的 68% 左右。这意味着外国人实际上不可能得到企业的控制权。然而在 1988 年 11 月 17 日，雀巢公司宣布取消对外国人购买记名股的禁令。这一声明是在苏黎世股票交易所收盘后做出的。

在谈及这一禁令的取消时，雀巢公司的董事会提到了两点原因。第一，尽管雀巢的经营活动是高度跨国化的，但它的所有权结构一直维持着一个很高的本国比例。然而与此同时，雀巢公司像英国的罗温树公司（Rowntree）和美国的康乃馨公司（Carnation）那样，进行着强势的跨国并购，因此，雀巢公司的做法被指责有违公平，不符合自由市场原则。雀巢公司有必要改变这一现状。第二，雀巢意识到对外国人持有记名股的禁令确实增加了它的资本成本，不利于它在世界市场的竞争地位。

正如图 17-6 所描述的那样，在取消针对外国人的禁令前，（有表决权的）无记名股票的交易价格大约是记名股票的 2 倍。无记名股票的相对高价意味着，如果没有施加在外国人身上的所有权限制，他们会希望持有比现在所允许的更多的股份。当禁令被取消时，两种类型股票的价格立刻趋于一致；无记名股票的价格下降了约 25%，而记名股票的价格提高了约 35%。因为记名股占到了拥有表决权股票总数的 2/3 左右，当雀巢完全国际

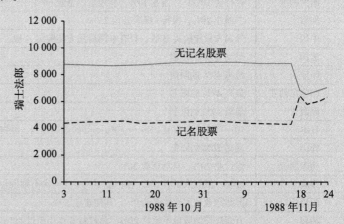

图 17-6　雀巢的无记名股票与记名股票的价格变化
资料来源：*Financial Times*, November 26, 1988, P.1.

化其所有权结构时，雀巢的总市值显著增加。这当然意味着雀巢的权益资本成本显著降低。

Hietala（1989）也证实了芬兰股市的市场双重定价现象。芬兰企业过去经常发行限制股和非限制股，外国人仅被允许购买非限制股。非限制股在任何一家芬兰企业最多都只占到总股数的 20%。鉴于这一法律限制，如果外国人想要持有一家芬兰企业 20% 以上的股份，就

⊖ 本书第 1 章曾提及了雀巢公司的案例。此处，我们对该案例进行深层次分析。

会面临二重价格。Hietala 确实发现，大多数的芬兰企业都表现出了市场双重定价现象，而且与限制性股票相比，非限制股大概有 15%～40% 的溢价。最近，芬兰已经完全废止对外国投资者的全部限制。

17.6.2 外国股权限制下的资产定价[⊖]

在本小节中，我们将正式探讨当外国投资者面临拥有本国企业所有权最大比例限制时，均衡资产价格是如何决定的。与前面一样，假定世界上有两个国家，本国和外国。为简便起见，假设外国对本国投资者施行了所有权限制，但本国未对外国投资者施加任何限制。因此本国投资者受到限制，最多只能持有外国企业一定百分比的股份，而外国投资者在本国的投资则丝毫不受限制。

既然我们假定对本国股票投资没有限制，对同一本国资产来说，本国和外国投资者面临相同的价格，该价格等于完全资本市场价格。就本国资产而言，一价定律就适用。然而，对于外国股票，市场双重定价现象就会发生。

确切地说，本国资产应依据完全一体化世界资本市场的国际资产定价公式（17-7）来定价。外国股票的定价就不同了，它取决于投资者是来自外国还是本国。本国的投资者必须支付一个高于无限制情况的完全市场价格的溢价，而外国投资者则会获得完全市场价格的折价。这就意味着，本国投资者对外国资产所要求的收益率低于外国投资者的要求。

Eun 和 Janakiramanan 于 1986 年从本国和外国投资者的角度给出了外国资产 i 的不同均衡收益率：

$$\overline{R}_i^d = R_f + A^W W \text{Cov}(R_i, R_W) - (A^W W - \delta A^D D)[\text{Cov}(R_i, R_F) - \text{Cov}(R_i, R_S)] \quad (17\text{-}10)$$

$$\overline{R}_i^f = R_f + A^W W \text{Cov}(R_i, R_W) + [(1-\delta)A^D D - A^W W][\text{Cov}(R_i, R_F) - \text{Cov}(R_i, R_S)] \quad (17\text{-}11)$$

式中　δ——所有本国投资者被允许拥有的第 i 家外国企业的份额；

　　　S——**替代投资组合**（substitution portfolio），是与外国市场投资组合 F 相关程度最高的本国资产的投资组合。

因此，投资组合 S 可被看作是本国投资者可获得的最好的外国市场投资组合 F 的本国替代品。

根据上面的模型，均衡收益率完全依赖于：①所有权限制的严重程度（δ）；②本国投资者用本国资产复制外国市场投资组合的能力，用**净外国市场风险**（pure foreign market risk）[$\text{Cov}(R_i, R_F) - \text{Cov}(R_i, R_S)$] 来度量。在这一特殊情况下，即当投资组合 S 是外国市场投资组合 F 的完全替代品时，就有 $\text{Cov}(R_i, R_F) = \text{Cov}(R_i, R_S)$。在这种情况下，尽管仍存在着所有权限制，外国资产的定价却要按世界资本市场完全一体化的情况进行，而且这种完全一体化无论从国内投资者还是从国外投资者的角度来看都是成立的。不过，一般来讲，本国投资者在购买外国资产时要支付一定的溢价（即接受一个低于完全资本市场的收益率），该溢价取决于他们用本国资产复制外国市场投资组合的拟合程度。另一方面，外国投资者则得到一个折价（即获得一个高于完全资本市场的收益率）。

[⊖] 读者可以略过本节的理论分析而直接阅读数字举例。这样做仍不失连贯性。

【例 17-2】一个用数字来说明的例子

为了说明外国股权限制对企业权益资本成本的影响，我们用表 17-7 所描述的典型经济体来进行数字模拟。

表 17-7 提供了典型经济体的标准离差和相关系数矩阵。企业 D1～D4 属于本国企业，F1～F4 是外国企业。为简单起见，该相关系数矩阵反映了这样一个程式化的事实，即国与国之间的资产收益相关性要小于一国之内的资产收益的相关性；一国之内的企业间相关系数一律假定为 0.5，不同国家企业间的相关系数一律假定为 0.15。假定本国和外国的投资者有着相同的总体风险厌恶水平，且假定无风险收益率为 9%。

表 17-7 典型经济体的描述

企业	预期的未来股价（美元）	股价的标准离差（美元）	相关系数矩阵						
			D2	D3	D4	F1	F2	F3	F4
D1	100	16	0.5	0.5	0.5	0.15	0.15	0.15	0.15
D2	100	20		0.5	0.5	0.15	0.15	0.15	0.15
D3	100	24			0.5	0.15	0.15	0.15	0.15
D4	100	28				0.15	0.15	0.15	0.15
F1	100	18					0.50	0.50	0.50
F2	100	22						0.50	0.50
F3	100	26							0.50
F4	100	30							

注：企业 D1～D4 来自本国，而企业 F1～F4 来自外国。无风险利率假设为 9%。假设本国和外国投资者有相同的总体（绝对）风险厌恶水平。

表 17-8 考虑了这样的情况：外国施行了 20% 的所有权限制（δ_F=20%），而本国对外国投资者未施加任何限制，在这种情况下，本国的资产定价就仿佛是在一个完全一体化的资本市场中进行的，而外国的资产则要由市场来定价。

表 17-8 国际市场均衡：对外国股权限制的影响

资产	完全分割化	σ - 限制		完全一体化
		σ_D= 20% σ_F= 20%	σ_F= 20%	
A：均衡资产价格（美元）①				
D1	81.57	83.05/87.45	85.25	85.25
D2	78.53	80.45/86.22	83.34	83.34
D3	75.30	77.75/85.07	81.41	81.41
D4	71.88	74.86/83.82	79.34	79.34
F1	79.19	86.91/81.12	87.86/80.16	84.01
F2	75.87	85.66/78.31	86.87/77.11	81.99
F3	72.34	84.50/75.38	85.92/73.96	79.94
F4	68.62	83.24/72.28	84.90/70.62	77.76
B：权益资本成本（%）				
D1	22.59	19.15	17.30	17.30
D2	27.34	22.54	19.99	19.99
D3	32.80	26.24	22.84	22.84
D4	39.12	30.46	26.04	26.04

(续)

资产	完全分割化	σ-限制		完全一体化
		$\sigma_D=20\%$ $\sigma_F=20\%$	$\sigma_F=20\%$	
B：权益资本成本（%）				
F1	26.28	21.54	22.40	19.03
F2	31.80	25.34	26.48	21.97
F3	38.24	39.96	32.82	25.09
F4	45.73	47.95	38.85	28.60

①两个数据分别指本国/外国投资者的资产价格。

如表17-8所示，总体上，存在20%所有权限制的企业的资本成本要高于完全一体化市场的资本成本。这意味着限制企业的外国股权对企业的权益资本成本有负面影响。为了进行对比，我们又提供了在完全分割化和完全一体化两种市场条件下所得到的结果。具体来说，考虑外国企业F1，表中显示在存在20%的所有权限制时，企业的资本成本为22.40%，这是由本国和外国投资者对F1所要求的收益的加权平均得来的。值得注意的是，在没有限制的情况下，企业的资本成本会大幅降低到19.03%。同样值得注意的是，当市场双重定价现象普遍时，企业的资本成本取决于提供资本的是本国投资者还是外国投资者。表17-8也提供了两国都施行20%水平的限制时的情况，即$\delta_D=20\%$，$\delta_F=20\%$。这种情况留给读者自行解释。

17.7 子公司的财务结构

跨国公司的财务经理所面临的问题之一，就是如何决定国外子公司的财务结构。根据Lessard和Shapiro（1984）的有关研究，有三种方法可以用于决定子公司的财务结构。

（1）与母公司的标准保持一致。

（2）与子公司经营所在国的当地标准一致。

（3）审时度势，尽可能利用好降低应交税金、减少融资成本和风险的机会，也要利用市场的各种不完全性。

具体采取哪种方式很大程度上取决于母公司是否对子公司债务承担责任，或承担何种程度的责任。当母公司对子公司的债务承担完全责任时，子公司的独立财务结构就无关紧要了，而母公司的整体财务结构则会变得重要起来。当母公司对子公司的债务负有法律上或道德上的责任时，潜在的债权人就会检视母公司的整体财务状况，而不会关心子公司。

然而，当母公司想要让子公司破产或者母公司对子公司债务的担保很难跨国执行时，子公司的财务结构就重要起来了。在这种情况下，潜在的债权人会仔细检视子公司的财务状况，以评估破产风险。因此，子公司应选择好自己的财务结构，来降低破产风险和融资成本。

在现实中，除非母公司预期未来的全球经营会遭受重创，一般而言是不会任由它的子公司因债务而破产的。一家子公司的破产会使得母公司名声扫地，并可能会增加母公司自己的融资成本，并肯定会让在破产所在国的未来项目难以实施。包括罗伯特·斯托伯（Robert Stobaugh）在内的多份调查都强烈建议跨国公司的母公司不管在何种情况下，都应努力不让他们的子公司破产。

因母公司对其子公司债务承担法律和道德责任，直接意味着母公司应该密切监督子公司的财务状况，确保公司整体的财务状况不受子公司财务结构的不利影响。不过，真正重要的因素是子公司财务结构对母公司全球财务结构的边际影响。子公司应选择能使母公司整体资本成本最小化的财务结构。

根据上面的讨论，上述两种决定子公司财务结构的方式都不能被认为是合适的。第一种方式要求复制母公司的财务结构，但这不一定与母公司整体资本成本的最小化相一致。假设由于当地政府渴望吸引外资，子公司在当地能以带补贴的利率借款。在这种情况下，子公司应从当地借款，来利用更低的利率，即使这会使子公司的负债率超出母公司的标准。如果认为有必要，母公司只要降低自己的负债率就行了。换句话说，母公司与子公司之间的债务分配可以被调整到一个合适的程度，以便利用附带补贴的贷款项目。同样地，如果子公司的经营所在国也对财务结构进行监管，那么即使复制母公司的标准是理想做法，仍然很难得以实现。

由 Stonehill 和 Stitzel（1969）所提出的第二种方式要求采纳当地的财务标准。这种方式在本质上就是"入乡随俗"。通过采纳当地的标准，企业能减少被单独挑出来接受审查的可能。只有在母公司对于公司的债务不承担责任，而且由于金融市场的分割化、子公司只能依靠当地融资的情况下，采取这种方式才有意义。否则，它就没多大意义。假设每家外国子公司都遵循着能反映当地文化、经济和风俗的财务标准，那么，母公司的全球财务结构将严格地以"剩余"的方式来决定。以这种方式确定出的整体财务结构不大可能是最优的结构，即不大可能实现母公司整体资本成本的最小化。例如，当东道国的标准反映了当地金融市场不成熟的性质时，准备进入全球金融市场的跨国公司的子公司就不应卑屈地采纳当地标准。因为如果这样做，就意味着跨国公司要放弃低资本成本的优势。

这样就有了第三种方式。这种方式看起来最合理并与公司整体资本成本最小化这一目标相一致。子公司应尽量利用一切可以获得的附带补贴的贷款。在没有外国税收抵免的情况下，当东道国的公司所得税高于母国时，它也应借入比母公司标准下更多的资金，来善加利用利息支出的抵税优势。

在选择子公司的融资方法时，除了税收因素，企业还应考虑到政治风险因素。在存在政治风险的情况下，在当地融资通常要优于在母公司直接融资。当子公司的资产被没收时，母公司就可以拒认子公司的当地债务。而且，如果子公司的资金来自当地的债权人和股东，其被没收的可能性本身就不高。当子公司在发展中国家经营时，从世界银行（World Bank）和国际金融公司（International Finance Corporation）这样的国际开发机构融资会降低政治风险。当在外部债务和权益融资之间二选一时，政治风险情况下的前者更加有利。这是因为东道国政府更能容忍资金以利息的形式汇回母国，而非以股利的形式。

总而言之，既然母公司在法律上和（或）在道德上要对子公司的债务承担责任，那么它在决定子公司财务结构时，就要考虑后者对母公司整体财务结构的影响。然而，子公司应该被允许利用任何在东道国可得到的有利的融资机会，因为这是与母公司整体资本成本最小化的目标相一致的。如果有必要，母公司也可以调节自身的财务结构，以实现整体财务结构最优。

本章小结

本章讨论了跨国公司的资本成本问题。随着金融市场的不断自由化和管制的日益放松，全球的各大公司都通过允许外国人持有公司的股票和债券，来实现公司资本结构的国际化。

1. 资本成本的国际比较表明，虽然近些年主要国家的资本成本趋于一致，但国际金融市场尚未实现完全一体化。这表明企业可通过在海外审慎筹资来提高公司的市场价值。
2. 如果企业在分割的资本市场上经营，可通过在境外股票市场的交叉上市来降低市场分割所产生的负面影响，进而实现股票的国际交易。
3. 企业可通过境外交叉上市来获益，主要利益有二：①更低的资本成本，更高的股价；②新的资本来源渠道。
4. 如果企业的股票在非分割资本市场的外国交易所交叉上市，那么股票就会按照全球系统风险来定价，将国际资本市场看成实现了完全一体化。不可国际交易资产应按照国别系统风险和间接的全球系统风险进行定价，以反映可国际交易资产所产生的定价溢出效应。
5. 尽管世界金融市场呈现出更为自由化的趋向，但许多国家仍然对国外投资进行限制，尤其是对外国投资者所能持有的当地企业的最大股权比例实施限制。在对所有权存在限制的情况下，外国和本国的投资者可能面临不同的股价，结果产生了市场双重定价现象。市场双重定价现象通常会导致企业整体资本成本的上升。
6. 为了实现整体资本成本的最小化，母公司应决定其子公司的融资方式。在母公司对子公司承担的债务责任以外，子公司自身的财务结构是无关紧要的。

关键词

附录 17A

不可交易资产的定价：数字模拟

为了进一步说明前面所展示的理论结果，我们提供了一个数字模拟案例。其中，我们假定了一个如表 17-7 所描述的两个国家和八家企业的世界，它们将在各种世界资本市场结构情况下达到股价、预期收益率或权益资本成本的均衡。

表 17A-1 描述了根据前面给出的资产定价模型所计算的八家企业各自的均衡资产价格和权益资本成本。如表 17A-1 所示，本国资产 D1 在另一个分割化市场的外国交易所上市，从而使其均衡权益资本成本从 22.59%（分割化市场条件下）降到了交叉上市时的 17.30%。很明显，资产的国际交易导致了资本成本的降低。

一旦资产 D1 实现了交叉上市，其定价（85.25 美元）所产生的预期收益率将与完全一体化市场条件下的收益相同。而且，当本国资产在境外上市时，那些仍旧不能在国际交易的其他本国资产的权益资本成本也会降低。以资产 D2 为例，其资本成本从分割化市场条件下的 27.34% 降到了资产 D1 境外上市后的 23.72%。这反映了当资产 D1 可在国际交易时所产生的溢出效应。表 17A-1 还表明，当外国资产 F1 在本国上市时，它将降低自身和其他外国企业的权益资本成本。该表表明，当 F1 进行交叉上市时，其权益资本成本从 26.28% 下降到 19.03%，这等同于资本市场是完全一体化的情况。此外，由于 F1 的交叉上市所产生的溢出效应，其余那些仍不能在国家间交易的外国资产的资本成本也会下降。

表 17A-1　国际资本市场的均衡：交叉上市的影响

资产	完全分割化	交叉上市资产 D1	交叉上市资产 D1 和 F1	完全一体化
A. 均衡资产价格（美元）				
D1	81.57	85.25	85.25	85.25
D2	78.53	80.83	80.37	83.34
D3	75.30	78.06	77.51	81.41
D4	71.88	75.10	74.45	79.34
F1	79.19	78.57	84.01	84.01
F2	75.87	75.11	78.36	81.99
F3	72.34	71.45	75.29	79.94
F4	68.62	67.69	72.02	77.76
B. 权益资本成本（%）				
D1	22.59	17.30	17.30	17.30
D2	27.34	23.72	24.42	19.99
D3	32.80	28.11	29.02	22.84
D4	39.12	33.16	34.32	26.04
F1	26.28	27.28	19.03	19.03
F2	31.80	33.14	27.62	21.97
F3	38.24	39.96	30.97	25.09
F4	45.73	47.95	36.10	28.60

第18章

国际资本预算

本章提纲

国内资本预算的回顾	本章拓展
调整后现值模型	关键词
基于母公司视角的资本预算	思考题
资本预算分析中的风险调整	计算题
敏感性分析	小型案例1：多尔切斯特有限公司
购买力平价假设	小型案例2：淘宝金矿公司
实物期权	参考文献与建议阅读材料
本章小结	

本书贯彻的一个观点就是，财务经理的基本目标就是实现股东财富的最大化。股东财富只有当公司投资的收益现值大于投资的成本现值时才会发生。也许财务经理面对的最重要的决策就是对资本项目的选择。从本质上来说，资本项目是对构成公司生产能力的资本资产的投资。这些投资与公司的总价值相比通常非常昂贵，并决定着公司生产拟销售产品的效率，因而也决定着公司的获利能力。总之，这些决策决定着公司在产品市场中的竞争地位和公司的长期生存能力。因此，有必要建立一个有效的分析框架。为现代财务所公认的方法就是使用净现值（NPV）贴现现金流量的模型。

第16章探讨了为何跨国公司会到别的国家进行直接投资。第17章讨论了跨国公司的资本成本。不难发现，在国际上筹资的公司要比仅在国内筹资的公司的资金成本更低，因为前者拥有更多的筹资机会。对跨国公司而言，较低的资本成本意味着更多的净现值为正的资本项目。在本章中，我们的目的是详细阐述一种适合于跨国公司进行海外资本项目投资的分析方法。我们描述的这种分析方法是基于唐纳德·雷萨德（Donald Lessard, 1985）所提出的一种分析框架。调整后现值（APV）方法是净现值方法的扩展，净现值方法适用于分析国内企业的资金成本。后面我们将会了解到，调整后现值方法为分析跨国公司资本支出所独有的专项现金流量提供了便利。

很多读者可能已经十分熟悉净现值分析方法，也深知相对于其他资本支出评价技术，净现值方法可以帮助财务经理实现股东财富的最大化。因此，本章将从对基本的净现值资本预算模型的简短回顾入手，通过与莫迪利亚尼－米勒（Modigliani-Miller）有关负债企业价值等式的类比，将净现值模型扩展为调整后现值模型；然后将调整后现值模型拓展到对跨国公司海外资本投资的分析中去。本章还给出了一个应用调整后现值决策模型的案例。

18.1 国内资本预算的回顾

基本的**净现值**（net present value，NPV）资本预算等式可以表示为

$$NPV = \sum_{t=1}^{T} \frac{CF_t}{(1+K)^t} + \frac{TV_T}{(1+K)^T} - C_0 \qquad (18\text{-}1)$$

式中　CF_t——第 t 年的预期税后现金流量；

　　　TV_T——预期税后现金流量的终值，包括营运资本的回收；

　　　C_0——初始投资；

　　　K——加权平均资本成本；

　　　T——以年计的资本项目的经济寿命。

资本项目的净现值等于全部现金流入量现值（包括项目结束时的现金流入量）与所有现金流出量现值的差额。净现值法则如下：如果项目的 $NPV \geq 0$，则应采纳该项目；如果项目的 $NPV < 0$，则应拒绝该项目。

内部报酬率法（IRR）、回收期法和利润指数法是分析资本支出的另外三个方法。内部报酬率法确定了贴现率，即项目的内部报酬率是使净现值等于零的贴现率。在很多情况下，一个项目只有一个内部报酬率，并且内部报酬率决策规则是选择 $IRR \geq K$ 的项目。然而，某些情况下，一个项目有多个内部报酬率，因此当一个或多个内部报酬率小于 K 时，要解释这个简单决策规则就很困难了。回收期法所确定的是累积现金流入量"弥补"初始投资额的时间，回收期越短，项目就越容易被接受。不过，回收期法忽略了资金的时间价值。利润指数法是将现金流入的现值除以初始支出，该比值越大，项目就越可以被接受。然而，在分析互斥项目时，由于投资规模不同，利润指数与净现值标准之间会产生矛盾。如果公司没有资本限额，当利润指数与净现值标准之间产生矛盾时，一般都倾向于采用净现值标准。综上所述，净现值决策标准被认为是分析资本预算的最优方法。

为此，有必要对净现值等式加以扩展。不过，先讨论一下年现金流量也是大有裨益的。在资本预算时，我们只关心导致资本支出的总现金流量的变化。CF_t 表示第 t 年由资本项目带来的企业总现金流量的增量，那么 CF_t 的代数式可确定为⊖

$$CF_t = (R_t - OC_t - D_t - I_t)(1-\tau) + D_t + I_t(1-\tau) \qquad (18\text{-}2a)$$
$$= NI_t + D_t + I_t(1-\tau) \qquad (18\text{-}2b)$$

式（18-2a）对**现金流量的增量**（incremental cash flow）进行了详细的描述。有必要对之详加探讨，以便更好地应用这个模型。在该公式中，CF_t 是三个流量的总和，或者说资本项目产生的现金流量可分为三项。如式（18-2b）所示，第一项 NI_t 表示公司权益所有者的预期收益。NI_t 的增量是由项目全年销售收入，即 R_t 减去相应的营运成本 OC_t，再减去项目折旧 D_t，再减去利息费用 I_t 之后，再乘以（$1-\tau$）得到的税后值。（正如本章后面内容所要讨论的那样，我们只关心与最佳资本结构和项目借款能力相一致的利息费用）。第二项 D_t 表明折旧

⊖　简便起见，这里假设经营中不存在额外的资本支出或营运资本投资。

是一种非付现成本,即仅因为税收的目的而在计算 NI_t 时减去了 D_t。但是,因为这部分现金实际上并没有在第 t 年流出公司,所以要重新加回来。D_t 可以看成是项目的一部分原始投资 C_0 在第 t 年的回收。最后一项表示的是公司支付给债权人的税后利息。

$$CF_t = (R_t - OC_t - D_t)(1-\tau) + D_t \tag{18-2c}$$
$$= NOI_t(1-\tau) + D_t \tag{18-2d}$$

式(18-2c)提供了一个计算 CF_t 的简约公式。因为式(18-2a)中的 $I_t(1-\tau)$ 在计算 NI_t 时被扣除后又重新被加回来,两者相互抵销。式(18-2c)中的第一项表示税后的净营运收入,也就是式(18-2d)中所列示的 $NOI_t(1-\tau)$。

$$CF_t = (R_t - OC_t)(1-\tau) + \tau D_t \tag{18-2e}$$
$$= OCF_t(1-\tau) + \tau D_t \tag{18-2f}$$
$$= 第\ t\ 年的税后名义现金流量增量$$

式(18-2e)给出了一个更为简便的 CF_t 计算公式。将式(18-2c)中折旧费用的税后价值 $(1-\tau)D_t$ 与税前价值 D_t 合并,就得到了式(18-2e)中的 τD_t,由于 D_t 是一个抵税项目,所以 τD_t 表示税收节约。就像式(18-2f)所合并的那样,式(18-2e)中的第一项表示税后营运现金流量 $OCF_t(1-\tau)$,第二项则表示折旧的税收节约。⊖

18.2 调整后现值模型

为了继续我们的讨论,有必要对净现值模型进行扩展。我们把式(18-2f)中的 CF_t 代入式(18-1)中,净现值公式可重新表述为

$$NPV = \sum_{t=1}^{T} \frac{OCF_t(1-\tau)}{(1+K)^t} + \sum_{t=1}^{T} \frac{\tau D_t}{(1+K)^t} + \frac{TV_T}{(1+K)^T} - C_0 \tag{18-3}$$

Franco Modigliani 和 Merton Miller(1963)在一篇著名的论文(M-M 理论)中,推导出了负债公司的市场价值(V_l)与对应的无负债公司的市场价值(V_u)的理论公式:

$$V_l = V_u + \tau\ 负债 \tag{18-4a}$$

假设该公司是持续经营的,公司发行债务的目的是为其部分生产能力进行融资,而且假定该债务是永久性的,那么式(18-4a)可扩展为

$$\frac{NOI(1-\tau)}{K} = \frac{NOI(1-\tau)}{K_u} + \frac{\tau I}{i} \tag{18-4b}$$

式中 i——有负债公司的借款利率;

$I = i \times$ 负债;

K_u——**完全权益融资公司的权益资本成本**(all-equity cost of equity)。

在第 17 章中,加权平均资本成本被表达为

$$K = (1-\lambda)K_l + \lambda i(1-\tau) \tag{18-5a}$$

式中 K_l——有负债公司的权益成本;

λ——最优负债率。

Modigliani 和 Miller 在他们的论文中将 K 表达为⊖

$$K = K_u(1-\tau\lambda) \tag{18-5b}$$

⊖ 年现金流量也可以包括营运资本资金增量。简便起见,此处不作考虑。
⊖ 为从式(18-5a)中推导出式(18-5b),有必要知道 $K_l = K_u + (1-\tau)(K_u - i)$(负债/权益)的含义。

回忆一下从式（18-2a）向式（18-2d）的简化过程，这暗示着无论企业（或资本支出）如何融资，它都将取得相同的 NOI。在式（18-5b）中，如果 $\lambda=0$，即为完全权益融资公司，则 $K=K_u$ 且 $I=0$。因此，在式（18-4a）中 $V_1=V_u$。然而，若 $\lambda>0$，即为有负债公司，则 $K>K_u$ 且 $I>0$。因此，$V_1>V_u$。为了使式（18-4b）保持左右相等，我们必须在其中加上有负债公司的税收节约现值。M-M 理论的主要结论是：在获得相同 NOI 的前提下，有负债公司的价值大于无负债（完全权益）公司的价值。其原因是，有负债公司也可以获得因支付给债权人利息而产生的税收抵减收益，而不必支付给政府。下面的例子表明了公司是如何从债务的利息支付上获得税收节约的。

【例 18-1】利息支付的税收节约

表 18-1 提供了一个因利息支付抵税而获得税收节约的例子。表中列示了一家负债公司与一家无负债公司，其各自的销售收入都是 100 美元，营运成本都是 50 美元。由于负债公司有 10 美元的利息支出，故其税前收益为 40 美元，而无负债公司因无须支付任何利息费用，所以它的税前收益为 50 美元，故负债公司只需支付 16 美元的税，而无负债公司需要支付 20 美元。因此，负债公司的股东可获得 24 美元，无负债公司可获得 30 美元。这样，负债公司的投资者获得 24 美元+10 美元=34 美元的可用资金，而无负债公司为 30 美元，多出的 4 美元就是来自税前利息支付（10 美元）的税收节约。

表 18-1 投资者可用现金流量的比较　　　　　　　　　　（单位：美元）

	负债公司	无负债公司
收入	100	100
营运成本	−50	−50
净营运利润	50	50
利息费用	−10	−0
税前收益	40	50
税金（税率 40%）	−16	−20
净收益	24	30
投资者可获得的现金流	24+10=34	30

通过与无负债公司 M-M 等式的直接类比，我们可以将净现值等式（18-3）转化成**调整后现值**（adjusted present value）模型：

$$APV=\sum_{t=1}^{T}\frac{OCF_t(1-\tau)}{(1+K_u)^t}+\sum_{t=1}^{T}\frac{\tau D_t}{(1+i)^t}+\sum_{t=1}^{T}\frac{\tau I_t}{(1+i)^t}+\frac{TV_T}{(1+K_u)^T}-C_0 \qquad (18-6)$$

调整后现值模型是进行资本预算的**价值叠加**（value-additivity）方法，即作为价值来源的每个现金流量都被认为是相互独立的。在调整后现值模型中，每个现金流量都被与现金流量内在风险相一致的贴现率贴现。OCF_t 与 TV_T 的贴现率都为 K_u。不论该公司是否负债，公司都将从资本项目中获得这些现金流量。如式（18-4b）所示，利息的税收节约 τI_t 按税前借款利率 i 进行贴现。如果在项目的经济寿命期内税法没有出现根本性的变动，那么折旧的税收节约 τD_t 也可以用贴现率 i 进行贴现，因为这些现金流量的风险要低于营运现金流量的风险。⊖

调整后现值模型对国内公司分析国内资本项目十分有用。如果 $APV>0$，则接受该项

⊖ Booth 于 1982 年给出了使 NPV 与 APV 完全相等的条件。

目；如果 $APV < 0$，则拒绝该项目。因此，该模型同样适用于跨国公司分析其国内资本支出，也适用于跨国公司的国外子公司从其自身观点来分析拟定的资本支出。

18.3　基于母公司视角的资本预算

在从跨国公司或母公司角度分析其子公司的国外资本支出时，式（18-6）所表示的调整后现值模型并不十分有用。事实上，一个在子公司看来调整后现值为正的项目，在母公司看来调整后现值可能为负。例如，如果某些现金流量被所在国家冻结而无法汇回母公司，或者子公司所在国对汇回外汇征收额外（附加）税收时，上述情况就有可能发生。高额的边际税率可能使该项目在母公司看来显得无利可图。如果我们假设跨国公司有国外子公司，但由国内股东控制母公司，那么母公司所在国的货币就变得重要了，因为现金流量必须转化为本国货币，用它衡量的股东权益正是跨国公司试图使其最大化的目标。㊀

康纳德·雷萨德（Donald Lessard, 1985）拓展了调整后现值模型，以使其适用于跨国公司分析国外资本支出。该模型认为，现金流量必须用外币表示并且必须转化为母公司的货币。另外，雷萨德的模型考察了一些在国外项目分析中经常会遇到的一些特殊的现金流量。使用上一节所讨论的调整后现值模型的基础结构，雷萨德模型可表示为

$$APV = \sum_{t=1}^{T}\frac{\overline{S_t}OCF_t(1-\tau)}{(1+K_{ud})^t} + \sum_{t=1}^{T}\frac{\overline{S_t}\tau D_t}{(1+i_d)^t} + \sum_{t=1}^{T}\frac{\overline{S_t}\tau I_t}{(1+i_d)^t} + \frac{\overline{S_T}TV_t}{(1+K_{ud})^T}$$
$$-S_0C_0 + S_0RF_0 + S_0CL_0 - \sum_{t=1}^{T}\frac{\overline{S_t}LP_t}{(1+i_d)^t}$$
（18-7）

式（18-7）中有几点值得注意：首先，假定现金流量以外币表示，并以第 t 年的预期即期汇率 $\overline{S_t}$ 转换成母公司货币。取母公司与子公司税率的较大者为公司边际税率 τ，这是因为模型假设母公司所在国会对不大于国内税收债务的国外税收实施一定的税收抵免。因此，如果母公司税率高，那么本国将产生一个等于国内税收债务与国外税收抵扣差额的额外税收。另一方面，如果国外税率较高，那么国外税收抵扣大于可抵消的国内税收债务，所以无须支付额外税收。㊁其次，需要注意的是每个贴现率都有下标 d，表示一旦国外现金流量已转化为母公司所在国货币，那么适用的贴现率就是国内的贴现率。

在式（18-7）中，OCF_t 只表示可以合法汇回母公司的那部分营运现金流量。在该国赚取而被东道国政府冻结的现金流量对母公司股东没有任何好处，因此与分析无关。另外，此项也不包括那些绕开限制而汇回母公司的现金流量。

在对国内资本项目进行分析时，计算 OCF_t 时只需考虑收入增量和营运成本增量。举例有助于解释这一概念。假设一家跨国公司目前在国外设立了一家销售分公司，来为母公司或第三国子公司销售它们生产的产品。如果母公司随后在当地开设一家生产工厂，以满足当地需求，那么此时获得的销售额会比仅仅设立销售分公司更可观。因为子公司能更好地把握当

㊀ 当 $NPV_{母公司}>0$，$NPV_{子公司}>0$ 时，显然可以进行投资。同样地，当 $NPV_{母公司}<0$，$NPV_{子公司}<0$ 时，显然不可进行投资；当 $NPV_{母公司}<0$，$NPV_{子公司}>0$ 时，也不可进行投资。不过，当 $NPV_{母公司}>0$，$NPV_{子公司}<0$ 时，决策时必须仔细分析计算两个 NPV 所采用的假设，要确保投资前的分析具有一致性。

㊁ 这里的简化过程假设经营现金流净额将立即汇付给母公司，而且不存在使雷萨德 APV 模型复杂化的外国税额扣除。当然，外国税额扣除可作为该基本模型的增项来考虑。此外，第 21 章将讨论转移定价策略，借此公司可以将应税所得从高税地区转移至低税地区。

地市场的需求。但是，原有的生产工厂会产生**销售收缩**（lost sales），也就是说，新工厂的设立会带走现有工厂的部分销售额。因此，收入的增量并不等于新生产工厂的销售总收入，而是总收入减去损失的销售收入。但是，倘若没有销售收缩，比如出现了更能满足市场需求的竞争对手，那么新生产工厂的销售收入就等同于销售收入的增量。

式（18-7）中包含了在国外项目中经常发生的现金流量 $S_0 RF_0$。该项表示因计划项目在国外运作所产生的**限制性资金**（restricted funds，金额为 RF_0）的累计价值。只有当这些资金可用来抵消一部分项目的初始支出时，它们才能取得。基于汇率管制的资金⊖或因汇入母公司而被额外征税的资金都是 $S_0 RF_0$ 的例子。RF_0 等于这些资金的面值与现值的差额，本章末的例子将进一步阐明此项意义。

$S_0 CL_0 - \sum_{t=1}^{T} \dfrac{\overline{S_t} LP_t}{(1+i_d)^t}$ 表示因母公司取得低于市场水平利率的外币借款而获得的以母公司货币表示的利益现值。在一些情况下，如果公司的计划投资项目在国外，那么对母公司而言，常常能取得这种低于市场利率的**优惠贷款**（concessionary loan，其数量为 CL_0）。东道国提供这种外币融资的目的是为了吸引外资、促进经济发展，从而为本国居民提供就业机会。跨国公司的利益便是优惠贷款兑换为本国货币后的面值与按同样方式兑换后并按跨国公司正常借款利率（i_d）进行贴现的优惠贷款（LP_t）现值之间的差额。当贷款以较高的普通利率贴现，贷款支付额的现值就会小于其面值，而这两者的差额就是项目所在国给予投资跨国公司的一种补助。可见，以普通贷款利率贴现的优惠贷款的现值大小，将等同于在同等债务偿还计划下、以正常借款利率可以借得贷款的数额。

在计算加权平均资本成本时，我们发现有必要知道公司的最优负债率。在考虑资本预算项目时，由于项目是公司的组成部分，因此将正在融资的项目与公司的融资方式分开考虑就不合适了。随着资本项目的实施，公司的资产会增加，公司也可在其资本结构中安排更多的负债。也就是说，公司的贷款能力因此也得到提高。不过，投资和融资决策是独立的。公司的最佳资本结构一旦确立，融资成本也就明确了，并能以此决定是否接受一个项目。我们并不是说每个资本项目都需要由债务和权益的最优组合来融资，相反，有些项目完全是靠债务或权益或者两者的次优组合来融资。重要的是，公司在长期的发展中不要偏离最优资本结构太远，这样才能使所有的公司资产以最低成本取得。因此，调整后现值模型中的利息税收抵免 $S_t \tau I_t$ 反映了项目**借款能力**（borrowing capacity）中的税收抵免，而不管该项目采取何种融资方式。如果项目融资中负债比例过大或者过小，对该项目税收抵免的其他处理方法就会偏向或偏离调整后现值。这一点在国际资本预算分析中尤为重要，因为国际资本预算中经常存在大量的优惠性贷款。依靠母公司的优惠贷款投资而带来的利益可视为独立的一项。⊖

18.3.1 调整后现值模型概述

雷萨德的调整后现值模型包含了许多在国外资本支出中经常会遇到的现金流量项目。虽然式（18-7）不可能给出所有各项，但读者现在已具备足够的知识，可以把在特定分析中遇到的特殊现金流量纳入基本的调整后现值模型中。

例如，跨国经营能带来税收节约或税收递延，即跨国公司可以在其分公司间转移收入或

⊖ 参见 Lessard（1985, p.577）。

⊖ Booth（1982）从理论上证明了利用优惠贷款利率计算税收抵免的正确性。

费用以降低税费，或者在高税率和低税率的税收环境下合并利润或将利润分散到分公司，以降低整体税费。在低税率国家，将新资本项目的利润再投资可以带来税收递延的效果。

另外，通过公司间的转移定价策略或特许协议、专利权协议等手段，母公司可将一部分东道国冻结或限制的资金汇回国内。⊖ 这些现金流量作为营运现金流量的一部分，与未受限制的可汇入资金相对应。因为税收节约和税收递延能增加现金流量，所以，母公司很难精确估计出这些现金流量的大小及持续时间。既然无论公司以何种方式融资，这些现金流量都将存在，那么它们应该采用完全权益率进行贴现。

调整后现值模型的一个主要优点是便于处理税收节约或税收递延、受限资金汇回等涉及现金流期限的问题。分析人员可首先分析资本支出，仿佛这些问题都不存在。除非调整后现值为负，这些额外的现金流量项目可不必过多考虑。如果调整后现值为负，分析人员就需要估算使调整后现值为正的其他来源的现金流量，并估计这些现金流入能否达到那么大。

18.3.2 未来预期汇率的估计

财务经理在应用调整后现值模型时，需要对未来预期汇率 $\overline{S_t}$ 进行估计。本书第 6 章已提到过许多汇率的估计方法，一个简捷的方法是用购买力平价理论（PPP）估算第 t 年的未来预期即期汇率。

$$\overline{S_t} = S_0(1+\overline{\pi_d})^t/(1+\overline{\pi_f})^t \tag{18-8}$$

式中 $\overline{\pi_d}$——跨国公司母公司国内的预期长期年通货膨胀率；

$\overline{\pi_f}$——国外年通货膨胀率。

如第 6 章所述，购买力平价理论在现实中不太可靠。然而，除非财务经理认为用购买力平价理论对 $\overline{S_t}$ 进行估计会产生长期的系统误差，并导致对预期汇率的高估或低估，否则，购买力平价理论仍不失为一个好办法。或者，分析人员也可以选用远期合约定价方法，来估计未来的预期即期汇率。

| 案例应用 |　　　　　　　　　　　　　Centralia 公司

Centralia 公司是美国中西部一家厨房电器生产商，公司的目标市场为中等价位的市场。该公司专业生产适合于普通家庭、公寓楼或办公休息室的中小型微波炉。近年来，公司的微波炉出口至西班牙，由马德里的销售分公司经销。由于西欧地区电力要求不同，如果没有变压器，Centralia 公司为西班牙市场制造的微波炉就无法在其他欧洲国家使用。所以销售分公司主攻西班牙市场，目前年销售量为 9 600 台，并以 5% 的速度增长。

Centralia 公司的营销经理一直关注并紧跟欧盟的一体化步伐。欧盟成员国之间商品、服务、劳动力和资本流动的障碍已被清除。另外，一体化的推进也确保了铁轨尺寸、电话通信及电力设备等方面的统一。这些发展变化使得 Centralia 公司的营销经理相信，在整个欧盟地区能够销售更多数量的微波炉，并且应该考虑建立新的生产基地了。

Centralia 公司的市场经理和产品经理已共同拟订了一份计划，准备在萨拉戈萨

⊖ 本书第 19 章中讲述了母公司利用公司间转移定价策略、特许协议和专利权协议等方式，回笼被东道国限制的资金的方法。

(Zaragoza)这一位于马德里东北部 325 公里的城市设立一家全资子公司。萨拉戈萨距离法国边境只有几百公里，便于产品从西班牙往欧盟其他国家运送。另外，萨拉戈萨靠近西班牙的主要人口聚集区，因此国内货物运输也不成问题。然而在萨拉戈萨设立工厂最具吸引力的地方是，西班牙政府允诺，若在此设立工厂，它们将以十分诱人的利率提供大部分的工厂建筑成本。考虑到西班牙的失业率已超过 19%，所以，任何类型能改善就业环境的公司都会被认为是有利于该国的。Centralia 公司的董事会已授权其财务经理研究该计划是否具有财务价值。如果生产基地建立起来，那么 Centralia 公司就无须再向欧洲输出产品了。一些必要的信息如下。

Centralia 公司以 180 美元/台的价格出口产品，其中 35 美元为边际贡献。预计经营的第 1 年可在欧盟国家中销售 25 000 台产品，并以 12% 的年增长率增长，所有销售均以欧元计价。当生产基地开始运作，价格将定为 200 欧元/台。据估计当前产品成本大约为 160 欧元/台。生产成本与销售价格的变化将与可预见的 2.1% 的未来通货膨胀率一致。相比之下，美国的长期年通货膨胀率预期为 3%，目前的汇率为 1.00 欧元兑换 1.32 美元。

生产基地的建设成本估计为 5 500 000 欧元。该资本项目的贷款能力为 2 904 000 美元。马德里的销售公司在经营中已积累了 750 000 欧元的净值，可用作部分的建设成本。西班牙和美国公司的边际税率为 35%。在销售公司经营的头几年，由于享受着专门的税收优惠政策，即按 20% 的优惠税率缴税，所以公司积累了不少资本。如果这部分资本汇回国内，则要承担 35% 的税率，不过已包括西班牙税项所得到的外国税收抵扣。

西班牙政府允许工厂采用超过 8 年期的折旧计划。如果此后还有其他投资，几乎是不可能享有那么长的折旧期限了。折旧结束时，该工厂的市场价值将很难估算。但是 Centralia 公司相信，工厂仍会有良好的经营环境，并会因此得到一个合理的市场价值。

该项目的一个最具吸收力的地方是西班牙政府允诺提供特殊的优惠贷款。如果工厂真的设在萨拉戈萨，Centralia 公司每年能得到一笔利率为 5%，总额为 4 000 000 欧元的优惠贷款。而 Centralia 公司通常的美元贷款利率为 8%，欧元的贷款利率为 7%。贷款计划要求本金分八次等额偿还。在美元项目上，Centralia 公司的**完全权益资本成本**（all-equity cost of capital）为 12%。

下面是要点汇总：
美元项目上的当前汇率是 S_0=1.32 美元/欧元。
$$\overline{\pi_f} = 2.1\%;\ \overline{\pi_d} = 3\%$$
以美元计算的项目的初始成本为
$$S_0 C_0 = 1.32\ 美元/欧元 \times 5\ 500\ 000\ 欧元 = 7\ 260\ 000\ 美元$$
为简便起见，假设购买力平价理论成立，并用它来估计美元项目的未来预期即期汇率：
$$\overline{S_t} = 1.32 \times (1.03)^t / (1.021)^t$$
在 $t=1$ 时，每台产生的税前营运现金流量增量为 200 欧元 −160 欧元 =40 欧元，第 t 年的名义边际贡献为 40 欧元 $\times (1.021)^{t-1}$。

第 t 年的销售收缩增量为 $9\ 600 \times (1.05)^t$。

第 t 年每少销售一台使边际贡献减少 35 美元 $\times (1.03)^t$。

西班牙（或美国）的边际税率为 $\tau=35\%$。

终值先假设为零。

假设用直线折旧法，每年折旧额 D_t=687 500 欧元 =5 500 000 欧元/8 年。

$K_{ud}=12\%$

$i_c=5\%$

$i_d=8\%$

在表 18-2 中，Centralia 公司在西班牙设立制造厂的预期税后营运现金流量现值已被计算出来。（a）栏表示以美元计算的经营新的制造厂所获得的年收入，这些数字通过将每年的预期微波炉销售数量跟每台增加的 40 欧元营运现金流量增量相乘得到。该结果将再与欧元区的通货膨胀指数 2.1% 相乘。例如，在第 2 年这项指标为 $(1.021)^{t-1}=1.021$；然后将预计销售的欧元值通过预期的即期汇率转换成美元值。（b）栏表示如果工厂建立后，母公司不再通过西班牙的销售分公司销售产品，每年将因此减少的以美元计算的销售收入。它们通过将预计的销售减少数量和当前的每台 35 美元的边际贡献相乘而得到。再将该结果与 3% 的美国通货膨胀指数相乘。美元营运现金流量增量由（a）栏和（b）栏相加而得，然后以贴现率 K_{au} 计算出税后价值。现值总额为 5 374 685 美元。

表 18-2 税后营运现金流量现值的计算

年份 (t)	未来预期汇率 ($\bar{S}_t$)	数量	$\bar{S}_t \times$ 数量 $\times 40$ 欧元 $\times (1.021^{t-1})$ (a)（美元）	销售收缩数量	销售收缩数量 $\times$ 35 美元 $\times (1.03)^t$ (b)（美元）	$\bar{S}_t OCF_t$ (a+b)（美元）	$\dfrac{\bar{S}_t OCF_t(1-\tau)}{(1+K_{ud})^t}$（美元）
1	1.331 6	25 000	1 331 636	−10 080	−363 384	968 252	561 932
2	1.343 4	28 000	1 536 175	−10 584	−393 000	1 143 175	592 366
3	1.355 2	31 360	1 772 131	−11 113	−425 029	1 347 102	623 246
4	1.367 2	35 123	2 044 331	−11 669	−459 669	1 584 662	654 603
5	1.379 2	39 338	2 358 340	−12 252	−497 132	1 861 208	686 465
6	1.391 4	44 059	2 720 581	−12 865	−537 648	2 182 932	718 862
7	1.403 6	39 346	3 138 462	−13 508	−581 467	2 556 995	751 826
8	1.416 0	55 267	3 620 530	−14 184	−628 856	2 991 674	<u>785 386</u>
							5 374 685

表 18-3 中计算了折旧税收减免的现值 τD_t。以直线折旧法计算的每年折旧的税收节约值为 687 500 欧元，将其按未来的预期即期汇率转换成美元，再按国内 8% 的借款利率进行贴现。这样，税收减免的现值是 1 892 502 美元。

表 18-3 折旧税收减免的现值的计算

年份(t)	$\bar{S}_t$	D_t（欧元）	$\dfrac{\bar{S}_T \tau D_t}{(1+i_d)^t}$（美元）
1	1.331 6	687 500	296 690
2	1.343 4	687 500	277 134
3	1.355 2	687 500	258 868
4	1.367 2	687 500	241 805
5	1.379 2	687 500	225 867
6	1.391 4	687 500	210 980
7	1.403 6	687 500	197 074
8	1.416 0	687 500	<u>184 084</u>
			1 892 502

表 18-4 和表 18-5 中计算了优惠贷款收益的现值。表 18-4 计算了以美元计算的优惠贷款支付额的现值。因为每年对 4 000 000 欧元优惠贷款本金的支付额是相同的，那么利息的支付额随贷款余额的减少而逐年递减。例如，在第 1 年，200 000 欧元的利息（=0.05×4 000 000）是对全部贷款额的利息支付；在第 2 年，175 000 欧元 [=0.05×（4 000 000－500 000）] 是对第 2 年的未偿还贷款余额的利息支付。每年的贷款支付额为每年的本金偿还额和每年的利息费用支付额之和。把它通过预期即期汇率转换并以国内借款利率 8% 进行贴现，这样按美元计算的现值为 4 887 311 美元。该款项表示在与优惠贷款同等的借贷服务安排下，以正常借款利率可以借到的美元金额。

表 18-4 优惠贷款支付额的现值计算

年份 (t)	$\overline{S}_t$ (a)	本金支付（欧元）(b)	I_t（欧元）(c)	$\overline{S}_t LP_t$ (a)×[(b)+(c)]（美元）	$\dfrac{\overline{S}_t LP_t}{(1+i_d)^t}$ （美元）
1	1.331 6	500 000	200 000	932 145	863 097
2	1.343 4	500 000	175 000	906 777	777 145
3	1.355 2	500 000	150 000	880 890	699 279
4	1.367 2	500 000	125 000	854 476	628 065
5	1.379 2	500 000	100 000	827 528	563 202
6	1.391 4	500 000	75 000	800 038	504 160
7	1.403 6	500 000	50 000	771 999	450 454
8	1.416 0	500 000	25 000	743 404	401 638
		4 000 000			4 887 311

表 18-5 总结了对优惠贷款的分析。它列出了表 18-4 中计算的优惠贷款的美元价值和同等金额的美元贷款价值的差额。这 392 689 美元的差额是以低于市场利率的成本进行优惠贷款融资所带来利益的现值。

表 18-5 优惠贷款所产生利益的现值计算

$$S_0 CL_0 - \sum_{t=1}^{T} \dfrac{\overline{S}_t LP_t}{(1+i_d)^t} = 1.32 \text{ 美元/欧元} \times 4\,000\,000 \text{ 欧元} - 4\,887\,311 \text{ 美元} = 392\,689 \text{ 美元}$$

表 18-6 中计算了利息税减免的现值。表 18-6（b）栏中的利息支付从表 18-4（c）栏而来。这就是说，我们遵循保守的方法，使用 5% 的优惠贷款利率计算利息税减免。4 000 000 欧元优惠贷款占项目成本 5 500 000 欧元的 72.73%。相比之下，项目所创造的借款能力为 2 904 000 美元，它意味着母公司按美元计算的项目成本 λ=2 904 000/7 260 000=40.00%。因此只有 55.0%（=40.00%/72.73%）的优惠贷款的利息支付被纳入利息税减免部分。按照 8% 的国内借款利率，利息税减免的现值为 183 807 美元。

为了计算被放宽的限制性汇款的数额，首先我们必须粗略计算出 750 000 欧元净累积值的税后价值。马德里销售分公司曾为这部分累积值按 20% 的税率纳税，该数额为 937 500 欧元 =750 000 欧元/（1－0.20）。这笔资金在现行即期汇率 S_0 下的美元价值为 1 237 500 美元 =1.32 美元/欧元 ×937 500 欧元。如果 Centralia 公司决定不在西班牙设立制造工厂，750 000 欧元将被汇回母公司，并将承担在美国的额外税收，数额为 185 625 美元 =（0.35－0.20）×1 237 500 美元。如果工厂得以建立，750 000 欧元将不会汇回母公司。这样，185 625

美元的自由资金就是税收的节约数额，可以充作资本支出中权益投资的一部分。○─

表 18-6 利息税减免的现值计算

年份 (t)	$\overline{S}_t$(a)	I_t（欧元）(b)	λ / 项目负债比率 (c)	$\overline{S}_t\tau(0.55)I_t$（美元）(a)×(b)×(c)×(τ)	$\dfrac{\overline{S}_t\tau(0.55)I_t}{(1+i_d)^t}$（美元）
1	1.331 6	200 000	0.55	51 268	47 470
2	1.343 4	175 000	0.55	45 255	38 799
3	1.355 2	150 000	0.55	39 132	31 064
4	1.367 2	125 000	0.55	32 897	24 181
5	1.379 2	100 000	0.55	26 550	18 069
6	1.391 4	75 000	0.55	20 088	12 659
7	1.403 6	50 000	0.55	13 510	7 883
8	1.416 0	25 000	0.55	6 815	3 682
					183 807

$$APV = 5\,374\,685 \text{ 美元} + 1\,892\,502 \text{ 美元} + 392\,689 \text{ 美元} +$$
$$183\,807 \text{ 美元} + 185\,625 \text{ 美元} - 7\,260\,000 \text{ 美元}$$
$$= 769\,308 \text{ 美元}$$

毫无疑问，开设工厂对 Centralia 公司来说是有利可图的。如果调整后现值为负或者接近于零，我们将考虑税后最终现金流量的现值。我们不能肯定这项数额到底为多少，但幸运的是，在这种情况下我们的决策并不需要用到这一难以估算的现金流量。

18.4 资本预算分析中的风险调整

我们提出并列示的调整后现值模型适用于在公司整体看来风险水平一般的资本支出分析。然而，有些项目的风险会高于或低于平均值，这种情况下的标准分析方法是使用风险调整贴现率法。该方法要求调高或调低贴现率，以增加或减少与该企业相关的项目的系统风险。在式（18-7）所列示的调整后现值模型中，只有以 K_{ud} 贴现的现金流量与系统风险有关，因此，当项目风险与企业整体风险不同时，只需调整 K_{ud} 即可。○二

在调整后现值模型中，调整风险的第二种方法是"确定等值法"。该方法从预期现金流量中提取风险溢价，将其转换为等值的无风险现金流量，然后以无风险利率贴现。该过程通过将风险现金流量乘以一个单一的或较小的确定性等量系数来完成。现金流量的风险越大，确定性等量系数就越小。一般来讲，预期越久收到的现金流量，风险就越大。我们之所以更倾向于风险调整贴现率法，是因为调整此贴现率要比估计确定性等量系数来得容易。○三

18.5 敏感性分析

我们分析 Centralia 公司在西班牙的扩张时所采用的方法，是为了通过运用相关现金流量的预期价值，来推算出调整后现值的点估计值。这些预期现金流量是财务经理在分析项

○─ 在终止日，在将所有剩余资金返还母公司时，增加的税收应从累积的资金中支付。
○二 参见 Ross、Westerfield 和 Jaffe（2008 年，第 12 章）用系统风险调整后的贴现率处理资本预算的方法。
○三 参见 Brealey、Myers 和 Allen（2008 年，第 9 章）关于风险调整的确定当量法的详细论述。

目时,对给定信息加以分析后所期望得到的价值。然而,每笔现金流量都有它自己的概率分布。因此,某一具体现金流量的预期价值与可实现价值之间可能会有差距。为了检验这种可能性,财务经理通常采用敏感性分析。在敏感性分析中,我们用不同的汇率估计值、通货膨胀估计值及成本与价格的估计值来计算不同情形下的调整后现值。从本质上讲,敏感性分析使得财务经理可以对交易风险、经济风险、换算(会计)风险以及政治风险进行分析。敏感性分析有助于财务经理更加深刻地理解资本支出的含义,也同时要求他们提前考虑好一些对策,以防某项投资进展得不尽如人意。利用 Crystal Ball 之类的 Excel 程序,可以很方便地就各种概率假设进行蒙特卡罗模拟。

18.6 购买力平价假设

调整后现值方法假设购买力平价定理成立,因此可用来预测未来的预期汇率。正如购买力平价的假设所示,这是一种常用的概念化的预测未来汇率的适宜方法。假设不存在边际税率差异,购买力平价定理成立,而且所有的国外现金流量均可合法地汇回母公司,那么无论从母公司的角度还是从国外子公司的角度进行资本预测分析,都不会有任何区别。为了解释这一点,请看下面这个简单的例子。

【例 18-2】国外资本支出分析中的购买力平价假设

美国跨国公司的一家国外子公司在一年的经济寿命期中的资本支出是 FC30,预计可赚取以当地货币计量的 FC80 的现金流量。假设子公司所在东道国的通货膨胀率预计为每年 4%,而美国为 2%。如果美国跨国公司的资本成本为 7.88%,由费雪等式得到国外子公司的个别资本成本是 10%(1.10=1.078 8×1.04/1.02)。因此,以国外货币单位表示的项目净现值为:NPV_{FC}=FC80/(1.10)-FC30=FC42.73。如果目前的即期汇率是 FC2.00/$1.00,根据购买力平价定理,$\overline{S}_t$(FC/$)=2.00×1.04/1.02=2.039 2。按照美元表示的 $NPV_\$$=(FC80/2.039 2)/(1.078 8)-FC30/2.00=$21.37。根据一价定律,$NPV_{FC}/S_0$(FC/$)=$NPV_\$$=FC42.73/2.00=$21.37。这正是我们所预期的结果,因为在折算汇率预测值和贴现率时,我们都采用了同样的预期通货膨胀率差值。然而,如果假设 S_1(FC/$)变成了 FC5.00/$1.00,即国外货币实际相对于美元贬值,那么 $NPV_\$$=-$0.17,那么从母公司的角度来看,该项目就变得无利可图。

18.7 实物期权

在本章中,我们自始至终在推荐用调整后现值模型来评估实物资产的资本支出。借助于对收入、营运成本、汇率等指标的假定,我们就可以确定出调整后现值。该方法通过贴现率来处理风险。当按适当的贴现率对投资进行评估时,正的调整后现值表示项目能够被接受,负的调整后现值则表示项目应该被放弃。项目被接受的前提是未来所有的经营决策都是最优的。不幸的是,由于公司管理层无法在一开始就获得所有与项目相关的信息,因此他们也无法预料到未来将要进行的决策。为此,管理层还准备了备选的途径或者备选项,以便发生新的信息披露时做出应对。期权定价理论不仅适用于评价实物资产的投资机会,也同样适用于评价像在第 7 章中所提到的外汇等金融资产的投资机会。将期权定价理论应用到实际项目的投资决策,就是所所谓的**实物期权**(real options)。

在资本资产运营期内,公司会遇到很多可能发生的实物期权。例如,公司可能会拥有选

择何时投资的时间期权，关于扩大投资规模的增长期权，关于暂时停止生产的中止期权，以及提前退出投资的放弃期权。这些情况都可以用实物期权来评估。

在国际资本支出方面，跨国公司在东道国经营时会面临政治风险的影响。[⊖] 例如，当另一个政党通过选举（或者更糟糕的政变）来夺取政权时，外国投资所需要的稳定的政治环境便会发生不利的转变。还有，东道国货币政策的意外变动会导致其货币相对于母公司所属国货币的贬值，而这反过来又会影响母公司股东的收益。这些以及其他政治风险使得实物期权分析成为评估国际资本支出的理想工具。然而，实物期权分析法应该被理解为是对贴现现金流量分析法的拓展，而不是对它的代替品。下面这个例子将清楚地说明这一点。

【例 18-3】Centralia 公司的时间期权

假设在案例分析中，Centralia 公司第一年的预测销售额并非 25 000 台而只有 22 000 台。在这个较低的数值下，调整后现值只有 −55 358 美元。这时 Centralia 公司是否应该在西班牙设立工厂就值得怀疑了。再进一步假设，众所周知，欧洲中央银行正在考虑通过货币政策改变来紧缩或扩张欧盟的经济，而该货币政策要么使欧元从当前的汇率水平 1.32 美元/欧元升值为 1.45 美元/欧元，要么贬值为 1.20 美元/欧元。在紧缩货币政策下，调整后现值可能变为 86 674 美元，这时 Centralia 公司将会开始设厂经营。另一方面，扩张性货币政策可能会使调整后现值负得更多，变为 −186 464 美元。

Centralia 公司认为，任何货币政策变化的影响都会在一年之内发生，因此公司决定将计划推迟到欧洲中央银行的具体决策明了之时。同时 Centralia 公司可以向当前的土地所有者支付 5 000 欧元或者 6 600 美元以获取一项 1 年期的购买期权，即在萨拉戈萨购买一块用于建设工厂的地皮的权利。

这里所描述的情形是实物期权分析在资本支出评估中的经典应用案例。在这种情况下，5 000 欧元的购买期权价格是实物期权的额外期权费用，5 500 000 欧元的初始投资额是期权的执行价格。Centralia 公司只有在欧洲中央银行决定执行紧缩性货币政策从而使调整后现值为 86 674 美元时，才会执行实物期权。5 000 欧元似乎是 Centralia 公司所支付的一小笔费用，用于在了解更充分的信息之前推迟巨额资本支出，从而保持决策的灵活性。接下来的案例运用二项式期权定价模型更直观地展示了时间期权的价值。

【例 18-4】Centralia 公司的时间期权的估价

在本例中，我们用在第 7 章中介绍的二项式期权定价模型估计上例中时间期权的价值。我们用 Centralia 公司 8% 的美元贷款利率和 7% 的欧元借款成本作为我们估计的国内和国外的无风险利率。考虑到欧洲中央银行的决策，欧元将从当前的汇率水平 1.32 美元/欧元升值 11% 变为 1.45 美元/欧元，或者贬值 9% 变为 1.20 美元/欧元。因此，$u=1.10$，$d=1/1.10=0.91$。这表示中性风险的升值概率为 $q=[(1+i_d)/(1+i_f)-d]/(u-d)=(1.08/1.07-0.91)/1.10-0.91=0.52$，贬值概率为 $1-q=0.48$。既然只有当调整后现值为正时才会执行时间期权，那么时间期权的价格 $C=0.52\times 86\ 674/1.08=41\ 732$ 美元。由于这个数额比 6 600 美元的购买期权所花费的成本要高，Centralia 公司肯定应当利用它所面临的时间期权，等待并观察欧洲中央银行到底实行怎样的货币政策。

⊖ 有必要对第 16 章中所讨论的政治风险做一复习。

本章小结

本章对资本预算的净现值模型进行了回顾，并将该模型扩展为调整后现值模型以适用于跨国公司的境外资本支出分析。

1. 回顾了适用于国内资本预算的净现值模型。净现值是现金流入现值与现金流出现值间的差额。如果某一资本项目的 $NPV \geq 0$，那么应接受该项目。
2. 我们对税后现金流公式进行了完整的界定并介绍了它的各种变体，而这对于将净现值模型扩展为调整后现值模型非常必要。
3. 关于资本预算的调整后现值模型是通过与莫迪利亚尼－米勒公式的类比而导出的，用于计算负债公司的价值。调整后现值模型将经营现金流量和融资现金流量相分离，并对各类现金流量按与个别现金流量内在风险相当的贴现率进行了贴现。
4. 本章还对调整后现值模型做了进一步的扩展，以适应跨国公司母公司的国外子公司的资本项目分析。其中，现金流量转为用母公司所在国货币衡量，并对调整后现值模型增加附加条件以便处理国际资本预算中经常发生的现金流量。
5. 本章还通过案例来说明调整后现值模型的应用。

本章拓展

第19章

跨国公司的现金管理

本章提纲

国际现金收支的管理
内外部净现金流的双边净额结算
预防性现金储备的降低
现金管理系统实务
本章小结
本章拓展
　关键词

思考题
计算题
小型案例1：
　　东方贸易公司的有效资金流
小型案例2：
　　东方贸易公司新雇的 MBA
参考文献与建议阅读材料

　　本章主要介绍跨国公司的有效现金管理，包括现金收支的规模、币种以及它们在各个子公司间的分配。有效现金管理不但能减少现金支付投入和外汇交易费用，而且能利用闲置现金进行投资以获得最大收益。另外，当公司出现暂时性的现金短缺时，有效现金管理可以使其获得最低利率的贷款。本章首先举出一个案例，即为某跨国公司开发集中现金管理系统。我们所开发的这一系统包含子公司间的净额结算和集中现金储备制。对集中现金管理系统的好处将做明晰而具体的分析。

19.1 国际现金收支的管理

　　现金管理（cash management）是指在现金预算期间，公司在**交易收支**（transaction balances）方面用于支付预期现金流出的投资，以及作为风险预备金而占用的资金。万一公司低估了交易所需的现金量，那么**预防性现金储备**（precautionary cash management）就显得十分必要。良好的现金管理还包括当出现现金闲置时，应将其进行投资以获得最大收益，而当现金短缺时，应以最低的利率获得贷款。

　　无论公司是从事国内业务还是国际性业务，许多现金管理的手段是相同的。例如，为了使筹资成本最低或投资收益最大，国内公司的现金管理者就必须在全球范围内开展筹资或投资。然而，从事跨国经营的公司在日常交易中会用到多种货币，因此外汇交易成本是影响其有效现金管理的一个重要因素。此外,跨国公司还必须决定现金是由母公司集中管理,还是由各家子公司各自分散管理。在本章中,我们将给出一个关于现金集中管理的出色案例。

| 案例应用 | Teltrex 公司的现金管理系统

我们以一家名叫 Teltrex 的国际公司为例来说明现金集中管理系统是如何运作的。Teltrex 是一家美国的跨国公司,公司总部位于加利福尼亚的硅谷。该公司生产廉价的石英手表,产品在北美和欧洲销售。除了在加利福尼亚州的生产公司外,Teltrex 还有三家负责销售的子公司,分别设在加拿大、德国和英国。

任何现金管理系统都要以现金预算为基础。**现金预算**(cash budget)包括预计现金收支的具体时间和金额。Teltrex 公司预先编制了一个以周为单位的财政年度现金预算计划(在该年度中会定期修正)。表 19-1 是现金预算计划中某一周的支付矩阵,汇总了 Teltrex 公司一周内全部内外部交易的现金收支情况。表 19-1 是以母公司的货币,即以美元为单位计算的。不过,每家国外子公司所用的货币为其所在国的货币。

表 19-1 Teltrex 公司的现金收支矩阵 (单位:千美元)

收入	支出						
	美国	加拿大	德国	英国	外部	内部总和	总收入
美国	—	30	35	60	140	125	265
加拿大	20	—	10	40	135	70	205
德国	10	25	—	30	125	65	190
英国	40	30	20	—	130	90	220
外部	120	165	50	155	—	—	490①
内部总和	70	85	65	130	—	350	—
总支出	190	250	115	285	530②	—	1 370③

①美国母公司及其子公司对外支出的现金总额。
②美国母公司及其子公司从外部得到的现金总收入。
③平衡检验数。
注:350 000 美元在各关联公司之间转移;530 000−490 000=40 000=Teltrex 公司本周的现金收支增量。

如表 19-1 所示,美国母公司预计分别从加拿大、德国和英国三家子公司获得相当于 30 000 美元的加拿大元、35 000 美元的欧元和 60 000 美元的英镑,即从内部子公司交易中共获得收入 125 000 美元。此外,母公司还预计从美国国内的外部交易中获得 140 000 美元的收入。这样,一周内母公司预计的总现金收入为 265 000 美元。从支出来看,母公司预计分别会支付给加拿大、德国和英国的三家子公司 20 000 美元、10 000 美元和 40 000 美元。预计支付给外部机构 120 000 美元,如零部件供应、其他运营费用等。三家子公司也存在类似的现金流。

表 19-1 表明,母公司与三家子公司间会产生相当于 350 000 美元的内部现金流。值得注意的是,内部交易并不会使跨国公司的现金增加。内部交易只是把跨国公司的钱从一个口袋搬到另一个口袋。不过,Teltrex 公司预计能从外部获得相当于 530 000 美元的收入,并支付相当于 490 000 美元的费用,这样公司预计在这一周内能从外部交易中获得 40 000 美元的净现金流入。

净额结算制

我们先来考虑表 19-1 中的内部交易部分，然后再考虑 Teltrex 公司的外部交易。表 19-2 给出了表 19-1 中 Teltrex 公司收支矩阵中的内部现金流部分。

表 19-2　Teltrex 关联公司之间的现金收支矩阵　　　　（单位：千美元）

收入	支出				总收入	净额①
	美国	加拿大	德国	英国		
美国	—	30	35	60	125	55
加拿大	20	—	10	40	70	（15）
德国	10	25	—	30	65	0
英国	40	30	20	—	90	（40）
总支出	70	85	65	130	350	0

①净额表示各关联公司的总收入与总支出的差额。

表 19-2 列示了每家公司与其他关联公司间的收支情况。如果不采用净额结算制，这四家关联公司将会发生 12 笔外汇交易。一般地，若有 N 家关联公司，则最多将发生 $N(N-1)$ 笔外汇交易费用，在本例中为 $4×(4-1)=12$。图 19-1 描述了这 12 笔交易。

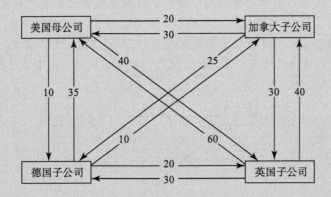

图 19-1　Teltrex 关联公司之间未经冲销的外汇交易（单位：千美元）

如图 19-1 所示，四家关联公司间的 12 笔外汇交易共产生了相当于 350 000 美元的资金流。它们不仅占用了管理时间，还浪费了交易成本。交易成本占交易额的 0.25%～1.5%，包括交易费用和关联公司间所占用资金的机会成本。假设交易成本为 0.5%，则每周 350 000 美元的转移成本达 1 750 美元。

如果采用双边净额结算制，那么这 12 笔交易至少可以减少一半。在**双边净额结算**（bilateral netting）制下，两家关联公司间只结算净额，只需对净额进行转移。例如，美国母公司应收加拿大子公司 30 000 美元，加拿大子公司应收美国母公司 20 000 美元。结果只需支付一次，即加拿大子公司支付给美国母公司相当于 10 000 美元的资金。图 19-2 描述了 Teltrex 的四家关联公司采用双边净额结算制后的结果。

如图 19-2 所示，Teltrex 公司四家关联公司间的 6 笔交易共产生了 90 000 美元的资金流。双边净额结算可使关联公司间的外汇交易量减到 $N(N-1)/2$，甚至更少。采用双边净额结算使外汇交易额减少了 260 000 美元之多。当交易成本为 0.5% 时，关联公司间净额结算的外汇交易成本为 450 美元，比不用净额结算制时节约了 1 300（=1 750-450）美元。

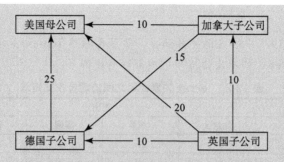

图 19-2 Teltrex 关联公司外汇交易的双边冲销（单位：千美元）

表 19-2 隐含了一种方法，它能使关联公司间的资金转移通过最多（$N-1$）笔独立的外汇交易来完成。跨国公司可以建立多边净额结算制，而非仅仅局限于双边净额结算。在多边**净额结算制**（multilateral netting）下，每家关联公司都结算出与其他关联公司间的收入与支出之差，然后只收入或付出差额。从表 19-1 可知，内部收入之和总是等于内部支出之和。因此，在多边净额结算制下，关联公司的净收入等于关联公司的净支出。

图 19-3 描述了 Teltrex 公司的多边净额结算制。因为德国子公司的净收入为零，所以只需进行两笔外汇交易。加拿大和英国子公司分别向美国母公司支付相当于 15 000 美元和 40 000 美元的资金。按 0.5% 的交易成本计算，一周转移 55 000 美元只需 275 美元的交易成本，采用多边净额结算制所节约的交易成本为 1 475（=1 750-275）美元。此外，因为外币资金流减少，所以多边净额结算可降低外汇风险。借助普通的多边净额结算，外汇交易量以及费用常常可以减少 70%。

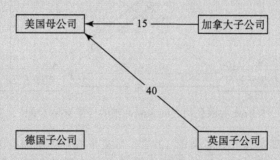

图 19-3 Teltrex 关联公司间外汇交易的多边冲销（单位：千美元）

集中现金储备制

多边净额结算制要求具备某种程度的管理结构。至少要有一位净额结算中心经理，他应能通过现金预算来总体把握关联公司间的现金流。**净额结算中心**（netting center）经理要确定支付净额的数量，并明确应由哪家关联公司负责支付或收取这笔资金。不过，建立净额结算中心并不一定意味着跨国公司要拥有一名中央现金管理者。事实上，如图 19-3 所示，多边净额结算制要求每家关联公司都有一名当地的现金管理者，负责闲置的投资现金，并在现金短缺时借款。

图 19-4 描述了 Teltrex 公司改进后的多边净额结算制，其中增加一个中央现金库。在集中现金管理制下，除非另有说明，所有关联公司的收支都要通过中央现金库来进行。

如图 19-4 所示，加拿大和英国子公司分别汇出 15 000 美元和 40 000 美元的资金给中央现金库。相应地，中央现金库将55 000美元汇给美国母公司。有人可能会质疑该系统的可行性。表面上看，这样做似乎使外汇交易翻了一番，从图19-3的55 000美元增加到图19-4的110 000美元。但事实并非如此。加拿大和英国子公司可能接到指示，要以美元汇给中央现金库。或者，中央现金库会收到加拿大元和英镑的汇款，并在将它们汇给美国母公司之前兑换成美元。（不过，这里增加了一笔转移费用。）

中央现金库的好处主要来自于各关联公司的外部交易。表19-3给出了Teltrex的各家关联公司在这一周内外部交易所产生的预计净收入和净支出，即最初在表19-1中所给出的。

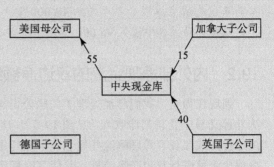

图19-4 通过中央现金库的Teltrex公司外汇交易的多边冲销（单位：千美元）

表19-3 Teltrex公司外部交易的预计净现金收支　　（单位：千美元）

关联公司	收入	支出	净额
美国	140 000	120 000	20 000
加拿大	135 000	165 000	(30 000)
德国	125 000	50 000	75 000
英国	130 000	155 000	(25 000)
			40 000

从表19-3可知，美国母公司预计到本周末会获得20 000美元的净收益。类似地，德国子公司的预计净收益为75 000美元。加拿大子公司预计将面临30 000美元的现金短缺。英国子公司预计将面临25 000美元的现金短缺。就跨国公司整体而言，预计共发生40 000美元的净收益。

在**中央现金储备制度**（centralized cash deposit）下，闲置的现金会汇给中央现金库。同样地，中央现金库的管理者会对现金短缺进行弥补。中央现金库的管理者会从全球角度考虑跨国公司整体的现金配置和需求。因此，很少会发生资金错位的现象。也就是说，资金的币种配置不可能出现问题。而且，因为中央现金储备经理具有全球化眼光，所以他知道最佳的贷款利率和投资收益率。集中管理系统有利于资金的流动，一旦系统内发生现金闲置，可对闲置现金按最佳收益率进行投资；当发生现金短缺时，就能以最低利率的贷款来进行弥补。如果没有中央现金库，一家关联公司所借入贷款的利率往往达不到优惠水平，而另一家关联公司却可能会将其闲置现金以较低收益率进行投资。图19-5描述了表19-3中Teltrex公司的现金收支情况，即中央现金库的资金流入和流出情况。

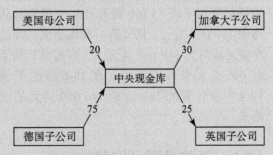

图19-5 通过中央现金库的Teltrex公司外部交易的现金净收益流动（单位：千美元）

如图19-5所示，美国母公司将从外部交易中获得闲置的20 000美元现金汇给中央现金库，同样地，德国子公司也会将其获得的75 000美元现金汇给中央现金库。加拿大和英国子公司各自的 30 000 美元和 25 000 美元的现金短缺则将会由中央现金库补上。整体而言，到本周末中央现金库预计会净增加 40 000 美元。图 19-5 显示中央现金库共发生了 150 000 美元的现金流动，其中流入 95 000 美元，流出 55 000 美元。

19.2　内外部净现金流的双边净额结算

到现在为止，我们已经处理了关联公司间现金流量的多边结算（见图 19-4）和关联公司从外部交易中获得的净收入（见图 19-5），这是两股流向中央现金库的独立的现金流。虽然按这种方式比较容易理解这些概念，但这样做并不一定实用而且效率也不高。相反，这两类净现金流可进行双边净额结算，并使其净额流向中央现金库。这将进一步减少跨国公司外汇交易的次数、规模和费用。表 19-4 计算了从 Teltrex 的子公司流向中央现金库的资金净额。

表 19-4　Teltrex 的子公司与中央现金库的净现金流　　　（单位：千美元）

关联公司	多边净额结算后的净现金收入①	外部交易产生的闲置现金净额②	净流量③
美国	55 000	20 000	35 000
加拿大	(15 000)	(30 000)	15 000
德国	0	75 000	(75 000)
英国	(40 000)	(25 000)	(15 000)
			(40 000)

①多边净额结算流向（出）中央现金库的收入（支出），参见图 19-4。
②汇入（出）中央现金储备的闲置（短缺）现金，参见表 19-3。
③该栏中的正数表示中央现金库向子公司的支付额；负数表示子公司的支付额。

表 19-4 给出的是将多边净额结算后的净现金收入和外部交易所获的净现金流进行净额结算后所得的结果。如图 19-6 所示：美国母公司将从中央现金库获得一次性付款 35 000 美元，加拿大子公司将获得 15 000 美元。德国子公司将向中央现金储备汇入 75 000 美元，英国子公司将汇入 15 000 美元。总的说来，中央现金库将收到 90 000 美元，付出 50 000 美元，即本周预计将增加净现金 40 000 美元。在这里并没有两股独立的现金流，即在多边净额结算制下的 55 000 美元及从外部交易获得的 150 000 美元，而只有一股现金流，经过净额结算后为 140 000 美元，即本周共节约了 65 000 美元的外汇交易。图 19-6 描述了表 19-4 中所计算的 Teltrex 的 140 000 美元的现金流。

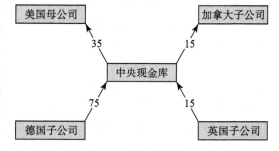

图 19-6　对多边净额结算所得净支出和外部交易净支出进行净额结算后流向中央现金库的净现金流（单位：千美元）

19.3　预防性现金储备的降低

集中现金储备制的另一个优点是可以大大减少跨国公司在预防性现金储备上的投资，但却不会削弱其应付意外支出的能力。为了理解这一点是如何实现的，可以看看 Teltrex 各家子公司周内预计发生的外部交易收支。为了简便起见，假设各家子公司在收到外部现金之前就完成了预计的对外部的支出。例如，如表 19-3 所示，加拿大子公司在收到预计的 135 000 美元收入之前要支付给外部公司相当于 165 000 美元的款项。因此，加拿大子公司预计需要 165 000 美元的储备来完成预期的交易。

如前所述，为了预防意外交易，一家公司在预算期内会持有一定量的预防性现金储备。储备的多少取决于公司对其应付意外交易能力的需求。预防性现金储备越多，公司应付意外开支的能力就越强，陷入财务危机的风险就越小，信誉损失也越少。假设现金需求是呈正态分布的，且各子公司对现金的需求是独立的。如果 Teltrex 实行稳健政策，则除了满足预算期内预计的交易现金需求外，还需维持 3 个标准差的现金以满足预防需求。这样，Teltrex 发生现金短缺的可能性只有 0.13%，而能有足够的现金满足交易需求的概率为 99.87%。

在分散现金管理制下，每家子公司都会持有自己的交易性储备和预防性储备。表 19-5 给出了各关联公司和 Teltrex 整体所持有的用于交易和预防的储备。

表 19-5 分散现金管理制下 Teltrex 各子公司所持有的交易性和预防性储备

(单位：美元)

关联公司	预期交易 (a)	标准差 (b)	预期所需现金和预防性储备 (a+3b)
美国	120 000	50 000	270 000
加拿大	165 000	70 000	375 000
德国	50 000	20 000	110 000
英国	155 000	65 000	350 000
合计	490 000		1 105 000

如表 19-5 所示，Teltrex 需要一笔相当于 490 000 美元的现金用于支付预期交易，以及 615 000 美元的预防性现金储备以备预料之外的开支，合计为 1 105 000 美元。按集中现金管理制，预防性现金储备上的投资可大大减少。在集中现金管理制下，跨国公司所持有的现金被看作是一组投资。虽然每家子公司仍将持有充足的现金用于预期的现金交易，但是预防性现金储备则由中央现金库的现金管理者所持有。如果某家子公司出现了现金短缺，就可从中央现金库的预防性现金储备中拨出现金汇给该公司。

根据投资组合理论，用于 N 家子公司的中央现金库所持有的现金组合的标准差可按下式计算：⊖

$$组合的标准差 = \sqrt{(子公司\ 1\ 的标准差)^2 + \cdots + (子公司\ N\ 的标准差)^2}$$

在本例中：

$$组合的标准差 = \sqrt{(50\,000)^2 + (70\,000)^2 + (20\,000)^2 + (65\,000)^2} = 109\,659（美元）$$

所以，在集中现金管理制下，Teltrex 公司中心现金库管理者只需持有 328 977 (=3 × 109 659) 美元以用于预防性现金储备。这样 Teltrex 总共需持有 818 977 (=490 000+328 977) 美元的现金。在集中现金管理制下，预防性现金储备减少了 286 023 (=1 105 000−818 977) 美元。这笔资金完全可以投入到其他收益更高的地方，而不再因为应付潜在风险而变得闲置。

19.4 现金管理系统实务

多边净额结算是处理关联公司间外汇交易的一种成本低廉且富有效率的方法。然而，并

⊖ 标准差公式假定子公司的现金流量是相互独立的。

不是所有国家都允许跨国公司自由地进行净额结算。一些国家只允许关联公司之间进行总额结算。也就是说，在某一结算期内，所有的收入必须汇集成单笔大额收入，所有的支出也必须汇集成单笔大额支出。要求进行总额结算的理由恰恰与跨国公司要求净额结算的理由相反。通过限制净额结算，更多不必要的外汇交易就会流经当地的银行系统，从而为处理这些业务的当地银行带来收益。

Collins 和 Frankle（1985）的一项研究调查了《财富》杂志 1 000 强企业的现金管理情况。研究人员收回了 22% 的调查问卷。在这些回复的企业中有 163 家涉及国际业务，其中有 35% 的企业实行的是某种类型的内部净额结算，23% 的企业实行的是集中式资金管理。

在另一项研究中，Bokes 和 Clinkard（1983）发现多边净额结算系统最经常被提及的优点有：

（1）降低了与资金转移相关的费用。在有些情况下，一笔大额国际外汇转移能节省 1 000 美元以上的费用。

（2）减少了外汇交易的次数。由于进行了次数更少、额度更大的交易，其中的相关成本也得以节省。

（3）减少了公司内的现金转移，而公司内部的现金转移是非常频繁的，即便是电汇也达到了每 5 天一笔的频率。

（4）节省了行政管理时间。

（5）正式信息系统的建立能为集中管理交易风险和富余资金投资提供了基础。

有些商用多边净额结算包可以提供全方位的国际现金管理服务。例如，对净额结算中心及参与人而言，EuroNetting 就是一个完全基于网络的系统。全球大约有 50 家公司、8 000 家用户采用该系统来管理子公司间的协调与净额结算活动。EuroNetting 系统方便了与各参与方之间任何货币的余额与发票结算。该系统可提供全方位的套期保值服务，还提供有关知名银行结算系统及国库工作站的界面。华尔街系统（Wall Street Systems）的 Treasura 系统也提供国际现金管理服务。该系统通过连接所有的企业银行来帮助公司了解全球现金头寸，协调公司每天的现金与流动性管理。借助这些系统，公司可以按日、按周或按月进行现金预测，简化子公司间的贷款安排，并能开展外汇交易。美国美林银行（Bank of America Merrill Lynch）的 CashPro Accelerate 系统也提供了同样的现金管理服务，而且结合了企业的总账业务。该系统不仅可及时提供全球各地多个银行账户的现金头寸报告，而且其内置的每日货币汇率系统可供用户掌握各种货币的现金余额。此外，该系统对现金余额每 5 分钟可更新一次。

本章小结

本章讨论了跨国经营企业的现金管理，并重点分析了多边净额结算制度和转移定价策略问题。此外，本章还借助于案例来说明集中现金管理的优点和转移定价策略的应用。

1. 多边净额结算制度有利于降低关联公司间的外汇交易次数和相应支出。
2. 中央现金库有助于消除资金错置问题，也有利于资金的流动。中央现金库的经理应从全球角度寻求最佳的借款利率和最优的投资收益率。
3. 中央现金储备制和中央现金库可降低跨国公司在现金收支准备方面的投资，从而节省公司的资金支出。

本章拓展

第20章

国际贸易融资

本章提纲

典型的外贸交易
福费廷
政府的出口支持
对等贸易
本章小结
本章拓展

关键词
思考题
计算题
小型案例：
　　美国机械设备有限公司
参考文献与建议阅读材料

在如今的时代，任何国家事实上都不可能生产出国民所需要的一切。即便有可能，它也无法在所有产品的生产上都比其他国家的生产者更有效率。如果没有国际贸易，稀缺资源就得不到最有效的利用。

与国内贸易相比，国际贸易困难更多，风险也更大。在对外贸易中，出口商可能并不了解买主，所以不清楚进口商的信用风险程度。如果商品出口到国外，而买方拒付，那么出口商即便能诉诸法律，难度也会很大。此外，政治的不稳定也使得向某些国家出口商品具有风险。从进口商的角度来看，预付货款的风险也很大，因为很可能发生交了钱却拿不到货的情况。

本章所要讨论的就是诸如此类的问题。首先给出了一个虽然简单但很典型的外贸交易的例子。接着讨论了贸易的机制，主要描绘的是长期以来为防范风险、方便国际贸易而形成的制度安排。此外，本章详细介绍了对外贸易所必需的三种基本单据——信用证、远期汇票和提单，并解释了远期汇票是如何成为银行承兑汇票乃至可议付的货币市场工具的。

本章的后面部分介绍了进出口银行的作用。作为独立的政府机构，进出口银行通过贷款、融资担保和信用保险为美国出口商提供能增强竞争力的帮助。本章最后讨论了对等贸易的众多形式。对等贸易就是对外贸易的一种形式。在对等贸易中，卖方向买方提供商品或服务，作为回报，卖方同时也要承诺从买方处购买商品或劳务。

20.1 典型的外贸交易

为了更好地理解典型外贸交易的机制，最好通过举例来说明。假设有一从事汽车交易的美国进口商，拟从日本一家出口制造商处购买汽车，并假设交易双方互不相识且相距遥远。如果日本制造商能以自己的方式进行交易，自然希望该美国进口商能预付现金，因为日本制造商并不了解美国汽车经销商的信誉状况。

如果汽车经销商能以自己的方式进行交易，当然更希望以寄售的方式从日本制造商那里取得货物。在寄售（consignment）交易中，出口商仍保留有被装运商品的所有权。只有在商品被出售的情况下，进口商才会向出口商支付货款，若商品无法出售，则会被退还给出口商。在寄售交易中，出口商显然承担了所有风险。对汽车经销商第二有利的方案，就是先以赊账的方式取得货物，出售后再支付货款，这样就可以避免货款预付后却收不到货的风险。

怎样才能找到一种令进出口双方都满意的折中的外贸交易形式呢？幸运的是，汽车经销商和汽车制造商所面临的这种问题并非新近才出现的。多年以来，为了处理这种外贸交易，人们开发了一套精巧的外贸流程。图 20-1 给出了典型外贸交易的流程。按流程顺序考察图 20-1，不难清楚外贸交易的机制以及外贸交易所涉及的三种主要单据。

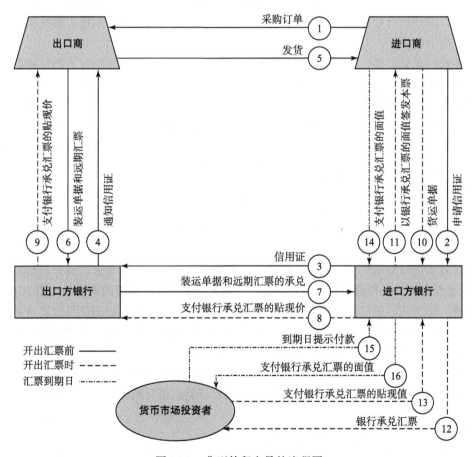

图 20-1 典型外贸交易的流程图

资料来源：Adapted from Instruments of the *Money Market*, Federal Reserve Bank of Richmond, 1986.

如图 20-1 所示，典型外贸交易的第一步是美国进口商向日本出口商下订单，并询问其是否同意按信用证方式出口汽车。如果汽车制造商同意这样做，那么日本出口商就告知美国进口商价格等方面的条款，包括信用证条款。为了便于讨论，假设信用证期限为 60 天。该美国进口商将为所要购买的货物向银行申请信用证，并提供相应的销售条款。

信用证（letter of credit, L/C）是进口商开户行开立的一种保证书。如果出口商提交信用证条款所规定的全部相关单证，进口商开户行将代为进口商向出口商支付货款。从本质上讲，这样做就是用进口商开户行的信用代替不熟悉的美国进口商的信用。

信用证由进口商开户行寄送至出口商开户行。收到信用证后，出口商开户行会立即通知出口商，之后日本出口商将装运货物。

货物被运出后，日本出口商将按信用证上的指示向银行提交 60 天的远期汇票、提单和其他所要求的装运文件，如发票和装箱单等。**远期汇票**（time draft）是一种书面支付命令，要求进口商或其代理人——进口商开户行必须在特定日期（外贸交易中指的是信用证有效期的截止时间）支付票面所载明的金额。**提单**（bill of lading, B/L）由承运商签发，注明承运商已收到待运货物。提单是货物所有权的一种凭证。出口商开户行向进口商开户行出示运输单证和汇票。有了提单，进口商开户行就拥有了货物的所有权，此时进口商开户行便会接受汇票，并开立**银行承兑汇票**（banker's acceptance, B/A）这种可在二级市场转让的货币市场工具。进口商开户行会在最终结算时扣除承兑费用。承兑费用取决于远期汇票离到期日的时间和进口商的信用。

关于银行承兑汇票，可能会出现很多情况。银行承兑汇票会返回到日本出口商处，日本出口商在持有 60 天后，再在到期日向进口商开户行提交兑付。如果出口商突然发现自己在汇票到期日之前需要资金，它可以在货币市场上贴现该银行承兑汇票。因为风险相似，所以银行承兑交易的利率与可议付的银行定期存单利率大致相同。如图 20-1 所示，另外一种选择方案就是日本出口商通知其开户行，由进口商开户行对银行承兑汇票进行贴现，再由出口商开户行将款项支付给出口商。类似地，作为一种投资，出口商开户行也可以持有该银行承兑汇票直至到期日，同时向日本出口商支付贴现后的货款。

美国进口商可签发银行本票，而且本票的面值和到期日均与银行承兑汇票相同。作为报答，出口商开户行将装运单证提供给美国的汽车经销商（进口商），以便汽车经销商从承运商处领取汽车。

如果日本出口商或出口商的开户行均不持有银行承兑汇票，那么进口商开户行可持有汇票 60 天直至到期日，再通过本票向美国进口商收取与汇票面额相等的价值。如图 20-1 所示，还有另外一种方式。进口商开户行可以在货币市场将银行承兑汇票按面值折价卖给某一投资者。在到期日，进口商开户行通过本票向美国进口商收取与汇票面额相等的价值，货币市场投资者将向进口商开户行出示银行承兑汇票要求其兑付，之后进口商开户行按承兑汇票的面值向投资者进行支付。如果美国进口商违约，那么进口商开户行可向进口商实施追索权。银行承兑汇票到期日通常为 30～180 天；因此，银行承兑汇票只能作为短期融资的工具。

【例 20-1】银行承兑汇票的成本分析

正如前面在对典型外贸交易进行讨论时所提到的那样，出口商可以持有银行承兑汇票直至到期日，然后再收回款项。除此之外，出口商可以把银行承兑汇票贴现给进口商开户行或者在货币市场上折价卖出银行承兑汇票。

假设本票的面值为 1 000 000 美元，进口商开户行收取 1.5% 的承兑手续费。该票据的有效期为60天，如果出口商持有本票至到期日，那么出口商可得到997 500美元=1 000 000美元×[1-（0.15×60/360）]。这样，该汇票的承兑手续费为2 500美元。

如果60天的银行承兑汇票的利率为5.25%，出口商向进口商开户行贴现后可得到988 750美元=1 000 000美元×[1-（[0.052 5+0.015 0]×60/360）]。所以进口商开户行作为投资收益得到的贴现率为6.75%=5.25%+1.50%。到期时，进口商开户行将从进口商处得到1 000 000美元。投资等价债券的收益率（按一年中的实际天数计算）为6.92%或者为0.069 2=（1 000 000/988 750-1）×365/60。

无论是持有银行承兑汇票至到期日，还是在到期日之前进行贴现，出口商都必须支付承兑手续费。因此，承兑手续费并不是决定是否将银行承兑汇票进行贴现的重要因素。出口商贴现该银行承兑汇票的等价债券利率为5.38%，或者为0.053 8=（997 500/988 750-1）×365/60。如果该出口商的资本机会成本大于2个月期复利5.38%（年实际利率为5.5%），那么贴现才有意义。否则，该出口商不如持有该银行承兑汇票直至到期日。

20.2 福费廷

福费廷（forfaiting）是一种典型的中期贸易融资手段，可用来为资本货物的出口进行融资。福费廷包括买进进口商签发的以出口商为受益人的本票。福费廷通常是指银行按面值的某个折扣价格从出口商处买进汇票或本票。通过这种方式，出口商获得出口货款，不必再进行融资。即使进口商违约，福费廷也不会产生对出口商的追索。福费廷是中期融资方式，一般为3～7年，其中的本票通常被设计成有效期为6个月、可进行展期的循环本票。因为福费廷主要是为资本货物进行融资，这些资本货物的金额通常高达50万美元或以上。福费廷起源于瑞士和德国，但现在已经普及到西欧的大部分国家，而且也传播到了美国。福费廷交易中主要使用瑞士法郎、欧元和美元。

国际财务实践专栏20-1中"首家伊斯兰福费廷基金的成立"讨论了福费廷是如何适应伊斯兰融资惯例的。

| 专栏 20-1 | 国际财务实践 |

首家伊斯兰福费廷基金的成立

在伊斯兰金融体系中被严厉禁止的折价抛售债务正是福费廷的核心内容，因为折价抛售债务涉及折价抛售信用证。尽管如此，诺顿·罗氏（Norton Rose）和WestLB投资银行最近成功地组建起了一家福费廷基金，专门为那些想在伊斯兰国家合法寻求商机的机构投资者提供服务。

WestLB-Tricon福费廷基金是一家在百慕大群岛注册的实体公司，它使得投资者得以参与牵涉到商品和贸易融资的伊斯兰地区的投资战略，包括为应收资产提供福费廷服务。伊斯兰金融体系仅仅出现了大约20年，是一个相对较新的领域，而与之相适应的融资手段也在不断地出现。

穆罕默德·帕拉查（Mohammed Paracha）身处伦敦，是诺顿·罗氏伊斯兰融资集团的合伙人和成员，他对《贸易融资》（Trade Finance）说："一段时期以来，金融机构都意识到中东地区投资者的需求尚未被满足。鉴于该地区有着巨大的财富，人们都在寻求涉足伊斯兰金融市场的创新方法,并认为有必要将伊斯兰市场的货币转化为产品,使这种产品与福费廷资产相结合。由此,我们也可以建立起一种投资基金,既遵守了伊斯兰教教义,又能利用好福费廷资产。"

该基金目前运作良好,这一点并不意外,而且其投资战略涵盖了各行各业的信用证投资(或者类似的贸易单据),尽管也需要对这些信用证的标的产品进行检视以防与伊斯兰教教义相抵触。据帕拉查所言,基金的结构比较复杂。他说道:"这是一种相当艰巨的实践,必须得到伊斯兰学者们的肯定,才能确保它能满足了伊斯兰社会的苛求。同时,还要解决英国与百慕大群岛之间司法权的运作问题。"

帕拉查继续说道:"而且,我们还得确保非伊斯兰的福费廷资产不会被直接用于满足商品和贸易融资协定下的伊斯兰契约。"

资料来源:*Trade Finance*, November 2003, p.1. All rights reserved. Used with permission.

20.3 政府的出口支持

国际贸易的成功对于一个国家来说至关重要。出口方面的成功意味着该国产品有市场需求,意味着该国的劳动力可从受雇中获得利益,还意味着一些资源被用于科技进步方面。要想取得国际贸易的成功,一国的出口导向型企业必须是优秀的营销家。换言之,这些企业必须在产品供给、促销、定价、配送能力和对进口商提供服务等方面保持竞争力。同样重要的是,出口企业在对进口商提供信用方面也应该具有竞争力。

鉴于出口所创造的利益,大部分发达国家的政府通常对国内出口商提供信贷补助形式的竞争性援助,这种补助可扩展至进口商。此外,由私人金融机构提供的贷款担保和信用保险项目也非常普遍。在这部分,我们将讨论对美国出口商所提供的上述项目的主要特征。

进出口银行及相关组织

美国**进出口银行**(Export-Import Bank,Ex-Im Bank)创建于1934年,随后于1945年获批而成为独立的政府机构,为美国的出口贸易提供便利和融资。美国进出口银行设立的目的是当私人金融机构没有能力或不愿意提供融资时可提供融资。私人金融机构不愿意提供融资的原因有:①贷款期限太长;②贷款数额太大;③贷款风险太大;④进口商很难获得足够的硬通货以供支付。

为了满足这些目标,美国进出口银行通过多种项目来提供服务。其中最为重要的项目包括营运资本担保、对国外借款者直接提供贷款、贷款担保和信用保险。⊖

通过**营运资本担保项目**(Working Capital Guarantee Program),美国进出口银行鼓励金融机构向美国出口商贷款,从而促进了美国出口的扩张。美国进出口银行的贷款担保为90%的贷款本金和应计利息提供担保,并获得美国政府的信用和信誉担保。

借助于**中长期贷款项目**(Medium and Long-Term Loan Program),美国进出口银行为美国出口商的国外进口商提供直接信用。这样,国外进口商得到出口产品,美国出口商则得到款项。长期贷款项目的偿还期限在7年以上,数额超过1 000万美元。中期贷款项目的偿还期限是7年或7年以下,数额不超过1 000万美元。这两类计划所提供的融资额占到出口合

⊖ 本节讨论的内容多引自进出口银行网站:www.exim.gov。

约价值的 85%。私人出口基金公司（The Private Export Funding Corporation，PEFCO）是由一批商业银行和工业企业于 1970 年设立的。私人出口基金公司在许多项目中与美国进出口银行进行贷款合作，它通过购买美国进出口银行发行的票据来提供流动性，以此来为贷款融资。

通过**中长期担保计划**（Medium and Long-Term Guarantee Program），美国进出口银行为私人金融机构向外国进口商贷款提供担保。这些贷款的利率通常为浮动利率。这些完全基于美国政府信用和信誉的担保所提供的融资担保占到出口合约价值的 85%。这些担保为由商业风险和政治风险带来的损失提供 100% 的贷款本金和应计利息担保。这些担保也可只针对政治风险进行担保。

借助于**出口信用保险计划**（Export Credit Insurance Program），当发生外国买方拒付或其他债务人由于政治或商业原因违约的情况时，美国进出口银行会保护美国出口商的利益，从而帮助美国出口商发展和扩大其海外销售。信用保险计划既可为各种各样的政治和商业信用风险保险，也可为具体的政治风险提供保险。

在英国，**出口信用担保局**（Exports Credits Guarantee Department，ECGD）的职能与美国进出口银行相似。出口信用担保局成立于 1919 年，它对由于商业或政治风险而导致的进口商拒付的情况提供直接保险责任范围，还对国外借款人提供银行贷款担保，从而给出口商带来了很大的帮助。出口商作为真正的受益人，必须向出口信用担保局支付保证银行贷款的保险费。

20.4 对等贸易

对等贸易（countertrade）是用以概括多种类型交易的术语，这些交易都是"卖方向买方提供商品或者服务，同时承诺向买方购买商品或劳务。"⊖对等贸易可能使用货币也可能不使用货币。如果不进行货币交换，那么这种交易就是易货交换。总而言之，对等贸易通常涉及商品的双向流动。

对等贸易安排可以追溯到史前时代。在货币比较稀缺的时代，这种贸易形式一直非常盛行。虽然很难确切了解对等贸易的数量，但这种交易惯例的确流传颇广。按照 Hammond（1990）的看法，有人估计对等贸易量仅占世界贸易总额的 5%，但也有人认为该比例高达 40%。而且，对等贸易并不反映在官方贸易统计中。IMF、世界银行和美国商务部在新千年做过估计，几乎一半的国际贸易是通过对等贸易的形式来进行的。⊜由于第三世界国家的债务危机导致很多债务国缺乏足够的外汇储备和银行授信额度，从而无法开展正常的商业贸易，这就引发了 20 世纪 80 年代对等贸易活动的高涨。⊜

20.4.1 对等贸易的形式

Hennart（1989）定义了六种对等贸易的形式：易货贸易（barter）、结算协定（clearing arrangement）、转手贸易（switch trading）、回购贸易（buy-back）、互购贸易（counterpurchase）和补偿贸易（offset）。前三种不涉及现金的使用，而后三种则涉及现金的使用。

在易货贸易（barter）中，交易双方直接交换物品。虽然不使用货币，但通常都得用一种公认的货币来衡量双方用来交换的物品的价值。出于会计、税收或保险方面的目的，通常都

⊖ 参见 Hennart 的定义（1989）。
⊜ 参见 Anyane-Ntow 和 Harvey（1995, p.47）的文献以便进行这方面的估计。
⊜ 参见第 11 章以便讨论第三次世界债务危机的严重程度。

得给物品进行货币价值标价。

Hammond（1990）把易货贸易描述为"一种十分原始的贸易手段。双边贸易就是从易货贸易发展而来的。此外，在重商主义经济及帝国主义政策背景下，双边贸易又孕育出紧密的殖民地依赖体系，用于市场保护和掠夺原材料。"他指出易货贸易一直盛行到第二次世界大战结束，当时所建立的布雷顿森林体系规定了货币的可兑换性，从而也促进了自由贸易的发展。

如今，易货贸易仅仅是特定情形下才发生的典型的老式商品交易。Schafer（1989）描述了发生于通用电气（GE）和罗马尼亚之间的一个现代易货贸易的例子。GE同意以现金方式向罗马尼亚出售涡轮发电机。但是，后来因罗马尼亚的贷款融资计划失败，为了完成这笔交易，GE同意接受罗马尼亚的产品，然后再依次将这些产品通过其贸易公司来现价出售。

结算协定（又称双边结算协定）是易货贸易的一种形式，交易双方签订合约向对方购买一定量的商品或劳务。双方均为对方开立一个账户，当一国从对方进口货物时，便记入该账户的贷方。在双方约定的期限结束后，若账户不平衡，则可通过支付货币或转让商品来使之平衡。结算协定在易货贸易中引入了信用的概念，使得双边贸易无须进行即时结算。定期检查账户是否平衡，若不平衡则以约定的货币来进行结算。Anyane-Ntow 和 Harvey（1995）指出这种双边结算协定通常发生在第三世界和东欧的一些国家，中国和沙特阿拉伯于1994年签订的价值10亿美元的协定就是一个例子。

转手贸易（switch trade）是指第三方用硬通货向出现结算协定逆差的一方进行采并购加以转售。这样，出现结算协定逆差的一方再利用与第三方的盈余向最初出现结算协定顺差的对方购买货物和服务产品。Anyane-Ntow 和 Harvey（1995）举了一个转手贸易的例子：美国通过罗马尼亚与巴基斯坦之间的结算协定向巴基斯坦出口了化肥。

回购贸易（buy-back transaction）包含通过出售制造设备来转让技术。作为交易的一方，卖方同意在该设备投产后购买一定比例的产品。Hennart（1989）指出，货币通过两种方式参与到回购贸易中。第一，设备的买方通过在资本市场借入硬通货来向卖方进行支付。第二，设备的卖方同意在一段时间内购买足够多的产品，使买方可以偿还借款。回购贸易可以被看作是对买方国家的一种直接投资形式。回购贸易的例子包括日本与中国台湾地区、新加坡、韩国所签订协议，用一定比例的产品交换电脑芯片生产设备。⊖

互购贸易（counterpurchase）与回购贸易相类似，但也有一些显著的差异。交易双方通常是东方的技术进口国和西方的技术出口国。互购贸易与回购贸易的主要差异是，在互购贸易中，作为出口方的西方国家所要购买的商品与出口的设备无关，或者不是用该设备生产的。卖方同意以进口方的定价购买由进口方给出的货物列表。列表上的货物往往不是东方技术进口国市场的畅销品。作为互购的一个例子，Anyane-Ntow 和 Harvey（1995）引用了一个意大利用工业设备交换印度尼西亚橡胶的协议。

补偿贸易（offset transaction）可以看作为一种互购贸易协议，但所涉及的行业为航天及国防工业。补偿贸易是工业化国家与拥有国防、航空工业的国家之间的互惠贸易协议。Hammond（1990）引用了通用动力公司销售F-16战斗机给土耳其和希腊用以交换橄榄油、水电站项目、旅游的推介、飞机联合制造的例子。

在国际财务实践专栏 20-2 中，"军售位列对等贸易之首"一文讨论的是菲律宾武装部队如何利用补偿贸易和互购贸易方式来采购军用装备的。

⊖ 参见 Anyane-Ntow 和 Harvey（1995, p.48）。

| 专栏 20-2 |　　　　　　　　　　　国际财务实践

军售位列对等贸易之首

根据菲律宾国际贸易公司（PITC）所提供的数字，菲律宾武装部队（AFP）在对等贸易方面位列所有政府部门之首，自 1989 年至 2004 年 8 月已经实现了 1.434 亿美元的对等贸易额。对等贸易是一种对等的、补偿性的协定，买方向卖方采购协定中所规定的商品或者服务，而卖方则通过某种形式的补偿性融资来协助买方降低采购的净支付。

菲律宾武装部队日前宣布，菲律宾最近从军方的两宗对等贸易中受益匪浅。去年 2 月，菲律宾武装部队从比利时的 FN 赫斯塔尔公司（FN Herstal）采购了价值 210 万美元的陆军班用自动武器，而在对等贸易条款下仅需支付 85% 的合约金额，即 180 万美元。

按照与菲律宾的对等贸易计划，FN 赫斯塔尔公司指定奥地利的 Raifeissen Centrobank 银行为贸易伙伴，该银行所提供的一揽子融资计划为菲律宾半成品橡胶的出口发展铺平了道路。

菲律宾的政府官员补充道，该计划还帮助打开了许多新的出口市场，如捷克、奥地利、意大利、德国和新西兰。菲律宾武装部队还于 2003 年 12 月和 2004 年 2 月从哈里斯公司（Harris Corp.）分别采购了 760 万美元的 HF/SSB 无线电话机和便携式通信设备。作为对等贸易项目的直接受益人，军方获得了价值约 610 万美元的补偿项目。

按照该项协定，哈里斯公司有义务按总价的 80%（即 620 万美元左右）实施补偿贸易，按总价的 20%（约 150 万美元）实施互购贸易。武装部队官员声称，其中部分补偿利益包括为 324 台便携式通信设备的软件升级、无偿提供便携电池，以及无偿提供一套自动检测设备和备用模组。

政府的对等贸易计划是按照 120 号总统行政命令来操作的，该行政命令规定所有价值 100 万美元及 100 万美元以上的政府采购必须包括不低于总价值 50% 的对等贸易。作为回应，国防部也于 2001 年 7 月 20 日发布通告，要求菲律宾武装部队中一切总价值为 100 万美元以上的采购必须采用对等贸易方式。

菲律宾武装部队的做法随后又成了国家食品总署（National Food Authority）效仿的榜样。国家食品总署已经实现了 1.366 亿美元的对等贸易额。借助于政府的对等贸易计划，有 3 亿多美元的菲律宾产品实现了出口。

资料来源：Lester, Karl; Yap, M., *BusinessWorld*, August 17, 2004, p.1. All rights reserved. Used with permission.

20.4.2　关于对等贸易的一些结论

在 20 世纪 80～90 年代，对等贸易在国际贸易中的地位变得日益重要。关于对等贸易，人们既有支持的，也有反对的。Hammond（1990）指出国家对对等贸易的支持既有正面影响，也有负面影响。负面影响是指强迫国家或公司参与对等贸易而不顾其是否有这种想法的做法，这种影响涉及保存外汇或硬通货、改善贸易的不平衡情况以及维持出口价格。正面影响包括促进经济发展、增加就业、实现技术转让、扩大市场、增加利润、获得费用更低的供应渠道、减少过剩产品数量、提高营销能力。

那些反对对等贸易的人声称对等贸易削弱了自由市场的作用，因此，资源就无法得到有效利用。反对者还声称，对等贸易会使交易费用增加，双边贸易的开展抑制了多边贸易的发展。一般而言，不使用货币的贸易代表的是经济发展的倒退。

Hennart（1989）分析了 1 277 项对等贸易交易。其中，694 个属于结算协定，171 个属于易货贸易，298 个属于互购贸易，71 个属于回购贸易，43 个属于补偿贸易。按世界银行的分类，参与对等贸易的国家或地区有发达国家、石油输出国组织（OPEC）、中央计划经济国家（CPE）、中等收入国家和低收入国家。

Hennart 发现，每一组别的国家或地区都有参与特定类型对等贸易的倾向性，如石油输出国组织、中低收入国家或地区更倾向于采用互购贸易，中央计划经济国家更倾向于采用回购贸易，而发达国家和中等收入国家更倾向于采用补偿贸易。而易货贸易则在中等收入国家之间、发达国家和中等收入国家之间、计划经济国家之间较为常见。

Hennart 声称，中央计划经济国家较多使用回购贸易是因为这些国家将回购贸易当作是对外国直接投资的替代。至于中央计划经济国家和低收入国家并不积极参与补偿贸易的原因是双重的：中央计划经济国家被禁止购买西方国家的武器，而低收入的发展中国家则负担不了通常通过补偿贸易方式所销售的先进武器。两个中等收入国家之间的易货贸易与双方都想避免偿还外部债务的想法相一致。石油输出国组织的成员间以及发达国家间都不采用易货贸易的情况与易货贸易要求避免形成卡特尔和商品协议的情况相一致。Marin 和 Schnitzer（1995）的分析结论与 Hennart 的结论也相一致。

无论对等贸易对全球经济是好是坏，随着世界贸易的增加，对等贸易也必将增加。

本章小结

进出口贸易和贸易融资是本章所讨论的主要内容。

1. 与国内贸易相比，国际贸易往往更为困难，因为国际贸易涉及国内贸易中无须考虑的商业风险和政治风险因素。为使本国居民能够得到他们所需要的商品和劳务，具有强大的国际贸易竞争力对一国而言是非常重要的。

2. 外贸交易一般需要三种基本单证：信用证、远期汇票和提单。远期汇票可以成为可流通的货币市场工具，即所谓的银行承兑汇票。

3. 福费廷是进行中期贸易融资的一种形式，银行以折价形式从进口商那里购买一系列以出口商为受益人的本票。

4. 进出口银行通过对国外进口商提供直接贷款、进行贷款担保和对美国出口商提供信用保险来帮助美国出口商增强竞争力。

5. 对等贸易作为国际贸易的形式之一已变得越来越重要。对等贸易有很多种形式，但仅有一小部分涉及货币的使用。在任何形式的对等贸易中，卖方向买方提供商品和劳务，同时向买方承诺购买商品和劳务。

本章拓展

第21章

国际税收环境与转移定价

本章提纲

税收的目的
税收的种类
国别税收环境
组织结构
转移定价及相关问题
冻结资金
本章小结
本章拓展

关键词
思考题
计算题
小型案例1：
　　西格玛公司的选址决策
小型案例2：
　　东方贸易公司的最优转移定价策略
参考文献与建议阅读材料

　　本章介绍的国际税收环境不仅对跨国公司的税收筹划十分有用，而且对从事国际金融资产投资的投资者也具有指导意义。从国内层次上来看，税收规则就是一个复杂的论题，而从国际层面上讲，税收规则显然更是一个复杂的论题。因此，本章旨在对税收规则做一个简要的介绍。

　　本章首先讨论的是税收的两个主要目的：税收中性和税收公平。在建立起理论基础之后，我们还将对税收的主要形式进行介绍。接着，本章讨论了世界各地常见的税收征收方式、外国税收抵扣的目的以及各国之间的税收协定。由于无法从各国所有纳税人的角度来全面考察税收问题，所以当需要讨论个别国家的情况时，本书只是从美国纳税人的角度来进行分析。

　　在其他章节里，我们对一些税收问题已做了介绍，这主要是出于叙述的完整性考虑。例如，第18章讨论的是国际资本预算问题，其中要求对一些税收概念有基本了解，如对国外主动收入的全球所得课税，以及对跨国公司的本国税收负债的外国税收抵扣。本章将对这些概念进行回顾以便读者对这些问题有更具体、更系统的了解。

　　本章的第二个目的是要探讨转移定价问题，主要是通过案例应用来说明转移定价策略和劳务分类计价。这两者是跨国公司用以在子公司间重新配置现金以及在一定条件下减少整体所得税负的主要方法。本章最后还将论述如何从实行外汇管制的东道国转移冻结资金。

21.1 税收的目的

为了帮助了解国际税收环境的基本框架，有必要讨论税收的两个基本目的：税收中性和税收公平。

21.1.1 税收中性

经济学的效率和公平理论构成了**税收中性**（tax neutrality）的理论基础。判断税收中性的标准有三条。所谓**资本输出中性**（capital-export neutrality）的标准，是指理想的税收既能为政府有效地筹集到收入，同时又不会对纳税人的经济决策过程产生负面影响。也就是说，好的税收在为政府筹集收入时既富有效率，也不会阻碍资源配置到可获得最高回报率的世界任何地方。显然，资本输出中性是建立在实现全球经济效率基础上的。

第二条判断税收中性的标准是**国别中性**（national neutrality）。也就是说，不论应税所得是在世界上哪个国家所挣得的，各国税收当局都应以同样的方式征税。从理论上讲，国家的税收中性是一个值得赞美的目标，因为它是建立在公平原则上的。但实际上，这是一个难以应用的理念。例如，在美国，来源于外国的收入与在美国国内所得的收入被课以相同税率的税收，还可以利用外国税收抵扣政策来抵扣向外国政府交纳的税收。不过，抵扣额不得超过来自美国国内的收入所应付的税额。因此，如果来自外国的收入所交纳的税率超过了美国的税率，那就表明部分税款得不到抵扣。显然，如果税收当局不对外国税收抵扣进行限制，那么美国的纳税人最终得对美国跨国公司的外国所得税负提供补助。

第三条判断税收中性的标准是**资本输入中性**（capital-import neutrality）。所谓资本输入中性的标准，意味着无论跨国公司属于哪个国家，东道国对该跨国公司的分公司所征收的税收都应该一视同仁，而且所征收的税收应与本国企业相同。资本输入中性意味着如果美国的税率高于跨国企业的境外所得在外国的应缴税率，美国不应对超出外国税收当局所征收部分的额外税收进行征收。与国别中性标准一样，资本输入中性概念也是建立在公平原则上的，而且为所有该市场的参与者提供了一个公平竞争的环境。不过，资本输入中性标准的实施意味着，主权政府对本国跨国公司的外国收入执行与外国税收当局一致的税收政策，结果国内纳税人在整体上负担了更大比例的税负。显然，税收中性的三个标准并不总是互相一致的。

21.1.2 税收公平

税收公平（tax equity）的基本原则是指处于相似境况的纳税人应该依据相同规则分担政府运作的成本。从操作的角度来讲，税收公平意味着不论跨国公司的分公司从哪个国家取得应税所得，都应适用相同的税率和纳税日期。跨国公司的外国分公司所赚到的1美元与国内分公司所赚到的1美元应按相同的规则纳税。税收公平原则很难得到应用。在后面各节里我们会发现，跨国公司的组织形式会对税收负担的时机选择产生影响。

21.2 税收的种类

本节所讨论的是各国政府获得收入的三种基本的税收：所得税、预提税及增值税。

21.2.1 所得税

世界上许多国家的税收收入的很大一部分来自于其对个人和公司所得所征收的**所得税**（income tax）。所得税是一种**直接税**（direct tax），是由纳税人或缴税者直接支付的一种税。该税针对活动收入（active income）课征，即对来源于企业或个人所提供的产品或服务的所得进行课税。

普华永道（PriceWaterhouseCoopers）每年出版的《公司税收之全球概述》（*Corporate Taxes: Worldwide Summaries*）一书详细介绍了大多数国家的公司所得税条例。表 21-1 来自普华永道所做的汇总，并给出了 2016 税收年度里 155 个国家或地区的非金融企业的正常标准的或代表性的最高边际所得税税率。如表 21-1 所示，这些国家或地区的税率差别很大，既有零税率的避税港，如巴林与开曼群岛，也有许多税率超过 40% 的国家或地区。美国目前 35% 的边际税率在这些国家或地区中处于较高的水平。

表 21-1 某些国家或地区的公司所得税税率① （单位：%）

国家或地区	税率	国家或地区	税率	国家或地区	税率	国家或地区	税率
阿尔巴尼亚	15	开曼群岛	0	加蓬	30	肯尼亚	30
阿尔及利亚	26	乍得	35	格鲁吉亚	15	韩国	22
安哥拉	30	根西岛	0	德国	≤33	科威特	0
安提瓜与巴尔布达	25	泽西岛	0	加纳	25	吉尔吉斯斯坦	10
阿根廷	35	智利	24	直布罗陀	10	老挝人民民主共和国	24
亚美尼亚	20	中国大陆	25	希腊	29	拉脱维亚	15
阿鲁巴	25	哥伦比亚	25	格陵兰岛	25	黎巴嫩	15
澳大利亚	30	刚果民主共和国	35	危地马拉	31.8	利比亚	20
奥地利	25	刚果共和国	30	圭亚那	40	列支敦士登	12.5
阿塞拜疆	20	哥斯达黎加	30	洪都拉斯	25	立陶宛	15
巴林	0	克罗地亚	20	中国香港	16.5	卢森堡	21
巴巴多斯	25	库拉索	22	匈牙利	19	中国澳门	12
白俄罗斯	18	塞浦路斯	12.5	冰岛	20	马其顿	10
比利时	39.99	捷克共和国	19	印度	33.6	马达加斯加	21
百慕大群岛	0	丹麦	22	印度尼西亚	25	马拉维	30
玻利维亚	25	多米尼克	28	伊拉克	15	马来西亚	24
波黑	10	多米尼加共和国	27	爱尔兰	12.5	马耳他	35
博茨瓦纳	22	厄瓜多尔	22	曼岛	0	毛里求斯	15
巴西	25.5	埃及	22.5	以色列	25	墨西哥	30
保加利亚	10	萨尔瓦多	30	意大利	27.5	摩尔多瓦	12
佛得角	25	赤道几内亚	35	象牙海岸	25	蒙古	25
柬埔寨	20	爱沙尼亚	20	牙买加	33.33	黑山共和国	9
喀麦隆	33	斐济	20	日本	23.9	摩洛哥	31
加拿大	15	芬兰	20	约旦	14	莫桑比克	32
荷兰加勒比	0	法国	33.33	哈萨克斯坦	20	缅甸	25
纳米比亚	32	葡萄牙	21	斯洛文尼亚	17	土耳其	20

(续)

国家或地区	税率	国家或地区	税率	国家或地区	税率	国家或地区	税率
荷兰	25	波多黎各	39	南非	28	土库曼斯坦	8
新西兰	28	卡塔尔	10	西班牙	25	乌干达	30
尼加拉瓜	30	罗马尼亚	16	斯里兰卡	12	乌克兰	18
尼日利亚	30	俄联邦	20	斯威士兰	27.5	阿联酋	≤55
挪威	25	卢旺达	30	瑞典	22	英国	20
阿曼	12	圣基茨和尼维斯	33	瑞士	11.5-24.2	美国	35
巴基斯坦	32	圣卢西亚	30	中国台湾	17	乌拉圭	25
巴拿马	25	沙特阿拉伯	20	塔吉克斯坦	15	乌兹别克斯坦	7.5
巴布亚新几内亚	30	塞内加尔	30	坦桑尼亚	30	委内瑞拉	34
巴拉圭	10	塞尔维亚	15	泰国	20	越南	20
秘鲁	28	新加坡	17	东帝汶	10	赞比亚	35
菲律宾	30	圣马丁	34.5	特立尼达和多巴哥	25	津巴布韦	25.57
波兰	19	斯洛伐克	22	突尼斯	25		

①表中所列为非金融企业或无行业性税率的正常、标准或代表性的最高边际税率。
资料来源：Derived from PriceWaterhouseCoopers, Corporate Taxes: Worldwide Summaries, www.pwc.com, 2015/16.

21.2.2 预提税

预提税（withholding tax）是一国对其企业和个人在他国税收管辖权内取得的被动所得所课征的税收。被动所得（passive income）包括纳税人所得的股息和利息收入，以及特许权、专利权所得或版权所得。预提税是**间接税**（indirect tax），即一项由并非直接产生税源收入的纳税人所承担的税收。预提税从企业支付给纳税人的款项中预提，并由当地税收当局征收。预提税保证当地税收当局能取得在其税收管辖权内发生的被动收入的税额。

许多国家之间都签订有**税收条约**（tax treaties），其中明确了适用于各种类型被动所得的具体税率。表 21-2 列出了美国与其他国家或地区的税收条约所规定的对他国所征收的预提税税率。对具体类型的被动收入，其税率可能与表中所列有所不同。⊖通过税收条约而课征的预提税具有双边性，即两个国家通过谈判达成一致，就各种被动收入分别征以相同的税率。

表 21-2 美国与部分国家或地区的税收条约中所规定的预提税税率① （单位：%）

国家或地区	由美国债务人支付的利息——总体情况	股利②		专利权税③
		由美国公司支付——总体情况	适用于直接股息率	
非协约国	30	30	30	30
澳大利亚	10	15	5	5
奥地利	0	15	5	0
孟加拉国	10	15	10	10
巴巴多斯	5	15	5	5
比利时	0	15	5	0
保加利亚	5	10	5	5

⊖ 访问美国 IRS 网站 www.irs.gov 以便了解有关预提税税率的更多信息。

(续)

国家或地区	由美国债务人支付的利息——总体情况	股利[②]		专利权税[③]
		由美国公司支付——总体情况	适用于直接股息率	
加拿大	0	15	5	0
中国	10	10	10	10
独联体	0	30	30	0
塞浦路斯	10	15	5	0
捷克共和国	0	15	5	10
丹麦	0	15	5	0
埃及	15	15	5	30/15
爱沙尼亚	10	15	5	10
芬兰	0	15	5	0
法国	0	15	5	0
德国	0	15	5	0
希腊	0	30	30	0
匈牙利	0	15	5	0
冰岛	0	15	5	5/0
印度	15	25	15	15
印度尼西亚	10	15	10	10
爱尔兰	0	15	5	0
以色列	17.5	10	12.5	15
意大利	10	15	5	8
牙买加	12.5	15	10	10
日本	10	10	5	0
哈萨克斯坦	10	15	5	10
韩国	12	15	10	15
拉脱维亚	10	15	5	10
立陶宛	10	15	5	10
卢森堡	0	15	5	0
马耳他	10	15	5	10
墨西哥	15	10	5	10
摩洛哥	15	15	10	10
荷兰	0	15	5	0
新西兰	10	15	5	5
挪威	0	15	15	0
巴基斯坦	30	30	15	0
菲律宾	15	25	20	15
波兰	0	15	5	10
葡萄牙	10	15	5	10
罗马尼亚	10	10	10	15
俄罗斯	0	10	5	0
斯洛伐克	0	15	5	10
斯洛文尼亚	5	15	5	5
南非	0	15	5	0

(续)

国家或地区	由美国债务人支付的利息——总体情况	股利②		专利权税③
		由美国公司支付——总体情况	适用于直接股息率	
西班牙	10	15	10	10
斯里兰卡	10	15	15	10
瑞典	0	15	5	0
瑞士	0	15	5	0
泰国	15	15	10	15
特立尼达和多巴哥	30	30	30	15
突尼斯	15	20	14	15
土耳其	15	20	15	15
乌克兰	0	15	5	10
英国	0	15	5	0
委内瑞拉	10	15	5	10

① 表中所列为基本的条约规定的预提税税率。如要了解适用于具体情况的特例及税率，请参见原文。
② 如果一家美国公司在股息公布前3年的收入中至少有80%来自国外的主动经营，那么该公司的股息分红不予征收美国税赋。
③ 专利版税：该税率因工业、电影和电视等专利类型而有所不同。对于埃及与冰岛，技术诀窍/专利税两国就不相同。

资料来源：Derived from United States Internal Revenue website, www.irs.gov, April 2013.

如表21-2所示，预提税税率因被动收入的种类不同而从0～30%不等。值得注意的是，同一种类的被动收入的预提税税率在不同国家之间相差很大。例如：美国对居住在大多数西欧国家的纳税人不征利息税，但对居住在巴基斯坦的纳税人按30%征收。表21-2中还显示，美国向居住在与其无预提税条约的国家的纳税人征30%的被动收入预提税。从表21-2中还可以看出，根据与一个国家或地区所签订的预提税条约，如果一位外国投资者对美国公司进行证券投资并获得股利，那么该股利的普通税率同常高于适用于拥有实质性所有权股票的投资者的直接税率。

21.2.3 增值税

所谓**增值税**（value-added tax，VAT），是对商品（或劳务）在经历不同生产环节时发生的价值增加部分所课征的间接税。增值税的执行有数种方式。"扣除法"是实践中常用的方式。

【例21-1】增值税的计算

为了说明如何用扣除法来计算增值税，考虑对一种经过三个生产环节的消费品征收15%增值税的例子。假设环节一是按每单位生产成本100欧元的价格向制造商出售原材料。环节二是按300欧元的价格将产成品出售给零售商。环节三则是向最终消费者按380欧元的价格进行零售。在环节一中，价值增加了100欧元，产生了15欧元的增值税；在环节二中，增值税是300欧元的15%，即45欧元，再减去环节一所发生的15欧元增值税。在环节三中，零售商增值的80欧元的增值税为12欧元。由于最终消费者支付了380欧元的价格，实际负担了总共57欧元的增值税（=15欧元+30欧元+12欧元），即380欧元的15%。显然，增值税相当于课征了该国的销售税。表21-3汇总了增值税的计算。

表 21-3 增值税的计算

生产环节	销售价格	价值增加	增值税增量
1	100 欧元	100 欧元	15 欧元
2	300 欧元	200 欧元	30 欧元
3	380 欧元	80 欧元	12 欧元
			增值税总额：57 欧元

在许多欧洲国家（特别是欧盟各国）和拉美国家，增值税已成为针对私人居民的主要税收来源。许多经济学家偏向于用增值税来替代个人所得税，因为后者会对工作起抑制作用，而增值税则能遏止不必要的消费。增值税能激励储蓄，而个人所得税则抑制储蓄，因为储蓄收入是要交所得税的。此外，国家税务机关发现，增值税比所得税更容易征收，因为逃税更困难。在增值税下，生产过程的每一环节都有向前一环节取得关于已支付增值税的证明的动机，以便获得最多的税收抵扣。当然，也有人争论说采用增值税时的记账成本对小企业不利。

增值税的一个难题就是各国课征增值税的税率并不都相同。例如，丹麦的增值税税率是25%，但德国只有 16%。因此，居住在高增值税税率国家的居民可以出国，在低增值税税率的国家购买到更便宜的商品。事实上，《华尔街日报》报道，在丹麦购物的丹麦消费者常常要求使用更低的德国增值税税率！⊖ 由于欧盟各国有望实现统一的 19% 的增值税税率，该问题最终可得到解决。

21.3 国别税收环境

跨国公司或国际投资者面临的国际税收环境，是指跨国公司开展经营或投资者拥有金融资产的所在国政府所行使的税收管辖权。有两种基本的税收管辖权：全球性税制和地区性税制。如果所有的国家都同时采用两种方式，除非建立了某种机制来加以防止，否则将会导致双重征税。

21.3.1 全球性税制

行使税收管辖权的**全球性**（worldwide）税制或**居住地**（residential）法，是对本国居民取自全球各地的收入进行征税。按照这一税制，该国的税务机构向居民和企业行使税收管辖权。拥有许多附属机构的跨国公司得在本国为其国内外所得缴纳税收。显然，如果其国外附属机构的所在国也对其国境内取得的所得征税，那么除非建立了防范机制，否则就存在双重征税的可能性。

21.3.2 地区性税制

行使税收管辖权的**地区性**（territorial）税制或**来源地**（source）法，是对在该国境内取得收入的所有国内外纳税人课税。因此，不论纳税人的国籍如何，如果所得是在一国国境内获得的，那么就由该国征税。依据这种方式，该国税收机构对发生在该国境内的交易行使税收管辖权。由此，本地企业和外国跨国公司的本地附属机构就得在收入来源国纳税。显然，如果外国附属机构的母国对全球性收入征税，除非建立了防范机制，否则就存在双重征税的可能性。

⊖ 参见 Horwitz（1993）。

21.3.3 外国税收抵扣

避免双重征税的通常方式是一国不对其国内居民的外国来源所得征税。美国所选择的方式是对跨国公司的母公司因其外国来源收入而缴纳给外国当局的税赋进行**外国税收抵扣**（foreign tax credits）。一般来说，外国税收抵扣分为直接抵扣和间接抵扣。直接的外国税收抵扣以美国跨国公司的外国分支机构按其国外主动所得所支付的直接税额或按外国分支机构支付给母公司的被动所得的间接预提税额计算。对美国跨国公司的国外分公司而言，间接外国税收抵扣以其应当缴纳的税额计算。应缴税额抵扣与实际转移的收入分配相关。例如，如果一家外国独资分公司支付了相当于可分配收入50%的税额，则应缴税额抵扣就是外国分公司支付的外国收入所得税额的50%。

在给定的税收年度里，外国税收抵扣适用一个总的限额，即税收抵扣的总额不应高于假设这部分外国收入发生在美国的纳税额。税收抵扣的最高额度以全世界外国来源所得计算，发生在不同国家的损益可以相互冲销，某一税收年度的超额税收抵扣可以回抵过去两年或未来五年内的税收抵扣额度。下节将给出一个例子，计算美国公司的外国分公司和子公司业务的外国税收抵扣。在计算外国税收抵扣额时，虽然不考虑增值税因素，但它们间接地成了商品或服务成本的一部分。

对于美国的个人投资者而言，其外国金融资产所获得的股息和利息收入所被征收的预提税也适用于税收抵扣。

21.4 组织结构

21.4.1 分公司及子公司的收入

美国跨国公司在海外的附属机构可以采取分公司或子公司的形式。在**国外的分公司**（foreign branch）并非是独立于母公司的公司，而是母公司的延伸。因此，无论其外国来源所得是否交付给母公司，分公司的主动经营所得或被动收入都被并入母公司的国内来源所得，并据此来计算税赋。**外国子公司**（foreign subsidiary）是跨国公司在国外设立的独立的附属组织，而且美国跨国公司在其中至少占有10%的具有投票权的股权。美国跨国公司占有10%以上、50%以下具有投票权的股权的外国子公司被称为参股外国子公司或非控股外国公司。当从外国参股子公司获得积极收入或被动收入时，只有当其以股利的形式支付给美国母公司时才在美国纳税。美国跨国公司持有50%以上具有投票权的股权的外国子公司被称为控股的外国子公司。控股外国公司的积极收入只有在支付给美国母公司时才在美国纳税，但被动收入即使没有支付给母公司，在美国也得与所得一样纳税。本节稍后将对本国居民控股的国外公司进行更为具体的讨论。

【例21-2】**外国税收抵扣的计算**

表21-4举例说明了美国跨国公司在东道国芬兰和巴基斯坦的外国分公司和外国全资子公司的外国税收抵扣的计算。例子中使用了表21-1中列出的实际国内所得税边际税率和表21-2列出的预提税税率。芬兰和巴基斯坦都以与本国应税所得相同的税率向外国分公司征税。本例说明了当存在或不存在超额外国税收抵扣时，100美元外国应税所得的总税赋情况。通常，超额税收抵扣可用于抵销过去1年以及未来10年内的应税所得。本例假设所有税后外国来源所得中的可支付部分马上被汇回美国母公司。

如表 21-4 所示，当美国跨国公司可以充分使用超额税收抵扣时，每 100 美元的外国应税所得的总税负为 35 美元，或 35%，与 100 美元在美国国内的税赋相同。在下述各种情况下，这一点的确成立：①无论外国附属机构位于哪个国家；②无论所得税和预提税税率的高低。在允许的时间内，总是有着超额税收抵扣的跨国公司往往不可能利用它们。因此，更一般的情况是超额外国税收抵扣会变得无用。

当超额税收抵扣变得无用时，如果外国所得税率比美国的所得税税率（35%）更高，则分公司的外国税收负担重于对应的美国公司的税负。对于外国子公司，当"外国所得税税率 + 预提税税率 − （外国所得税税率 × 预提税税率）"高于美国的所得税税率（35%）时，其外国税负比对应的美国税负重。例如，一家在巴基斯坦的外国子公司，其超额外国税收抵扣无法得到使用，它的总税收负担为 0.35+0.087 5−（0.35×0.087 5）=0.406 9 或 40.69%，而对应的美国税率为 35%。

近来，许多国家对跨国公司分公司所赚的应税所得除了征收所得税外，还对其盈利征收预提税。这样，无论跨国公司在海外设立的是分公司还是全资子公司，对这些国家而言都没有大的差别。

表 21-4　美国对国外子公司的外国税收抵扣的计算

	芬兰子公司	巴基斯坦子公司		芬兰子公司	巴基斯坦子公司
外国所得税税率	20%	32%	美国应税所得额	100%	100%
预提税税率	0%	8.75%	美国所得税（35%）	35	35
应税所得额	100	100	减：外国税收抵扣		
外国所得税	−20	−32	所得税	−20	−32
可支付净额	80	68	预提税	0	−6
预提税①	−0	−6	美国税收净额（超额抵扣）	15	(3)
给美国母公司的净现金流	80	62	总税额：使用超额抵扣	35	35
加总：所得税	20	32	总税额：不使用超额抵扣	35	38
加总：预提税	0	6			

①假设可以汇付的资金 100% 地进行股利分配。

21.4.2　避税港

在所谓的**避税港**（tax haven）国家或地区，公司所得和被动收入的预提税税率都很低。表 21-1 用所得税税率来反映一些主要的避税国家或地区，如巴林、百慕大、开曼群岛、海峡群岛（根西岛和泽西岛）、中国香港和马恩岛。此外，中国香港对外国来源所得收入免税，但巴拿马对外国来源股利征收 5% 的低税。

避税港一度被跨国公司用作建立全资所有的"账面"公司的地点，该公司反过来拥有跨国公司经营的所有外国附属机构。因此，当附属企业经营所在的东道国的税率低于母公司本国税率时，股利可以通过在避税港的附属企业来为跨国公司所用，而且其本国应付的税额可以一直延迟到位于避税港的子公司派发股利之时。最近，美国跨国公司由避税港公司所得的利益已经大为减少，其原因有两个方面：一是在美国的母公司的所得税税率并不比大多数非避税港国家高多少，由此减少了延期的需要；第二个因素是关于本国居民控股的国外公司的规定有效地减少了避税港子公司延续被动收入的能力。不过，正如下面的国际财务实践专栏 21-1 "离岸还是在岸：关键在于程度大小"所指出的，关于离岸金融中心和避税港的界定常常很模糊，让人费解。

| 专栏 21-1 |　　　　　　　　　　　　国际财务实践

离岸还是在岸：关键在于程度大小

精确地讲，离岸金融中心（OFC）是什么呢？广义而言，离岸金融中心是指汇聚了大量外国资金（几乎包括世界上任何资本）的金融中心。纽约、伦敦和香港等地接洽的许多业务都来自于美国、英国或中国之外。

毫无疑问，英国是全球最大的个人避税天堂之一。那些所谓的"非本地居民"——生活在英国但自称居住海外的人，不需要为其海外收入纳税。美国之所以能够吸引大量海外资金是因为对外国人在银行的存款征收非常低的税。这样，外国人在美国的银行存款高达 2.5 万亿美元，是外国人在瑞士的银行存款的两倍多。

就像许多人所理解的那样，离岸金融中心就是一个小型的金融管辖区，其中的大部分机构都为非本地居民所控制，而且这些结构多隶属金融业或出于金融目的而设立。此外，这些金融机构所控制的业务量远远超出本地经济的需要。

以上所有的这些特征再加上低税或者免税使得离岸金融中心被视为"避税天堂"。尤其当它们拥有严格的银行保密制度以及对境内商业活动宽松的监督和管理时，离岸金融中心更是如此。例如，巴拿马一直允许匿名持有和交易无记名股票。

作为致力于监控全球金融市场所面临威胁的组织，金融稳定论坛（FSF）将 42 个金融管辖区列为离岸金融中心。OECD 于 2000 年将 35 个金融管辖区列为"避税天堂"。许多金融管辖区既出现在 OECD 的名单上，也出现在 FSF 的名单上。

区分离岸和在岸金融中心是非常困难的。正如某位欧洲银行的管理者说："这里的关键在于程度，而不在于数量问题。"例如，许多人认为百慕大是离岸金融中心，但百慕大有成群的专业精算师可提供再保险风险核算方面的专业服务。金融业税收占全部税收一半多的泽西岛拥有专业化的银行产业，在纳税方面与其他政府进行合作，还要求银行和其他注册机构要以"真实身份"在该岛进行商业活动。

更让人吃惊的是，有些金融管辖区涉及多个领域。卢森堡就是一个例子。该国很小，位于比利时、法国与德国之间，但也是欧洲最重要的金融中心之一。作为欧盟发起成员，卢森堡被公认为是一个管理良好、调控得当、服务专业的金融中心。这里有着 2 200 多家投资基金，所管理的资金达 1.8 万亿欧元。卢森堡也是欧盟地区最大的私人银行集聚地。金融服务业产值占卢森堡总产值的 1/3。如果加上其他非直接贡献行业（会计、律师等）所缴纳的税收，来自金融服务业的税收占卢森堡全部税收的 40%。

由于许多涉及丑闻的公司在当地有业务，例如声名狼藉的国际商业信贷银行（BCCI）和最近"声名鹊起"的明讯银行，卢森堡有时也被人们归入"避税天堂"的行列。虽然国际商业信贷银行的主要业务在伦敦本土之外，而且明讯银行的业务主要在法国，但卢森堡却遭到了媒体的抨击。

爱尔兰和新加坡的制造业实力颇丰，但其欣欣向荣的金融中心也适合于开展离岸商业活动。新加坡拥有严格的银行保密法。此外，海外逃税在新加坡不属于犯罪。瑞士也被一些人看作避税天堂，因为瑞士有着很低的税率和闻名于世的银行保密制度。

不过，在岸经济体也有这方面的问题。美国政府机构去年4月发布的一份报告，各州很少搜集在本州注册的公司的真实所有者信息。这方面，特拉华州和内华达州显得尤甚。

经合组织的欧文先生关注的是金融中心管理的好坏而不是在岸还是离岸之间的差别。管理良好的金融中心在纳税问题上会与其他政府进行良好的合作，并且制定有良好的监督体系。相反，那些管理不当的金融中心不仅不愿与别国合作，而且常常以"银行保密"为幌子而为所欲为。欧文说，低税或者免税本身并不具有危害性。

资料来源：© The Economist Newspaper Limited, London, February 24, 2007.

21.4.3　本国居民控股的国外公司

1986年的《税收改革法案》创造了一种新的外国子公司，即**本国居民控股的国外公司**（controlled foreign corporation，CFC）。税收改革的目的是防止一定所得在避税港国家的税收延迟，并通过减少美国跨国公司从外国税收抵扣中获得的利益来增加税收。所谓本国居民控股的国外公司，是指美国股东拥有50%以上表决股份的外国子公司。该美国股东可以是任何美国公民、居民、合伙企业、公司、信托或地产商，只要它拥有（或间接拥有）10%以上CFC具有投票权的股权。因此，有了六个非关联的各拥有同一家外国公司10%具有投票权的股权的美国股东，就可以把该公司设为控股外国公司。另外，美国跨国公司的全资子公司也是控股外国公司。

美国跨国公司的非控股外国子公司的未分配利润会被延期征收，直到其通过股利形式被汇回。对控股外国公司的特定所得，该规定针对本国居民控股的国外公司的附则F所得进行了修改，要进行立即征税。2006年，国会通过了《2005年税务增加保护和和解法案》（TIPRA），该法案对附则F所得进行了重新规定。按照《2005年税务增加保护和和解法案》，**附则F所得**（subpart F income）包括：保险所得；国外公司所得（即与销售、运输和石油相关的被动收入）；来自遭遇国际联合抵制国家的收入；非法贿赂、回扣等收入；来自美国与之断交国家的收入。本国居民控股的国外公司的附则F所得限于该公司纳税年度的总收益与利润。

21.4.4　税收倒置

如表21-1所示，在美国，公司联邦所得税最高边际税率为应纳税所得额的35%，且无论其从哪里获得收入，都要征税。仔细阅读表21-1可以发现，这一数据与大多数国家相比是很高的。客观上来看，美国联邦和各州的平均所得税税率为39%，而34个最富裕的经合组织成员的这一税率仅为25%。此外，正如前面所提到的，美国跨国公司国外子公司的未分配税后所得（不包括本国居民控股的国外公司的附则F所得）在汇给母公司之前不会被征税。在汇给母公司时，如果汇回的收入已经向东道国缴纳了预扣税，那么汇回的所得可以获得国外税收减免。然而，一些美国跨国公司（如戴尔电脑、通用电气、惠普和索诺科产品）一直不愿意将从低税率国家获得的所得汇回美国，因为即使考虑到国外的税收抵免政策，汇回美国的所得仍然需要承担大量的额外征税。据估计，美国跨国公司在海外总计拥有2.1万亿美元的现金，等待美国能降低企业所得税税率，或宣布一个免税期，暂时降低国外所得的税率。显然，来自这些汇回所得的税收有助于美国财政部应对联邦预算赤字，而公司股东得到的税后所得类似于获得的股利。

然而，这一切都不会在短期内实现。事实上，自2014年以来，美国的一些大公司一直在寻求所谓的税收倒置。**税收倒置**（tax inversion）是指一家公司（通常为美国公司）通过在某个低税率国家并购某个外国竞争对手，将其注册地转移到国外，从而来获得税收优惠。相较于原公司，新公司在将国外所得汇回国内时可以获得更低的税率。此外，美国的就业可能会受到不利的影响。在倒置之后，新公司的就业增长可能主要发生在海外，而且国内的一些就业岗位也可能会转移到海外。因此，由于新成立的外国公司带给美国国内的收入下降，美国可能会损失未来的税收收入。为了阻止这些倒置行为，奥巴马政府曾试图将这些税收策略打上"不爱国"的标签。美国财政部还试图通过新的限制措施来阻止税收倒置，使倒置更难操作。当然，真正的问题在于美国企业的所得税税率太高，美国公司自然不愿支付如此高的税收。为了使美国的税率与其他发达国家保持一致，美国需要进行全面的税制改革。⊖

21.5 转移定价及相关问题

在包含众多部门的大公司里，商品和劳务常常会从一个部门转移到另一个部门。当商品和劳务在部门间转移时，出于记账目的，就必须为它们确定转移价格，这就产生了**转移定价**（transfer price）问题。显然，转移价格越高，转出部门的毛利润越高，转入部门的毛利润就越低。即使在一家国内公司，转移价格也很难确定。在跨国公司内，考虑到作为接受方的子公司所在的东道国所实行的外汇管制、两国间所存在的所得税税率差异以及东道国所实施的进口税和配额，转移定价问题将变得更加复杂。下面案例主要说明重要转移定价问题。

| 案例应用 | Mintel 制造公司的转移定价策略

1. 低定价与高定价策略

Mintel 制造公司生产的产品在美国国内外均有销售。产成品从母公司输送到海外全资子公司进行销售。Mintel 的财务经理，希拉里·范·柯克（Hilary Van Kirk）决定，作为对销售子公司经营情况进行常规检查的一部分，应对公司的转移定价策略做重新评估。范·柯克决定对低定价和高定价政策都进行分析。这一分析是以美元为计量单位的。她注意到母公司和销售子公司的所得税税率都是40%，产品单位变动成本为1 500美元，销售子公司卖给最终顾客的零售价为3 000美元。作为分析的第一步，范·柯克制作了表21-5。表的上半部分是对低定价政策的分析，其中转移价格为每单位2 000美元，下半部分是对高定价政策的影响分析，其中转移价格为每单位2 400美元。

范·柯克从表21-5中得知，在低定价政策下，销售国的税前利润、所得税和每单位的净利润都较多。另一方面，高定价政策的效果则相反，即制造国的税前利润、所得税和每单位的净利润都较多。她还发现因为两国的所得税税率相同，所以无论跨国公司是采取低定价还是高定价政策，其总体效果是相同的。

⊖ 这个部分是基于以下文章 "How to Stop the Inversion Perversion," *The Economist*, July 26, 2014, p. 12; and "Inverted Logic," *The Economist*, August 15, 2015, p. 12.

表 21-5　当 Mintel 公司各子公司所得税税率相同时，高、低转移定价策略的比较

（单位：美元）

低定价策略	制造子公司	销售子公司	整个公司	高定价策略	制造子公司	销售子公司	整个公司
销售收入	2 000	3 000	3 000	销售收入	2 400	3 000	3 000
销货成本	1 500	2 000	1 500	销货成本	1 500	2 400	1 500
毛利润	500	1 000	1 500	毛利润	900	600	1 500
营业费用	200	200	400	营业费用	200	200	400
税前利润	300	800	1 100	税前利润	700	400	1 100
所得税（40%）	120	320	440	所得税（40%）	280	160	440
净利润	180	480	660	净利润	420	240	660

2. 外汇管制的影响

既然采取低定价和高定价政策的总体效果相同，因此范·柯克认为对于 Mintel 公司而言，这两种政策的区别不大。但是她推断，如果分销国实行外汇管制，限制或冻结可返回制造国的母公司的利润，那么 Mintel 公司就要认真选择其定价政策了。很显然，高定价政策更好。由表 21-5 可知，在高定价政策下，每单位产品可返回母公司 240 美元，否则这些利润可能被冻结。这部分金额就等于在母国高出的 400 美元定价减去多出的 160 美元所得税。

范·柯克发现对于东道国而言，低定价政策是不利的。如果进行转移的子公司想通过把低定价政策改成高定价政策来重新配置资金，那么就能在一定程度上避开外汇管制，从而给东道国的税收收入带来损失。因此，东道国可能采取措施强行制定一个转移价格。她觉得她有必要进一步弄清楚该价格是如何确定的以及两家关联公司间不同所得税税率的影响。

3. 不同所得税税率的影响

接下来，范·柯克编制了表 21-6。该表给出了当转移国所得税税率为 25% 或 15% 时（低于接收国 40% 的边际税率）时，低定价和高定价政策的影响。

表 21-6　当 Mintel 公司各子公司存在不同所得税税率时，高、低转移定价策略的比较

（单位：美元）

	制造子公司	销售子公司	整个公司
低定价策略			
销售收入	2 000	3 000	3 000
销货成本	1 500	2 000	1 500
毛利润	500	1 000	1 500
营业费用	200	200	400
税前利润	300	800	1 100
所得税（25%/40%）	75	320	395
净利润	225	480	705
高定价策略			
销售收入	2 400	3 000	3 000
销货成本	1 500	2 400	1 500
毛利润	900	600	1 500
营业费用	200	200	400

(续)

	制造子公司	销售子公司	整个公司
税前利润	700	400	1 100
所得税（25%/40%）	175	160	335
净利润	525	240	765

范·柯克从表 21-6 中得知，在两种定价政策下，总的税前利润都为 1 100 美元。但是，当两国的所得税税率不同时，Mintel 公司就得认真选择其定价政策了。如果政府未对转移价格实行管制，那么当母公司的所得税税率低于接收国的所得税税率时，跨国公司更倾向于选择高定价政策。在高定价政策下，Mintel 每单位产品总的净利润要比低定价政策高 60 美元 [=（2 000-2 400）×（0.25-0.40）]。在高定价政策下，每单位产品可带来 400 美元的税前利润，从接收国返回到税率为 25% 的转移国。因此，Mintel 公司每单位产品应付的所得税总额由 395 美元降至 335 美元。

如果接收国的税率低于母国，那么并不一定要实行低定价政策。范·柯克知道美国跨国公司是按其全球范围内的收入征税的。因此，利润从税率较低的接收国返回到美国母公司后，仍将计入母公司的税前利润并被征税。在接收国已交的税收可以凭纳税证明在美国抵扣。因而，如果净利润要返回母国，低定价政策并不能减少税负。但如果国外子公司的净利润要在东道国进行投资，则低定价政策就能减少税负，从而产生更多的再投资资金。然而，范·柯克认为这只是暂时的。有利的投资机会总会枯竭的，母公司和股东也会要求回报，这意味着总有一天利润需要返回母国。

4. 法规对转移价格的影响

范·柯克觉得东道国政府很清楚跨国公司利用转移定价计划转移被冻结资金或避税的目的。在经过一番研究之后，她发现大多数国家都有针对转移价格的法规管制。美国《税收法典》第 482 条关于"纳税人收入和扣除额的分配"规定，转移价格必须反映独立交易价格，即销售子公司在向无关联顾客销售产品或劳务时的定价。美国国税局（IRS）规定"……为了防止避税行为或为了清楚反映此类组织的收益状况，在必要时……将在此类组织间分摊总利润、扣减额、抵免额或补贴……"另外，在发生冲突时，纳税人有责任提供证据，以证明税收法典所确定的转移价格和应税利润是不合理的。

她发现按照国税局的税收法典以及国际惯例，可以用三种基本方法来确定有形商品的独立交易价格。其中最好的方法之一是利用无关联企业之间可比的无约束价格。虽然这一方法看起来合理，在理论上也可行，但实际运用却非常困难。因为影响两个企业之间定价的因素很多，法典需要对此进行一些调整，因为销售条款、销售数量、质量差异和销售日期等因素都会影响到不同顾客所面对的销售价格。因此，一个价格可能对一个顾客而言是合理的，但对另一个顾客却未必合理。第二种方法是转售价格法。如果不存在可比的无约束价格，那么就可以用这一方法。这种方法将分销公司的销售价格减去管理费用和合理的利润。但分销公司的增加值是很难确定的。第三种方法是成本加成法，是指在制造子公司的成本上加上适当的利润。这种方法假设生产成本是可以计算的。另外，当这三种基本方法都不适用时，可以把一些方法综合起来使用以得到一个近似的独立交易价格，这种方法即为第四种方法。第四种方法是以金融和经济模型及计量经济学方法为基础的。可用可比的无约束价格和第四种方法来确定无形商品的独立交易价格，而成本法则可用于劳务价格的确定。

经济合作与发展组织的《税收协定范本》（Model Tax Convention）为其成员提供了一系列的计算方法，这些方法与美国国税局的规定一致。范·柯克总结道，所有的方法在操作上都有某种困难，且税务当局在评估这些方法时也存在困难。因此，转移定价的操纵不可能完全被控制，跨国公司重置资金或减少税负还是存在可能性的。

国际财务实践专栏21-2"最重要的国际税收问题：转移定价"讨论了由安永（Ernst & Young）国际会计事务所最近所进行的一项调查。

| 专栏 21-2 |　　　　　　　　　　国际财务实践

最重要的国际税收问题：转移定价

最近，《美国商务资讯》上的一篇文章引用了安永（Ernst & Young）所开展的最新调查。该调查发现转移定价是目前跨国公司所面临的最重要的国际税收问题。

在安永的调查中，86%的跨国公司母公司和93%的子公司认为转移定价是跨国公司当前面临的最重要的国际税收问题，并表示来自税务部门的稽核已经越来越司空见惯。

转移定价是跨国公司各单位之间发生交易的价格，包括公司内的商品、产权、服务、贷款和租赁的转移价格。

安永的调查显示，在过去四年里，在收入超过50亿美元的跨国公司中，有59%受到了对其转移定价的稽核，而在总部位于美国的各类收入规模的跨国公司中，有71%也遇到了该问题。在接受调查的跨国公司看来，对转移定价的稽核很有可能是因为越来越多的国家正在实施转移定价的立法，而那些已经立法的国家正在加大执法力度。接受调查的跨国公司还认为，由于税务部门已经愈发老练，所以这种稽核将变得更具有挑战性。

据《美国商务资讯》报道，安永的调查发现，如果一家跨国公司因转移定价稽核而被迫进行调整，那么它被处罚的概率会达到近1/3，而实际受到处罚的概率会达到1/7。此外，安永的调查还发现，在被报道的转移定价调整措施中有40%导致了双重税收。

安永的调查还发现，跨国公司遭受主管当局稽核程序的经历各不相同，所谓主管当局稽核程序是一种税收条约，两国政府在此条约下同意解决该问题。在许多案例中，虽然主管当局的稽核程序会持续1~2年，但当局会消除或减少双重税收。那些利用主管当局稽核程序的跨国公司一般都得到了有利的结果，因为其中大部分公司都会再次采用该程序甚至考虑采用事先定价协议（advance pricing agreement）。

安永的调查还显示，许多跨国公司在合并或并购之后并未对其转移定价政策进行重新审查。"因为对转移定价的仔细检查日益增多，跨国公司有必要评估任何业务变动对其风险的冲击。在很多时候，这将会强化跨国公司需要对其转移定价政策的核心要素进行重新设计。"安永转移定价服务部全球首席执行官罗伯特 D.M. 特纳称。

特纳先生还指出，虽然有46%的受调查的母公司在过去的两年中经历了合并或并购，但只有18%的跨国公司意识到了这种需求，或能借此机会对其转移定价政策进行全面的重新审查。

安永的调查显示，虽然有形商品销售仍是跨国公司最常受稽核的交易，但有形商品交易遭到稽核的比例在不断下降，而与服务及无形资产交易相关的稽核所占的比例却在上升。此外,特纳先生注意到"公司内服务正在成为'服务经济'的一个愈发主要的部分,且有着较高的货币价值。"

资料来源:Ernst & Young, November 5, 2003. Reprinted with permission of LexisNexis.

5. 进口税

经过一番思考,范·柯克认为进口税是另一个需要考虑的因素。当东道国对外国运经本国的货物征收从价税时,进口税会增加本国国内的交易成本。从价税是以进口货物的估价为基础的一种比例税。她推断,进口税会影响跨国公司转移定价策略的运用,但就一般而言,所得税对净利润总额的税后影响最大。为了分析进口税对 Mintel 公司的影响,她编制了表21-7,该表在表 21-6 的基础上增加了接受国征收 5% 进口税的情况。

表 21-7 Mintel 公司各子公司所得税税率不同、进口关税为 5% 时,高、低转移定价策略的比较

(单位:美元)

	制造子公司	销售子公司	整个公司
低定价策略			
销售收入	2 000	3 000	3 000
销货成本	1 500	2 000	1 500
进口关税(5%)	—	100	100
毛利润	500	900	1 400
营业费用	200	200	400
税前利润	300	700	1 000
所得税(25%/40%)	75	280	355
净利润	225	420	645
高定价策略			
销售收入	2 400	3 000	3 000
销货成本	1 500	2 400	1 500
进口关税(5%)	—	120	120
毛利润	900	480	1 380
营业费用	200	200	400
税前利润	700	280	980
所得税(25%/40%)	175	112	287
净利润	525	168	693

比较表 21-6 和表 21-7,范·柯克发现:在低定价政策下,如果东道国征收 5% 的进口税,那么 Mintel 公司每单位产品的收入就会减少 60(=645-705)美元。这 60 美元代表了对 2 000 美元的单位产品转移价格征收 100 美元进口税的税后成本。Mintel 公司仍会选择高定价政策,因为它使单位产品的净利润由 645 美元增加到 693 美元。两种定价政策的净利润差额只有 48 美元,而在未征收 5% 进口税之前,差额是 60 美元。这 12 美元的损失意味着当每单位转移价格从 2 000 美元变为 2 400 美元后,单位产品进口税产生的增加的 20 美元税后成本。

6. 分拆资金转移

正如范·柯克所知,东道国很清楚跨国公司为逃避其在境内的税负或外汇管制而采取的转移定价策略。她想知道的是,当跨国公司只想从其国外子公司收回充足的资金以使自己的投资获得回报的时候,它能否避免引起东道国政府当局的怀疑,能否免于遭受调查和可能招致的行政干预。为了更深入地了解转移定价策略等相关问题,她决定参加一个关于该主题的研讨会,该研讨会为期一天,由她所属的一个专业组织举办的。鉴于参会费高达1 500美元,她希望能在研讨会中有所收获。

这次会议最终堪称物有所值。除了在会议上结识了几位其他公司的财务经理外,范·柯克还了解到,如果母公司将它提供给子公司的实物和劳务进行分解并分别计算成本,而不是将所有成本都纳入一个单一的转移价格中去,那么对跨国公司会更有利。必要时,详细的费用说明可以很方便地提交给东道国的税务部门,以证明每一笔费用都是合理而真实的。例如,除了计算实物成本以外,母公司还可以向子公司收取员工技能培训费、全球范围内的部分广告费或其他公司管理费,以及因使用某知名品牌、技术或专利而支付的专利税或特许费。专利税或特许费是母公司为促进公司发展或提高产品吸引力而预先支付的费用。

在分析的最后,范·柯克编制了表21-8,对表21-6中不同所得税税率下Mintel公司的低定价和高定价政策进行了重新分析。此外,表21-8还显示,采取2 000美元的转移价格外加单位所售产品400美元的专利税费与采取2 400美元转移价格的高定价政策所得到的总体净利润相同,都是765美元。与之相比,低定价政策只能产生705美元的总体净利润。无论销售子公司是否将480美元的净利润作为分红返回给制造子公司,结果都是如此,因为分销国的税率更高。正如范·柯克在研讨会上所了解的那样,如果2 400美元看起来高于转移货物的公平价格的话,那么分类定价策略很可能会被当地政府所接受,而高定价政策则不一定会被接受。

表21-8　Mintel公司各子公司所得税率不同、低定价且存在额外专利费时,高、低转移定价策略的比较

(单位:美元)

	制造子公司	销售子公司	整个公司
低定价策略			
销售收入	2 000	3 000	3 000
销货成本	1 500	2 000	1 500
毛利润	500	1 000	1 500
营业费用	200	200	400
税前利润	300	800	1 100
所得税(25%/40%)	75	320	395
净利润	225	480	705
高定价策略			
销售收入	2 400	3 000	3 000
销货成本	1 500	2 400	1 500
毛利润	900	600	1 500
营业费用	200	200	400
税前利润	700	400	1 100
所得税(25%/40%)	175	160	335
净利润	525	240	765
低定价和额外专利费			
销售收入	2 000	3 000	3 000
专利收入	400	—	—
销货成本	1 500	2 400	1 500

(续)

低定价和额外专利费	制造子公司	销售子公司	整个公司
毛利润	900	600	1 500
营业费用	200	200	400
税前利润	700	400	1 100
所得税（25%/40%）	175	160	335
净利润	525	240	765

国际财务实践专栏 21-3"醒醒，该认清现实了"讨论了星巴克为在英国享受低税率而采用的转移定价与特许使用金安排。这种做法类似于表 21-8 中的"低定价 + 专利费"政策。

| 专栏 21-3 |　　　　　　　　　国际财务实践

醒醒，该认清现实了

12 月 6 日，在宣布星巴克将在 2013～2014 年每年自愿向英国税务部门多缴 1 000 万英镑（1 600 万美元）时，星巴克（英国）与爱尔兰区总裁克里斯·英斯科夫（Kris Engskov）说："这可是我们从未有过的承诺。"星巴克做出这样的承诺并非因为受到政府的施压。事实上，一直以来，政府并不赞成星巴克额外捐助这样一笔资金的决定。针对消费者的不满，政府请求大家不应迁怒于星巴克的高定价，而应该针对星巴克在英国所缴税收太少这一问题。"我们已经听到了客户的呼声，"克里斯·英斯科夫说。

呜呼！星巴克试图将税收转为营销费用的创举并未取得期望的支持。UK Uncut 是一家反对政府紧缩政策和公司避税的活动组织。12 月 8 日，该组织在星巴克的数十家英国门店前进行了抗议活动。活动组织者指出，自 1998 年在英国开出首家门店以来，星巴克在英国总共才缴纳了 860 万英镑的税收。在上个月向英国议会委员会作证时，星巴克声称其在英国仅有一个年份实现盈利。不过，星巴克也承认其英国公司不仅向一直有盈利的星巴克瑞士子公司支付了大笔货款，而且也向星巴克荷兰子公司支付了因使用品牌与知识产权而发生的大笔特许费。

"荷兰三明治"（Dutch Sandwich）和"双面爱尔兰"（Double Irish）之类的避税方案听起来像菜单上的菜品。不过，从严格意义上来讲，星巴克并没有采用这些避税手段。当然，这些方法都是合法的避税手段，而且谷歌等其他公司据称一直都在采用。事实上，谷歌也被要求向英国议会委员会作证。谷歌欧洲业务的大部分收入先是在都柏林入账，再以特许费的形式转移至荷兰子公司，剩余的部分则在无公司所得税的百慕大确认为利润。另一网络巨头亚马逊公司（Amazon）对英国议会称，2011 年公司只缴纳 180 万英镑税收的原因在于其英国公司对欧洲主要客户只提供后台服务，而且所在国卢森堡实施的又是低税收政策。

虽然星巴克坚决否认采用了避税手段，但仍然承认通过谈判为其阿姆斯特丹子公司争取到了不为外人所知的低税率。按照星巴克的说法，在全球范围内，公司为其利润所支付的税率超过了 30%。事实上，其他许多公司都在广泛采用避税手段。根据慈善组织 ActionAid 2011 年发布的研究成果，有 98 家富士 100 指数企业至少在一处避税天堂设立有一家子公司。

此外，越来越多的跨国公司采用这样的策略：先将其所拥有的知识产权转移至设立于避税天堂的子公司，然后向其他子公司收取高昂的特许使用费。根据发达国际智库 OECD 整理的有关资料，显然不可能成为创新中心的国家或地区，如巴巴多斯、开曼群岛和百慕大，竟然拥有大量的专利。

在英国和美国，企业一直在设法说服政府降低边际公司所得税税率，即便公司可能会因此而丧失某些可资利用的机会或漏洞。事实上，说服工作已经开始有了进展。其降低边际税率的理由得到牛津大学企业税务研究中心 6 月所发布的研究报告的支持。该研究报告称，美英两国的实际税率（扣除抵免后）位于全球最高的国家行列。2011 年，贝拉克·奥巴马总统试图在取消某些减免的同时降低美国的主要税率，但他没有成功。不过，奥巴马总统提出了一个类似提案，作为与共和党就"财政悬崖"进行谈判的砝码。

目前，鉴于企业采用利润丰厚的避税行为已经激起了公众的愤怒，政治家们可能会把注意力从使税收利好企业转移至维护税基。就公众对于星巴克、谷歌和亚马逊的愤怒和不满，英国财政大臣乔治·奥斯本（George Osborne）承诺将利用英国即将担任 G8 这一富国俱乐部主席国的时机对避税天堂行为展开斗争。鉴于其他国家也面临着赤字不断扩大的问题，那里的政治家们很有可能支持并采用这一行动。

资料来源：© The Economist Newspaper Limited, December 15, 2012.

21.5.1 其他各种因素

当东道国对用于进口特定商品的外汇数额加以限制时，转移定价策略就很有用。在这种情况下，较低的转移价格可以在配额限制下进口更多的商品。如果进口货物是一家装配或制造子公司维持或扩大生产的必需品，那么转移定价策略就要比节省所得税更加重要。

转移价格还对跨国公司的各子公司在当地的形象有一定影响。高定价政策使得子公司账面上的净利润很低。如果母公司希望子公司能够在资金短缺时在当地筹到短期借款，那么凭借这样差强人意的财务状况恐怕是很难实现的。另一方面，低定价政策会使得至少在表面上看起来似乎子公司对总收益的贡献比母公司还要大。在市场失灵或证券分析者未能理解跨国公司的转移定价策略的时候，跨国公司的市场价值可能会被低估。

显然，转移定价策略会影响国际资本支出分析。较低（高）的定价策略会增加（降低）子公司资本支出的调整后现值的吸引力。因此为了进行有意义的分析，无论实际的转移价格为多少，在调整后现值分析法中都应该采用彼此独立的定价，以确定税后营业收益。在调整现值法分析中，可用单独一项来反映转移定价策略所节省的税负。这就是第 18 章中进行详细阐述和推荐的方法。

21.5.2 预约定价协议

预约定价协议（advance pricing agreement，APA）是跨国公司与美国税务局（IRS）之间所签订的具有法律约束力的契约。按照该协议，美国税务局不再根据美国《税收法典》第 482 条的要求对某些被称为抵补业务的交易进行转移定价调整。预约定价协议安排提前解决了将来审计时可能产生的转移定价问题。预约定价协议鼓励纳税人将有关信息提交给美国国内税务局以便后者进行恰当的转移定价分析，因此税收管理的效率就可以得到提高。对纳税人而言，预约定价协议让纳税人对转移定价方法有了更大的确定性。预约定价协议中的具体转移定价方法可提前5年通过协商来确定。

预约定价协议既可以是单边的，也可以是双边的，甚至还可以是多边的。单边的预约定价协议是指纳税人与美国国内税务局就在美国的纳税问题进行协商。一旦与外国税务部门发生纠纷，那么纳税人可以紧接着请美国税务局的管理部门启动共同协议，就像两国之间已经存在适用的税收条约那样。不过，如果两国的有关部门无法解决问题，那么纳税人就会遭受损失。双边或多边预约定价协议是纳税人与一国或一国以上的外国税务当局按照税收条约所明确的协议程序所签订的协议。这样，纳税人来自抵补业务交易的收入就不会遭到双重征税。显然，预约定价协议对纳税人是有利的。2007年1月，中美两国签订了一份与沃尔玛有关的双边的预约定价协议。预期该预约定价协议将成为未来两国之间开展这方面合作的翻版。

21.6 冻结资金

由于种种原因，一个国家可能会发现自己外汇储备短缺，然后就实行汇兑限制，限制本币兑换成其他货币以防止外汇储备的进一步减少。当一国实行外汇管制时，子公司要汇给国外母公司的利润就会被冻结。冻结可能只是暂时性的，也可能会持续相当长的一段时间。长期的利润冻结对跨国公司是不利的。如果跨国公司不能把国外子公司的利润收回，那么跨国公司倒不如不投资，因为股东无法从中获得收益。

母公司在对国外子公司进行投资之前，应该先调查将来资金被冻结的可能性。这就是第18章中所概括的资本成本分析的一部分。该章所分析的调整现值法框架只考虑了预计可返回的营运现金流。

如果在投资后发生了无法预计的资金冻结，那么跨国公司就必须面对这一政治风险。因此，跨国公司必须熟知各种转移冻结资金的方法以使股东获利。转移冻结资金的几种方法已在本章和其他章节中讨论过了。比如转移定价策略和劳务分类计价都可能是跨国公司转移冻结资金的方法。这些方法在本章中已论述过了。此外，提前和延后支付作为控制交易风险的方法也已经在第8章进行了讨论，不过，提前和延后支付也可作为跨国公司重新配置资金的一种策略。出口创造和直接谈判是转移冻结资金的另外两种方法。

出口创造（export creation）就是利用子公司被冻结的资金来使母公司和其他子公司获利，即利用冻结资金而不用可返回的资金来支付进口，从而为跨国公司或其子公司创造利益。例如，雇用资金冻结所在国而非母公司所在国的咨询公司为跨国公司提供必要的咨询服务；将总部的人员调至子公司，并用被冻结的当地货币支付其工资；跨国公司所有的管理人员都尽可能地乘坐子公司所在国的航班，由子公司来支付机票预订等费用；在子公司所在国举行商务会议，并由当地子公司负责一切开支。因为这些商品和劳务是必需的，所以这些措施不但有利于跨国公司，也有利于东道国的各行业。

东道国希望吸引对本国经济发展和劳动力技能发展最有利的外国产业，因此，东道国生产汽车或电子设备等出口商品的行业，或者可以吸引游客的行业，如旅游区宾馆等，都是非常受外国欢迎的投资领域。这类投资创造了良好的就业机会，培训了东道国居民，为东道国创造了产生外汇的源泉，而非仅仅使用外汇本身。如果东道国不能获得适当的回报，那么它就不会允许跨国公司在其境内进行投资获利。因此，那些从事受欢迎的行业的跨国公司就可能直接与东道国政府进行谈判，使其确信冻结资金对双方都是有害的。

本章小结

本章简单地介绍了跨国公司和国际金融资产投资者所面临的国际税收环境。

1. 税收的两个主要目标是税收中性和税收公平。经济效率和平等原理是税收中性的理论基础。税收公平原则是指所有情况相似的纳税人应该依据相同的规则分担政府运作的成本。
2. 税收的三种基本类型分别是所得税、预提税和增值税。本章给出了许多国家的公司所得税并做了相应的比较。类似地，本章还给出并比较了与美国签订有双边协定的一些国家对各种外国来源所得征收的预提税。
3. 各国通常对居民纳税人的全球所得和外国纳税人在其境内的经营所得课税。如果各国同时采用两种方式，那么就会发生双重课税问题，除非能建立起一套防止双重课税的机制。作为减少双重课税的一种手段，本章还介绍了外国税收抵扣概念。本章从美国跨国公司的角度，举例说明了在三个采用不同公司所得税税率的国家里分公司和子公司的外国税收抵扣的计算。
4. 不同的组织结构形式也会影响跨国公司的税负。当分公司和子公司的经营面临不同的税制时，情况更是如此。此外，本章还对转移定价策略、在避税港国家或地区开展经营的子公司、本国居民控股的国外公司和外国销售公司进行了界定和讨论。
5. 转移定价策略是实现资金在跨国公司内部重新配置的方法，也是降低税负以及从实施外汇管制的东道国转移冻结资金的可行办法。
6. 分拆资金转移、出口创造和直接谈判也是从实施外汇管制的东道国转移冻结资金的可行办法。

本章拓展

术 语 表

A

Active income 活动收入；主动经营所得　指个人或公司通过提供产品或服务而取得的收入。

Adjusted present value（APV） 调整现值　指根据现金流风险大小采用不同利率计算企业现金流现值的方法。

Agency market 代理市场　指经纪人通过代理人（中介）来接受客户指令并由代理人（中介）完成撮合的市场。

Agency problem 代理问题　股东雇用经理人作为其代理人，而经理人事实上会因谋求自己的利益而损害股东的利益。这样，两者就形成了利益冲突。对于股权分散的公司，代理问题尤为严重。

All-equity cost of capital 全部权益资本成本；纯权益资本成本　指不存在债务情况下公司股票的要求报酬率。

All-in-cost 全面成本，总成本　指互换交易的总成本，包括利息费用、交易成本和服务费。

American depository receipt（ADR） 美国存托凭证　指美国的银行所签发的所有权凭证，表示存放在美国的银行的各种外国股份。美国存托凭证可在美国有组织的交易所或场外市场进行交易。

American option 美式期权　指可在期权合约内任何时间进行执行的期权。

Appreciate （浮动汇率制下的）升值　按本币衡量时，外币升值意味着外币兑本币汇率的增加。

Arbitrage 套利　指同时买入并卖出等量资产或商品的交易行为，其目的是确保获利。

Ask price 卖方报价　参见 offer price。

B

Balance of payment 国际收支　指按复式记账法记录一国的国际交易。

Balance sheet hedge 资产负债表套期保值　旨在通过消除预期净资产与同币种净负债风险敞口不相匹配来降低跨国公司的换算风险。

Bank capital adequacy 银行资本充足率　指银行为应对风险资产而作为储备持有的权益资本与其他证券的金额，其目的是降低银行破产的概率。

Bankers' acceptance（B/A） 银行承兑　一种可议付的货币市场工具。这种工具有对应的二级市场，由进口商银行在收到提单与远期汇票时立即签发。本质上，银行承兑指的是银行承诺汇票到期时保证付款。

Basel Accord 巴塞尔协议　指国际结算银行在1988年签署的协议，旨在为十国集团和卢森堡确立衡量其银行资本充足率的框架。

Bearer bonds 无记名债券　指以实际持有债券来代表所有权的债券。

Bid price 买方报价　指交易商出价买入金融资产的价格。

Bilateral netting 双边净额结算　指两家分公司确定相互之间的到期金额并只对净额进行转账的结算方法。

Bill of Lading（B/L） 提单　指出口过程中由承运商签发的单证，标明承运商已收到货物。提单也是物权凭证。

Bimetallism 复本位制　指可同时自由采用金和银为货币的货币制度。

Brady bonds **布雷迪债券** 指为了解决20世纪80年代末国际债务危机而设计的债券，旨在将贷款转换为低利率的债券。这种债券以美国财政部长 Nicholas Brady 来命名。

Bretton Woods Conference **布雷顿森林会议** 指1944年为促进战后汇率稳定并协调国际货币政策而创立的国际货币体系。有时也称金汇率制。

Brexit **英国脱欧** 指根据2016年6月举行的全民公决的结果，英国决定脱离欧盟。

C

Cadbury Code **坎德伯里准则** 英国政府任命的坎德伯里委员会针对英国公司所发布的关于公司治理的《最佳行为准则》。按照该准则，公司至少任命三名外部董事，而且公司CEO与董事会主席当由不同人员担任。

Call market **短期同业拆借市场** 在短期同业拆借市场中，股票交易所的代理商先在一段时间累积一批指令，然后在交易日按书面或口头竞价的方式定期执行这批指令。

Call option **买权** 一种可按规定价格购买标的资产的权利。

Capital account **资本账户** 指国际收支表中的一种账户，记录的是买卖金融资产、不动产和企业的交易。

Capital-export neutrality **资本输出中性** 评价税收合理的一种观点，即在能为政府有效取得收入的同时，不会妨碍经济资源实现最有效配置，而不论何处收益率最高。

Capital-import neutrality **资本输入中性** 东道国对跨国公司国外子公司所征税负最为理想的状态当是不随跨国公司注册地变化而不同，而且应该与对国内公司所征的税负相同。

Cash budget **现金预算** 指现金管理中有关预期现金收支规模和具体发生时间的计划。

Cash management **现金管理** 指对公司内部现金的处理，如公司对交易余额的投资、预防性现金的投入、按最优惠利率对过剩资金进行投资、出现临时性现金短缺时按最低借入资金等。

Centralized cash depository **集中现金储备制** 跨国公司的现金管理中心集中来自分公司的超额现金，并将这些现金进行投资或用于抵补整个公司的现金短缺。

Closed-end country fund (CECF) **封闭式国家基金** 指只将资金投资于某个国家证券的基金。这种基金发行一定数量股份，这些股份类似于公司股票可在东道国的交易所上市交易。这些股份不可按本国市场标的证券的资产净值赎回。

Comparative advantage **比较优势** 李嘉图用比较优势概念证明国际贸易的合理性。具体而言，如果一国专业生产该国能比其他国家更有效生产的产品和服务，并按此进行贸易，那么所有国家都能受益。

Competitive effect **竞争效应** 指汇率变化对公司竞争状况的影响，而这反过来又会影响公司的经营现金流。

Complete contract **完备合同** 指明确规定合同双方在未来各种可能情况下应承担事项的合同。

Concessionary loan **优惠贷款** 指东道国提供给跨国公司母公司的低于市场利率的贷款，目的在于鼓励对方在东道国的投资。

Contingent claim security **或有索偿证券** 参见"衍生证券"。

Contingent exposure **或有风险** 指因公司无法知道未来是否会面临汇率风险而产生的不确定性情况。

Continuous market **连续交易市场** 指在营业时间内市场及限制指令总可得到执行的市场。

Controlled foreign corporation (CFC) **受控国外公司** 指美国股东拥有50%以上拥有投票权股份的国外子公司。

Conversion effect **兑换效应** 指在将来自国外业务的一定现金流兑换成美元时，汇率变化所产生的影响。

Convertible bonds **可转换债券** 指可以转换成预先规定数量股票的债券。

Corporate governance **公司治理** 指一种经济的、法律的和制度性安排，规定了公司的控制权和现金流权利如何在公司的管理者、股东和其他利益相关者之间进行分配。

Counterparty 交易对方 指参与金融合约交易的双方，双方约定按某个条款交换现金流。

Countertrade 对等贸易 指交易双方相互交换货物或服务的交易。如果此类交易不采用货币，那么就是所谓的易货贸易。

Country risk 国家风险 就银行业和投资而言，国家风险指的是一国所发生的预料外事件对贷款偿还和股利汇回能力所产生的不确定性影响，包括政治风险和信用风险。

Covered interest arbitrage 抵补套利 指当IRP不成立时所发生的情况。此时，不用投资额外的资金而且不用承担风险就可实现套利利润。

Cross-currency interest rate swap 交叉货币利率互换 常称"货币互换"。指交易一方将按某种货币标价的债务偿还责任与另一方按另一种货币标价的债务偿还责任进行交换。

Cross exchange rate 交叉汇率 指均非美元的两种货币之间的汇率。

Cross hedge 交叉套期保值 指通过持有其他资产头寸来预防一种资产头寸面临的风险。

Cross listing 交叉上市 指直接将股票在国外金融交易所上市的做法。交叉上市必须符合国外交易所关于上市和信息披露的标准。

Cumulative translation adjustment（CTA）累积换算调整 用于流动法下对外币财务报表的换算，其权益账户可以通过对利润与亏损换算的会计处理来结平资产负债表。

Currency board 货币局 指一种极端形态的固定汇率制度安排。按照这种汇率制度安排，当地货币完全以美元或其他选定的标准货币为基础。

Currency swap 货币互换 指交易一方将按某种货币标价的债务偿还责任与另一方按另一种货币标价的债务偿还责任进行交换。

Current account 经常账户 指国际收支中的一种账户，记录的是商品和服务的进出口以及单边转移支付。

Current/Noncurrent method 流动/非流动法 按照这种方法，在处理外币换算时，将流动资产和流动负债按当前汇率进行换算，同时将非流动资产和非流动负债按历史汇率进行换算。

Current rate method 现行汇率换算法 按照这种方法，在处理外币换算时，除股东权益之外的所有资产负债表账户按当前汇率进行换算，而股东权益账户按发行日的汇率进行换算。

D

Dealer market 自营商市场 在自营商市场，经纪人通过自营商来进行交易，这样自营商在交易中起到主体作用。

Debt-for-equity swap 债务对股权互换 指将主权债务出售给投资者来获得美元，以便对债务国进行权益投资。

Depreciation 货币贬值 就国内货币而言，本币贬值意味着按本币衡量的外币汇率的上升。

Derivative security 衍生证券 指其价值随标的证券价值变化而呈现不确定性的证券，包括期货、远期合约、期权合约等。

Direct tax 直接税 指对纳税人征收并直接由纳税人支付的税收。

Diversification of the market 市场多元化 指管理经营风险的一种策略。按照这种策略，公司在多个市场经营其产品。这样，一国汇率变化的风险可以被另一市场汇率的相反变化所抵消。

Dodd-Frank Act 多德—弗兰克法案 指2010年的《多德—弗兰克华尔街改革与消费者保护法案》，该法案旨在通过监管华尔街和大银行来明确并降低整个金融系统的风险。

Draft 汇票 一种书面指令，要求进口商或其代理商在规定的某个日期按汇票面额付款。

Dual-currency bond 双重货币债券 一种按照发行货币支付息票利率的固定利率债券，不过到期时按其他货币支付本金。

E

Economic exposure 经济风险敞口 指公司

现金流和价值受汇率预料外变化影响的可能性。

Edge Act Bank　埃奇法案银行　指经联邦政府批准的美国银行的分支银行，这些银行可以从事全方位的银行业务。埃奇法案银行都位于美国。

Efficient market hypothesis　有效市场假说　按照有效市场假说，金融市场在信息上有效，即资产的当前价格反映了所有相关的可获得信息。

Elasticity of demand　需求弹性　指衡量产品需求对价格变化敏感性的指标。

EURIBOR　欧元银行同业拆借利率　指欧洲货币联盟国家的银行、非欧洲货币联盟的欧盟国家的银行以及非欧盟国家的银行对另一银行的欧元存款所报的利率。

Euro　欧元　指组成欧洲货币联盟的11个欧盟国家于1999年共同采用的欧洲货币。

Eurobond　欧洲债券　指按某种标价货币发行但向发行国之外资本市场投资者销售的债券。

Eurocurrency　欧洲货币　指某种货币的定期存款，该存款存放在该货币发行国之外的国际银行。

European central bank　欧洲中央银行　指组成欧洲货币联盟的11个国家的中央银行，主要通过货币政策来负责联盟的物价稳定。

European currency unit(ECU)　欧洲货币单位　指由欧盟12个成员国的货币按一定权重所组成的一揽子货币。欧元的前身即为欧洲货币单位。

European Monetary System(EMS)　欧洲货币体系　该体系于1979年替代蛇行浮动汇率制度。欧洲货币体系的目标是在欧洲建立货币稳定机制并促进欧洲经济与政治的统一。

European Monetary Union(EMU)　欧洲货币联盟　指欧盟11个国家所组成的货币联盟，这些国家固定其汇率并采用共同货币——欧元。

European option　欧式期权　指仅能在合约到期日行使权利的期权。

European Union　欧盟　指位于西欧的地区性经济联合体，目前有15个成员，各成员国之间取消了影响货物、资本和人员自由流动的壁垒。欧盟计划要实现完整的经济一体化，包括采用单一货币。

Eurosystem　欧洲中央银行体系　指由欧洲中央银行和负责实施共同货币政策的欧元区中央银行组成的货币当局。

Exchange rate mechanism(ERM)　汇率机制　指在欧元诞生之前欧洲货币体系成员国按平价体系共同管理其汇率的程序。这里的平价体系指汇率机制成员国之间的平价。

Exchange rate pass-through　汇率传递机制　指汇率变化与国际贸易商品价格调整之间的关系。

Exchange-Traded Funds(ETF)　交易所交易基金　指那些类似于具体股票可在股票交易所交易的证券组合。

Exercise price　执行价格　指期权执行时所预先规定的买卖价格。

Export-Import Bank(Ex-Im Bank) of the United States　美国进出口银行　成立于1945年，作为独立的政府机构，其目的是为那些私人金融机构无法或不愿意提供融资的美国出口贸易提供便利服务与融资。

Exposure coefficient　风险敞口系数　通过回归资产相对于汇率的本币价值所得的系数。该系数衡量了公司关于货币风险的经济风险敞口。

Exposure netting　风险敞口净额　指公司对净的风险敞口额进行套期保值。这里的公司既有外币应付款，也有外币应收款。

F

Financial hedging　金融套期保值　指运用货币远期和期权合约等金融产品来对汇率风险敞口进行套期保值。

Fisher effect　费雪效应　一个关于名义利率的理论，即名义利率等于实际利率与预期通货膨胀率之和。

Flexible sourcing policy　弹性采购政策　指控制经营风险敞口的一种策略，即从投入品成本较低的地区采购投入品。

Floating-rate note（FRN） 浮动利率票据　指息票利息支付与诸如3个月期美元LIBOR等参考利率挂钩的中期债券。

Foreign bond　外国债券　指外国借款人向一国资本市场投资者发行以该国货币标价的债券。例如，美国公司在日本向日本投资者发售日元标价的债券。

Foreign branch　国外分支机构　指跨国公司的海外分支机构。这些分支机构并非独立组建设立，只是母公司的附属机构。

Foreign direct investment（FDI） 国外直接投资　指在外国的投资且给予跨国公司一定的控制权。

Foreign exchange（FX）markets　外汇市场　外汇市场的功能包括将一国的购买力转为另一国的购买力，吸收外币银行存款，以及开展外汇即期、远期、期货、互换与期权合约交易。

Foreign exchange risk　外汇风险　指未来汇率变化所存在的不确定性。

Foreign subsidiary　国外子公司　指跨国公司在国外独立组建设立的子公司。

Foreign tax credit　外国税款抵扣　指用来使拥有国外子公司的跨国公司免受双重课税的政策。按照该政策，母公司可以用已支付给国外税收当局的税款来抵扣来自国外收入应缴税款。

Forfaiting　福费廷/票据买断　指用来为出口融资的一种中期贸易融资方法。其中，出口商按一定折扣将支票卖给银行，这样出口商就可以取得融资。

Forward expectations parity　远期预期平价　一个关于远期升水或贴水等于两种货币之间汇率预期变化的理论。

Forward market　远期市场　在该市场上，今天达成的外汇交易合约要到未来某个日期才进行结算。

Forward market hedge　远期市场套期保值　指通过买卖外汇合约来对汇率风险进行套期保值的一种方法。

Forward premium/discount　远期升水/贴水　按照这种方法，远期汇率相对于即期汇率的变化常常可以用偏离即期汇率的年化百分比来表示。

Forward rate agreement（FRA） 远期利率协议　指用来对非匹配的存贷款的利率风险进行套期保值的银行间合约。

Free cash flow　自由现金流量　指公司内部取得且超过为所有具有正的净现值投资进行必要融资的资金。

Functional currency　职能货币　对于跨国公司的国外分支机构而言，其职能货币多为经营所在主要经济环境中所采用的货币。通常，职能货币为主要经营业务所在地的当地货币。

Futures　期货　指在正式交易所上市且在未来交割的标准化的外汇合约。

G

General Agreement on Tariffs and Trade（GATT） 关税及贸易总协定　指成员之间达成的、旨在促进国际贸易发展的多边协议。在减少贸易壁垒方面，关税及贸易总协定起了主要作用。

Gold exchange standard　金汇兑本位制　指一国通过持有特定国家货币的形式来持有其绝大部分储备的货币体系。这里，该特定国家实施的是金本位制。

Gold standard　金本位制　指货币价值按含金量来规定的货币体系。这样，两种货币之间的汇率取决于其相对的含金量。

Gresham's law　格雷欣法则　在复本位制下，如果两种金属的价值比被官方固定，充裕金属最后成为货币，而贵金属则被驱逐出流通。

H

Hedger　套期保值者　指那些试图通过建立另一资产头寸（通常为衍生产品合约）来消除一种资产因价格出现不利变化而致风险的人或公司。

Hedging through invoice currency　发票货币套期保值　指通过按公司母国货币开立发票来

对外汇风险进行套期保值的方法。

Home bias **本国偏好** 在持有证券投资组合时，投资者倾向于持有较大部分的本国证券，而不是寻求最优的风险。

I

Income tax **所得税** 指对个人或公司的主动经营所得直接征收的税收。

Indirect tax **间接税** 指对纳税人所得征收的税收。不过，这种所得并非纳税人直接所得，而是被动所得。

Initial performance bond **初始保证金** 指为建立资产头寸而必须提供的初始押金。

Interest rate parity (IRP) **利率平价** 指套利均衡等式。按照这一等式，两国间的利率差异应当等于远期汇率升水/贴水。如果利率平价不成立，那么就会带来套利机会。

International banking facility (IBF) **国际银行设施** 指作为外国银行而存在于美国国内的银行部门。不过，这些银行部门不受美国国内储备要求或FDIC保险要求的约束。这些银行向非美国公民吸收存款并只能向外国人发放贷款。

International Fisher effect **国际费雪效应** 一种关于两国间即期汇率的预期变化等于两国间利率差的学说。

International Monetary system **国际货币体系** 一种制度框架。这一制度框架规定了国际收支的支付、资本的流动以及汇率的决定。

Intrinsic value **内在价值** 指美式期权的直接执行价值。

J

Jamaica agreement **牙买加协议** 指1976年1月达成的国际货币协议。该协议规定了实施弹性汇率制并不再将黄金作为国际储备资产。

J-curve effect **J曲线效应** 指在一国货币贬值后该国的贸易收支最初会恶化但最后会得到改善的现象。

L

Law of one price **一价定律** 指相同商品或证券应该按同一或相近价格进行交易的规律。

Lead/Lag strategy **超前/延后支付策略** 指根据通货强弱情况提前或推迟支付（或收回）国外金融债务来降低交易风险的做法。

Letter of credit **信用证** 指进口方银行签发的一种保证，即只要出口商提交全套合格单证，将保证代表进口商向出口商支付货款。

Limit order **限价指令** 一种与市场价格不相一致的指令。按照限价指令，仅当价格达到规定水平时方可执行。

Liquidity **流动性** 指证券以接近当前市场价格得以迅速买入与卖出的能力。

London interbank offered rate (LIBOR) **伦敦银行同业拆借利率** 指伦敦的银行同业间相互提供欧洲货币存款的利率。伦敦银行同业拆借利率常常被当作确定欧洲货币贷款利率的基准。确定贷款利率时，通常是在伦敦银行同业拆借利率的基础上加上风险溢价。

Louvre accord **卢浮宫协议** 指1987年七国集团成员为对付美元走弱而签署的协议。按照该协议，成员国：①相互合作以实现汇率的稳定；②相互商讨并协调其宏观经济政策。

M

Maastricht treaty **马斯特里赫特条约** 指欧盟成员国于1991年12月签署的条约，规定欧盟成员国之间的汇率在1999年1月之前维持不变，随后将引入共同货币以替代各国的货币。

Maintenance performance bond **维持保证金** 指为了保持资产头寸而必须提供的押金。

Managed-float system **管理浮动汇率制** 指按照1978年的卢浮宫协议所确立的汇率制度，即容许七国集团成员联合干预外汇市场以便纠正货币的高估或低估。

Market completeness **市场完备性** 在完备市场，各种经济状况都发生该得的报酬。

Market imperfections **市场不完全** 指诸如交易

成本、法律限制等种种摩擦因素使得市场难以有效发挥作用。

Market order 市价指令 市场在得到市价指令后，可按可实现的最佳市场价格执行。

Marking to market 钉市操作 指期货市场上按期货合约结算价格的变化来确定每天的盈亏情况。

Merchant bank 商业银行 指开展传统银行业务与投资银行业务的银行。

Monetary/ Nonmonetary method 货币/非货币法 按照这种方法，在处理外币换算时，资产负债表中应收账款之类的货币账户按当前汇率进行换算，而资产负债表中股东权益之类的非货币账户则按历史汇率进行换算。

Money market hedge 货币市场套期保值 指通过在国内以及国外货币市场借入与借出货币来对风险敞口进行套期保值的方法。

Multinational netting 跨国净额结算 按照跨国净额结算方法，跨国公司的各子公司对相互之间的收付情况先进行抵消，再就净收付余额分别进行转账结算。

Multinational corporation (MNC) 跨国公司 指在多个国家开展经营活动并拥有利益的公司。

N

National neutrality 国别中性 一种判断税收是否合理的观点。按照该观点，理想状态下，课税当局对全部所得课税当一视同仁，而不论这些所得来自何地。

Negotiable certificate of deposit (NCD) 可转让定期存单 指可议付的定期银行存款。

Net present value (NPV) 净现值 一种资本预算方法，即投资项目的净现值等于预期现金流入的现值减去现金流出的现值。

Netting center 净额结算中心 在采用净额结算时，由净额结算中心确定净支付额以及谁付谁收。

North American Free Trade Agreement (NAFTA) 北美自由贸易协议 指由美国、加拿大与墨西哥三国于1994年建立的自由贸易区。北美自由贸易协议的目的是在15年内消除关税和进口配额。

Notional principal 名义本金 指用来确定各种衍生品合约付款额的参考本金。

O

Offer price 卖方价格 指交易商卖出金融资产的价格。

Offshore banking center 离岸金融中心 指一国建立的银行体系容许开展本国经济活动之外的外部业务。离岸金融中心的主要功能是为了获得本国货币以外货币的存贷款。

Open interest 未平仓合约 指衍生品市场上某个交割月份流通在外的空头或多头合约总数。

Operating exposure 经营风险敞口 指公司的经营现金流受汇率随机变化影响的程度。

Operational hedging 经营性套期保值 指对外汇风险进行套期保值的长期性经营方法，包括市场多元化与弹性采购政策。

Optimum currency area 最优货币区 指凭借区域内要素的高流动性而适合于采用共同货币的地理区域。

Option 期权 指赋予持有人在未来某个时间按规定价格买入或卖出一定数量某种资产的权利。当然，这种权利并非义务。

Options market hedge 期权市场套期保值 指运用卖权与买权来限制交易风险敞口的下跌风险但不限制上涨所获。这类灵活性的价格就是所谓的期权溢价。

Over-the-counter (OTC) market 场外市场 (OTC) 指不存在中央市场的交易市场。在场外市场，买卖双方通过电话、传真、电脑和自动交易系统联在一起。

P

Par value 平价 指股票或债券的名义价值或面值。

Passive income 被动收入 指并非由公司或个人直接经营所得的收入，如利息所得、专利使用所得、版权所得等。

Plaza Accord 广场协议 五国集团于 1985 年达成的协议，即通过美元贬值可消除美国的贸易赤字。

Political risk 政治风险 指因东道国不利的政治环境变化而带给母公司的潜在损失。

Portfolio risk diversification 证券组合风险的分散化 指通过投资于相互间不存在强相关性的多种证券来使组合投资的风险最小化。

Precautionary cash balance 预防性现金储备 指公司为应付交易现金余额预计不足而保留的应急资金。

Price-specie-flow mechanism 价格－铸币－流动机制 金本位制下，国家间的国际收支不平衡可自动得到纠正。这主要是基于这样的事实，即金本位制下，随着一国黄金的流入或流出，国内的货币存量就会上升或下降。

Primary market 一级市场 指向投资者发行新证券的市场。在出售新证券方面，投资银行起到经纪人或交易商的作用。

Privatization 私有化 指一国通过将国有经营企业转为市场经营企业而减少国有企业的做法。

Product differentiation 产品差异化 指为了减低产品的需求价格敏感性而设法让消费者形成一种概念，即一家公司的产品不同于其竞争对手的产品。

Purchasing power parity (PPP) 购买力平价 指关于两国货币之间的汇率应当等于两国商品篮子价格水平之比的理论。

Put 卖权 指可按规定价格出售标的资产的权利。

Q

Quality spread differential (QSD) 质量价差 指不同信用等级交易双方债务的固定利率基差差异与浮动利率基差差异之间的差异。确保利率互换对双方有利的必要条件就是存在正的质量价差。

Quantity theory of money 货币数量论 指这样的恒等式，即任何国家的总体价格水平与总产出之乘积应当等于该国的货币供给与货币流通速度之乘积。

R

Random walk hypothesis 随机漫步假设 一种关于在有效市场下资产价格呈随机变化（即与历史趋势无关）或遵循"随机漫步"的假设。按照这一假设，预期未来汇率变化等于当前汇率。

Real exchange rate 实际汇率 实际汇率衡量的是假设期初购买力平价成立的情况下，某个时期内汇率偏离购买力平价的程度。

Real option 实物期权 指将期权定价理论应用于对实际投资项目的投资机会评价。

Registered bond 记名债券 指债券发行人档案中会记录购买者姓名的债券。

Reinvoice center 再开票中心 指跨国公司的中央财务机构，负责对公司间交易风险的净额结算以及剩余风险头寸的管理。

Reporting currency 申报货币 指跨国公司编制合并财务报表所采用的货币。通常，申报货币为母公司的记账货币。

Residential taxation 居住地课税 参见"全球课税体制"。

Residual control rights 剩余控制权 指在存在合同未作明确规定的或有情形时所拥有的自主决策权。

Reversing trade 对冲交易 指期货或远期市场交易，旨在对冲头寸。

S

Sarbanes-Oxley Act 萨班斯－奥克斯利法案 指美国国会于 2002 年通过的法案，旨在强化公司治理。该法案要求成立公众会计监督委员会，同时要求公司 CEO 与 CFO 对公司出具的财务报表进行签名。

Secondary market 二级市场 指投资者可以与其他投资者买卖证券的市场。不过，原始发行人不参与二级市场。二级市场是证券转让和估值的场所。

Shareholder wealth maximization 股东财富最大化 股东财富最大化是公司管理层的最重

要目标。公司经营者在做决策时，必须牢记这一点。通过实现公司市场价值的最大化，经理者就可以实现股东财富的最大化。

Sharp performance measure（SHP） 夏普绩效值（SHP） 指衡量风险调整后证券组合绩效的指标，反映的是每单位标准离差风险的超额回报（超过无风险利率部分）。

Shelf registration 上架登记 经上架登记后，债券发行者就可以对未来任何日期的证券发行进行提前登记。

Single-currency interest rate swap 单一货币利率互换 通常被称为"利率互换"。利率互换虽有多种变体，但都涉及相同货币标价债务的利息支付的互换。

Smithsonian agreement 史密森协议 指十国集团成员于1971年12月达成的协议，容许美元对黄金和大多数货币贬值，以拯救布雷顿森林体系。

Snake 蛇形浮动汇率 指布雷顿森林体系衰落后出现的欧洲版固定汇率体系。

Source taxation 来源地课税 参见"本土课税体制"。

Special drawing right（SDRs） 特别提款权 指国际货币基金组织人为创设的国际储备。作为货币篮子，目前主要由四大主要货币构成。

Specialist 专营商 在美国的交易所市场上，每种股票都由专营商来负责。这些专营商持有该证券并开展做市交易。

Speculator 投机者 指那些通过建立价格变化虽有利但具有不确定性的资产的头寸来赚取利润的人。

Spot（exchange）rate 即期汇率 指买卖可以立刻交割的外汇的价格。

Straight fixed-rate bond 固定利率债券 指规定有明确到期日并支付固定息票利息的债券。

Striking price 执行价格 指期权执行时所预先规定的买卖价格。

Stripped bond 剥离债券 指投资银行通过卖出具体息票权利或附息债券的债券本金（通常为美国国库券）而人为创设的零息票债券。

Subpart F income 附则F规定的所得 按照该规定，受控国外公司的所得应直接向美国纳税。附则F规定的所得包括很容易跨国汇付的所得以及在国外享受低税的所得。

Swap bank 互换银行 通称那些为开展利率与货币互换交易双方提供便利的金融机构。

Swap broker 互换经纪人 承担互换银行的职责，负责撮合互换交易的双方，但不承担任何互换风险。不过，互换经纪人要收取服务佣金。

Swap dealer 互换交易商 承担互换银行的职责，就一方或另一方的货币或利率进行做市交易。

Swap transaction 互换交易 在即期卖出（买入）一种资产的同时，远期买入（卖出）金额大致相同的另一种资产。

Syndicate 辛迪加 指一组银行联合提供贷款以便共担风险。

Systematic risk 系统风险 系统风险是指整个金融系统发生崩溃的风险。对应的非系统风险是指个别企业、个别市场或个别行业面临的风险。

T

Tax equity 税收公平 指境况相同的纳税人当按同一规则分担政府的运转成本的观点。

Tax haven 避税港 指实施低公司所得税税率以及对被动收入征收低预扣税率的国家或地区。

Tax inversion 税收倒置 指企业（通常为美国企业）通过并购注册于低所得税税率国家或地区的外国竞争对手而把本公司的注册地迁移国外或借此获取税收利益的行为。

Tax neutrality 税收中性 关于课税的一种原则。按照这一原则，政府课税当不会对纳税人的经济决策过程产生负面影响。

Technical analysis 技术分析 指一种根据历史形态来预测资产价格未来变化的方法。

Temporal method 时态换算法 按照这种方法，在处理外币换算时，流动性及非流动性货币账户以及按当前价值入账的账户按当前汇率进行换算。按历史成本入账的账户按历史汇率进行换算。

Territorial taxation 本土课税体制 指规定税收权限的一种方法。在本土课税体制下，任何本国或外国纳税人，在一国赚取的全部所得都应当向该国纳税。

Theory of comparative advantage 比较优势理论 一种证明国际贸易利益的理论。按照比较优势理论，各国专业化生产本国能最有效生产的产品并进行贸易，那么各国都能从中得到利益。

Time draft 远期汇票 指要求进口商或进口商银行在特定日期支付具体金额的书面指令。远期汇票常用于国际贸易融资。

Tobin tax 托宾税 指托宾教授提出的对热钱国际流动所征的税收，其目的是限制跨境金融投机。

Transaction balance 交易收支 指公司规定用来满足现金预算期内预定现金流出的资金。

Transaction exposure 交易风险敞口 指在合约签订与履行期间因汇率变化而导致财务头寸价值出现的可能变化。

Transfer price 转移价格 指出于记账需要而在公司内部规定的价格，即收货部门对于来自其他部门的货物与服务按该价格记录为成本。

Translation exposure 换算风险敞口 指预料外汇率变化对跨国公司合并财务报告所产生的影响。

Triangular arbitrage 三角套利 指先将美元换成另一种货币，再将后者换成第三种货币的交易过程。这里，第三种货币又要换成美元。这一交易的目的是为了通过从第二种货币换成第三种货币来套取利润。

Triffin paradox 特里芬难题 在金汇兑本位制下，储备货币发行国必须维持国际收支赤字，但这又会降低储备货币的信用，导致金汇兑本位制的垮台。

U

Uncovered interest rate arbitrage 无抵补利率套利 按照平价条件，无抵补利率套利是指两国之间的利率差异等于两国货币间汇率的预期变化。

Universal bank 全能银行 指那些可提供外汇套期保值方法咨询、利率与货币互换融资、国际现金管理等服务的国际银行。

V

Value-added tax 增值税 指对产品或服务生产过程中各个环节价值增加部分所征收的国家税收。

W

Withholding tax 预提税，预扣税 指对一国的个人或公司在他国所赚取的被动所得征收的间接税。

World beta 全球β系数 指衡量某种资产或组合投资对于全球市场走势敏感性的指标。全球β系数衡量的是全球系统性风险。

World equity benchmark shares (WEBS) 世界股票基准指数基金 指为密切跟踪各国股票市场指数而设计的、在交易所上市的封闭式国家基金。世界股票基准指数基金在美国股票交易所交易上市。

World Trade Organization (WTO) 世界贸易组织 指在乌拉圭回合谈判中为替代GATT而创立的永久性国际组织。世界贸易组织具有执行国际贸易规则的权力。

Worldwide taxation 全球课税体制 指规定国家税收权限的一种方法。在全球课税体制下，不论收入来自哪个国家，任何居民都要向本国纳税。

Y

Yankee Bond (stock) 扬基债券（股票） 指外国公司直接对美国投资者发售的债券（股票）。

Z

Zero-Coupon Bond 零息债券 指到期时不支付息票利息、仅仅支付面值的债券。

华章教材经典译丛（清明上河图）系列

课程名称	书号	书名、作者及出版时间	定价
财务会计	即将出版	财务会计：概念、方法与应用（第14版）（威尔）（2015年）	95
财务会计	978-7-111-39244-6	财务会计教程（第10版）（亨格瑞）（2012年）	79
财务管理（公司理财）学习指导	978-7-111-32466-9	公司理财（第8版）习题集（汉森）（2010年）	42
财务管理（公司理财）	978-7-111-36751-2	公司理财（第9版）（罗斯）（2012年）	88
财务管理（公司理财）	978-7-111-47887-4	公司理财（精要版）（第10版）（罗斯）（2014年）	75
电子商务	978-7-111-45187-7	电子商务：管理与社会网络的视角（第7版）（特班）（2014年）	79
战略管理	978-7-111-39138-8	战略管理：概念与案例（第8版）（希尔）（2012年）	69
战略管理	978-7-111-43844-1	战略管理：获取持续的竞争优势（第4版）（巴尼）（2013年）	69
商业伦理学	978-7-111-37513-5	企业伦理学（第7版）（乔治）（2012年）	79
领导学	978-7-111-47356-5	领导学（全球版·第8版）（尤克尔）（2014年）	65
管理学	978-7-111-46255-2	管理学（诺里亚）（2014年）	69
管理学	978-7-111-41449-0	管理学：原理与实践（第8版）（罗宾斯）（2013年）	59
管理学	即将出版	管理学：原理与实践（第9版）（罗宾斯）（2015年）	59
管理技能	978-7-111-37591-3	管理技能开发（第8版）（惠顿）（2012年）	98
创业管理	即将出版	百森创业教学法：基于实践的视角（2015年）	49
创业管理	978-7-111-40258-9	公司创新与创业（第3版）（库拉特科）（2012年）	49
项目管理	978-7-111-39774-8	项目管理：基于团队的方法（布朗）（2012年）	49
数据、模型与决策	978-7-111-49612-0	数据、模型与决策：基于电子表格的建模和案例研究方法（第5版）（希利艾尔）（2015年）	89
管理会计	978-7-111-39512-6	管理会计教程（第15版）（亨格瑞）（2012年）	88
投资银行学	978-7-111-41476-6	投资银行、对冲基金和私募股权投资（斯托尔）（2013年）	99
金融中介学	978-7-111-43694-2	金融市场与金融机构（第7版）（米什金）（2013年）	99
金融学（货币银行学）指导或案例	978-7-111-44311-7	货币金融学（第2版）学习指南（米什金）（2013年）	45
金融学（货币银行学）	978-7-111-34261-8	货币金融学（第2版）（米什金）（2011年）	75
金融市场学	978-7-111-26674-7	金融市场学（第10版）（罗斯）（2009年）	79
金融工程学习指导	978-7-111-30014-4	期权、期货及其他衍生产品习题集（第7版）（赫尔）（2010年）	42
金融工程	978-7-111-48437-0	期权、期货及其他衍生产品（第9版）（赫尔）（2014年）	109
（证券）投资学学习指导	978-7-111-42662-2	投资学（第9版）习题集（2013年）	49
（证券）投资学	978-7-111-39028-2	投资学（第9版）（博迪）（2012年）	98
（证券）投资学	978-7-111-44485-5	投资学（第9版）（专业版）（博迪）（2013年）	199
中级宏观经济学	978-7-111-43155-8	宏观经济学（第5版）（布兰查德）（2013年）	75
西方经济学学习指导	978-7-111-33099-8	哈伯德《经济学》学习指南（第3版）（斯卡希尔）（2011年）	45
西方经济学学习指导	978-7-111-31352-6	经济学精要（精要版）（第4版）学习指南（拉什）（2010年）	39
西方经济学（微观）	978-7-111-32767-7	经济学（微观）（第3版）（哈伯德）（2011年）	59
西方经济学（微观）	978-7-111-42810-7	经济学（微观部分）（第2版）（斯通）（2013年）	55
西方经济学（宏观）	978-7-111-32768-4	经济学（宏观）（第3版）（哈伯德）（2011年）	49
西方经济学（宏观）	978-7-111-42849-7	经济学（宏观部分）（第2版）（斯通）（2013年）	49
西方经济学	978-7-111-28088-0	经济学：私人与公共选择（第12版）（格瓦特尼）（2009年）	78
西方经济学	978-7-111-27481-0	经济学原理（精要版）（第4版）（帕金）（2009年）	62
商务与经济统计	978-7-111-37641-5	商务与经济统计（第11版）（安德森）（2012年）	108
商务与经济统计	即将出版	商务与经济统计（第12版）（安德森）（2015年）	109
财政学	即将出版	财政学（第4版）（格鲁伯）（2015年）	79
组织行为学	978-7-111-44814-3	组织行为学精要（第12版）（罗宾斯）（2014年）	45
人力资源管理	978-7-111-40189-6	人力资源管理（亚洲版·第2版）（德斯勒）（2012年）	65
消费者行为学	978-7-111-47509-5	消费者行为学（第12版）（霍金斯）（2014年）	79
市场营销学（营销管理）	978-7-111-43017-9	市场营销学（第11版）（阿姆斯特朗、科特勒）（2013年）	75
市场营销学（营销管理）	978-7-111-43202-9	市场营销原理（亚洲版·第3版）（科特勒）（2013年）	79
服务营销学	978-7-111-48495-0	服务营销（第6版）（泽丝曼尔）（2014年）	75
供应链（物流）管理	978-7-111-45565-3	供应链物流管理（第4版）（鲍尔索克斯）（2014年）	59
管理信息系统	978-7-111-34151-2	管理信息系统（第11版）（劳顿）（2011年）	55